Sapporo Otaru

札幌・小樽

札幌10区・北広島・登別・
余市・ニセコ・積丹

JN046875

地球の歩き方編集室

地球の歩き方 J09 ● 2024~2025

札幌市時計台

Sapporo Otaru  CONTENTS

北海道コンサドーレ札幌・小野伸二選手に
STV岡崎アナが直撃
「地球の歩き方は観光名所やグルメが載っているので初めて行く人にもいいですよね！ と観光客の方にも試合を観に来てほしいです

2023年にリニューアルしたさっぽろ羊ヶ丘展望台のクラーク像

札幌の始まりの場所、創成川公園

登別温泉大湯沼

紅葉に彩られる小樽運河

積丹半島の余別から見た夕日

地元で圧倒的視聴率を誇り、北海道を知り尽くした
札幌テレビ（STV）の人気番組

どさんこワイド179と全力コラボ！

STV「どさんこワイド179」は夕方ワイド番組の先駆けとして知られる、放送30年以上の歴史のある北海道エリア限定の人気番組。札幌を拠点にもつSTVが「地球の歩き方」と全力でコラボし、普通のガイドブックにとどまらない「札幌・小樽とその周辺の旅事典」が誕生しました！

メインキャスターの福永俊介アナと村雨美紀アナ

どさんこワイド179
URL https://www.stv.jp/tv/dosanko_eve/index.html

Q&A
❶ 名前／どさんこワイド歴
❷ 出身地
❸ 趣味
❹ 好きな札幌・小樽&近郊エリア

北海道の情報ならおまかせ！

私たちが全力で協力しました！

Shunsuke Fukunaga

❶ 福永俊介／23年
❷ 東京都
❸ おじさんの体力の範囲でできるキャンプ
❹ 藻岩山の夜景。両親を案内したとき、母が感動で泣いていました

Miki Murasame

❶ 村雨美紀／8年
❷ 神奈川県
❸ 道内のスイーツ探求中♪
❹ 街なかに咲くライラックの花。甘い香りと色に初夏を感じます

Masayuki Miyanaga

❶ 宮永真幸／11年
❷ 兵庫県
❸ 旅行、スポーツ観戦、落語
❹ すすきのひとり飲み&札幌近郊でソロキャンプ

Kazuhisa Okazaki

❶ 岡崎和久／17年
❷ 神奈川県
❸ 料理（餃子が得意♪）と靴磨き
❹ 大倉山ジャンプ競技場から190万都市・札幌を眺める

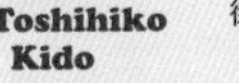

Toshihiko Kido

❶ 木戸聡彦／8年
❷ 京都府
❸ 絵を描くこと、水泳、バレーボール
❹ 幌見峠のラベンダー畑と札幌の街並み

Takao Kitamoto

❶ 北本隆雄／5年
❷ 大阪府
❸ カメラで道内の風景を撮るのにハマってます
❹ 小樽の市場で食材を調達しキャンプ場でBBQ

Yuki Nishio

❶ 西尾優希／1年
❷ 東京都
❸ ミュージカル鑑賞、博物館・美術館をめぐること
❹ 落ち葉を踏みしめながら歩く秋の円山公園

Minami Sasaki

❶ 佐々木美波／4年
❷ 千歳市
❸ 山登りラン。汗を流しながら見る景色が最高！
❹ 支笏湖のほとりで自然を感じながらリラックス

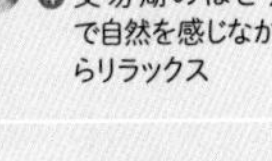

Mai Kaneko

❶ 兼子真衣／2年
❷ 兵庫県（北海道育ち）
❸ 道内のおいしいカフェを探すこと
❹ 雪化粧の羊蹄山。四季折々の表情を見せてくれますが特に冬は格別！

Yoji Kimura

❶ 木村洋二／32年
❷ 山口県（江別市在住）
❸ 下手すぎてお誘いが激減中のゴルフ
❹ 札幌・小樽の観光。日にちが変わるのはどちらの街でもOK。ムーディーでっせ！

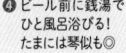

Eiichiro Akashi

❶ 明石英一郎／32年
❷ 旭川市（清田区在住）
❸ 庭飲み、リサイクルショップ&銭湯めぐり
❹ ビール前に銭湯でひと風呂浴びる！たまには琴似も◎

Sachiko Hoshizawa

❶ 星澤幸子／32年
❷ 南富良野町
❸ 20年続けているソシアルダンス
❹ 円山の頂上に登り絶景を眺めながら食べるおむすびの味は最高よ♪

エリアガイドの見方

活気ある札幌の中心地

中央区 ●ちゅうおうく

MAP 別冊P.18-19 P.24-25

面積 46.42km² 人口 約24万3870人(2023年4月)

札幌市【中央区】

「さっぽろテレビ塔」(→P.120)からの大通公園

1871(明治4)年から本格的に始まった札幌の町づくりの拠点となった中央区。札幌開拓の歴史は中央区の歴史そのものである。現在の南一条通りと創成川を基点に道路が整備され、中央部には東西に延びる幅105mの火防線が設けられた。この火防線が今の大通公園であり、市民の憩いの場となっている。ここ数年は大通、すすきの、札幌駅、苗穂と各エリアで再開発が進んでいる。区の形状は東西に長く、北区と東区とはJR函館本線の線路で、白石区と豊平区とは豊平川で、西区と南区は山の稜線で区切られている。

シンボルマーク

緑に囲まれた町と区民の和、若い町の活力を表現

中央区の歩き方

札幌駅～大通・すすきのは碁盤の目でわかりやすい

明治期に計画的に町づくりが進められたこともあり、中心部は基本的に碁盤の目状になっているためわかりやすい。観光スポットのテレビ塔や時計台、大通公園などはすべて近くに揃っているため一度に見て回れる。札幌駅から真っすぐ南へ延びる駅前通り沿いには、新しい商業ビルなどが並び、気候のよいシーズンは地上を歩くのも気持ちがいい。雨や雪の日も地下歩行空間を利用すれば、札幌からすすきのまでぬれることなく歩ける。大通公園や駅前通りは冬になるとイルミネーションが飾られるのでそちらも必見。

このエリアの拠点

JR札幌駅&地下鉄さっぽろ駅、地下鉄大通駅が中央区の拠点。特に札幌駅は、新千歳空港からの快速エアポートが停まるため札幌の玄関口とも称される。

中央区の交通

JR、地下鉄、市電、バスと、あらゆる公共交通機関が一堂に集まるエリアなのでとにかく便利。タクシーの乗り場も豊富にある。

JR札幌駅への行き方

JR

JR新千歳空港駅

快速エアポート 約37分

JR札幌駅

INFO ランドマークとなっているJR札幌駅のJRタワーやその周辺にはアート作品が点在。絵画や彫刻の展示のほか、壁や通路にもアートが施されており、それらを見て回るのも楽しい。

111

各エリアの場所を示しています。

面積と人口。人口は各自治体調べ(2023年3・4月現在)。人口はひと桁を四捨五入しています。

各市町村のシンボルマークとマークとその意味を紹介しています。

各エリアの拠点となる場所や交通についての情報です。

新千歳空港などから各エリアの拠点へのJR、地下鉄、バスでのアクセスを案内しています。所要時間は時間帯により大きく異なることがありますので、あくまでも一例としてご利用ください。

こぼれネタや補足情報を紹介しています。

データ欄の記号

MAP 別冊P.5-A1
別冊地図上の位置を表示

- 住 住所および物件の所在地
- TEL 電話番号
- 営 営業・開館・開園時間
  24時間自由に出入りできる場所は自由と記載
  (LOとあるのはラストオーダーの時間)
- 催 催行期間、時間、所要時間など
- 休 休館・定休日(特記のない場合、祝祭日や年末年始を除く。決まった定休日がない場合は不定休)
- 料 料金(基本的に税込みの大人料金を表示)
- 交 最寄りのJR駅やバス停、市電の停留場、空港から各施設への行き方
- CC クレジットカード
  - A アメリカン・エキスプレス
  - D ダイナースクラブカード
  - J JCBカード
  - M マスターカード
  - V VISA
- P 駐車場の有無
- IN 宿泊施設のチェックイン時間
- OUT 宿泊施設のチェックアウト時間
- 客室 客室数

宿泊料金は、特記のないかぎり2名で宿泊した場合の1室あたりの1名の料金。宿泊施設によっては週末やシーズンにより料金が変動するので、目安としてご参照ください。

地図の記号

本誌掲載物件

見どころ
アクティビティ・体験
温泉
グルメ　ショップ
ホテル　道の駅
P.000 掲載ページ

コンビニエンスストア

セブン-イレブン
ファミリーマート
ローソン

ファストフード・カフェ

マクドナルド
ケンタッキーフライドチキン
モスバーガー
スターバックスコーヒー

ローカルアイコン

セイコーマート

記号

北海道庁　銀行
市区役所　寺
宿泊施設　神社
学校　病院
郵便局　空港
警察署／交番　山頂
消防署　信号
ガソリンスタンド

道路・鉄道

高速道路
12 国道　30 道道
新幹線　JR線
私鉄線　ロープウェイ

交通のアイコン

車

JR
地下鉄
市電

バス

交通は主要空港や駅からの、車、電車、バスでのアクセス。基本的に起点となる場所からの最短距離、直行便の最短時間を記載。距離や時間はあくまでも目安です。出発前にご確認ください。経由便や乗り換えが必要な交通機関については省略しています。

■本書の特徴

本書は、北海道の中心都市・札幌および小樽、そして札幌と小樽からひと足延ばして行くことができる周辺の市町村を紹介しています。札幌10区全体と小樽の隅々まで、旅行者はもちろん、地元の人にも興味をもってもらえるような魅力的なスポットを多数集めて掲載しています。

■掲載情報のご利用に当たって

編集部では、できるだけ最新で正確な情報を掲載するように努めていますが、現地の規則や手続きなどがしばしば変更されたり、またその解釈に見解の相違が生じたりすることもあります。このような理由に基づく場合、または弊社に重大な過失がない場合は、本書を利用して生じた損失や不都合などについて、弊社は責任を負いかねますのでご了承ください。また、本書をお使いいただく際は、掲載されている情報やアドバイスがご自身の状況や立場に適しているか、すべてご自身の責任で判断のうえご利用ください。

■取材および調査期間

本書は2023年1～3月の取材をもとに編集されています。また、追跡調査を2023年5月まで行いました。記載の住所、料金などのデータは基本的にこの時点のものです。料金については原則として税込みで表示、定休日については原則的にゴールデンウイーク、お盆休み、年末年始を省略しています。飲食店などの営業時間にラストオーダーがある場合は営業時間の最後にLO（ラストオーダー）と表記しています。ホテルのチェックイン、チェックアウト時間については基本的なプランのものを記載しています。プランや部屋のタイプによって異なる場合があります。また、時間の経過とともにデータの変更が生じることが予想されます。予告なしに営業時間や定休日の変更、臨時休業となる場合もありますので、事前に最新の情報を入手してからお出かけください。

■発行後の情報の更新と訂正情報について

発行後に変更された掲載情報や訂正箇所は、『地球の歩き方』ホームページ「更新・訂正情報」で可能なかぎり案内しています（ホテル、レストランの料金変更などは除く）。

URL www.arukikata.co.jp/travel-support/

北海道の基本情報

❖ 北海道章

開拓時代に使われていた青地に赤の五稜星を描いた北辰旗。この旗章のイメージに7つの角がある七光星（七稜星）を重ね合わせて現代的にデザイン。1967（昭和42）年に公募で集まった7500以上の案から、岩見沢出身で「北海道デザイン界の父」と呼ばれる栗谷川健一の案を採用し、同年5月1日に北海道章に制定された。開拓者精神と北海道の未来を象徴している。

❖ 北海道旗

北海道章と同じく1967（昭和42）年5月1日に制定。地色の紺色は北の海や空、七光星の赤は道民の不屈のエネルギー、星を囲む白は光輝と風雪を表している。道章の直径は道旗の縦の長さの14分の10と決まっている。

❖ 北海道民の歌

行進曲「光あふれて」（太田武彦・作詞、中村八大・作曲）、ホームソング「むかしのむかし」（広瀬龍一・作詞、中田喜直・作曲）、音頭「北海ばやし」（清原千晴・作詞、広瀬量平・作曲）の３曲。

❖ 道民体操（どさんこ体操）

北海道の「過去・現在・未来」の3部構成、12番からなる体操。1～5番の第1部は「過去」で、開拓をイメージした内容。第2部の6～9番は北海道の春夏秋冬の変化を、第3部は10～12番があり、北海道の未来への意気込みを表現している。

❖ 北海道の鳥…タンチョウ

全長140cmにもなる国産では最大の鳥類。全身が白い毛で覆われ、頭頂に赤い皮膚が露出していることが丹頂（タンチョウ）の名前の由来。国の天然記念物。一時は絶滅の危機に瀕していたが、保護活動により回復している。道民の投票により1964（昭和39）年9月1日に指定。

❖ 北海道の木…エゾマツ

北海道在来の針葉樹でクロエゾマツとアカエゾマツがある。どちらも高さ40mにもなる高木で、天高く伸びた雄大な樹形は躍進する北海道を象徴している。道民の投票により1966（昭和41）年9月30日に指定。

❖ 北海道の花…ハマナス

海岸の砂地に自生するバラ科の植物で、7月頃にピンク色（白花もある）の花を咲かせる。花は甘い香りがして、実は熟すと食用にもなる。北海道誕生110年を記念して、1978（昭和53）年7月26日に、一般公募により指定された。

❖ 北海道庁所在地

札幌市中央区

❖ 北海道の面積

8万3424平方キロメートル（北方領土を含む。2020年10月1日現在）
北海道本島と508の島で構成。日本の面積（37万7975平方キロメートル）の約22.1%を占める。

❖ 北海道の人口

総人口　522万4614人
男性　246万5088人
女性　275万9526人
※2020年10月1日時点（令和2年国勢調査）。2023（令和5）年5月31日現在。

❖ 日本の人口

1億2614万6000人
※2020年10月1日時点（令和2年国勢調査）。2022（令和4）年11月30日現在。

❖ 北海道知事

鈴木直道（すずきなおみち）
2023年5月現在。夕張市長を経て2019（平成31）年に北海道知事に就任。2023（令和5）年4月の北海道知事選で再選（任期4年）。

❖ 北海道の予算

一般会計　2兆8507億4573万円
特別会計　1兆0209億5302万円
2023（令和5）年度北海道当初予算額。北海道公式ウェブサイトより
前年比は▲11.6%。札幌市の2023（令和5）年当初予算は全会計で1兆8496億円（前年比＋2.5%）。

北海道の構成

❖ 北海道の地域

北海道はかつて14支庁があったが、2009年制定、翌年施行の「北海道総合振興局及び振興局の設置に関する条例」により設置された、9つの総合振興局と5つの振興局のいずれかに179市町村が属している。

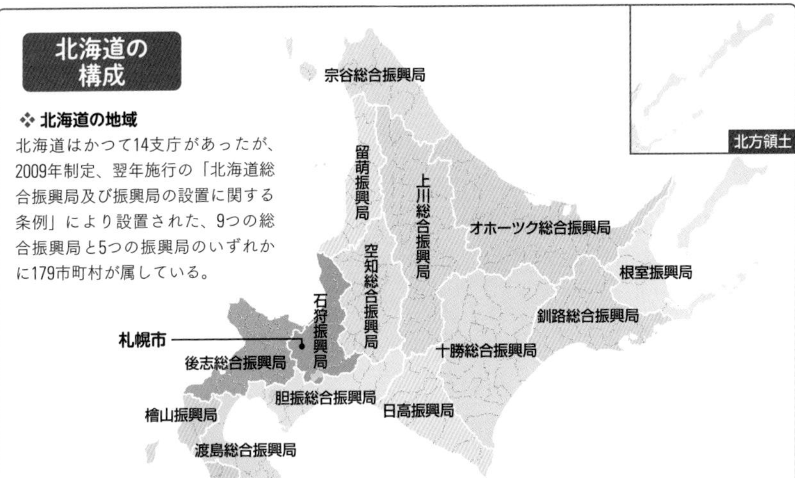

空知総合振興局（24市町）
住岩見沢市8条西5
夕張市、岩見沢市、美唄市、芦別市、赤平市、三笠市、滝川市、砂川市、歌志内市、深川市、南幌町、奈井江町、上砂川町、由仁町、長沼町、栗山町、月形町、浦臼町、新十津川町、妹背牛町、秩父別町、雨竜町、北竜町、沼田町

石狩振興局（8市町村）
住札幌市中央区北3条西7 道庁別館
札幌市、江別市、千歳市、恵庭市、北広島市、石狩市、当別町、新篠津村

後志総合振興局（20市町村）
住虻田郡倶知安町北1条東2
小樽市、島牧村、寿都町、黒松内町、蘭越町、ニセコ町、真狩村、留寿都村、喜茂別町、京極町、倶知安町、共和町、岩内町、泊村、神恵内村、積丹町、古平町、仁木町、余市町、赤井川村

胆振総合振興局（11市町）
住室蘭市海岸町1-4-1 むろらん広域センタービル
室蘭市、苫小牧市、登別市、伊達市、豊浦町、壮瞥町、白老町、厚真町、洞爺湖町、安平町、むかわ町

日高振興局（7町）
住浦河郡浦河町栄丘東通56
日高町、平取町、新冠町、浦河町、様似町、えりも町、新ひだか町

渡島総合振興局（11市町）
住函館市美原4-6-16
函館市、北斗市、松前町、福島町、知内町、木古内町、七飯町、鹿部町、森町、八雲町、長万部町

檜山振興局（7町）
住檜山郡江差町字陣屋町336-3
江差町、上ノ国町、厚沢部町、乙部町、奥尻町、今金町、せたな町

上川総合振興局（23市町村）
住旭川市永山6条19
旭川市、士別市、名寄市、富良野市、鷹栖町、東神楽町、当麻町、比布町、愛別町、上川町、東川町、美瑛町、上富良野町、中富良野町、南富良野町、占冠村、和寒町、剣淵町、下川町、美深町、音威子府村、中川町、幌加内町

留萌振興局（8市町村）
住留萌市住之江町2-1-2
留萌市、増毛町、小平町、苫前町、羽幌町、初山別村、遠別町、天塩町

宗谷総合振興局（10市町村）
住稚内市末広4-2-27
稚内市、猿払村、浜頓別町、中頓別町、枝幸町、豊富町、礼文町、利尻町、利尻富士町、幌延町

オホーツク総合振興局（18市町村）
住網走市北7条西3
北見市、網走市、紋別市、美幌町、津別町、清里町、斜里町、小清水町、訓子府町、置戸町、佐呂間町、遠軽町、湧別町、滝上町、興部町、西興部村、雄武町、大空町

十勝総合振興局（19市町村）
住帯広市東3条南3
帯広市、音更町、士幌町、上士幌町、鹿追町、新得町、清水町、芽室町、中札内村、更別村、大樹町、広尾町、幕別町、池田町、豊頃町、本別町、足寄町、陸別町、浦幌町

釧路総合振興局（8市町村）
住釧路市浦見2-2-54
釧路市、釧路町、厚岸町、浜中町、標茶町、弟子屈町、鶴居村、白糠町

根室振興局（5市町）
住根室市常盤町3-28
根室市、別海町、中標津町、標津町、羅臼町
北方領土の6自治体（色丹村、国後郡泊村、留夜別村、留別村、紗那村、蘂取村）は根室振興局が管掌する

祝祭日

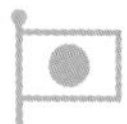

※内閣府のホームページより
・「国民の祝日」は休日とする
・「国民の祝日」が日曜日に当たるときはその日後においてその日に最も近い「国民の祝日」でない日を休日とする。
・その前日及び翌日が「国民の祝日」である日(「国民の祝日」でない日に限る)は、休日とする。

❖ 国民の祝日

元日　1月1日	年初を祝う。
成人の日　1月第2月曜日	大人になったことを自覚し、自ら生き抜こうとする青年を祝い励ます。
建国記念の日　2月11日	建国をしのび、国を愛する心を養う。
天皇誕生日　2月23日	天皇の誕生日を祝う。
春分の日　3月20日または21日	自然をたたえ、生物をいつくしむ。
昭和の日　4月29日	激動の日々を経て、復興を遂げた昭和の時代を顧み、国の将来に思いをいたす。
憲法記念日　5月3日	日本国憲法の施行を記念し、国の成長を期する。
みどりの日　5月4日	自然に親しむとともにその恩恵に感謝し、豊かな心をはぐくむ。
こどもの日　5月5日	子供の人格を重んじ、子供の幸福をはかるとともに、母に感謝する。
海の日　7月第3月曜日	海の恩恵に感謝するとともに、海洋国日本の繁栄を願う。
山の日　8月11日	山に親しむ機会を得て、山の恩恵に感謝する。
敬老の日　9月第3月曜日	多年にわたり社会に尽くしてきた老人を敬愛し、長寿を祝う。
秋分の日　9月22日または23日	祖先をうやまい、亡くなった人々をしのぶ。
スポーツの日　10月第2月曜日	スポーツに親しみ、健康な心身を培う。
文化の日　11月3日	自由と平和を愛し、文化をすすめる。
勤労感謝の日　11月23日	勤労をたっとび、生産を祝い、国民たがいに感謝し合う。

北海道みんなの日

7月17日は「北海道みんなの日」(愛称は「道みんの日」)。1869(明治2)年7月17日に、松浦武四郎が蝦夷地に替わる「北加伊道(ほっかいどう)」の名称を明治政府に提案した日にちなんで2017年に制定された。一部の道立施設や市町村立施設の入場料などが割引や無料になる。

おもな都市からの移動時間

▶ 北海道への道
→P.422

❖ 飛行機

本州21空港から新千歳空港へ各航空会社の便が就航している。各地から北海道のメインゲート、新千歳空港への所要時間は以下のとおり。ほかにフェリーや、函館までになるが新幹線も利用できる。

新千歳空港全景

各地から新千歳空港へ

羽田空港発　約1時間35分
成田空港発　約1時間50分
青森空港発　約45分
秋田空港発　約1時間
いわて花巻空港発　約55分
山形空港発　約1時間15分
仙台空港発　約1時間5分
新潟空港発　約1時間15分
福島空港発　約1時間30分
茨城空港発　約1時間25分
富山空港発　約1時間30分
小松空港発　約1時間30分
松本空港発　約1時間40分
静岡空港発　約1時間50分
中部国際空港(セントレア)発　約1時間40分
大阪国際空港(伊丹空港)発　約1時間55分
関西空港発　約2時間15分
神戸空港発　約1時間55分
広島空港発　約2時間10分
福岡空港発　約2時間40分
沖縄空港発　約3時間20分

札幌・小樽の気候

▶旅のシーズン →P.445

本州に比べ年間を通して気温は低い。夏の平均気温は25℃前後、冬の平均気温は−5℃前後まで下がる。いっぽうで夏の最高気温は35℃、冬の最低気温は−30℃を下回ることもあるなど、年間の温度差は激しい。札幌や周辺に1年いれば、真冬日から真夏日まで体験できる。夏の降水量は東京に比べて少なく、湿気がなくさわやかだ。海に面し、山に囲まれた小樽から積丹半島にかけては、札幌に比べ比較的寒さは緩め。そのため余市や仁木はフルーツの産地として有名。

札幌と東京の気温／降水量

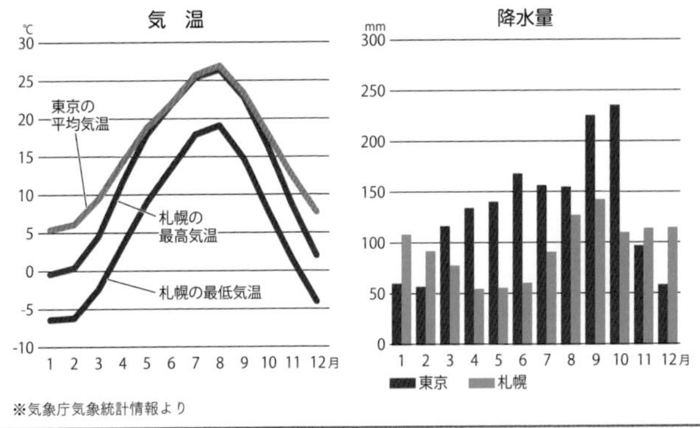

※気象庁気象統計情報より

安全とトラブル

▶旅のお役立ち情報 →P.449

治安はおおむね良好だが、すすきのをはじめとする繁華街ではトラブルに巻き込まれないよう気をつけよう。

北海道の自然のスケールの大きさは想像以上なので、気軽に山や森の中に入らないようにしたい。アウトドアを楽しむなら装備は万全に。

車の運転では、信号が少なく直線道が多いのでスピードの出し過ぎや、居眠り運転に注意。動物との衝突事故や冬道での事故も多いので、安全運転を心がけよう。

条例と旅のマナー

❖「北海道観光のくにづくり」条例

「先人から引き継いだ豊かで優れた環境を大切に守りながら、道民のみならず、北海道を訪れるすべての人が豊かさを享受できるよう、地域の観光の意義と可能性を認識し、地域を愛する者が協働し、知恵を出しあいながら『観光のくにづくり』を進めていくことが必要である」、として2001年10月に制定された。

❖受動喫煙防止条例

北海道受動喫煙防止条例が2020年4月1日に制定された。「受動喫煙ゼロ」の実現を目指し、道民運動としてこれを推進するとしている。

❖客引き防止条例

JR札幌駅からすすきの地区の、南北は北8条～南7条、東西は創成川通～西7丁目線で2022年4月から施行。しつこい客引きは条例違反となる。

❖野生動物への餌やり

野生動物への安易な餌づけは、野生動物が自ら餌を取ることをできなくする行為だ。道路で餌を待つようになり、あるいはゴミ箱をあさるなど人間との接点ができ、事故にもつながるので絶対にしてはいけない。

❖畑への侵入

田園風景や牛を撮影しようと、畑の中や牧場に侵入することは絶対にやめよう。また、農家の方に許可なくカメラを向けるなどしないよう、マナーにも注意したい。

❖昆布干し場への侵入

昆布が産地の海岸には、小石を敷いた干し場がある。昆布を干していないと砂利の広場のようだが、立ち入らないように注意したい。

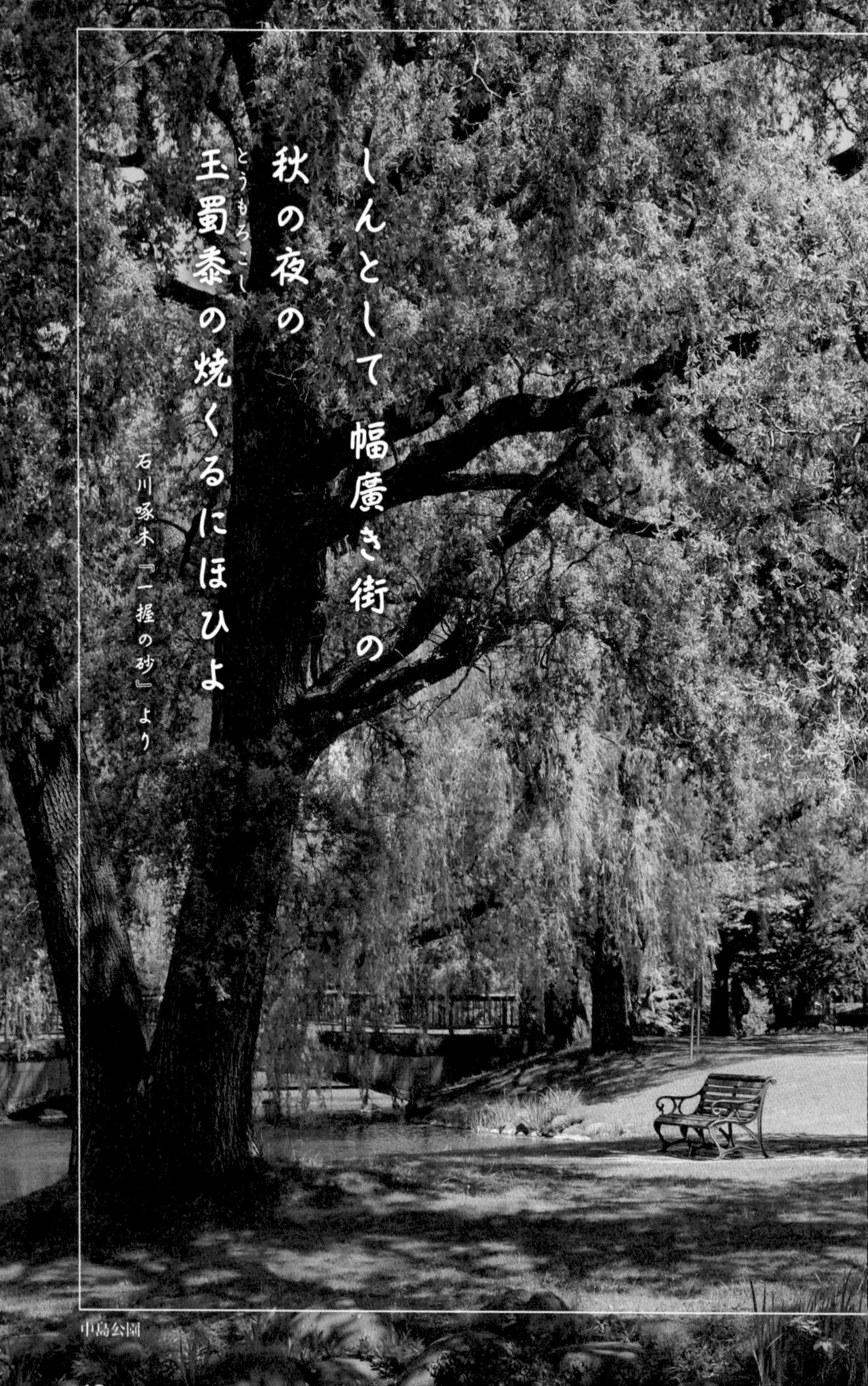
しんとして幅廣き街の
秋の夜の
玉蜀黍の焼くるにほひよ
とうもろこし
石川啄木『一握の砂』より

中島公園

『秋風記』より

札幌は寔(まこと)に美しき北の都なり。
初めて見たる我が喜びは何にか例へむ。
アカシヤの並木を騒がせ、
ポプラの葉を裏返して吹く風の冷たさ。
札幌は秋風の国なり、木立の市なり。
おほらかに静かにして、人の香よりは樹の香こそ勝りたれ。
大なる田舎町なり、
しめやかなる恋の多くありさうなる郷なり、
詩人の住むべき都会なり。

（明治四十年作）石川啄木

ともに大通公園にある石川啄木の歌碑より

札幌・小樽とその周辺 イベントカレンダー

1月

1月1日
元旦縁起もちつき(登別市)
11時頃から登別温泉の泉源公園で行われ、4人の若者が餅をつく

1月下旬〜2月中旬 千歳・支笏湖氷濤まつり(千歳市)
湖水をスプリンクラーで吹きつけて凍らせた氷のオブジェが並ぶ

2月

2月3日〜2月4日 登別温泉湯まつり(登別市)
湯への感謝と無病息災を願う「源泉湯かけ合戦」などを開催

2月上旬〜中旬 さっぽろ雪まつり(札幌市)
大通公園をメイン会場に氷像・雪像が並ぶ冬最大のイベント

2月上旬 なんぽろ冬まつり(南幌町)
アイスキャンドルや雪の巨大滑り台、雪合戦大会などが行われる

2月上旬〜中旬 小樽雪あかりの路(小樽市)
小樽運河や手宮線跡地にスノーキャンドルがともされ幻想的に

2月下旬 昭和新山 国際雪合戦(壮瞥町)
雪合戦の国際大会。スポーツ雪合戦を体験できるイベントも開催

3月

3月上旬
カルルス温泉冬まつり(登別市)
会場のサンライバスキー場で雪の中のミカンひろいや餅まきなどを楽しめる

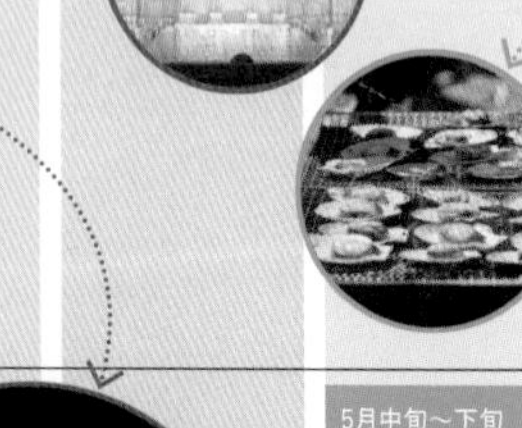

4月

4月上旬〜5月中旬
定山渓温泉渓流鯉のぼり(札幌市)
色とりどりの鯉のぼり約400匹が定山渓温泉の空を泳ぐ春の風物詩

4月下旬〜5月上旬
ひらおか梅まつり(札幌市)
平岡公園には約1200本の梅の木が植林されており開花に合わせて祭りを開催

4月28日〜10月31日
洞爺湖ロングラン花火大会(洞爺湖町)
毎夜20時45分、湖から花火が約20分間打ち上がる。長期にわたって開催

5月

5月中旬〜下旬
さっぽろライラックまつり(札幌市)
大通公園と白石区の川下公園にてライラックの苗木販売や音楽ライブなどを行う

6月

6月上旬
YOSAKOIソーラン祭り(札幌市)
チームで手に鳴子を持ち、ソーラン節をアレンジした曲で演舞を競う

6月上旬
おたる祝津にしん・おタテ祭り(小樽市)
「おタテ」とは小樽産のホタテの造語。祝津の海の産業祭

6月14〜16日
北海道神宮例祭(札幌まつり)(札幌市)
4基の神輿と、明治末期から大正・昭和時代に造られた9基の山車が市内を練り歩く

6〜7月の特定日
地獄の谷の鬼花火(登別市)
地獄谷展望台で鬼たちが鬼花火を放つ。開催日は公式ウェブサイトで要確認

6月下旬〜7月上旬
花フェスタ札幌(札幌市)
大通公園西4〜8丁目会場で行われる花をテーマにしたイベント

6月下旬
サッポロフラワーカーペット(札幌市)
北3条広場に花びらや自然素材を用いて地面に大きな絵を作りあげる

6月下旬
夏至祭(当別町)
スウェーデンの夏至祭を、レクサンド市と姉妹都市の当別町で開催

札幌・小樽とその周辺では四季それぞれに祭りやイベントが開催される。 遊びの夏、収穫の秋、 長く寒い冬ならではのイベント、 春はお花見を楽しもう。

7月

7月上旬
北海道亜麻まつり（当別町）
亜麻の栽培を復活させた当別町のイベント。亜麻の花や実を使った食品も販売

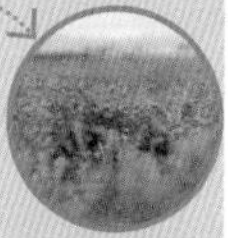

7月上旬
北海ソーラン祭り（余市町）
ソーラン節発祥の地で2日間行われる。正調ソーラン節や民謡ショーも開催

7月上旬 天狗の火渡り 神社祭り（古平町）
琴平神社の例大祭で天狗の面をかぶった「さるたひこ」が火渡りを行う

7月中旬〜8月中旬 さっぽろ夏まつり（札幌市）
短い夏を楽しむイベント。大通公園会場ではビアガーデンが設置され北海盆踊りなども

7月下旬〜8月中旬 狸まつり（札幌市）
「さっぽろ夏まつり」に合わせて行われる歴史ある狸小路商店街（1〜7丁目）の祭り

7月下旬 おたる潮まつり（小樽市）
踊りのパレード「潮ねりこみ」や花火大会、神輿パレードなど

7月下旬 千歳のまちの航空祭（千歳市）
航空自衛隊の千歳基地において所属の戦闘機の展示飛行や、市内でもイベントを開催

7月下旬 小樽がらす市（小樽市）
手宮線跡地を会場にしたガラス製品の展示販売や制作体験、風鈴のトンネルも

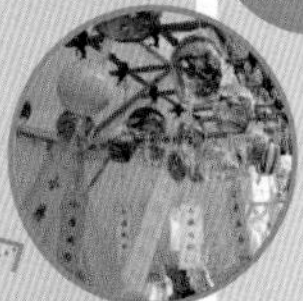

8月

8月上旬 すすきの祭り（札幌市）
歓楽街すすきのに屋台が出て、花魁道中、神輿の渡御、太鼓の演奏なども行われる

8月上旬 とまこまい港まつり（苫小牧市）
歌謡ショーのステージや市民おどりパレード、マーチングフェスティバルも

8月上旬 伊達武者まつり（伊達市）
武者絵の山車や騎馬武者、甲冑武者による武者行列や流鏑馬などを開催

8月中旬 RISING SUN ROCK FESTIVAL in EZO（石狩市）
朝日を迎えるオールナイトのロックフェス。飲食店も多く出て、音楽も北海道の味覚も楽しめる

8月の最終土・日曜
登別地獄まつり（登別市）
閻魔大王が鬼を引き連れて登別温泉に現れる伝説をもとに山車や鬼みこしが登場する

9月

9月中旬〜10月上旬 さっぽろオータムフェスト（札幌市）
大通公園で行われる食の祭典。道内各地の名店や人気店が出展

9月中旬 しらおいチェプ祭（白老町）
サケの豊漁と安全を祈願して執り行われ、アイヌ古式舞踊やムックリの演奏も

9月中旬 江別神社 秋季例大祭（江別市）
3日間にわたって開催され、キッチンカーや屋台でにぎわう。神輿渡御も行われる

9月下旬
石狩さけまつり（石狩市）
市内弁天町で行われ、サケの即売会やつかみ取りなどを開催

10月

10月の毎木曜日
地獄の谷の鬼花火（登別市）
地獄谷の展望台で鬼たちが鬼花火を放つ

10月上旬
だて農業・漁業・大物産まつり（伊達市）
農作物や水産加工品など特産品が集まり、グルメやステージショーも楽しめる

11月

11月上旬
さっぽろ菊まつり（札幌市）
菊の花の大きさや美しさを競う審査会で地下街の会場に多数の菊が展示される

11月〜2月中旬
小樽ゆき物語・余市ゆき物語（小樽市・余市町）
小樽運河や余市の名所がライトアップされるロングランイベント

11月上旬〜12月下旬 サッポロファクトリー ジャンボクリスマスツリー（札幌市）
サッポロファクトリーのアトリウムに高さ15mのクリスマスツリーが設置されイルミネーションで彩られる

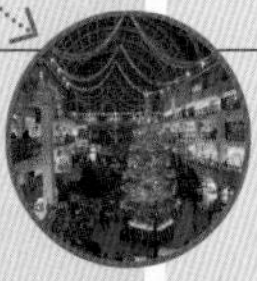

11月下旬〜12月下旬 さっぽろホワイトイルミネーション（札幌市）
大通会場や駅前通会場などが約73万個の電飾に彩られる

11月下旬〜12月25日 ミュンヘン・クリスマス市 in Sapporo（札幌市）
姉妹都市ミュンヘン市のクリスマス市を再現。大通公園にたくさんの店が並ぶ

12月

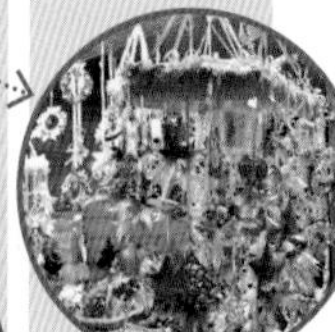

王道 札幌・小樽 モデルプラン

地元の人気番組STV「どさんこワイド179」アナウンサー考案のとっておき、札幌と小樽のモデルプラン。

テーマ 1

STV「どさんこワイド 179」アナが案内する

札幌"カンペキ"王道プラン

札幌を知り尽くしたアナウンサーによる、とっておきのモデルプラン。これで王道観光スポットはカンペキ！

なんと、約250万個ものれんがが使われているそうです

Start 2025年の再オープンが待ち遠しい

1 赤れんが庁舎（北海道庁旧本庁舎）

●あかれんがちょうしゃ（ほっかいどうちょうきゅうほんちょうしゃ）

「赤れんが庁舎」こと北海道庁旧本庁舎は2025年にリニューアルオープンの予定。四季折々に美しい庭園も散策してみよう。➡P.121

リニューアル後は展望室がオープン予定

コースチャート

Start
1 赤れんが庁舎（北海道庁旧本庁舎）
↓ 徒歩7分
2 札幌市時計台
↓ 徒歩5分
3 大通公園（西4丁目）
↓ 徒歩3分
4 さっぽろテレビ塔
↓ 地下鉄（大通駅～円山公園駅）5分 ＋ 徒歩15分
5 札幌市円山動物園
↓ 徒歩15分 ＋ 地下鉄（円山公園駅～西11丁目駅）3分 ＋ 市電（中央区役所前～ロープウェイ入口）18分 ＋ シャトルバス+ロープウェイ+ミニケーブルカー約15分
6 札幌もいわ山展望台
↓ ミニケーブルカー+ロープウェイ+シャトルバス約15分 ＋ 市電（ロープウェイ入口～すすきの）27分
Goal すすきの

時計台で開拓の赤星探し！

2 札幌市時計台

●さっぽろしとけいだい

ビルに囲まれた時計台は札幌観光に欠かせないスポット。外壁には開拓のシンボル、赤い星が17個あるので探してみよう。時計台と一緒に映ることができる記念撮影スポットも。➡P.120

館内2階のホールにある記念写真スポット

館内にはクラーク博士もいますよ

低い位置から足が長く見えるように撮ってね！

毎時、時刻の数だけ鳴り響く鐘の音もチェックして！

春はライラックの花、秋は黄葉が彩りを添える

展望台からは大通公園と
遠くに大倉山のジャンプ台まで

このポーズが
カッコイイんで
ないかい

木々やオブジェを見ながら散歩

3 大通公園 ●おおどおりこうえん

時計台から1ブロック南に横たわる緑豊かな大通公園。ダイナミックな噴水、カラフルな花壇、オブジェなどを眺めながら散策できる。➡P.112

札幌のランドマークに上る

4 さっぽろテレビ塔 ●さっぽろテレビとう

大通公園の東端に立つ、全長147.2mの電波塔。エレベーターで展望台に上がると、長い大通公園が一望できる！ ➡P.120

ゾウ舎では
ゾウの大きさ
や生態を
知ることが
できます！

表情豊かな動物たちに癒やされる

5 札幌市円山動物園 ●さっぽろしまるやまどうぶつえん

泳ぐホッキョクグマが見られる水中トンネルは迫力満点。ヒグマ、ゾウなど動物の生きいきとした姿が見られる工夫がいろいろ。

➡P.116

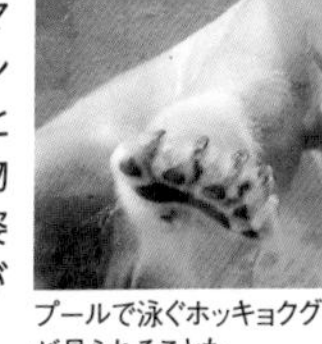

プールで泳ぐホッキョクグマが見られることも

日没に合わせて夜景のビュースポットへ

6 もいわ山山頂展望台 ●もいわやまさんちょうてんぼうだい

ロープウェイとミニケーブルカーに乗って藻岩山の山頂へ。「日本新三大夜景」にも選ばれている札幌の夜景はロマンティック。

➡P.130

日没後のトワイライトタイムから徐々に暗くなる様子を眺めたい

7 すすきの

旅の最後はすすきのでディナー。札幌名物グルメクルーズをエンジョイ！

夜のすすきの交差点

オススメNightスポット

札幌の夜はどこに行く？ 話題の地ビールや夜パフェもオススメ！

木戸アナのイチオシ！

Beer Bar NORTH ISLAND
●ビアバー ノースアイランド

ビルの10階にある小さなビアバー。I.P.A.やピルスナーなど自社醸造のクラフトビールを最大12種類楽しめる。直営店限定ビールも定期的に提供。

ボクのイチオシは
江別産小麦を使った
ヴァイツェンです！

DATA
MAP 別冊P.39-C1
住 札幌市中央区南2西4-10-1 ラージカントリービル10階
TEL 011-251-8820
営 17:30～ドリンク23:30（日曜・祝日は15:00～22:00、祝前日は～23:30） 休 無休
交 地下鉄すすきの駅から徒歩5分
CC ADJMV　P なし

それぞれ味わいの違うクラフトビール。すべてSサイズ（275mℓ）700円。Lサイズもある

木村アナのイチオシ！

夜パフェ専門店 ななかま堂
●よるパフェせんもんてん ななかまどう

アートのようなパフェが話題の夜パフェ専門店。パフェメニューは常時6種類ぐらいあり、クリームやジュレなどの層に季節のフルーツがたっぷり。

DATA
MAP 別冊P.38-B2
住 札幌市中央区南4西5-10 第4藤井ビル2階
TEL 011-596-8607
営 18:00～23:30LO（金・土曜・祝前日は～翌1:30LO）
休 無休
交 地下鉄すすきの駅から徒歩2分
CC ADJMV　P なし

飲んだあとは甘い
モノでしょ。まるで
芸術作品のような
パフェですね

パフェは季節により変わる。写真は「お茶目な"すずらん"～return of happiness～」

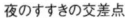

小樽の歴史スポットに詳しい
北本隆雄アナ
明石英一郎アナ
名物料理とお酒が大好き
佐々木美波アナ
映えスポットとスイーツならおまかせ

テーマ 2

STV「どさんこワイド179」アナが案内する

小樽"歴史&絶景"王道プラン

小樽に詳しい3人がそれぞれ歴史、名物料理、映えスポット担当でとっておきの小樽を案内！

コースチャート

Start
1 JR小樽駅
↓ バス約25分（または車で約10分）
2 祝津
↓ バス約20分（小樽駅前通）＋徒歩10分
3 小樽運河
↓ 徒歩3分
4 ステンドグラス美術館（小樽芸術村）
↓ 徒歩5分
5 旧手宮線跡散策路
↓ 徒歩7分
Goal JR小樽駅

Start ガラスランプと裕次郎のレトロな駅

1 JR 小樽駅

●ジェイアールおたるえき

小樽駅に着いたら改札を出る前に、4番ホームの通称「裕次郎ホーム」や333個もあるランプを眺めて歴史を感じてみて。➡P.306

昔はこの「むかい鐘」で列車の到着を知らせていました

1. 構内のあちこちにランプが飾られている
2. 等身大のパネルがある通称「裕次郎ホーム」

ひと足延ばして展望スポットへ

2 祝津

●しゅくつ

小樽市内観光の前に、北に位置する祝津へ。断崖と海の絶景が広がる展望スポットで、鰊御殿やおたる水族館の見どころも！

小樽市鰊御殿には明治期の貴重な資料を展示。眺めも最高です！
おたる水族館のイルカスタジアムは必見ですよ！

祝津展望台からのおたる水族館➡P.341と小樽市鰊御殿 ➡P.303

小樽市街へ約20分の絶景クルーズ

祝津港と小樽港を結ぶ小樽海上観光船「あおばと」を利用すれば、移動と展望クルーズの両方が楽しめる。➡P.344

半島の向こうまで行くオタモイ航路もある

ノスタルジックな小樽のシンボル

3 小樽運河

おたるうんが

小樽観光のハイライト、小樽運河。運河沿いには遊歩道が設けられ、立ち並ぶ倉庫を眺めながら散策できる。夜はライトアップも。➡P.298

記念写真は
浅草橋からが
オススメです♪

石造りやれんが造りの倉庫が並ぶ

歴史的建造物とステンドグラス

4 ステンドグラス美術館（小樽芸術村）

ステンドグラスびじゅつかん（おたるげいじゅつむら）

19～20世紀にイギリスの教会に飾られていたステンドグラスを古い倉庫の中いっぱいに展示。幻想的な光に包まれる。➡P.309

ステンドグラスが
作り出す光の世界観に
うっとり♡

歴史的建造物を活用した小樽芸術村のひとつ

小樽市街に残る廃線跡

5 旧国鉄手宮線散策路

きゅうこくてつてみやせんさんさくろ

手宮線の跡地は約1.6kmの遊歩道として整備されている。線路沿いを散策でき、春は桜、秋は紅葉がきれい！➡P.308

線路の上を歩いて
かつてのにぎわいに
思いを馳せて

石炭を小樽の港に運ぶために敷かれた

オススメグルメスポット

数ある小樽グルメのなかでも私たちのオススメはこちら！

北本アナのイチオシ！

若鶏時代なると 本店

わかどりじだいなると ほんてん

ほとんどの人が看板商品の「若鶏の半身揚げ」を注文。揚げたてのアツアツを豪快に味わおう。揚げ物から寿司や刺身までメニューが豊富。➡P.287

小樽といえば「なるとの半身揚げ」と言われるほどの名物

揚げたてのパリッと
した皮にかぶりつくと
肉汁がジュワ～っと

佐々木アナのイチオシ！

アイスクリームパーラー美園

アイスクリームパーラーみその

老舗スイーツ店。アイスクリームやパフェはもちろん、隠れた人気が10～5月限定の「鍋焼うどん」820円。麺から具材までこだわりの一品だ。➡P.291

パフェやプリン、
アイスとメニューが
いっぱいあって
悩みます！
まずは鍋焼
うどんを食べて
それからパフェ
ですね

明石アナのイチオシ！

北一ホール

きたいちホール

歴史的建造物にランプのともるカフェだが、小樽の地ビールを提供。フルーティな味わいのヘレス、カラメルフレーバーのドンケルの飲み比べができる。➡P.288

ランプの明かりの
下でいただく
地ビールの味わいは
格別です

167個の石油ランプがともる幻想的な空間

STV佐々木アナの

予算"2000"円で10ヵ所！歴史と文化の小樽レトロ旅

2000円握りしめて旅に出よう！

佐々木美波アナ

1日で小樽市内のスポット10ヵ所を回る欲張りなモデルプラン。予算2000円にも関わらず、小樽ならではは景色と寿司を堪能し、おみやげもゲットするという大満足の旅！

小樽に来たらこの眺めはマストですね！
景色
0円

2023年で完成100年を迎える運河

まずは運河を目指してスタート

01 小樽運河（浅草橋）

●おたるうんが（あさくさばし）

小樽観光の定番、小樽運河。ビュースポットの浅草橋の名は、ここから真っすぐ山側に向かうと浅草寺というお寺があることからなんだそう。 ➡P.298

無料で見学＆試飲ができる酒蔵

02 田中酒造 亀甲蔵

●たなかしゅぞう きっこうぐら

明治時代の石蔵の中では毎日、職人が日本酒造りに励んでいる。工場見学のあとは、日本酒の試飲が楽しめる！

➡P.59、330

おいしい日本酒飲まさるわ〜
見学+試飲
0円
通年お酒造りをしているそう

1. 試飲できるのは代表銘柄「宝川」など
2. ほんのり甘い日本酒の香りが漂う工場
3. 趣のある建物で買い物もできる

亀甲蔵 酒粕せんべい 365円（12枚入り）

絶対撮りたい映えスポット

03 薬師神社の坂

●やくしじんじゃのさか

坂の町・小樽で、ドラマや映画の撮影によく使われるのがこの坂。海から吹き上げてくる風が心地いい。

MAP 別冊P.44-B2

住小樽市清水町9-26（薬師神社） 営見学自由 交JR小樽駅からバスで約6分、桜陽高校下下車、徒歩3分

振り返ると坂の先に海が見えます
散策
0円

真っすぐに海まで延びた坂道は絵になる

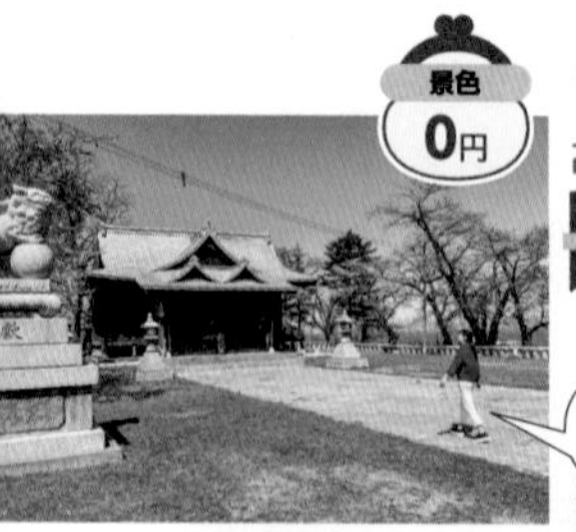

高台にある絶景スポット

04 水天宮

●すいてんぐう

➡P.310

キツイ坂道をのぼった先に現れる、ご利益がありそうな展望スポット。緑に囲まれた敷地からは小樽港を一望できる。

建物は小樽市指定の歴史的建造物です

GW頃は桜がピーク。海と桜の組み合わせを楽しめる

老舗店でツウなだんごの楽しみ方

05 小樽新倉屋 花園本店

●おたるにいくらや はなぞのほんてん

人気の花園だんごは全5種類。常連客は、正油と胡麻のだんごを一緒に注文し、たれを絡ませて味わうのだそう。 ➡P.318

甘じょっぱさと香ばしさを同時に堪能！

花園だんご 220円（2本）　どらやき 180円

火・金・日曜は焼きたてのどらやきも！

明治時代に創業。市内に本店含め3店舗がある

線路上をバランス取って歩くのは難しい……

約1600mが散策路として整備。案内板（左）もすてき

北海道遺産に選定されている

06 旧国鉄手宮線散策路

●きゅうこくてつてみやせんさんさくろ

北海道で初めて開通した鉄道の跡。今は散策路になっているので、歴史に想いをはせながら歩いてみて。 ➡P.308

ランチのコスパの高さに驚き！

08 花園 遊人庵

●はなぞの ゆうじんあん

老舗和食店「た志満」の姉妹店なので味はお墨付き。1000円以内で、寿司をメインにした昼限定のお得ランチが味わえる。

MAP 別冊P.46-A3

住 小樽市花園4-1-1 TEL 0134-21-7200
営 11:00～15:00、17:00～20:00
休 不定休 交 JR小樽駅から徒歩10分 P あり

茶碗蒸しまで付いて豪華です！
寿し彩膳
980円

セット内容は握り5カンに巻物、天ぷら、うどんなど

昭和初期に建てられた銀行を改装した雰囲気のよい店舗

旅の締めくくりにぴったりの場所

10 祝津パノラマ展望台

●しゅくつパノラマてんぼうだい

積丹半島に沈む夕日を望める絶景スポット。刻々と変化する海と空の色を眺め、旅を振り返ってみるのも。 ➡P.341

きれいな夕日にうっとり♡

ビュー
0円

あたりをオレンジ色に優しく包み込む

切り刻まれた10億円も！

07 日本銀行旧小樽支店金融資料館

●にっぽんぎんこうきゅうおたるしてんきんゆうしりょうかん

明治時代に建てられた銀行を資料館として開放。お金に親しみがもてるさまざまな楽しい展示がある。

➡P.301、310

高い天井、壁のレリーフなど優雅さがあります

20年ほど前まで銀行として使われていた

身長の高さまでお金を積み上げると、さていくら？

ステンドグラスが美しい教会

09 カトリック小樽教会富岡聖堂

●カトリックおたるきょうかい とみおかせいどう

1929（昭和4）年に完成した教会。戦前から今日まで坂の上から小樽を見守ってきた。見学自由で写真撮影もOK。

➡P.326

海外の絵本に出てくるような風景です

マリア様の前で厳かな気持ちに

寄付でポストカードをいただきました
ポストカード
200円
（献金）

クリスマスには100人近くもの市民が集まる

¥ TOTAL 1945円
※交通費は除く。2023年5月現在

小樽には無料で楽しめる絶景スポットや歴史スポットがいっぱいあり、低予算でも大満足の旅が楽しめることを実感しました！

STV北本アナの

予算"2000"円で10ヵ所！札幌近郊で産直めぐりの旅

2000円あれば
こんなに楽しめる！
北本隆雄アナ

札幌近郊には"産直"こと生産者から直送される産地直売所が点在。予算2000円で恵庭、北広島、長沼を巡り、取れたて新鮮野菜の購入と名物グルメを味わう充実旅！

恵み野地区のオープンガーデン

01 杉若圭一さんのお庭

●すぎわかけいいちさんのおにわ

ガーデニングの専門的な知識と技術をもつ「恵庭市フラワーマスター協議会」所属の杉若さんの庭は、ブルーガーデンとして有名。約200品種もの青い花が咲く。見頃は6月下旬～7月上旬。

MAP 別冊P.33-D3
住 恵庭市恵み野南2-12-4
TEL 非公開 P なし

見学 0円

クレマチスだけでも
30種あるんですよ
花と恵庭愛にあふれた
ブルーガーデン、
ステキです

1. ブルーガーデンの中心的部分。バラを中心にカンパニュラ、サルビアなど。宿根草約150種、1年草は約50種ある 2. カラフルな入口のウェルカム花壇

産直が大充実の道の駅

02 恵庭農畜産物直売所 かのな

●えにわのうちくさんぶつちょくばいじょ かのな

「道と川の駅 花ロードえにわ」にある直売所には、恵庭市を中心とした約70の生産者による野菜・果物・花・各種苗や加工品が並ぶ。

恵味ゴールドの苗 60円

恵庭産のとにかく
やわらかい
ハウス大根だよ

今年の夏は
とうもろこし
食べ放題だな～

MAP 別冊P.33-D3
住 恵庭市南島松817-18（道と川の駅花ロードえにわ） TEL 0123-36-2700
営 9:00～17:00(7～9月は～18:00、12～3月は10:00～16:00) 休 無休 P あり

開店直後から大盛況

ビール工場見学と試飲

03 サッポロビール北海道工場

●サッポロビールほっかいどうこうじょう

工場見学（要予約）ではおいしいビールができるまでの行程を学べるばかりか、最後にはできたてビールの試飲ができる！ ➡P.57

※ドライバーにはソフトドリンクを提供

ここで麦芽を
糖化させます

ビール試飲 0円

有名なサッポロビール
北海道工場へGO！

これが目的じゃ
ないんですよ～、
でも、最高！

エスコンが見える直売所

04 タカシマファーム直売所 ふらり

●タカシマファームちょくばいじょ ふらり

寒地稲作発祥の地・北広島で100年以上続く米農家「タカシマファーム」直営店。精米したてのお米「田園交響楽」や取れたて野菜を販売。おにぎりやおこわもある。

MAP 別冊P.9-D2
TEL 011-373-0693 住 北広島市共栄586-10 営 6～11月の土・日曜の10:30～16:00 P あり

おにぎり1個 140円

小高い場所にあり、北広島の田園風景も

エスコンフィールド
雄大な北海道の自然
の中にある球場だと
いうことを実感！

クラーク博士の名言はこの地で

05 国指定史跡 旧島松駅逓所

●くにしていしせき きゅうしままつえきていしょ

1897（明治30）年の駅逓所廃止まで経営にあたった中山久蔵の個人宅。クラーク博士が1877（明治10）年、米国に帰国する際に立ち寄り「少年よ、大志をいだけ」の名言を残した場所。 ➡P.251

見学 200円

ボランティアガイドさん
の話しが興味深い

現存する駅逓所としては道内最古

敷地内にあるクラーク記念碑

窓の外に広がる景色もアートの一部

06 黒い森美術館

●くろいもりびじゅつかん

オーナーで学芸員、建築家でもある齋藤孝子さんが設計した、森の中にポツンとたたずむ美術館。定期的に企画展を開催している。

MAP 別冊P.9-D2
住 北広島市富ヶ岡509-22
TEL 011-373-8239　営 5～10月の月・火・水曜10:30～15:30　P あり

入館
0円

北広島の豊かな森を生かしたアート空間

この日は杉田光江さんの作品展を開催

長沼名物のジンギスカン

07 お食事処 成吉

●おしょくじどころ じんきち

ランチは長沼成吉思汗の直営店へ。たれに漬け込んだ羊肉のロースを、回りが深い溝になったジンギスカン鍋で焼いて食べるのが特徴。

MAP 別冊P.7-C2
住 長沼町馬追2022　TEL 0123-88-2333
営 11:00～19:00（土・日曜・祝日は～20:00。冬季は時間短縮）　休 月・火曜（祝日の場合は振替）　P あり

1. 3世代で迎えてくれるアットホームな店　2. 古民家風の一軒家

肉200gに野菜、ライス、シメの麺まで付いて大満足！
マトン
成吉思汗定食
1270円

札幌近郊の直売所といえばココ

08 マオイの丘 ファーマーズマーケット

●マオイのおか ファーマーズマーケット

道の駅マオイの丘公園に併設された直売所が2023年4月にリニューアルしてパワーアップ！近隣農家から直送される野菜や花の苗が並び大盛況。

TEL 0123-84-2120

道の駅マオイの丘公園 ➡P.440

新鮮で安くてどんどん買っちゃいそう！
蔵出し
玉ねぎ
100円
(6個入り)

両手いっぱいに野菜を抱えるお客さんでにぎわう

かりんとうのようなお饅頭

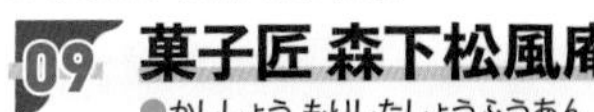

09 菓子匠 森下松風庵

●かししょう もりしたしょうふうあん

1950（昭和25）年創業の老舗菓子店。看板商品の「長沼かりんとう饅頭」は、道産小豆の餡を沖縄の黒糖を使用した皮で包み、蒸してから揚げた懐かしい味わい。

MAP 別冊P.7-C2
住 長沼町本町北1-1-6
TEL 0123-88-0051　営 9:00～18:00（日曜は～17:00）　P あり

かりんとうのような形にもこだわっています
2代目 森下伸さん
北海道長沼
かりんとう饅頭
140円
(1個)
食べたとき「ザクッ」という音がします！

田園風景を望むビュースポット

10 マオイ文学台

●マオイぶんがくだい

実は長沼町は夕日の町。旅の最後は長沼町と石狩平野を一望できる知る人ぞ知るビュースポット、マオイ文学台へ。

MAP 別冊P.7-C2
住 長沼町東7線北　営 見学自由
P あり

ビュー
0円

水田に映る夕日がドラマチック！

¥ TOTAL 1910円

※交通費は除く。2023年6月現在

恵庭、北広島、長沼には知られざる魅力が満載。新鮮野菜を買い、名物のジンギスカンやおやつを食べ、絶景も楽しんで……と大満足の旅でした！

専門家と歩いて
見つけた歴史スポット、
教えます！

てくてく洋二の
札幌＆小樽の文化をつなぐスポット巡り

SAPPORO 札幌

ご存知ですか？「札幌の中心部は豊平川によって形成された扇状地の上に発展している」ってこと。僕は最近知ったんですけれどね、へェへェ。扇状地とは、河川が山から平地へと流れ出る所に土砂が扇のように堆積してできた地形。あたりにはアイヌが「メム」と呼んだ湧き水があったとか。そのまわりにコタン（集落）をもち、鮭の遡上を待っていたそうなんです。古くからあるスポットを巡り、札幌市時計台の鐘の音を聞きながら、先人たちの暮らしをイメージしてみるのもオススメです。

1873（明治6）年の札幌市街
写真所蔵／北海道大学植物園・博物館

START! 清華亭 ➡P.154

●せいかてい

かつて「水の都」さながらの景色が広がっていた偕楽園。その風光明媚なお庭を、清華亭を訪れた明治天皇は「メムの水」を使ったお茶を飲みながら眺めたのだそうです。

※2024（令和6）年4月30日まで改修工事のため休館中

1.現在も残る建物入口　写真提供／札幌市市民文化局文化部文化財課 2.偕楽園ふ化場。明治11年頃　写真所蔵／北海道大学附属図書館 3.当時に思いをはせながらのんびり

北海道大学植物園 ➡P.114

●ほっかいどうだいがくしょくぶつえん

都会の中心にありながら原初の札幌を感じさせる園内では、1000年ほど前の擦文文化期の遺跡も確認されています。ここでしか見ることのできないエゾオオカミの剥製は必見です！

1.博物館本館は明治時代の姿を残している 2.絶滅したエゾオオカミの剥製 3.北海道の植物が自生する園内にキタキツネが！

旧北海道庁立図書館（北菓楼 札幌本館） ➡P.140

●きゅうほっかいどうちょうりつとしょかん（きたかろう さっぽろほんかん）

大正時代に建てられた重厚な図書館をショップやカフェとして気軽に利用できちゃいます。必見は旧玄関ホール！　建築当時の姿のままで、レトロな写真が撮影できるスポットです。

1.現在は北海道を代表するスイーツ店 2.北海道庁立図書館　写真所蔵／北海道立図書館発行「道立図書館50年史」より 3.旧玄関ホール。美しい手すりにも注目

秋野総本店薬局

●あきのそうほんてんやっきょく

創業150年以上の薬種売薬の老舗。現存する建物は1901（明治34）年に建てられたもので、札幌軟石の石蔵が、かつて多くの問屋が軒を連ねた南1条通の姿を今に伝えてくれます。

MAP 別冊P.39-C・D1
住 札幌市中央区南1西1
TEL 011-221-2460

1.ビルが立ち、周囲の環境は大きく変わった 2.建物は当時の姿を残す

GOAL! 北海道里程元標 ➡P.118

●ほっかいどうりていげんぴょう

1910（明治43）年に架橋された現存する札幌最古の橋「創成橋」。そのたもとには北海道の道路の起点を示す「北海道里程元標」が。札幌の町づくりは、ここから始まりました。

橋はタマネギのような擬宝珠が特徴

歴史深掘りさんぽ

「てくてく洋二」という歴史探訪コーナーで、歴史・文化を楽しく紹介しているSTVのレジェンド・木村洋二アナ。札幌・小樽をてくてく歩いて見つけた、とっておきのスポットをご案内。

歩けば歩くほど地元の文化を感じますよ～

小樽 OTARU

小樽の町を小高い丘から見下ろしたい……だったら少しだけ足腰の強化を。例えば傾斜のある「船見坂」。観光地として有名ですが、旦那さんの船の帰りを奥さんが今か今かと見下ろしていたことからこの名が。ラブラブだったんだねぇ～。そして観光客に人気の堺町通り商店街。そのすぐ近くには、かつての繁栄を物語るお屋敷やその跡地が。玄関までのレトロでしゃれた石の階段は一段一段が半円形、普通に四角でもいいのに。きっとお金持ちだったんだ。うらやましいぞ！

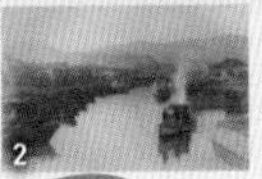

1.弁財船でにぎわう小樽港。1903(明治36)年8月撮影　写真所蔵／小樽市総合博物館 2.大正中期の小樽運河　写真所蔵／小樽市総合博物館

START! 手宮洞窟保存館

➡ P.340

●てみやどうくつほぞんかん

「陰刻画」と呼ばれる手宮洞窟の彫刻。じーっと見つめていると「角のある人」や「仮面をつけた人」の姿が。1600年前の人たちが遺した岩壁画は唯一無二です。

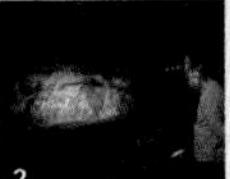

1.今から1600年ほど前の続縄文時代のものとか 2.岩肌をガラス越しに見学

茨木家中出張番屋

➡ P.302

●いばらきけなかでばりばんや

祝津の浜に明治時代から残る伝統的な鰊番屋。広い板の間には漁夫たちが寝泊まりするための寝台(ねだい)が巡らされ、囲炉裏のある座敷では船頭が暮らしていました。

1.入口や屋根などの美しい意匠も必見 2.しっかりとした作りの寝台 3.中は広々

小樽市総合博物館運河館

➡ P.307

●おたるしそうごうはくぶつかんうんがかん

小樽の歴史を知りたければ、迷わずコチラへどうぞ。1893（明治26）年に建てられた旧小樽倉庫を改築した内部が展示スペースに。当時屋根の上にあった瓦製のシャチホコも展示。

1.博物館の外観 2.明治末期の小樽倉庫　写真所蔵／小樽市総合博物館

旧寿原邸

●きゅうすはらてい

時代を先取りした「サンルーム」に、白い縫い目のように縁取られた亀甲積みの石垣。小樽が北海道経済の中心地であった当時の"勢い"を、坂の上の豪邸から感じてみてください。

MAP 別冊P.46-B3
住 小樽市東雲町8-1 TEL 080-3156-8484 営 10:30～16:00（2023年の一般公開は4月29日～10月9日の土・日曜・祝日）料 無料 交 JR小樽駅・南小樽駅から徒歩20分 P あり（旧堺小学校校庭）

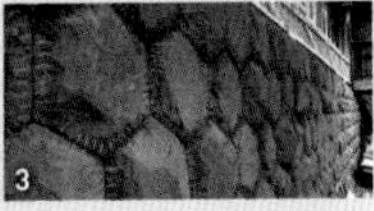

1.1912(大正元)年に建築された建物 2.サンルームは当時珍しかったとか 3.亀甲積みの石垣

GOAL! (旧)岡川薬局 CafeWhite

●きゅうおかがわやっきょく カフェホワイト

昭和初期の「マンサード屋根」が印象的な、元「薬種売薬」の老舗。現在は1階がカフェ（カレーがオススメ！）、2階は宿泊のできるゲストルームに。これにはビックリ。

MAP 別冊P.45-C3
住 小樽市若松1-7-7 TEL 0134-64-1086 営 Cafe White 11:30～21:00、日曜～18:00 休 月・木曜（祝日は営業）交 JR南小樽駅から徒歩5分 P あり

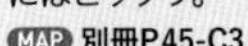

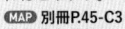

1.昭和5年建築の建物を利用　写真所蔵／小樽市総合博物館 2.屋根や外壁に注目を 3.店内はおしゃれなカフェ

STVが調査！ 同業者があえて推す、本当にウマいと思う店

札幌・小樽 お魚のプロ100人に聞いた！

おすすめ海鮮・寿司・魚料理の店5

全国の漁獲量の約4分の1を占めるといわれる北海道。全道から鮮度抜群の海の幸が集まる札幌・小樽で、魚の目利きが選んだ店はこちら！

アンケートで選ばれた店 同業者の目線で「本当にウマいと思う店を教えてください」とアンケートを実施。集まった120以上の回答から、特にコメントの多かった店を厳選して紹介。
アンケート実施期間：2023年3月16日～4月16日

1 居酒屋ふる里 札幌総本店

▶札幌・中央区

●いざかやふるさと さっぽろそうほんてん

MAP 別冊P.37-C3

毎朝、店主が市場へ仕入れに出向き、新鮮なうちに自社の加工場でていねいに処理。刺身のほか、自家製干物や珍味も絶品。

住 札幌市中央区北1西3-3-24 札幌中央ビル4階
TEL 011-233-3311 営 17:00～23:00LO（日曜・祝日は17:00～22:00LO） 休 無休 交 地下鉄大通駅から徒歩3分 CC ADJMV P なし

刺身7点盛り 3080円

同業者の声
真っ先に頭に浮かぶのが刺身。とにかく鮮度がいい！
札幌市中央区・元居酒屋勤務／佐藤さん／職歴23年

▲ふる里といえば、新鮮な旬の海の幸が並ぶ刺身盛り！

サメガレイ一夜干し 600円

脂ののったサメガレイを使った一夜干しは最高！
札幌市中央卸売市場・曲〆（カネシメ）髙橋水産／藤川直樹さん／職歴15年

◀肉厚でうま味が凝縮されたサメガレイはぜひ食べたい一品

ふる里

2 海味はちきょう 本店

▶札幌・中央区

●うみはちきょう ほんてん

MAP 別冊P.39-C2

店内は大漁旗などが飾られ番屋のよう。刺身や真ホッケの開きのほか、ここに来たなら外せないのが元祖つっこ飯だ。

住 札幌市中央区南3西3 都ビル1階
TEL 011-222-8940 営 18:00～23:00LO（日曜・祝日は17:00～22:00LO）
休 無休 交 地下鉄すすきの駅から徒歩1分 CC ADJMV P なし

まだ盛るの～！
イクラが
こぼれる～！
オイサー、
オイサー、
オイサー

「どさんこワイド179」福永アナ

元祖つっこ飯（中） 2690円

活気があっていい。新鮮でおいしいイクラとパフォーマンスも○
札幌市中央区・一夜干しと海鮮丼できたて屋サッポロファクトリー店／山本さん／職歴7年

名物の元祖つっこ飯のイクラが、これでもかというくらい絶品！
札幌市北区・居酒屋勤務／Mさん／職歴12年

かけ声と一緒に自家製イクラがどんどん盛られていく

3 ▶札幌・中央区
魚や がんねん
うおや がんねん

MAP 別冊P.39-D1

二条市場で朝食を食べるならココ。刺身や海鮮丼はもちろん、季節の焼魚の定食類もおすすめ。なくなり次第閉店なので早めに行こう。

住 札幌市中央区南3東1-5
TEL 011-272-3770 営 8:00～14:00（なくなり次第終了） 休 水曜 交 地下鉄大通駅から徒歩4分 CC 不可 P なし

道産ホタテと極上イクラ丼
1980円

肉厚で甘味のあるホタテと粒がしっかりしたイクラ

魚が好きな地元の人間でも、何度も行きたくなるお店
札幌市北区・海鮮食堂 海 札幌北口店／安田さん／職歴18年

生本マグロお刺身定食
1480円

刺身の分厚さとネタの鮮度に感動。小鉢も美味

いつ行っても新鮮。いい物を仕入れている。特にマグロは絶品
札幌市中央区・寿司・中国料理 福禄寿／尾友さん／職歴13年

「どさんこワイド179」村雨アナ

脂ののったおいしいニシンですよ

4 ▶小樽
民宿 青塚食堂
みんしゅく あおつかしょくどう

小樽・祝津エリアの民宿兼食堂。店の前で焼いているニシンをはじめ、ホタテやツブ焼きなどの定食や海鮮丼なども揃う。

➡P.345

ニシンの焼ける香ばしい香りが漂ってます

特大ニシン焼き定食 1650円

おいしい焼きたての魚介が食べられる
小樽市・寿司店／Sさん／職歴18年

30cm近くあるニシンがずらりと並ぶ様子にまずは驚く

目の前で焼く昔ながらのスタイル。価格もリーズナブル
札幌市中央区・たる善／真田さん／職歴20年

脂がのってうま味が凝縮されたニシンにご飯が進む

5 ▶小樽
伊勢鮨
いせずし

MAP 別冊P.46-A2

吟味したネタを用いた江戸前寿司は、ひと口食べればていねいな仕事ぶりが伝わる。人気店なので訪れる際は忘れずに予約を。

住 小樽市稲穂3-15-3 TEL 0134-23-1425
営 11:30～15:00（14:30LO）、17:00～21:00閉店 休 水曜、第1・2火曜（祝日の場合は営業、振替休日あり） 交 JR小樽駅から徒歩7分 CC ADJMV P あり

おまかせ握り
7700円

利酒師の資格を持つ女将がすすめる日本酒と一緒に味わおう

芸術的な寿司です
北海道メディアフーズ／能登さん／職歴37年

ネタのこだわり、大将の魅力、女将さんの気配り、トータルでよし！
札幌市中央区・居酒屋 ふる里 札幌総本店／店主・山口威さん／職歴30年

旬の食材を生かした創作料理がすばらしい
民宿 青塚食堂／青塚忍さん／職歴18年

札幌・小樽

ラーメン店店主100人に聞いた！おすすめ ラーメン店 8

札幌は1000軒以上のラーメン店があるというラーメン激戦区。その札幌・小樽の、人気ラーメン店の店主が好きなラーメン店がここだ！

1 ▶札幌・北区 麺や けせらせら

●めんや けせらせら

MAP 別冊P.13-C3

店名は「なるようになるさ」の意味。鶏の身、骨、もみじ（足先）と野菜を煮込んだ濃厚白湯スープが特徴。味噌、醤油らぁめんもある。

住 札幌市北区太平7条5-2-5 TEL 011-771-5246 営 11:30～15:00、17:00～20:00（スープなくなり次第終了。水曜は昼のみ営業） 休 木曜、第3水曜 交 JR百合が原公園駅から徒歩7分 CC 不可 P あり

同業者の声

濃厚な鶏のうま味の鶏白湯ラーメン。まろやかでかつ、鶏の癖がないスープが秀逸。ぷりぷりの麺との相性も◯
札幌市中央区・三角山五衛門ラーメン／田畑元彦さん／職歴10年

塩らぁめん 850円

まるでポタージュのようなとろみのあるスープ。鶏のうま味が凝縮

鶏のいいところが出ていておいしい
札幌市白石区・ラーメン二代目けけけ／村井さん／職歴21年

クリームシチューみたいにトロットロ。とろみのあるスープがおいしい
札幌市東区・店名Y／Iさん／職歴13年

スープがとろっとしていておいしそう！

鶏が大量に入った白湯スープです

「どさんこワイド179」福永アナ

2 ▶札幌・北区 斗香庵 SHINKOTONI

●とこうあん シンコトニ

MAP 別冊P.12-B3

煮干しの香り漂う透明感のあるスープに道産小麦100%の特注麺。タレカツ丼など約10種類あるどんぶり390円もセットで楽しめる。

住 札幌市北区新琴似8条14-3-1ヤマキヨビル1階 TEL 011-790-7130 営 9:50～15:00（14:30LO） 休 木曜、第3水曜 交 JR新琴似駅から徒歩15分 CC 不可 P あり

丼もの、天ぷら、鮮魚などすべてクオリティが高く、満足度も高い
札幌市北区・らーめんさかい／堺さん／職歴10年

札幌にはない味わい。魚介でガツンとしたつけ汁が主流の中、真逆の、鶏のさらっとしたつけ汁が好き
札幌市白石区・らー麺 山さわ／山澤さん／職歴19年

スープまで飲み干せるバランスのとれた一杯
札幌市東区・らーめん ほっぺ家／遠藤さん／職歴14年

斗香庵の中華そば 690円

うま味凝縮の和出汁のスープに円山製麺の中細ストレート麺が合う

3 ▶札幌・北区 コクミン ショクドウ

MAP 別冊P.13-C3

住 札幌市北区太平4条3-3-3ノースリバービル1階 TEL なし 営 11:00～14:30 休 水・木曜 交 JR太平駅から徒歩10分 CC 不可 P あり（5台）

通称「なましょう」と「白しょうゆらーめん」が看板商品。奥深く優しくバランスのとれた味わいにファンが多い。

生しょうは絶対にマネできない味。まさにレジェンド！
札幌市西区・札幌麺屋 美椿（みつば）／阿部達郎さん／職歴14年

素材のうま味がよく引き出されている。ていねいな仕事が感じられる
札幌市北区・札幌篠路 ラーメンstyle丸ふ／藤嶌さん／職歴35年

なま味しょうゆらーめん（なましょう）850円

「なましょう」の麺はもちもちの手打ち平打ち麺。お麩がアクセント

同業者100人に聞いた本当にウマい店

醤油ちゃあしゅう麺
1800円

淡麗な醤油スープに泳ぐ麺と丼を覆う数種のチャーシューが印象的

4 ▶札幌・中央区 Japanese Ramen Noodle Lab Q

●ジャパニーズ ラーメン ヌードル ラボ キュウ MAP 別冊P.37-C3

スープ、盛りつけなどていねいさにこだわって作っているのを感じる
札幌市中央区・らあめん新ARATA／藤原さん／職歴15年

食材、調理法、食器など細部までこだわりを感じる
札幌市東区・札幌Fuji屋／藤谷さん／職歴16年

ラーメンの常識をくつがえす新感覚の話題店。地鶏スープと道産小麦の自家製麺ほか、厳選食材を使った唯一無二の味。

住 札幌市中央区北1西2-1-3 りんどうビル地下1階 TEL 011-212-1518 営 11:00～15:00 休 日曜 交 地下鉄大通駅から徒歩3分 CC 不可 P なし

5 ▶札幌・東区 麺 鍾馗

●めん しょうき
MAP 別冊P.19-C1

まずは羅臼、利尻、真昆布の3大昆布のスープに浸った麺を食べ、そのあとつけ麺で楽しめる。背脂煮干1100円なども。

住 札幌市東区北26東1-2-25 ノース26 1階 TEL 011-768-8029 営 11:00～20:30 休 火曜、ほか臨時休業あり 交 地下鉄北24条駅から徒歩5分 CC 不可 P あり

昆布のだしが本当においしい
札幌市北区・麺屋 雪月花／竹市さん／職歴20年

札幌の他店とは一線を画しています。背脂煮干しはバランスがいい
札幌市清田区・Tさん／職歴25年

北海道三大昆布水余市麦豚のつけ麺
1200円

通常メニューも鉄板ですが、限定メニューもおいしいです
札幌市中央区・らーめん五丈原／店長・東さん／職歴29年

温かいつけ麺スープには余市麦豚と軟白ネギなどが入っている

6 ▶小樽 らーめん みかん

MAP 別冊P.45-C3

札幌の有名店「すみれ」で修業した店主が作る渾身の一杯を味わいに、南樽市場の店前には朝から行列ができる。店名は"未完"から。

住 小樽市新富町13-13
TEL 0134-22-1221
営 11:00～16:00（スープがなくなり次第終了） 休 水・木曜 交 JR南小樽駅から徒歩12分 CC 不可 P 南樽市場と共用

味噌やショウガの香りが食欲をそそります～

「どさんこワイド179」村雨アナ

味噌
900円

すみれの製法を極めています
札幌市中央区・らー麺 ふしみ／久保さん／職歴29年

これぞ札幌ラーメンの代表的な味。アツアツのスープと炒めたモヤシ、黄色いちぢれ麺がとても奥深い味
北広島市／Rさん／職歴16年

濃厚味噌スープに黄色縮れ麺、ショウガとネギもたっぷり

殿堂入り人気店

同業者からコメントが多かったこちらの2軒はどちらも「すみれ」から独立した公認店。一度食べれば濃厚味噌の虜に。

7 ▶札幌・豊平区 麺屋 彩未

●めんやさいみ
➡P.75

麺の食感、スープの風味、こだわり生姜の新鮮味、チャーシューの旨味。札幌ラーメンの魅力が凝縮された上質なでき映え
札幌市中央区・ラーメン札幌一粒庵／大島さん／職歴23年

神の領域、札幌最強。ボクが聞きたいくらいです
札幌市清田区・らーめん 虎／KENさん／職歴14年

8 ▶札幌・西区 八乃木

●はちのき
➡P.75

すみれの公認店ということからわかるように、ザ・札幌ミソラーメンを味わえる店
札幌市中央区・らーめん紫雲亭／内山さん／職歴8年

もやしの火当てやスープの塩梅が絶妙
札幌市東区・札幌Fuji屋／藤谷さん／職歴16年

札幌・小樽

お菓子職人100人に聞いた！ 好きな絶品スイーツ7

良質な原材料が揃う北海道は、まさにスイーツ王国。
なかでも激戦区でもある札幌・小樽で、プロが認める最高峰のスイーツを紹介！

1 ▶札幌・西区 パティスリー YOSHI

●パティスリーヨシ

札幌西野にあるケーキとアイスクリームの店。厳選した素材を用いて作るスイーツは、どれを食べても外れなし。➡P.231

同業者の声
ブリュレが入っていて、バランスがよくおいしい
札幌市南区・ポワソン・ダブリール／野上さん／職歴39年

西野ロール 1400円

ふわふわの生地と食感の軽い生クリーム。くどすぎず程よい甘さも◎

ていね山 550円

クマさんがアクセントでかわいくて、味もおいしい
札幌市南区・ろまん亭／井内さん／職歴6年

手稲山をイメージした、マロンたっぷりのケーキ

2 ▶札幌・中央区 北の和菓子 四代嘉心

●きたのわがし よんだいかしん

MAP 別冊P.34-A2

閑静な円山地区にある、創業100年以上の老舗和菓子店。季節の上生菓子、団子、饅頭、どら焼きなどが並ぶ。

住 札幌市中央区南2西20-2-20 TEL 011-623-0185 営 10:00〜18:00（1〜2月は〜17:00） 休 月曜、第2・3火曜（祝日の場合は翌日休み） 交 地下鉄西18丁目から徒歩3分 CC 不可 P あり

づくめ団子 (5本)830円

とにかくゴマたっぷりで、残ったゴマでゴマ和えなど2度楽しめます
札幌市中央区・サリーズカップケーキ／横田さん／職歴9年

甘さがちょうどよく、ゴマがたっぷり
札幌市手稲区・ポロジェンヌ／八鍬さん／職歴35年

ゴマの香りがよくてもっちもちです

「どさんこワイド179」福永アナ

作りたてですからね
(3代目で会長、90歳)

切りゴマの中にやわらかい団子が5本、埋まっている

3 ▶札幌・中央区 C'est BO et BON

●セ ボー エ ボン

MAP 別冊P.34-A3

フランスや東京の有名店で修業経験のあるオーナーが、食感や風味を大切に作った本格フランス菓子を提供。

住 札幌市中央区南7西24-2-3 カルムマルヤマ1階
TEL 011-213-1065
営 11:00〜19:00 休 火・水曜 交 地下鉄円山公園駅から徒歩13分 CC 不可
P あり

サバランクラシック 580円

味のバランス、香りがよい
札幌市東区・バースデーイヴ札幌店／J・Nさん／職歴12年

ラム酒が利いた生地に生クリームのシンプルなサバラン

ミルフィーユ タヒチ 580円

パイ生地の食感、クリームの口どけシンプルながらすばらしくおいしい
きのとや商品開発部／関さん／職歴7年

キャラメリゼしたパイにバニラクリームをたっぷりサンド

4 ▶札幌・中央区
Lumiere et ombre
●リュミエール エ オンブル

MAP 別冊P.25-B・C1

ハイレベルなショコラケーキが並ぶと話題の店。ショコラや焼き菓子のほか、濃厚なソフトクリームも人気。

住 札幌市中央区南13条西23-2-3 TEL 非掲載 営 11:00〜18:00 休 火・水曜(変動あり) 交 市電西線14条駅から徒歩13分 CC 不可 P あり

クリオロ 500円

随所にこだわりが感じられ、価格も良心的ですばらしい
札幌市南区・店名M/Tさん/職歴25年

エクレール・クリスティアン 500円

とにかくショコラのさまざまな表情をケーキで表現していてレベルが高い
札幌市東区・リヴゴーシュ・ドゥ・ラセーヌ/礒部さん/職歴39年

今まで札幌で食べてきたなかではいちばんクオリティの高い店です
柳月/浦田さん/職歴4年

わざわざ足を運んでも買う価値ありの絶品ショコラケーキ

5 ▶札幌・東区
リヴゴーシュ・ドゥ・ラセーヌ

MAP 別冊P.19-D2

テリーヌ風チョコレートケーキ。少し温めてもおいしい

フランスで修業したオーナーが作るケーキは、素材選びからこだわったもの。しっかりした味わいが楽しめる。

住 札幌市東区北20東15-2-8 パーク・フォルム元町Ⅱ TEL 011-742-7023 営 11:00〜19:00 休 月・火曜 交 地下鉄元町駅から徒歩10分 CC 不可 P あり

リヴゴーシュ 450円

ていねいな仕事ぶりがうかがえ、何を食べても間違いなくおいしい
札幌市厚別区・パティスリーブール/白木さん/職歴34年

パリで食べるような菓子。すべてにこだわりを感じる
北広島市・パティスリー・モンタンベール/長根山さん/職歴40年

シュープラリネ 400円

生地がしっかりしていて、カスタードも濃いめで好み
札幌市豊平区・ル・ポワンドール/鈴木さん/職歴30年

サクサクの生地と甘さを抑えたショコラクリームが合う

6 ▶小樽
小樽あまとう 本店
●おたるあまとう ほんてん

MAP 別冊P.46-A2

小樽市民に愛され続ける老舗の洋菓子店。ケーキやチョコレート、焼菓子、みやげ用アイスクリームなどが並ぶ。

住 小樽市稲穂2-16-18 TEL 0134-22-3942 営 10:00〜19:00 休 木曜(祝日の場合営業)、ほか年5回火曜休み 交 JR小樽駅から徒歩4分 CC 不可 P なし

いろいろな味のマロンコロンがあります!

マロンコロン 220円〜

マロンコロン カカオはザクザク感がチョコとよく合う
札幌市東区・フォセットフィーユ/山下さん/職歴36年

本店にはカカオ、チーズ、アーモンド、ウォナッツなど10種類ほどあり

3枚重ねのサクサクサブレ

「どさんこワイド179」村雨アナ

7 ▶小樽
小樽新倉屋花園本店
●おたるにいくらやはなぞのほんてん

MAP 別冊P.46-A3

伝統の味を守り続け、今年で創業128年の和菓子店。代表菓子といえば、人気漫画にも登場した「花園だんご」だ。 ➡P.318

花園だんご 各110円

もちもちの団子にたっぷりのあんがのったお団子は何本でも食べられます!
匿名希望/職歴12年

黒あん、白あん、抹茶あん、胡麻、正油の5種類がある

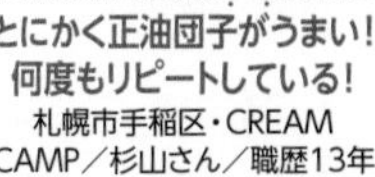

とにかく正油団子がうまい! 何度もリピートしている!
札幌市手稲区・CREAM CAMP/杉山さん/職歴13年

STV「どさんこワイド179」が

各エリアで町ゆく100人に聞いた！ 地元のランチランキング

札幌の各エリアで100人に聞いた、地元のおすすめランチスポットから人気の高かったベスト3を紹介！

木戸アナ　西尾アナ

円山公園エリア

▶札幌中心部の西に位置する、緑が広がる高級住宅地。

1位 カレー専門店 円山教授。

●カレーせんもんてん まるやまきょうじゅ。

MAP 別冊P.34-A3

地元コメント

「漁師さんから直接具材を仕入れしていて、魚介のだしがすごい」(30代主婦)

煮込み浜カレー 1780円

「煮込み系と素揚げ系、浜カレーも2種類あって、煮込み系が好き」(20代会社員女性)

ウニで有名な積丹の田村岩太郎商店の姉妹店。人気の海鮮ベースのカレーのほか、ケーキのようなキーマカレーも。

住札幌市中央区南4西21-1-27 TEL011-522-8886 営11:00～22:00 休無休 CC ADJMV P あり

2位 おにとこ円山

●おにとこまるやま

MAP 別冊P.34-A2

地元コメント

「頼んでからすぐ握ってくれるので、ほっかほかを食べられます。お米が1粒ずつ生きている感じで、お米本来の味が楽しめます」(30代女性)

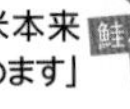
鮭バター醤油 350円

当別町の契約農家から直接仕入れたお米のおにぎりを、絶妙な加減で握ってくれる。具材は期間限定を含め30種類以上。

住札幌市中央区南1西23-1-33 TEL011-618-0215 営7:00～19:00(土・日曜・祝日は9:00～19:00。11～3月は10:00～) 休不定休 CC不可 Pなし

3位 レストランとと

●ストランとと

MAP 別冊P.34-A3

地元コメント

「特におすすめはピザ。マルゲリータはトマトが効いていて、チーズがトロッとしていておいしい」(30代主婦)

マルゲリータ(前菜・ドリンク付) 1050円

「トマトソースを味わうという感じです」(40代飲食関係女性)

古民家のイタリアン。ランチはパスタorピザに前菜とドリンクが付いたお得なメニューあり。ドルチェもおすすめ。

住札幌市中央区南4西22-2-2 TEL011-312-0425 営ランチ11:00～15:00、ディナー18:00～22:00 休火曜 CC ADJMV Pあり

中島公園エリア

▶JR札幌駅から約2km、都会のオアシス中島公園周辺。

1位 Agt

●あじと

MAP 別冊P.25-C1

地元コメント

「雑穀米を使ったお米のサンドイッチと、1階には小物も売っていて体によいものがいっぱい」(50代主婦)

「オシャレで落ち着いた空間でゆっくり過ごせる」(40代女性)

腸ハッピーセット 1430円

「整腸第一主義」をコンセプトに、体に優しいデリやスイーツを提供。ご飯で具材をサンドした「こめサン」は1個270円～。サラダや総菜も。

住札幌市中央区南16西4-1-10 TEL011-552-3729 営10:00～17:00 休木曜 CC ADJMV Pあり

2位 パイ&クレープ クローバー 幌平橋店

●パイ&クレープ クローバー ほろひらばしてん

MAP 別冊P.25-C1

地元コメント

「安くてボリュームたっぷり」(40代会社員女性)

生いちごチョコ生クリーム 480円

「イチゴのクレープが好きです」(女子高校生)

「お手軽な感じで安くておいしい」(20代会社員女性)

生ハムオニオン 480円

パイとクレープの店。独自の製法で作るもちもちしっとりのクレープは十数種あり280円～。

住札幌市中央区南17西6-1-1 TEL011-561-9680 営11:00～19:30 休無休 CC不可 Pあり

3位 洋食屋 グリルラパン

●ようしょくや グリルラパン

MAP 別冊P.25-C1

地元コメント

「ハンバーグやオムライスがあり、行列ができていることも」(会社員男性)

オムライス御膳(サラダ・みそ汁付) 1180円

「オムライスがフワフワしていておいしいです」(20代女性)

1983年創業の老舗洋食店でメニューは約80種類。日替わり含め4種類のランチがある。

住札幌市中央区南17西6-4-1 TEL011-512-2695 営ランチ11:00～15:00、ディナー17:00～21:30 休火曜・第3月曜 CC ADJMV Pあり

番組情報 2022年2月～2023年3月に「どさんこワイド」の「さっぽろランチランキング」で放送した内容を編集。番組ウェブサイトにも詳しい情報が掲載されています。

創成川イースト

▶札幌中心部を南北に流れる創成川の東側。

FAbULOUS
ファビュラス
➡P.139

ガレット・生ハムサラダ（ドリンク付き） 1380円

地元コメント

「チーズやベーコンが入ったそば粉のクレープ、ガレットが人気」（女性）

「ガレットの薄い生地の中に卵が入っていて、サラダがトッピングされていてヘルシー」（女性）

CAFE & RESTAURANT ORGALI
カフェ&レストラン オーガリ
MAP 別冊P.37-D3

地元コメント

「ランチおいしい!」（女性）

「パスタがおいしかったです」（男性）

週替わりパスタ 880円

ランチはパスタやステーキなど豊富なメニュー。サラダビュッフェ&コース2500円も人気。夜は自然派ワインを。

住札幌市中央区大通東2-15-1
TEL011-585-5000
営11:00～22:00（日曜・祝日～21:00）
休無休 CCADJMV Pなし

3位

牛かつと海鍋 平田 二条市場本店
ぎゅうかつとうみなべ ひらた にじょういちばほんてん
MAP 別冊P.39-D1

地元コメント

「何もつけなくていいんじゃないかというぐらいおいしい。肉もやわらかい」（男性）

「衣がすごく薄いので女性でも食べやすい」（女性）

牛かつ定食 1500円

名物の牛かつのほか生ラムかつ、旨レアメンチなどもおすすめ。コスパのいいせんべろセット1000円も。

住札幌市中央区南3東1 新二条市場内
TEL011-213-1388 営9:00～17:00（木・金・土曜は～22:00） 休水曜
CCADJMV Pなし

新札幌エリア

▶地下鉄新さっぽろ駅、JR新札幌駅周辺の副都心エリア。

チキンペッカー
チキンペッカー
➡P.188

炭火焼き 1人前 1000円

地元コメント

「炭火焼きなので香ばしくておいしいです」（20代主婦）

「ジューシーでやわらかくておいしい」（30代女性）

ドーナツ・ベーグル専門店 ふわもち邸
➡P.190
ドーナツ・ベーグルせんもんてん ふわもちてい

地元コメント

「けっこう大きくて、本当にふわふわしています」（30代主婦）

「ドーナツから、お総菜のベーグルみたいなものも。ふわっ、もちっとしてお店の名前どおりです」（50代女性）

15種のサラダ 249円
ごまあんこ 206円

3位

ステーキレストラン がんねん
ステーキレストランがんねん
MAP 別冊P.27-C1

地元コメント

「ボリュームあって、すごいジューシーなお肉」（30代女性）

「ランチにステーキもあって、何を食べてもおいしいです」（30代男性）

がんねんステーキ200g 1540円

100gのカットステーキや、カット&ハンバーグランチはサラダ・ドリンク付きで1100円と大満足。

住札幌市厚別区厚別中央3条6-1-6
TEL011-894-2949 営11:30～20:00
休火曜（祝日の場合は翌日休み）
CC不可 Pあり

琴似エリア

▶地下鉄とJRが利用できる札幌市西区の中心地。

札幌らっきょ 琴似店
さっぽろらっきょことにてん
➡P.85

地元コメント

「スパイシーさとチキンのやわらかさが絶品」（男性）

「辛さの段階がいろいろある。今日は1番だったが、今度は2番に挑戦したい」（男性）

知床どりスープカレー 1530円

オニオン チョッパーズ
オニオン チョッパーズ
MAP 別冊P.18-B2

地元コメント

「オムライスのシーフードクリームソース。とても濃厚でシーフードとよくからんでおいしい」（女性）

チョイスランチ・オムライスA シーフードクリームソース（サラダ・ドリンク付） 1045円

地下鉄琴似駅からすぐの店。定番の洋食とチョイスランチやセットメニューがいろいろあり、ボリュームも満点。

住札幌市西区琴似2条5-2-20彩都パレス1階 TEL011-556-1284 営11:30～15:30、17:00～22:00 休木曜 CC不可
Pあり

※サラダ・ドリンク付き。メニューは週替わり

あいねくらいね なはとむじく
あいねくらいねなはとむじく
➡P.229

地元コメント

「プロの味ですね」（男性）

「ハンバーグ大好き。昔からあるし、子どもの洋食屋さんデビューはここでした」（女性）

煮込みハンバーグ 100g 1400円
サーロインステーキ 200g 2400円

STVいちの呑んべえ

明石英一郎アナの2軒目に行ってみたい店

ベルボトムにて

2次会といっても、小生、いわゆる大宴会のあと、数十人単位で移動する大きな店とはまったく無縁のため、ごく少数で2軒目に行ってみたい、というコンセプトで選んだ店を紹介。建物や立地条件の特徴にこだわってみました。もちろん、1軒目からでも十分過ぎるほど楽しめます！

明石英一郎
1960年旭川市生まれ。「どさんこワイド」のレジェンドアナ。趣味は飲み歩き。ラジオ「明石のいんでしょ大作戦！」（毎週土曜13:00〜18:00）パーソナリティ。

昭和ラビリンス編

昭和の面影を強く残す、札幌市南4西1（国道36号沿いとその横&裏路地）界隈。一歩足を踏み込めば、そこは人呼んで「昭和ラビリンス」。迷宮のハシゴで2次会3次会……。

ひとりで行ってもみんなと楽しくのめる

立ち呑み ちゃぼ

●たちのみ ちゃぼ

MAP 別冊P.39-D2

「しょうすけどん」からすぐの仲通りにあり、店名の看板はないがカウンターが見える。食べ物が破壊的に安いが、場末感はまったくないのは女性スタッフのキャラクターの賜物。ひとりで行ってカウンターに座っても、み〜んな仲間的に楽しくお話できるのだ。ただ、いつも混んでいるので入れればラッキーかな。

住 札幌市中央区南4西1 ナガサワ倉庫1階
TEL 011-221-5585 営 16:00〜23:00（水曜は18:00〜、土曜は14:00〜、水曜・日曜の9:00〜18:00は喫茶seikatsuとして営業）
休 立ち呑みは日曜・祝日 交 地下鉄豊水すすきの駅から徒歩1分 CC 不可 P なし

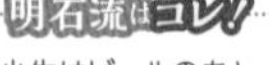

明石流はコレ！

小生はビールのあと、泡盛の「カリー春雨」ロックに、ドライフルーツが定番。

カリー春雨 550円、ドライフルーツ 220円、ビール 550円、サバと高菜のポテトサラダ パン付き、キツネと昆布ガリ各330円、ミニクリスピーピザ 440円

屋台なのか？ 店なのか??
微妙な造りがユニーク

肴や しょうすけどん本店

●さかなや しょうすけどんほんてん

MAP 別冊P.39-D2

1994年に先代のしょうすけ氏がオープンし、その後、店長の「るい」さんが10年間切り盛りしている。国道36号沿いのバス停の前にある、寒い時期はビニールシートで覆われ、温かくなるとオープンになり屋台のような椅子とテーブルが現れる。目の前がバス停なので、僕はここで飲んでからバスで帰ります（笑）。

夏はビニールシートがありませんよ

住 札幌市中央区南4西1
TEL 011-232-9755
営 15:00〜23:00 休 日曜・祝日 交 地下鉄豊水すすきの駅から徒歩1分
CC 不可 P なし

明石流はコレ！

小生はいつもホッピー（白）にナカの追加を2回。定番の煮込みに加えて、独特な食感の鶏皮ポン酢や酢ガツは、奥歯が悶絶するおいしさ。「るい」さんのその日のメニューも見逃せない。

ホッピー（白）セット 580円、中300円、牛すじの煮込み 590円、親鶏の皮ポン420円

「しょうすけどん」2階の
看板のない姉妹店

SUKEKO

●スケコ

女性のお客さんが多いんですよ

「しょうすけどん」と同じドアを開けて、そのまま急な階段を上って2階に。看板も出ていない、ほぼカウンターだけの隠れ家。女性店主の「ぼちこ」さんが、初めてのお客さんも優しく迎えてくれる。

住 営 休 上記「肴や しょうすけどん本店」と同じ
TEL 090-6265-3515

階段が急なので注意して！

明石流はコレ！

システムは選べるお通し3品または1品で各500円、そのほか黒板メニュー、〆のそばやご飯物も。ちょっとした料理が実に細やか。

サッポロラガービール 780円、選べるお通し3品 500円

すすきのビル 編

すすきのに残されたユニークなサイコロビルと、すすきのの奥にあるビル内の穴場店。

たっぷりこぼしていいんだよ～

路地にある細長いサイコロビルの炭火焼き

四代目がんちゃん家

よんだいめがんちゃんち

MAP 別冊P.39-C2

路地の入口、通称サイコロビルの賽の目"3"にありワンフロア1店舗というユニークな形態。店主の「がんちゃん」こと岩佐さんは、以前いた創業70年を超える店の四代目の職人だったことから店名に。和食料理人のがんちゃんは焼鳥の腕に限らず魚の干物を焼かせても確実。

住 札幌市中央区南6西3-6-12 御代川6・3ビル3階 TEL 011-600-6036 営 17:00～23:00LO 休 日曜 交 地下鉄すすきの駅から徒歩3分 CC ADJMV P なし

新子焼きは焼くのに30分ぐらいかかります

明石流はコレ！

ほかの店と違ってパリパリの煎餅のように焼き上げたとり皮、絶妙の火加減で仕上げた新子焼きがお気に入り。ビールのあと、日本酒の極熱燗が定番。

とり皮 各180円
新子焼き 1650円
熱燗 430円

とり皮のほか、赤ウインナー180円、しそチーズつくね 280円、ヤゲン軟骨 200円、豚みそ串 280円、サバ焼(半身) 630円～

丸い窓から豊川稲荷がバッチリ見えるので、マスター曰く「自称パワースポット」だそう(笑)

ロックのレコードが流れるカツオだしの香るバー

ベルボトム

ベルボトム、履いてますよ！

MAP 別冊P.39-C3

明石流はコレ！

元居酒屋店長だけにつまみはバッチリ。カツオだしの香りが漂うバーって、落ち着くんだよね～。

お通し 600円(おつまみ付き)、ビール 700円

住 札幌市中央区南7西3 セブンビル3階 TEL 掲載不可 営 19:00～翌2:00 休 日曜 交 地下鉄すすきの駅から徒歩5分 CC 不可 P なし

駅前通りのすすきのの奥にあるセブンビル。1960年に建てられ、かつては病院だったというが今は飲食店が入る。盛り場の変遷を見守って幾星霜。当時の面影を今に伝える、丸い大きなユニークな窓が特徴で、今でも珍しいが建築当時は画期的な「攻めた」デザインだったはず。カウンターだけの小さなバーだが、レコードで流れるブルースロック、開放感あふれる高い天井にゆったりと回るシーリングファン、大きな丸い窓、キャスケット帽にエプロンで決めた「カッチ」こと永井マスター……。狙ったレトロではなく、自然に昭和の探偵ドラマの世界に紛れ込んじゃうぞ。

「え～っ、こんな所にホルモン屋さんがあるんだ～」編

周りにあまり飲食店がないなかに漂う、焼いたホルモンの香りがタマランチ会長。

大通公園エリアにある脂っこくない絶品ホルモン

ヤマダホルモン

MAP 別冊P.39-C1

地下鉄大通駅の9番出口を出れば30秒でたどり着くアクセスのよさ。店の前から見えるのは三越デパートと北海道銀行。すすきのじゃなくてもイイ店はイイ。軽～く2軒目にホルモン食べたくなることってあるよね。

ヤマダホルモン
プラス300円でサッポロクラシックも飲み放題ですよ(店長 南さん)

住 札幌市中央区南1西4-15-2 S-1パーキングビル2階 TEL 011-232-8929 営 17:00～LAST 休 日曜(月曜が祝日の場合は営業、翌月曜が休み) 交 地下鉄大通駅から徒歩2分 CC ADJMV P なし

明石流はコレ！

ホルモンセットでどうだ！脂っこくない薄いホルモンを七輪にのせて……嗚呼、今夜も軽くでは済みませんなあ～。

美白ホルモンセット(どんぶりホルモン、枝豆、90分飲み放題) 2300円

「どさんこワイド179」のメインキャスターが推す

自慢の絶景

Superb View

身近にある風景だからこそ、最も輝く瞬間を知っている
STV「どさんこワイド179」のメインキャスターの
福永アナと村雨アナが自信をもっておすすめする地元の絶景。

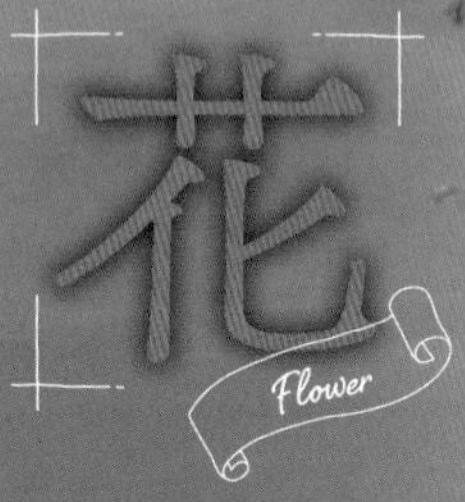

札幌市

ライラック咲く大通公園

➡P.112

ベストシーズン
5月中旬〜6月上旬

推し人

村雨美紀アナウンサー
新緑に映えるライラックは大通公園に約400株。1960(昭和35)年に市民投票で選ばれた「札幌の木」でもあります。

札幌市

幌見峠の朝日とラベンダー

➡P.129

ベストシーズン
7月中旬～下旬

標高320mから札幌市内を見下ろすラベンダー畑。早起きした人だけの朝日のライトアップショー。

日の出とともに咲き、お昼過ぎには散ってしまう幻の花。畑での栽培に適した北国ならではの景色です。

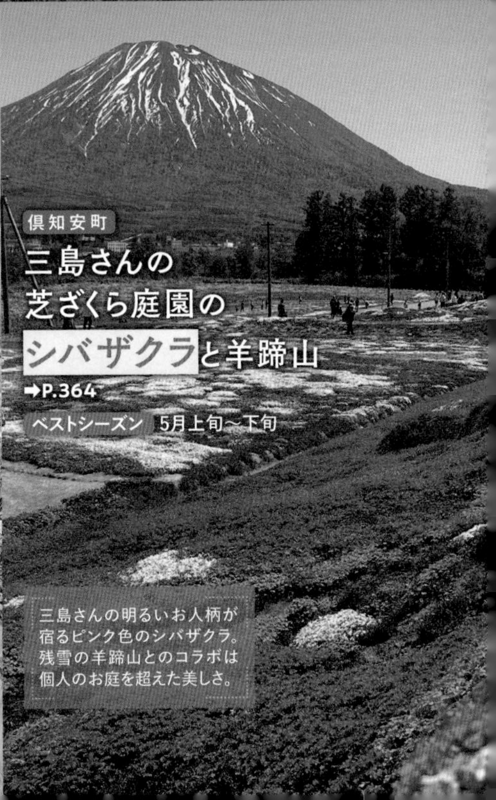

倶知安町

三島さんの芝ざくら庭園のシバザクラと羊蹄山

➡P.364

ベストシーズン　5月上旬～下旬

当別町

亜麻の花畑

➡P.270

ベストシーズン　6月下旬～7月下旬

写真提供／亜麻公社

三島さんの明るいお人柄が宿るピンク色のシバザクラ。残雪の羊蹄山とのコラボは個人のお庭を超えた美しさ。

風景

Scenery

積丹町

積丹半島の神威岬&宝島

➡P.351

ベストシーズン 7～9月

推し人

福永俊介アナウンサー

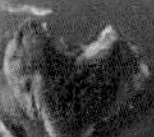

積丹ブルーと草原の緑に、おじさん、心洗われます。美国の浜に浮かぶ宝島は上から見るとハート形♥

千歳市

支笏湖の水面に映る山々

➡P.250

ベストシーズン 3～5月

3～5月の穏やかな早朝にだけ見られる絶景。美しい支笏湖はあなたの心を映し出す鏡なのかも。

 写真提供／千歳観光連盟

小樽市

毛無山と雲海

➡P.333

ベストシーズン 8～10月

日の出を待つ朝の雲海はまるで「夢の絨毯」のよう。毛無といっても、ココをけなしようがありません。

札幌市

星観緑地のイチョウ並木

➡P.235

ベストシーズン 10月中旬

黄金のカーペットを踏みしめ、降り注ぐ金貨に手を広げればワタシは「秋の主人公」。なんちゃって♥

小樽市

祝津パノラマ展望台からの夕日

➡P.341

ベストシーズン 4月下旬～8月下旬

赤岩方面の荒々しい断崖を、日本海に沈む夕日が浮かび上がらせます。小樽観光のすてきな「シメ」にいかが？

光

Illumination

札幌市

サッポロファクトリーのイルミネーション ➡P.126

ベストシーズン　11月3日〜12月25日

推し人

村雨美紀アナウンサー

きらめく巨大なクリスマスツリーは札幌の冬の定番。下から見るだけではなく2階や3階から見るのも◎。

札幌市

さっぽろテレビ塔からの冬の大通公園 ➡P.113

ベストシーズン　12〜2月

町の明かりが雪に反射し、柔らかい光の空間に。テレビ塔から見下ろせば、そこには「光の大通公園」が。

積丹町

積丹のウニ丼

お食事処 積丹の幸 みさき

➡P.351 ベストシーズン 6〜8月

「海の宝石」とはこのこと。口いっぱいにほおばると甘いんです。積丹の海は美しく、そしておいしい。

札幌市

山盛りイクラ丼

海味はちきょう 本店

➡P.26 ベストシーズン 通年

推し人

福永俊介アナウンサー
これは現実なんですか？と衝撃のどんぶり。もう笑うしかありません。イクラでも食べていいイクラです。

かつての集落の風景がよみがえる二風谷コタン

アイヌのルーツももつ平取町(びらとりちょう)
二風谷出身・関根摩耶さんに

アイヌ文化のいろはを学ぶ

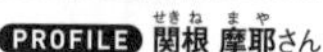

PROFILE 関根 摩耶(せきね まや)さん
1999年に平取町二風谷で生まれる。祖母の貝澤雪子さんはアイヌの伝統織物の継承者、母親の関根真紀さんはアイヌの工芸家、父親はアイヌ語講師。大学1年のときにYouTubeでアイヌ文化を発信する「しとちゃんねる」を始め、現在は多岐にわたりアイヌ文化やアイヌ語を広める活動をしている。

日本の先住民族「アイヌ」が古くから暮らしてきた北海道。アイヌの精神や文化を知ることにより、北の大地で役割をもち自然と生きることの大切さを感じられる。アイヌ文化を広める活動をしている関根さんに話を聞いた。

1 アイヌ民族とは？

日本列島北部を中心に狩猟採集や交易などをしながら居住していた日本の先住民族「アイヌ」は、固有の文化や風習、言葉を発展させてきました。「どこか遠くに住んでいる」「教科書の中だけで見たことがある」などと捉えられることも多いですが、今は日本全国だけでなく世界中に暮らしていて、日本に住む大多数の人々と同じような生活をしています。アイヌのルーツを強みに、表現し継承している人もいますが、それほど意識していない人やそもそもルーツを知らない人もいるかもしれません。それぞれが十人十色で、アイヌというルーツをもちながら生活しています。

1895（明治28）年頃の平取のアイヌの人々（「明治大正期の北海道」収録）
写真:北海道大学附属図書館所蔵

2 アイヌとカムイ

「カムイ」は神とは違います。自然現象や動植物だけではなく、人間が作り出した道具なども含む、私たちにとって役に立ち得るものを「カムイ」といい、アイヌ（人間）と対等であるとされることが多くあります。私はアイヌとカムイ、双方がよく尊重し合い関わり合うからこそ、この世界があるのだと感じています。

いろいろなカムイ

コタンコロカムイ
シマフクロウ:村の守り神のような役割

キムンカムイ
ヒグマ:山の主のようなカムイ

レプンカムイ
シャチ:海の主のようなカムイ

ホロケウカムイ
オオカミ:人間の手助けもしてくれるといわれ、基本的に人間の味方であることが多い

アペフチカムイ
火:アイヌと切り離すことができないくらい密接な存在で、通訳のような役割ももつ

カンナカムイ
雷:気が短い力の強いカムイ

関根摩耶Column
アイヌとカムイの関係

- 薪ストーブに鼻をかんだティッシュを入れたら「アペフチカムイが嫌がる」と怒られた。
- 自分の持っている物が欲しいといわれたら、そのものが旅をしたがっていると考える。
- 手仕事がうまくいかないときは、素性が悪い糸だなど、物にも魂があると考える。

チセ［家］
おもに茅や笹などを用いて建てられるアイヌの伝統的家屋。屋内の中心部にはいろりがある

コタンと生活

食べるものが豊富にあり、災害が少なく過ごしやすいところに、アイヌのコタン（集落）は形成されました。アイヌの伝統的な家屋チセは、北の寒い地域で過ごすための知恵の宝庫であり、多くの工夫がなされています。現在は一般的な家に住んでいる私たちですが、各地で精神文化や技術の伝承のためチセの復元も行われています。地域によって建て方やルール、材料に差があるので、周りながら違いを探してみるのも楽しいです。

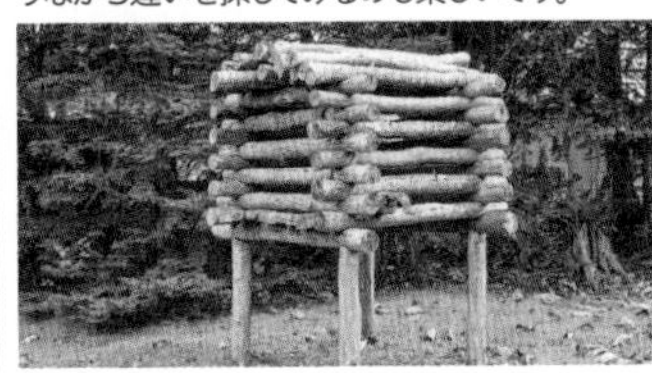

ヘペレセッ［子グマのおり］
アイヌの家庭では一般的に、子グマを育てることは名誉であった。大切に育てカムイの世界に送り出した

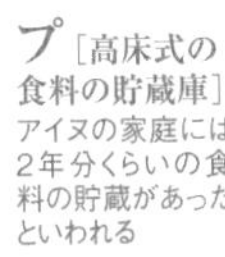

プ［高床式の食料の貯蔵庫］
アイヌの家庭には2年分くらいの食料の貯蔵があったといわれる

ヌサ［家の外にある祭壇］
木を削って作るカムイ、あるいはカムイの依り代であるイナウを飾る祭壇

<ruby>二風谷<rt>にぶたに</rt></ruby>でアイヌ文化を体験

平取町のにぶたに湖の湖畔に広がる二風谷コタン。野外のコタンではチセでの生活を復元している。博物館でアイヌ文化を学び、情報センターでは伝統工芸に触れられる。

二風谷アイヌ文化博物館

にぶたにアイヌぶんかはくぶつかん
MAP 別冊P.5-D3

アイヌ、カムイ、モシリ（大地）などのテーマ別に、重要文化財を含む貴重な実物資料を多数展示。野外にはチセ群が再現されている。

住平取町二風谷55 TEL01457-2-2892 営1月16日～12月15日の9:00～16:30 休無休（1月16日～4月15日・11月16日～12月15日は月曜） 料入館400円 交新千歳空港から車で約1時間 Pあり

上：近代的な建物で館内も広々としている
左：日本一の大きさがある丸木舟

平取町アイヌ文化情報センター（二風谷工芸館）

びらとりちょうアイヌぶんかじょうほうセンター（にぶたにこうげいかん）
MAP 別冊P.5-D3

二風谷イタ（盆）、二風谷アットゥシ（樹皮の反物）など伝統的工芸品を展示・販売。アイヌ文化振興の拠点になっている。

住平取町二風谷61-6 TEL01457-2-3299 営9:00～17:00 休無休 料無料 交新千歳空港から車で約1時間 CCADJMV Pあり

上：工房も兼ねている
左：日により木彫や刺繍などの実演が見られることも

萱野茂二風谷アイヌ資料館

かやのしげるにぶたにアイヌしりょうかん
MAP 別冊P.5-D3

アイヌ文化や言語の保存に尽力した故萱野茂氏の個人コレクションを展示。収蔵品の202点が国の重要有形民俗文化財の指定を受けている。

住平取町二風谷79-4 TEL01457-2-3215 営4月16日～11月15日の9:00～17:00（最終入場16:30） 休期間中無休（冬季は事前予約で見学可） 料入館400円 交新千歳空港から車で約1時間 Pあり

上・左：二風谷生まれでアイヌ初の国会議員も務めた萱野茂氏の博物館

伝統的な衣装と装飾品

伝統的な衣服には樹皮や魚皮で作られるもの、交易で手に入れた木綿や絹で作られたものなどがあります。技術や伝統的な文様、思いを受け継ぎながら現代にも伝承されています。着物のほかにも手甲や脚絆、頭や首、耳などの飾り物など、おしゃれに対する意識も古くからありました。アイヌは手先が器用な人はモテるとされ、男性は木彫り、女性は刺繍などが上手なことが重視されていました。

二風谷
アットゥシ
オヒョウニレなどの樹皮の内皮を用いて機織りされた反物

タマサイ
おもに女性が身につける首飾り。ガラス玉を連ね、中央に大珠や真ちゅうをつけるものが多い

アイヌ文様

地域やコミュニティによっても違いがありますが、それぞれの地域や、親から子へ伝わるものがアイヌ文様です。意味は諸説あり、ただかっこいいから、伝統だからと作る方や、魔除けとして作る作家もいます。

二風谷イタ
文様を施した浅く平たい形状のお盆。カツラやクルミの木に作り手独自のアイヌ文様を彫り込み、隙間にぎっしりウロコ彫りがデザインされているのが特徴

アイヌ文様のグッズ

アイヌ文様を用いたグッズは二風谷工芸館（→P.43）、ウポポイ（→P.46）などで購入できる。以下はアイヌを代表する工芸家・関根真紀さんの作品。

アイヌ文様ネクタイ
8404円
⬅オリジナルのアイヌ文様ネクタイ。連続文様、丸形文様などがある

関根真紀×印伝の山本 小銭入れ
2200円～
➡二風谷イタに施されているアイヌ様と、山梨の伝統工芸品・甲州印伝とのコラボ

購入は以下のサイトより
URL jp01shop.com/view/page/nibutani

伝統料理

アイヌ料理は食べることで体が整う薬草など素材の知恵と、保存の知恵が詰まっているのが特徴のひとつ。オハウと呼ばれる具だくさんの汁をメインに、四季折々の自然の恵みを塩や脂でシンプルに味付けした料理を食べていました。

関根摩耶Column
アイヌの持続可能な食文化

実はアイヌには「自然」という言葉がありません。アイヌは自然と自分たちを分けることがなかったからだと思います。自然から得た恵みは余すことなく使うことや、必ず次の世代に残すことを考えて生活をしてきました。山菜取りでも「小さいものと大きいものは残しなさい」、魚を釣ったら「はらわたはその場でキツネなどにあげなさい」などたくさん教わりました。

チェプオハウセット
1400円

コンプシト
シトは団子のこと。団子に昆布を使った甘辛いたれがかかっている

ラタシケプ
混ぜ煮のこと。野菜や豆類を汁気がなくなるまで煮詰めて作る

いなきびごはん
お米にいなきびと塩を加えて炊いた、ハレの日の特別なごはん

チェプオハウ
オハウは汁、チェプは鮭。鮭といろいろな野菜を煮込んだ汁もの

ウポポイで楽しむアイヌ料理
Cafe RIMSE ●カフェリムセ

MAP 別冊P.49-D3

気軽にアイヌ料理を味わえる。ジャガイモを発酵させた伝統食ペネイモのぜんざい600円などもぜひ。

住 白老町若草町2-2-1 TEL 0144-85-2177 営 9:00～17:00LO（季節により変動あり） 休 ウポポイ閉園日 CC ADJMV 交 JR白老駅から徒歩10分 P ウポポイ利用（1回500円）

ウポポイ（→P.46）の入場ゲート前にある

アイヌ語は孤立語といわれる言葉で、ほかの言葉に今のところ類似がない言葉といわれています。お互いに借用語などはありますが、日本語ともまったく違う言葉です。もともとは文字をもたず口伝で受け継がれていた言葉で（今はローマ字やカタカナの表記が主流）、たくさんの口承文芸が築かれているのも特徴のひとつです。

アイヌ語講座

旅で使えるアイヌ語

アイヌ語のあいさつだけでもおぼえてみよう

irankarapte イランカラㇷ゚テ … こんにちは／こんばんは／はじめまして※あいさつの言葉

iyayraykere イヤイライケレ … ありがとうございます

hinna ヒンナ … ありがとう（おもに食材に対する感謝の言葉）

e=iwanke ya？ エイワンケ ヤ？ … 元気ですか？

suy u=nukar an ro！ スイウヌカランロ！ … またお会いしましょう

keraan ケラアン … おいしい！

ku=wen na クウェン ナ … ごめんなさい

tanpe hemanta an？ タンペ ヘマンタ アン？ … これはなんですか？

○○ en=kore yan！ ○○ エンコレ ヤン！ … ○○をください

ataye mak pakno an？ アタイェ マㇰ パㇰノ アン？ … 値段はいくらですか？

身近なアイヌ語

アイヌ語から日本語になったといわれる言葉

konpu コンプ … 昆布

susam スサㇺ … シシャモ

rakko ラッコ … ラッコ

tonahkay トナハカイ … トナカイ

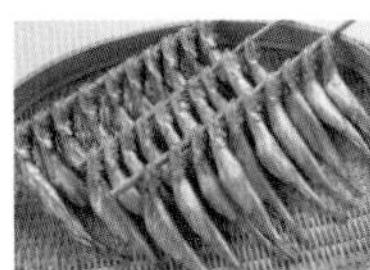

アイヌ語の「ススハム（柳葉）」が語源のシシャモ

関根摩耶Column

アイヌ語のことわざ

「カント オロ ワ ヤク サク ノ アランケㇷ゚ シネㇷ゚ カ イサム（天から役目なしに降ろされたものはひとつもない）」。萱野茂さんが広く紹介した有名なアイヌのことわざです。この世に存在するほとんどすべてのものが役割をもっているため、粗末に扱ったり自分本位になってはいけないという意味です。

クマを表す言葉

クマを表す言葉はなんと60単語以上もある！

kamuy カムイ … クマそのものを指す

kimunkamuy キムンカムイ … 山に住む主のようなカムイ

siyuk シユㇰ … 本当の獲物という意味

iyoskikamuy イヨㇱキカムイ … 毒矢に当たった意識が朦朧としているクマ

epankuwaus エパンクワウㇱ … うしろ足の長いクマという意味

epenkuwaus エペンクワウㇱ … 前足の長いクマという意味

imutkamuy イムッカムイ … 首に白い毛のあるクマ

ine urepet usi pe イネウレペッウシペ … 四つ爪のクマ、恐ろしいクマ

metotuskamuy メトトゥㇱカムイ … 奥山にいるカムイという意味

札幌・小樽周辺アイヌ語地名

札幌 … sat･poro･nay
乾く・大きい・川

豊平 … toye･pira
崩れた・崖

苗穂 … nay･po
川・小さい

琴似 … kot･ne･l
窪む・である・ところ

登別 … nupur･pet
濁った・川

千歳 … si･kot
本当の・窪地

※諸説あり

単語

アイヌ … 人間	ミチ … お父さん	ノチウ … 星	カㇺ … 肉
ケラマン … 了解	ヘカッタラ … 子供	ヌプリ … 山	キナ … 野菜（山菜）
エー … はい	エカシ … おじいちゃん	ナイ、ペッ … 川	ユ … 温泉
ケラアン … おいしい	フチ … おばあちゃん	アトゥイ … 海	ノンノ … 花
ミナ … 笑う	レラ … 風	ワッカ … 水	マウコピㇼカ … 運がいい
タント … 今日	アㇷ゚ト … 雨	クンネ … 黒	※アイヌ語沙流方言
ニサッタ … 明日	ウパㇱ … 雪	フレ … 赤	
ハポ … お母さん	チュㇷ゚ … 太陽	チェㇷ゚ … 魚	

五感を使ってアイヌを感じる場所

ウポポイを徹底攻略

国立アイヌ民族博物館と国立民族共生公園からなる
ウポポイ(民族共生象徴空間)を旅してアイヌ文化に触れよう。

ポロト湖の向こうに見える「伝統的コタン」

アイヌの世界と出合う場所
ウポポイ(民族共生象徴空間)

ウポポイ
(みんぞくきょうせいしょうちょうくうかん)

MAP 別冊P.49-D3

愛称「ウポポイ」はアイヌ語で「(おおぜいで)歌うこと」。国立アイヌ民族博物館と、国立民族共生公園、および慰霊施設からなる。自然豊かなポロト湖の湖畔に、近代的な博物館と体験交流ホール、伝統的コタンなどがある。公式ウェブサイトには、施設全体の様子を知ることができるバーチャルウポポイがある。

住白老町若草町2-3 TEL0144-82-3914 営9:00~18:00(季節によって変動。詳しくは公式ウェブサイトで要確認) 休月曜(祝日または休日の場合は翌日以降の平日) 料入場1200円(博物館の特別展示や一部の体験メニューを除く) 交JR白老駅から徒歩10分 P有料あり(1回500円)

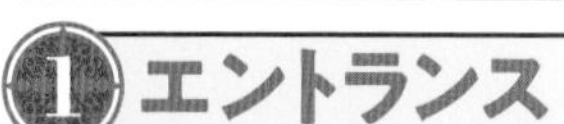

① エントランス

ゲートからウポポイの旅が始まる。壁に木々や動物が描かれた回廊を抜けると、歓迎の広場を経てエントランス棟へ。

❶いろいろな動物たちが出迎えてくれる森の中を行くような「いざないの回廊」 ❷券売所、インフォメーション、ショップなどがあるエントランス棟

② 国立アイヌ民族博物館

1階にミュージアムショップとライブラリー、2階に上がるとパノラミックロビーと展示室がある。展示室では「くらし」「歴史」など6つのテーマを、アイヌ民族の視点で紹介している。

❶国立アイヌ民族博物館の外観。展示室は2階にある ❷2階のパノラミックロビーからはポロト湖とそのまわりを囲むポロトの森が眺められる ❸基本展示室では約3万年前からの人々の暮らしやアイヌ民族について知ることができる

 写真:(公財)アイヌ民族文化財団

❶体験交流ホールの近くにあるエゾシカのオブジェ ❷樺太アイヌの儀礼で使われる「クマつなぎ杭」（高さ約6m）の復元。アイヌの精神世界を感じられる

③国立民族共生公園

上演や体験を通じてアイヌ文化を知ることができる体験型フィールドミュージアム。

体験交流ホール

アイヌ古式舞踊や楽器演奏など、伝統芸能を上演。アイヌに伝わる物語の短編映像の上映もある。

❶アイヌの踊りや短編映像の上映もある ❷伝統的な歌と踊り、ムックリ（口琴）の演奏などを見学できる

工房

工房ではコースター（無料）、あずま袋やマスクの刺繍体験（1000円）や木彫体験（有料）ができる。

❶手刺繍の模様に関する説明も受けられる ❷工房の内観。刺繍や木彫りの作業風景の見学もできる

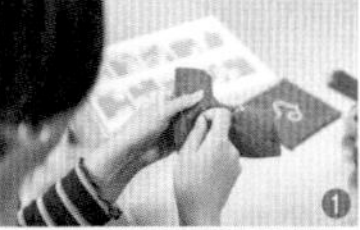

伝統的コタン

伝統的なアイヌのチセ（家屋）の再現。チセ内では口承文芸実演や芸能体験を開催している。

❶チセが集まりコタン（集落）を形成。屋外でのプログラムもある ❷さまざまな実演から伝統的なくらしを体感できる

グッズ&グルメ

博物館1階のミュージアムショップとエントランス棟の「ニエプイ」でオリジナルグッズを販売。レストランは歓迎の広場にある「Cafe RIMSE」（→P.44）、エントランス棟には「ヒンナヒンナキッチン 炎」と薪で調理する「焚火ダイニング・カフェ ハルランナ」がある。

「ヒンナヒンナキッチン 炎」の行者にんにくザンギ定食980円

⬅博物館オリジナルのステンレスボトル300㎖ 2500円 ⬇アイヌ文様ルウンペ豆皿850円

PROFILE 大塚 雅士さん
旅行会社クラブツーリズムにて国内旅行・海外旅行に携わり、鉄道にこだわった企画を担当。企画はキャンセル待ちが数百人規模になることもあるという鉄道ツアーのヒットメーカー。鉄旅 OF THE YEAR、4年連続受賞。

⬅小樽市総合博物館の1961(昭和36)年製造の急行用ディーゼル車「キハ56」

鉄旅 OF THE YEAR 受賞の大塚さんが案内する

北の鉄旅パーフェクトプラン

鉄旅のプロ、大塚雅士さんがおすすめする札幌&小樽の鉄道スポット。それぞれの歴史を知って、施設で見るべきポイントを要チェック。

北海道最古の鉄道から始まる 小樽~札幌 1DAY 鉄旅プラン

1 北海道初の鉄道 手宮線跡からスタート

1880(明治13)年に開業した幌内鉄道の、のちに手宮線となる区間の廃線跡。遊歩道として整備され、小樽市総合博物館の手前まで約1.6km続いている。レールの上を歩きながら当時を振り返ってみよう。➡P.308

かつては石炭を運んでいた手宮線は1985(昭和60)年に廃線に

❶手宮線跡地は近代化産業遺産に登録されている ❷線路を行くと小樽市総合博物館の手宮口に到着

2 旧手宮線を歩いて 小樽市総合博物館 本館へ

屋外と屋内に多数の鉄道車両や鉄道関連の展示物がある、鉄道好きなら必ず訪れたいスポット。蒸気機関車「アイアンホース号」に乗車して約20分の当時の運行システムを体験する列車旅を楽しむことも。➡P.340

大塚さんポイント 鉄道記念物の「しづか号」や現存する日本最古の国産蒸気機関車「大勝号」など、北海道にゆかりのある貴重な車両がたくさん。なかでも存在が隠された幻の車両といわれ、日本で唯一現存している現金輸送車「マニ30」は必見です!

1895(明治28)年製造の「大勝号」

❶れんが造りの機関車庫と転車台 ❷ファーストクラスの客車「い1号」 ❸博物館入口は昔の改札口

1885(明治18)年に輸入された「しづか号」

3 ランチは食堂車でいただく

小樽市総合博物館前にある、1983年まで走っていたブルーの客車を活用したカフェ。レトロな雰囲気の列車内でパスタやドリア、カレーなどの洋食メニューを提供している。
ハルのち晴れ。➡P.345

実際に室蘭本線を走っていた車両。食堂車風に席が並ぶ

天井のプロペラ扇風機や荷物棚などが懐かしい

豚バラ肉のカルボナーラ1080円

ソフトクリーム400円、テイクアウトは350円

4 最も古い駅のひとつ JR南小樽駅から札幌へ

1880（明治13）年に開業した駅で、当時は開運町駅と呼ばれていた。住吉駅、小樽駅と改称され、1920（大正9）年に南小樽駅に。地元では「なんたる」と呼ばれ親しまれている。➡P.328

2021年に跨線橋が架け替えられる前の南小樽駅

5 月2回開館のレアな 北海道鉄道技術館

JR北海道苗穂工場の敷地内にあり、1階と2階に車両、運転体験のできるジオラマ模型、鉄道に関する資料が多数。明治期の建物は北海道遺産および近代化産業遺産に登録されている。➡P.166

❶列車に関する歴史的資料がずらり ❷北海道初の特急「おおぞら」のキハ82運転台

大塚さんポイント かつて北海道で活躍した国内最大の蒸気機関車「C62-3」や北海道のリゾート列車の礎となった「アルファコンチネンタルエクスプレス」のカットモデルが見どころ。寝台特急「北斗星」のエンブレムなどの貴重な資料が多数展示されています。

泊まるならココ！ 鉄道車両が眺められるホテル

窓からの絶景トレインビュー 京王プラザホテル札幌

けいおうプラザホテルさっぽろ
MAP 別冊P.36-A2
スタンダードツインルームの鉄道Viewフロアからは JRの線路が眼下に。カーブした高架線を行き来する列車を見下ろせる。➡P.382

広い窓から列車を眺める

JR札幌駅の上にそびえ立つ JRタワーホテル日航札幌

ジェイアールタワーホテルにっこうさっぽろ
MAP 別冊P.37-C2
トレインビューは、高層階の東側か西側の部屋がおすすめ。JR札幌駅に直結したホテルだけに、絶え間なく行き交う列車の数々を眺められる。➡P.373

コーナーツインからの札幌の町並みや夜景もきれい

大塚さんポイント 鉄道好きなら札幌で一度は泊まりたい、札幌駅の鉄道の往来が部屋から楽しめるホテル。高層階からの眺めはまるでジオラマ。「スーパーおおぞら」や「スーパー北斗」などをじっくり眺めたい。

共同企画ツアーも注目！

クラブツーリズム鉄道部の大塚さんと地球の歩き方のコラボツアー
※ツアーは募集開始前または終了になることもあります。

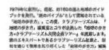

乗り鉄必見! 大塚さんイチオシ

札幌・小樽周辺 乗ってみたい車両・路線はコレ!

レア 激レア連結を体験できる!

倶知安6:20発、苫小牧行き普通列車は**キハ201系**気動車で運転。途中の小樽で731系電車を連結して札幌まで走行します。**気動車と電車**が互いの動力を協調して走る非常に珍しい方式で、日本ではこの列車が唯一となっています。キハ201系は札幌で切り離されるため協調して走るのは小樽～札幌間のみとなります。

※ダイヤ改正等により運用が変更になる場合があります。

1.小樽駅での気動車と電車の連結　2.札沼線(学園都市線)の新琴似駅に停車中の201系　3.ニセコを走るキハ201系

車両 カラー豊富なキハ261系

千歳線などを走る**特急とかち**、**特急おおぞら**、そして室蘭本線などを走る**特急北斗**は**キハ261系1000番台**の気動車を使用しています。運転台部分のカラーリングがブルーから変更され、北海道の雪を象徴する白地に、ライラックやラベンダーをイメージした**紫色のライン**。貫通扉は明るいイエローで雪の中でも目立つ仕様。一部の列車にはラベンダー編成、はまなす編成といった**特別仕様の車両**で運行されることもあります。

紫色のラインが入ったキハ261系

車両 新型車両737系の魅力

2023年5月20日から、苫小牧～室蘭間で新型車両**737系**通勤電車が登場。老朽化したキハ143形や、一部のH100形気動車と交代することになりました。電車では北海道初のワンマン運転対応車両で、通常2両編成。

電車化でスピードアップが期待される

絶景 黄金色の夕日が見られることも

室蘭本線の中でも、**東室蘭から洞爺、長万部方面**は非電化路線。トンネルが多いですが、**有珠山や昭和新山**などの雄大な山の風景や**黄金駅**付近は海が近く、タイミングが合えば駅名のとおり黄金色の夕日と海を見られるかも。非電化区間は電線がないので、車両前方の窓から見える景色は開放的です。

日本一の秘境駅として知られる小幌駅も見どころ

路線 実は札幌～小樽間がイチオシ

札幌～小樽間は30分程度なので気楽な電車旅が楽しめます。**稲穂駅**付近では**車両基地**が見え、車両ファンにはうれしい眺め。**銭函駅**を過ぎると線路は**海岸線ぎりぎり**を通り、海の上を走っているかのような景色を楽しめます。

銭函駅付近を走る列車

路線 廃線が決まっている「山線」

「山線」と呼ばれる**小樽～長万部間**は普段は特急や快速も通らないローカル線。2030年度末、北海道新幹線が開通にともない**廃線となる**ことが報じられました。小樽から倶知安へ向かうとき、前方で出迎えてくれる羊蹄山の壮大な眺めも、**H100形**気動車から見られるのはあと数年です。

ニセコ付近を走るH100形と羊蹄山

2030年度末 新函館北斗～札幌間に新幹線が開業予定!

2016年に新函館北斗駅まで開業した北海道新幹線が、2030年度末には札幌まで開業予定。停車駅は新函館北斗～新八雲(仮称)～長万部～倶知安～新小樽(仮称)～札幌。函館～札幌の距離が縮まり、本州からの利便性もアップする。

北海道新幹線は彩香パープルのラインがトレードマーク

 協力:徳光尚子

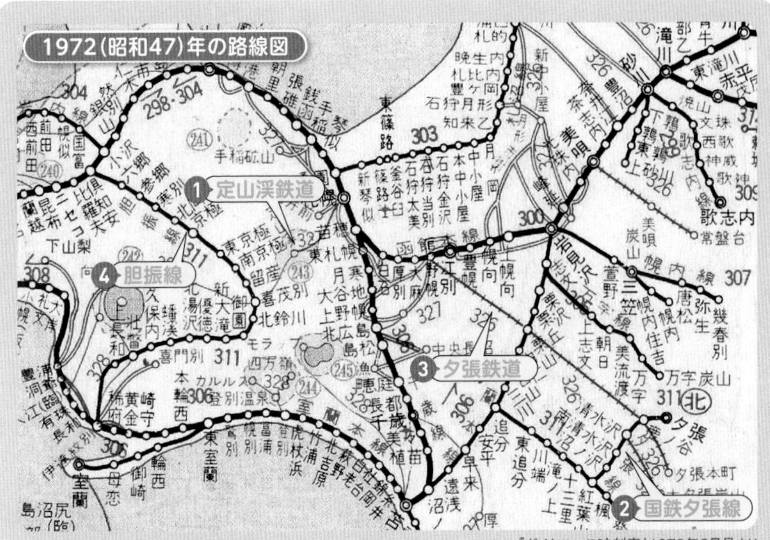

『ダイヤエース時刻表』1972年2月号より
(弘済出版社〈現・交通新聞社〉刊)

札幌・小樽周辺
時代をのせて走った北海道の鉄道

石炭の運搬から始まった北海道の鉄道。昭和40年代後半の最盛期には総延長4000㎞に達したが、道路整備にともない鉄道需要は縮小した。北海道の近代化を支えた鉄道を見てみよう。

① 札幌と温泉地を結んだ 定山渓鉄道

運行時期 1918(大正7)年～1969(昭和44)年

白石駅(1957年からは札幌駅)と定山渓駅間の約30㎞を結んでいた通称「定鉄(じょうてつ)」。貨物と温泉地への行楽客に利用されたが、移動手段がバスや車となり、51年の歴史に幕を下ろした。札幌市南区石山に駅舎が残っている。

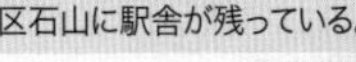

❶1962(昭和37)年、雪の中を走るC12 ❷廃線直前のモハ800

写真:札幌市公文書館所蔵

② 東西を貫く石勝線の始まり 国鉄夕張線

運行時期 1892(明治25)年～2019(平成31)年

夕張炭田の石炭輸送のため夕張～紅葉山(現・新夕張)～追分間に敷かれた路線。これが元となり東西を結ぶ石勝線へと発展する。新夕張～夕張間の夕張支線は利用者が減り廃線に。線路や駅が残るところも。

1961(昭和36)年、紅葉山～登川間にディーゼルカーが導入。夕張・札幌間の準急列車「夕張号」が運行開始

③ 夕張炭鉱の繁栄を支えた 夕張鉄道 ●ゆうばりてつどう (北海道炭礦汽船夕張鉄道線)

運行時期 1926(大正15)年～1975(昭和50)年

夕張線と同様に石炭輸送を担った旧北海道炭礦鉄道の路線で夕張本町～野幌間を運行。急行列車を札幌まで走らせる計画もあったが、石炭産業の衰退と道路整備が進んだことで役割を終えた。

❶1975(昭和50)年、DD1002形機関車に牽引されるさようなら列車 ❷鹿ノ谷駅は国鉄夕張線と夕張鉄道が使用していた。1959(昭和34)年

④ 鉄の原料を運んだ 胆振線 ●いぶりせん

運行時期 1919(大正8)年～1986(昭和61)年

室蘭の新日本製鉄所に鉄鉱石を運ぶため敷設。伊達紋別～喜茂別～京極～倶知安間の約90㎞を運行していた。1944(昭和19)年に昭和新山が誕生すると線路の移動を余儀なくされたことも。

❶1970(昭和45)年、倶知安を走る蒸気機関車。倶知安町の六郷鉄道記念公園(MAP別冊P.49-D1)には胆振線のホームと旧車両がある

協力:炭鉄港推進協議会

地元のスポーツ観戦に行って どさんこチームを応援しよう！

北海道がホームの野球、サッカー、バスケットボールチーム。スポーツに詳しくなくても、スタジアムに行けば熱い応援の渦に包まれ、地元民と一緒に盛り上がれる！

◀エンブレム
北海道のフォルムと野球のダイヤモンドをイメージさせるひし形に七光星。Fの文字の中心に入るラインは、挑戦の道を意味している。

ファイターズマスコット、キタキツネのフレップ

新球場エスコンフィールドでの試合風景

Baseball -野球-

HOKKAIDO NIPPONHAM FIGHTERS 北海道日本ハムファイターズ

1945年にセネタースとして日本野球連盟に加盟。1974年に日本ハムが親会社となり、日本ハムファイターズの歴史が始まる。2004年に本拠地を東京から北海道に移転。北海道の球団としてリーグ優勝5回、2回の日本一に輝く。新庄剛志（現・監督）、ダルビッシュ有、大谷翔平ほか世界で活躍する有名選手を輩出。2023年のシーズンより、ホームを札幌ドームから北海道ボールパークFビレッジにオープンした新球場、エスコンフィールドHOKKAIDOに移動。

どさんこワイド179 岡崎アナの **10倍**楽しめる応援ガイド

色鮮やかな天然芝、ガラス壁から差し込む陽光、飲食店街から漂う香りが反響する独特の空間。これほど「五感」で楽しめる球場はないと確信しています。個人的には砂かぶり席がおすすめ。試合後の監督や選手の会見を真近で見ることができます。サヨナラ勝ちの試合のあと、高揚した表情のまま会見する監督や選手を間近に見られるのは、ここだけの特権です。

岡崎和久Profile●STV「どさんこワイド179」のアナウンサー。スポーツの実況や取材も多い。

▶ユニフォーム
ホームユニフォームは革新の象徴であるアシンメトリーをベースに、襟元と袖の内側にはゴールドのワンポイント。胸番号を採用している。ビジターはファイターズブルーのユニフォーム。

ビジターユニフォーム

ホームユニフォーム

▶ファイターズガール
イニングとイニングの間にパフォーマンスで会場を盛り上げるファイターズガール。2022年にはキツネダンスが一世を風靡。2023年はジンギスカンダンスなど会場を盛り上げる応援ダンスが楽しみ。

一緒に踊って選手にエールを送りましょう！

オフィシャルチアチームのファイターズガール

▶スタジアム
2023年4月にオープンした新球場、エスコンフィールドHOKKAIDOがホームグラウンド。周辺の施設を含めた敷地全体は北海道ボールパークFビレッジと呼ばれる。日本初の開閉式屋根付き天然芝球場で、天気のいい日は空の青さと芝のグリーンが目にまぶしい。観客席は掘り込み式フィールドから地上4階まであり収容人数は約3万5000人。360度バリアフリーの回遊コンコースでどこからでも球場が見渡せる。飲食店やエンターテインメントなどの施設は右ページ参照。

あのメジャーリーガーの壁画も

遠くからでも目立つガラス張りの外観

観戦インフォメーション INFORMATION

▶シーズン
2月下旬～3月下旬のオープン戦から始まる。3月下旬に開幕、10月上旬にレギュラーシーズンが終了する。各リーグ優勝チームによる日本シリーズは10月下旬～11月上旬に行われる。

▶チケット入手方法
エスコンフィールドでの試合は公式ウェブサイトのオンラインチケット「Fチケ」で購入する。試合のない日は入場無料、試合のある日でも座席を指定しない入場券800～1200円がある。

 写真提供／北海道日本ハムファイターズ

＼試合がない日も楽しめる！／ Hokkaido Ballpark F Village

北海道ボールパークFビレッジ

ファイターズの新球場「エスコンフィールドHOKKAIDO」を中心とした北海道ボールパーク。ミュージアム、グルメ、ショップ、温泉もあり、野球観戦以外にも楽しめる要素がいっぱい！

球場「エスコンフィールドHOKKAIDO」を核にした約32ヘクタールの敷地の総称が「北海道ボールパークFビレッジ」。池を囲むようにショップ、グランピング施設やプライベートヴィラ、アドベンチャーパークなどがオープン。レストランやテイクアウトショップはエスコンフィールド内に集中。ホテルや温泉もある。

MAP 別冊P.9-D2

住北広島市Fビレッジ 営施設により異なる 休基本的に無休 交JR北広島駅からシャトルバスで約5分（料200円）、徒歩約20分。新札幌駅からシャトルバスで約25分（料400円）※試合やイベント日はJR野幌駅や新千歳空港からもシャトルバスが運行

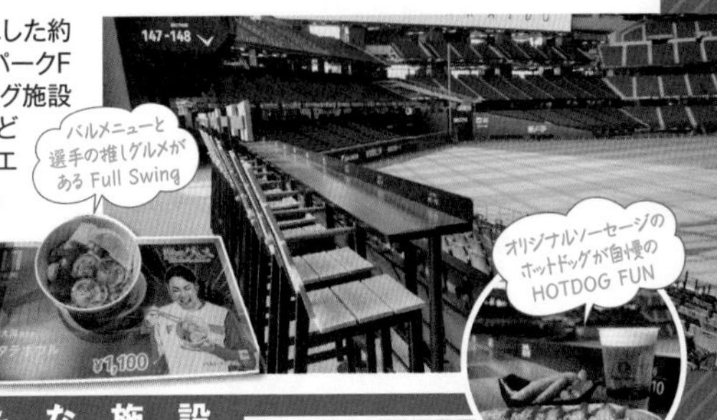

バルメニューと選手の推しグルメがある Full Swing

オリジナルソーセージのホットドッグが自慢のHOTDOG FUN

おもな施設

エスコンフィールド内

グルメ＆スイーツ

そらとしば by よなよなエール

センターバックスクリーン内部にある醸造所で製造するクラフトビール「そらとしば」。ブルワリーツアーも開催（有料、要予約）。

海味はちきょう

こぼれる寸前までイクラを盛ってくれる「元祖つっこ飯」が人気の海味はちきょうが球場に出店。テイクアウトもできる。

元祖つっこ飯を食べられる！

リトルジュースバー

札幌にある人気店。フローズンイチゴを使った「いちごけずり」にミルクムースをオン！ほかイチゴスイーツがいろいろ。

BALLPARK CAFE

スイーツ＆クレープショップ。フルーツたっぷりのクレープや、グラスフェッドミルクを使用したソフトクリームなど。

オリジナルのクレープです！

ショップ

FIGHTERS FLAGSHIP STORE

ファイターズ関連グッズが揃うオフィシャルショップのひとつ。応援グッズやエスコンフィールド限定みやげも充実。

ホテル＆温泉

TOWER 11

日本初の球場内ホテル＆温泉施設などがある。部屋や屋上テラスからはフィールドが一望。試合を見ながらサウナで"ととのう"ことも。➡P.383

DARVISH & OHTANI SUITE

プレイスポット

リポビタンキッズPLAYLOT by BørneLund

屋内外からなるボーネルンドの子供の遊び場（有料施設）。多彩な遊び道具で赤ちゃんから小学生まで楽しめる。カフェを併設。

ボーネルンドの直営施設では最大規模

ファイターズガールが案内するスタジアムツアー！

現役ファイターズガールが普段は非公開のホームチームエリアを案内。ダイヤモンドクラブシート、インタビューエリア、ダグアウト、グラウンドウォークなどを見て回ることができる。プレミアムツアーでは選手のロッカールームやブルペンなどの見学も。予約は公式ウェブサイトより。

ブルペンを間近に見られる

ベーシックツアー 所要約50分、1800円（土・日曜・祝日は2300円） プレミアムツアー 所要約60分、3500円（土・日曜・祝日は4500円）

Fビレッジ内

グランピング施設

BALLPARK TAKIBI TERRACE ALLPAR

球場を眺められる最大6名宿泊可能な施設は、キッチン付きで冷暖房完備と快適。手ぶらでグランピングや焚き火が楽しめる。

ショップ

THE LODGE

2フロアからなりTHE NORTH FACEほかアウトドアグッズの店、特産品を販売するアンテナショップ、スイーツショップなどが揃う。

HOKKAIDO Consadole SAPPORO

◀エンブレム
北海道に生息する世界最大級のフクロウ、シマフクロウがモチーフ。マスコットもシマフクロウのドーレくん。

ゴール裏の応援フラッグがはためく熱狂エリア

札幌ドームのホームゲームはチームカラーで埋め尽くされる

Soccer
-サッカー-

HOKKAIDO CONSADOLE SAPPORO 北海道コンサドーレ札幌

札幌市を中心として道内全域をホームタウンとしているサッカーチーム。1997年にJFLで優勝して翌1998年にJリーグに昇格。その後J2に降格と昇格を経て、2019年にはルヴァンカップで準優勝を果たした。2013年以降のチームスローガンは「北海道とともに、世界へ」。チームカラーは赤と黒をメインに、白とブルーグレーの4色。赤は情熱、黒は広大な大地、白は雪とシマフクロウ、ブルーグレーは北海道に根付く針葉樹を表している。

▶名前の由来
道民を意味する道産子(どさんこ)の逆さ読みと、ラテン語の響きのオーレ(スペインの闘牛士やフラメンコのかけ声でもある)を組み合わせた名前。一般公募によって付けられた。

▶ユニフォーム
札幌ドームで開催されるホームゲームのフィールドプレイヤーはチームカラーの赤と黒、ゴールキーパー(GK)はブルー。アウェーゲームの2ndは黒をベースにダイヤモンドダストやブリザードをイメージしたもので、GKは赤ベース。3rdは白をベースにシマフクロウの羽をイメージし、GKはグリーンベース。

札幌ドームでのユニフォーム

どさんこワイド179 岡崎アナの **10倍楽しめる応援ガイド**

勝利したあと選手&サポーターが歌う「すすきのへ行こう」は名物。コンサドーレの超攻撃的サッカーを堪能し、ゴールラッシュしたあとに選手とともに「すすきのへ行こう」を歌って、リアルの「すすきの」へ。間違いなくお酒が進みます(笑)。注目はコンサドーレのシンボルで日本サッカー界の至宝、小野伸二選手。試合前の練習ですら、彼のトラップで場内が沸きます。

▶スタジアム
本拠地は「札幌ドーム」➡P.194。日本で唯一の完全屋内天然芝サッカースタジアムで縦120m、横85m。重さ8300tの芝を屋外で育成し、ドーム内へは空気圧で浮かせ、34個の車輪で移動しサッカーステージに。専用の練習場は「白い恋人パーク」➡P.224に隣接する「宮の沢白い恋人サッカー場」。3000人収容のサッカー場で天然芝にヒーティングシステムを採用しているためオールシーズン利用可能。練習のある日は無料で見学できる。

宮の沢白い恋人サッカー場

観戦インフォメーション INFORMATION

▶シーズン
Jリーグのシーズンは2月中旬~12月上旬。開場は通常キックオフ2時間30分前(ルヴァンカップは1時間30分前)なので早めに行こう。飲食物の持ち込みは禁止、水筒のみOK。ペットボトルも持ち込めないので注意。

▶チケット入手方法
オフィシャルサイトの「チケコン」ページから購入する。サイトからだと24時間購入可能。QRチケットはチケットレスで発券手数料もかからず便利。行けなくなっても公式リセールで販売が可能。

 写真：北海道コンサドーレ札幌提供

Basketball
-バスケットボール-

LEVANGA HOKKAIDO
レバンガ北海道

◀エンブレム
北海道の自然を表すレバンガグリーン、ラベンダーパープル、ゴールドからなる。真ん中にはバスケットボール。

八雲町鷲ノ巣駅の駅舎で生まれたオオワシのレバード

ゲーム展開が速く応援も一体感があり

2011年に誕生したプロバスケットボールチーム。折茂武彦氏が2019-20シーズンに引退するまで代表兼選手としてチームを牽引した。プロバスケットリーグ(Bリーグ)は野球、サッカーに次ぐ日本で3番目のプロスポーツとして2016年に発足した。

▶名前の由来
「がんばれ」の逆さ言葉から。道民から「がんばれ」と声援されるチームであり続けたいという願いが込められている。

▶ホームアリーナ
「北海きたえーる」→P.198で正式名称は北海道立総合体育センター。豊平公園に隣接する東北以北で最大の屋根付き体育館だ。ゲームはメインアリーナで行われる。

MAP 別冊P.19-D3
住 札幌市豊平区豊平5条11-1-1 TEL 011-820-1703
交 地下鉄豊平公園駅から徒歩4分 P あり（ホームゲーム開催時は利用不可）

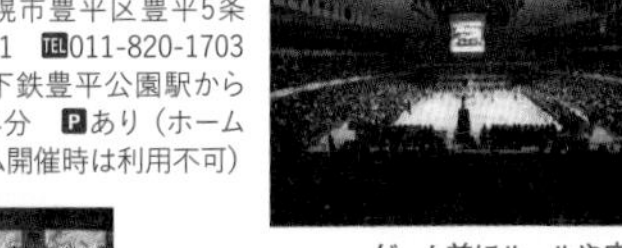
ゲーム前にルールや応援の仕方の説明がある

ブーイングは北海道らしい“モーイング”で

どさんこワイド179 岡崎アナの
10倍楽しめる応援ガイド

アリーナで最も目立つユニフォーム「背番号9」。バスケット界のレジェンド、49歳まで現役で活躍した元日本代表折茂武彦さん（現レバンガ北海道代表）の永久欠番です。レバンガの魂であるユニフォームとともに写真撮影するファン&ブースターも非常に多い会場。試合前のセレモニーで毎試合登場する折茂代表を見たあと、スピード&エナジー全開の試合を堪能してください。

観戦インフォメーション INFORMATION

▶シーズン
プレシーズンが9月頃から始まり、10月～翌年5月上旬までがレギュラーシーズン。その後5月末までチャンピオンシップが開催される。試合開始2時間前には会場に到着して試合前の練習風景を見るのがおすすめ。ハーフタイムショーや、チアのパシスタスピリッツのパフォーマンスも楽しみ。

▶チケット入手方法
オフィシャルサイトからB.LEAGUEの会員登録を行いチケットを購入する方法が一般的。スマホチケットかPDFデータをプリントする紙チケットで持参。行けない場合はリセールすることができる。

Wrestling
-レスリング-

北海道を元気にするプロレス団体
北都(ほくと)プロレス

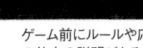

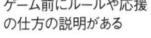

2004年1月に鶴居村出身のクレイン中條氏が設立した北海道のプロレス団体。同年6月に旧北村（岩見沢市）で旗揚げ大会を開催し歴史を刻んだ。北海道内どんな小さな町や村にでも行き試合はもちろん、チャリティープロレスを開催。ユニークなリングネームのレスラーや女性レスラーなどが在籍している。クレイン中條氏はレフェリーとして活躍。

北の大地のように力強く熱い試合を見に来てください！

スピーディで迫力があるなかに笑いも

クレイン中條氏

▶観戦ガイド
試合予定は公式ウェブサイトやツイッターをチェック。道内のほか道外でも試合を行うことも。

おいしいはこうして生まれる

地元工場見学

身近にある商品が、さまざまな過程を経て完成する様子を見学。おいしさを追求した新旧の製法に驚きの連続だ。

上:1918(大正7)年に建てられ、現在も使われているれんが造りの工場。北海道遺産に登録されている　右:福山醸造の看板商品「道民の醤油」各450mℓ500円

醤油

札幌・東区　MAP 別冊P.19-D2

福山醸造 ふくやまじょうぞう

札幌市民が愛してやまない「道民の醤油」の製造元。現在は札幌に醤油工場、旭川に味噌工場があり、伝統的な醸造方法を継承しながら時代に合った多彩な商品を開発している。工場見学では醤油の歴史も学べる。

住札幌市東区苗穂町2-4-1 TEL0120-120-280（フリーダイヤル。土・日曜・祝日を除く9:00～17:00）営工場見学／10:00、13:00(要予約。1グループ1～50名)、直売所／10:00～16:00 休土・日曜・祝日(GW、お盆休みあり) 料工場見学無料 交JR苗穂駅北口から徒歩15分。札幌駅前からバスで約10分、北6条東17丁目下車すぐ

•••• History ••••

北海道と本州を結ぶ北前船の拠点、福井で廻船問屋を営んでいた福山家。北海道に魅せられ、大豆の産地だったことが決め手となり札幌で醤油醸造を始めた。現在はたれやめんつゆなどの醤油加工品も多数。

明治24年の創業当時の建物

ミニ年表

1891(明治24)年:札幌区北4条西1丁目で醤油醸造業を開業
1912(大正元)年:味噌の製造に着手
1918(大正7)年:現在の場所に苗穂工場を設立
1935(昭和10)年:本社と生産工場を苗穂に統合
1951(昭和26)年:トモエ醤油株式会社に社名変更
1955(昭和30)年:福山醸造株式会社に社名変更
1976(昭和51)年:「トモエ田舎みそ」販売
1990(平成2)年:本社を現在地に移転
1991(平成3)年:「トモエ日高昆布しょうゆ」販売
2004(平成16)年:醤油工場が「札幌苗穂地区の工場・記念館群」として北海道遺産に認定
2007(平成19)年:醤油工場が近代化産業遺産として認定
2015(平成27)年:「トモエ道民の醤油」販売
2020(令和2)年:新ブランド「ヤマト福山商店」発足

歴史的建造物で醤油造りを見学

福山醤油工場見学
所要 約1時間

私がご案内いたします。何でも聞いてくださいね

福山醸造勤続50年近い小林さん

醤油ができるまで

蒸し大豆・煎り小麦・種こうじ → 混ぜる → こうじ（←食塩・水）→ 発酵 → もろみ → しぼる → 生醤油

① レクチャー

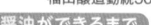

お醤油とは?醤油はいつ頃できたのか?など醤油のうんちくを楽しく説明してくれる

ひとり1年に何リットルの醤油を使うかわかりますか?

② 映像鑑賞

醤油の歴史と醤油ができるまでの工程を、映像を見ながら学ぶ

③ 醤油資料館

資料館には福山醸造に伝わる昔ながらの道具や写真を展示

昔の作業服を着て記念写真を撮ることもできます!

④ 醤油工場見学

醤油の素となるもろみが敷き詰められた布を重ね、圧をかけてしぼる作業は今でも手作業で行われている

醤油を冷却・保存するタンクなどが並ぶ。年間約6000キロリットルもの醤油を製造しているそう

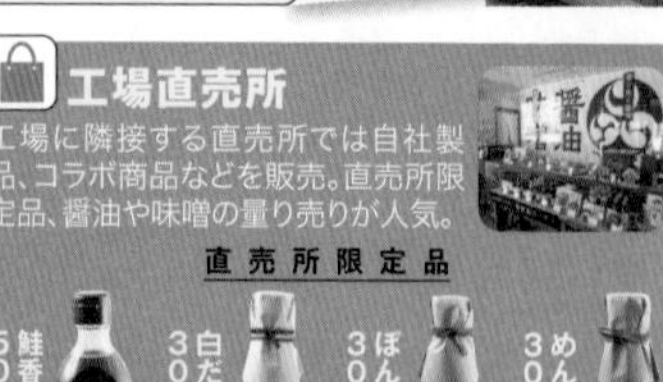

しぼられたもろみは、きあげと呼ばれています

工場直売所

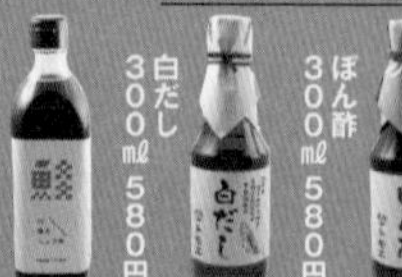

工場に隣接する直売所では自社製品、コラボ商品などを販売。直売所限定品、醤油や味噌の量り売りが人気。

直売所限定品

鮭香るしょうゆ 500mℓ700円
2種類の醤油に鮭節、鰹節を加えただし醤油

白だし 300mℓ580円
北海道産鮭節をたっぷり使った万能調味料

ぽん酢 300mℓ580円
昆布醤油にすだちとかぼすの果汁を加えたぽん酢

めんつゆ 300mℓ580円
日高昆布しょうゆに鰹節、鯖節などをブレンド

ビール

恵庭 MAP 別冊P.33-D3

サッポロビール北海道工場

サッポロビールほっかいどうこうじょう

左:麦芽100%の「サッポロクラシック」350mℓ缶 上:シンボルの円筒は麦芽を貯蔵するサイロで22本ある

北海道を代表するビール、サッポロクラシックを中心に製造している北海道工場。工場見学はブランドコミュニケーター（ガイド）の案内で、ビールの仕込み工程や製造ラインを見ることができる。最後は景色を眺めながらできたてビールを試飲！

住恵庭市戸磯542-1 TEL0123-32-5802（電話受付9:50～17:00） 営9:50～16:00（最終受付15:00） 休月・火曜（祝日の場合は翌日・翌々日）、臨時休館あり 料工場見学無料 交JRサッポロビール庭園駅から徒歩10分

ビール誕生秘話を知り、試飲も！

サッポロビール工場見学 所要 約1時間

黒ラベル1缶にホップの花が4～5個も入ってるんです

1 原料の説明

麦芽、水、ホップなど原料についてレクチャー

2 仕込の様子

仕込釜、仕込槽、ろ過槽、煮沸釜などが並ぶ。仕込みの工程を経て麦汁ができる

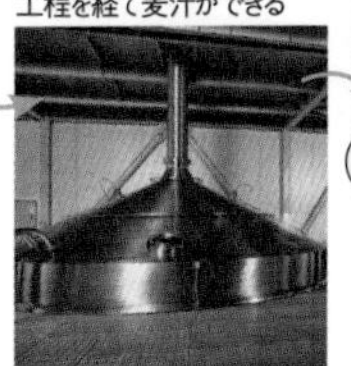

熟成タンク1本から約137万本分の缶ビールができます

3 発酵・熟成タンク

酵母が加えられた発酵タンクで麦汁を発酵、その後熟成させるために30本のタンクでビールに仕上げる

4 製造ライン

ガラス越しにオートマティックな製造ラインを見学。1分間で900本の缶ビールが誕生する

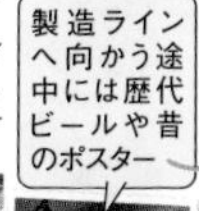

製造ラインへ向かう途中には歴代ビールや昔のポスター

できたてつぎたてのビールの味は格別!

5 テイスティング

できたての「サッポロ生ビール黒ラベル」「サッポロクラシック」の試飲ができる（所要20分、2杯まで）

ブランドコミュニケーター西野さん伝授

＼味が違う!／ おいしいビールの注ぎ方

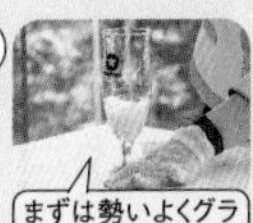

まずは勢いよくグラスの半分まで注ぎ、泡とビールが1対1になるまで待ちます

2度目はゆっくりグラスいっぱいまで注ぎましょう

最後に静かに注いで泡を持ち上げるのがポイントです

庭園レストラン ヴァルハラ

工場見学のバスの出発場所にあるレストラン。工場でできたビールを飲み放題、バーベキュー食べ放題4950円やジンギスカン食べ放題5500円（ともに120分）を楽しめる。

TEL0123-33-1740 営11:00～19:30LO 休無休

肉が選べるジンギスカン。単品もある

＼あわせて行きたい!／

サッポロビール博物館

札幌・東区 ➡P.167

1890（明治23）年築の元製糖会社で、大麦を麦芽にする製麦所を経て歴史的建物となり、今は博物館に。サッポロビールおよびビール産業の歴史を知ることができる。

History

明治政府により1869（明治2）年、開拓使の設置にともないビール醸造がスタート。紆余曲折を経て、1985年に販売された「サッポロクラシック」は北海道のビールとして不動の人気を誇る。

明治9年の写真。ビール樽に「麦とホップを製す連者(れば)ビイルとゆふ酒になる 開業式」と書かれている

ミニ年表

- 1876（明治9）年：開拓使麦酒醸造所が開業
- 1877（明治10）年：日本初の「札幌ビール」が販売される。ラベルに描かれた「北極星」はサッポロビールのシンボルとなる
- 1882（明治15）年：札幌麦酒醸造所に名称変更
- 1887（明治20）年：札幌麦酒会社が設立される
- 1888（明治21）年：「札幌ラガービール」発売
- 1906（明治39）年：札幌麦酒（札幌ビール）、日本麦酒（恵比寿ビール）、大阪麦酒（朝日ビール）合同の大日本麦酒株式会社設立
- 1943（昭和18）年：ブランド別のラベルの停止
- 1949（昭和24）年：大日本麦酒が日本麦酒と朝日麦酒に分割
- 1956（昭和31）年：日本麦酒から「サッポロビール」を北海道限定で復活発売。翌年、全国販売となる
- 1964（昭和39）年：日本麦酒株式会社からサッポロビール株式会社に社名改称
- 1971（昭和46）年：「ヱビスビール」を復活販売
- 1977（昭和52）年：「サッポロびん生」が全国販売となる
- 1985（昭和60）年：北海道限定で「サッポロクラシック」を販売
- 1989（平成元）年：「サッポロびん生」を愛称だった「サッポロ生黒ラベル」に名称変更。北海道工場竣工。翌年、JRサッポロビール庭園駅が開業
- 1992（平成4）年：「赤星」の愛称で知られる「サッポロビール」が「サッポロラガービール」に改名、新装発売

左は1877年の最初のサッポロビール、右は1956年に復活販売されたときのラベル

ロイズタウン工場に併設

チョコレートの世界を旅する

ロイズ工場見学&体験 所要 約2時間

①製造ライン

1階ホールでは型に流しこんで作るモールディングチョコレートの製造ラインを見学できる(無料)

製造ラインで作られた「ロイズオリジンチョコレート」891円はショップで購入可

②カカオファームゾーン

コロンビアの自社農園が再現されており、カカオ栽培、カカオの実から種を取り出し発酵、乾燥、出荷までがリアルにわかる

カカオの実はカカオポッドと呼ばれ、白い果肉ごと種を取り出す

発酵したカカオ豆を広げて乾燥させる作業を疑似体験できる

チョコレート

当別 MAP 別冊P.14-B1

ロイズカカオ&チョコレートタウン

●ロイズカカオ&チョコレートタウン

ロイズを代表する「生チョコレート」。定番の[オーレ]ほか10種類以上ある

ロイズタウン工場に併設された、カカオの栽培からチョコレートの製造までを、展示や体験を通して知ることができるテーマパーク。2022年11月に誕生した。各ゾーンに楽しめる仕掛けがいっぱい!

住当別町ビトエ640-15 TEL0570-055-612(10:00~17:00。予約は公式ウェブサイトより 営10:00~17:00(最終入場は15:00。変動の場合あり) 休不定休 料入場有料(詳細は公式ウェブサイトを確認) 交JR札幌駅から約30分、ロイズタウン駅下車、徒歩7分(無料シャトルバスあり)

③工場体験ゾーン

ロイズタウン工場でのカカオ豆の加工を、実際に操業している機械を眺めたり、疑似体験しながら知ることができる

チョコレートの原料の生地を粉状にするレファイナーの仕組みがわかる

チョコレートの原料についてもわかりやすく展示

ゲームをしながらチョコレートの製造過程がわかるプレイエリア

④ロイズコレクションストリート

世界中から集めたチョコレートにまつわる貴重なコレクションを展示。アンティークや木彫り熊を展示するミュージアムも

華やかな缶のコレクション

ロイズの歴代パッケージが並ぶコーナー

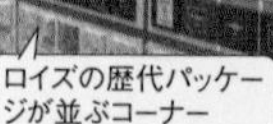

木彫り熊のコレクションは一見の価値あり

History

ロイズの名前で親しまれている株式会社ロイズコンフェクト。北海道でヨーロッパに負けない本格的なチョコレートを作りたいと創業。生チョコレートは一世を風靡した。直営店は道内のみ。

ミニ年表

1983(昭和58)年:札幌市東区で創業
1985(昭和60)年:第1号商品となる「板チョコレート」発売
1992(平成4)年:東苗穂に初の直営店をオープン
1995(平成7)年:生チョコレート通年販売開始
1999(平成11)年:当別町ふと美地区へ工場移転
2002(平成14)年:ポテトチップチョコレート販売
2011(平成23)年:新千歳空港にロイズ チョコレートワールドオープン
2014(平成26)年:コロンビアに自社のカカオ農園を設立
2022(令和4)年:3月にJR学園都市線にロイズタウン駅が開業。同年11月、ロイズカカオ&チョコレートタウンがプレオープン

ロイズタウン工場直売店

1階エントランスにある広々とした直売店。200種類以上の商品が揃うほか、焼きたてパンやソフトクリーム、限定グッズもいろいろ。

柄チョコモノグラムのクリアファイルA4 220円

ロイズバラエティ缶[721系]1210円

チョコレート作り体験

チョコレートワークショップではロイズのチョコにナッツやドライフルーツをトッピングするチョコレート作り体験ができる(所要約30分、予約不可)。

営11:00~16:30(最終受付は16:00)
料1500円

\完成/

オリジナルのパッケージに入れてお持ち帰り♪

型に選んだチョコレートを流し込んでもらう ▶ まだ柔らかいチョコレートに自由にトッピング ▶ ベルトコンベアのクーラーで冷却が終われば完成!

こちらもおすすめ！
楽しく学べる 工場見学

牛乳（札幌・東区）
酪農と乳の歴史館・札幌工場
らくのうとにゅうのれきしかん・さっぽろこうじょう
所要 約1時間 料金 無料 予約 電話で要予約
2階の歴史館で実際に使われていたバター作りの器械などを見学し、ガラス越しに牛乳の製造室を見学できる。毎日3回開催。勝源（カツゲン）神社のお参りもお忘れなく。→P.166

❶雪印メグミルクの札幌工場に併設 ❷1956年の販売から道民に愛されている乳酸菌飲料「ソフトカツゲン」 ❸バター作りの歴代の器械が並ぶ ❹合格祈願、必勝祈願の守り神、勝源神社

チョコレート（札幌・西区）
白い恋人パーク
しろいこいびとパーク
所要 約1時間 料金 800円（札幌市民料金500円）
予約 不要（事前決済）
人気の「白い恋人」36枚入り缶

北海道みやげの定番「白い恋人」の製造ラインが見学できる。お菓子作り体験や、充実したショップやカフェ、110品種200株のバラが植えられたローズガーデンなどの見どころも。→P.224

おなじみの「白い恋人」がベルトコンベアに乗って流れていく

かまぼこ（小樽）
かま栄
かまえい
所要 約10分 料金 無料
予約 不要

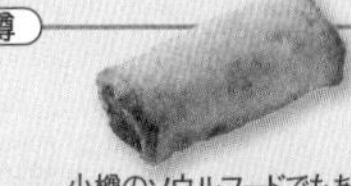
小樽のソウルフードでもある「パンロール」237円

売店から階段を上がった所に見学スペースがあり、かまぼこの原料となる魚肉を器械で練る様子や板付けなどをガラス越しに見ることができる。買い物の際にはぜひ立ち寄ってみて。→P.318

魚肉をすりつぶす“らい潰（かい）”という作業。5台のらい潰機が操業

日本酒（小樽）
田中酒造 亀甲蔵
たなかしゅぞう きっこうぐら
所要 約15分 料金 無料
予約 不要（10名以上は要予約）
道産米を使った代表銘柄「宝川（たからがわ）」

明治時代の石造倉庫、亀甲蔵は小樽の歴史的建造物。北海道産米100%を使った酒造りが通年行われている。一連の作業の見学と、試飲コーナーでは蔵元限定の日本酒を味わえる。→P.330

1899（明治32）年創業の歴史ある造り酒屋。ショップも併設

ワイン（小樽）
北海道ワイン
ほっかいどうワイン
所要 約1時間30分 料金 プレミアムツアー2000円
予約 公式ウェブサイトから予約（当日の場合は要電話予約）
定番の「おたる」シリーズは種類が豊富

小樽醸造所では工場見学プレミアムコースを開催。ガイドの案内でワイナリー内を見学。テイスティングやおつまみとのマリアージュ体験も。→P.333

コースは上級ワイン4種類の試飲付き。小樽の名店とのコラボコースも

ビール（千歳）
キリンビール 北海道千歳工場
キリンビール ほっかいどうちとせこうじょう
所要 約1時間30分 料金 500円
予約 公式ウェブサイトから要予約
工場見学「キリン一番搾りツアー」を開催。マスターブリュワーによるビールの紹介、仕込み釜の見学などのあと、ブリュワリードラフトマスターが注ぐキリン一番搾りを試飲できる。→P.249

工場に行けない人のためのオンライン工場見学もある

ウイスキー（余市）
ニッカウヰスキー余市蒸溜所
ニッカウイスキーよいちじょうりゅうしょ
所要 約1時間10分 料金 無料
予約 公式ウェブサイトで要予約
広い敷地内に点在する乾燥塔、蒸溜棟、発酵棟、一号貯蔵庫などをガイドと一緒に見学。ニッカミュージアムでは映像や展示からウイスキーの歴史を学ぶことができ、有料試飲もある。→P.352

ニッカウヰスキーは竹鶴によって1934年にここで創立された

1day 御朱印めぐり モデルプラン in 札幌

御朱印って何?
もともとはお寺でお経を納めた証の印のこと。現在は参拝した証として、参拝後に社寺で頂ける。

**札幌に来たならぜひとも参拝したい神社をご案内。
円山の自然に囲まれた北海道神宮から札幌伏見稲荷、
大通公園周辺の神社へと、御朱印帳を持ってプチトリップ!**

北海道の総鎮守で象徴的存在の北海道神宮

雪の中の拝殿。通年、参拝者が途切れることはない

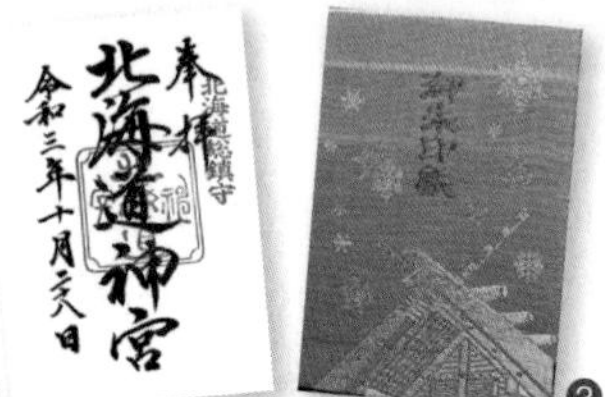

❶御朱印は本殿横の御祈祷の受付で頂ける ❷雪の結晶がちりばめられたかわいい御朱印帳

\Start/ 09:00

北の総鎮守からスタート
北海道神宮

ほっかいどうじんぐう

北海道開拓民の心のよりどころとして、開拓判官の島義勇がこの場所を社地に定め、1871(明治4)年に札幌神社として創建。現在は開拓三神と明治天皇の四柱が祀られている。円山の森にある約18万㎡の境内は春には桜、秋には紅葉が彩りを添える。境内社として開拓神社、鉱霊神社、穂多木神社がある。➡P.131

現在の本殿は1978(昭和53)年に再建されたもの。縁結びや恋愛成就の御利益を求めて参拝する人も多い

3つある境内社のひとつ「穂多木神社」。北海道拓殖銀行本店の屋上に、銀行の守護神として祀られていたのを1950(昭和25)年に遷座

❶境内には約1100本の桜があり、開花は例年4月下旬～5月上旬　❷境内には梅園もあり200本近くの梅の木が白・ピンク・赤の花を咲かせる。見頃は桜とほぼ同じ、4月下旬からGW頃にかけて

地球の歩き方×クラブツーリズム コラボツアー

札幌・小樽周辺の神社を、旅行会社クラブツーリズムの神職の資格をもつ社員と回ります。(定員に達するなど、募集終了の場合もあります)

ココもお参り!

開拓神社

かいたくじんじゃ

北海道開拓に心血を注いだ先人を祭祀するために1938(昭和13)年に建立。家内安全など全部で9種類ある祈願札(300円)は、名前を書いて指定の場所へ。開拓神社の例祭の前日に祓い清めてお焚き上げされ、神様に届けられる。

北海道神宮の御祈祷受付で、開拓神社の御朱印もいただける

境内の森に包まれてひっそりとたたずむ。家内安全など9種類の祈願札がある

立ち寄りSPOT / 10:00

北海道神宮からすぐのお食事処

神宮の杜 はくしか

じんぐうのもり はくしか

大きな窓から四季折々の「神宮の杜」が眺められるカフェ。エゾリスの姿が見られることも。木の温もりに包まれる店内で、無農薬のジュースや薬膳粥をいただける。

➡P.131

店内には物販コーナーもある

徒歩 2分

11:00

朱塗りの鳥居が境内へ誘う

札幌伏見稲荷神社

さっぽろふしみいなりじんじゃ

全国に約3万社ある稲荷神社の総本宮、京都の伏見稲荷大社の御分霊を奉斎。社殿までの坂道に27基の赤い鳥居が連なる。境内の「願い石」がパワースポットとして知られている。

➡P.130

御朱印は季節により変わり写真は9～11月の通常御朱印。伏見は京都伏見稲荷にちなむ地名で、このあたりの地名も神社にちなんで伏見に

車で約10分

または地下鉄円山公園駅から徒歩3分の円山バスターミナルからバスで約10分、慈啓会前または伏見町高台下車、徒歩3分

ひと足のばして

藻岩山の中腹にたたずむ

藻岩山神社

もいわやまじんじゃ

札幌伏見稲荷神社から徒歩10分の市電ロープウェイ入口からもいわ山展望台(→P.130)へアクセスできる。山腹にある藻岩山神社は札幌伏見稲荷の末社にあたり、藻岩山を訪れるスキー客の無病息災と安全を祈願して建立された。

MAP 別冊P.25-C1

もいわ山ロープウェイ中腹駅にある

❶木々の中に並ぶ鳥居をくぐって坂を上る
❷願いがかなうといわれる「願い石」
❸稲荷神社の神、倉稲魂命ほか四柱が祭神

次ページへ

札幌伏見稲荷神社

車で約15分

または徒歩10分の市電ロープウェイ入口停留場から市電外回りで約35分、狸小路停留所下車、徒歩10分

14:00

恋愛運アップのパワースポット

北海道神宮頓宮

ほっかいどうじんぐうとんぐう

開拓期から札幌の街づくりを見守ってきた神社。境内の狛犬2対には「子授け・安産」「恋愛成就」といった御利益があるといわれ、全国から多くの女性が参拝に訪れる。➡P.124

❶現在の北海道神宮の遥拝所として設置されたのが始まり ❷神殿前の狛犬に子授かりや安産の御利益があるといわれている ❸参道にはイチョウの御神木がある

ほとんどの参拝者は神社の狛犬に触れてお願い事をするという。右下に狛犬の印を押してくれる

頓宮限定の「恋愛成就守」は色違いの3色がある

徒歩8分。
途中近くのカフェで休憩

展望SPOT 15:00

展望台にあるユニークな神社

テレビ父さん神社

テレビとうさんじんじゃ

札幌のシンボル、「さっぽろテレビ塔」の展望台にある。イラスト入りのユニークなおみくじも。展望台に上った際にチェックしてみて。➡P.120

❶狛犬の代わりは「テレビ父さん」と「母さん」 ❷大通公園とさっぽろテレビ塔

徒歩13分

Goal 16:30

勝利や商売繁盛に御利益あり！

札幌三吉神社

さっぽろみよしじんじゃ

秋田の太平山三吉神社の御分霊を奉斎したのが始まり。勝利成功の藤原三吉神や商売繁盛の金刀比羅宮ほか五柱が祀られている。➡P.125

勝利成功・事業繁栄の御利益があるといわれる藤原三吉神の力強い朱印が押された御朱印。札幌中心部にあり、周辺で働く人が足繁く参拝に訪れる

ココもお参り！

出世稲荷神社

しゅっせいなりじんじゃ

本殿横にある小さなお宮は境内社の「出世稲荷神社」。立身出世を成し遂げた豊臣秀吉ゆかりの神社といわれている。

赤く塗られた社殿に白い狐が彫られた小さなお稲荷さん

札幌・小樽周辺にまだある!

\欲しい運は取りに行く!/

参拝すべき最強神社6

札幌・小樽とその周辺の、さまざまな御利益がある神社を紹介。
願いをかなえてくれるありがたい神様を参拝しよう。

1 総合運 （札幌・北区）

新琴似神社

しんことにじんじゃ

開拓の守護神として天照大神（あまてらすおおみかみ）、豊受大神（とようけのおおかみ）といった最高神を祀り、あらゆる御利益が授かれると評判。併設の資料館では屯田兵の歴史が学べる。➡P.150

❶神社の印と墨書が上下で分かれた御朱印
❷鎮守の森にあり、札幌市北部の鎮守様として住民をはじめ人々の崇敬を集めている

2 総合運 （札幌・手稲区）

手稲神社

ていねじんじゃ

北海道神宮の御分霊である開拓三神を主祭神に、多くの神様を祀る最強の神社。奥宮は手稲山山頂にあり、境内にも奥宮遥拝所がある。➡P.234

❶御朱印には手稲区の公式キャラクターも
❷不思議な力を宿しているという「願い石」に「叶い石」を重ねてもお参りしよう

3 縁結び （札幌・手稲区）

星置神社

ほしおきじんじゃ

出雲大社と同じ神様を祀り、縁結びの御利益で人気がある。また境内に木彫りのカエルが多数配置され、なでてパワーを授かれる。➡P.235

❶三つ巴に星の社紋印が印象的な御朱印。星は勝利の星
❷階段を上ったところにあり、町並みと海が見渡せる

4 勝負運 （小樽）

龍宮神社

りゅうぐうじんじゃ

明治初期に旧幕府軍の総大将、榎本武揚が建立。出世や勝運向上に昇り龍のような勢いとパワーをもたらす神社と崇拝されている。➡P.306

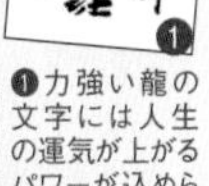

❶力強い龍の文字には人生の運気が上がるパワーが込められている
❷小高い場所にあり小樽の町並みが望める

5 安産 （札幌・西区）

西野神社

にしのじんじゃ

安産や縁結びの神様である豊玉姫命（とよたまひめのみこと）を祀り、境内には「母犬と子犬の石像」も。境内は時期になるとアジサイが咲き誇る。➡P.226

❶御朱印には狛犬と巴紋が押されている。12種類ある「干支の御朱印」もある
❷境内に槐（えんじゅ）の木があり長寿の御利益も

6 商売繁盛 （千歳）

千歳神社

MAP 別冊P.7-C3

ちとせじんじゃ

食事を司る二柱の女神が祀られており五穀豊穣、商売繁盛に御利益があると飲食店関係の参拝者が多い。手水は支笏湖の伏流水だ。

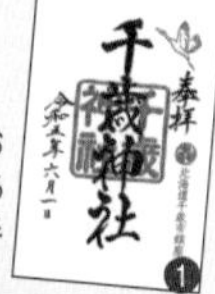

❶千歳の語源は「鶴は千年」の故事にちなんでいるとされ、鶴の印が押されている
❷江戸時代の1658年に創建された

ローカルコンビニ

JCSI顧客満足度全国1位！セイコーマートで朝・昼・晩！

オレンジ色の看板が目印。2021年から壁がネイビーカラーの店舗が登場

セイコーマートのマスコットキャラクター

道内ではセコマの愛称で親しまれているコンビニ、セイコーマート。北海道色を生かした商品が豊富に揃う。朝・昼・夜のおすすめ商品を紹介！

セイコーマートはここがスゴイ！

1 JCSI顧客満足度全国1位
2009年に始まった顧客満足度指数調査JCSI。そのコンビニエンスストア部門でセイコーマートは7年連続（2022年度）、合計11回も1位に選出されている。

2 道内すみずみまで店舗を展開
セイコーマートは北海道179市町村のうち173市町村に店舗があり、その数は約1100。人口カバー率は99%を超える。人口の少ない町にも出店し、道民のライフラインになっている。

3 オリジナルブランドが充実
地元の人に愛される理由のひとつがオリジナル商品。自社工場で加工する商品は、北海道の豊かな食を生かしたものばかり。

4 店内厨房の手作り弁当
店内で揚げる、焼くなど調理して、手作りの商品を販売するホットシェフ。2023年5月現在、約900店舗にホットシェフがあり、温かいお弁当やおにぎりを販売。

セイコーマート ミニ年表	
1971年	第1号店が開店
1974年	株式会社セイコーマート設立（株式会社セコマの前身）
1987年	ワインの自社輸入を開始
1994年	ホットフード（現ホットシェフ）1号店が誕生（足寄店）
1995年	オリジナル商品第1号としてアイスクリームを発売
2000年	離島（利尻島）への初出店。セイコーマートクラブカードが登場
2010年	道内店舗数1000店到達
2018年	電子マネー付き会員カード「Pecoma」が登場
2021年	1号店の開店から50周年を迎える

Q.セイコーマートの名前の由来は？
A.セイコーは「成功する」、マートは英語で「市場」「お店」を意味し、お店の「成功」への願いがこめられている。

オレンジ色のロゴは伝説の不死鳥「フェニックス」がモチーフ

Morning

オリジナルパンの種類が豊富。ホットシェフの店内で焼いたパンや、手作りのおにぎりも朝の定番。

ようかんツイスト 118円
➡クリームを挟んだツイストパンを羊羹でコーティング。北海道ご当地パン

ちくわパン 110円
⬅ツナマヨ入りちくわが入った北海道の定番おかずパン

しっとり豆パン 118円
➡十勝産金時豆の甘納豆が表面にごろごろ。こし餡を練り込んだしっとりパン

北海道とよとみ生乳95%ヨーグルト（120g） 88円
➡道北の豊富町産生乳と2種類の乳酸菌で作ったヨーグルト

大きなおにぎり★ すじこ 378円
➡手作りのふっくらおにぎり。塩さば188円、たらこ248円なども

地元クチコミ
店内で焼いているホットシェフのパン、バタークロワッサンとメロンパンはイチオシ！
（札幌市厚別区　学生）

おやつ

ミルクや卵、小豆、もち米など道産素材を使った洋菓子から和菓子、人気のメロンソフトなどアイスもいろいろ。

大福 100円
➡道産もち米「きたゆきもち」使用。豆大福、草大福、赤大福の4種類

たまごプリン 150円
⬅やや固めで懐かしい味わいのプリン

地元クチコミ
レジ付近にある大福はつい買ってしまいます。白餡の赤大福が好きです。
（札幌市中央区　主婦）

どら焼 119円
⬇道産小豆と小麦を使用。北海道の焼き印がおいしさをあと押し

北海道メロンソフト 198円
➡道産の完熟赤肉メロンと豊富産牛乳をミックスしたロングセラー

Lunch

ホットシェフの手作り弁当や10種類ほどある128円のパスタシリーズが大人気！

カツ丼★ 550円
⬆ホットシェフの人気商品。カラリと揚げたとんかつ&特製たれと半熟卵が絶妙

フライドチキン★ 278円
➡粉づけからお店で手作り。鶏肉のジューシーなうまみが広がる！

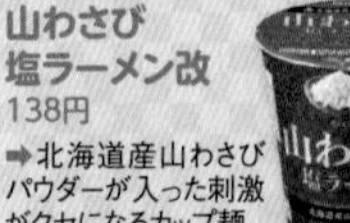

チキンたっぷりペペロンチーノ 128円
⬅チキンとキャベツもたっぷり入っていて食べ応え満点

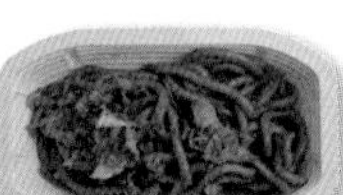

和風豚焼きうどん 128円
⬆もちもちしたうどんとソースが合う。紅ショウガと鰹節がアクセント

クリーミーカルボナーラ 128円
⬇濃厚クリームソースに揚げベーコンとコショウがアクセント

ナポリタンスパゲティ 128円
⬆太麺でコク深い味わいのナポリタン。赤ワイン入りの本格的な味わい

地元クチコミ
おすすめは128円シリーズの「海老とキャベツの塩焼きそば」。干しエビの香りが食欲をそそります。
（札幌市北区　会社員）

コスパ◎！たっぷり野菜サラダ 128円
➡自社や契約農場の5種類の野菜が入ってまさに高コスパ！ドレッシング付き

おみやげも見つかる！

北海道の名産品を用いたオリジナル商品はおみやげにもぴったり！

山わさび塩ラーメン改 138円
➡北海道産山わさびパウダーが入った刺激がクセになるカップ麺

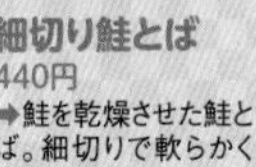

北海道ミルクキャンディ 115円
⬅コクのある練乳と生クリームのミルクの味が口の中に広がる

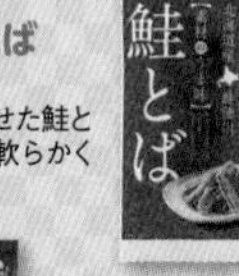

細切り鮭とば 440円
➡鮭を乾燥させた鮭とば。細切りで軟らかく食べやすい

鮭とばコーンチップス 118円
⬅秋鮭エキスパウダーを使用し、鮭とコーンの味を楽しめる

セイコーマート公式通販でも購入可
URL online.seicomart.co.jp

Drink

世界各国から直接仕入れる80種類ものワインを販売。オリジナルのビール類やサワーも人気がある。

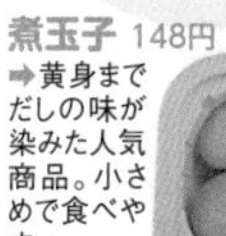

G7カベルネ・ソーヴィニヨン 498円
➡チリ産の人気No.1赤ワイン。甘味、うま味、果実感がしっかり濃縮された味わい

G7シャルドネ 498円
⬅チリ産、辛口の白ワイン。ほどよい酸味と果実感で飲みやすい

ガラナサワー 108円
⬅北海道のソウルドリンク「ガラナ」のサワー

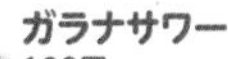

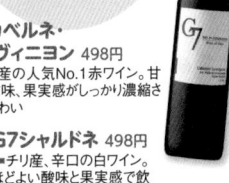

和ミントモヒート 148円
➡道東・滝上産ミントを使ったさわやかな飲み口のカクテル

地元クチコミ
ほかのコンビニと違ってワインが豊富。1本500円程度のものが多く、お財布に優しいのも高ポイント。
（札幌市白石区　会社員）

Dinner

食べきりサイズのお総菜はご飯のおかずや、お酒のお供にも最適。定番から季節ものまで豊富。

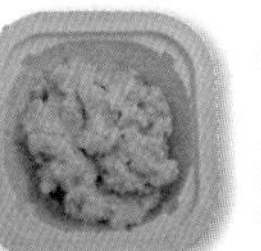

ひじき五目煮 128円
⬇レンコン、ニンジン、ゴボウ、枝豆、油揚げと具だくさん

煮玉子 148円
➡黄身までだしの味が染みた人気商品。小さめで食べやすい

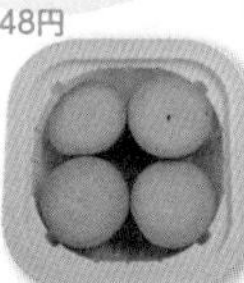

北のポテトサラダ 128円
⬆ほくっとしたジャガイモにキュウリやニンジンの彩りもいい

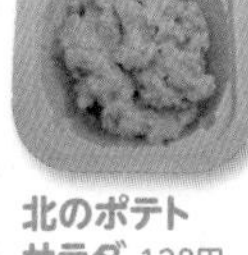

子和えこんにゃく 128円
⬅つきこんにゃくと生たらこをあえた北海道の家庭料理

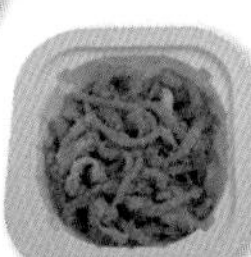

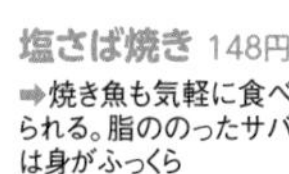

北海道産卵の玉子焼き 138円
⬆昆布や鰹だしの風味がきいたほんのり甘くジューシーな厚焼き卵

塩さば焼き 148円
➡焼き魚も気軽に食べられる。脂ののったサバは身がふっくら

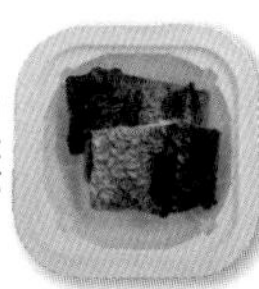

焼き鳥バラエティセット 378円
⬅鳥もも、豚串など5本セット。味は塩&ブラックペッパーと唐辛子

地元クチコミ
お手頃価格で食べきりサイズのお総菜が品揃え豊富にあって毎日選ぶのが楽しみです。
（小樽市　会社員）

★はホットシェフの商品

※価格は税抜（2023年5月現在）。商品は予告なく仕様・価格・パッケージ変更の可能性があります

ローカルスーパー

テーマパークのようなワクワク感！ ご当地スーパーに潜入！

歴史があるだけでなく、際立つ個性で地元から愛されているスーパーマーケット。買い物しながら宝探しをするような楽しさがある。

❶生産者がわかる野菜売り場。野菜と一緒にレシピ本なども販売 ❷にぎやかな調味料売り場。定番から日本各地の珍しいものまで ❸個人の感想がユニークで思わず手に取ってしまう ❹創業当時店頭に街頭テレビがあり、相撲中継を見に人が集まったという。モノクロ写真をカラーに変換 ❺スーパーマーケットとして開店した当時 ❻3代目で社長の杉原俊明氏と4代目で店長の杉原一成氏 ❼オレンジ色のルーフは当時のまま

ポップに込められた野菜ソムリエの熱い思い

札幌・中央区 MAP 別冊P.18-B3

フーズバラエティすぎはら

フーズバラエティすぎはら

野菜売り場には味や食べ方を説明するポップがずらり。生産者とお客さんを結ぶ役割を模索し、野菜ソムリエの資格を取得した現社長。野菜以外にも全国各地から仕入れた商品は目利きのセンスが光るものばかりで、掘り出し物も見つかる。

住札幌市中央区宮の森1条9-3-13 TEL0120-202-447 営10:00～19:00 休日曜（祝日は不定休） 交地下鉄円山公園駅から徒歩15分 CCADJMV Pあり

フーズバラエティすぎはら ミニ年表

1941（昭和16）年	杉原商店創業
1975（昭和50）年	現在の建物に建て替え。隣接していた魚屋や八百屋と一緒にスーパーマーケットとして営業開始
2014（平成26）年	3代目の杉原俊明氏が社長に就任
2018（平成30）年	札幌市の「Good商い賞」の「魅力が伝わるPOP&ディスプレイ部門」でグランプリ受賞

地元クチコミ

野菜以外にもチーズやアイスなどほかにはない商品がいっぱい。毎週土曜の実演販売会が人気です。
（札幌市中央区　会社員）

お酒は専門店並みの品揃え 鮮魚と手作り総菜で勝負

札幌・中央区 MAP 別冊P.25-C1

FOODS CENTERやまもと

フーズセンターやまもと

1997年によろず屋として創業。毎朝市場で仕入れる新鮮な魚介を昔ながらの対面で販売しており、専門的な知識を求めて買いに来る飲食店の人も多い。先代が好きだったというワイン、さらに蔵元直送の日本酒は専門店並みの品揃え。

住札幌市中央区南17条西15-1-1 TEL011-561-5721 営10:00～21:00 休日曜 交市電西線16条からすぐ CCADJMV Pあり

FOODS CENTERやまもと ミニ年表

1926（昭和元）年	丸イ山本商店創業
1953（昭和28）年	現在の場所に移転し営業スタート
2014（平成26）年	外観をリニューアル
2017（平成29）年	3代目、山本兼靖氏社長に就任

地元クチコミ

できたて豆腐や焼きたてパンなど、近隣で作られている商品がいろいろあって地元愛を感じます。
（札幌市中央区　主婦）

❶3代目社長の山本兼靖氏 ❷ワインセラーにはデイリーに飲めるワインや、北海道のワインも並ぶ ❸できたてのお弁当やお総菜目当てに訪れる人も多い ❹人気の「札幌大吾ぱん屋」のパンが購入できるスーパーはここだけ。オリジナルもある ❺現在の場所で開業した頃の写真

調味料、総菜、ワイン……まるごとイタリアンなスーパー

札幌・中央区 MAP 別冊P.24-B1

Finocchio ●フィノッキオ

商店とイタリア料理の店を経営していたことから、リニューアルの際にイタリア路線に変更。調味料から生鮮品までイタリア食材を中心に取り揃え、ワインにいたってはインポーターから直接仕入れ。店内で購入したワインを、隣のワイン&パスタCarta Paccoに持ち込みも可。

住札幌市中央区双子山1-7-4 TEL011-561-9457 営10:00～22:00 休水曜 交地下鉄円山公園駅からバスで約8分、界川下車すぐ（徒歩だと20分） CCADJMV Pあり

地元クチコミ
メーカー処分品のいろいろなチーズを半値で販売しているので、わざわざ買いに行きます。
（札幌市中央区　会社員）

Finocchio ミニ年表

1953（昭和28）年	雑貨屋として創業
1963（昭和38）年	店舗を近くに移転し、株式会社ふなきストア設立
1969（昭和44）年	現在の建物に建て替え
1995（平成7）年	店舗リニューアルし、店名をFinocchioに変更
2001年（平成13）年	3代目、船木裕介氏社長に就任

厳選したワインを多数とり揃えています

❶トマト、パスタソースやピザ生地などイタリア料理食材が揃う ❷対面スタイルで鮮魚も販売 ❸シェフが毎日、店内の厨房で作っている ❹創業時の建物。周囲には何もない時代だったという ❺背後に円山がそびえる ❻3代目社長の船木裕介氏 ❼店内で作るテイクアウト用のメニュー。定番のパスタのほかポルケッタなど20種類ほどが並ぶ

「食費を半分に」をスローガンに驚きのマンボウ価格に大盛況!

札幌・西区 MAP 別冊P.18-A2

スーパーマンボウ西野店 ●スーパーマンボウにしのてん

特売という概念がない時代から、野菜から鮮魚まであらゆる物を安く販売。月曜は肉の日、火曜は野菜の日など日替わり特売日もあり、地元はもとより遠方からの買い物客も多い。店前にも商品が並び、さながら市場のようなにぎわいだ。

住札幌市西区西野2条6-3 TEL011-664-7486 営8:00～19:00（土・日曜は7:00～） 休無休 交地下鉄宮の沢駅前のバスターミナルからバスで約7分、西野2条6丁目下車すぐ（徒歩だと約20分） CCADJMV Pあり

スーパーマンボウ西野店 ミニ年表

1980（昭和55）年	イチウ山田水産マンボウ店として創業
1988（昭和63）年頃	3回ほど移転を繰り返し、スーパーマンボウ西野店の名前で現在の場所に移転オープン

お客様の笑顔のためにがんばってます

地元クチコミ
1620円以上購入して朝9時までにレジを通過するとヨーグルトなどがもらえます。
（札幌市西区　主婦）

❶チラシのポエムを書くオーナーの神様さん ❷仕入れ担当の灯台さん。オーナーが付ける店独自の名前があるのもマンボウの特徴 ❸当時は8坪ほどの大きさだった ❹客を飽きさせないようコスプレして販売したことも ❺マンボウのイラストが目印 ❻鮮魚を買いに遠くからやってくるお客さんも多い ❼宝探しのような気分になる店内。目に付いたらすぐにカゴに入れないと、店内が混んでいて戻れないことも

北海道の自然素材にこだわるスキンケアブランド

ナチュラルアイランド
Natural Island

北海道の自然の恵みを旬な状態で肌に届けたいと、原料となる自然素材づくりから自ら手がけている。白老町の『ナチュの森』にある自社農園のほか、道内各地の協力生産者のもとで、土の状態や栽培方法にもこだわりながら一から栽培した素材は、丁寧に収穫され、自社工場で製品化される。素材の特長を活かしたスキンケア製品の数々は、肌にやさしく、癒やされる香りのものが多い。

自社農園で丁寧に有機栽培
カレンデュラ
古代ギリシャ・ローマの時代から薬草として用いられてきたメディカルハーブ。ひとつひとつ手摘みをし、**『カレンデュラ手づみシリーズ』**をはじめ、多くの製品に使用している

北海道滝上町でしか栽培していない
和ハッカ
世界でも滝上町の一軒の農家でしか生産されていない幻の和ハッカ「JM-23号」。ふわっと甘く透き通る香りがやさしく肌を守るアウトドアアロマミスト**『森の肌守り。』**はナチュラルアイランドの大人気商品

羊蹄山の麓・真狩村で育つ
セントジョーンズワート
心身の緊張をほぐす効果があるとされるハーブの花の部分のみを丁寧に摘み取り、ボディ用マッサージオイル**『セントジョーンズ・サポートオイル』**へ加工

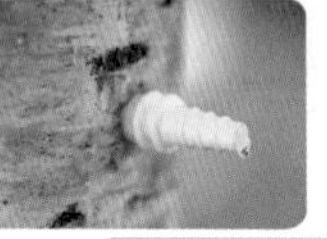

雪解け時季の2週間のみの採取
白樺樹液
美肌成分がたっぷり含まれた自然の恵み・白樺樹液は北海道でも北に位置する美深町産。幹からしたたる樹液は化粧水**『雪と白樺。』**に

これらの天然素材から生まれたナチュラルアイランドの製品についてはこちらから

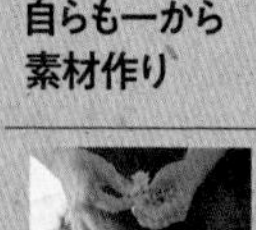

生産者と共に自らも一から素材作り

手作業で厳選した素材を使用

素材の特長を活かす製品開発

徹底的な衛生管理

安らぎを感じる自然の香り

おみやげにもオススメ!

北海道の香り広がる
スキンケア発想の入浴料
アロマバスエッセンス6包セット
1,595円(税込)

ちょっとした贈り物にもぴったり

有機カレンデュラ生まれのハンドクリーム
やさしい手づくり。ミニ4本セット
1,650円(税込)

4つの香りと効果が気軽に試せる!

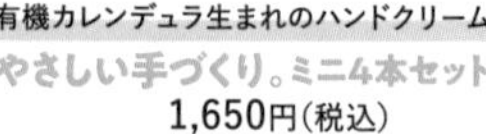

直営店「home札幌店」で買える!

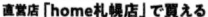

住 札幌市中央区北1条西28丁目2-35 MOMA+ 2F
TEL 011-632-5115
営 10:00〜17:00 休 火曜

Natural Skincare Garden
ナチュの森

低刺激スキンケアブランド『ナチュラルサイエンス』と『ナチュラルアイランド』の工場と庭園が一つになったフラッグシップ施設。2022年に敷地内にオープンした『森の工舎』は、廃校を利用した自然と科学をテーマにしたミュージアム。様々なワークショップを開催しているほか、カフェやショップも併設。

蒸留の仕組みがわかる
蒸留実験室

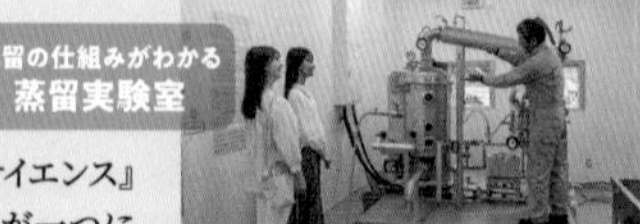

香りの不思議を学ぶ **香りのラボ**

住 白老郡白老町虎杖浜393-12(親水公園奥・旧虎杖中学校跡地)
TEL 0144-84-1272 営 10:00〜17:00
休 水・木(祝日の場合は営業)

ナチュの森についてはこちらから

＼第1章／

札幌・小樽 エリアガイド

札幌・小樽 札幌10区・北広島・登別・余市・ニセコ・積丹

Sapporo Otaru

エリア早わかり

札幌10区と小樽3エリア、札幌と小樽から車利用なら1時間程度で行ける周辺の都市。それぞれに魅力的な見どころがある。

1 札幌市 …… P.72

北海道の中心都市で東京23区の約1.8倍の広さがある。JR札幌駅は周辺の区と中央区の境にあり、全部で10の区からなる。

❶大通公園とさっぽろテレビ塔。大通公園は両側に並木、各丁目に噴水や花壇がある市民の憩いの場 ❷ニッカの看板とネオンに彩られる夜のすすきの交差点 ❸札幌市南区にある定山渓温泉 ❹北海道開拓の村は札幌市厚別区にあり、道内各地の建物が移築・復元されている

2 札幌周辺 …… P.242

北海道の玄関口・新千歳空港は千歳市に位置。札幌からひと足延ばせば温泉、湖、そして海の景色が広がる。

❶洞爺湖町と壮瞥町にまたがる洞爺湖。湖畔に洞爺湖温泉がある ❷有名な登別温泉の源泉、登別温泉地獄谷。遊歩道で散策できる ❸「鉄の町」で知られる室蘭の白鳥大橋と工場夜景

3 小樽市 …… P.282

東西約36㎞、南北約20㎞と、日本海と山に挟まれて広がる小樽市。観光スポットは中心部に集中している。

4 小樽周辺 …… P.346

小樽の西側には余市町や仁木町、その先に積丹半島が続く。南には羊蹄山を中心としたニセコエリアが広がる。

❶小樽運河を歩いて小樽の歴史を身近に感じてみて ❷祝津は断崖の上にあり、海の絶景が広がる。おたる水族館と小樽市鰊御殿が見える ❸ガラスの町として知られる小樽。堺町通りにはガラスを扱う店が多数ある ❹旧手宮線の跡地は散策路として整備され、線路の上を歩ける

❶積丹半島の海岸沿いには、かつて鰊漁で栄えた歴史を残す建物が点在 ❷積丹半島の神威岬から見た神威岩 ❸蝦夷富士と呼ばれる羊蹄山はニセコのシンボル

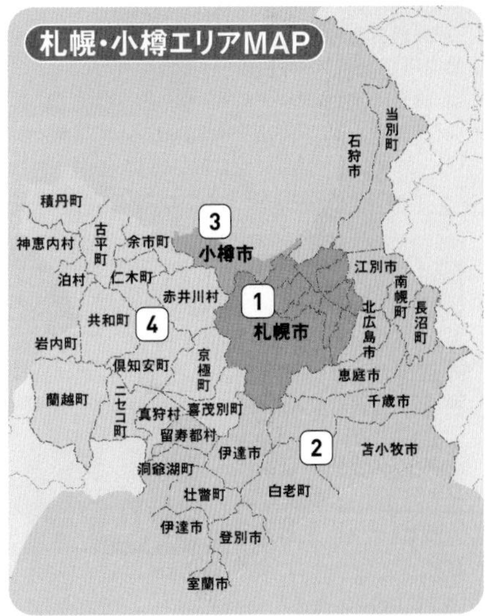

どさんこワイド179 福永アナの 札幌市ジモトトーク

THE観光地もいいけど、ひと味違った「札幌の風景」を感じられるのが「札幌三吉神社」(→P.62、125)周辺。地元では「さんきちさん」と呼ばれて親しまれ、毎年5月14・15日に開催される例大祭は札幌で最も早い夏祭りで、境内に屋台が出てにぎわい、最近ではライブなども行われています。ビル街にあるので近隣のオフィスで働く方々が年始にこぞって参拝に来るような場所で、私も会社から近いので通勤のときに、よくこの神社にお邪魔して心を整えます。目の前を路面電車が走り、近くには大通公園、さらにはランチタイムに行列ができる人気町中華「布袋」で名物ザンギも楽しめます。旅のついでに立ち寄って、心穏やかなひとときを。

勝負運にも御利益があるといわれている

AREA NAVI

札幌市

Sapporo Area MAP 別冊P.8-9

札幌市の徽章
六角模様に「札」と「ロ」を表す丸、中は北斗星と「ホ」を表現

カントリーサイン
札幌を代表する見どころ、札幌市時計台の時計塔がモチーフ

札幌市は1922（大正11）年に市制施行されてから合併や分離を繰り返しながら現在は10の行政区からなる。ビル群がそびえる中央区を中心としたエリアと、緑豊かな手稲区や南区など、それぞれに特徴がある。

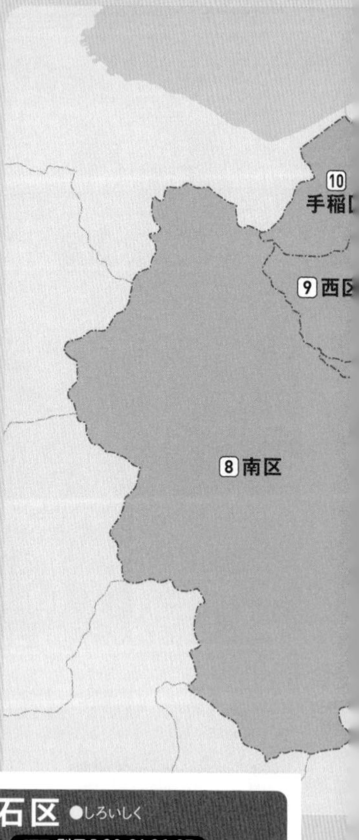

10 手稲区
9 西区
8 南区

1 中央区 ●ちゅうおうく

P.111 MAP 別冊P.18-19·24-25

名実ともに札幌の中央に位置

JR札幌駅の南に広がる中央区は、北海道庁や札幌市役所など行政機関が集まる札幌の中心地。代表的な見どころ、飲食店なども大通公園の半径約2km四方に集中し、観光のメインエリアにもなっている。

札幌のシンボル、札幌市時計台

2 北区 ●きたく

P.147 MAP 別冊P.12-13·14-15·18-19

札幌10区の中で最も人口が多い

JR札幌駅の北側が北区。東は創成川、北は茨戸川に挟まれ、利便性のよさと自然にも恵まれた環境のなかで宅地造成が進み、人口は札幌市の中で最も多い。代表的な見どころは北海道大学など。

北海道大学のポプラ並木

3 東区 ●ひがしく

P.163 MAP 別冊P.18-19·20-21

中心部に位置し丘珠空港がある

北区と中央区に接する札幌の中心部にあり、苗穂地区には明治期の工場群が残る。道内航空の拠点となる丘珠空港も東区にある。

モエレ沼公園は東区にある

4 白石区 ●しろいしく

P.175 MAP 別冊P.20-21·26-27

便利で緑も多い生活圏

中央区と豊平川を挟んで接し、商業施設や公園があり暮らしやすいエリア。地下鉄白石駅やJR白石駅が拠点で交通も便利。

ライラックが有名な川下公園

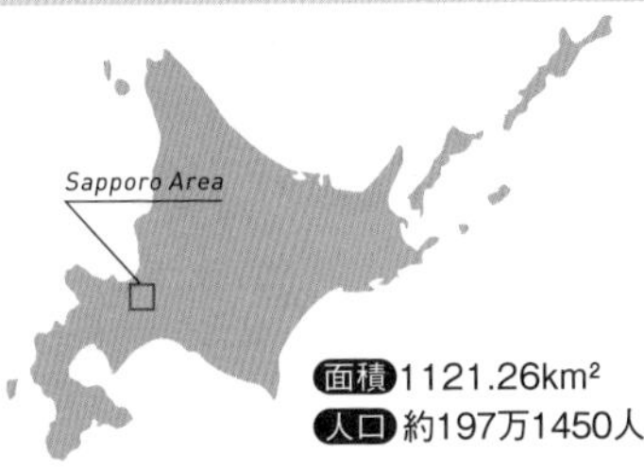

面積 1121.26km²
人口 約197万1450人

札幌でしたいコト5

❶北の旬の海の幸を心ゆくまで味わう
❷ご当地グルメを食べ歩き
❸王道観光スポットを巡る
❹広大な公園や花スポットで遊ぶ
❺ひと足のばして定山渓温泉へ

5

厚別区 ●あつべつく P.183 MAP 別冊P.20-21·26-27

自然と文化が融合するエリア

地下鉄新さっぽろ駅、JR新札幌駅を中心とした副都心。北海道開拓の村や北海道博物館などの見どころがある。

北海道開拓の村

6

豊平区 ●とよひらく P.191 MAP 別冊P.24-25·26-27·30-31

クラーク像が有名な展望地

南北に細長く、北の国道36号沿いは商業地、南にはさっぽろ羊ヶ丘展望台を代表とする緑豊かな丘陵地が広がる。

さっぽろ羊ヶ丘展望台

7

清田区 ●きよたく P.203 MAP 別冊P.26-27·32-33

札幌の東の玄関口

北広島市に隣接し、北部を東西に走る国道36号沿いが中心。南部には雄大な自然が広がりグリーンスポットが多い。

平岡樹芸センター

8

南区 ●みなみく P.211 MAP 別冊P.16-17·22-23·24-25·28-29·30-31

定山渓温泉と豊かな自然!

札幌市の面積の6割は南区が占め、さらに大部分は豊かな自然に包まれている。定山渓温泉、豊平峡温泉はここに。

秋の定山渓温泉

9

西区 ●にしく P.223 MAP 別冊P.16-17·18-19·22-23

繁華街と大自然の両方がある

中央区の西側に位置し、三角山がシンボル。地下鉄の二十四軒駅や琴似駅、JR琴似駅周辺に市街が広がる一方で、南部には五天山公園などがあり、雄大な自然に触れられる。

冬の五天山公園

10

手稲区 ●ていねく P.233 MAP 別冊P.10-11·16-17·18-19

手稲山がそびえる札幌の西端に位置

小樽市と隣接し、南西にはそびえる手稲山は夏は登山、冬はスキーが楽しめる。前田森林公園などのスポットも。

前田森林公園

札幌王道グルメ

札幌に来たなら必ず食べたい味を徹底ガイド。ラーメンや海鮮はもちろん、老舗の味からスイーツまで絶品王道グルメ8連発!

王道 01 札幌味噌ラーメン

札幌味噌ラーメンのルーツを遡り、いまや全国に知れ渡る「すみれ」、そして派生する「すみれ」OBの店まで大公開!

札幌味噌ラーメンヒストリー

現存する最古のラーメン店

1947(昭和22)年に狸小路に西山仙治が屋台「だるま軒」を開店。かん水を使ったラーメンの麺は札幌ラーメンの原点となる。2年後、二条市場に移転し、現在も同じ場所で営業。麺は昔からの作り方で良質なかん水と小麦粉だけで作る自家製だ。現在は4代目の加納哲也氏が店主を務める。

製麺機は1950(昭和25)年から使い続けている

醤油ラーメン 900円
豚骨ベースの澄んだスープにコシのある自家製縮れ麺、伊達巻きが特徴

だるま軒 だるまけん
MAP 別冊P.39-D1
住札幌市中央区南3東1-2-10 TEL011-251-8224 営10:00～14:00(材料がなくなり次第終了) 休木曜 交地下鉄豊水すすきの駅から徒歩5分

味噌ラーメンの誕生

1950(昭和25)年、大宮守人が「味の三平」を開店。味噌は体にいいと考え、味噌汁をヒントに「味噌味メン」を開発した。これが味噌ラーメンの始まりとなる。現在は文房具専門の大丸藤井セントラル(→P.141)内に店舗を構え4代目が切り盛り。実は「ラーメンライス」もこの店から生まれた。

味噌ラーメンを開発した大宮守人氏

みそラーメン 1000円
スープに熟成麺がよく絡む。たっぷりのったシャキシャキ野菜も食べ応えあり

味の三平 あじのさんぺい
MAP 別冊P.39-C1
住札幌市中央区南1西3-2 大丸藤井セントラルビル4階 TEL011-231-0377 営11:00～18:30頃 休月曜、第2火曜 交地下鉄大通駅から徒歩3分

全国区になった札幌味噌

1964(昭和39)年に村中明子が中の島に「純連(すみれ)」を開店。濃厚で独創的なラーメンはたちまち話題となり、札幌味噌ラーメンを代表する店となる。1982(昭和57)年に閉店するが、移転して営業再開。1989年に三男の伸宜氏が、始まりの場所である中の島に「すみれ」をオープン。

中の島にあった初代「純連」

味噌 1100円
濃厚な味噌スープには野菜と挽き肉が入っている。ショウガが味のアクセント

すみれ 札幌中の島本店 すみれ さっぽろなかのしまほんてん
MAP 別冊P.25-D1
住札幌市豊平区中の島2条4-7-28 TEL011-824-5655 営11:00～15:00、16:00～21:00(11～3月は～20:00)。土・日曜・祝日は通し営業 休無休 交地下鉄中の島駅から徒歩8分

札幌・豊平区 MAP 別冊P.25-C・D1

「すみれ」村中氏が腕を振るう幻の店

ムラナカラーメン研究所「おにやんま」

ムラナカラーメンけんきゅうじょ「おにやんま」

冬季の週末のみの営業だが、「すみれ」を世に出した村中伸宜氏の一杯を求めて行列ができる。原点を守りつつ、現代の味を追求した渾身の味だ。透明スープのテールラーメン1000円も人気。

住札幌市豊平区中の島2条6-1-5 TEL011-841-7030 営11月上旬～3月下旬の11:00～14:30 休期間中月～金曜 交地下鉄中の島駅から徒歩10分

味噌ラーメン 1000円
2種の味噌が溶け込むインパクトのあるスープに、西山製麺の道産粉オリジナル麺が合う

笑顔になってもらえるような一杯をていねいに作っています
社長 村中伸宜氏

営業開始日などツイッターでチェックを

＼札幌にある／すみれOBの店

「すみれ」から独立した村中氏 “公認”の OB会と呼ばれる店は全国に13店舗。札幌には以下の4店舗がある。各店独自の個性があり、食べ比べるのも楽しい。

「すみれ」と公認OBの店　【開店年表】

1964年	2000年	2003年	2005年	2010年	2013年	2016年	2017年	2019年
すみれ	麺屋 彩未 味噌ラーメン専門店 狼スープ	ら～麺 ふしみ	麺屋つくし（富山県富山市） らーめんみかん（小樽）→P.29	IORI（千歳市）	大島（東京都江戸川区） らーめん福籠（東京都台東区）	ムラナカラーメン研究所「おにやんま」（左ページ） 八乃木	札幌ラーメン郷（神奈川県大和市）	三ん寅（東京都新宿区）

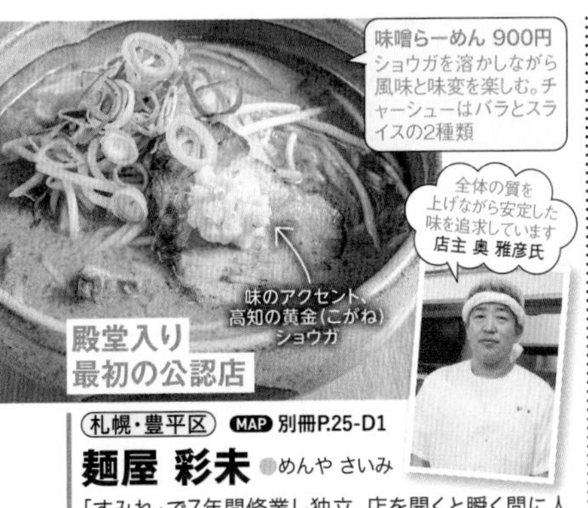

味噌らーめん 900円
ショウガを溶かしながら風味と味変を楽しむ。チャーシューはバラとスライスの2種類

全体の質を上げながら安定した味を追求しています
店主 奥 雅彦氏

味のアクセント、高知の黄金（こがね）ショウガ

殿堂入り最初の公認店

(札幌・豊平区) MAP 別冊P.25-D1

麺屋 彩未　めんや さいみ

「すみれ」で7年間修業し独立。店を開くと瞬く間に人気店に。清湯スープに3種類の味噌をブレンドしたクリーミーなスープに、森住製麺の縮れ麺。チャーシューの上にショウガをのせるスタイルはここが発祥だ。

住札幌市豊平区美園10条5-3-12 TEL011-820-6511 営11:00～15:15、17:00～19:30（火・水・木曜は夜の部休み）休月曜、その他月2回不定休あり 交地下鉄美園駅から徒歩5分 CC不可 Pあり

店内には「すみれ」公認の証が飾られている

原点の味をインスパイア

(札幌・中央区) MAP 別冊P.35-C3

味噌ラーメン専門店 狼スープ　みそラーメンせんもんてん おおかみスープ

「すみれ」のラーメンを食べて衝撃を受け、ラーメン職人の道を目指す。独立し、自分なりの味を模索してたどり着いたのは原点回帰。選び抜いた3種の味噌と薬味の濃厚マイルドなスープが印象的。

住札幌市中央区南11西1-5-1タカイレブンハイム1階 TEL非公開 営11:00～15:30、17:00～19:30（月曜は昼のみ。スープがなくなり次第終了）休水曜（火曜不定休）交地下鉄中島公園駅から徒歩5分 CC不可 Pあり

中島公園近くの路地にある

ラーメンはひとつの鍋の中で完成する究極の料理です
鷲見 健氏

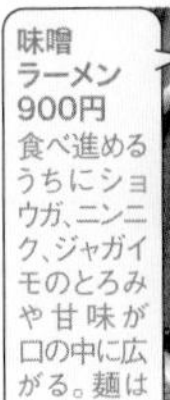

味噌ラーメン 900円
食べ進めるうちにショウガ、ニンニク、ジャガイモのとろみや甘味が口の中に広がる。麺は西山製麺

原点の味をインスパイア

すみれ風 みそ 880円
焼き味噌のスープに煮込まれた野菜、仕上げに丼に直接すりおろすショウガの香りが食欲をそそる

大好きな昔ながらの「すみれ」の味をインスパイアしています
店主 久保勝昭氏

「すみれ」村中氏公認の味

(札幌・中央区) MAP 別冊P.25-C1

ら～麺ふしみ　ら～めんふしみ

2003年から5年間ほど修業していた当時の「すみれ」の味を再現し、村中氏のお墨付きをもらい「すみれ風」として提供。「すみれ」時代と同じ味噌や森住製麺の麺を使用。オリジナルのラーメンとの二刀流だ。

住札幌市中央区南15西18-3-15 TEL011-532-1541 営11:00～15:30、17:00～21:00（土・日曜・祝日は11:00～21:00）休火曜（祝日の場合は翌日）交市電西線14条停留場から徒歩8分 CC不可 Pあり

広い店内。チャーハンも提供している

(札幌・西区) MAP 別冊P.18-A1

八乃木　はちのき

ラーメン好きの父親に連れられ小学生の頃からラーメンの食べ歩きをしたという店主。「すみれ」支店の立ち上げなどを13年間修業し、生まれ育った西区に店舗を構えた。丹精込めたスープはとてもまろやかで優しい味。

住札幌市西区発寒7-14-1-33 TEL非公開 営11:00～15:00LO、17:00～19:30LO（水曜は夜の部休み）休木曜 交JR発寒駅から徒歩8分 CC不可 Pあり

暖簾には「幻の駅 すみれより」の直筆サイン

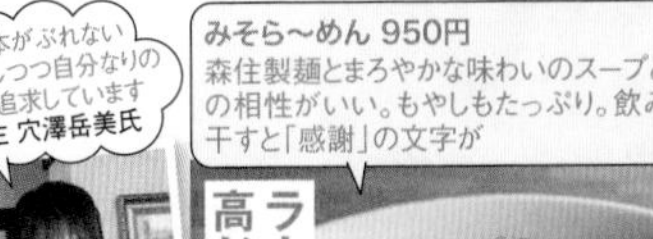

基本がぶれないようにしつつ自分なりの味を追求しています
店主 穴澤岳美氏

みそら～めん 950円
森住製麺とまろやかな味わいのスープとの相性がいい。もやしもたっぷり。飲み干すと「感謝」の文字が

ラーメン大好きが高じた一杯

王道 02

個性派ラーメン

味噌、塩、醤油と簡単には割り切れないラーメンの世界。
オリジナリティあふれる味が丼一杯に込められた、オンリーワンの味だ。

魚介が香るスープに
タマネギのシャキシャキ感

中華そば 690円
イワシの煮干しやサバ節などの魚介系スープに、自家製醤油のかえし、ラードが渾然一体に

(札幌・白石区) MAP 別冊P.19-D3

中華そばカリフォルニア

●ちゅうかそばカリフォルニア

店名はアメリカのロックバンド、イーグルスの名曲から。東京八王子のラーメンをヒントに、麺は八王子の製麺所から仕入れるこだわり。スープは魚介系のみなのにコクがあり、ラードに浮かぶタマネギの風味と食感がアクセント。

住札幌市白石区菊水3条4-4-6 ビバ菊水1階 TEL011-598-7773 営11:15～14:30、18:00～20:15（土曜は～14:50、日曜は～16:00） 休金曜 交地下鉄菊水駅から徒歩5分 CC不可 Pあり（1台のみ）

中華そばのほかに煮干しそば、ワンタンそばもあります!
店主 湯藤将志氏

❶女性ひとりでも入りやすい ❷店内や外観に流木をあしらったおしゃれな店

(札幌・中央区) MAP 別冊P.34-A1

NOUILLES JAPONAISE とくいち

●ヌイユジャポネーズ とくいち

Le Musée（→P.82）の石井シェフがプロデュース。地鶏をじっくり煮込んだコンソメに道内・三笠の鶏醤を使った「醤油」と、熊石産塩を加えた「塩」がある。どちらも最後にのせる昆布だしの"泡"が、うま味と香りをより増幅させる。

住札幌市中央区北11西22-1-26 卸売センター万歳市場1階 TEL011-699-6707 営8:00～15:00 休水曜 交地下鉄二十四軒駅から徒歩6分 CC不可 Pあり（場外市場利用）

フレンチが融合した王道でありながら新しいラーメンです
店主 磯部拓也氏

❶テーブルの上に木彫りなどが置かれ、カフェのような店内 ❷「万歳市場」にある

コンソメスープにふんわり泡
フレンチテイストの新ジャンル

らぁ麺塩 1000円
熊石の塩を使ったバランスのいい味わい。長い穂先メンマと、ゆで卵の上にきのこパウダー

3種のスープをブレンドしたすっきりかつ奥深い味わい

（札幌・南区） MAP 別冊P.25-D2

麺処まるはRISE

めんどころまるはライズ

ハマグリ、煮干しと昆布、豚骨と、別々に作った3種のスープをブレンド。人気の貝出汁ラーメンは、ハマグリの芳醇なだしを京都老舗製麺所から取り寄せる特注麺がからめとる。

住札幌市南区澄川3-3-4-7 TEL011-795-8276 営11:00～14:30LO、18:00～21:30LO（土・日曜・祝日は10:00～14:30LO） 休火曜・第3水曜 交地下鉄澄川駅から徒歩5分 CC不可 Pあり

あっさりした貝出汁と真逆の濃厚豚骨味噌もあります
店主 長谷川淩真氏

❶モノトーンの色調で落ち着いた店内 ❷道路に面し、店の裏に4台分の駐車場がある

貝出汁 塩 880円
濃厚なハマグリのうま味に、カキとネギから抽出した香味油を加えた逸品

花椒ラーメンの先駆けシビれと辛さがクセになる

（札幌・中央区） MAP 別冊P.38-B1

175°DENO担担麺 総本店

175どデノたんたんめん そうほんてん

シビレ博士のDENOミツヒロ氏が、唐辛子や十数種の香辛料で辣油を作る際の油の温度が175℃であることから店名に。札幌市内に4店舗、道内外にも展開。担担麺は汁ありと汁なしがある。

住札幌市中央区南1西6-20 KYビル1階 TEL011-596-8175 営11:30～15:00LO、17:30～21:00LO（土・日曜・祝日は～16:00LO） 休無休 交地下鉄大通駅から徒歩3分 CC不可 Pなし

❶注文時に辛さとしびれの好みを申告。テーブルにも辣油と花椒がある ❷この看板が目印

好みのしびれに合わせて辛さと花椒の量を選べます
スタッフ 林さん

担担麺（汁あり） 1000円
鶏ガラスープに胡麻や挽き肉、カシューナッツなどを使用。麺は道産小麦100%の中太麺

すすきのにあるふたつのラーメン横丁

（札幌・中央区） MAP 別冊P.39-C2

元祖さっぽろラーメン横丁

がんそさっぽろラーメンよこちょう

1951（昭和26）年に8軒の「公楽ラーメン名店街」として始まり、1971（昭和46）年に現在の場所で再スタート。17店舗が軒を並べる。

住札幌市中央区南5西3 N・グランデビル1階 営休店舗により異なる 交地下鉄すすきの駅から徒歩2分 Pなし

❶入口は北側と南側の2ヵ所 ❷「らーめんしみじみ」のこってりしじみ味噌ラーメン850円

（札幌・中央区） MAP 別冊P.39-C2

新ラーメン横丁

しんラーメンよこちょう

すすきの交差点にある、すすきの交番の横に位置。1976（昭和51）年にできた横丁で、規模は小さいが新旧の5店舗が入っている。

住札幌市中央区南4西3-1-1 No.3グリーンビル1階 営休 店舗により異なる 交地下鉄すすきの駅から徒歩1分 Pなし

❶元祖と並び札幌ラーメンの聖地 ❷人気の「辛いラーメン14」の濃厚辛味噌太麺3倍900円

海鮮丼

(札幌・中央区) MAP 別冊P.38-B1

鮨とろ ●すしとろ

大将と女将さん、2代目と3人の息が合った居心地のいい店。炭火で一気に炊き上げる“地獄炊き”のシャリが、厳選したネタの味をより引き立てる。握りのセットは4種類2970円～。2024年で創業50年になる老舗だ。

住札幌市中央区南1西7-20-1 札幌スカイビル1階 TEL011-251-0567 営11:30～15:00、17:00～22:00（日曜・祝日は12:00～21:00） 休月曜 交地下鉄大通駅から徒歩3分 CCADJMV Pなし

❶店名でもあるマグロのトロは絶品 ❷親方の重吉幸太郎さんと女将さんの光子さん、2代目の貴生さんで切り盛り ❸白木の長いカウンター席とテーブル席もある

ネタすべてが美しい本格寿司屋の生ちらし

夕霧ちらし 3300円
ウニ、カニ、イクラやボタンエビほか季節の魚介13種類が立体的に積み重なる

王道 03

北の魚を味わう

道内各地の旬が集まる札幌で海の幸を満喫しよう。次々とネタが出てくる海鮮丼、酢飯と魚の融合をひと口で味わう握り、どちらが好み？

寿司

(札幌・中央区) MAP 別冊P.36-B2

さっぽろ鮨処 海森

●さっぽろすしどころ かいもり

10代の頃から寿司の道一筋の大将。カウンターに座れば目の前で握る所作に見とれてしまう。ネタのよさもさることながら、繊細なひと手間が味や見た目を際立たせる。話が楽しい大将ファンの常連も多く、予約は早めに。

住札幌市中央区北5西6-1-24第一道通ビル地下1階 TEL011-221-6500 営17:00～23:00 休日曜・祝日 交JR札幌駅から徒歩3分 CCADJMV Pなし

気軽に話しかけてくださいね 大将 森英訓氏

商業ビルの地下1階。カウンターと小上がりやテーブル席も

大将との会話も楽しいついつい通いたくなる店

織部 4180円
握りは萩、伊万里、織部、九谷と焼き物の名前で、1カンずつかセットで出すか聞いてくれる

海鮮丼とだし茶漬け 2度楽しめる新メニュー

魚河岸丼 松 3300円
道産ウニ、イクラ、ボタンエビがのった豪華な"松"。ほか竹・梅があり+110円で温泉玉子も

ネタを少し残してだし茶漬けに

札幌・中央区 MAP 別冊P.39-D1

魚屋の台所 別邸

さかなやのだいどころ べってい

二条市場に2ヵ所ある海鮮丼専門店。のれん横丁にある別邸限定の二条魚河岸丼1650円～は、ネギトロやホタテなどの海鮮丼で、途中でだし茶漬けにできる。定番のおまかせ海鮮丼(上)3300円もおすすめ。

住札幌市中央区南3東1のれん横丁 TEL011-251-2387 営7:00～16:00(ネタがなくなり次第終了) 休不定休 交地下鉄大通駅から徒歩4分 CC不可 Pなし

二条市場内のれん横丁の1階にある

札幌・中央区 MAP 別冊P.37-C3

浜っ子 大通・時計台店

はまっこ おおどおり・とけいだいてん

創業51年を超える老舗海鮮居酒屋。2023年に新店舗オープン。店主の出身地、羽幌町や北海道各地から直送される旬の海の幸を地酒とともに味わえる。ランチでは豊富な海鮮丼メニューを取り揃えている。

住札幌市中央区北1条西3-3-1 ぱらと北一条ビルB1階 TEL011-200-0610 営11:30～22:30LO 休不定休 交地下鉄大通駅から徒歩3分、JR札幌駅から徒歩6分 CCADJMV Pなし

札幌市時計台から徒歩1分の場所

新鮮な海の幸をいろいろなメニューで

生ウニ丼 7000円(時価)
無添加塩水にこだわった、濃厚でとろける生ウニがたっぷり

ほっけとイクラの生ちらし2800円。ホッケの刺身とイクラが絶妙

札幌・中央区 MAP 別冊P.39-C1

すし さか井

すし さかい

ランチ営業もしており気軽に入れる雰囲気ながら、本格的な江戸前寿司が評判の店。夜は花・鳥・風の3種類のおまかせがあり、お刺身、おつまみ、握りなどで大将の職人技とともに旬の味覚を堪能できる。

住札幌市中央区南2西3-13 パレードビル1階 TEL011-596-8703 営11:30～14:30、17:00～23:00 休水曜 交地下鉄大通駅から徒歩3分 CCADJMV Pなし

ビル1階にありふらりと入りやすい店

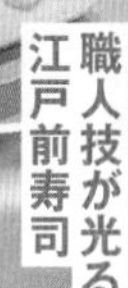

地元の人に愛される店を目指してます
大将 酒井博幸氏

薄味の自家製イクラは萩2220円からすべてのセットに入っている

おまかせコース 鳥 1万2100円
写真はイメージ。前菜、お刺身5種、おつまみ、寿司10カン、お椀のコース

歴史ある老舗店

札幌に開拓使がおかれたのは明治2(1869)年。この日を境に産業ばかりか食文化も大きく発展していく。始まりの店で食と歴史の旅をしよう。

札幌・中央区 MAP 別冊P.39-C1

ビヤホールライオン 狸小路店

ビヤホールライオン たぬきこうじてん

北海道に現存する最古のビアホール。レトロな店内で飲みたいのが、注ぎながらグラス内でビールを回転させ液中の余分なガスを抜いて注ぐ「一度注ぎ」のビール。一度注ぎ黒ラベルとパーフェクト黒ラベルを飲み比べるのもおすすめだ(セット1144円)。

住札幌市中央区南2条西2-7(狸小路2丁目) サッポロビル1・2階 TEL011-251-1573 営11:30～21:30LO(日曜・祝日は～20:30LO) 休1月10日 交地下鉄すすきの駅から徒歩3分 CCADJMV Pなし

❶チロリアン風のユニホームがかわいい ❷狸小路2丁目にたたずむ昔ながらのビアホール ❸赤れんがの壁や古い写真が大正レトロを醸し出している

チキンの唐揚げ4個979円
北海道銘柄鶏を使用したやわらかくジューシーなザンギ

ジャーマンポテト968円
「インカのめざめ」をマッシュしたパンケーキのようなオリジナル

サッポロ生ビール黒ラベル小グラス【金口】594円
クリーミーな泡と液体のバランスが絶妙な1杯

History

1914(大正3)年

札幌の歓楽街だった狸小路に、札幌麦酒直営のビアホールとしてオープン

❶大正3年の狸小路ビアホール内 ❷開店当時の看板。コップ1杯5銭とある ❸開業当時の「札幌狸小路ビヤホール」

1936(昭和11)年

当時運営の大日本麦酒からサッポロライオンの前身となる共栄が独立。ビアホールも全面改装される

クラシカルな建物に生まれ変わった

1960(昭和35)年

全面改装に1年を費やし、現在の3階建ての立派な建物にリニューアルオープン

❹1階ビアホール内。給仕する女性は着物姿 ❺昭和35年にオープンしたときのビアホール

ライオン男爵

2階テラスに立つライオン男爵は2014年、創業100年を記念して復活。正午から1時間おきにしゃべりながら動く。

上:かつてのライオン男爵 左:現在のライオン男爵。時間によりしゃべる内容が違う

大正12年創業

(札幌・中央区) MAP 別冊P.39-C2

札幌すすきの「菊鮨」

さっぽろすすきの「きくずし」

東京浅草で魚屋を営んでいた初代が札幌すすきので店を構えたのは大正12年。現存する最古の寿司屋だ。7割以上が常連で、4代にわたって来ている人もいるそう。マグロの背肉からていねいに筋をとる"マグロの筋切り"の技が受け継がれている。

住札幌市中央区南5条西3丁目 グランド桂和ビル1階 TEL 011-511-9357 営18:00～翌0:00(祝日は～22:00) 休日曜(祝日休みの場合あり) 交地下鉄すすきの駅から徒歩3分 CC ADJMV Pなし

History

1923(大正12)年
すすきの交差点そばの南4条西3丁目で、初代が菊鮨をオープン

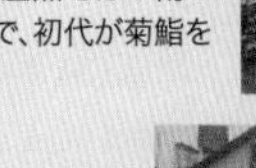

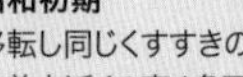

昭和10年頃。菊鮨の前に立つ初代と2代目

昭和初期
移転し同じくすすきの交差点近くの南4条西4丁目に新店開業

❶当時の店は松坂屋の裏にあったそう ❷大きなネオン看板があった時代も

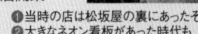

1980(昭和55)年
何度か移転した後、今の場所で屋号を「菊鮨」に改め開店。現在にいたる

現在も交差点近く、ビル1階にある

4代続く札幌最古の寿司屋

特撰にぎり(12種)5500円
マグロの炙り、中トロ、ボタンエビ、ウニやイクラなど豪華なネタの競演

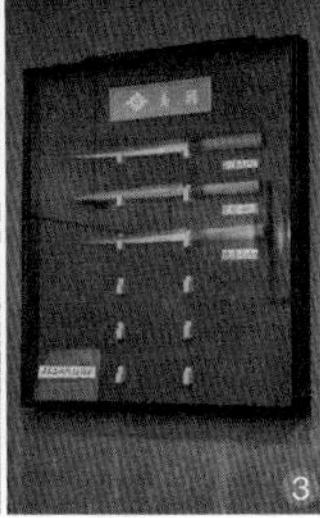

❶脂がのったマグロの背の部分を使い、筋切りしたマグロは絶品 ❷カウンターと小上がりがある ❸壁に飾られた歴代愛用の包丁

History

1889(明治22)年
南2条西4丁目の角に初代金田一鉄蔵氏が「ソバ処マルキ本店」を開店

ソバ処マルキ本店

❶現在の店舗。黄色いのれんが目印 ❷創業当時の看板が掲げられている1階席。地下にも席がある

1946(昭和21)年
東京「明庵やぶ忠」で修業した金田一義雄氏が3代目を継ぐ

1990(平成2)年
建物をビルに改築し、現在の場所に店舗をオープン

2011(平成23)年
株式会社mado社長の太田純一氏が5代目に就任

❶昔から使い続けているせいろ ❷そば田楽1本200円、お酒は5せき580円～。オリジナルラベルのボトルも

明治22年創業

(札幌・中央区) MAP 別冊P.39-C1

酒とそば「まるき」

さけとそば「まるき」

初代がそば屋を開店するまでのルーツは不明だが、明治には大きな店舗を構えて繁盛していたという。現在は北竜産のそば粉を使い、毎日打つ二八蕎麦が、コシがあって香りがいいと評判だ。もり・かけ730円。お酒とそばを粋に味わえる。

住札幌市中央区南2西2 TEL 011-221-4328 営11:30～19:00LO 休月曜 交地下鉄大通駅から徒歩5分 CC ADJMV Pなし

山わさびせいろ980円
たっぷりかかった山ワサビと、そばとつゆが口の中で渾然一体となる

約130年のれんを受け継ぐ

王道

05

北海道ガストロノミー

北海道の大地の恵みを、素材の味を生かしつつアートのような美しい料理で楽しめる北海道ガストロノミー。フレンチの有名店と話題の店へ。

食とアートが融合する石井シェフの芸術フレンチ

ホワイトアスパラ[青の世界]

PROFILE 石井 誠シェフ

1973年、北海道生まれ。1995年にフランス、イタリア、スペインを訪れさまざまな文化に触れる。帰国後、飲食店のシェフを務めながらソムリエの資格を取得。2005年、Le Muséeをオープン。

1

札幌・中央区 MAP 別冊P.18-B3

Le Musée

㊐ル・ミュゼ

札幌フレンチの巨匠、石井シェフの店。季節感のある料理の数々を、美術館のような店内で堪能できる。美術家、陶芸家としても才能を発揮する石井氏だけに、料理はまるでアートのような盛りつけ。さまざまな演出で驚きを与えてくれる。

住札幌市中央区宮の森1条14-3-20 TEL050-5870-4550(予約専用) 営ランチ12:00〜14:30、ディナー18:00〜21:30(要予約) 休第1・2日曜、第3・4月曜 交地下鉄円山公園駅から車で約5分 CCADJMV Pあり

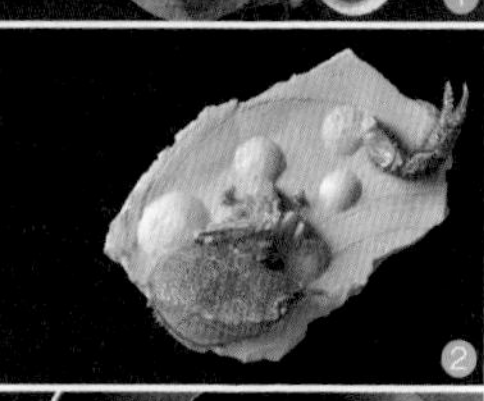

2

3

4

MENU ランチ:5500円・1万1000円
ディナー:2万2000円
※要予約。プラスサービス料10%

❶[森:生態系自然観]。その時、その季節の森の素材を集めたLe Muséeの象徴的な料理。まず、日常から非日常へと切り替えるためのいちばん初めのひと皿 ❷海明けの毛蟹/網走の玄米。オホーツクの流氷明けの最高の毛蟹を使ったひと皿 ❸ショコラ/フキノトウ。フキノトウの自家製リキュールを使ったショコラ ❹美術館のような一軒家。1階と2階席がある

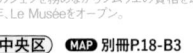

横須賀シェフの世界観を映す優美で上品なフレンチ

(札幌・中央区) MAP 別冊P.18-B3

Restaurant MiYa-Vie

レストラン ミヤヴィ

シェフの名前とフランス語の"人生"を表すvieを合わせた店名。日本人であることを基盤にフランス料理を作る、をコンセプトに調理した北海道の山海の幸が、美しく皿を彩る。

住札幌市中央区北3西26-3-8 N2ビル地下1階 TEL011-688-9788 営12:00～13:00LO、18:00～20:00LO(要予約) 休火曜・第4水曜 交地下鉄西28丁目駅から徒歩3分 CCADJMV Pなし

MENU ランチ:6000円
ディナー:1万1000円
※要予約。プラスサービス料10%

PROFILE
横須賀 雅明シェフ
1972年、埼玉県生まれ。東京の一流ホテルで修業後、渡仏。フランスの複数のレストランで修業して帰国。北海道ザ・ウィンザーホテル洞爺の「ミッシェル・ブラス トーヤ ジャポン」で4年間料理長を務める。2006年、Restaurant MiYa-Vieを開業。

❶シグネチャー料理のひとつ、季節の野菜を使った温かい前菜 ❷平目、サツマイモ、銀杏、茄子、柚子、十勝のブラウンマッシュルームなど、親しみのある秋の食材を絶妙に合わせるのがミヤヴィの特徴 ❸白老牛、ごぼう、春菊など旬の道産食材に黒七味でアクセントを効かせたひと皿 ❹パリパリとした生地の中にフォアグラやキュウリなどが詰まった前菜 ❺白・ベージュを基調としたカウンター8席、テーブル1席の落ち着く店内

(札幌・西区) MAP 別冊P.18-A3

Restaurant AGRISCAPE

レストラン アグリスケープ

豊かな自然環境のなかで無農薬野菜の栽培や鶏・黒豚の飼育などを行う、農地所有適格法人AGRISCAPEとして循環式農園レストランを運営。農園の野菜や卵などをコースで味わえる。

住札幌市西区小別沢177 TEL011-676-8445 営12:10～13:00LO、17:40～19:30LO(要予約) 休不定休 交地下鉄円山公園駅から車で15分 CCADJMV Pあり

MENU
ランチ:4400円・1万1000円・1万9800円
ディナー:1万3200円・1万9800円
※要予約。プラスサービス料10%

農家と食をつなぐ自然のなかの農園レストラン

PROFILE
吉田 夏織シェフ
函館生まれ。札幌のル・ミュゼを経て、2010年から佐藤陽介シェフオーナーのSIOでスーシェフを務める。2019年に農家だった場所に佐藤氏がRestaurant AGRISCAPEをオープン。

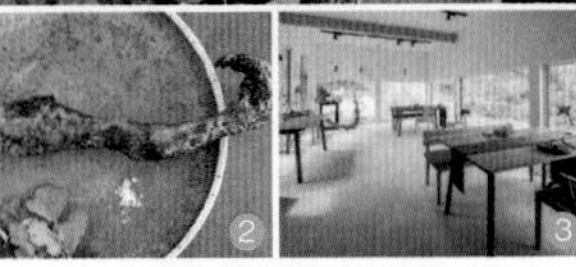

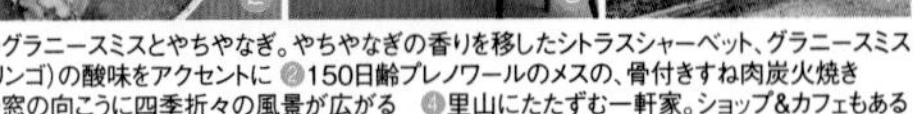

❶グラニースミスとやちやなぎ。やちやなぎの香りを移したシトラスシャーベット、グラニースミス(リンゴ)の酸味をアクセントに ❷150日齢プレノワールのメスの、骨付きすね肉炭火焼き ❸窓の向こうに四季折々の風景が広がる ❹里山にたたずむ一軒家。ショップ&カフェもある

カレーざんまい

札幌のご当地グルメであるスープカレーの根強い人気に、近年はスパイスカレーが参戦。札幌のカレーは今、スープvsスパイスが熱く盛り上がっている！

スパイスカレー

独自に調合したたくさんのスパイスが醸し出す香り、風味、刺激がクセになるカレー。

(札幌・中央区) MAP 別冊P.38-A1

黒岩咖哩飯店本店

くろいわかりーはんてんほんてん

スパイスカレーの火付け役となった店。大量のタマネギをじっくり炒め、野菜や果物、挽き肉などと、20種類以上のスパイスを加えて作るカレー。自慢のルーカレー、1日10食限定でスープカレーもある。

住札幌市中央区大通西8-2-39 北大通ビル地下1階 TEL011-596-9987 営11:30～18:30LO 休日曜・祝日 交地下鉄大通駅から徒歩8分 CC不可 Pなし

毎朝ひいたスパイスを直前にかけるので香りがいいですよ
店長 佐藤貴一氏
フレッシュスパイスカチュンバルが味のアクセント
札幌スパイスカレーといえばココ

❶最初は優しい味で、次第に辛さが広がり体がぽかぽかに ❷壁向きのカウンター14席でひとりでも入りやすい ❸ビル地下の奥にある。ここ本店は2011年オープン。山鼻店もあり

スパイスカレー 1050円
バジルとカスリメティを振りかけて完成。チキンレッグはスプーンで食べられるやわらかさ

ハーフ&ハーフ(チキン&キーマ)(S)1220円
サラダとドリンクセット+500円
カレーは5種類あり、2種類が選べるハーフ&ハーフが人気。ご飯は道産米をカレーに合うようブレンドし5分づき精米

ハーフ&ハーフ(マトン&やさい)(S) 1520円
サイズはSスモール、Rレギュラー、Bビッグが選べる。野菜のピクルス(アチャール)など付け合わせも美味

お子様からご年配の方まで食べていただきたいです
店主 石部樹未さんと奥さんの沙英さん

❶2019年にオープンした。ビルの2階にある ❷クセの強いスパイスや、バター、小麦粉は不使用

(札幌・中央区) MAP 別冊P.34-B2

はらっぱカレー店

はらっぱカレーてん

東京で食べたバングラデシュのカレーが原点。道産タマネギの研究を重ね、スパイシーなのに"辛くない"カレーを完成させた。3種類のタマネギをベースに、トマトや20種類以上のスパイスで作る体が喜ぶカレーだ。

住札幌市中央区南1西11-327-19 下妻ビル1階A室 TEL011-839-5780 営11:30～19:30LO(土曜は～16:30LO) 休日曜・祝日、その他不定休 交市電中央区役所前停留場から徒歩2分。地下鉄西11丁目駅2番出口から徒歩3分 CCADJMV Pなし

スープカレー

大きめカットの野菜が入ったさらさらのスープのようなカレー。札幌のご当地グルメ。

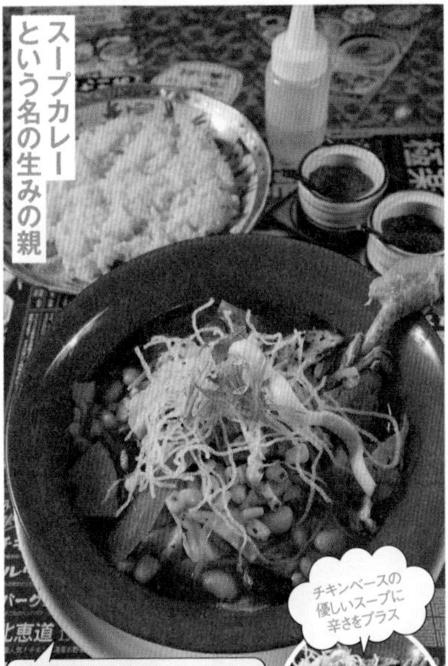

スープカレーという名の生みの親

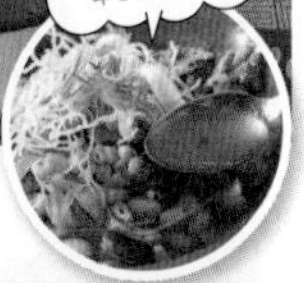

チキンベースの優しいスープに辛さをプラス

北恵道(ほっけいどう)
1360円(+涅槃230円)
チキン、コーン、豆、野菜などが入った一番人気。辛さは登竜門の覚醒から+290円の虚空まで7段階から選べる

2023年に30周年を迎えました。これからもがんばります!
店主 下村泰山氏

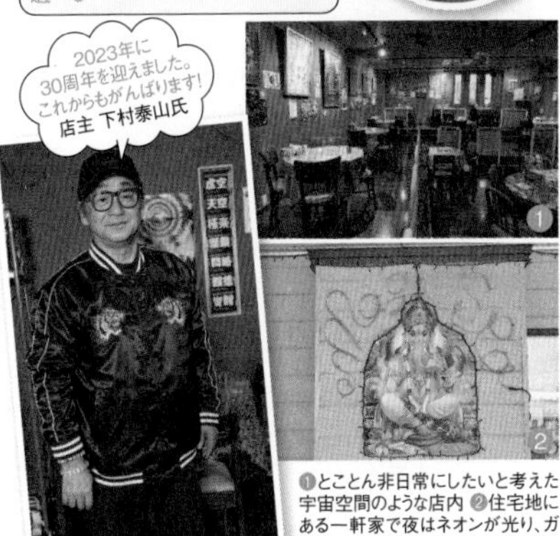

❶とことん非日常にしたいと考えた宇宙空間のような店内 ❷住宅地にある一軒家で夜はネオンが光り、ガネーシャが浮かび上がる

(札幌・白石区) MAP 別冊P.26-A1

マジックスパイス札幌本店

マジックスパイスさっぽろほんてん

札幌のスープカレー文化を世に広め、牽引してきた通称"マジスパ"。店主の下村氏がバリ島で出合った料理、ソトアヤムに衝撃を受けたことがきっかけだそう。30種類ものスパイスと調味料をブレンドしたサラサラスープが特徴。各メニューのネーミングも刺激的だ。

住札幌市白石区本郷通8丁目南6-2 TEL011-864-8800 営11:00～15:00、17:30～22:00(土・日曜・祝日は11:00～22:00) 休水・木曜 交地下鉄南郷7丁目駅から徒歩3分 CCDJMV Pあり

(札幌・西区) MAP 別冊P.18-B2

札幌らっきょ琴似店

さっぽろらっきょことにてん

スープカレー文化を広め、札幌のご当地グルメに押し上げた店。牛骨や豚骨、野菜を10時間以上煮込んでから寝かせ、鶏ガラベースのスープ、20種類以上のスパイスを合わせたうま味と刺激のハーモニー。メニューも豊富にある。

住札幌市西区琴似1条-1-7-7 TEL011-642-6903 営11:00～21:00LO 休第3水曜 交JR琴似駅から徒歩2分 CC不可 P提携あり

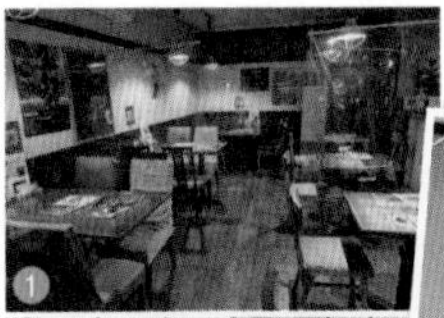

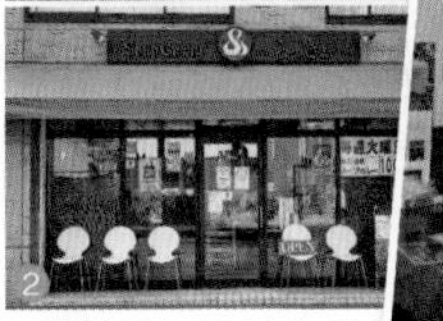

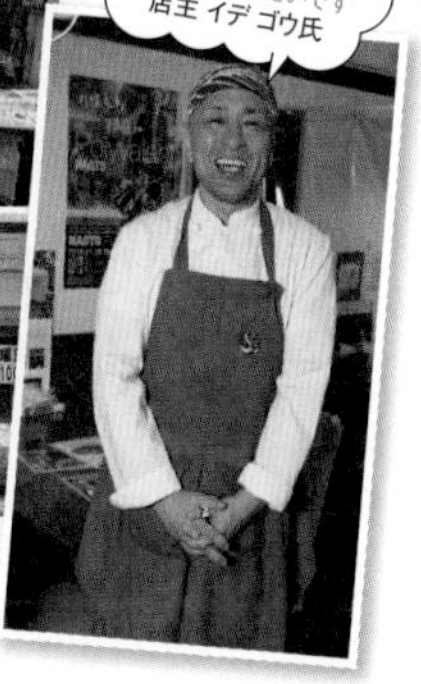

スープカレーのおいしさを多くの人に知ってもらいたいです
店主 イデ ゴウ氏

❶1999年にオープンしたテーブル席中心の明るい店 ❷全国に5店舗を展開する"らっきょ"の原点でもある本店

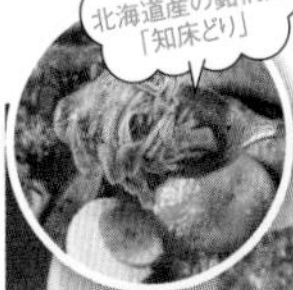

やわらかい北海道産の銘柄鶏「知床どり」

知床どり野菜スープカレー
1780円
スープの中にはジャガイモも入っている。ライスは白米か玄米ブレンド、辛さは5段階から選べる

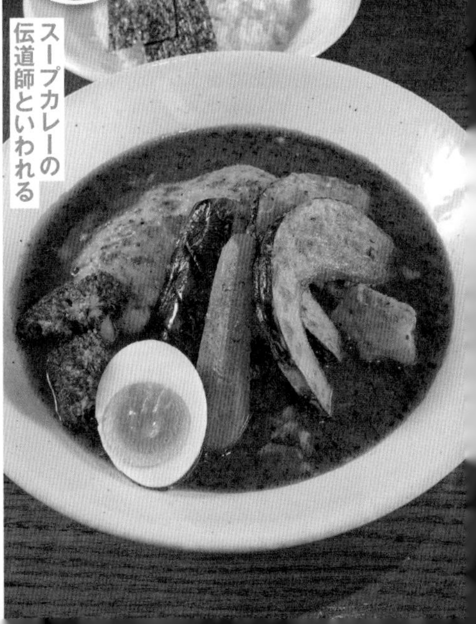

スープカレーの伝道師といわれる

王道 07

必食！ジンギスカン

北海道の郷土料理ともいえるジンギスカンは肉の種類や食べ方、鍋の形態などがさまざまで選択肢がたくさん。ここでは老舗の店をセレクト。

ジンギスカン深掘り！

ルーツ

ジンギスカンは、もともとは大陸から渡ってきた料理。北海道では第1次世界大戦後、羊毛を取るために道内に5ヵ所の種羊場が作られた。その羊の肉をおいしく食べようと研究して生まれたのが現在のジンギスカンだ。

ふたつのスタイル

ジンギスカンには大きく分けて、生肉を焼いてたれに付けて食べる付けだれ式と、あらかじめたれに漬け込んだ肉を焼く味付け式がある。札幌は付けだれ式が多く、滝川や旭川などは味付け式が一般的。

いろいろな鍋

ジンギスカンの肉を焼くドーム型の鉄板は「鍋」と呼ばれる。同じような形をしているが、地方や各店によりいろいろなタイプがある。一般的なのは星型スリット。直火が当たるようにスリットに溝が切られているものも。

⬆だるま本店の星型、スリット溝あり鍋

⬇のざわの鍋。スリットの溝が大きい

マトンとラム肉

ジンギスカンで焼く肉は羊肉。生後1年未満のラム肉か、生後2年以上のマトン肉があり、扱う肉は店によりまちまち。産地はニュージーランド、オーストラリアが多いが、北海道産にこだわっている店も。ラムとマトンの間のホゲット、エゾシカ肉を扱う店もある。

食べ方（付けだれ式）

1. 鍋の周りの溝に野菜を並べ、中央に牛脂をのせる
2. 鍋が熱くなり牛脂が溶けてきたら肉を焼く
3. 片面ずつ色が変わったらOK。たれに付けて食べる

野菜を周りに並べ、牛脂を上に置いて肉を焼く準備。だるま本店にて

マトンのおいしさに開眼する行列が絶えない人気店

（左から）上肉 1680円、成吉思汗 1280円、ヒレ肉 1680円
成吉思汗1280円はマトンのいろいろな部位の盛り合わせ。ママの手作りキムチ385円もおすすめ。最初の野菜は170円

札幌・中央区 MAP 別冊P.39-C2

成吉思汗だるま本店

●じんぎすかんだるまほんてん

1954（昭和29）年の創業以来約70年、今では本店のほかすすきのに5店舗を構える。ていねいに手切りするニュージーランド産のマトン肉はクセがなく、自家製のたれとの相性は絶妙。〆はたれをお茶で割って飲むのがツウ。

住札幌市中央区南5西4 クリスタルビル1階 TEL011-552-6013 営17:00～22:30LO、予約不可 休無休 交地下鉄すすきの駅から徒歩5分 CCADJMV Pなし

❶肉に合うように作られたたれ。唐辛子とニンニクを入れてどうぞ ❷オープン前から常に行列ができている ❸13人が座れる半円形のカウンター席 ❹創業時からこの場所で営業。2018年にリニューアルしたが店内の雰囲気は昔のまま

営業数時間で予約は必須
家族で営む一軒家の店

最初の肉には野菜とコンニャクが付いているんですよ

生ラム750円（左）と期間限定の阿寒産エゾ鹿ステーキ1200円
鹿肉のたれは少し濃いめ。カラシと大根おろしと一緒に。ジンギスカンは甘くない自家製たれで

（札幌・中央区） MAP 別冊P.38-B3

生ラム炭火焼 のざわ

なまラムすみびやき のざわ

地元ファンの多い隠れ家的名店。ジンギスカンはオーストラリア産の生ラム肩ロース。10〜5月上旬は、ハンターでもある店主が地元の阿寒で捕ったエゾシカ肉がメニューに並ぶ。

住札幌市中央区南7西6 TEL011-533-9388 営18:00〜なくなり次第終了（予約可） 休日曜 交地下鉄すすきの駅から徒歩7分 CC不可 Pなし

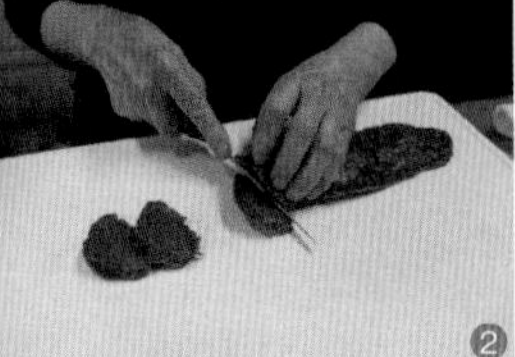

❶すすきのの外れにある知る人ぞ知る一軒家 ❷注文を受けてから肉を切り分ける

（札幌・中央区） MAP 別冊P.38-B2

さっぽろジンギスカン本店

さっぽろジンギスカンほんてん

1987（昭和62）年に創業。2019年に現在の場所に移転したが、店内の雰囲気は創業時のまま。2代目の女将さんが切り盛りしていて、肉は注文が入るたびに切り分けて提供する。

住札幌市中央区南6西6-7-1 第6旭観光ビル1階 TEL011-512-2940 営17:00〜21:30LO、予約不可 休月に6〜7日不定休 交地下鉄すすきの駅から徒歩5分 CCADJMV Pなし

❶醤油ベースで干し貝柱やリンゴ、昆布などが入ったオリジナルたれ。〆はジャスミン茶で割って ❷カウンターや椅子は旧店舗のものを利用

先代が作り上げた店の味と心意気をも引き継ぐ

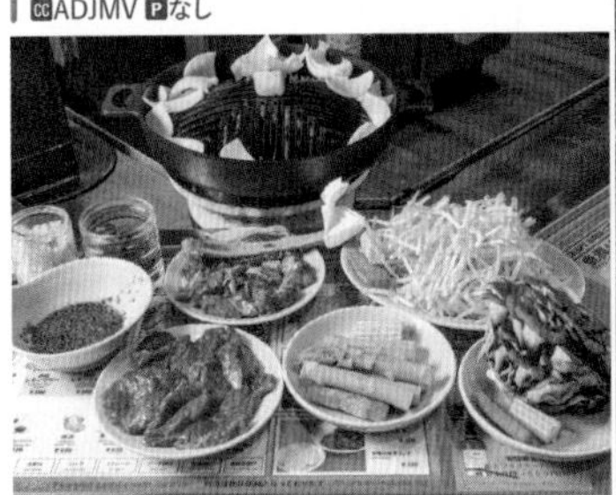

生ラムジンギスカン1皿 1170円（写真は2皿）
ニュージーランド産最高ランクのラム肉をまるごと仕入れているため、いろいろな部位を提供。もやし420円、アスパラ500円のほか、舞茸500円など季節の野菜がいろいろあるのもうれしい

味付けジンギスカンを代表する店

（札幌・中央区） MAP 別冊P.39-C2

松尾ジンギスカン 札幌すすきの4・2店

まつおジンギスカン さっぽろすすきの4・2てん

かつて種羊場があった滝川市で誕生し、1956（昭和31）年に味付けジンギスカンを商品化した店。本店は滝川、ほか札幌を中心に東京にも店舗がある。リンゴやタマネギを使った、熱処理を加えていない秘伝の生だれに漬け込んだ肉はいくらでも食べられそう。

住札幌市中央区南4西2-11-7 TOMORU2階 TEL011-261-2989 営17:00〜22:15LO、予約可 休無休 交地下鉄すすきの駅から徒歩3分 CCADJMV Pなし

特上ラムジンギスカン（野菜付）1580円
漬け込み肉は鍋の中央で焼き、野菜は秘伝の生だれで煮る。写真はイメージ

❶広くてモダンな店内 ❷周りの溝が深いオリジナルの鍋

昼夜極上スイーツ

スイーツ天国・北海道で一度は食べたい、地元の人に愛されているロングセラースイーツ。行列が絶えない話題の夜パフェにもチャレンジ！

歴史的建造物の昭和懐かしプリン

❶店長さんがひとりで切り盛り ❷L字型カウンターとテーブル席のこぢんまりとした店内 ❸札幌景観資産でもある旧藪商事会社ビル（三誠ビル）の右側 ❹宮の森の佐藤珈琲のオリジナルブレンドをネルドリップで入れるコーヒーは3種類あり各600円

札幌・中央区 MAP 別冊P.34-B2

喫茶つばらつばら

きっさつばらつばら

1924（大正13）年に建てられた、札幌市内に現存する最古のRC造りのビル内にある隠れ家的なカフェ。あたたかみのある明かりに包まれ、ゆっくり本を読んで過ごせる。手作りのケーキセット980円。

住札幌市中央区南1西13-317-2 三誠ビル1階 TEL011-272-0023 営12:00～21:00（フード20:00LO、ドリンク20:30LO） 休火・水曜 交市電西15丁目停留所から徒歩3分 CC不可 Pなし

プリンアラモードセット 1250円
手作りの固めプリンにアイスと生クリームを添えて。限定10食

女性パティシエが作るチーズケーキ

苺のケーゼ 545円
定番人気のケーゼ491円にイチゴをトッピング。セットコーヒーは450円

❶北海道ケーゼ675円は道産クリームチーズや生クリームを使用 ❷円山の住宅街にあるシックな外観の店舗

札幌・中央区 MAP 別冊P.34-A3

Buono Buono

ボーノ ボーノ

1993年創業のチーズケーキ専門店。ケースにはさまざまなチーズを使ったケーキが並び、カフェではケーキに合うよう焙煎したコーヒーと一緒に味わえる。

住札幌市中央区南6西24-1-18 ワイズ南円山1階 TEL011-552-5833 営10:00～18:00、カフェは11:00～17:00（16:30LO） 休無休 交地下鉄円山公園駅から徒歩8分 CCADJMV Pあり

札幌・東区 MAP 別冊P.19-D1

ケーキハウス アルディ

ケーキハウス アルディ

アルディとは「大胆な」というフランス語から。さまざまなケーキやチョコ、焼き菓子が並び目移りしてしまいそう。選んだケーキをカフェで食べられるほか、パフェも人気。

住札幌市東区北34東17-1-26 札幌新道東ビル1階 TEL011-786-1552 営10:00～19:00 休月曜（祝日の場合は翌日） 交地下鉄新道東駅から徒歩1分 CCADJ Pあり

❶人気のストロベリーパフェ990円。プリンパフェやカフェジェラートなども ❷左から甘さ控えめなショートケーキ410円、バイタルトにマロンクリームのモンブラン518円、2種類のクリームチーズを使用したフロマージュ410円 ❸地下鉄駅から近く立ち寄りやすい

駅近の「まちのケーキ屋」さん

ショコラキング 410円
人気No.1。小麦を使わないチョコスポンジとビターなチョコがマッチ

半世紀以上の歴史パーラーパフェ

宇治抹茶「金天閣」もちもち抹茶ミルク 700円
北海道牛乳100%使用の葛餅入りもちもちミルクドリンク。浮いているウシがかわいい♡

1985(昭和60)年頃

札幌・中央区　MAP 別冊P.37-C3

雪印パーラー札幌本店

ゆきじるしパーラーさっぽろほんてん

1961年に創業した北海道スイーツのパイオニア。昭和天皇・皇后両陛下のために作られたバニラアイスクリーム「スノーロイヤル」880円や、30種以上のパフェやアイスクリーム、パンケーキなどメニューが豊富。

住札幌市中央区北2西3-1-31太陽生命札幌ビル1階 TEL011-251-7530 営10:00～18:30LO 休無休 交地下鉄大通駅から徒歩3分 CCADJMV Pなし

❶弟子屈町産のイチゴ「摩周ルビー」でつくるMashu Rubyのごほうび1780円 ❷ゆったりとした店内。ショップもある ❸❹改装後の旧店舗と2017年に移転した現在の店舗 ❺2～4名用の大きなI am a No.1は4850円

酒屋ならではのお酒のジェラート

お酒入りジェラート シングル500円
酒屋ならではのお酒入り。この日は積丹のクラフトジンのジェラート、シングル500円

❶ダブルカップ(2種類)は各600円。左はダブルミルク×スペシャル生チョコ、右はベリーヨーグルト×紅茶 ❷道路沿いにある目立つ看板 ❸道産小麦のワッフルコーンもオススメ

札幌・南区　MAP 別冊P.31-C1

ジェラート札幌果林樹

ジェラートさっぽろかりんじゅ

国道453号線にある地酒仙丸に併設された店舗。北海道産のグラスフェッドミルク、低温殺菌牛乳、生フルーツを使ったジェラートが常時18～22種類楽しめる。

住札幌市南区石山東5-8-26 TEL011-592-5151 営10:00～17:00(土・日曜・祝日は～17:30)、11～3月は10:00～16:00(変動あり。1～2月の平日は冷凍済みテイクアウトカップのみ販売) 休月曜(祝日の場合は翌日) 交地下鉄真駒内駅からバスで約10分、石山5丁目下車、徒歩1分 CC不可(酒店舗はADJVM) Pあり

札幌・中央区　MAP 別冊P.39-C2

夜パフェ専門店 Parfaiteria PaL

よるパフェせんもんてん パフェテリア パル

まるでアートのようなパフェが話題の夜パフェ専門店。旬のフルーツを使うため季節により内容は変わり、常時6種類ほどを用意。甘さ控えめの大人の味だ。

住札幌市中央区南4西2-10-1 南4西2ビル6階 TEL011-200-0559 営18:00～23:30LO(金・土曜・祝前日は～翌1:30LO) 休不定休 交地下鉄すすきの駅から徒歩5分 CCADJMV Pなし

お酒と合う芸術的な夜パフェ

ピスタチオとチョコレートのパフェ 1780円
ピスタチオとチョコレート、ミルクジェラートなど。中に自家製"バクッキー"入り

❶店の入口にある大きなバクのイラストは人気のフォトスポット ❷同じフロアに2店舗ある ❸栗巣さんのYOASOBI1780円。アルコールとのセットは2080円～

地元民が足しげく通いつめる 札幌偏愛グルメ

実はあまり教えたくない役所の穴場的な食堂や、週に1回は通ってしまうというチェーン店など、地元の人がこよなく愛する店を大公開。

トクトクランチ 500円
この日はミニ中華丼、ちょうどいいサイズでサラダとスープ付き

しろっぴーパフェ 650円
白石区のマスコット「しろっぴー」をモチーフにしたかわいいパフェ

安くてウマい穴場！ 役所の食堂

区役所や市役所、公共機関にある食堂は、関係者以外も利用可能なところが多い。日替わり定食やオリジナリティあふれるメニューも。

白石ウーメン 650円
400年の伝統がある白石温麺は、油を使わない手延べ製法で長さ9cmと短いのが特徴

白石のルーツ白石温麺を食す

札幌・白石区 MAP 別冊P.20-A3

白石区役所食堂

しろいしくやくしょしょくどう

宮城県白石からの移住者により開拓された白石区。区役所1階の白石郷土館(→P.177)を見学してから食堂に行くと白石ウーメンもより味わい深い。日替わりのランチもおすすめ。

住札幌市白石区南郷通1-8-1 札幌市白石区複合庁舎6階 TEL011-861-2400 営11:15～15:00 休土・日曜・祝日 交地下鉄白石駅直結

午後からはカフェとして利用する地元の人も多い

13:00～ピザとパフェありますよ 店長 小原さん

札幌・中央区 MAP 別冊P.36-B3

道議会食堂

どうぎかいしょくどう

毎日4時間かけて打つそばが名物。道産そば粉を地下水で打った更科そばは、長くてツルツルッとしたのど越し。冷・温のそばのほか定食、丼物、パスタとメニューが豊富でリーズナブル。

住札幌市中央区北2西6 TEL011-271-8845 営9:30～19:00 休土・日曜・祝日 交地下鉄大通駅から徒歩5分

北海道庁旧本庁舎の裏にある、明るく広い食堂

自家製打ちたてのそばをどうぞ！ 店主 松澤さん

デミグラスハンバーグ プレート 750円
人気のハンバーグプレートは3種類。メニューのほとんどは手作りだ

大特ざるそば 800円
温かいつゆで食べる特ざるそば。普通650円、中700円もあるが、ほとんどの人が麺約1kgの大特ざるそばを注文するそう

大盛りそばにいざチャレンジ！

健康志向も納得のたっぷり野菜
日替わり定食もいろいろあります!
店長 高橋さん

昼食膳(厚別ちゃんぽん麺とミニ丼とのセット) 690円
金曜限定メニューの具だくさんのちゃんぽん。プラス30円で日替わりのミニ丼が付くお得なセットに

札幌・厚別区 MAP 別冊P.27-C1

厚別区役所食堂

あつべつくやくしょしょくどう

健康志向が多いという区民に、野菜たっぷりの厚別ちゃんぽん660円が人気。毎月第2木曜にはAKL(あつべつ健康ランチ)も登場。

住札幌市厚別区厚別中央1条5 札幌市厚別区役所B1階 TEL011-895-2400 営11:15～14:00 休土・日曜・祝日 交JR新札幌駅・地下鉄新さっぽろ駅から徒歩5分

メニューは写真付き。注文時にお好み札でカスタマイズできる

札幌・中央区 MAP 別冊P.37-C3

札幌市役所地下食堂

さっぽろしやくしょちかしょくどう

大通公園に面した市役所の地下、約400席の広い食堂。窓からは日本庭園が眺められる穴場スポットだ。定番メニューが揃い、麺類が人気。

住札幌市中央区北1西2 札幌市役所本庁舎B1階 TEL011-241-6532 営10:00～17:45LO 休土・日曜・祝日 交地下鉄大通駅から徒歩5分

時計台定食もおすすめですよ!
ホール主任 佐々木さん

ショーケースの上には各メニューのカロリーや塩分量の表示がある

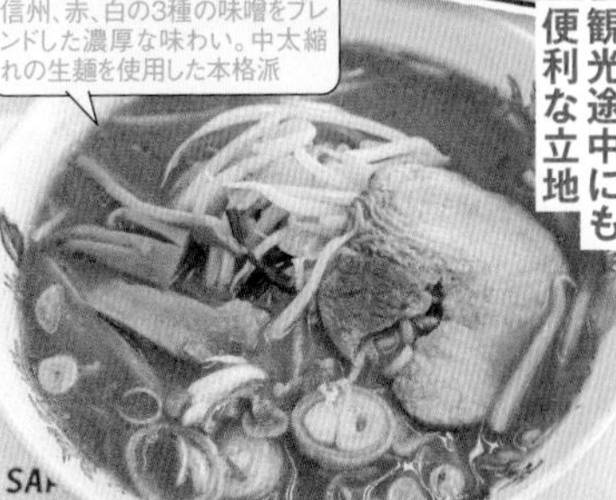

観光途中にも便利な立地

みそラーメン 500円
信州、赤、白の3種の味噌をブレンドした濃厚な味わい。中太縮れの生麺を使用した本格派

ランチはザンギでパワーアップ!

メガザンタレ定食 650円
1個30～40gのザンギが12個のメガ盛り、たれなしもできる。ご飯は函館産ゆめぴりかを使用。大盛りにもできる

メガは揚げたてザンギを12個のせます!
店長 山田さん

区役所は駅から空中通路でつながっている

札幌・手稲区 MAP 別冊P.11-D3

手稲区役所食堂

ていねくやくしょしょくどう

名物はメガザンタレ定食。味付けした鶏モモ肉をひと晩寝かせて揚げるので、味が染み込みいくらでも食べられそう。ザンギ6個のザンタレ定食は570円。

住札幌市手稲区前田1条11 手稲区役所2階 TEL011-681-2400 営11:00～14:30LO 休土・日曜・祝日 交JR手稲駅から徒歩3分

札幌・南区 MAP 別冊P.25-C3

南区役所食堂

みなみくやくしょしょくどう

丼とそば・うどんのセット700円やザンタレ定食600円などはボリューム満点。一方で毎月第2・4水曜のヘルシーランチは女性やお年寄りに人気。

住札幌市南区真駒内幸町2 札幌市南区役所3階 TEL011-213-0546 営11:00～14:30LO 休土・日曜・祝日 交地下鉄南北線真駒内駅から徒歩5分

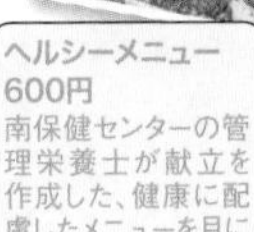

老若男女それぞれ推しメニューがあります!
店長 河口さん

人気のカツカレー650円。日替わりや季節メニューも

ヘルシーメニュー 600円
南保健センターの管理栄養士が献立を作成した、健康に配慮したメニューを月に2回提供している

北見発

回転寿しトリトン

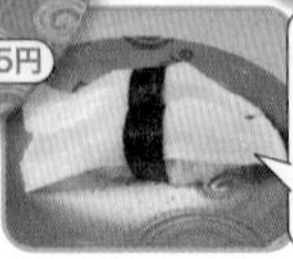

かいてんすしトリトン

北見で誕生し、北見市民に絶大な人気を誇る店。札幌や旭川、東京にも展開している。札幌エリアは駐車場が広い郊外型店舗が多い。円山店は地下鉄駅から徒歩圏内で利用しやすい。

営11:00～21:30LO 休無休 CCADJMV Pあり

カウンター席とテーブル席がある

おもな店舗

円山店 MAP 別冊P.34-A2
住札幌市中央区北4西23-2-17
TEL011-633-5500 交地下鉄西28丁目駅から徒歩5分

厚別店 MAP 別冊P.21-C3
住札幌市厚別区厚別東4-3
TEL011-898-7777 交JR新札幌駅・地下鉄新さっぽろ駅から徒歩15分

栄町店 MAP 別冊P.19-D1
住札幌市東区北38東15-2
TEL011-731-3333 交地下鉄栄町駅から徒歩8分

北海道発のハイレベル!

回転寿司

北海道の回転寿司は回転と付いてはいるが、注文を受けてから握る、握りたてが味わえる。寿司ばかりではなく揚げ物や、本格デザートまでメニューも豊富だ。

釧路発

グルメ回転寿司なごやか亭

グルメかいてんすしなごやかてい

1981(昭和56)年に釧路で創業。札幌・帯広のほか滋賀県にも進出している。道東の旬の魚介を中心に仕入れて提供し、季節メニューが豊富。パティシエの作る本格スイーツも人気がある。

営11:00～22:00(LOは店舗により異なる) CCADJMV Pあり

札幌進出第1号の発寒店は広い和風の店内

これもCheck!

生ほたて 506円
道東を中心に道内の大粒ホタテを1個ずつのせてある

紅鮭すじこ手巻き 396円
自慢のすじこをたっぷりと手巻きした人気の商品

おもな店舗

発寒店 MAP 別冊P.18-A2
住札幌市西区発寒6条9-17-10
TEL011-661-2233 交地下鉄宮の沢駅から徒歩3分

福住店 MAP 別冊P.26-A2
住札幌市豊平区福住3条4-1-45
TEL011-836-5550 交地下鉄福住駅から車で5分

北野店 MAP 別冊P.26-B2
住札幌市清田区北野5条5-20
TEL011-886-7575 交地下鉄大谷地駅から車で10分

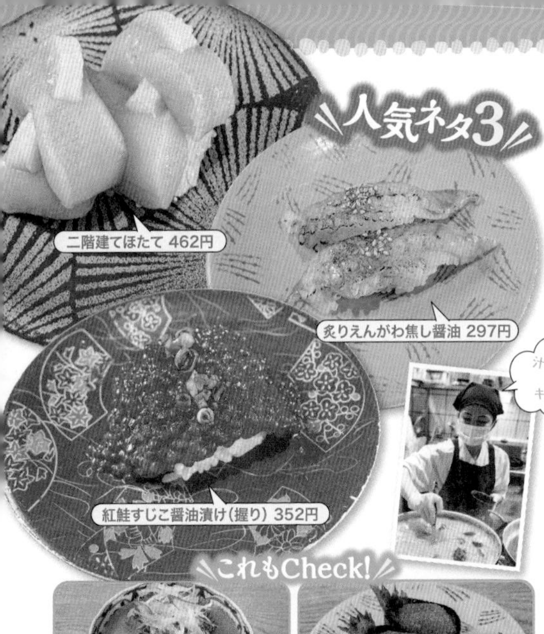

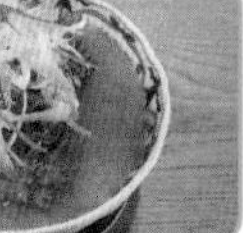

汁ものブースもオープンキッチンです

根室発

回転寿司 根室花まる

かいてんすし ねむろはなまる

本土最東端の町で漁師町の、根室発祥の回転寿司。地元をはじめ札幌エリアや函館、東京にも進出する。花咲ガニやサンマ、赤ホヤ、コマイなど根室らしい旬ネタはもちろん、元気な接客も魅力。

営11:00～22:00(JRタワーステラプレイス店のみ21:30LO) 休無休

キッチンを囲むスタイリッシュな店内

これもCheck!

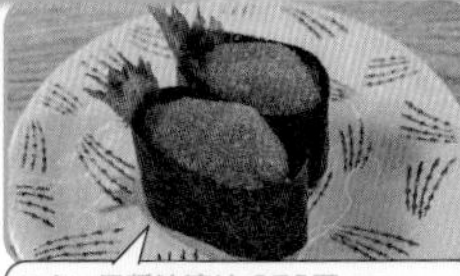

花咲蟹の鉄砲汁 352円
根室地方の漁師料理。花咲ガニは鮮やかな色で味も濃い

こまい子醤油漬け 253円
氷下魚と書き、冬に氷の下で産卵。プチプチ卵の醤油漬け

おもな店舗

大同生命札幌ビルmiredo店
MAP 別冊P.37-C3
住札幌市中央区北3西3-1 大同生命ビルB1階 TEL011-218-7870 交地下鉄さっぽろ駅から徒歩3分

JRタワーステラプレイス店
MAP 別冊P.37-C2
住札幌市中央区北5西2 ステラプレイス6階 TEL011-209-5330 交JR札幌駅からすぐ

南郷店 MAP 別冊P.26-B1
住札幌市白石区南郷通19南8-2 TEL011-868-0870 交地下鉄南郷18丁目駅から徒歩2分

(札幌・厚別区) MAP 別冊P.21-C3

回転寿司くっちゃうぞ

かいてんすしくっちゃうぞ

もとは青果店が中心のスーパーだったが、地元密着型の回転寿司として1990年に開業。スーパーで鮮魚の仕入れをしていた店主の父が目利きで魚を直接仕入れ、上野さんが店内でさばいて提供している。

住札幌市厚別区厚別西4条4-8-6 TEL011-895-6222 営11:00～21:15最終入店(21:30LO、ネタ切れによる閉店あり) 交JR厚別駅から車で8分 CC不可 Pあり

今日はカレイのなかでもうまいマツカワだよ!
店主 上野さん

回転レーンにはメニューの札が回るだけ。注文書で注文する

これもCheck!

真だち 352円
北海道ではタラの白子を「たち」という。真ダラの白子は冬限定

マツカワ 264円
北海道の太平洋でとれる高級魚で冬は身が締まって美味。季節限定

ラーメンもおいしいですよ
オーナーシェフ
杉浦さん

毎日でも通いたくなる

町の洋食屋さん

懐かしいメニューとアットホームな雰囲気が人気の洋食屋さん。できたて大盛りで老若男女のおなかを満たしてくれる。

スイス仕込みの懐かしい洋食

スパカツナポリタン 1450円
脂もおいしいと評判のルスツのもち豚150gをカラッと揚げてナポリタンにオン！ナポリタン単品は1000円

(札幌・中央区) MAP 別冊P.35-D2

Petit HANON

●プティ ハノン

オムライス、ナポリタンなどの懐かしい味も、スイスの三つ星レストランや道内有名ホテルで料理長を務めてきたシェフの手にかかれば本格的な洋食に。スイスの定番料理、ケーゼシュニッテ1200円もぜひ。

住札幌市中央区北2東9-13-29 TEL011-271-0557 営11:30～13:50LO、17:30～21:20LO(日曜は～13:50LO) 休月曜 交JR苗穂駅から徒歩5分 CC不可 Pなし

オムライス(ケチャップ) 1000円
バターの香りがいいオムライスはほかにもデミ、ミートソースなどバリエーション豊富

❶カウンター8席とテーブル席がひとつ。手際よく調理される様子を眺める時間も楽しい ❷❸スイスのエッセンスが感じられる、カフェのような雰囲気の店

(札幌・豊平区) MAP 別冊P.25-D2

レストラン カナル

●レストラン カナル

札幌グランドホテルでシェフを務めた先代が1978年に開業。1998年に現在の水源地通り沿いに移転し、店名をカナルに。道内食材を中心に使い、先代シェフの味を守っている。

住札幌市豊平区西岡4条6-9-26 TEL011-852-8555 営11:00～21:00LO(ランチは～15:00LO) 休月曜(祝日の場合は翌日) 交地下鉄福住駅から車で10分 CCADJMV Pあり

かぼちゃスープ 360円
グランドホテル時代からのレシピで作っているカボチャのスープはクリーミー

エビドリアカニクリーム 1290円
バターライス、プリプリのエビ、ズワイガニとホワイトソースで作るソースの上にチーズがのったアツアツ。サラダ、コーヒー付き

ホテル仕込みの本格洋食を気軽に

❶小ぢんまりとした落ちつける店 ❷1階は駐車場、レストランは2階にある

ガツンと大盛で大満足！

ハンバーグディッシュカレー（普通）1000円
タマネギとニンジンをバターとニンニク、生姜で炒め、鶏、豚、牛の肉をミックス、米は農家直送ななつぼし

普通盛りの皿と、3倍盛りの皿です
店主 山岸さん

ランチコーヒー 300円
店内で焙煎。通常はフレンチ、アメリカン、マイルド各450円

（札幌・東区） MAP 別冊P.19-C1

喫茶屋かしさ

きっさやかしさ

いろんなメニューのある喫茶店という意味で喫茶屋とし、かしさは奥さんとふたりの娘さんの頭文字から。札幌のホテルのシェフを務めた山岸さんが自家焙煎する、本格コーヒーもおすすめ。

住札幌市東区北31東1 山岸ビル1階 TEL011-752-0008 営9:00～15:30、18:00～21:30 休不定休 交地下鉄北34条駅から徒歩8分 CC不可 Pあり

カウンターとテーブル席、大きな相席テーブルのコーナーがある

町の洋食屋さん

（札幌・中央区） MAP 別冊P.34-A2

洋食Kogame

ようしょくコガメ

仔牛の骨と牛すじ、トマトなどを3日間煮込んだフォンドボーを漉して煮詰めて作る、ビターなデミグラスがかかったオムライスが人気。夜はコースで多彩な洋食メニューが味わえる。

住札幌市中央区大通西17-2-18 BERKELEY2階 TEL011-676-7708 営11:30～14:00LO、17:30～21:00LO（日曜・祝日は9:00～14:30LO） 休日・月曜 交地下鉄西18丁目駅から徒歩すぐ CCADJMV Pなし

❶落ち着いたカウンターとテーブル席 ❷店名はシェフの名前の亀と、オムライスの形から

オムライスのトッピングもあります
オーナーシェフ 亀垣さん

ていねいな仕込みが秘訣 フレンチベースの洋食

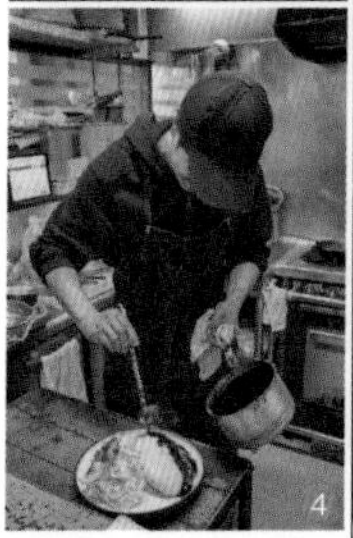

Kogameオムライス 1200円
卵3個に生クリームを加えたとろとろ玉子、チキンライス、デミグラスソースのマリアージュ

❸デミグラスと玉子の中に鮮やかなチキンライスが ❹すばやく仕上げるのがとろとろ玉子のコツ

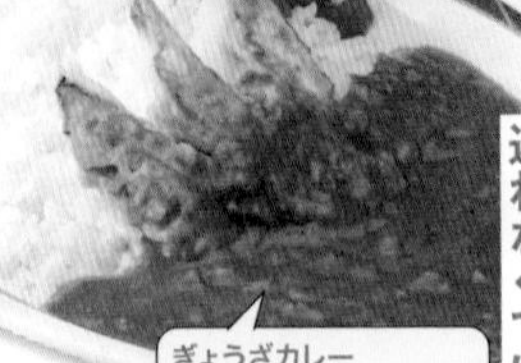

ぎょうざカレー 580円
カレーはタマネギやニンジン、鶏肉、牛乳を混ぜてスパイスで味付け。具材が細かくコクのあるルーが餃子に合う

餃子とカレーを迷わなくていい

みよしのセット 680円
餃子は新鮮な野菜と卵、たっぷりの肉を秘伝のスパイスで味付け。極薄の皮で包んで焼きあげる

札幌市内に 21店舗

ぎょうざとカレーの「みよしの」

カレーに餃子がのった「ぎょうざカレー」は、札幌っ子のソウルフード。餃子専門店から始まり、後にカレーも提供。人気のメニューが合体した。もちろん単品でも注文できる。

全店共通
休店舗により異なる CC ADJMV(一部店舗不可)

国道36号沿いの美園店

ミニ年表

大正時代：狸小路に大衆食堂「美よし野」を営業
1967(昭和42)年：札幌市中央区に餃子専門店「みよしの」3条店を開店
1977(昭和52)年：新商品「カレー」と「ぎょうざカレー」の販売開始
1988(昭和63)年：家庭用に「スーパーチルドみよしのぎょうざ」販売開始
1993年：札幌市清田区に大型の第1号店がオープン
2014年：「レトルトカレー」販売開始

上は1970年代の店内の様子。左は創業当時の3条店

おもな店舗

狸小路店 MAP 別冊P.39-C1
住札幌市中央区南3西2-16-4(狸小路2丁目) TEL011-231-3440
営11:00～21:00 交地下鉄すすきの駅から徒歩4分 Pなし

清田店 MAP 別冊P.26-B2
住札幌市清田区清田2条3-3 TEL011-886-0407 営10:00～翌5:00 交地下鉄福住駅から車で約8分。またはバスで約10分、清田3条2丁目下車、徒歩すぐ Pあり

美園店 MAP 別冊P.26-A1
住札幌市豊平区美園3条6-2-10 TEL011-812-3440
営10:00～翌4:00 交地下鉄美園駅から徒歩6分 Pあり

地元なら誰でも知っている!

ご当地グルメチェーン店

町なかを車で走っていると、目に飛び込んでくる大きな看板。
地元でおなじみのグルメチェーン店はおなかがすいたときの強い味方。

ハンバーグレストラン びっくりドンキー　札幌市内に 21店舗

びっくりドンキー

創業者の故庄司昭夫氏が岩手県で始めた13坪の店が、現在は北海道に本社をおき、道内はもとより全国展開するチェーン店に。道内では「小樽ビール」や「えこりん村」の事業も。

全店共通 休無休 CC ADJMV

24時間営業のすすきの南5条店

2015年にリニューアルした伏古店

おもな店舗

すすきの南5条店 MAP 別冊P.39-C2
住札幌市中央区南5西2-8-10 TEL011-520-7621 営24時間 交地下鉄すすきの駅から徒歩5分 Pなし

西野店 MAP 別冊P.18-A2
住札幌市西区西野3条3-4-7 TEL011-669-2263
営8:00～23:30LO 交地下鉄発寒南駅から車で5分。JR琴似駅からバスで約20分、山の手橋下車、徒歩2分 Pあり

伏古店 MAP 別冊P.20-A2
住札幌市東区伏古10条4-2-5 TEL011-780-2379
営8:00～23:30LO 交地下鉄新道東駅から車で約8分。またはバスで約6分、伏古10条3丁目下車、徒歩3分 Pあり

ミニ年表

1968(昭和43)年：岩手県盛岡市に「ハンバーガーとサラダの店・べる」を開店
1972(昭和47)年：盛岡市内にベル大通店を開店
1973(昭和48)年：ハンバーグ・サラダ・ライスを木の皿に盛った現在のハンバーグディッシュの原型が誕生
1980(昭和55)年：札幌市内に西野店、伏古店を開店
2010年：5月に栃木県に小山店をオープンし、びっくりドンキー全国300店舗達成

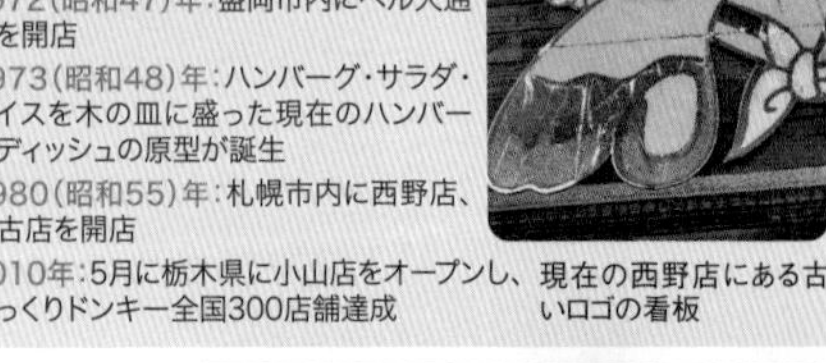

現在の西野店にある古いロゴの看板

北海道ミニソフト 200円
食後ちょっと食べたいときにちょうどいいサイズ。ミルク感たっぷり

チーズバーグディッシュ 300g 1360円
独自開発のブレンドチーズは濃厚な味わい。和風ベースの合い挽きハンバーグによく合う

ハンバーグを食べるなら

北海道生まれ 和食処とんでん　札幌市内に10店舗

北海道生まれ 和食処とんでん

北海道で起業し、関東でファミリーレストランを展開。北海道そばやジャンボ茶わんむしの看板メニューが人気だ。道内店舗ではお米はななつぼしを使用。北海道ならではのメニューが豊富。

全店共通 休無休 CCADJMV

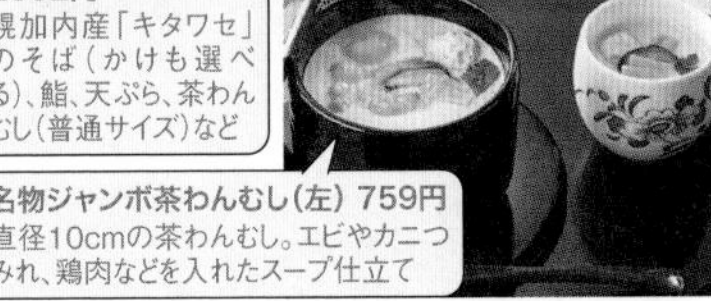

さざんか・北海道そば 2002円
幌加内産「キタワセ」のそば(かけも選べる)、鮨、天ぷら、茶わんむし(普通サイズ)など

名物ジャンボ茶わんむし(左) 759円
直径10cmの茶わんむし。エビやカニつみれ、鶏肉などを入れたスープ仕立て

ロードサイドに目立つ看板があり車で利用しやすい

おもな店舗

宮の森店 MAP 別冊P.18-B3
住札幌市中央区宮の森3条1-5-43 TEL011-615-5588 営11:00〜22:00LO 交地下鉄24軒駅から徒歩10分 Pあり

手稲前田店 MAP 別冊P.11-D3
住札幌市手稲区前田5条10 TEL011-685-4770 営11:00〜21:30LO 交JR手稲駅から徒歩15分 Pあり

南16条店 MAP 別冊P.25-C1
住札幌市中央区南16西11 TEL011-511-3811 営11:00〜22:30LO 交地下鉄幌平橋駅から徒歩20分 Pあり

ミニ年表

1968(昭和43)年:株式会社とんでん創業、10円まんじゅうを販売
1973(昭和48)年:札幌市東区に「とんでん鮨」北光店開店
1978(昭和53)年:埼玉県の浦和に「ファミリーレストランとんでん」1号店オープン。看板商品の「ジャンボ茶わんむし」が誕生
1994年:「和食レストランとんでん」に屋号変更
2020年:「和食レストランとんでん」から「北海道生まれ 和食処とんでん」に屋号変更

1973年にオープンした1号店の「とんでん鮨」北光店

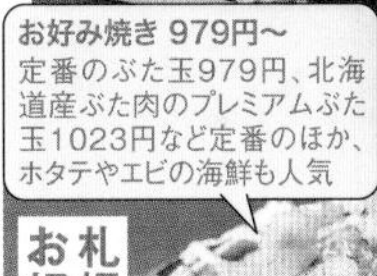

焼そば 979円〜
お好み焼きと双璧をなす焼そば。北海道産野菜のヘルシー野菜979円ほか肉、海鮮などがある

お好み焼・焼そば 風月　札幌市内に10店舗

お好み焼き・焼そば 風月(ふうげつ)

札幌で初めて"お好み焼き"の店を開き、「風月といえばお好み焼き」といわれるまでに。鉄板で各自焼くスタイル。生地の小麦をはじめ、卵やキャベツ、長イモはすべて北海道産。ソースやマヨネーズもオリジナルだ。

全店共通 休無休 CCADJMV

サッポロファクトリーやイオンなど商業施設内に入っている店舗が多い。写真は南23条店の店内と外観

お好み焼き 979円〜
定番のぶた玉979円、北海道産ぶた肉のプレミアムぶた玉1023円など定番のほか、ホタテやエビの海鮮も人気

おもな店舗

狸小路4丁目店 MAP 別冊P.39-C2
住札幌市中央区南3西4-12-1 アルシュビル5階 TEL011-231-6665 営11:00〜21:40LO 交地下鉄すすきの駅から徒歩2分 Pなし

南23条店 MAP 別冊P.25-C1
住札幌市中央区南23西7-1-7 アクロスプラザ南22条内 TEL011-596-8985 営11:00〜21:20LO (土・日曜・祝日〜21:40LO) 交市電幌南小学校前停留場から徒歩4分 Pあり

イオン札幌苗穂店 MAP 別冊P.20-A2
住札幌市東区東苗穂2条3-1-1 イオンモール札幌苗穂1階 TEL011-780-7614 営11:00〜20:20LO 交JR苗穂駅から車で約10分 Pあり

ミニ年表

1967(昭和42)年:札幌市中央区に「風月本店」オープン
1985(昭和60)年:有限会社風月設立
1994年:風月株式会社になる
2018年:ニューヨークの「粉もんフェスティバル」で準優勝
2023年:7月に風月モユク店オープン

創業者の二神敏郎氏が23歳のとき、わずか3坪のお好み焼き屋からスタートした

深夜まで熱く盛り上がる！

すすきのエンタメナイト！ Entertainment Night

ネオンきらめくビルが立ち並ぶ、眠らない町すすきの。
遅い時間になるほど熱気を帯びてくる至極のナイトスポットに潜入！

ハイレベルなレビューショー
ニューハーフの美しさに酔う

ワンステージにさまざまなテーマのショーを展開

ショー Show

ららつー ●ららつー

2023年に30周年を迎えた、東京以北最大のニューハーフショー。きらびやかな衣装でのダンスやお笑いネタなど、ステージで繰り広げられるレビューに一瞬も目が離せない。ショーが始まる前はテーブルにキャストが着席し、トークで場を盛り上げてくれる。ショーは年4回、季節に合わせ内容が変わり、いずれも照明、音楽、構成など本格的だ。

料金システム

- **スペシャルプラン**／1名5500円（ワンステージ入替制、フリードリンク。キャストへのドリンク別）
- **通常プラン**／チャージシステム（男性4000円、女性3500円（消費税別、サービス料別、指名料2000円別）※キャストへのドリンクは1000円。ショーの動画撮影は禁止、写真は可能

MAP 別冊P.39-C2
住 札幌市中央区南5西2-2-2 サイバーシティビル5階
TEL 011-512-7000（予約専用18:30～受付）
営 20:00～（ショーは21:00～、23:00～の1日2回開催。入場はショーの開始30分まで）。事前予約がベター
休 火曜　交 地下鉄豊水すすきの駅から徒歩2分
CC ADJMV　P なし

踊りも歌もトークも楽しんでねー♡

コミカルなステージも楽しめる

フィナーレは華やかな衣装でキャストが客席まで降りてくる

Magic

マジックシアターTRICK

●マジックシアタートリック

毎晩、本格的なシアターでマジックショーを開催。ショータイムが始まる前には、マジシャンが目の前でトランプやお札などを使ったマジックを披露。ステージショーではイリュージョンやメンタルマジックが楽しめる。昼に毎月1回、家族で楽しめるファミリーデーも。

目の前のテーブルマジックから
イリュージョンまで本格ステージ

マジシャン翼さんの楽しいトークにも引き付けられる

胴体が分離するイリュージョンマジックも見られる

料金システム

・1ステージ4000円 別途ドリンク／飲み放題2000円、1ドリンク800円～
・ファミリーデー 1ステージ2500円（小学生以下1500円）別途ドリンク／飲み放題1000円、ソフトドリンク飲み放題500円
※消費税、サービス料別。ショーのあとにチップタイムあり。撮影は動画は禁止、写真は可能

MAP 別冊P.39-C2
住 札幌市中央区南5西4-6-1 Nスクエアビル地下1階 TEL 011-205-0217
営 19:00～翌4:00（ショータイムは20:00、22:00、0:00、翌2:00）、毎月第3日曜はファミリーデー12:00～14:30（ショータイム 13:00、3日前までに要予約）
休 無休 交 地下鉄すすきの駅から徒歩2分 CC ADJMV P なし

よくテレビで見る、カードを使った信じられないマジックを目の前で

Snack

Sakae

●サカエ

チャームは日替わり。ポップコーンは専用機で作るできたて

ビルのエレベータを9階で降りて、奥に進むと世界地図が壁に貼ってある、みゆきママが切り盛りするスナック。ママは旅行が好きで、旅好きな人なら会話が弾むはず。同じビル内には居酒屋やカラオケスナック、ものまねスナック、アニソンスナックなども。

カラオケなし禁煙のスナックで
ママとの会話を楽しむ

みゆきママとの会話を楽しみに通う常連さんも多い

料金システム

・飲み放題90分3000円（ママの気まぐれチャーム付き。ポップコーン食べ放題。延長30分につき500円）
・飲み放題以外のドリンクは700円～

MAP 別冊P.39-C2
住 札幌市中央区南5西3-10ニューススキノビル9階 TEL 070-9029-7301 営 17:00～23:00LO 休 日曜・月曜・祝日 交 地下鉄すすきの駅から徒歩3分 CC ADJMV P なし

カウンターはクマの席も入れて8席、ほかボックス席もある

STV「どさんこワイド179」

てくてく洋二 すすきの 歴史さんぽ

歴史探訪コーナー『てくてく洋二』などを番組で担当するSTVの木村洋二アナがすすきのの知られざる歴史をご紹介。

札幌で働く私たちにとって「活力の源」といえる、北海道屈指の歓楽街・すすきの。そのルーツは明治時代、開拓期の町づくりにまで遡ります。当時、過酷な作業を担う労働者たちをつなぎ止めるため、国（開拓使）の政策のひとつとして「すすきの遊郭」がおかれたのが始まり。「日本初の官設遊郭」とも言われています。そんなすすきのの原風景ともいえる昭和初期の古写真と今を見比べてみると……あった！「ケンコウ堂薬店」。祖父の代に掲げた屋号を、今も三代目店主さんが守り続けています。ほかにも、2019年に解体されてしまいましたが、鴨々川の畔には芸者さんたちの「置屋（待機所）」も残されていたんですよ。時代を越えて労働者たちを支え続けてきた町・すすきの。今夜はいるのかなぁ……明石は（笑）。

昭和初期のすすきの（写真所蔵／函館市中央図書館）

現在のケンコウ堂。左の写真とほぼ同じ位置で撮影

大正末期～昭和初期に建てられたといわれる置屋

STV「どさんこワイド179」の夕方の顔としてギネス記録保持者に

料理研究家・星澤幸子先生が教える札幌・小樽周辺のおいしい食材

30年以上「どさんこワイド179」に生出演し、誰でも作れる手軽な料理を紹介。「北海道の夕方の顔」といわれるほど親しまれている料理研究家の星澤幸子先生に、札幌・小樽周辺の食についてお話をうかがいました。

Profile 星澤幸子

北海道南富良野町生まれの料理研究家。「どさんこワイド」の放送1回目から32年にわたり7700品以上のレシピを紹介。この長期生出演によるギネス記録保持者。

北の味をおいしくいただきましょう

北海道の食材がおいしい理由。それは、朝晩の寒暖の差が激しい、厳しい環境のなかで育つので、産物自身がエネルギーを蓄え、その生命力がおいしさとなって伝わるからだと考えます。ここでは札幌・小樽周辺で取れるおすすめの食材とおいしい食べ方をご紹介します。

アスパラ

北海道の大地に春一番に顔を出す、「畑の長男坊」がアスパラ。雪解けを待ちわび出てきた芽は、甘くて風味がよく、柔らかく、うま味があります。調理法はシンプルが一番！ 生ハムとワンタンで巻いて揚げ焼きするだけで、感動の味わいになります。

札幌黄（タマネギ）

北海道の開拓時代に起源をもち、波瀾万丈の歴史を経て、多くの人々の努力で残された固有種。繊維質がしっかりしていて柔らかく、火を通すと甘みを強く感じます。輪切りにして、鮭節とマヨネーズを混ぜて塗り、パン粉をのせてカリっとオーブントースターで焼くと見事なひと品に。

ニシン

かつて北海道はニシン漁で栄えて財を成し、小樽などに御殿を建てた長者が数多くいました。今でも春になると産卵のために沿岸に帰ってきます。身が柔らかく脂ののったニシンは刺身や酢〆、炭火焼きが人気ですが、梅肉を加えた醤油をからめて焼くと特別の味わいになります。

大浜みやこ（カボチャ）

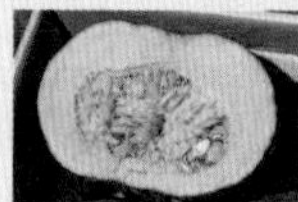

札幌の北西部手稲区は砂地で耕作が難しいといわれていましたが、人々の情熱と努力で見事に実らせた秋のビタミンが、このブランドカボチャ。ほかのカボチャよりも甘く、ホクホクの食感が特徴で、どんな料理にも合います。ケーキにもぴったりです。

かぼちゃのチーズケーキ（4人分）

① ワタと皮を外したカボチャ300gを1cmの厚さの一口大に切り、鍋に入れ、水を半分ほどの高さに注いで軟らかくなるまで煮る。途中1/3量を飾り用に取り分け、5mm角に切る。
② ①の煮たカボチャはつぶし、あたたかいうちにてんさい糖40gとクリームチーズ100gを加え、卵1個も加えて、さらに混ぜてから、小麦粉20gをふるいながらさっくりと混ぜる。
③ ポリ袋にビスケット50gを入れて細かくくだき、バター大さじ2杯を加えてなじませ、器に平らに広げる。上に②のカボチャ生地を入れて、飾り用のカボチャを散らし、オーブントースターで表面に焼き色が付くまで焼く。

笹竹

北海道には本州などで取れる孟宗竹（もうそうちく）はなく、初夏に千島笹の根元に生えてくる新芽をタケノコと呼び、昔から珍重していました。アクが少なくて香りがよく、取れたてはそのままかじれるほどです。我が家の料理をご紹介します。

笹竹の味噌煮（4人分）

① 笹竹200gは根元の硬いところを薄くむき、3mmの厚さの斜め薄切りに。ちりめんじゃこ30gはさっと水にくぐらせて、酒少々をふる。ショウガ1片は千切りに。
② 鍋に油大さじ1を熱して、笹竹、ちりめんじゃこを炒め、香りが立ったら、ショウガと調味料（味噌・みりん各大さじ2、てんさい糖大さじ1）を加える。
③ 調味料が絡んだらフタをして10分ほど煮てから、冷まし、味をなじませる。器に盛って粗みじん切り唐辛子少々をふる。

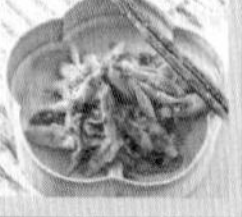

リピーター8割！
札幌駅すぐ！
海鮮が人気の個人店！
老舗
創業51年
浜っ子
名物「カキ田楽」
地酒も豊富にご用意！
北海道各地から直送された
新鮮な魚介を使った一品料理が自慢。
名物の「カキ田楽」は、これを目当てに
何度もリピートする人が
続出するほど絶品！
手頃な価格はもちろんだが、
家庭的な雰囲気が地元客や観光客を離さない。
お一人様でも気軽に愉しめるのも魅力。
※その日の仕入れにより内容が異なる場合がございます
NEW OPEN
① 北海道料理 浜っ子(個人店)大通時計台店
TEL.011-200-0610
札幌市中央区北1西3-3-1 ぱらと北一条ビルB1F
11:30～LO22:00 ※場合によって、営業時間が変更になる場合がございます
定休／不定休　席数／70席　小上がり、個室あり
駐車場／なし　交通／地下鉄大通駅から徒歩3分、
JRさっぽろ駅から徒歩6分、札幌時計台から徒歩1分
② 北海道料理 浜っ子(個人店)本店
TEL.011-241-3656
札幌市中央区北3西2 カミヤマビルB1F
14:00～LO22:00 ※場合によって、営業時間が変更になる場合がございます
定休／不定休　席数／37席
駐車場／有(特約割引有)　交通／JR札幌駅から徒歩5分
③ 北海道料理 浜っ子(個人店)
ホテルグレイスリー札幌地下(読売北海道ビル)
TEL.011-252-7899
札幌市中央区北4西4-1 読売北海道ビルB1F
10:30～LO22:00 ※場合によって、営業時間が変更になる場合がございます
定休／不定休　席数／40席
駐車場／なし　交通／JR札幌駅から徒歩1分
JR札幌駅

札幌市内の交通

交通info
新千歳空港～札幌のアクセス
→P.423

札幌観光モデルプラン
→P.16

札幌市は10の区からなる。市内中心部の中央区と、北区から西区、東区、白石区、豊平区と郊外に向かい、南部には藻岩山や定山渓温泉のある自然豊かな南区がある。ちなみにJR札幌駅の北側が北区、南側が中央区となる。テレビ塔や時計台などの見どころは中心部に集中しており、乗り物を使わなくても観光ができる。郊外へも地下鉄、市電、バスを組み合わせて行くことができる。

2030年の新幹線開業に向けて進む札幌駅周辺の再開発

2030年に北海道新幹線が札幌駅まで延伸予定。それにともない駅周辺の再開発が急ピッチで進められている。2023年5月現在、駅直結の複合施設エスタは8月31日で閉店、1階にあったバスターミナルは9月30日で閉鎖となり、10月1日から駅南口の赤れんが庁舎前付近と、西2丁目通り沿いの2ヵ所に仮のバス停が設けられる。2022年9月に閉鎖となった商業施設のパセオも含め、2029年の秋に、駅直結の高層のビルとして開業予定だ。大きく変貌する札幌駅から今後も目が離せない。

セキセイインコがいる癒やしの場

地下街のオーロラタウンにある「小鳥のひろば」は、よく待ち合わせ場所として利用される。ガラス張りの空間にたくさんのセキセイインコがいて、さえずりが響き渡る癒やしスポットだ。目印は隣接する「きたキッチン」(→P.142)。

セキセイインコを眺めていると時間を忘れそう

徒歩

JR札幌駅～大通公園～狸小路～すすきのの距離

JR札幌駅から駅前通りを真っすぐに行くと、約800mで大通公園に着く。そこから狸小路を通ってすすきの交差点までは約400mの距離。札幌を代表する見どころの赤れんが庁舎、さっぽろテレビ塔、大通公園、札幌市時計台はすべて徒歩で回ることができる範囲にある。すすきの交差点から中島公園へも1kmほどの道のりだ。また、JR札幌駅からすすきのまで地下歩道でつながっており、ずっと地下を歩いて移動できるばかりか、オーロラタウンやポールタウンの地下街で買い物も食事も済ますことができる。

札幌駅から中島公園まで真っすぐ延びる札幌駅前通り

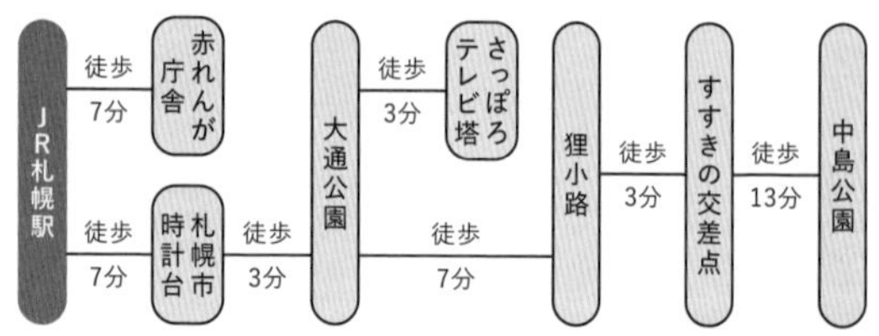

JR札幌駅の地上と地下

JR札幌駅は複合施設のJRタワーと直結しており、コンコースは買い物客で常ににぎわっている。また地下は札幌ステラプレイス、大丸札幌店、JRタワーともつながっている。

札幌の地下道

札幌駅前通りの地下は、地下道として整備されている。雨の日や雪の日も気にせず歩けるので便利だ。JR札幌駅から地下に下りると「地下歩行空間」、通称「チ・カ・ホ」に入っていく。地下鉄さっぽろ駅から大

札幌駅の西コンコースにある白い大理石の彫刻は、美唄出身の安田侃の作品「妙夢」

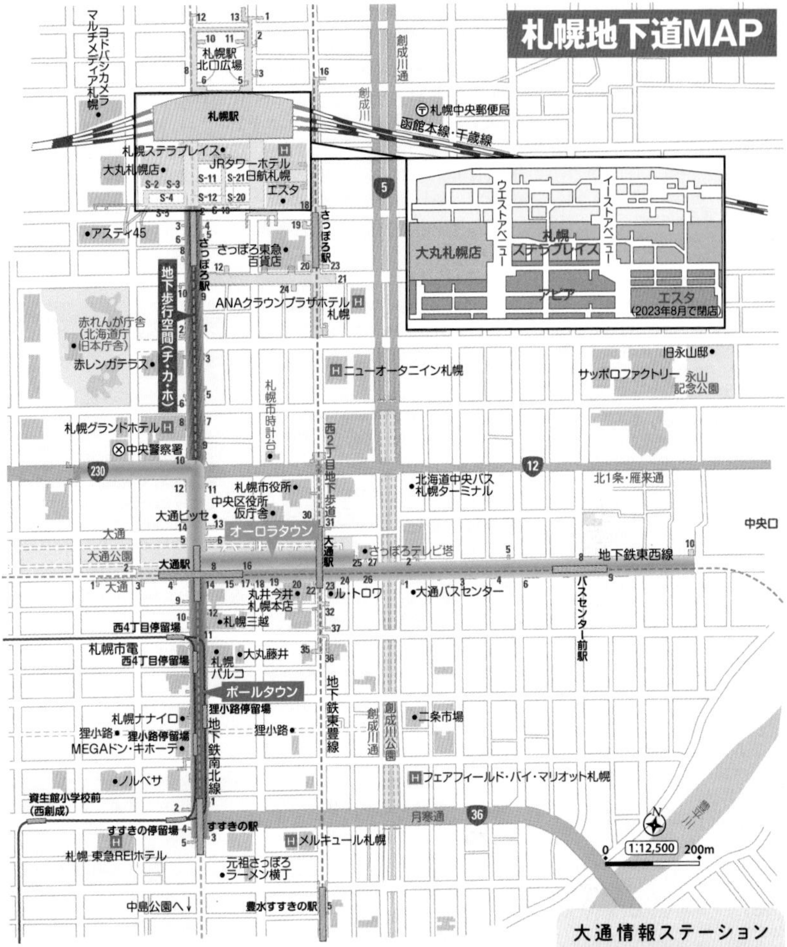

札幌地下道MAP

大通情報ステーション

大通西4丁目の地下、地下鉄大通駅の改札を出た所にあるインフォメーションセンター。パンフレットがずらりと並んでいて、観光情報をはじめ、交通、ショッピング案内、スポーツやコンサートなどイベントの情報なども入手できる。

営10:00～20:00

URL www.sapporo-info.com

知りたいことがあったら気軽に寄ってみよう

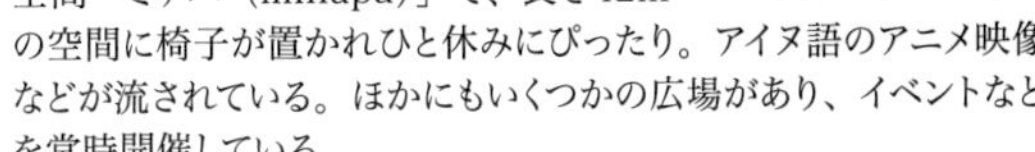

「チ・カ・ホ」。天気が悪い日や寒い日は人通りが増える

通駅まで約520m続く地下道だ。入ってすぐの所にあるのが、アイヌ文化を発信する空間「ミナパ（minapa）」で、長さ42mの空間に椅子が置かれひと休みにぴったり。アイヌ語のアニメ映像などが流されている。ほかにもいくつかの広場があり、イベントなどを常時開催している。

大通公園の下は東西に延びる地下街「オーロラタウン」。その先はすすきの駅まで「ポールタウン」が続いている。「ポールタウン」と「オーロラタウン」はファッション関連のショップを中心にコンビニやドラッグストア、カフェなどが並ぶ、1971（昭和46）年に開業した歴史ある地下街だ。

ポールタウンから狸小路への出口。すべて扉が付いている

地下鉄info

地下鉄の乗車料金

1区 3km以下	210円
マル2区 3～5km以下	250円
2区 5km～7km以下	250円
3区 7km～11km以下	290円
4区 11km～15km以下	330円
5区 15km～19km以下	360円
6区 19km～21km以下	380円

札幌市交通局

URL www.city.sapporo.jp/st/

地下鉄から市電への乗り継ぎ

地下鉄と市電の乗り継ぎには割引が適用され、1回に80円の割引となる。ICカードの場合は乗り継いだほうの精算時に割引される。乗り継ぎきっぷは、券売機で購入する際に市電乗継ボタンを押して、目的地までを購入する。ICカードの場合は自動的に乗り継ぎ料金が適用される。

お得な乗車券

地下鉄専用1日乗車券

地下鉄が1日乗り放題の乗車券。例えば、さっぽろ駅～大通駅、大通駅～すすきの駅の2区間を乗ると210円×2回。同じ道を帰ると倍の金額になる。行動予定を考えて利用するととてもお得。地下鉄駅券売機、各定期券発売所などで購入できる。

料 1日830円

ドニチカキップ

土・日曜、祝日と年末年始(12月29日～1月3日)に利用できるお得な乗車券。1日乗車券より310円も安い。こちらも地下鉄駅券売機、各定期券発売所などで購入できる。

料 1日520円

地下鉄

北海道で唯一、地下鉄が走っている町が札幌市だ。正式名は札幌市営地下鉄といい南北線、東西線、東豊線の3線が営業している。中心部のJR札幌駅と直結した「地下鉄さっぽろ駅」で2線が、「大通駅」では3線が合流し、あとは東西南北に札幌の郊外まで延びている。中央にある案内軌条と呼ばれる1本のレールを両側から小さなゴムタイヤ（案内輪）で挟んでガイドとし、大きなゴムタイヤ（走行輪）で走行する札幌市駅独自の方式を採用している。→P.105コラムも参照。

地下鉄南北線

観光客が最も多く利用する路線。カラーはみどり、駅ナンバリングの路線番号は「N」。北区北40条の麻生（あさぶ）駅から、さっぽろ駅、大通駅を通って南区の真駒内（まこまない）駅までを結ぶ。営業距離は14.3km。南は大通駅、すすきの駅、中島公園駅、北は北海道大学最寄りの北12条駅や北18条駅などが観光の拠点に便利な駅だ。

地下鉄の案内板。線ごとに色分けされわかりやすい

地下鉄東西線

JR新札幌駅から徒歩2分の地下鉄新さっぽろ駅と、西区の宮の沢駅の間を結ぶ、3線のなかではいちばん長い20.1kmの営業距離で19駅に停車する。カラーはオレンジ、駅ナンバリングの路線番号は「T」。大通公園の東にある西11丁目駅、飲食店やカフェの多い西18丁目駅、その先の円山公園駅などの利用客が多い。

地下鉄東豊線

北は東区の栄町駅、南は豊平区の福住（ふくずみ）駅とを結ぶ営業距離13.6kmの路線で駅ナンバリングの路線番号は「H」。すすきの中心部の東側に、豊水すすきの駅があるが、駅周辺に観光スポットは少ない。郊外の見どころへ行く際に利用することが多い。

地下鉄南北線すすきの駅や地下道への入口

地下鉄の乗り方（現金の場合）

❶ 乗車券の種類を選ぶ →

券売機はタッチパネル式。地下鉄のみ利用か、乗り継ぐのかなどを選ぶ。1日乗車券も券売機で購入できる。

❷ 運賃を確認して現金を投入 →

運賃が表示されたら現金を投入する。1000円、5000円、1万円札も使用可。交通系ICカードでも購入できる。

❸ 出てきた乗車券を取る →

きっぷが出てくるので受け取る。地下鉄専用1日乗車券、ドニチカキップは大きなサイズのきっぷとなる。

❹ 自動改札機に入れる

あとは改札機にきっぷを差し込むとゲートが開く。きっぷは反対側から出てくるので取り忘れないように注意。

交通系ICカードの場合は、改札機のIC読み取り部分にタッチするだけ。

札幌地下鉄路線図

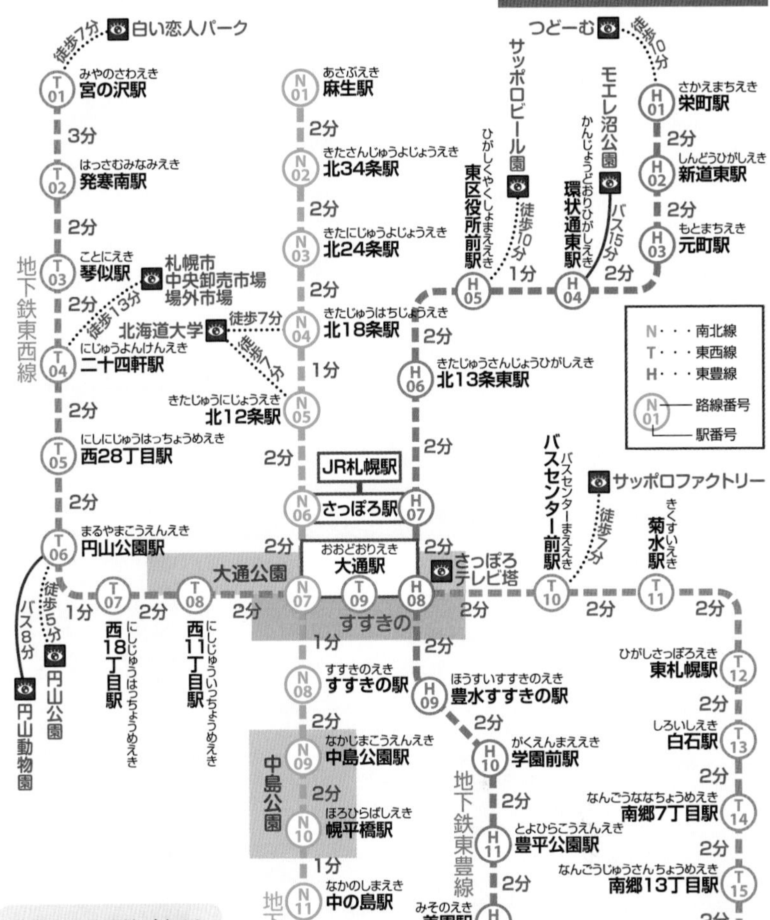

N・・・南北線
T・・・東西線
H・・・東豊線
N01 ─ 路線番号 ─ 駅番号

地下鉄東西線

白い恋人パーク（徒歩7分）
T01 みやのさわえき 宮の沢駅
3分
T02 はっさむみなみえき 発寒南駅
2分
T03 ことにえき 琴似駅
2分
札幌市中央卸売市場 場外市場（徒歩13分）
T04 にじゅうよんけんえき 二十四軒駅
2分
T05 にしにじゅうはっちょうめえき 西28丁目駅
2分
T06 まるやまこうえんえき 円山公園駅
円山公園（徒歩5分）
円山動物園（バス8分）
1分
T07 にしじゅうはっちょうめえき 西18丁目駅
2分
T08 にしじゅういっちょうめえき 西11丁目駅
2分
大通公園
T09 おおどおりえき 大通駅
さっぽろテレビ塔
2分
T10 バスセンターまええき バスセンター前駅
サッポロファクトリー（徒歩7分）
2分
T11 きくすいえき 菊水駅
2分
T12 ひがしさっぽろえき 東札幌駅
2分
T13 しろいしえき 白石駅
2分
T14 なんごうななちょうめえき 南郷7丁目駅
2分
T15 なんごうじゅうさんちょうめえき 南郷13丁目駅
2分
T16 なんごうじゅうはっちょうめえき 南郷18丁目駅
2分
T17 おおやちえき 大谷地駅
2分
T18 ひばりがおかえき ひばりが丘駅
1分
T19 しんさっぽろえき 新さっぽろ駅
徒歩5分
JR新札幌駅

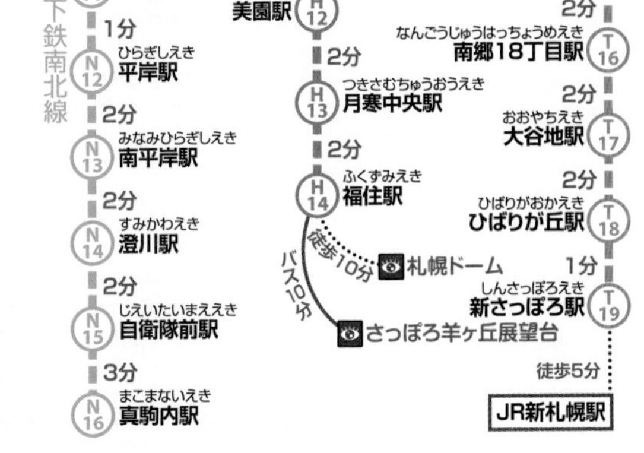

地下鉄南北線

N01 あさぶえき 麻生駅
2分
N02 きたさんじゅうよじょうえき 北34条駅
2分
N03 きたにじゅうよじょうえき 北24条駅
2分
N04 きたじゅうはちじょうえき 北18条駅
北海道大学（徒歩7分）
1分
N05 きたじゅうにじょうえき 北12条駅
北海道大学（徒歩7分）
2分
N06 さっぽろ駅
JR札幌駅
2分
N07 大通駅
すすきの
1分
N08 すすきのえき すすきの駅
2分
中島公園
N09 なかじまこうえんえき 中島公園駅
2分
N10 ほろひらばしえき 幌平橋駅
1分
N11 なかのしまえき 中の島駅
1分
N12 ひらぎしえき 平岸駅
2分
N13 みなみひらぎしえき 南平岸駅
2分
N14 すみかわえき 澄川駅
2分
N15 じえいたいまええき 自衛隊前駅
3分
N16 まこまないえき 真駒内駅

地下鉄東豊線

つどーむ（徒歩10分）
H01 さかえまちえき 栄町駅
2分
H02 しんどうひがしえき 新道東駅
2分
H03 もとまちえき 元町駅
2分
H04 かんじょうどおりひがしえき 環状通東駅
モエレ沼公園（バス15分）
1分
H05 ひがしくやくしょまええき 東区役所前駅
サッポロビール園（徒歩10分）
2分
H06 きたじゅうさんじょうひがしえき 北13条東駅
2分
H07 さっぽろ駅
2分
H08 大通駅
2分
H09 ほうすいすすきのえき 豊水すすきの駅
2分
H10 がくえんまええき 学園前駅
2分
H11 とよひらこうえんえき 豊平公園駅
2分
H12 みそのえき 美園駅
2分
H13 つきさむちゅうおうえき 月寒中央駅
2分
H14 ふくずみえき 福住駅
札幌ドーム（徒歩10分）
さっぽろ羊ヶ丘展望台（バス10分）

札幌では地下鉄が走ると「チュンチュン」鳴る

札幌の地下鉄は世界でも珍しくゴムタイヤを使用。ゴムタイヤは電気を通さないので、電気を逃す“負集電器”という部品が必要となり、この部品と軌道がぶつかる音が、「チュンチュン」という音として聞こえる。

地下鉄に乗ったら音を聞いてみよう

SAPICA
料販売額2000円
（デポジット500円）
地下鉄のSAPICA販売機能のある券売機、バス営業所などで購入できる。チャージは地下鉄の改札口近くにある入金専用機で行う。バス営業所、札幌市内のセイコーマートやサツドラでもできる。
Kitaca
料販売額2000円
（デポジット500円）
駅券売機で購入できる。

市電info
札幌市電交通
URL www.stsp.or.jp

市電から地下鉄への乗り継ぎ
乗り継ぎ割引対象の停留場があり（→P.107参照）、地下鉄駅の組み合わせが決まっている。ただし、市電の西4丁目、狸小路、すすきのと、地下鉄の大通、すすきの、豊水すすきのであればどの組み合わせでも適用となる。ICカードの場合は自動的に乗り継ぎ料金が適用される。現金の場合は、市電の下車の際に「地下鉄へ乗り継ぎ」ということを運転手に伝え、330円を支払い地下鉄乗継券をもらう。地下鉄の210円区間内ならそのまま改札を出られるが、区間を越えた場合は精算機で差額を精算する。

お得な乗車券
路面電車1日乗車券
市電が1日乗り放題になる乗車券。市電の車内、大通定期券発売所で購入できる。
料500円（子供250円）
どサンこパス
札幌市電で土・日曜、祝日と年末年始（12月29日～1月3日）に利用できる乗車券。大人1人分の料金で子供2人が無料で乗車できるので、子供連れにはかなりお得。さらに同伴割引も適用される。
料400円（大人1名、子供2名）
モバイル版 路面電車1日乗車券
アプリをダウンロードし、クレジットカードなどで決済して使用するデジタルパス。ジョルダンのアプリ「乗換案内」をダウンロードし、チケットから検索する。「どサンこパス」もある。金額は紙の乗車券と同じ。

交通系ICカード
札幌市内の交通機関は、Suica、PASMOなど全国相互利用対応の交通系ICカードで乗車できる。長期滞在で札幌の交通機関を頻繁に利用するなら、SAPICAを作るのもいい。

SAPICA（サピカ）

札幌市内の地下鉄、バス（中央バスは小樽、ジェイ・アール北海道バスは日高エリアで利用可、一部の都市間バスも利用可）、市電で利用できる交通系ICカード。利用時にポイントがたまり、運賃以上のポイントがある場合自動的に精算されるシステム。市内のドラッグストアなどでの買い物でも利用でき、利用金額に応じてポイントがたまる。ただし、JRでは使えないので注意。

Kitaca（キタカ）

全国相互利用の交通系ICカードで、JR北海道が発行している。使い方はSuicaなどと同じ。エゾモモンガの絵が北海道らしいと、北海道で入手する人も多い。

札幌市電（路面電車）

すすきの交差点を走る市電

北海道で市電が走っているのは札幌と函館のみ。札幌の市電の歴史は古く、1909（明治42）年に建築用石材を札幌市内に輸送する目的で、馬車鉄道が敷設されたのが始まり。電気軌道となったのは1918（大正7）年のことだ。すすきの交差点を市電が走るのはすっかりおなじみの光景だが、2015年12月までは、西4丁目とすすきの停留場間はつながっておらず、市電もピストン運転をしていた。この間が結ばれたことで、内回りと外回りの循環運行ができるようになり、利便性が大きくアップした。現在、全部で24停留場あり、一周約60分。

市電の乗り方

西4丁目停留場に停車中の新型の市電

道路に敷設されたレールを走る市電の停留場は、道路の真ん中に停留場がある場合と、狸小路停留場のように歩道側にある場合がある。道路の真ん中にある場合は、信号が変わってから横断歩道を渡って行こう。内回り（反時計回り）と外回り（時計回り）の乗り場があるので、どちらに乗ったほうが目的地に近いか事前に調べておきたい。

❶ 乗車 → **❷ 降車**

❶ 乗車
乗る際は真ん中の扉から、降りる際は前の扉から。市電の料金は均一制、1乗車200円なので、乗車時に整理券を取る必要はない。

❷ 降車
降りたい停留場のアナウンスがあったら降車ボタンを押す。市電が止まったら運賃を払って前方から降りる。現金の場合は小銭を用意するか、ない場合は事前に車内で両替を。交通系ICカードはタッチするだけ。全国相互利用可能なICカードと、SAPICAが利用できる。

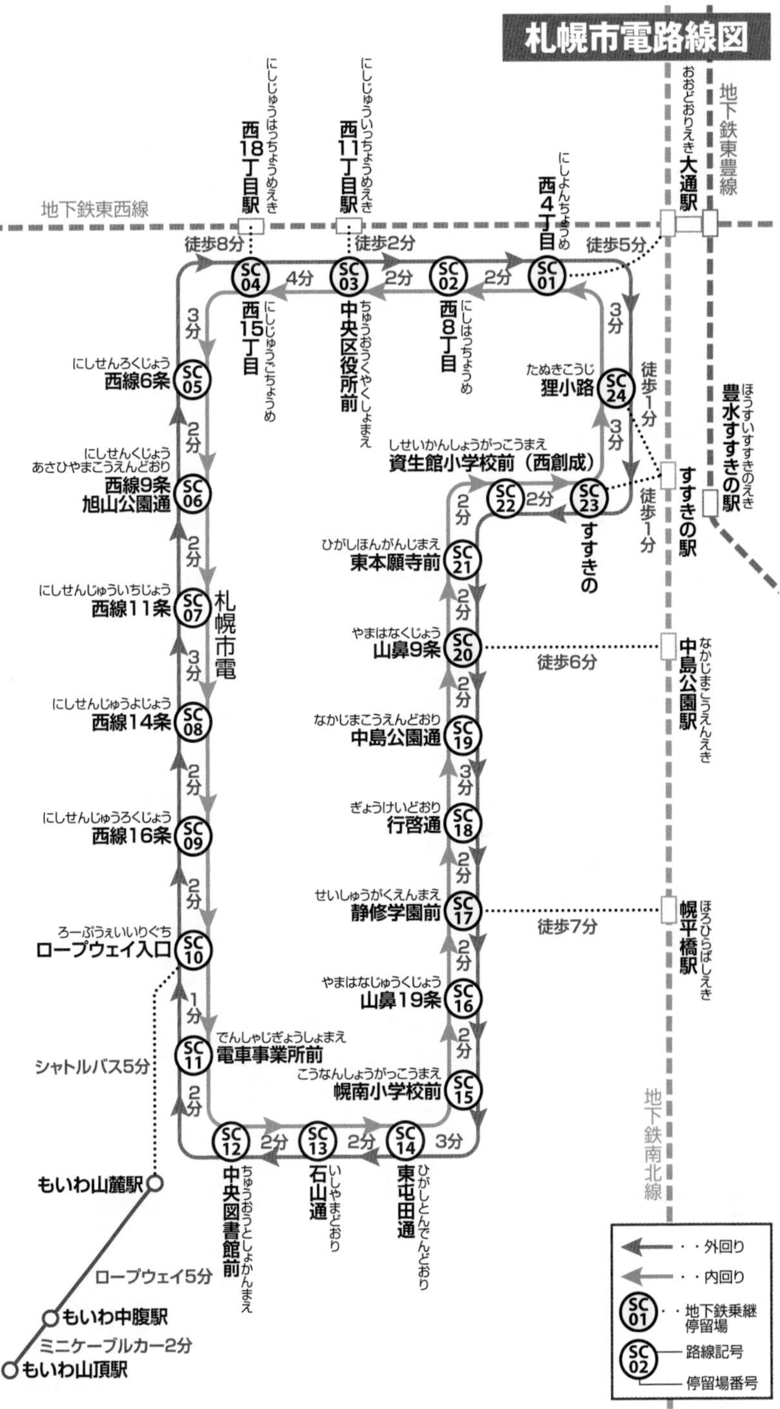
札幌市電路線図
地下鉄東西線
地下鉄東豊線
地下鉄南北線
西18丁目駅 にしじゅうはっちょうめえき
西11丁目駅 にしじゅういっちょうめえき
大通駅 おおどおりえき
徒歩8分
徒歩2分
徒歩5分
SC01 西4丁目 にしよんちょうめ
SC02 西8丁目 にしはっちょうめ
SC03 中央区役所前 ちゅうおうくやくしょまえ
SC04 西15丁目 にしじゅうごちょうめ
SC05 西線6条 にしせんろくじょう
SC06 西線9条 旭山公園通 にしせんくじょう あさひやまこうえんどおり
SC07 西線11条 にしせんじゅういちじょう
SC08 西線14条 にしせんじゅうよじょう
SC09 西線16条 にしせんじゅうろくじょう
SC10 ロープウェイ入口 ろーぷうぇいいりぐち
SC11 電車事業所前 でんしゃじぎょうしょまえ
SC12 中央図書館前 ちゅうおうとしょかんまえ
SC13 石山通 いしやまどおり
SC14 東屯田通 ひがしとんでんどおり
SC15 幌南小学校前 こうなんしょうがっこうまえ
SC16 山鼻19条 やまはなじゅうくじょう
SC17 静修学園前 せいしゅうがくえんまえ
SC18 行啓通 ぎょうけいどおり
SC19 中島公園通 なかじまこうえんどおり
SC20 山鼻9条 やまはなくじょう
SC21 東本願寺前 ひがしほんがんじまえ
SC22 資生館小学校前（西創成） しせいかんしょうがっこうまえ
SC23 すすきの
SC24 狸小路 たぬきこうじ
札幌市電
4分
2分
3分
1分
徒歩1分
すすきの駅
豊水すすきの駅 ほうすいすすきのえき
中島公園駅 なかじまこうえんえき
徒歩6分
幌平橋駅 ほろひらばしえき
徒歩7分
シャトルバス5分
もいわ山麓駅
ロープウェイ5分
もいわ中腹駅
ミニケーブルカー2分
もいわ山頂駅
・・外回り
・・内回り
・・地下鉄乗継停留場
路線記号
停留場番号

バスinfo

地下鉄とバスの乗り継ぎ

地下鉄とバスの乗継券は2023年4月に廃止された。ICカード利用で割引が適用される。

バス料金検索

料金は札幌市交通局「かんたん料金検索」で調べられる。

URL www.city.sapporo.jp/st/ryokin/

バス路線の検索

バスの出発地、目的地運行頻度、所要時間、料金については「さっぽろえきバスナビ」で検索を。

URL ekibus.city.sapporo.jp

札幌駅前バスターミナル

MAP 別冊P.37-C2

バス

各地への高速バスが出る中央バス札幌ターミナル

北海道中央バス、ジェイ・アール北海道バス、じょうてつバスなど15社近いバス会社が札幌と道内各地を結んでいる。もちろん札幌市内各地もバス路線が網羅されているが、札幌が初めての旅行者が把握するのは難しい。さらに札幌のバスターミナルには、札幌駅前バスターミナル、札幌駅前、中央バス札幌ターミナル、大通バスセンターなどがある。バスに乗る際は乗り場をよく確認しよう。

札幌駅前&札幌駅前バスターミナル

札幌駅前にはバス乗り場が点在している。新千歳空港や丘珠空港行きの空港連絡バスは下の地図の11番、サッポロビール園や三井アウトレットパークへのバスは東急百貨店の前から。

ほとんどのバスはJR札幌駅東口直結の札幌駅前バスターミナルから出る。北・中・南レーンからなる大きなバスターミナルで高速バスを中心に各地へのバス乗り場がある（2023年9月閉鎖。→P.102欄外参照）。

札幌駅前バスターミナルと周辺バス停MAP

※札幌駅前バスターミナルは2023年9月閉鎖予定。2023年10月よりJR札幌駅の南側2ヵ所に仮設バス停が設置される。

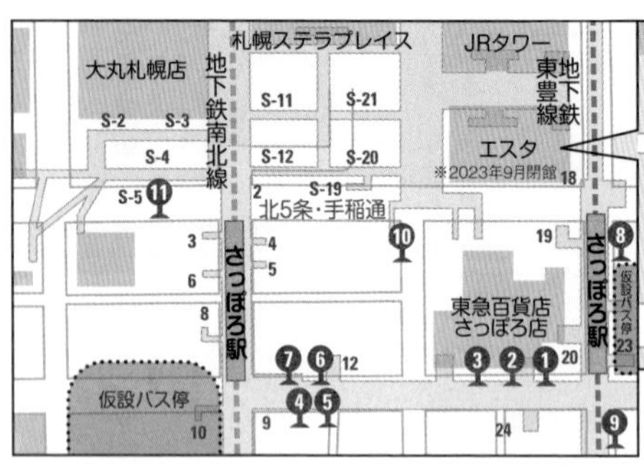

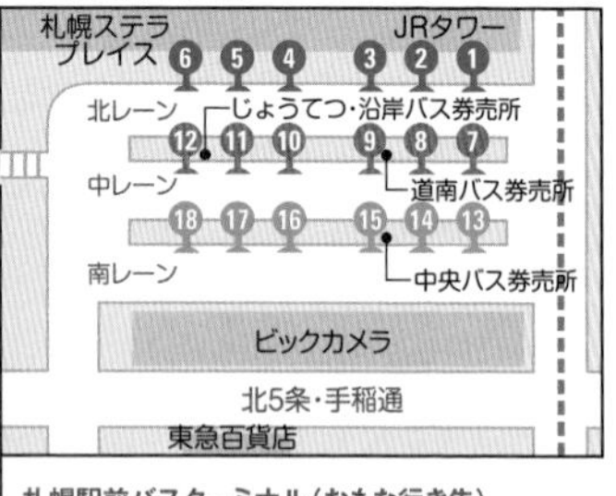

札幌駅前（おもな行き先）

❶輪厚、三井アウトレットパーク、北広島駅ほか　❷中央バス平岡営業所、福住、羊ケ丘展望台（夏季のみ）ほか　❸サッポロファクトリー、サッポロビール園ほか　❹中央バス平岡営業所（月寒経由）　❺白石営業所（サッポロファクトリー経由）ほか　❻地下鉄北24条駅前ほか　❼琴似営業所ほか　❽中央バス札幌ターミナル　❾あいの里・篠路線、札幌ターミナル　❿函館、釧路、帯広、北見　⓫新千歳空港、丘珠空港

札幌駅前バスターミナル（おもな行き先）

❶小樽駅、ニセコ、岩内、美国、余市ほか　❷JR白石駅北口ほか　❸新札幌駅　❹北広島駅、えりも、広尾　❺地下鉄宮の沢駅前ほか　❻手稲山鉱山通　❼啓明ターミナル、真駒内本町ほか　❽岩見沢、三笠、夕張、栗山　❿室蘭、登別温泉、苫小牧、浦河、洞爺湖温泉、豊浦、白老ウポポイ前　⓫留萌、羽幌、豊富ほか　⓬定山渓温泉、かっぱライナー号、豊平峡温泉　⓭滝川、留萌、苫小牧、室蘭　⓮旭川、紋別、遠軽　⓯名寄、釧路、北見、網走　⓰函館、帯広、富良野　⓱定期観光バス

地下街のトイレ案内板

北国らしさはこんなところにも

地下街で見かけるトイレの案内板。普段見かけるものと何かが違う……。そう、札幌の地下街にある案内板の男女はマフラーを巻いているのだ。昔からこのマークが使われていて、札幌ではこれが普通になっている。

新千歳空港行きバス

北都交通、北海道中央バスが札幌中心部から新千歳空港へのバスを運行している。主要ホテルを経由して行く便と、直行便がある。停車するホテルはバス会社により一部異なるので、詳しくはホームページで確認を。右は空港行き直行バスの停車場。

所要 中島公園発1時間20分、札幌駅前発約1時間5分　料 1100円

札幌都心直行便

中島公園
▼
すすきの
▼
大通公園
▼
札幌駅前
▼
南千歳駅（降車）
▼
新千歳空港

中央バス札幌ターミナル

創成川の東にある中央バスのターミナル。近くは小樽、遠くは函館や知床までの高速バスが発着。中央バスの定期観光バスもここから出発する。

大通バスセンター

地下鉄大通駅からバスセンター前駅へと延びる地下道に直結。稚内、釧路方面などへの高速バスが発着している。

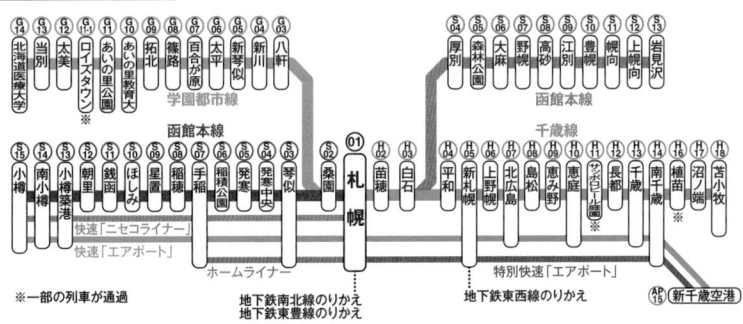

中央バス札幌ターミナル
MAP 別冊P.37-D3
住 札幌市中央区大通東1-3
TEL 011-231-0500

JR札幌駅から歩いて15分ほどの場所

大通バスセンター
MAP 別冊P.39-D1
住 札幌市中央区南1東1
TEL 011-241-0241

電車

札幌市内には函館本線、千歳線、札沼線（学園都市線）の路線があり、千歳方面は上野幌駅、小樽方面は手稲区のほしみ駅、岩見沢方面は森林公園駅、さらに学園都市線の愛称で親しまれている札沼線はあいの里公園駅までが札幌圏内となる。このなかでは、札幌からJR利用で200km以上離れた場所に行く、または札幌に来る場合は「札幌市内」きっぷが適用され、どこで降りても、どこから乗っても同じ金額となる。

旅の起点となるJR札幌駅

JR函館本線

道南の函館駅から小樽駅、札幌駅を経由して旭川市の旭川駅を結ぶ総営業距離約458kmの路線。札幌と小樽間の各駅停車は途中13駅に停車し、銭函〜朝里〜小樽築港間は海岸沿いを走るため、車窓からの眺めがいい。厚別や江別方面への移動にも利用できる。

JR千歳線

苫小牧市の沼ノ端駅から南千歳を経由して白石区白石駅までの約60kmの路線。南千歳から支線が分岐して新千歳空港へと延びている。全路線札幌駅まで乗り入れ。新千歳空港から札幌や小樽へは快速エアポートが運行。南千歳駅は鉄道の要所となる駅で、各方面へ行く特急が停車する。

JR札沼（さっしょう）線（学園都市線）

正式名は札沼線だが、一般的に愛称の学園都市線と呼ばれる。札幌近郊の桑園駅から当別町の北海道医療大学まで約29kmを14駅で結んでいる。札幌駅に乗り入れており、札幌駅のいちばん端の9、10番乗り場から乗車。すべて普通列車だが、2022年に開業して話題となったロイズタウン駅には停車しない列車もある。

同じ名前の駅に注意！

JRと地下鉄、同じ名前の駅がある。せめて漢字とひらがなの違いがあればいいほうで、白石と琴似は同じ駅名。さらに駅同士は遠い。間違えないよう注意しよう。

JR	地下鉄
札幌駅	さっぽろ駅（南北線・東豊線）
新札幌駅	新さっぽろ駅（東西線）
琴似駅	琴似駅（東西線）
白石駅	白石駅（東西線）

JR新札幌駅から地下鉄新さっぽろ駅へ

JR新千歳空港駅から札幌中心部へは、JR札幌駅まで行くのが分かりやすいが、行き先によってはJR新札幌駅で下車し、地下鉄東西線の新さっぽろ駅から地下鉄に乗り換えて大通駅方面に向かうのが早い場合もある。JR新札幌駅から地下鉄新さっぽろ駅へは、JRのホームから地上に降り、いったん外に出てから地下に降りて行く。徒歩で5分ほど見ておきたい。

札幌近郊JR路線図

学園都市線：G14 北海道医療大学、G13 当別、G12 太美、G11-1 ロイズタウン※、G11 あいの里公園、G10 あいの里教育大、G09 拓北、G08 篠路、G07 百合が原、G06 太平、G05 新琴似、G04 新川、G03 八軒、S02 桑園

函館本線：S15 小樽、S14 南小樽、S13 小樽築港、S12 朝里、S11 銭函、S10 ほしみ、S09 星置、S08 稲穂、S07 手稲、S06 稲積公園、S05 発寒、S04 発寒中央、S03 琴似、S02 桑園、01 札幌

函館本線：H02 苗穂、H03 白石、S04 厚別、S05 森林公園、S06 大麻、S07 野幌、S08 高砂、S09 江別、S10 豊幌、S11 幌向、S12 上幌向、S13 岩見沢

千歳線：H04 平和、H05 新札幌、H06 上野幌、H07 北広島、H08 島松、H09 恵み野、H10 恵庭、H11 サッポロビール庭園※、H12 長都、H13 千歳、H14 南千歳、H16 植苗※、H17 沼ノ端、H18 苫小牧、AP15 新千歳空港

快速「ニセコライナー」
快速「エアポート」
ホームライナー
特別快速「エアポート」

※一部の列車が通過

札幌：地下鉄南北線のりかえ　地下鉄東豊線のりかえ
新札幌：地下鉄東西線のりかえ

タクシー

札幌市内では多くのタクシー会社が営業しており、基本的にどこででもひろうことができる。札幌駅の南口と北口には大きなタクシー乗り場があり、空港から札幌駅に着き、タクシーでホテルに向かう場合はここから乗車。ほかに大通駅出口、すすきの駅出口など、地下鉄の出口に乗り場がある。自分のいる場所にタクシーを呼ぶ場合は、タクシー会社に電話をするか、タクシー配車アプリを利用する。

大通公園周辺に並ぶタクシー

定額タクシー

ほとんどのタクシー会社が目的地まで定額料金で行くことができるお得な料金設定を設けている。人数が集まれば札幌市内から新千歳空港、定山渓温泉などへ、ラクして手頃な値段で行くことができて便利だ。新千歳空港発の定額タクシーもある。

ベロタクシー

自転車タクシーのこと。運行エリアは、西は地下鉄東西線西28丁目駅、東はサッポロビール園駅、北は地下鉄南北線北18条駅、南は同じく南北線の中島公園駅あたりまでで、札幌中心部の観光や飲食店に行くのに便利。料金の目安は大通駅〜すすきの駅400円、時計台〜二条市場600円、時計台〜北大正門1000円とタクシーに比べれば断然安い。ただし、乗客定員は2名まで（小さな子供は3名までOK）、小型キャリーバッグ程度の荷物のみという制約がある。

ちょっとした移動に便利なベロタクシー

レンタカー

札幌市内でレンタカーをする場合は、事前に電話かインターネットで予約をし、レンタカー会社各社の店舗に配車してもらう。JR札幌駅を始めとする中心部に多くの店舗があるので、宿泊施設の近くなど便利な場所を指定しよう。タイムズカーレンタルなど、直前でも予約が可能な場合もある。レンタカーの利用方法などは→P.436も参照。

レンタサイクル

札幌の街は坂がほとんどなく道が真っすぐなので、晴れていればレンタサイクルを利用するのも便利だ。シェアサイクル「ポロクル」は市内40ヵ所以上に「ポート」と呼ばれる拠点があり、気軽に借りて、返すことができる。安いと評判なのは「えきチャリさっぽろ」。放置自転車を再利用しているとのことで、こちらは札幌駅から徒歩5分の「北5西1サイクルポート」で借りて、同じ場所で返却する。利用できるのはどちらも積雪時期を除く4〜12月頃。

「ポロクル」のステーション

タクシーinfo

タクシー料金
札幌中心部の基本的なタクシー料金は初乗運賃1463mまで670円、以後276mごとに80円加算、1分40秒ごとに80円加算となる。距離は短くても中心部は信号が多く、信号待ちが続くと料金がアップする。

ベロタクシー
TEL 080-4075-7806
営 4月下旬〜11月初旬頃の10:00〜日没（雨の日は運休）
料 初乗り（500mまで）400円
その後300mごと+200円
貸し切り30分2500円、1時間4000円
URL ecomobility-sapporo.jp

レンタカーinfo

おもなレンタカー会社
JR駅レンタカー 札幌営業所
TEL 011-241-0931
URL www.jrh-rentacar.jp
タイムズカー札幌駅前店
TEL 011-223-5656
URL rental.timescar.jp/hokkaido/
日産レンタカー札幌駅東口店
TEL 011-208-1114
URL nissan-rentacar.com
トヨタレンタカー札幌駅前店
TEL 011-281-0100
URL rent.toyota.co.jp
オリックスレンタカー 札幌駅前店
TEL 011-726-0543
URL car.orix.co.jp

レンタサイクルinfo

ポロクル
利用にはスマートフォンで会員登録する方法と、ホテルや観光案内所で1日パスを購入する方法がある。会員登録では、最初の30分165円、以後30分ごとに110円、1日延長上限2200円。1日パスは1650円。詳しくは以下で確認を。
URL porocle.jp/tourism

えきチャリさっぽろ
借りるには身分証明書が必要。借りられる時間は6:00〜24:00、料金は1日500円。借りる場所、返却場所ともに以下。
MAP 別冊P.37-C2
住 札幌市中央区北5条西1丁目駐輪場内（北5西1サイクルポート）

活気ある札幌の中心地
中央区 ●ちゅうおうく

MAP 別冊 P.18-19 P.24-25

面積 46.42km² 人口 約24万3870人(2023年4月)

「さっぽろテレビ塔」(→P.120)からの大通公園

1871(明治4)年から本格的に始まった札幌の町づくりの拠点となった中央区。札幌開拓の歴史は中央区の歴史そのものである。現在の南一条通りと創成川を基点に道路が整備され、中央部には東西に延びる幅105mの火防線が設けられた。この火防線が今の大通公園であり、市民の憩いの場となっている。ここ数年は大通、すすきの、札幌駅、苗穂と各エリアで再開発が進んでいる。区の形状は東西に長く、北区と東区とはJR函館本線の線路で、白石区と豊平区とは豊平川で、西区と南区は山の稜線で区切られている。

緑に囲まれた町と区民の和、若い町の活力を表現

中央区の歩き方

札幌駅〜大通・すすきのは碁盤の目でわかりやすい

明治期に計画的に町づくりが進められたこともあり、中心部は基本的に碁盤の目状になっているためわかりやすい。観光スポットのテレビ塔や時計台、大通公園などはすべて近くに揃っているため一度に見て回れる。札幌駅から真っすぐ南へ延びる駅前通り沿いには、新しい商業ビルなどが並び、気候のよいシーズンは地上を歩くのも気持ちがいい。雨や雪の日も地下歩行空間を利用すれば、札幌駅からすすきのまでぬれることなく歩ける。大通公園や駅前通りは冬になるとイルミネーションが飾られるのでそちらも必見。

このエリアの拠点
JR札幌駅&地下鉄さっぽろ駅、地下鉄大通駅が中央区の拠点。特に札幌駅は、新千歳空港からの快速エアポートが停まるため札幌の玄関口とも称される。

中央区の交通
JR、地下鉄、市電、バスと、あらゆる公共交通機関が一堂に集まるエリアなのでとにかく便利。タクシーの乗り場も豊富にある。

JR札幌駅への行き方

JR

JR新千歳空港駅
快速エアポート 約37分
JR札幌駅

INFO ランドマークとなっているJR札幌駅のJRタワーやその周辺にはアート作品が点在。絵画や彫刻の展示のほか、壁や通路にもアートが施されており、それらを見て回るのも楽しい。

札幌中心部のオアシス

大通公園1.5kmを歩く

札幌の中心部に東西1.5kmにわたって延びる緑豊かなグリーンベルト。
四季折々のイベント会場にもなる公園を、端から端まで歩いてみた！

History

公園の始まりは火防帯

札幌は大友堀(→P.118)から区画整備が始まり、1871(明治4)年、北の官庁街と南の住宅・商業街を分ける火防線が造成された。1880(明治13)年に現在は中島公園にある豊平館(→P.127)が建てられ、町の中心をなす通りに発展。明治40年代には花壇ができ、散歩などをする逍遥地として整備される。

公園整備が行われ逍遥地となった1909(明治42)年頃

1877年頃(明治10年代末)の札幌市街図。大通の北と南に格子状の道が整備されているのがわかる

戦時中は畑になったことも

1944(昭和19)年の第2次世界大戦中は食糧不足を補うために畑が作られ、戦後は占領軍に接収される。再び公園として復活した1950(昭和25)年、第1回さっぽろ雪まつりが開催され、公園の緑地化が進む。1980(昭和55)年、正式に大通公園という名前になった。

①

下から見上げるとより大きく見えるテレビ塔

テレビ塔を見上げる交流ゾーン

西1・2丁目

1丁目にはテレビ塔が立ち、2丁目と3丁目の間には地下鉄大通駅の出入口があるなど公園の入口。

②

33mにもわたって壁を伝って水が流れ落ちる「壁泉」

噴水がシンボルの中心エリア

西3・4・5丁目

公園の中心部。各丁目の中心にダイナミックな噴水があり、周辺のベンチでくつろぐ人を見かける。

④ 7枚の花びらをかたどった西4丁目噴水。夜はライトアップ

③

15分間で1サイクルの噴水が上がる西3丁目噴水。通水は4月下旬～10月下旬

大通公園

●おおどおりこうえん

MAP 別冊P.38-B1

札幌の中心部に横たわる、約4700本の木々が植えられた都会のオアシス。噴水やオブジェ、花壇などの見どころも多い。四季折々のイベント会場にもなる。

住 札幌市中央区大通西1～12丁目
TEL 011-251-0438(大通公園管理事務所)
営 散策自由
交 地下鉄大通駅からすぐ

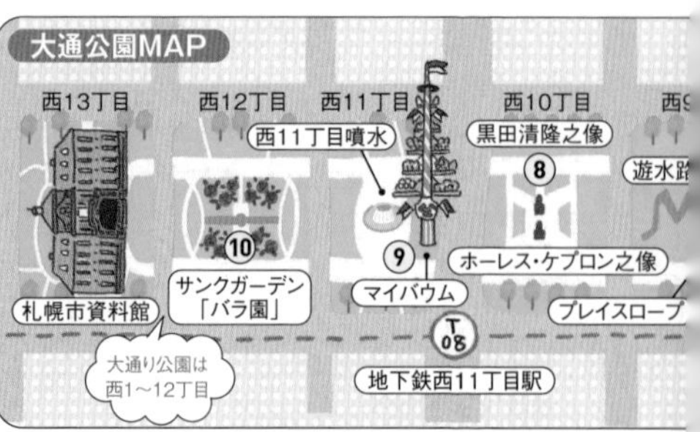

大通公園のおもなイベント

大通公園を舞台にしたイベントが四季折々に開催される。雪まつりをはじめ、代表的なイベントをチェック。

(11月下旬〜12月下旬)

さっぽろホワイトイルミネーション

大通会場は西1〜6丁目にきらびやかな大型イルミネーションが登場。イベントやアーティストとのコラボ楽曲も楽しみ。点灯は16:30〜22:00。

3丁目会場のライラックオブジェ

(11月下旬〜12月25日)

ミュンヘン・クリスマス市 in Sapporo

ホワイトイルミネーションに合わせて西2丁目で約1ヵ月間開催。姉妹都市ミュンヘンのクリスマス市を再現し、飲食ブースも並ぶ。

クリスマスのオーナメントなどを販売

(2月上旬〜中旬)

さっぽろ雪まつり

1〜10丁目にかけて大小の氷像が立てられ、夜はライトアップやプロジェクションマッピングに彩られる。1丁目にはカーリング場も登場。

海外の建物などを模した大雪像は迫力満点

(6月上旬)

YOSAKOIソーラン祭り

国内外から200を超えるチームが集まり、大通南北パレード会場や、西8丁目のメインステージで迫力のある演舞を披露。

100人もの踊り子による一糸乱れぬ演舞

(7月中旬〜8月中旬)

さっぽろ夏まつり

大通西5〜8、10、11丁目で開催。大手ビールメーカー4社による国内最大級の「さっぽろ大通ビアガーデン」は夏の風物詩。

ビアガーデンの営業は12:00〜21:00

(9月上旬〜10月上旬)

さっぽろオータムフェスト

道内各地のおいしいものが集まる秋の人気グルメイベント。各丁目にコンセプトに沿った飲食ブースが並び、買い物もできる。

大通西4〜8・11丁目で開催

大木の木陰を歩いてアート散策

西6・7・8・9丁目

遊水路や砂場がありファミリーに人気のエリア。ブラックスライドマントラほか、さまざまなオブジェが点在する。

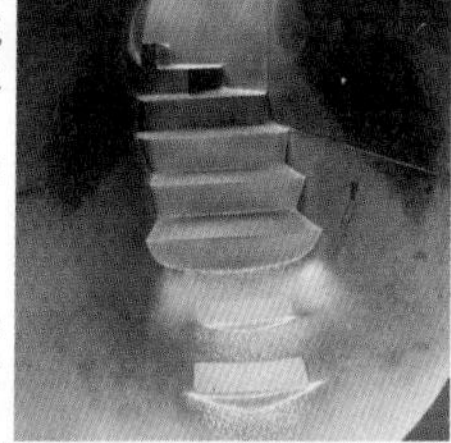

⑦ 彫刻家イサム・ノグチ作のブラックスライドマントラは滑り台になっている

⑤ コンサートなども開催される野外ステージ

⑥ 西7丁目にあるインフォメーションセンター&オフィシャルショップ

喧騒から逃れてのんびり

西10・11丁目

中心部から離れるため人も少なく静か。地下鉄の換気を兼ねた西11丁目噴水も見どころ。

⑧ 北海道開拓に尽力した「黒田清隆之像」

⑨ 「マイバウム」は姉妹都市ミュンヘンから贈られたもの

全長82mの水路とバラ園

西12丁目

公園の西の端には1926(大正15)年築の札幌市資料館が立ち、手前に水路を挟んでバラ園が広がる。

バラの見頃は6月中旬〜10月

⑩ サンクガーデン「バラ園」では約60種類、1100株以上のバラが見られる

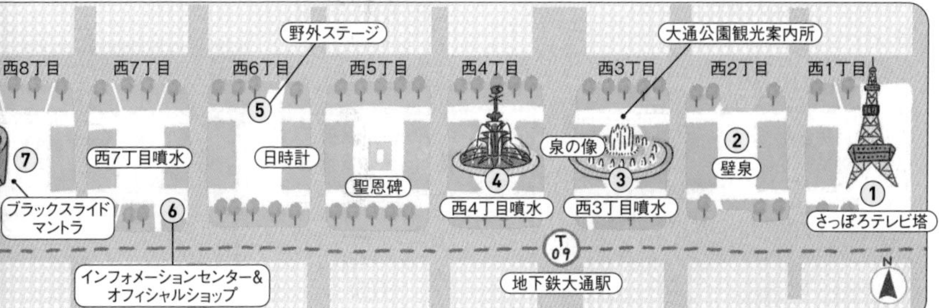

INFO 大通公園3丁目と4丁目に名物の「とうきびワゴン」が登場するのは4月下旬〜10月中旬。ゆでたて、焼きたてのとうきび(トウモロコシ)や、じゃがバターなどを販売。

堅穴住居跡から重要文化財まで

見どころ満載の北大植物園へ

13.3ヘクタールという広さの公園のような植物園。森やガーデン、歴史的建造物に博物館と、ぐるりと回ると2時間以上かかる、都心の穴場的スポットだ。

History

日本初の近代的植物園

札幌農学校の初代教頭クラーク博士の提案を受け、校内に樹木園を造成したのが始まり。後に植物園の設計を任された卒業生の宮部金吾は、北海道や千島列島を調査して標本を採集。1886（明治19）年、現在の場所に近代的な植物園を開園。宮部は初代附属植物園長を務めた。

1882（明治15）年、開拓使博物場（現博物館本館）開業式の写真

北海道大学植物園

●ほっかいどうだいがくしょくぶつえん

MAP 別冊P.36-A3

ハルニレの森や高山植物園など北海道の植物を中心に、サボテンが育つ温室も。博物館や北方民族資料室では開拓の歴史や先住民族について学べる。

TEL011-221-0066 住札幌市中央区北3西8
営4月29日～11月3日の9:00～16:30（10月～11月3日は～16:00）
休期間中月曜（祝日の場合は翌日） 料入園420円
交JR札幌駅から徒歩15分 Pなし

見どころ 01

北海道の植物

園内にはおもに北海道に自生する約4000種類の植物が育つ。自然林、札幌最古のライラック、高山植物園などを見て歩き、北海道の自然に触れられる。

1.池の周囲には森が広がり秋は紅葉がきれい 2.春に咲くオオバナノエンレイソウ 3.礼文島や山岳部に自生するエゾウスユキソウ

見どころ 02

博物館本館

北海道最古の博物館。絶滅してしまった動物を含め、北海道に生息する生き物のはく製を多数展示。開拓使時代の地質調査の岩石など興味深いものも。

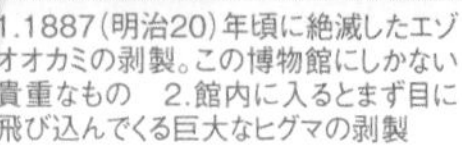
南極地域観測隊に同行した有名なカラフト犬"タロ"

1.1887（明治20）年頃に絶滅したエゾオオカミの剥製。この博物館にしかない貴重なもの 2.館内に入るとまず目に飛び込んでくる巨大なヒグマの剥製

見どころ 03

北方民族資料室

管理棟の2階にあり、アイヌやウィルタなど北方民族の資料を展示。衣類や生活用品、儀礼用具などと、貴重なクマ送りの記録映像も見られる。

1.アザラシの皮で作ったブーツ 2.アイヌの生活用具や儀礼用具など

見どころ 04

重要文化財群

博物館本館、博物館事務所など6棟が、西洋建築を取り入れた明治・大正期の歴史的建造物として重要文化財に指定されている。

博物館本館。左上の昔の写真にある建物が今も使われている

所要 約1時間

おすすめお散歩コース

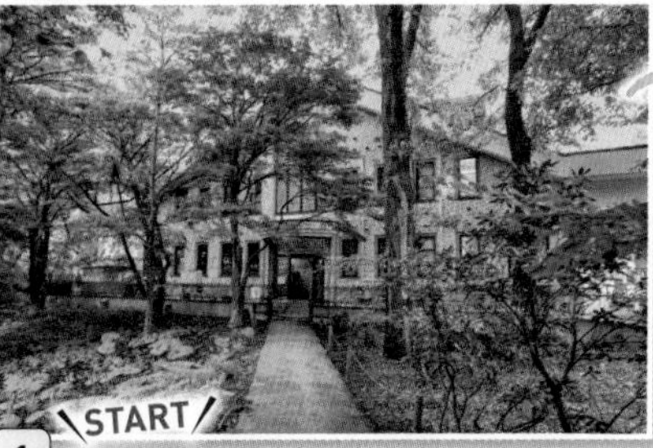

\START/

1 北方民族資料室

正面入口を入ってすぐのところにある管理棟の2階が北方民族資料室になっている(左ページ参照)。最後に立ち寄っても

2 宮部金吾記念室

植物園の創始者で初代園長の宮部金吾の遺品を展示。建物の前には札幌最古のライラックの木がある

3 ライラック並木

約40株のライラックが植えられた小径。アジアやヨーロッパの品種があり、5～6月の花期には色や香りの違いを楽しめる

4 北方民族植物標本園

北ローンを通り、池に架かるめがね橋を渡った先。北方民族の人々が食用や衣類など生活に利用した約200種類の植物が見られる

5 バラ園

6月下旬～9月にかけて、約20種類のバラや、北海道の花でバラ科のハマナスが咲く。古い品種など珍しいバラも多い

6 重要文化財群

日本最古の博物館本館(左ページ参照)をはじめとする重要文化財6棟と、登録有形文化財のバチェラー記念館がある

1924(大正13)年竣工の博物館事務所と付属博物館鳥舎

1900(明治33)年に現在地に移築した博物館倉庫

7 竪穴住居跡

重要文化財群の前の、やや窪んだところは約1000年前の竪穴住居跡。園内には3ヵ所の遺構があるというから探してみるのも

8 カナディアンロックガーデン

北大植物園と姉妹提携しているカナダのブリティッシュコロンビア大学植物園や、アメリカから導入した高山植物が約150種ある

9 高山植物園

大雪山系トムラウシ山を模した石組みに、北海道のものを中心に日本の約600種類の高山植物が植えられ、春から夏にかけて可憐な花が咲く

\GOAL/

10 温室

寒い時期でもグリーンが茂る温室には見たこともないような世界の植物が生育している。特にウツボカズラなど食虫植物の多さには目を見張る

必見POINTをおさえて

円山動物園を2倍楽しむ!

動物の能力を引き出すさまざまな工夫が凝らされた円山動物園。より楽しめるポイントを解説!

寒さに強いホッキョクグマは厳冬期も元気いっぱい(撮影 岩渕 磨)

水中トンネルからのアザラシ

ホッキョクグマとアザラシが隣同士に!

ホッキョクグマ館

ホッキョクグマの主食であるアザラシを隣の水槽に展示することで環境も学べる。水中トンネルからは同じ空間で泳いでいるように見えることも。

必見POINT
18mの水中トンネルでは悠々と泳ぐ姿や、足の裏が見られるかも

放飼場を悠々と歩く(撮影/岩渕 磨)

4頭のアジアゾウを飼育展示。赤ちゃん誕生も間もなく

必見POINT
国内初の屋内プールや広々とした施設でアジアゾウ本来の姿を観察

さまざまな角度からゾウたちを観察

ゾウ舎

陸のステージからは砂浴びや水浴びをするゾウを観察できる。水のステージでは、プールで泳ぐゾウをガラス越しに見られるかも。

長い鼻をのばして器用に餌を取って食べる

札幌市円山動物園

●さっぽろしまるやまどうぶつえん

MAP 別冊P.18-B3

1951(昭和26)年に道内初の動物園として開園。約150種を飼育し、ホッキョクグマ館やゾウ舎など、動物本来の姿が見られる展示が人気。春は桜が咲き、ピクニックも楽しめる。

住札幌市中央区宮ケ丘3-1 TEL011-621-1426 営9:30〜16:30(11〜2月は〜16:00、最終入園は閉園30分前) 休第2・4水曜(8月は第1・4水曜、祝日の場合は翌日休)、4・11月は第2・4水曜を含む週の月〜金曜、12月29〜31日 料入園800円 交地下鉄円山公園駅からバスで約8分、動物園前下車すぐ Pあり

Check!

実は全国トップクラスの「は虫類・両生類館」

バックヤードも含めると約60種類、約365匹のは虫類・両生類を飼育しており、全国の動物園でもトップクラス。ゾウガメ、イグアナ、ワニなど大型のは虫類から、猛毒のヤドクガエルをはじめとする両生類、北海道に生息するは虫類・両生類のコーナーもあり、必見だ。ヨウスコウワニは国内で初めて人工繁殖に成功。

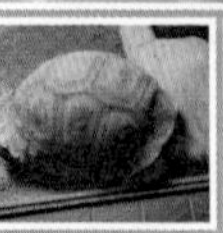

上:口が細長いワニ、マレーガビアル 左下:1m以上の大きさになるアルダブラゾウガメ 右下:南米に生息するキオビヤドクガエル

3つのエリアで定番から珍獣まで

アジアゾーン

アムールトラとユキヒョウの寒帯館、レッサーパンダとヒマラヤグマの高山館、多様な動物を展示する熱帯雨林館で構成。

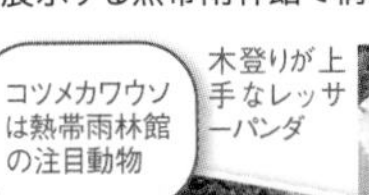

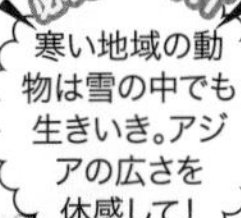

必見POINT
寒い地域の動物は雪の中でも生きいき。アジアの広さを体感して!

コツメカワウソは熱帯雨林館の注目動物

木登りが上手なレッサーパンダ

提供:札幌市円山動物園

ユキヒョウの飼育場は山岳地帯の岩場を再現

円山動物園のカバは国内最高齢

体のぶちがブチハイエナの名前の由来

迫力満点のキリンやカバ

アフリカゾーン

キリン館にはダチョウやミーアキャットなど、カバ・ライオン館ではブチハイエナやエランド、シマウマなども見られる。

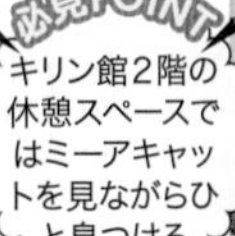

必見POINT
キリン館2階の休憩スペースではミーアキャットを見ながらひと息つける

陸上にすむ動物のなかで最も背の高いキリン

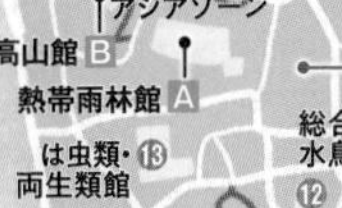

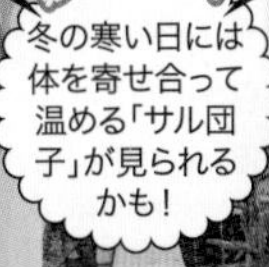

必見POINT
冬の寒い日には体を寄せ合って温める「サル団子」が見られるかも!

木片のなかから小麦を探しているニホンザル

直径25mの円形放飼場

オオカミの遠吠えが聞けるかも

エゾシカ・オオカミ舎

シンリンオオカミとエゾシカを展示。生態系のバランスや自然環境も学べる。

必見POINT
2階は休憩スペースで飲食も可。調査・研究について報告する展示も

提供:札幌市円山動物園

シンリンオオカミの姉妹を展示

展望レストハウスから観察

サル山

植物、川などの環境を整えた円形の展示施設。展望レストハウスからガラス越しにも観察できる。

Check!

飼育員による楽しい「円山ZOOガイド」

動物の生態についてなどを飼育員が説明してくれる「円山ZOOガイド」。動物の意外な行動や、餌を食べる様子が見られることも。どの獣舎で開催されるか、毎朝10時過ぎに公式ウェブサイトが更新されるので確認しよう。動物園の正門・西門の入口近くにも掲示されているので要チェック。

ゾウ舎でのZOOガイド

News!

2023年秋 オランウータン館(仮)完成予定

新施設はオランウータンがすむボルネオの森をイメージ。樹上で暮らすオランウータンがその能力を発揮できるよう、天井高は8mと高く、トレーニング室なども設置される。

オープンは2024年春の予定

円山動物園の歩き方

円山動物園の敷地面積は約22万5000㎡、東京ドームの約4.8倍の大きさ。同じ道内の旭山動物園の1.5倍ある。イベント時のみ観覧可能なエリアもあるが、正門からいちばん遠いホッキョクグマ館へ、緩やかな上り道を歩いて約700m。丸1日楽しむつもりで訪問するのがおすすめだが、時間がない場合は好きな生き物や人気の動物舎を巡ろう。おすすめの回り方はこちら。

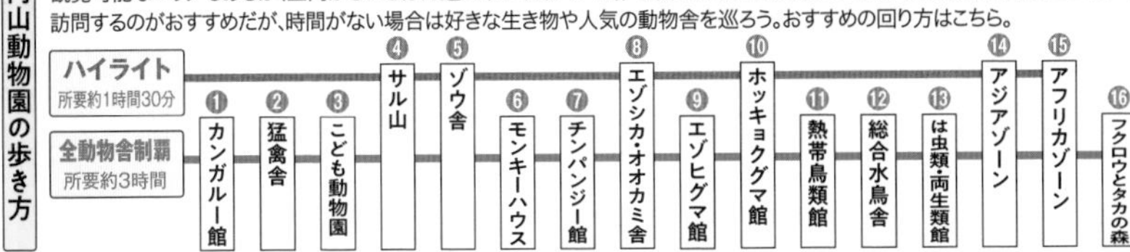

札幌の始まりの場所が創成橋。創成川沿いは公園として整備され季節により表情を変える木々や花、点在するアートを眺めて散策できる。

水のせせらぎに癒やされて

創成川公園で歴史とアートに触れる

History

大友堀から創成川へ

創成川は、1866(慶応2)年にわずか3ヵ月で開削された約4kmの用水路「大友堀」が前身。「札幌建設の地碑」の西側に札幌開拓の先駆者であり、堀の名前になっている大友亀太郎の像が立つ。

1871(明治4)年、創成川の元となった大友堀の景色(南3条〜北6条)

札幌市が始まった場所

1869(明治2)年に開拓使が置かれると、開拓判官の島義勇が札幌の起点を南1条と2条、東と西にまたがる創成橋に定めた。現在、橋の北東に「札幌建設の地碑」が建っている。

1907(明治40)年に撮影された「札幌大通より見たる創成川畔の北部」

創成川公園

●そうせいがわこうえん

MAP 別冊P.39-D1

2011年に創成川通沿いのアンダーパスが連続化されたことにともない、地上部分が公園として整備された。公園部分は道路の中央分離帯にあたる。南4条から北1条、全長820mの水と緑の公園だ。

住 札幌市中央区南4条〜北1条・東西1丁目
TEL 011-221-4100 創成川公園管理事務所(大通公園管理事務所内)
交 地下鉄大通公園駅から徒歩5分 P なし

A 創成橋

1910(明治43)年に架けられた石造りのアーチ橋。現存する市内最古の橋で、欄干の擬宝珠が特徴。ここから札幌の都市整備が行われた。

かつては橋の上を市電が通っていた。現在の橋は2010年に復元整備

B 大友亀太郎像

飲料水、灌漑用水のために大友堀を開削した大友亀太郎は、現・神奈川県小田原市出身で二宮尊徳の門下だったという。その業績から「開拓の祖」と呼ばれている。

川岸にある大友亀太郎の像。大友堀は水運に利用され、やがて創成川となった

C 北海道里程元標

1873(明治6)年の太政官布告により北海道の道路の起点を示すために置かれた。その後は道路元標に変わったが、開拓使の起点として復元された。

明治の標柱は木製で高さ3m63cmあり、周辺地点の里程(距離)が書かれていた

大地を表す球体の上に東西南北を示す菱形、発展を祈る合掌を組み合わせている

D 札幌建設の地碑

創成橋の北東側にある碑で、1869(明治2)年11月10日、開拓判官島義勇が札幌の街造りの基点と定めた場所。札幌はここを起点に発達した。

アートスポット巡り

創成川沿いには北海道生まれの彫刻家・安田侃(やすだかん)をはじめとする個性的な作品が点在。歴史とアートを巡ってみよう。

創成川公園MAP

北二条通
北1条
北一条通
中央バスターミナル
北1条
創成川通
創成川
北大通
さっぽろテレビ塔
南大通
バスセンター
南1条
B 大友亀太郎像
D 札幌建設の地碑
A 創成橋
開拓の広場
天秘
C 北海道里程元標
南2条
天秘
狸小路
狸二条広場
創成川通
二条市場
南3条
南三条通
南4条
36
N

SAPPORO SOUND SOFA（サッポロ サウンド ソファ）

れんがで作られたベンチ。座ると頭のところに集音できるへこみがあり、耳をすますと時計台の鐘の音と川のせせらぎが聞こえる

SAPPORO SUNDIAL（サッポロ サンディアル）

長方形のれんがの上に立つと自分の影で時間がわかる日時計。太陽が時間を教えてくれる

2nd MOIWA（セカンド モイワ）

藻岩山の名前にちなんだ作品。現在の藻岩山と、かつて藻岩山と呼ばれていた円山、ふたつの山が並んでいる

生棒（せいぼう）

北海道を代表する安田侃の作品で「人生を支える杖」を表しているといわれる。創成橋から大通方向の西側にある

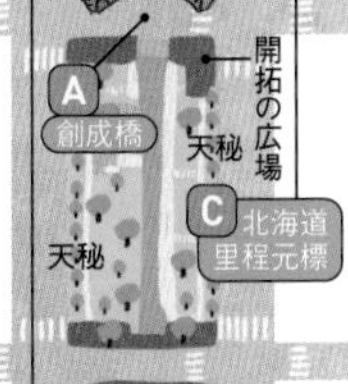

南一条休憩施設（みなみいちじょうきゅうけいしせつ）

かつてここにあった札幌警察署南一条巡査派出所の、赤れんがの壁を残した休憩所

Christmas Present from SAPPORO（クリスマス プレゼント フロム サッポロ）

モミの木の足元に、クリスマスのギフトボックスのようなベンチが置かれている

KAMOKAMO STEP（カモカモ ステップ）

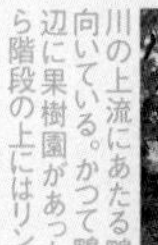

川の上流にあたる鴨々川を向いている。かつて鴨々川周辺に果樹園があったことから階段の上にはリンゴが

スノーリング

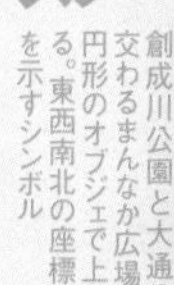

創成川公園と大通公園が交わるまんなか広場にある円形のオブジェで上を歩ける。東西南北の座標軸の0を示すシンボル

生誕（せいたん）

安田侃の作品で、生まれたばかりの新芽を表現したともいわれるが、いろいろな見かたができる石のモニュメント

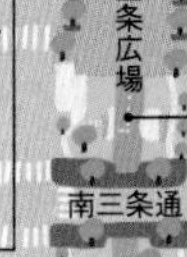

飛石（とびいし）

南4条と南3条には川の中に飛び石があり歩くことができる。南4条の川へ下りる石段に笹舟の折り方の銅板がある

INFO 創成川公園には32種類、200本ものライラックが植えられている。5月中旬～6月上旬にかけて白、紫、ピンク色のライラックの花が見られる。樹名板に品種が書かれているのでチェックしてみて。

おもな見どころ

大通公園の東端から札幌の町を一望

さっぽろテレビ塔

●さっぽろテレビとう

展望台
MAP 別冊P.39-C1

札幌中心部を東西に延びるグリーンベルト・大通公園の東端に立つランドマークのひとつ。札幌のテレビ放送開始に合わせて1956（昭和31）年に建設された高さ147.2mの電波塔だ。電光時計が設置されたのは1961（昭和36）年のこと。地上90.38mの位置に展望台があり、四季折々の大通公園の姿を真正面から見ることができる。特に冬はホワイトイルミネーションや雪まつりの様子を上から見られる絶好のスポット。また、展望台には人気のキャラクター「テレビ父さん」を祀った神社も（→P.62）。日没後毎日、テレビ塔全体がライトアップされ、季節によってスペシャルイルミネーションで飾られる。

電光時計は日本一大きいといわれている

澄んだ鐘の音で時を告げる町のシンボル

札幌市時計台

●さっぽろしとけいだい

歴史的建造物
MAP 別冊P.37-C3

札幌市民憲章に「わたしたちは、時計台の鐘がなる札幌の市民です」とあるように、時計台は札幌のシンボルであるとともに、札幌観光において外せないスポット。クラーク博士の提言により1878（明治11）年に、札幌農学校の演武場として建てられ、1970（昭和45）年には国の重要文化財に指定された。1881（明治14）年に取り付けられたアメリカ・ハワード社の振り子時計は、今も変わらず現役。現存する日本で最古の時計塔でもある。1階には時計台や農学校の歴史に関する展示があり、農学校の卒業生である新渡戸稲造が残したノートなど貴重なものもある。2階は高さ9mの合掌天井造りのホールになっており、1928年制作の時計台と同型のハワード社製の展示時計が見られる。

時計台の外壁には17個の五稜星がある

さっぽろテレビ塔

住札幌市中央区大通西1　TEL011-241-1131　開9:00～22:00（最終入場21:50。イベントにより時間変動あり）　休年に3回ほど点検のため休業　料展望台入場1000円（昼・夜チケット1500円）　交地下鉄大通駅から徒歩1分　CCADJMV　Pなし

足元までガラスになっている「怖窓（こわそう～）」

どさんこワイド179 村雨アナcolumn

テレビ塔の歩き方

初夏と秋に数日だけ、テレビ塔を「歩いて」のぼることができます。地上約90mを目指すと、ガラス越しの展望台とはひと味違う絶景が。冬はさっぽろ雪まつり期間限定の「くだり」もおすすめ。読者の皆さんはぜひ両方「歩いて」みてください。

詳しい日程は施設に問い合わせを

札幌市時計台

住札幌市中央区北1西2　TEL011-231-0838　開8:45～17:10（最終入館17:00）　休無休　料入館200円　交地下鉄大通駅から徒歩5分。JR札幌駅から徒歩10分　CCADJMV　Pなし

2階ホールにはクラーク像があり、ベンチに座って一緒に記念撮影ができる

時計台を正面から撮りたいときは、真向かいにある札幌MNビルの2階テラスへ

2025年にリニューアルオープン予定

北海道庁旧本庁舎

ほっかいどうちょうきゅうほんちょうしゃ

歴史的建造物 MAP 別冊P.36-B3

「赤れんが庁舎」の愛称で知られる北海道を代表する歴史的建造物。1888（明治21）年に建てられ、当時は鹿鳴館と並ぶ国内有数の大きな建造物であった。アメリカ風ネオ・バロック様式のれんが造りで、使用しているれんがの数は約250万個。1969（昭和44）年に国の重要文化財にも指定されている。中心部とは思えないほど緑豊かな前庭を有し、観光客や市民の憩いの場にもなっている。ハルニレ、ポプラ、イチョウ、ナナカマドなど、1000本近く約100種の木々が植えられており、大きな池もふたつある。2023年5月現在は歴史、文化、観光の情報発信拠点として次世代へ引き継ぐため、大規模改修中につき中の見学はできない。工事の進捗などは、「北海道庁旧本庁舎（赤れんが庁舎）改修事業ポータルサイト」で紹介している。2025（令和7）年にはすべての工事が完了する予定。改修後は展望スポット、ショップやレストランの商業施設も入る計画だ。

改修後が楽しみな赤れんが庁舎

北海道庁旧本庁舎

住札幌市中央区北3西6
TEL011-204-5019（北海道総務部総務課）、土・日曜・祝日は011-204-5000
交JR札幌駅、地下鉄大通駅から徒歩8分
Pなし

今とほぼ変わりない建てられた頃の古い写真

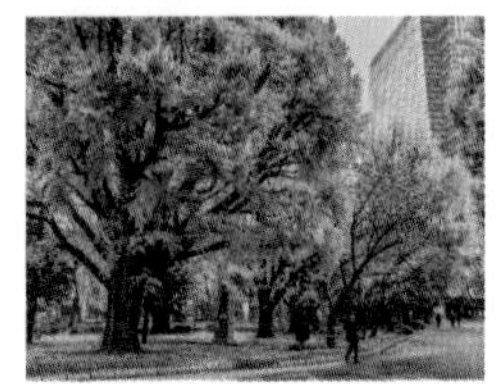
秋になると前庭のイチョウが鮮やかに色づく

明治と昭和の建物が共存する文化財

旧永山武四郎邸及び旧三菱鉱業寮

きゅうながやまたけしろうていおよびきゅうみつびしこうぎょうりょう

歴史的建造物 MAP 別冊P.35-D2

明治10年代前半に私邸として建てられた永山邸と、昭和初期に付設された三菱鉱業寮、異なる時代の歴史的建造物が隣り合って存在している。旧永山邸は北海道指定有形文化財、旧三菱鉱業寮は国登録有形文化財。鉱業寮1階・れきしの部屋ではふたつの建物の歴史の歩みを知ることができる。

明治の折衷住宅と昭和のモダンな洋館

旧永山武四郎邸及び旧三菱鉱業寮

住札幌市中央区北2東6
TEL011-232-0450
営9:00～22:00（貸室使用は～21:00）
休毎月第2水曜（祝日の場合はその翌日）
料見学無料
交地下鉄バスセンター前駅から徒歩10分
Pなし

COLUMN ジモトトピックス

レトロな建物の喫茶メニュー

旧永山邸（上記）の中にあるカフェ。和洋折衷をテーマにしたメニューが揃う。ビーフシチューやナポリタンといった洋食のほか、パフェやプリン・ア・ラ・モード、わらび餅入りのフルーツサンドも人気。

和洋折衷喫茶 ナガヤマレスト MAP 別冊P.35-D2

わようせっちゅうきっさ ナガヤマレスト

住札幌市中央区北2東6-2　TEL011-215-1559
営11:00～19:00LO　休第2水曜（祝日の場合はその翌日）
交地下鉄バスセンター前駅から徒歩10分
CCADJMV　Pなし

モナカや三色団子がのったナガヤマパフェ1290円

ブルーソーダに十勝の牧場ミルクのソフトをオン720円

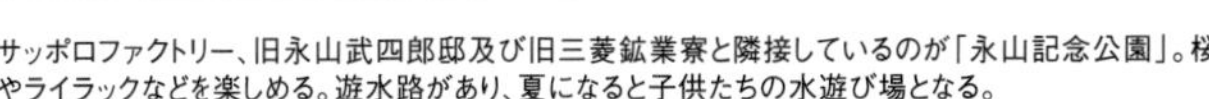
INFO サッポロファクトリー、旧永山武四郎邸及び旧三菱鉱業寮と隣接しているのが「永山記念公園」。桜やライラックなどを楽しめる。遊水路があり、夏になると子供たちの水遊び場となる。

建造物北海道一の高さからの眺望
JRタワー展望室T38
●ジェイアールタワーてんぼうしつタワースリーエイト

展望台 MAP 別冊P.37-C2

札幌駅に直結している複合施設、JRタワー最上階にある展望室。地上160mの高さから360度パノラマの景色を堪能できる。一面に広がる札幌の町の眺めは爽快で、時間帯によって刻々と変化する眺めは飽きない。夕景、夜景も必見。カフェやアートワークもあり、ゆっくり過ごせる。

6階から専用エレベーターで38階へ

JRタワー展望室T38
住札幌市中央区北5西2-5
TEL011-209-5500　営10:00～22:00(最終入場21:30)　休無休
料入場740円　交JR札幌駅、地下鉄さっぽろ駅直結
CCADJMV　P有料あり

中心部のきらめく夜景も美しい

空と緑に囲まれた都会のオアシス
そらのひろば ｽﾃﾗ9
●そらのひろば ｽﾃﾗ9

展望台 MAP 別冊P.37-C2

複合商業施設・札幌ステラプレイスの9階屋上にある広い休憩スペース。札幌の町並みを一望でき、ショッピングの間の休憩におすすめ。テイクアウトしたものを持ち込んで空の下で食べることができる。子供向けコンテンツもあるほか、参加型イベントが行われることもある。

休憩デッキなども用意されている

そらのひろば ｽﾃﾗ9
住札幌市中央区北5西2 札幌ステラプレイス センター9階 屋上
TEL011-209-5100(札幌ステラプレイスインフォメーション)
営4・5・9・10月は10:00～17:00、6～8月は10:00～19:00
休11月1日～4月下旬(ただし冬季間は閉場。イベントや荒天時は開場時間変更や閉場する場合あり)
料入場無料
交JR札幌駅、地下鉄さっぽろ駅直結　P有料あり

都心にありながら居心地のよい空間
札幌市北3条広場(アカプラ)
●さっぽろしきた3じょうひろば(アカプラ)

広場 MAP 別冊P.36-B3

札幌駅前通りと赤れんが庁舎の間にある広場、愛称アカプラ。両サイドのイチョウ並木は冬になるとイルミネーションでライトアップされる。広場では文化や芸術に関するイベントやマルシェなども頻繁に行われ、たくさんの人でにぎわう。休憩用のデッキも設置されている。

毎年行われているフラワーカーペット

札幌市北3条広場(アカプラ)
住札幌市中央区北2西4～北3西4
TEL011-211-6406(札幌駅前通まちづくり株式会社)
営見学自由
交JR札幌駅、地下鉄大通駅から徒歩5分。地下鉄さっぽろ駅から徒歩2分　Pなし

楽しいイベントも頻繁に開催

アイヌ民族の研究資料などを展示
北海道立アイヌ総合センター
●ほっかいどうりつアイヌそうごうセンター

資料館 MAP 別冊P.36-A3

アイヌ民族についての歴史認識を深めることや文化の伝承、保存の促進を図るために設置されたセンター。アイヌ史独自の時代区分で、アイヌ文化の変遷などがわかる資料などが展示されている。文献や新聞資料の閲覧ができる図書情報資料室、体験学習用の保存実習室もある。

近隣民族との比較資料などもある

北海道立アイヌ総合センター
住札幌市中央区北2西7 かでる2・7ビル7階
TEL011-221-0462
営9:00～17:00
休日曜・祝日
料入館無料
交JR札幌駅から徒歩10分
P有料あり

COLUMN
ジモトトピックス

北海道最古の商店街・狸小路

大通公園とすすきのに挟まれた路地にある、1873（明治6）年からの歴史をもち、多くの人に愛されている商店街。昔ながらの商店に加え、新たに複合施設の「狸COMICHI」がオープンし話題を集めている。

札幌中心部にあるロングアーケード商店街

2023年に150年を迎えた狸小路商店街。1～7丁目まで、総延長は約900mある。そのほとんどが全蓋式アーケードとなっており、雪や雨の日も天気を気にせず買い物が楽しめる。飲食、日用品、服飾から、みやげ物、宿泊施設などさまざまなジャンルの商業施設が並ぶ。

狸小路商店街
●たぬきこうじしょうてんがい MAP 別冊P.38-B2
住札幌市中央区南2・3西1～7

地元の人も多く利用する商店街

1918（大正7）年の狸小路。食堂や劇場が写っている

狸小路2丁目に「狸COMICHI」がオープン！

「北海道食文化発信横丁」「北海道の食べ歩き市場」というコンセプトのもと、2022年8月に「狸COMICHI」がオープン。2階建ての建物内に北海道の食材を生かした飲食店など20店舗が集まる。昔の狸小路の映像が流れるミュージアムコーナーなどもある。

店が連なり、その雰囲気は屋台村のよう

入口横には狸小路を見守る「狸神社」がある

狸COMICHI
●たぬきこみち MAP 別冊P.39-C1
住札幌市中央区南2西2-5（狸小路2） 営11:00～23:00（物販は～20:00） 休無休（一部店舗水曜休み） 交地下鉄大通駅から徒歩4分

狸COMICHIの一部の店舗を紹介！

天使のわたゆき
わたゆきのように口の中でほどけていく食感のパンケーキと、クラフトスパイスを用いたスープカレーの店。写真は「みつばちが飛んでいる イチゴ農園のできごと」（いちごのパンケーキ）。
住狸COMICHI1階 営11:00～LO22:00 休なし CCADJMV

元祖滝川花尻ジンギスカン 狸COMICHI店
たれに漬け込んだ羊肉を焼く「滝川式」で味わうジンギスカンの店。厳選した羊肉を野菜とフルーツで作った秘伝のたれに漬け込んでおり、食べたあとは意外にさわやか。厚切り肉もやわらかく食べやすい。
住狸COMICHI2階 営11:00～14:00、17:00～LO22:30 休水曜 CCADJMV

シハチ鮮魚店 狸COMICHI店
店の一角が鮮魚店になっており、新鮮な魚介が並ぶ。魚代と調理料300円で、鮮魚をその場で味わうことも。ランチタイムは厚切りの刺身を盛った海鮮丼を提供。夜は海鮮居酒屋として利用できる。
住狸COMICHI1階 営11:00～LO14:30、16:00～LO22:00 休無休 CCAJMV

INFO 「ソウルストア」のスープカレーは、ほどよいスパイス感とたっぷりの野菜が魅力。初めての人は、トッピングされている長いゴボウ天に驚く。住札幌市中央区南3西7-3-2 F-DRESS7 BLD 2階

狛犬をなでると恋が成就する?!
北海道神宮頓宮
ほっかいどうじんぐうとんぐう

神社 MAP 別冊P.39-D1

中心部にありながら札幌の下町といわれる創成川イーストエリアで、北海道の開拓期から札幌の町づくりを見守ってきた神社。境内の狛犬二対には、「子授け・安産」「恋愛成就」といったご利益があるといわれ、北海道内だけでなく全国から多くの女性が参拝に訪れる。

近隣の人たちにも親しまれている神社

北海道神宮頓宮
住札幌市中央区南2東3-10
TEL011-221-1084
営社務所9:00～17:00(11～2月は～16:00)　休無休
交地下鉄バスセンター前駅から徒歩3分　Pあり

札幌唯一の酒蔵のショップ
千歳鶴 酒ミュージアム
ちとせつる さけミュージアム

酒蔵 MAP 別冊P.35-D2

150年以上の歴史を誇る札幌唯一の日本酒の蔵元「千歳鶴」の直営売店。店内では定番の日本酒をはじめ、ここでしか手に入らない限定酒、その場で瓶詰めをしてくれる生酒などを販売している。休み処では大吟醸酒を使用した酒粕ソフトクリームやコーヒー、甘酒が楽しめる。

定番のほか限定酒なども販売

千歳鶴 酒ミュージアム
住札幌市中央区南3東5-2
TEL011-221-7570
営10:00～18:00　休無休
料入場無料
交地下鉄バスセンター前駅から徒歩5分
CCADJMV　Pあり

本社ビルの1階にある

アートの作品展や音楽会を開催
北海道教育大学アーツ&スポーツ文化複合施設 HUG
ほっかいどうきょういくだいがく アーツ&スポーツぶんかふくごうしせつ ハグ

ギャラリー MAP 別冊P.37-D3

札幌軟石を使った貯蔵庫を再利用したスペース。北海道教育大学が培ってきた北海道の美術、音楽、スポーツ教育の成果を発信、提案する実験的な場として2015年にオープンした。さまざまな美術展や音楽会、イベントが行われている。スケジュールは公式サイトを参照。

最初は八百屋の貯蔵庫だった建物

北海道教育大学アーツ&スポーツ文化複合施設 HUG
住札幌市中央区北1東2-4
TEL011-300-8989
営12:00～20:00
休火曜、12月28日～1月4日
料入場無料(イベントによって有料)
交地下鉄バスセンター前駅、地下鉄大通駅から徒歩5分
CC不可　Pあり

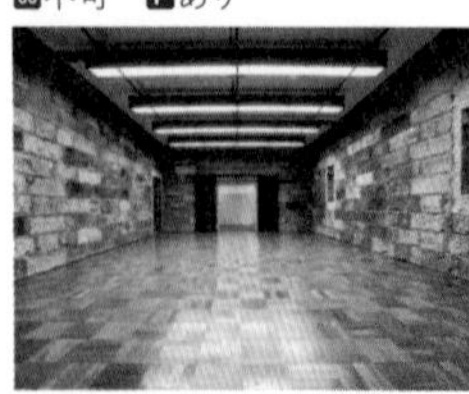
ギャラリーの壁面も札幌軟石を使用

COLUMN ジモトトピックス

日本茶専門店の「雪萌えパフェ」

お茶の老舗店で味わえる「雪萌えパフェ」は雪をイメージしたソフトクリームと新芽を思わせる抹茶アイス、十勝の粒あん、塩味玄米の組み合わせ。食べ終わりにいただく日本茶がまた美味。

お茶の玉翠園　おちゃのぎょくすいえん　MAP 別冊P.39-D1
住札幌市中央区南1東1-1　TEL011-231-1500　営8:00～18:00(土曜は～16:00)　休日曜・祝日　交地下鉄大通駅、バスセンター前駅から徒歩5分　CCADJMV　P有料あり(お茶など1000円以上購入で30分無料、ただしイートインメニューは除く)

1933(昭和8)年創業の店

抹茶アイスは完熟抹茶を贅沢に使用

文化や芸術にまつわる複合施設
札幌市民交流プラザ
さっぽろしみんこうりゅうプラザ

複合施設 MAP 別冊P.37-C3

「札幌文化芸術劇場 hitaru」「札幌文化芸術交流センター SCARTS」「札幌市図書・情報館」の3つからなる市民交流プラザ。hitaruは、著名なアーティストの公演も行われる劇場。SCARTSでは文化芸術関連の展覧会や催事が頻繁に行われている。札幌市図書・情報館は、木目を生かした空間のなか、読書や調べ物、仕事ができる。「はたらくをらくにする」というコンセプトのもと、WORK、LIFE、ARTをテーマにした図書が並ぶ。

プラザの建物にはカフェなども入っている

札幌市民交流プラザ
住 札幌市中央区北1西1
TEL 011-271-1000(代表)
営 9:00〜22:00(施設により異なる) 休 不定休
料 入場無料
交 地下鉄大通駅30番出口から地下歩道直結徒歩2分
P なし

市役所の上から市内を一望できる
札幌市役所展望回廊
さっぽろしやくしょてんぼうかいろう

展望台 MAP 別冊P.37-C3

さっぽろテレビ塔の北西、大通公園の北側、札幌市時計台の南側に建っている札幌市役所。最上階の19階には無料で入ることができる展望回廊がある。展望台は北側と南側に分かれており、北側からはすぐ下に時計台、少し先に札幌駅や北海道大学を眺められ、晴れた日には石狩湾まで見渡せる大展望が楽しめる。南側からはテレビ塔が間近に、藻岩山なども望むこともできる。屋根がなく開放的だ。近隣オフィスの人もひと息つきに訪れる。

建物は1971(昭和46)年に建てられた

札幌市役所展望回廊
住 札幌市中央区北1西2 札幌市役所19階
TEL 011-211-2111
営 9:30〜16:30
休 土・日曜・祝日(開放期間は5〜10月頃。雨天、悪天時は閉鎖)
料 期間中無料
交 地下鉄大通駅から徒歩1分
P あり(常に混雑するため、公共交通機関の利用を)

北側からは時計台の赤い屋根を見下ろせる

COLUMN ジモトトピックス
時計台観光のあとにひと休み

札幌商工会議所が認証する「北のブランド」製品を中心に、道内企業によるこだわり商品を販売。菓子や調味料など、おみやげにぴったりな定番から珍しいものまで並ぶ。カフェではコーヒーやソフトクリームなどを提供。

さっぽろ時計台 北のブランドショップ
さっぽろとけいだい きたのブランドショップ
MAP 別冊P.37-C3
住 札幌市中央区北1西2 経済センタービル1階
TEL 011-281-3855
営 9:00〜17:30 休 無休
交 地下鉄大通駅市役所・経済センター出口直結
CC AJMV P なし

掘り出し物が見つかるかも

「さんきちさん」の愛称で親しまれる神社

「札幌三吉神社」は勝利成功・事業繁栄・商売繁盛・学問成就・技芸・縁結・医薬など五柱の神様をお祀りする、パワースポットとしても人気の神社。

札幌三吉神社
さっぽろみよしじんじゃ
MAP 別冊P.38-A1
住 札幌市中央区南1西8-17 営 参拝自由(社務所は9:00〜17:00) 交 JR札幌駅から徒歩15分。市電西8丁目停留場から徒歩1分

INFO 各地にあるデザインマンホール、札幌市は時計台の敷地内に、時計台と豊平川の鮭をデザインしたカラーのデザインマンホール蓋が設置されている。北区の下水道科学館でも実物が見られる。

イーストエリアのランドマーク

サッポロファクトリー

サッポロファクトリー

複合商業施設 MAP 別冊P.35-D2

サッポロビール工場の跡地に造られた大型複合商業施設。全7棟の中に約150のショップやレストランが入っている。シネコンやスーパー、ドラッグストアもあり、市民の生活にも密着。アウトドア系の店舗も多い。雪に閉ざされる冬でも暖かな日差しを感じられる全天候型の屋内庭園「アトリウム」には飲食店が並び、週末は多くの人でにぎわう。冬に登場する大きなクリスマスツリーも話題だ。大正時代に建てられた「レンガ館」は今も大切に保存・活用。れんがの煙突がそびえる広場にある「札幌開拓使麦酒醸造所」では明治時代の味を再現したビールを製造している。2階は無料で見学も可能。日本の近代化の歴史が刻まれた貴重な建造物を身近に感じられる。

歴史ある建造物が並ぶ北3条通り側からの眺め

開放的で明るい吹き抜けのアトリウム

サッポロファクトリー
住札幌市中央区北2東4
TEL011-207-5000
営ショッピング10:00～20:00、レストラン11:00～22:00（一部店舗により異なる）
休不定休　交地下鉄バスセンター前駅から徒歩3分
CC店舗により異なる
P有料あり（最初の1時間無料）

120年以上の歴史を誇る市場

二条市場

にじょういちば

市場 MAP 別冊P.39-D1

明治初期に石狩から来た漁師が魚を売り始めたのが始まりといわれる市場。中心部というアクセスのよさから観光客が多く、朝からにぎわいを見せている。新鮮な魚介類、野菜、果物、みやげ物などを扱う店舗が並び、地方発送にも対応。海鮮グルメの店なども揃う。

眺めて歩くのも楽しい

二条市場
住札幌市中央区南3東1
TEL011-222-5308
営7:00～18:00（店舗により異なる）　休無休（店舗により異なる）
交地下鉄バスセンター前駅、地下鉄大通駅から徒歩5分
CC店舗により異なる　Pなし

二条市場の海鮮丼

二条市場にある「大磯」は、その日に仕入れた魚介を使った海鮮丼が人気の店。北海道の魚を中心に焼き魚も20種類以上取り揃えている。

大磯　おおいそ
MAP 別冊P.39-D1
住札幌市中央区南3東2
TEL011-219-5252
営7:30～15:00LO、17:00～21:00LO（日曜・祝日は7:30～15:30LO）　休水曜

大磯丼1980円～

COLUMN ジモトトピックス

売り切れ必至の絶品パイやタルト

アメリカンスタイルのパイやタルトが自慢のケーキショップ&カフェ。見た目は大きくてインパクトがあるが、上質な道産素材を用いて風味を生かした優しい味わいだ。古きよきアメリカを思わせる店内はカフェ利用もOK。

季節の果実を使ったパイ

スウィートレディージェーン　スウィートレディージェーン　MAP 別冊P.35-D2
住札幌市中央区北3東5 岩佐ビル1階　TEL011-219-0900
営10:00～20:00（カフェは19:20LO）、日曜は～19:00（カフェは18:20LO）
休不定休　交地下鉄バスセンター前駅から徒歩10分
CCADJMV　Pなし

夏はテラス席もある

自然を身近に感じられる憩いの場

中島公園

なかじまこうえん

公園 MAP 別冊P.35-C3

水と緑が豊かな市民のオアシス。春は桜、秋は紅葉と四季折々の自然を楽しめる。特に秋のイチョウ並木と日本庭園の紅葉は有名。広い園内にはボート遊びができる菖蒲池のほか、コンサートホール、歴史的建造物など文化施設も多数。冬は歩くスキー体験もできる。

中心部にあるとは思えないほど豊かな自然

中島公園

住札幌市中央区中島公園
TEL011-511-3924(公園管理事務所) 営散策自由(日本庭園は8:30～17:00) 休日本庭園は11月下旬～4月下旬閉園
交地下鉄中島公園駅、幌平橋駅からすぐ Pなし※歩くスキーの道具は園内の中島体育センターで貸し出し

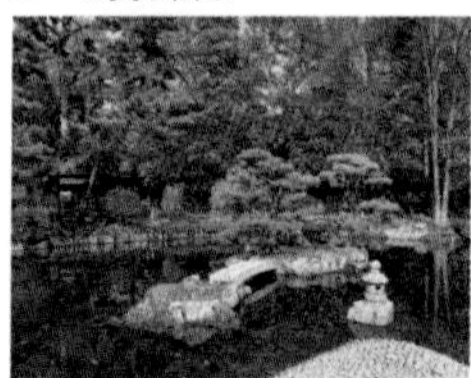

紅葉が美しい日本庭園もある

明治に建てられた木造洋風建築

豊平館

ほうへいかん

歴史的建造物 MAP 別冊P.35-C3

中島公園内にある品のあるたたずまいの洋館。明治時代に建てられたホテルで、国の重要文化財に指定されている。階段やシャンデリアなど当時の贅を尽くした造りは必見。かつて会食所だった場所は実際にカフェとして営業。事前予約で閉館後に部屋の貸し出しも実施。

白とブルーのコントラストが美しい

豊平館

住札幌市中央区中島公園1-20
TEL011-211-1951
営9:00～17:00(入館は～16:30)
休第2火曜(祝日の場合は翌平日)
料入館300円
交地下鉄中島公園駅、市電中島公園通停留場から徒歩5分
Pなし

中島公園内にある小さな天文台

札幌市天文台

さっぽろしてんもんだい

天文台 MAP 別冊P.35-C3

豊平館とコンサートホールKitaraの間の小高い場所に建つ小さな天文台。ドームの中にある口径20cmの屈折望遠鏡で、昼間は太陽を、夜は季節の星を観望できる。日食などの天文現象に合わせて観望会を催すこともある。公園散歩の途中に気軽に立ち寄れる。

都会の真ん中で星が見られるスポット

札幌市天文台

住札幌市中央区中島公園1-17
TEL011-511-9624
営10:00～12:00、14:00～16:00(夜間は事前申し込みが必要。ホームページで確認)
休月・火曜午後、祝日の翌日
料無料
交地下鉄中島公園駅、市電中島公園通停留場から徒歩5分
Pなし

文化遺産を保護、継承するための施設

札幌市埋蔵文化財センター

さっぽろしまいぞうぶんかセンター

資料館 MAP 別冊P.25-C1

市内の遺跡（埋蔵文化財）の保護に関する相談や発掘調査、出土品の研究などを行っている施設。展示室には、旧石器文化からアイヌ文化期まで、それぞれの遺跡から出土した実物などを展示しているほか、体験コーナーもある。また、企画展なども行っている。

中央図書館に併設している

札幌市埋蔵文化財センター

住札幌市中央区南22西13
TEL011-512-5430
営8:45～17:15
休祝日(5月3～5日、11月3日は開館)、振替休日
料見学無料
交市電中央図書館前停留場からすぐ
Pあり

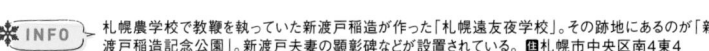

INFO 札幌農学校で教鞭を執っていた新渡戸稲造が作った「札幌遠友夜学校」。その跡地にあるのが「新渡戸稲造記念公園」。新渡戸夫妻の顕彰碑などが設置されている。住札幌市中央区南4東4

屯田兵の慰霊のために創建

札幌護国神社・多賀神社

●さっぽろごこくじんじゃ・たがじんじゃ

神社 MAP 別冊P.25-C1

中島公園の南側、鴨々川のほとりにあり、もとは西南戦争で戦死した屯田兵を祀ったのが始まり。桜や紅葉の名所としても知られる。境内には数多くの慰霊碑が建立されている「彰徳苑」がある。境内社の多賀神社は縁結びの神である伊邪那岐大神、伊邪那美大神が祀られている。

左右に流れるような屋根の札幌護国神社

札幌護国神社・多賀神社
住札幌市中央区南15西5-1-1
TEL011-511-5421　営7:00〜16:00(社務所は9:00〜)　休無休　交地下鉄幌平橋駅、市電行啓通停留場から徒歩3分
CC不可　Pあり

恋愛成就を願う人が訪れる多賀神社

文学に関するさまざまな企画展も開催

北海道立文学館

●ほっかいどうりつぶんがくかん

文学館 MAP 別冊P.35-C3

常設展示室では、小説、評論、詩など北海道の文学の概要について紹介しており、特別展示室では文学にまつわる興味深い企画展を随時開催している。小林多喜二や三浦綾子などの貴重な文学コレクションも数多くあり、閲覧室で見ることもできる。講演会やワークショップなども開催。

中島公園内にある文学館

北海道立文学館
住札幌市中央区中島公園1-4
TEL011-511-7655
営9:30〜17:00(展示室最終入場は16:30)
休月曜(祝日の場合は翌日)
料常設展500円(企画展は内容によって料金が異なる)
交地下鉄中島公園駅、地下鉄幌平橋駅から徒歩6分
CCADJMV
Pあり

ベストセラー作家の軌跡がわかる

渡辺淳一文学館

●わたなべじゅんいちぶんがくかん

文学館 MAP 別冊P.35-C3

中島公園そばに建つ文学館。1階には小説家・渡辺淳一の全作品が閲覧できる図書室、喫茶コーナーがあり、2階には直筆の生原稿や創作メモ、映画やドラマ化された作品に関する資料などが展示されている。地下にはホールがありコンサートなどが行われることもある。

建築家・安藤忠雄が設計した建物

渡辺淳一文学館
住札幌市中央区南12西6-414
TEL011-551-1282　営4〜10月9:30〜18:00、11〜3月9:30〜17:30。最終入館は閉館30分前まで　休月曜(祝日の場合は翌日)　料入館料500円
交地下鉄中島公園駅から徒歩8分。市電中島公園通停留場から徒歩3分　CCADJMV　Pあり

宮の森の閑静な住宅街にある美術館

本郷新記念札幌彫刻美術館

●ほんごうしんきねんさっぽろちょうこくびじゅつかん

美術館 MAP 別冊P.18-B3

日本を代表する札幌出身の彫刻家・本郷新の彫刻や絵画作品を1800点ほど所蔵。大通公園や稚内公園、釧路の幣舞橋などにある誰もが知る有名な彫刻作品の石膏原型を見ることができる。本館と本郷のアトリエだった記念館があり、どちらも北海道を代表する建築家が設計。

美しい芝がまぶしい本館の庭

本郷新記念札幌彫刻美術館
住札幌市中央区宮の森4-12
TEL011-642-5709　営10:00〜17:00(最終入館16:30)　休月曜(祝日の場合は翌日)　料入館料は展覧会内容によって異なる
交地下鉄西28丁目駅から車で約5分。地下鉄西28丁目駅からバスで約5分、彫刻美術館入口下車、徒歩10分
CC不可　Pあり

実際にアトリエとして使われていた記念館

ジャンプ選手のすごさを実感する
大倉山ジャンプ競技場
おおくらやまジャンプきょうぎじょう

展望台 MAP 別冊P.18-A3

札幌1972オリンピック冬季競技大会のスキージャンプ会場となった競技場。現在も国際的なジャンプ競技大会が数多く開催されている。大会が行なわれない日は、選手が使用するふたり乗り用リフトに乗り、ジャンプ台の上の展望ラウンジへ行くことができる。標高307mから札幌の町並みや石狩平野、石狩湾が一望でき、さらにジャンプ台のスタートラインが目の前に。選手が飛び出す急斜面のアプローチは驚きの迫力だ。

サマージャンプが行われることもある

大倉山ジャンプ競技場
住札幌市中央区宮の森1274
TEL011-641-8585 営展望台リフト4月29日～10月31日の8:30～18:00(7～9月は18:00～21:00も営業、11月1日～4月28日は9:00～17:00)。最終券売は営業終了30分前
展望ラウンジカフェ・セレステは9:30～14:30(冬季は土・日曜のみ～14:00)
休4月中旬に整備運休あり
料リフト券1000円(お得なセット券など詳しくは公式サイト参照)
交地下鉄円山公園駅からバス大倉山線「くらまる号」で15分、大倉山ジャンプ競技場下車、徒歩1分。JR札幌駅から車で約30分
CCADJMV
Pあり

夏季は夜間営業を実施。札幌市街のきらめく夜景は必見

ウインタースポーツの歴史が学べる
札幌オリンピックミュージアム
さっぽろオリンピックミュージアム

見学施設 MAP 別冊P.18-A3

大倉山ジャンプ競技場と同じ敷地内にあり、札幌1972オリンピック冬季競技大会にまつわる貴重な資料や、歴代のメダリストのグッズなどを展示。また、スキージャンプやクロスカントリー、ボブスレーなど6種類のウインタースポーツ競技の疑似体験を楽しめる。オリジナルグッズなどミュージアムショップも充実。建物向かいにあるミュージアムアネックスにはカフェや創作フレンチレストランが入っている。

ウインタースポーツの魅力を体感できる

札幌オリンピックミュージアム
住札幌市中央区宮の森1274
TEL011-641-8585
営5～10月9:00～18:00、11～4月9:30～17:00(最終入館は営業終了30分前)
休月に1回程度メンテナンス休館あり
料入場600円(お得なセット券など詳しくは公式サイト参照)
交大倉山ジャンプ競技場と同じ
CCADJMV
Pあり

紫の絨毯とロマンティックな夜景
幌見峠
ほろみとうげ

展望台 MAP 別冊P.24-B1

円山西町から盤渓へ向かう途中にある峠。幌見峠展望駐車場からは札幌の町並みを一望できる。夜は美しい夜景が見られることから地元の人にも人気のスポットだ。また、頂上には「夢工房さとう」のラベンダー園があり、7月の開花期間中のみ開園。8000株近くのラベンダーが植えられており、一面紫色のラベンダー畑の向こうに札幌の街並みが広がる絶景を楽しめる。甘い香りの中、ラベンダーの刈り取り体験もできる（500円～）。

ほかにはない眺望のラベンダー園

幌見峠
住札幌市中央区盤渓471-110
TEL011-622-5167(夢工房さとう)
営4～11月の期間中は、車は24時間可(ただし、ゲート式精算システムのためオートバイ、自転車の入場はできない)。徒歩での入場は9:00～17:00
休期間中無休
料駐車料金3:00～17:00は500円、17:00～3:00は800円。徒歩の場合は無料
交JR札幌駅から車で約25分
P有料あり

INFO 洗濯にまつわる雑貨が揃う「とみおかクリーニング 札幌本店」。オリジナルの洗濯洗剤は抜群の汚れ落ちで環境にも優しい。ミルク缶入りは、ギフトにおすすめ。住札幌市中央区北7西19-38-28

宝石をちりばめたような美しい夜景

札幌もいわ山ロープウェイ

●さっぽろもいわやまロープウェイ

市民には気軽に登れる山として親しまれている標高531mの藻岩山。5つの登山道があり、週末になると多くの登山客が訪れる。山そのものが原始林として保護され、リスなどの小動物や野鳥に出合うチャンスも多い。山頂にある「もいわ山山頂展望台」へはロープウェイとミニケーブルカーを乗り継いで気軽に行くこともできる。山頂からは札幌市街から石狩湾までを一望でき、特に夜景は必見。日本新三大夜景に選ばれている札幌の美しい夜景が見られる絶景スポットだ。ロマンティックな風景は恋人の聖地サテライトにも認定。山頂展望台にはレストラン「THE JEWELS」があり、スペシャルなロケーションでの食事は記念日などにおすすめ。ロープウェイの山頂駅にはショップもある。なお、中腹までは藻岩山観光自動車道を利用して車で行くこともできる(冬期間は閉鎖)。

実際は写真以上の美しいきらめきを感じられる

札幌もいわ山ロープウェイ

住札幌市中央区伏見5-3-7
TEL011-561-8177
営10:30～22:00(12～3月は11:00～。上りの最終は21:30)。営業時間変更の場合あり(公式ウェブサイトで確認)
休無休(例年3月末～4月末に整備運休あり)
料もいわ山ロープウェイ+ミニケーブルカー往復セット2100円
交市電ロープウェイ入口停留場から無料シャトルバスで約2分、もいわ山山麓駅下車
CCAJMV
Pあり(山麓駅駐車場)

ロープウェイからの眺めもすばらしい

山頂には「幸せの鐘」があり、鳴らすと幸せになるとカップルに人気

自然と水と暮らしの関わりが学べる

札幌市水道記念館

記念館
MAP
別冊P.25-C1

●さっぽろしすいどうきねんかん

藻岩山山麓にある水道記念館は、水や自然の大切さを伝える体験型ミュージアム。「豊かな水の恵みを訪ねる旅」をテーマにした展示スペースには5つのゾーンがある。夏には建物の前の噴水広場などで、札幌市内を一望しながら水遊びもできる(荒天時は休止の場合あり)。

水遊びを楽しむ親子連れでにぎわう

札幌市水道記念館

住札幌市中央区伏見4
TEL011-561-8928
営9:30～16:30
休月曜(祝日の場合は翌平日)、冬季休館
料無料
交市電ロープウェイ入口停留場から徒歩約15分。地下鉄円山公園駅、または中島公園駅からバスで10～15分、伏見町高台下車、徒歩約6分
Pあり

朱色の鳥居が連なる幻想的な景色

札幌伏見稲荷神社

神社
MAP
別冊P.24-B1

●さっぽろふしみいなりじんじゃ

商売繁盛、五穀豊穣のご利益がある京都の伏見稲荷大社の分霊。坂になっている参道には27基の鳥居がずらっと連なる。夕暮れ時には灯籠に明かりがともされ、さらに幻想的な雰囲気に。境内には「願い石」なるものが祀られており、多くの人が石に願掛けをしていく。

緑に朱塗りの鳥居が映える

札幌伏見稲荷神社

住札幌市中央区伏見2-2-17
TEL011-562-1753
営参拝自由(社務所9:00～16:00)
休無休
交地下鉄円山公園駅から車で約10分
Pあり

町の発展を見守る総鎮守

北海道神宮

ほっかいどうじんぐう

神社 MAP 別冊P.18-B3

明治時代、北海道の開拓を進める民の心のよりどころにと、開拓三神が祀られたのが始まり。自然豊かな約18万㎡の境内には、1100本近くの桜と120本以上の梅の木があり、春になると花見客でにぎわう。開拓神社、鉱霊神社、穂多木神社という3つの境内社もある。

6月には札幌まつりと呼ばれる例祭がある

北海道神宮
住札幌市中央区宮ヶ丘474
TEL011-611-0261
営6:00～17:00(授与所は9:00～、冬季は～16:00)
休なし
交地下鉄円山公園駅から徒歩15分
P有料あり

北海道の新鮮な旬の山海の幸が揃う

札幌市中央卸売市場 場外市場

さっぽろしちゅうおうおろしうりしじょう じょうがいしじょう

市場 MAP 別冊P.34-A1

全道各地から新鮮な旬の魚介や青果が集まってくる中央卸売市場。この市場の隣、一般の人にも開かれているのが場外市場だ。10ブロック約60店舗が軒を連ね、中央卸売市場から仕入れた鮮度のよいものを格安で提供している。海鮮丼などを出す飲食店や休憩所もある。

食堂や寿司店など飲食店も充実している

札幌市中央卸売市場 場外市場
住札幌市中央区北11西21、22
TEL011-621-7044(組合事務局)
営6:00～15:00(大型店舗は～17:00)、飲食店は7:00～(いずれも店舗によって異なる)
休無休(店舗によって異なる)
交地下鉄二十四軒駅から徒歩7分。JR桑園駅から徒歩9分
CC店舗によって異なる
Pあり

COLUMN ジモトトピックス

北海道神宮参拝のあとに寄りたい店3

WAKE CAFE ウエイク カフェ MAP 別冊P.18-B3

神宮そばの住宅街にあるカフェ。4月中旬～9月中旬はモーニングがあり、参拝後に立ち寄る人も。くつろげる雰囲気とどこか懐かしいフードメニュー。ていねいに入れたコーヒーに癒やされる。

住札幌市中央区宮の森1-10-4-33 TEL011-213-8819 営10:00～17:00LO(4～9月は6:00～9:00の早朝営業あり) 休日・月曜、不定休あり 交地下鉄円山公園駅から徒歩15分 CC不可 Pあり(フーズバラエティすぎはらと共用)

人気の「昔風石鍋ナポリタン」700円

フーズバラエティすぎはら(→P.66)の斜め向かい

神宮の杜 はくしか じんぐうのもり はくしか MAP 別冊P.18-B3

神宮北一条駐車場の奥にある店。北海道産の米や食材を用いたお粥はホッとする味わい。道産ごぼう茶、道産コーンポタージュなどもある。店内には道内の名産品等の物販コーナーも。

住札幌市中央区宮の森1239-1 TEL011-615-1177 営11:00～14:30(土・日曜・祝日は10:00～) 休無休 交地下鉄円山公園駅から徒歩15分 CCADJMV Pあり(北海道神宮北一条駐車場／1時間無料、1500円以上の利用で2時間無料)

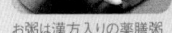

お粥は漢方入りの薬膳粥

神宮の駐車場に隣接

MaShu マシュー MAP 別冊P.18-B3

一軒家を改装した落ち着きあるカフェ。窓の外に広がる円山公園の美しい林を眺めながら、道産食材を用いたバターサンド490円や季節のパフェなどのスイーツ、ドリンクを楽しめる。

住札幌市中央区北1西28-3-5 TEL011-616-3171 営10:00～18:00 休月曜、第3火曜(祝日の場合は翌平日が休み) 交地下鉄円山公園駅から徒歩5分 CCADJMV Pあり

アート作品のようなスイーツ

静かな時間を過ごせる癒やしの空間

INFO 北海道神宮には鳥居が5基ある。境内近くに4基しかないため、5基あるとは知らない人も多いようだが、実は表参道にあたる北1条通の車道(北1西25)に大きくそびえているのが第一鳥居となる。

多彩な展覧会を行う北海道の文化拠点
北海道立近代美術館
●ほっかいどうりつきんだいびじゅつかん

美術館 MAP 別冊P.34-A2

「北海道の美術」「日本近代の美術」「エコール・ド・パリ」「ガラス工芸」「現代の美術」の5テーマに沿って多彩なジャンルの作品を収集。それらの収蔵作品を紹介する「近美コレクション」展と、国内外の優れたアート作品などを紹介する「特別展」を開催している。

緑豊かな庭に囲まれた美術館の建物

北海道立近代美術館
住札幌市中央区北1西17
TEL011-644-6882 営9:30～17:00(最終入場16:30) 休月曜(祝日、振替休日の場合は翌日)、展示替期間 料近美コレクション(所蔵品展)510円。特別展は展覧会により異なる 交地下鉄西18丁目駅から徒歩5分。JR札幌駅からバスで約10分、道立近代美術館下車、徒歩1分
CCJMV(展覧会による) Pなし

らせん階段は美術館のロゴに使用

先鋭的画家・三岸好太郎の作品を展示
北海道立三岸好太郎美術館
●ほっかいどうりつみぎしこうたろうびじゅつかん

美術館 MAP 別冊P.34-B2

戦前のモダニズムを代表する札幌出身の画家・三岸好太郎の代表的な作品を収蔵・展示している。道内の若手芸術家の企画展やほかの美術館と連携した展覧会も実施。館内は、31歳で亡くなった三岸が生前に考えたアトリエのイメージを取り入れた設計となっている。

知事公館の庭園内にある小さな美術館

北海道立三岸好太郎美術館
住札幌市中央区北2西15
TEL011-644-8901 営9:30～17:00(最終入場は16:30) 休月曜(祝日、振替休日の場合は翌日)、展示替期間(ただし、11月1～7日の芸術週間の月曜は開館)
料所蔵品展510円。特別展は料金が異なる 交地下鉄西18丁目駅から徒歩7分
CCMV Pあり

2017年に愛称が「mima(ミマ)」に決定

英国チューダー様式を取り入れた建物
北海道知事公館
●ほっかいどうちじこうかん

歴史的建造物 MAP 別冊P.34-B2

1936（昭和11）年に三井合名会社の別邸として建てられた洋館。1953（昭和28）年に道の所有となってからは、知事公館として会議や行事に使われている。一般開放され、見学もできる。環境緑地保護地区に指定されている緑豊かな庭には野外彫刻の作品なども展示。

国の登録有形文化財でもある

北海道知事公館
住札幌市中央区北1西16
TEL011-611-4221 営9:00～17:00(行事や公務で見学できない場合あり)。庭園は4月29日～11月30日の8:45～17:30(10月は～17:00、11月は～16:00) 休土・日曜・祝日(庭園は土・日曜・祝日も開放)
料無料 交地下鉄西18丁目駅から徒歩5分 Pなし

大通公園バラ園からの眺めも趣がある
札幌市資料館（旧札幌控訴院）
●さっぽろしりょうかん（きゅうさっぽろこうそいん）

歴史的建造物 MAP 別冊P.34-B2

大正時代に札幌控訴院として建てられ、現在は国の重要文化財に指定されている。建物の中には控訴院時代の法廷を復元した「刑事法廷展示室」のほか、札幌国際芸術祭に関するラウンジや「まちの歴史展示室」などがある。ミニギャラリーや貸室としても活用されている。

札幌軟石を用いた貴重な建物

札幌市資料館(旧札幌控訴院)
住札幌市中央区大通西13
TEL011-251-0731 営9:00～19:00
休月曜(祝日、振替休日の場合は翌日) 料入館無料 交地下鉄西11丁目駅から徒歩5分。市電中央区役所前または西15丁目停留場から徒歩6分 Pなし

あそぶ&体験

都心にいるのを忘れるスパ施設

すすきの天然温泉 湯香郷

すすきのてんねんおんせん とうかきょう

入浴施設 MAP 別冊P.39-C3

中心部に初めて誕生した本格天然温泉。広い内風呂やジャクージやサウナなどが揃っており、ゆっくりくつろげる。タオルやシャンプーなどのアメニティ、浴衣も完備しているので思い立ったら手ぶらで立ち寄れるのも魅力。食事も充実。

地下800mから湧出する自家源泉

すすきの天然温泉 湯香郷
住札幌市中央区南7西3 ジャスマックプラザ2～4階
TEL011-513-8107
営10:00～24:00(最終受付23:00、月曜は12:00～) 休無休
料入浴2750円 交地下鉄中島公園駅から徒歩3分、地下鉄豊水すすきのから徒歩2分 CCADJMV
P有料あり(入浴で2時間無料)

空を仰ぎながら入れる檜の露天風呂

女性専用の美と癒やしのスパ

こみちの湯 ほのか

こみちのゆ ほのか

入浴施設 MAP 別冊P.39-C2

狸小路にある女性専用のスパ施設。ジェットバスと塩の湯が一緒になった「泡塩の湯」や真っ白な泡風呂「絹の湯」などのほか、3タイプの岩盤浴、高温ドライサウナもある。食事も麺類、定食、ヘルシーなものまでバラエティに富む。

立地のよさから多くの働く女性が利用

こみちの湯 ほのか
住札幌市中央区南3西2-15-5(狸小路2)
TEL011-221-4126
営24時間(風呂10:00～翌8:00、岩盤浴8:00～翌5:00)
休無休
料入場1600円(タオル、湯着込み)
交地下鉄大通駅、すすきの駅から徒歩4分、地下鉄豊水すすきの駅から徒歩2分
CCAJMV
Pなし

多彩な浴槽やサウナが楽しめる

苗穂駅前温泉 蔵ノ湯

なえぼえきまえおんせん くらのゆ

入浴施設 MAP 別冊P.19-D2

夕方になるとライトアップされる洞窟風呂、大浴場、熱めの湯が好きな人向けの温泉あつ湯、露天風呂など6種類の浴槽がある。広いサウナと水風呂も完備。ヘアカットやボディケア施設、お食事処「蔵」も併設している。

夜は星空を見ながら湯あみできる

苗穂駅前温泉 蔵ノ湯
住札幌市中央区北2東13-25-1
TEL011-200-3800 営10:00～0:00(最終受付23:00) 休無休(メンテナンス休館あり) 料入浴480円 交JR苗穂駅から徒歩4分 CC不可 Pあり

札幌駅の隣、苗穂駅からすぐ

体が芯から温まる天然の湯

天然温泉やすらぎの湯 北のたまゆら桑園

てんねんおんせんやすらぎのゆ きたのたまゆらそうえん

入浴施設 MAP 別冊P.34-A1

ナトリウム塩化物泉の湯（加温・循環ろ過あり）は体がよく温まると評判。ゆったり広い主浴槽、ひょうたん型と東屋風の露天風呂のほか、ブラックシリカの「ぬる湯」、電気風呂・ジェット風呂などもある。サウナ、水風呂も完備。

東屋風の露天風呂は檜を使用

天然温泉やすらぎの湯 北のたまゆら桑園
住札幌市中央区北11西16-1-34
TEL011-611-2683 営7:00～翌1:00 休無休(メンテナンス休館あり) 料入浴480円
交JR桑園駅から徒歩3分
CC不可 Pあり

桑園駅からすぐという好立地

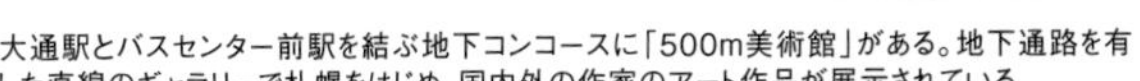
INFO 地下鉄大通駅とバスセンター前駅を結ぶ地下コンコースに「500m美術館」がある。地下通路を有効活用した直線のギャラリーで札幌をはじめ、国内外の作家のアート作品が展示されている。

夜景もきれいな札幌中心部の屋上観覧車
観覧車nORIA
●かんらんしゃノリア

観覧車 MAP 別冊P.38-B2

すすきの近くのビルの屋上にある直径45.5m、地上78mに達する観覧車。町並みを見渡せる約10分の空中散歩を楽しめる。バリアフリー対応で車椅子のまま乗車も可。ゴンドラ内はヒーター完備なので冬も暖かい。ちなみにノリアとはスペイン語で観覧車を意味する。

なかには黄色い「幸せゴンドラ」もある

観覧車nORIA
住札幌市中央区南3西5-1-1 ノルベサ7階
TEL011-261-8875
営11:00〜23:00(金・土曜・祝前日は〜翌1:00)。最終受付は営業終了の10分前
休無休
料乗車800円
交地下鉄すすきの駅から徒歩2分
CC不可　Pなし

冬だけでなく夏も遊べるスキー場
さっぽろばんけいスキー場
●さっぽろばんけいスキーじょう

スキー場 MAP 別冊P.24-A1

札幌中心部から車で約20分の距離にあるスキー場。初心者から上級者向けまで揃う多彩なコースが魅力だ。さらに夏はキャンプやジップライン、マウンテンバイクなどのアクティビティが楽しめる。手ぶらでBBQができるほか、8月には恒例の花火大会も開催。

アクセスがよく観光客にも人気

さっぽろばんけいスキー場
住札幌市中央区盤渓410
TEL011-641-0071　営冬季9:00〜21:00、夏季9:00〜17:00　休不定休　料公式サイトで確認を
交地下鉄円山公園駅からバスで約15分、ばんけいスキー場下車すぐ　CCADJMV　Pあり

夏はキャンプ場として利用できる

気軽に身軽にアウトドアを満喫
Redoor Sapporo
●リドア サッポロ

キャンプ場 MAP 別冊P.24-A1

市内とは思えない豊かな自然のなかにある、コンパクトなキャンプ場。焚き火の直火や手持ち花火、ハンモック利用、ペット同伴などがOK。仕事帰りに寄って焚き火を楽しむイブニングキャンパーにも人気だ。ジップラインなどの遊具もある。夏はイベントを開催。

利用者はソロから家族連れまで幅広い

Redoor Sapporo
住札幌市中央区盤渓213-28
TELなし(予約は公式サイトから)
営デイキャンプ12:00〜18:00、イブニングキャンプ17:00〜21:00、宿泊12:00〜翌11:00　休無休
料デイ・イブニングキャンプ各1650円、宿泊3300円　交地下鉄円山公園駅からバスで約10分、森学舎・峠のワイナリー前下車、徒歩1分　CC不可　Pあり

直火で焚き火ができるのは魅力

COLUMN ジモトトピックス

札幌で醸造する自然派ワイン

2001年、地域にワイン文化を育てたいと醸造家の田村修二さんが盤渓に開設したワイナリー。北海道産のブドウや自家栽培のブドウを用いて、酸化防止剤を加えない無添加ワインを醸造している。ブドウの風味を生かしたワインは食事にも合わせやすい優しい味わい。

ばんけい峠のワイナリー　MAP 別冊P.24-A1
●ばんけいとうげのワイナリー
住札幌市中央区盤渓201-4　TEL011-618-0522　営10:00〜17:00(11〜3月は〜16:00)　休水・木曜　交地下鉄円山公園駅からバスで約10分、森学舎・峠のワイナリー前下車、徒歩1分　CCMV　Pあり

赤や白、ロゼのほか果実酒もある

COLUMN ジモトトピックス

札幌駅前通りの商業ビル

札幌駅前通りに隣接し、地下道からもアクセスできる便利でオシャレな駅ビル。立ち寄ってみたい、気になる飲食店がめじろ押し！

sitatte sapporo ●シタッテサッポロ MAP 別冊P.37-C3

2017年度グッドデザイン賞を受賞したビル。地下歩行空間からビルへ続く木の階段スペース「ステップガーデン」は座って休憩することもできる。

住札幌市中央区北2西3-1-20 札幌フコク生命越山ビル
営休店舗により異なる　Pなし

地下歩行空間と直結。奥に見えるのが木のステップ

こんなお店が入っている！

道東・厚岸産のブランド牡蠣「マルえもん」を生、フライ、焼き、酒蒸しと異なる調理法で楽しめる。カツオと昆布のだしが効いただし巻きや釜めし、魚介の炙り、海鮮丼なども人気。

魚バカ 厚岸漁業部 祐一郎商店

●さかなバカ あっけしぎょぎょうぶ ゆういちろうしょうてん
住sitatte sapporo2階　TEL011-596-9666
営11:30～14:30LO、17:00～22:30LO
休無休　CCJV

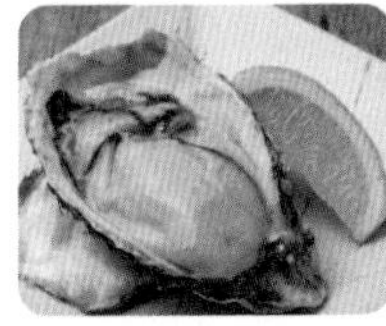

プリプリの生牡蠣495円

活気ある雰囲気の店舗入口

本場ドイツから取り寄せたスパイスを用い、自社工場で職人がていねいに腸詰め。注文が入ると1本ずつ焼き上げるパリパリジューシーなソーセージ。手ごねハンバーグやピザも人気。

生ソーセージバル LECKER

●なまソーセージバル レッカー
住sitatte sapporo2階　TEL011-232-4129
営11:00～14:30LO、17:00～22:15LO。土・日・祝日11:00～22:15LO　休無休　CCADJMV

ソーセージプレーン110円など

店名のレッカーは独語で「おいしい」

miredo ●ミレド MAP 別冊P.37-C3

ビルの2階には緑豊かな「イコイラウンジ」があり、ゆっくりくつろげる。FMノースウェーブが月替わりで厳選した楽曲も流れ、心地いい。

住札幌市中央区北3西3-1 大同生命札幌ビル
営・休店舗により異なる　Pなし

緑と音に包まれるガラス張りのラウンジ

こんなお店が入っている！

札幌の和食の名店「エルムガーデン」が手がける揚げたて天ぷらの店。昼は定食スタイルのメニュー1480円～を、夜は天ぷらのほか、旬の素材を使った和食を日本酒やワインと一緒に楽しめる。

天ぷら弥平

●てんぷらやへい
住miredo1階　TEL011-209-8080　営11:00～14:30LO、17:00～20:00LO(土・日曜・祝日は16:00～)　休無休　CCディナーのみADJMV

夜の目安は4000円～

カウンターで揚げたてをいただく

2007年の創業以来、手間ひまかけたスープで地元の人に支持されている店。スープカレー初心者でも食べやすいと旅行者向けサイトのランキングでも常に上位。札幌駅から近いこともあり、行列が絶えない。

Soup Curry Suage 4

●スープ カレー スアゲ 4
住miredo2階　TEL011-211-5545(予約不可)
営11:00～20:30LO　休無休　CCADJMV

パリパリ知床鶏と野菜カレー1280円

テイクアウトも対応している

INFO 2011年に札幌駅前通地下歩行空間「チ・カ・ホ」(→P.102)ができたことで、札幌、大通、すすきのエリアが地下でつながった。広場などではいつもイベントなどが行われているので、地下もぜひ歩きたい。

食べる

ハーフビュッフェのランチが評判

Northern Kitchen All Day Dining

●ノーザン キッチン オール デイ ダイニング

ダイニング MAP 別冊P.38-B1

道産食材の料理が楽しめるダイニング。人気は新鮮な野菜を使った前菜、スープ、ドリンクなどがビュッフェになっているハーフビュッフェスタイルのランチ1980円。メインは月替わりの肉料理、魚料理、パスタからチョイスでき、ミニパフェ付き。

一面ガラス張りの広々とした店内

Northern Kitchen All Day Dining
住札幌市中央区南2西5-26-5 ラ・ジェント・ステイ札幌大通2階 TEL011-212-1875 営朝食6:30〜9:30LO、ランチ11:30〜13:30(最終入店) 休無休(貸切イベントなどで休みあり) 交地下鉄大通駅から徒歩3分 CCADJMV P有料あり

道産肉の個性を生かしたハンバーグ

ノースコンチネント まちのなか店

●ノースコンチネント まちのなかてん

ハンバーグ MAP 別冊P.39-C1

十勝ハーブ牛やエゾシカ肉など、北海道産の肉を用いた手作りハンバーグが人気。店内は「都心の森」がモチーフで隠れ家のよう。店の中央の鉄板で焼き、炎が上がりライブ感も楽しめる。本日のランチセットはドリンク付き1280円とお得。

肉の個性で北海道を旅するがテーマ

ノースコンチネント まちのなか店
住札幌市中央区南2西1-6 マリアールビル地下1階 TEL011-218-8809 営11:30〜14:30LO、17:30〜21:30LO 休第3水曜 交地下鉄大通駅から徒歩2分 CCADJMV Pなし

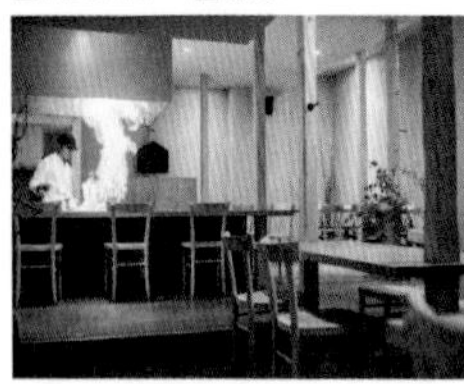
五感でハンバーグを楽しめる

COLUMN ジモトトピックス

道産米の米麺と道産小麦のパン

2022年に札幌ステラプレイスにオープンした複合ショップ「space米と麦」。道産米のゆめぴりかを100%用いた米麺を味わえるイートイン「rice noodle comen(ライスヌードルコメン)」と、道産小麦100%使用のベーカリー「boulangerie coron(ブーランジェリーコロン)」がある。comenの米麺は、食感や太さにこだわって開発され、バラエティに富んだ具材やスープで味わえる。米粉スイーツやこだわりの卵かけご飯などのサイドメニューもある。

手前にcoronの販売スペース、奥にcomenのイートインが並ぶ

ツルツルもちもちの米麺

たっぷり香味野菜と北海道産のcomenなど、多彩な全15種類

space米と麦
●スペースこめとむぎ MAP 別冊P.37-C2
住札幌市中央区北5西2-5 札幌ステラプレイス イースト地下1階 TEL011-209-5775 営10:00〜21:00(comenは20:30LO) 休ステラプレイス休館日に準ずる 交JR札幌駅から徒歩2分 CCADJMV Pあり(ステラプレイス提携利用。2000円以上の利用で2時間無料)

coronの一番人気、とうきびリュスティック

幅広い層に支持される味とボリューム
珈琲とサンドイッチの店 さえら
こーひーとサンドイッチのみせ さえら

サンドイッチ MAP 別冊P.39-C1

創業48年、市民に愛され続けているボリュームたっぷりのサンドイッチ。トーストサンドを除き、14～15種類ある具材の中から好きな2種類を選ぶのが基本。組み合わせでいくと100通りを超える。一番人気は数量限定のたらばがにサラダ&フルーツサンド1090円。

たらばがにサラダ&フルーツサンド

珈琲とサンドイッチの店 さえら
住札幌市中央区大通西2-5-1 都心ビル地下3階 TEL011-221-4220 営10:00～17:00LO 休水曜(不定期で火曜と連休あり。GWなど不定休) 交地下鉄大通駅19番出口直結 CC不可 Pなし

昼時にはいつも満席になる

北海道イタリアンを味わうならココ
トラットリア テルツィーナ
トラットリア テルツィーナ

イタリアン MAP 別冊P.38-B1

北海道におけるイタリアンの第一人者・堀川秀樹シェフの店。北海道産の旬の野菜、肉、魚介をそれぞれ情熱ある生産者から仕入れ、同じ情熱をもってイタリアの表現方法で調理する。食材のおいしさを存分に引き出した料理の物語をスタッフが伝えてくれるのもうれしい。

季節の道産食材を用いたイタリアン

トラットリア テルツィーナ
住札幌市中央区南1西6-1-4 第27桂和ビル2階 TEL011-221-3314 営11:30～14:30LO、17:00～20:30LO 休火曜 交地下鉄大通駅から徒歩4分 CCADJMV Pなし

大通に移転し、足を運びやすくなった

定食、一品料理が多数。昼飲みもOK
ビル食堂 でら
ビルしょくどう でら

食堂 MAP 別冊P.39-C1

大通の仲通りに建つ古い雑居ビルの中にある食堂。終日ナポリタンやザンギ、生姜焼きなどの定食が食べられるうえに、ポテトサラダやザーサイなどつまみになる一品料理も豊富。女性がひとりでふらりと入れる雰囲気&昼飲みもできるという使い勝手のよさが人気。

デミカツ定食1100円。人気のポテサラ付き

ビル食堂 でら
住札幌市中央区南1西1-2 大沢ビル3階 TEL011-252-2502 営11:00～22:00 休無休 交地下鉄大通駅から徒歩2分 CCAMV Pなし

広くて開放的な店内。気軽に入りやすい

ブルワリー直送のビールが味わえる
Tap Room BEER KOTAN
タップ ルーム ビア コタン

ビール MAP 別冊P.39-C1

道内で唯一ホップの商用栽培を行っている上富良野町のホップを使用しビールを作る忽布古丹醸造(ホップコタンジョウゾウ)の直営店。作りたての新鮮なビールを楽しめる。ピルスナーのupopo、ペールエールのnonno各310mℓ700円ほか常時12種類を用意。ビールに合うフードメニューも多彩に揃う。

ビール好きならぜひ立ち寄りたい

Tap Room BEER KOTAN
住札幌市中央区南2西3-13-2 パレードビル3階 TEL011-221-2505 営17:00～23:00(フード22:00LO。土・日曜・祝日は12:00～) 休無休(臨時休業あり) 交地下鉄大通駅から徒歩2分 CCADJMV Pなし

スタイリッシュな店内

INFO 札幌にいながら本格台湾料理が味わえる「ファンズ円山」。台湾人シェフが北海道の上質な食材を用いた小籠包や中華粥などを味わえる。住札幌市中央区南1西22-2-21 Palazzo裏参道1階

福岡と讃岐のイイとこ取りうどん

増田うどん

●ますだうどん

うどん
MAP
別冊P.38-A2

福岡出身の店主が香川で修業。福岡うどんと讃岐うどんのエッセンスを盛り込んだうどんは、ほどよいコシのこだわり自家製麺とだしの効いたつゆが絶妙。練り物のごぼ天やまる天などトッピングも多彩だ。一番人気は甘辛く煮込んだ牛肉がのった増田肉うどん920円。

網状のごぼ天はサクサク揚げたて

増田うどん
住札幌市中央区南3西9-1000-6 イオ南3条ビル1階
TEL011-231-8188
営11:00～15:30LO 休日曜、第1・3月曜 交地下鉄西11丁目駅から徒歩5分
CC不可 Pなし

女性ひとりでも入りやすい雰囲気の店内

創業100年以上の歴史ある更科そば店

東家寿楽

●あずまやじゅらく

そば
MAP
別冊P.18-B3

大正時代に釧路で創業し、現在の場所には1966（昭和41）年に移転。北海道産のそば粉で打った上品な風味の更科そばが味わえる。くすみのない麺はコシがありのど越しもいい。そば寿司やそばがきも用意。ゆったりした設えの店内からは美しい庭を望むことができる。

2人から注文のワンセット1人3200円

東家寿楽
住札幌市中央区北2西27-1-1
TEL011-611-8659
営11:00～19:40LO（火曜は～16:40LO）
休水曜 交地下鉄西28丁目駅から徒歩3分。地下鉄円山公園駅から徒歩5分 CCMV Pあり

夏は藤棚の下で食事もできる

おにぎりとスープでほっとひと息

あめつちby35stock

●あめつちバイサンゴストック

カフェ
MAP
別冊P.25-C1

塩や調味料をはじめ、食材選びからこだわったおにぎりやスープが楽しめる。お米は浦臼町の農家から直接仕入れた特Aランクの道産米、スープは季節の野菜などをたっぷり用いた鶏ガラベース。出汁巻卵やザンギなどの副菜のほか、自家焙煎のコーヒーに合う和のデザートもある。

中札内産枝豆のおにぎりなど

あめつちby35stock
住札幌市中央区南20西8-2-22
TEL011-206-1935
営11:00～19:00LO（時間短縮あり）
休不定休
交市電東屯田通停留場から徒歩3分
CCADJMV Pあり

道産木材で建てられた一戸建てカフェ

札幌のカフェを語るに外せない場所

森彦

●もりひこ

カフェ
MAP
別冊P.34-A3

現在、市内各所に店を構えるカフェの人気ブランド「MORIHICO.」の始まりの場所。ツタが絡む築70年の古民家をリノベーションし、こだわりのアンティーク家具を置いた店内はどこを切り取っても絵になる。ネルドリップで抽出した自社焙煎コーヒーをゆっくり静かに味わいたい。

時間が止まったような心地よい空間

森彦
住札幌市中央区南2西26-2-18
TEL0800-111-4883（フリーコール） 営10:00～20:30LO（5～10月の土・日曜・祝日は8:00～。変更あり） 休無休 交地下鉄円山公園駅から徒歩4分
CCADJMV Pあり

円山の閑静な住宅街にある古民家

衣食住にアートが融合した空間

FAbULOUS

ファビュラス

カフェ MAP 別冊P.39-D1

アートを身近に感じながら、モーニングはサンドイッチ、ランチはガレットやプレート、カフェタイムはスイーツと、時間帯で異なるメニューを楽しめる。天井が高い店内はまるでニューヨークの店のよう。奥のショップでは雑貨、洋服など、暮らしを彩るものが並ぶ。

ランチのガレット・生ハムサラダ1380円

FAbULOUS
住札幌市中央区南1東2-3-1 NKCビル1階 TEL011-271-0310 営9:00～20:00（10:30～11:30はクローズ）。ショップは10:00～20:00 休無休 交地下鉄バスセンター前駅から徒歩1分。地下鉄大通駅から徒歩5分 CCADJMV Pなし

店内には月替わりでアート作品も展示

ふたつの限定商品は要チェック

きのとや大通公園店・KINOTOYA cafe

きのとやおおどおりこうえんてん・キノトヤカフェ

カフェ MAP 別冊P.39-C1

大通公園そばの大通ビッセ1階にあり、カフェコーナーでケーキやドリンクを楽しめる。夏になるとテラス席でくつろぐ人も多い。一番人気は、同店限定オムパフェ。ふわふわ生地に生クリームやフルーツがたっぷり。同じく限定のいちごプリンソフト770円も人気。

フルーツたっぷりのオムパフェ594円

きのとや大通公園店・KINOTOYA cafe
住札幌市中央区大通西3 北洋大通センター1階 TEL011-233-6161 営10:00～20:00 休無休 交地下鉄大通駅からすぐ CCADJMV Pなし

明るく広々としたカフェコーナー

昼と夜、ふたつの顔をもつ和食の店

鬼はそと福はうち

おにはそとふくはうち

和食 MAP 別冊P.25-C1

昼はカレーうどん、夜は道産黒毛和牛のすき焼きとしゃぶしゃぶが味わえる。伏見の高台にあり、店内からは町を一望。カレーうどんはスープのベースが異なる甘口、中辛、辛口の3種類が味わえる鬼はそと三種が人気。夜は、秘伝の割り下を用いたすき焼きをぜひ。

名物の鬼はそと三種1540円

鬼はそと福はうち
住札幌市中央区伏見1-3-11 TEL011-520-1414 営11:30～15:30LO、17:30～21:00LO 休無休 交地下鉄円山公園駅前からバスで約8分、伏見町高台下車、徒歩5分 CCADJMV Pあり

藻岩山麓通り沿いにある

パフェに酔う、至福の時間

Sagesse et histoire

サジェス エ イストワール

パフェ MAP 別冊P.34-A2

デザイナーだった店主が作るパフェは、見た目の美しさと、最後までおいしく食べられるように計算されているのがポイント。使う食材は一つひとつ吟味したもので、アイスやムース、パーツなどはすべて手作り。着色料などは不使用。オリジナルのコーヒーはマイセンなどのカップで提供。

パフェは季節によって異なる

Sagesse et histoire
住札幌市中央区大通西24-1-12 営13:00～17:00（金・土曜・祝前日は19:00～23:00も営業） 休火曜（祝日の場合は振替あり） 交地下鉄円山公園駅から徒歩2分 CCADJMV Pなし

シックで落ち着く雰囲気の店内

INFO 道産の発酵バターや小麦粉にこだわって作った「ezomal cookie」。札幌の人気イラストレーター・yukkyのイラストをかたどったクッキーで、缶も◎。要予約。上記のSagesse et histoireで。

買う&テイクアウト

おみやげに欠かせない定番銘菓が揃う

札幌千秋庵本店

さっぽろせんしゅうあんほんてん

和洋菓子 MAP 別冊P.39-C2

創業100年以上という札幌の老舗菓子メーカー。2020年にリニューアルした本店では、限定品の焼きたてノースマン180円などを販売。菓子作りにも使用している地下約90mからくみ上げた井戸水を自由に飲むことができるコーナーもある。

人気の高いノースマン。1個180円

札幌千秋庵本店

住札幌市中央区南3西3-16-2
TEL011-205-0207
営10:00〜18:00 休無休
交市電狸小路停留場、地下鉄すすきの駅から徒歩1分。地下鉄大通駅から徒歩5分
CCADJMV Pなし

店内の壁には菓子の木型などを展示

生けすの活カニを自分で選べる

佐藤水産 市場店

さとうすいさん しじょうてん

水産加工 MAP 別冊P.34-A1

鮭を中心に北海道の質の高い海産物を扱っており、鮭ルイベ漬やイクラ醤油漬など加工品も評判。市内や石狩に店舗があるが、なかでも市場店には大きな生けすがあり鮮度のいい活カニを提供。自分で選んだカニをゆでてもらうことも。

活カニはゆでて全国発送も対応可

佐藤水産 市場店

住札幌市中央区北11西21 札幌市中央卸売市場場外市場内
TEL0120-025-625
営7:30〜16:30(1〜5月は〜16:00)
休無休
交地下鉄二十四軒駅から徒歩7分。JR桑園駅から徒歩9分
CCADJMV
Pあり(場外市場の駐車場利用)

COLUMN ジモトトピックス

有名スイーツ店のショップ&カフェ

**札幌を代表するスイーツショップ&カフェ。
カフェでゆっくりしておみやげもゲットできる。**

北菓楼 札幌本館 MAP 別冊P.36-B3

きたかろう さっぽろほんかん

1926(大正15)年築の北海道庁立図書館が世界的建築家・安藤忠雄のデザインで店舗とカフェにリニューアル。カフェではケーキとドリンクにシフォンケーキ、ソフトクリームが付くケーキセット917円が人気。

ケーキセットがいちおし

住札幌市中央区北1西5-1-2 TEL0800-500-0318(フリーコール) 営10:00〜18:00(カフェは〜16:30LO)
休無休 交地下鉄大通駅から徒歩4分

カフェには約6000冊の本が並ぶ

六花亭 札幌本店 MAP 別冊P.36-B2

ろっかてい さっぽろほんてん

全国にファンが多い帯広の菓子メーカーの札幌本店。店舗、喫茶室、ギャラリーなどがあり、喫茶室にはホットケーキ750円ほか、季節の素材を使ったデザートや軽食メニューもいろいろある。

人気のホットケーキ

住札幌市中央区北4西6-3-3 TEL0120-12-6666 営10:00〜17:30(喫茶室は11:00〜16:00LO。季節により変動) 休無休(喫茶室は水曜休)
交札幌駅から徒歩5分

10階建てのビル全体が六花亭

文房具好きのワンダーランド

大丸藤井セントラル

●だいまるふじいセントラル

文具 MAP 別冊P.39-C1

1892（明治25）年、創業者の藤井氏が紙の行商をしたのが始まり。1951（昭和26）年に大丸ビル、1989（平成元）年に地下1階、地上7階建ての現在の商業ビルに。1階は文具雑貨、2階は文具、3階はアート、4階は紙と和のフロアになっていて約20万点のアイテムが揃う。

オリジナル商品が並ぶコーナー

大丸藤井セントラル

住札幌市中央区南1西3-2
TEL011-231-1131
営10:00～19:00　休無休
交地下鉄大通駅から徒歩1分
CCADJMV　P契約あり

文房具や雑貨好きにはたまらない

食を中心に心地よい暮らしを提案

オーガニック・自然食品専門店 らる畑

●オーガニック・しぜんしょくひんせんもんてん らるばたけ

オーガニック MAP 別冊P.34-A2

「おいしく、ここちよく、シンプルな暮らし」がコンセプトの自然食品の店。四季を大切にした国産のオーガニック野菜や果物、時間をかけて作られた本醸造調味料、素材の味わいを生かした加工品などが並ぶ。平日はお弁当販売、配達もあり。厳選した旬の野菜が人気。

1989年に円山で創業。ファンも多い

オーガニック・自然食品専門店 らる畑

住札幌市中央区大通西23-2-25 ラメール円山1階
TEL011-614-2406
営10:00～19:00（日曜は～17:00、祝日は～18:00）
休無休
交地下鉄円山公園駅から徒歩7分
CC不可
Pなし

COLUMN ジモトトピックス

道内の「おいしい」が揃うセレクトショップ

駅直結で旅の途中で気軽に寄れる新スポット。北海道みやげからオリジナル商品まで豊富な品揃え。

札幌駅の西口改札を出てすぐの場所に2022年にオープンした、道内各地のグルメを集めた食のセレクトショップ。旅の思い出やおみやげにぴったりな菓子、加工品のほか、季節の青果や海産物など、日々の暮らしを豊かにしてくれるさまざまな食品が並ぶ。食事、お酒、おやつの3つのテーブルシーンを彩るプライベートブランド「DO3TABLE（ドーサンテーブル）」は、北海道産にこだわったアイテムで構成。缶詰、菓子など、72種類を展開している。パッケージもシンプルでおしゃれなので、自宅用のみならず手みやげにもおすすめ。また、店内にはザンギが人気の「お持ち帰りの布袋」と銘菓「札幌農学校」の札幌を代表する2店が、オープンキッチンでのできたて商品を提供。

北海道四季マルシェ 札幌ステラプレイス店

●ほっかいどうしきマルシェさっぽろステラプレイスてん

MAP 別冊P.37-C2

住札幌市中央区北5西2 札幌ステラプレイスCENTER1階　TEL011-209-5337（代表）
営8:00～21:30（お持ち帰りの布袋11:00～21:00、札幌農学校9:00～21:00）　休無休
交JR札幌駅西口改札からすぐ
CCADJMV　Pあり（2000円以上購入でJRタワー共通・提携駐車場2時間無料）

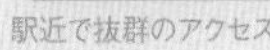
駅近で抜群のアクセス

道内各地のおいしいものがずらり

「DO3TABLE」の乾燥野菜の商品

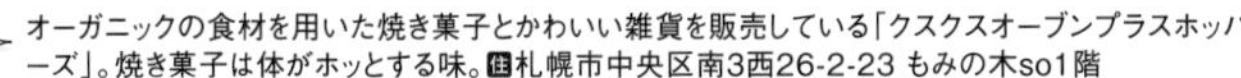
INFO オーガニックの食材を用いた焼き菓子とかわいい雑貨を販売している「クスクスオーブンプラスホッパーズ」。焼き菓子は体がホッとする味。住札幌市中央区南3西26-2-23 もみの木so1階

厳選した質のよいお米が並ぶ

千野米穀店 円山精米所

●ちのべいこくてん まるやませいまいじょ

米穀
MAP 別冊P.34-A2・3

1939（昭和14）年創業。店頭には、五ツ星お米マイスターが選んだ質の高い玄米が約30種類。北海道米が7割を占め有機栽培米、農薬や化学肥料を減じた特別栽培米などさまざま。好みに応じてその場で精米してくれる。こだわりのご飯のおともチェックして。

3kgずつ玄米が入って並んでいる

千野米穀店 円山精米所
住札幌市中央区南1西27-1-1 マルヤマクラス1階　TEL011-688-8158　営10:00～20:00　休マルヤマクラス休館日に準ずる
交地下鉄円山公園駅直結
CCADJMV　Pあり（マルヤマクラス利用。1000円以上利用で1時間30分無料）

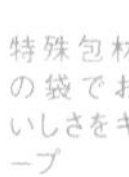

特殊包材の袋でおいしさをキープ

道産食材で作り上げるもちもち大福

ささや大福

●ささやだいふく

大福
MAP 別冊P.34-A2

小豆は十勝産、もち米と黒豆は北竜町産と、地元の優れた食材を用いて伝統的な大福を製造。防腐剤や保存料は一切使用していない。ひとくち食べると、もちのしっかりとした風味や食感を感じられる。幻の黒千石大豆を使った大福や季節限定のいちご大福が人気。

黒千石の塩豆大福220円

ささや大福
住札幌市中央区大通西24-1-26 アッシュマルヤマ1階
TEL011-624-7751
営9:00～売り切れ次第閉店
休日曜
交地下鉄円山公園駅から徒歩3分
CC不可
Pなし

COLUMN ジモトトピックス

毎日食べたい道産食品が揃う「きたキッチン」

道内各地の名物・名品が揃うセレクトショップ。地元の人からおみやげ探しの観光客にも人気。

さっぽろ地下街・オーロラタウンの小鳥の広場の向かいにある道産食品のセレクトショップ。道内各地から集められたえりすぐりの食品1500点ほどが並ぶ。毎日の食卓に並べたくなるもの、というコンセプトどおり、野菜などフレッシュなものから、魚介や肉の加工品、乳製品、菓子類とその品揃えはバラエティに富み、地元の人や観光客でにぎわっている。道内ベーカリーのパンを集めた「ベーカリーセレクト」や、週替わりで生産者や作り手が店頭に立ち、商品の魅力を直接伝えるイベントスペースもある。

きたキッチン オーロラタウン店
MAP 別冊P.39-C1
住札幌市中央区大通西2 さっぽろ地下街オーロラタウン
TEL011-205-2145
営10:00～20:00
休さっぽろ地下街に準ずる　交地下鉄大通駅直結　CCADJMV
P有料あり（さっぽろ地下街駐車場。2000円以上利用で1時間無料）

各地のロングセラースイーツが充実

アクセスのいい場所にあり立ち寄りやすい

バイヤーがセレクトした優れた食品が並ぶ

COLUMN
ジモトトピックス

個性のある大通・札幌駅の百貨店

中央区の札幌駅周辺に4つの百貨店がある。それぞれ歴史、雰囲気や扱っている商品の特徴が異なるので、ショッピングクルーズするのもおもしろい。

最北端のライオン像に屋上の神社！

4丁目のスクランブル交差点の角に建ち、入口にはおなじみのライオン像がある。1932（昭和7）年に東京にある三越の札幌支店として開店。ギャラリーでは日本画、工芸など週替わりで展示し、作家のギャラリートークも開催。地下2階の「菓遊庵」には全国の銘菓が並ぶ。さらに、屋上には墨田区向島から分霊された三囲（みめぐり）神社がある。

札幌三越

●さっぽろみつこし　MAP 別冊P.39-C1

住札幌市中央区南1西3-8
TEL011-271-3311
営10:00～19:00（一部フロアにより異なる）
休不定休
交地下鉄大通駅直結
CCADJMV
P有料あり（利用金額によって無料サービスあり）

冬季を除き開放されている屋上の三囲神社

歴史ある北海道生まれの百貨店

1872（明治5）年に今井藤七が始めた小間物店が原点。一条館と大通館からなり、1926（大正15）年に建てられた一条館は近代化産業遺産に登録されている。9階催事場では道内グルメ、アイヌクラフトなど北海道の食や文化のイベントを開催。10階レストラン街では大通公園やテレビ塔を眺めながら食事ができる。

丸井今井札幌本店

●まるいいまいさっぽろほんてん　MAP 別冊P.39-C1

住札幌市中央区南1西2
TEL011-205-1151
営10:30～19:30（一部フロアにより異なる）
休不定休
交地下鉄大通駅直結
CCADJMV
P有料あり（利用金額によって無料サービスあり）

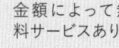

昭和時代の意匠が残る一条館の階段

快適に買い物ができるよう配慮

JR札幌駅直結で、新千歳空港から乗り換えなしで行くことができる旅行者にも便利な百貨店。通路の広さ、エスカレーターの配置など、買い物がしやすいように設計されている。高級ブランドから食料品まで幅広い品揃えで、なかでも国内外の約200店舗が入るデパ地下「ほっぺタウン」は毎日大盛況だ。

大丸札幌店

●だいまるさっぽろてん　MAP 別冊P.36-B2

住札幌市中央区北5西4-7
TEL011-828-1111
営10:00～20:00、レストランフロア11:00～22:00
休無休　交地下鉄さっぽろ駅、JR札幌駅直結
CCADJMV
P有料あり（利用金額によって無料サービスあり）

美・食・雑貨が揃う「KiKiYOCOCHO」

ハンズも入る幅広い品揃え

札幌駅前にある百貨店で、2023年は開店50周年の記念イヤー。フード、ファッション、ライフスタイルと、地域の多様なニーズに応える店舗のラインアップとなっている。自慢のデパ地下「東急フードショー」をはじめ、人気専門店「ハンズ札幌店」も入っている。

さっぽろ東急百貨店

●さっぽろとうきゅうひゃっかてん　MAP 別冊P.37-C2

住札幌市中央区北4西2-1
TEL011-212-2211
営10:00～19:00（一部店舗除く。変更の場合あり）　休無休
交JR札幌駅南口から徒歩3分、地下鉄さっぽろ駅直結
CCADJMV
P有料あり（利用金額によって無料サービスあり）

「東急フードショー」の生鮮食品売り場

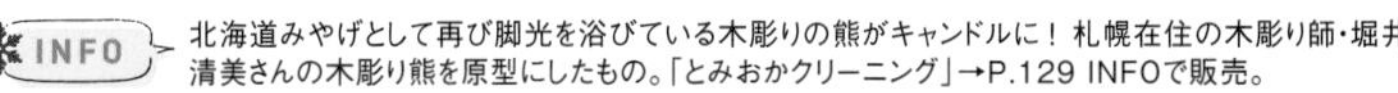

INFO 北海道みやげとして再び脚光を浴びている木彫りの熊がキャンドルに！ 札幌在住の木彫り師・堀井清美さんの木彫り熊を原型にしたもの。「とみおかクリーニング」→P.129 INFOで販売。

Siesta Labo.
住札幌市中央区南1西12-4-182 ASビル1階
TEL011-206-0710
営12:00～18:00　休月・火曜
交地下鉄西11丁目駅から徒歩3分。市電中央区役所前停留場から徒歩2分
CCADJMV　Pあり

白が基調の店内。奥に石鹸工房がある

D&DEPARTMENT HOKKAIDO by 3KG
住札幌市中央区大通西17-1-7
TEL011-303-3333
営11:00～19:00
休日・月曜（月曜が祝日の場合は翌日）
交地下鉄西18丁目駅から徒歩4分
CCADJMV
Pあり

自然派手作り石鹸の店

Siesta Labo.

シエスタラボ

スキンケア　MAP 別冊P.34-B2

札幌生まれのスキンケアブランドSAVON de SIESTAの直営店。厳選した自然素材を用いた手作り石鹸を中心にスキンケアアイテムやフレグランスなどを販売。肌に優しいタオルなど雑貨も扱っているほか、暮らしに彩りを与えてくれるさまざまな企画展も毎月実施している。

敏感肌でも使えるアイテムが揃う

おみやげやギフトに最適なものが見つかる

D&DEPARTMENT HOKKAIDO by 3KG

ディー アンド デパートメント ホッカイドウ バイ 3ケイジー

雑貨　MAP 別冊P.34-A・B2

流行や時代に左右されることなく長く愛され続けている「ロングライフデザイン」をコンセプトに、日用品や生活雑貨、家具などを扱っている。北海道の作家によるクラフト製品も販売。同じビル内には、絵本とおもちゃの専門店や輸入レコードなどを扱う店舗も入っている。

ミニ菜園があり「庭ビル」という別名も

COLUMN ジモトトピックス

個性あふれる小さな店が集まるマンション

仲通りにある築40年以上の古いマンション。「SPACE1-15」と名づけられたここには、20近くのショップが入っている。入口はオートロックなので、目的の部屋番号のインターホンを鳴らそう。店舗により異なるが、営業はおもに週末の午後からなので事前にサイトなどで確認を。

SPACE 1-15　スペース いち-いちご
MAP 別冊P.34-B2
住札幌市中央区南1西15　交地下鉄西18丁目駅から徒歩10分　Pなし

マンション名はシャトー・ル・レェーヴという

書庫・303　しょこ・さんまるさん
本の販売はしていないが、たくさんの本に囲まれてゆっくりお茶を楽しめる。雑貨などの販売をしており、小さな本で作られた珍しいアクセサリーは、ページをめくることもできる。

営土・日曜の13:00～17:30LO　CC不可

小さな本のピアス

3階303号室

CAPSULE MONSTER　カプセル モンスター
503号室の洋菓子の店。ガチャガチャのように楽しめるお菓子というコンセプトで菓子作りを行っている。同じフロアの507号室にはカフェもある。

TEL011-633-0656　営12:00～19:00
休火・水曜　CCADJMV

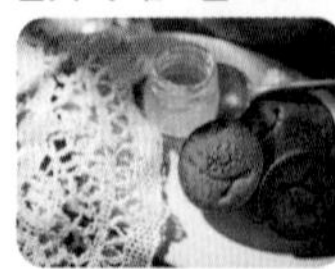
フィナンシェなど焼き菓子が人気

断面が美しい人気のケーキ、フレジェ

北海道のいいモノをギフトで贈る
TOIRO THE GIFT
トイロ ザ ギフト

セレクトショップ MAP 別冊P.39-C1

「北海道を贈る」をコンセプトにしたギフトショップ。道内各地の食品や生活雑貨、コスメ、北海道のクラフト作家による一点物の器やアクセサリー、オリジナル商品などが並ぶ。どれも洗練されたものばかり。ギフトはもちろん、自分へのご褒美選びにもおすすめの店。

定期的に手前スペースで企画展も実施

北海道を元気にするクラフト作品たち
kanata art shop
カナタ アート ショップ

セレクトショップ MAP 別冊P.38-B1

小さな店内には北海道のクラフト作家の手仕事作品を中心に、縁のある道外の作家作品などが並ぶ。陶芸家の山田雅子や森岡由利子ら人気作家の器も多数。ささめやゆき、安西水丸らのアート作品も取り扱っている。建築家・中村好文の家具の取り扱いは日本でここだけ。

良質かつセンスのよい作品が並ぶ

さまざまな木彫り熊に出合える
遊木民
ゆうぼくみん

木彫民芸品 MAP 別冊P.34-A2

川口拓二さん、直人さん親子による木彫りの工房兼ショップ。木彫り熊をはじめとする民芸品、あたたかみのある木製家具や雑貨などを扱っている。さまざまな作品が並び、なかには昭和時代に作られたビンテージの木彫り作品もある。古い木彫り作品の修理なども手がけている。

ところ狭しと並ぶ木彫り作品の数々

北海道の素材にこだわったスキンケア
ナチュラルアイランド直営店home札幌店
ナチュラルアイランドちょくえいてんホームさっぽろてん

スキンケア MAP 別冊P.18-B3

北海道の自然素材にこだわった製品作りを行うスキンケアブランド「ナチュラルアイランド」の直営店。スキンケアやボディケア製品のほか、入浴剤、アロマ関連商品、アウトドアミスト、UVケアなど多彩に揃う。ハンドクリームなどは、北海道みやげとしても人気。

白を基調としたやわらかい雰囲気の店内

TOIRO THE GIFT
住札幌市中央区南1西3-3 札幌PARCO地下2階
TEL011-211-5351 営10:00〜20:00
休PARCO休業日に準ずる
交地下鉄大通駅直結。市電西4丁目停留場からすぐ CCADJMV
Pあり(PARCO提携利用)

kanata art shop
住札幌市中央区大通西5-11 大五ビルヂング6階 TEL011-211-0810 営11:00〜18:00 休土・日曜・祝日 交地下鉄大通駅から徒歩2分 CCADJMV
Pなし

遊木民
住札幌市中央区北7西19-1
TEL011-614-0535 営9:30〜18:00 休木曜 交JR桑園駅から徒歩12分。地下鉄西18丁目駅から徒歩16分 CCADJMV Pあり

ナチュラルアイランド直営店home札幌店
住札幌市中央区北1西28-2-35 MOMA+2階
TEL011-632-5115
営10:00〜17:00
休火曜
交地下鉄円山公園駅から徒歩5分
CCADJMV
Pあり

COLUMN ジモトトピックス

谷川俊太郎氏公認のカフェ

詩人・谷川俊太郎氏のファンや詩を愛する人たちが多く訪れるカフェ。詩や朗読のイベント、音楽会なども頻繁に行われている。

俊カフェ しゅんカフェ
MAP 別冊P.38-B2
住札幌市中央区南3西7-4-1 KAKU IMAGINATION 2階
TEL011-211-0204

築100年近くになる木造建築の2階にある

INFO 2023年3月にオープンしたお香のセレクトショップ「kuyu(クユ)」。13ブランド約500種のさまざまなお香が並ぶ。試し焚きもできる。住札幌市中央区南4西2-2(米原仏具店内)

COLUMN
ジモトトピックス

「赤れんが テラス」の絶品グルメ

「赤れんが庁舎」(→P.121)の前にある複合施設。食事や休憩にも利用できる便利なスポットだ。

「赤れんが テラス」は、"新しい感性と出会う、札幌の中庭"をコンセプトに2014年にオープンした複合施設。赤れんが庁舎に延びる北3条広場、通称アカプラ(→P.122)に面し、ロゴもれんが色だ。町の中心部にありながら、身近に自然が感じられる憩いの場にもなっている。吹き抜けになっている2階のアトリウムテラスにはコーヒースタンドがあり、近隣で働く人々や住民のくつろぐ姿も見られる。また、人気店の味を気軽に楽しめるカジュアルなフードコート(3階のバルテラス)から、一流の高級店までさまざまなジャンルの飲食店が入っているのも魅力。

赤れんが テラス
あかれんが テラス
MAP 別冊P.36-B3
住 札幌市中央区北2西4-1
営休 店舗により異なる
交 地下鉄さっぽろ駅から徒歩2分。JR札幌駅、地下鉄大通駅から5分
P 有料あり(1店舗2000円以上の利用で2時間無料)

上/駅前通り沿いに建つ赤れんが テラス
左上/札幌駅前通地下歩行空間(チ・カ・ホ)にも直結　左下/2階のアトリウムテラス

赤れんがテラスの人気店

札幌で「ザンギ」といえば「布袋」といわれるほどの有名店。2号店として3階のバルテラスにオープン。ランチタイムになると観光客だけでなく、近隣の会社員などたくさんのファンが並ぶ。アツアツのザンギとマーボー麺の最強SETがおすすめ。

これが、「最強SET」1280円

中国料理 布袋 赤れんが テラス店
ちゅうごくりょうり ほてい あかれんが テラスてん
TEL 011-206-4101　営 11:00～14:45LO、17:00～21:30LO
休 赤れんが テラスに準ずる　CC ADJMV

2階に入っている鶴雅グループ初のレストラン。モットーは「おいしい」「たのしい」「できたて」。本格和食など、合計で約60種類の料理が並ぶ。ピザ窯で焼き上げるピザや牛肉の鉄板焼き、羽釜で炊いたご飯などもある。

オープンキッチンならではのライブ感が楽しめる

鶴雅ビュッフェダイニング札幌
つるがビュッフェダイニングさっぽろ
TEL 011-200-0166　営 11:30～15:00(最終入場14:00)、17:30～21:30(同20:30)　休 無休　CC ADJMV

眺望ギャラリー「テラス計画」

赤れんが テラスの5階には眺望ギャラリー「テラス計画」があり、町づくりとアートの情報発信をはじめ、アート作品の展示やワークショップなどを行っている。眺望スペースからは赤れんが庁舎や北3条広場(アカプラ)を見渡すことができる。ギャラリーへ行くには、3階から専用エレベーターに乗り換えを。

TEL 011-211-4366
営 11:00～19:00(イベント等で変更あり)
休 無休
料 無料

展示などのスケジュールは公式ウェブサイトでチェックを

早くから開拓が進んだ 北区 ●きたく

MAP 別冊P.12-13・14-15・18-19

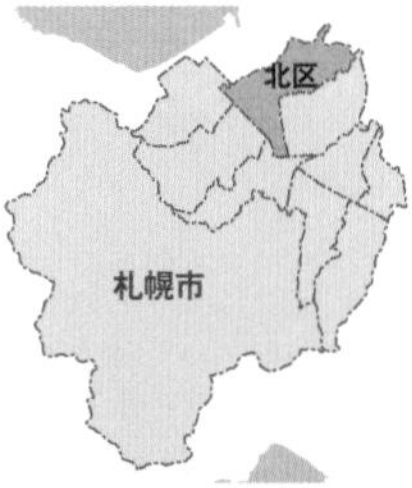

面積 63.57km² 人口 約28万4710人（2023年4月）

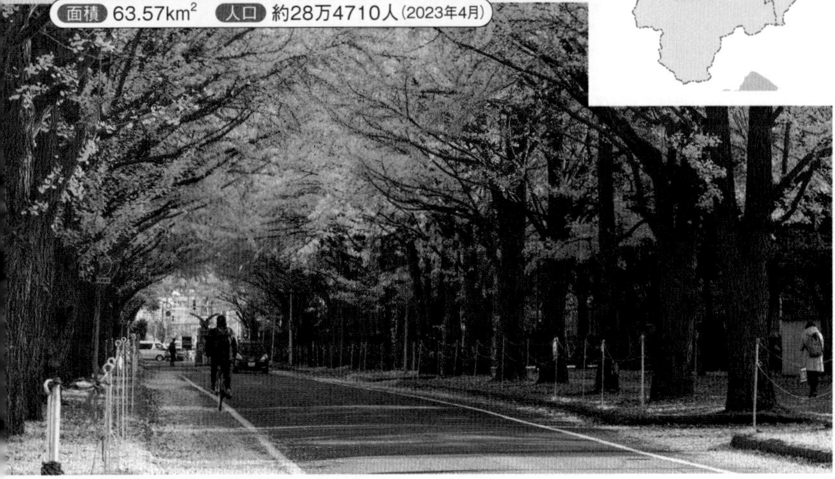

北区
札幌市

北海道大学のイチョウ並木。秋になると一面が黄金色になる

札幌10区の中でいちばん人口が多い区。札幌に開拓使がおかれる前から、篠路地区では開拓が進められていた。平坦な土地が広がり、農業や酪農を営む人が多かったが、現在は宅地化が進み、屯田エリアなどに新しい町並みが造成されている。JR札幌駅の函館本線の線路を越えた北口付近から北区となり、区内には北海道大学があるため、北24条付近までは学生や留学生の姿が多い。またJR学園都市線が走り、北海道教育大学札幌校があるあいの里エリアはニュータウンや文教地区としても知られる。

図全体で「北」を表現。左はポプラ並木をイメージさせる樹木の図案化

このエリアの拠点
JR札幌駅北口、地下鉄北24条駅、地下鉄麻生駅がおもな拠点。各拠点にバスターミナルがあり、各方面へのバスが運行している。

北区の交通
JR学園都市線、地下鉄南北線、バスがおもな交通手段。地下鉄やJRの沿線から外れるエリアへも、おもにバス利用となる。

北区の歩き方

北大構内の散策、北24条で穴場の店探し

札幌駅北口から北海道大学へ向かい、自然豊かな構内を散策したり、都市公園として札幌最古である「偕楽園」の跡地を回ったりするのもおすすめ。北大構内には歴史的建造物や博物館などがあり十分楽しめる。北区の中で飲食店が多くにぎやかなのは北24条エリア。区役所などがあり、かつて地下鉄南北線の終点だったことから、いろいろな店が軒を連ねている。飲み屋も多く、穴場の店を探すのもおもしろい。現在の終点・麻生駅も同様。麻生から各方面へ向かうバスが発着することもあり、行き交う人の数も店の数も多い。

地下鉄北24条駅への行き方

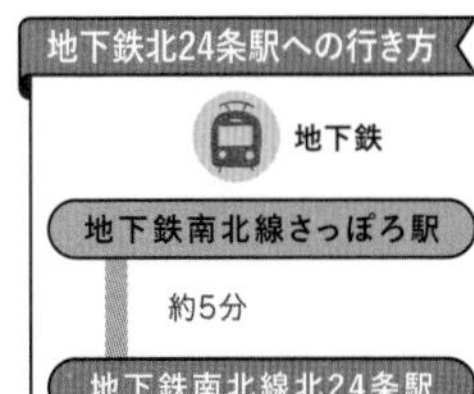

INFO 北区の「まちづくり」を担うキャラクターとして、平成31年に正式認定された「ぽっぴぃ」。新琴似の安春川に浮かぶポプラの葉に流れ星が落ちた瞬間に誕生した妖精で、クリクリした目が特徴。

クラーク博士の教えが残る

北大キャンパス歴史散歩

北海道大学の構内には歴史的建造物や美しい並木道があり、学生以外も散策できる。受け継がれてきたフロンティア精神に触れよう。

札幌農学校第2農場にある1909(明治42)年築の牧牛舎

History

札幌農学校の開設とクラーク博士

クラーク博士の写真。1877(明治10)年

1869(明治2)年に開拓使が設置されると、開拓の指導者育成のため1876(明治9)年、札幌農学校が開設された。初代教頭に就任したのはウィリアム・スミス・クラーク博士。アメリカのマサチューセッツ農科大学学長だった博士は、植物学を講義し農場を付設したほか、兵学導入の提案、聖書購読などを行い、生徒たちにフロンティア精神を根づかせた。わずか9ヵ月ほどの滞在で帰国の途についた。

1879(明治12)年の札幌農学校。左にあるのは演武場(現在の札幌市時計台)

1899(明治32)年頃のモデルバーン

札幌農学校から北海道大学へ

札幌農学校は農商務省、北海道庁、文部省と所管が移り、1903(明治36)年、現在の場所に移転。東北帝国大学農学大学への改組を経て1918(大正7)年に北海道帝国大学となり、医学部、工学部などが設置される。1947(昭和22)年、北海道大学と改称された。2026年に創基150周年を迎える。

北海道大学

●ほっかいどうだいがく

MAP 別冊P.34-B1

「北大」と呼ばれ親しまれている国立大学。川が流れ緑広がる構内には明治期の重要文化財の建物や、ポプラ並木といった見どころが点在。食堂や売店も利用できる。ただし、あくまでも教育研修施設。構内マナーを守って散策しよう。

住 札幌市北区北8西5　電 011-716-2111
開 見学自由　交 JR札幌駅から徒歩7分(正門)
P なし

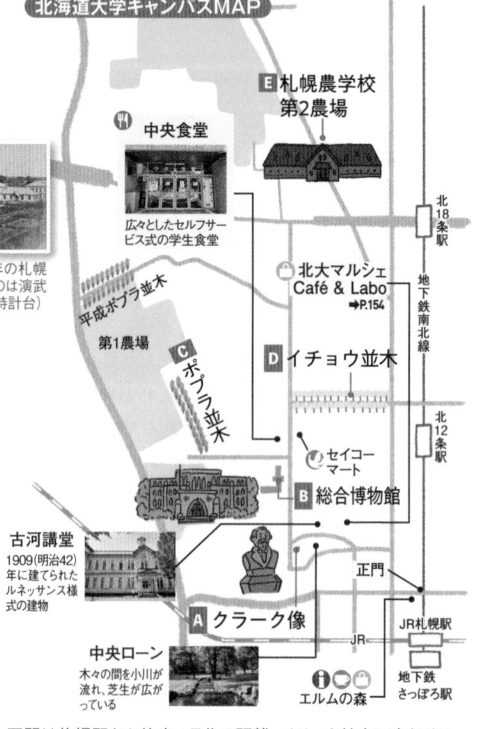

➡P.154

正門は札幌駅から徒歩で7分の距離。イチョウ並木に直行するなら地下鉄北12条駅が最寄りだ。札幌農学校第2農場は構内の北に位置し、最寄り駅は地下鉄北18条駅。正門からだと徒歩で30分はかかる。時間に合わせてコースを考えよう。

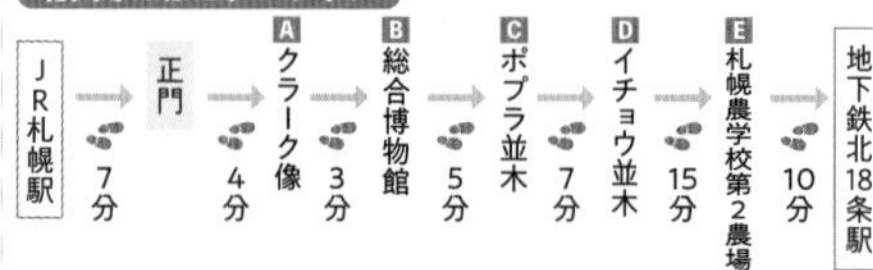

木々に囲まれひっそり立つ

A クラーク像

中央ローンを抜けた所にある

初代教頭で「Boys, be ambitious.(少年よ、大志をいだけ)」の名言で有名なウィリアム・スミス・クラークの胸像。クラーク像や記念碑はここと、羊ヶ丘展望台(→P.192)、日本を去る際に名言を残した場所、北広島の旧島牧駅逓所(→P.251)などにある。

再生した美しい並木

C ポプラ並木

ウッドチップが敷かれた約80mの木道を散策できる

1912(明治45)年に植えられ、2004年の台風で倒木被害を受けたが、植樹された木が根付き美しい並木に再生。構内には2000年に植えられた「平成ポプラ並木」もあり、約300mの遊歩道を歩ける。

北海道の農業の礎を築いた

E 札幌農学校第2農場

●さっぽろのうがっこうだいにのうじょう

クラーク博士がマサチューセッツの大学で建築した畜舎を模した実践農場。1877(明治10)年に建てられ、1910(明治43)年に移築された模範家畜房(モデルバーン)のほか、穀物庫、サイロなどがあり、9棟が国の重要文化財に指定されている。

TEL 011-706-2658
営 8:30～17:00(屋内は5月8日～11月4日の10:00～16:00)
休 第4月曜　料 無料

上:1878年に建てられた穀物庫(コーンバーン)と、渡り廊下でつながった収穫室
下:模範家畜房(モデルバーン)。4本の換気塔は1910年に付けられた

上:原寸大で復元されたケナガマンモスは迫力がある　左:構内にある最も古い鉄筋コンクリートの建物　右:「アインシュタイン・ドーム」と呼ばれている

興味深い学術資料ばかり!

B 総合博物館

●そうごうはくぶつかん

札幌農学校時代からの学術研究資料や標本、約300万点を収蔵。展示は考古学や古生物から科学技術まで多岐にわたる。1929年に完成した旧理学部本館を利用しており、3階まで吹き抜けのドーム天井やレリーフが見事だ。

TEL 011-706-2658　営 10:00～17:00　休 月曜(祝日は開館、翌平日休館)　料 無料

秋は黄色いトンネルに

D イチョウ並木

春から夏は緑のトンネルが美しい

北13条門から真っすぐ延びる約380mの道の両側に、70本のイチョウ並木が続く。秋の黄葉は札幌の風物詩だ。

黄葉の見頃は10月下旬～11月下旬

北大名物の学生寮『恵迪寮(けいてきりょう)』とは

テレビのドキュメンタリー番組などでたびたび取り上げられ注目されている北大の「恵迪寮」。その歴史は古く、1876年の札幌農学校開設にともない、現在の時計台あたりに用意された寄宿舎が始まり。1907(明治40)年に「恵迪寮」という名前になった。この頃から現在まで、寮生が管理・運営する自治寮の形態がとられている。現在の寮は1983年に建てられたもので、共同棟を中心に6棟が放射状になった寮としては珍しい構造。男女混合で総定員580名となっている。昔からの慣習も残っており、寮祭や、毎年作られる寮歌が有名。寄宿料は月4300円。

おもな見どころ

札幌を代表する広大なフラワーパーク

百合が原公園

ゆりがはらこうえん

公園 MAP 別冊P.13-D3

25.4ヘクタールある広い園内には約6400種類の植物が育てられている。100種類近くのユリが咲く「世界の百合広場」をはじめ、ロックガーデン、ライラックウォークとテーマに沿って庭があり、訪れる人を楽しませてくれる。日本庭園と札幌の姉妹都市の国の庭で構成した「世界の庭園」も。温室を有する「緑のセンター」では、冬もツバキなどの展覧会を開催。

園内を「リリートレイン」が周遊する

地域の開拓の守護のために創祀

新琴似神社

しんことにじんじゃ

神社 MAP 別冊P.19-C1

琴似、山鼻に続き、3番目に屯田兵が入植した新琴似で、1887(明治20)年に開拓の守護神として天照皇大御神・豊受大神・神武天皇の三柱の神が祀られたのが始まり。学問・商工業・勝負運・安産・子育てのご利益があるといわれ、周囲はもとより遠方からも多くの参拝者が訪れる。境内には、新琴似村兵村記念碑や百年碑、新琴似屯田兵中隊本部の建物もある。

新琴似の人たちを見守ってきた神社

たくさんのバラが咲き誇るガーデン

ロイズ ローズガーデンあいの里

ロイズ ローズガーデンあいのさと

ガーデン MAP 別冊P.14-A2

チョコレートで有名なロイズ本社敷地内に造られたガーデン。約1万3000㎡の敷地内には500種類以上のバラ、3000種の宿根草が育てられており、バラの小道、つるバラの絡まるアーチ、宿根草のボーダーガーデンなどを散策しながら楽しめる。向かいにロイズの店舗（あいの里公園店）があるので、帰りにチョコレートや焼きたてのパンなども購入できる。

6月下旬～7月中頃が見頃

百合が原公園

住 札幌市北区百合が原公園210
TEL 011-772-4722（公園管理事務所）
営 園内自由。緑のセンターは8:45～17:15、ガーデンショップは9:30～17:00（時期により異なる）、世界の庭園は8:45～17:15（最終入園16:45）、レストラン百合が原は11:00～14:30LO（テイクアウトは～16:00）
休 無休。緑のセンター、ガーデンショップは月曜（祝日の場合は翌日）。リリートレイン、世界の庭園、レストランは10月末または11月上旬～4月下旬まで冬期休業
料 入園無料。緑のセンター・世界の庭園各130円、リリートレイン350円。緑のセンター・リリートレイン・世界の庭園がセットになったワンコインチケット500円もあり
交 JR百合が原駅から徒歩7分。地下鉄麻生駅からバスで約25分、百合が原公園前下車、徒歩約2分。地下鉄栄町駅からバスで約5分、百合が原公園前下車、徒歩約2分
CC 不可　P あり

紫の中にチューリップも。春の人気スポット「ムスカリの道」

新琴似神社

住 札幌市北区新琴似8-3-1-6
TEL 011-761-0631
営 参拝自由（社務所は9:00～17:00）
休 無休
交 JR新琴似駅から徒歩6分。地下鉄麻生駅から徒歩10分
P あり

ロイズ ローズガーデンあいの里

住 札幌市北区あいの里4-9-1-1
TEL 0120-373-612（ロイズ通販センター）　営 6月上旬～9月上旬の9:00～18:00（変更になる場合あり）　休 期間中不定休
料 見学無料
交 JRあいの里公園駅から徒歩8分
P あり（ロイズあいの里公園店）

近くのロイズタウン工場敷地内にもローズガーデンがある

学業成就、必勝祈願の参拝者も多い
篠路神社
しのろじんじゃ

神社 MAP 別冊P.13-D2

創祀は江戸末期の1855（安政2）年で、札幌でいちばん古い神社といわれる。秋の例祭では、豊作を祈って舞う貴重な伝統芸能「篠路獅子舞」の奉納もある。七柱の御祭神のうち、学問の神様・菅原道真公が祀られていることもあり、受験時期には合格祈願の学生が多く訪れる。

神明造の社殿は凜としたたたずまい

中隊本部としては札幌で唯一の遺構
新琴似屯田兵中隊本部
しんことにとんでんへいちゅうたいほんぶ

資料館 MAP 別冊P.19-C1

新琴似に入植した屯田兵は第一大隊第三中隊と呼ばれる軍隊でもあり、隊を束ねてきたのが中隊本部だった。1886（明治19）年に建てられた本部建物は当時の原形をほぼとどめており、市の有形文化財にも指定されている。なかには屯田兵に関する資料などが展示されている。

建物は新琴似神社の境内にある

地元では「タコちゅう公園」で有名
太平公園
たいへいこうえん

公園 MAP 別冊P.13-C3

野球場やテニスコート、パークゴルフ場などがあり、近隣住民が健康づくりやリフレッシュに訪れる。タコの大きな遊具があることから「タコちゅう公園」という愛称で親しまれている。遊水プールとウオータースライダーがあり、夏は多くの家族連れでにぎわう。

タコの赤い滑り台は子供に人気

COLUMN ジモトトピックス
北区に詳しくなれる冊子

区内歩きのおともにおすすめの冊子が区役所などで配布されている。区内の文化的遺産を紹介した冊子「北区歴史と文化の八十八選コースガイド」や、2022年に区制50年を記念して作られた冊子「北区にきたくなる、50のこと。」など、区のことがよくわかる。

北区市民部総務企画課 MAP 別冊P.19-C2
住 札幌市北区北24西6-1-1
TEL 011-757-2503

北区の歴史やスポットが載っている

篠路神社
住 札幌市北区篠路4-7-2-33
TEL 011-771-2838
営 参拝自由（社務所は9:00～17:00） 休 無休
交 JR篠路駅から徒歩3分
P あり

新琴似屯田兵中隊本部
住 札幌市北区新琴似8-3-1-8
TEL 011-765-3048
営 4～11月の10:00～16:00
休 期間中月・水・金・日曜
交 JR新琴似駅から徒歩6分。地下鉄麻生駅から徒歩10分
P あり

太平公園
住 札幌市北区太平12-3
TEL 011-771-0219（みどりみらいプロジェクトグループ）
営 散策自由。遊水プールは7～8月の9:00～16:00（悪天候や水温の低いときは利用中止）
休 遊水プールは期間中無休
料 入園無料
交 地下鉄麻生駅からバスで17分、太平12条4丁目下車、徒歩5分
P あり

水遊びができる公園としても知られる

どさんこワイド179 西尾アナcolumn
安東中隊長の残したもの

新琴似兵村を統率した安東貞一郎中隊長は、当時の湿地帯に排水溝（現在の安春川→P.153）をつくり、畑作地として発展する礎を築きました。安春川の「安」は中隊長の名が由来といわれています。

安東貞一郎中隊長
写真／新琴似屯田兵中隊本部保存会

INFO 北大のそばにある小さなうどん屋「まんでがん外伝」。当別町の「かばと製麺所」（→P.273）が冬季限定で経営しており、同じ味が味わえると評判。住 札幌市北区北15西5-1-7 ほくせいビル1階

家族やペット連れでにぎわう公園
屯田西公園
●とんでんにしこうえん

公園 MAP 別冊P.12-B3

屯田防風林に隣接する住宅街の中にある総合運動公園。陸上競技場、野球場、サッカー場などがあるほか、区政10周年記念に植樹した「桜の森」、ボランティアの人たちが手入れした花壇などもあり、憩いの場となっている。園内にはドッグランや遊水プールもある。

近隣の人たちも花見に訪れる桜の森

屯田西公園
住札幌市北区屯田4-9〜10
TEL011-771-0219(みどりみらいプロジェクトグループ) 営散策自由。遊水プールは7〜8月の9:00〜16:00(悪天候や水温の低いときは利用中止) 休遊水プール期間中無休 料入園無料
交地下鉄麻生駅からバスで約15分、屯田西公園下車、徒歩1分
Pあり

ウオータースライダーもある

風雪に耐えた樹齢100年以上のポプラも
屯田防風林(ポプラ通り中央緑地)
●とんでんぼうふうりん(ポプラどおりちゅうおうりょくち)

並木 MAP 別冊P.13-C3

屯田と新琴似の境界に延びる約2kmのポプラ並木。大正時代に風害から農作物を守るために植栽したのが始まり。現在は憩いの場としての整備が進み、ウオーキングや森林浴、バードウオッチングを楽しむ人の姿が増えている。ミズバショウなど季節の花も楽しめる。

並木道の途中には休憩スポットもある

屯田防風林(ポプラ通り中央緑地)
住札幌市北区屯田1-1〜5-12
TEL011-771-4211(北区土木部維持管理課) 営散策自由
交地下鉄麻生駅から徒歩15分。JR新琴似駅から徒歩10分
Pなし

池もあり、マガモの姿が見られる

地域の人たちの郷土愛が感じられる
屯田郷土資料館
●とんでんきょうどしりょうかん

資料館 MAP 別冊P.13-C3

屯田地区センター内にある郷土資料館。地域の人たちの手によって運営が続けられている。かつて篠路兵村と呼ばれていた屯田地区の開拓の歩みが細かく紹介されているほか、実際の屯田兵屋を改修復元した建物もある。2階には地域の子供たちが描いた未来の絵も展示。

屯田兵屋の梁などは明治時代のもの

屯田郷土資料館
住札幌市北区屯田5-6-3-21 屯田地区センター内
TEL011-772-1811
営13:00〜16:00 休月曜
料入館無料
交地下鉄麻生駅からバスで約9分、屯田5条7丁目下車すぐ
Pあり

2階建ての立派な資料館

農作物を守るために大正時代に植樹
創成川通りのポプラ並木
●そうせいがわどおりのポプラなみき

並木 MAP 別冊P.13-C3

札幌市街から創成川通りを石狩方面へ進むと、屯田あたりから川沿いに美しいポプラ並木が続く。このポプラは、1915(大正4)年に植えられたそう。畑作、水田、牧草地だったこの一帯で、放牧中の牛や馬が畑を踏み荒らさないよう侵入を防ぐために村人総出で植樹した。

約3kmのポプラ並木が続く

創成川通りのポプラ並木
住札幌市北区屯田〜太平
営見学自由
Pなし

下水道の仕組みを楽しく学べる
札幌市下水道科学館
さっぽろしげすいどうかがくかん

科学館 MAP 別冊P.19-C1

下水が家庭から処理場にたどり着き、どのように処理されるのかなど、なかなか見ることのない下水道の世界や下水道にまつわる仕事について体験型で学べる施設。自分たちの暮らしを支えてくれていることがよくわかる。イベントや工作教室も定期的に実施している。

創成川水再生プラザに隣接している

札幌市下水道科学館
住札幌市北区麻生町8
TEL011-717-0046 営9:30～17:00(最終入館16:30) 休無休(9～5月は月曜、祝日の場合は翌日) 料無料 交地下鉄麻生駅から徒歩15分。JR新琴似駅から徒歩15分 Pあり

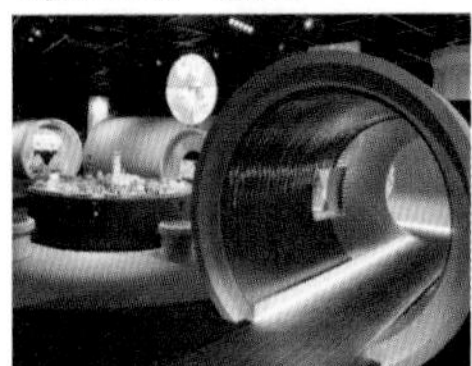
実物大の下水道管なども展示してある

地域住民が力を合わせ植樹した桜
新川さくら並木と新川緑地
しんかわさくらなみきとしんかわりょくち

桜並木 MAP 別冊P.18-B2

中心部から石狩湾に向かって一直線に流れる新川。この川を地域のシンボルにと考える地元住民たちの手によって1998年から桜の木の植樹がスタート。3年にわたり植樹が行われ、2000年に約7.5kmの並木が完成した。エゾヤマザクラ、ソメイヨシノなど約700本が植えられている。

住民の努力によって完成した並木

新川さくら並木と新川緑地
住札幌市北区北22西13～新川西1-7
TEL011-771-4211(北区土木部維持管理課)
営散策自由
交地下鉄北24条駅から徒歩20分。JR新川駅から徒歩10分
Pなし

遊歩道などが整備された人工水路
安春川
やすはるがわ

自然 MAP 別冊P.18-B1

明治時代に屯田兵によって開削された川。都市化が進むと、水が枯渇し、排水路となっていたため、1987年から河川敷の整備が行われた。現在は、約1.4kmの遊歩道や親水広場が整えられ、水も再び流れるように。夏には子供たちが川辺で水遊びをする様子も見かける。

遊歩道「せせらぎプロムナード」

安春川
住札幌市北区新琴似5-1～10付近 営散策自由
交地下鉄麻生駅から徒歩15分。JR新琴似駅から徒歩13分
Pなし

春には遊歩道沿いに美しい桜が咲く

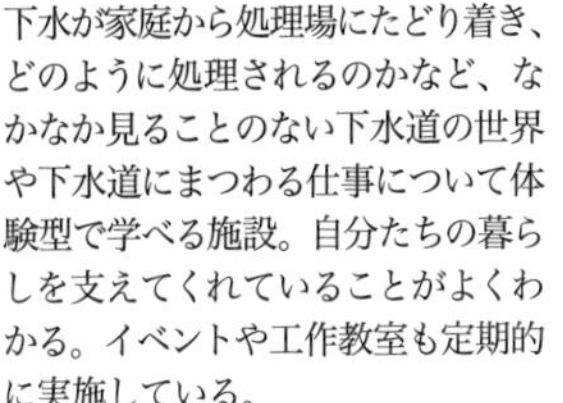

COLUMN ジモトトピックス
喫茶文化の情緒が感じられる店

昔ながらの喫茶店のよさが感じられる自家焙煎コーヒーの店。鉄板ナポリタンやあんかけスパ(ともにサラダドリンク付き1280円)、小倉トーストなど「名古屋めし」が楽しめる。コクのある函館山川牧場のジャージー牛乳ソフトクリームも評判。

神野喫茶店×JINNO COFFEE MAP 別冊P.19-C1
じんのきっさてん×ジンノ コーヒー
住札幌市北区新琴似10-7-1-1 TEL011-766-5556
営コーヒー豆販売10:00～17:00、喫茶飲食11:00～16:00LO
休不定休 交JR新琴似駅から徒歩15分 CC不可 Pあり

薄焼き卵が特徴、絶品の鉄板ナポリタン

焙煎したコーヒーの香りが漂う店内

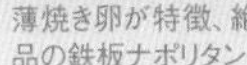

INFO 屯田郷土資料館の近くにある江南神社は、石狩川の南側に位置することが名前の由来。明治時代、篠路兵村に入植した屯田兵とその家族たちの心の支えとなった神社で、開基の記念碑などもある。

清華亭
住札幌市北区北7西7
TEL011-746-1088
営9:00～17:00
休無休（改修工事のため2024年4月30日まで休館予定）
料無料
交JR札幌駅から徒歩8分
Pなし

明治13年に建てられた貴賓接待所

清華亭

●せいかてい

歴史的建造物 MAP 別冊P.36-A2

明治天皇が北海道を行幸される際の休憩所として使用された建物。当時では珍しい和と洋の融合した建物で、産業振興施設があった偕楽園の中に建てられ、現在も同じ場所にある。建物内の見学は自由で、内部には清華亭の歴史がわかる記録資料などが展示されている。

札幌市の有形文化財に指定されている

札幌市環境プラザ
住札幌市北区北8西3 エルプラザ2階
TEL011-728-1667
営9:00～18:00
休無休（施設休館日除く）
料無料
交JR札幌駅北口から徒歩3分。地下鉄さっぽろ駅直結
Pなし

環境問題について知る・学ぶ施設

札幌市環境プラザ

●さっぽろしかんきょうプラザ

資料館 MAP 別冊P.36-B1

札幌市の環境活動の拠点施設として、環境に関する情報を発信。2ヵ月ごとにテーマを変えて展示物を入れ替えしている。ヒグマ、脱炭素、フェアトレードなど環境に関するイベントを通年で開催。毎月第2土曜には子供が対象の「あそビバ！エコプラザ」を実施。

公共4施設が入るエルプラザにある

COLUMN ジモトトピックス

北大敷地内のほっとひと息つけるスポット

北海道大学のキャンパスにある学生以外も利用できるカフェ。北大農場の食材を使ったメニューが味わえる。

カフェとマルシェと乳製品工房が揃った施設。北海道大学の農場で生産される「北大牛乳」を工房で加工し、販売している。オリジナルのモッツァレラチーズやスイーツがある。カフェではこの牛乳やチーズを用いたメニューが味わえる。

北大マルシェCafé&Labo

●ほくだいマルシェ カフェ&ラボ　MAP 別冊P.34-B1

住札幌市北区北9西5 北海道大学百年記念会館1階　TEL011-706-3213　営10:00～18:00（11～3月は～17:00。カフェは16:00LO）　休火曜　交JR札幌駅から徒歩7分　CCAJMV　Pなし

北大牛乳やチーズを使った料理など

大きな窓から木々を眺めながら、北大産の食材を使った食事などが楽しめる。学生や教職員のほか近隣の人、観光客も多く利用。北大のリンゴを使用したアップルパイは1年を通じて人気。北大のオリジナルグッズを扱うショップも併設。

カフェdeごはん

MAP 別冊P.34-B1

●カフェ ド ごはん

住札幌市北区北8西5 北海道大学インフォメーションセンター エルムの森内　TEL011-717-2944　営7:45～19:30LO（土・日曜・祝日は8:30～）　休無休　交JR札幌駅から徒歩7分　CCADJM　Pなし

特製ビーフシチューオムライス950円

夏はテラス席も開放される

COLUMN ジモトトピックス

北区で人気のパン&スコーンのお店

多彩なパンやスコーンなどを提供する地元密着のお店を紹介。北海道産の原材料にこだわるなど、オリジナリティあふれる商品はどれも食べてみたくなる魅力的なものばかり！

愛情たっぷりの優しいパン

生地はすべて道産小麦を使用し、保存料・着色料は一切使用しない体に優しい無添加パンを提供している。ハード系もソフト系もあり、幅広いラインアップ。一番人気は道産発酵バターと石臼挽きの道産全粒粉使用のクロワッサン。

「ポーム」とは仏語で手のひらの意味

boulangerie Paume MAP 別冊P.18-B1
ブーランジェリー ポーム
住札幌市北区新川4-4-1-65
TEL011-764-3039 営9:00～19:00 休火曜
交JR新川駅から徒歩7分 CC不可 Pあり

毎日約40種類のパンが並ぶ

ココロを込めて毎日焼き上げる

道産小麦と発酵バターをたっぷり用いたスコーンの専門店。外側はサクサク、中はふわっとしていて、小麦の味がしっかり伝わる。50種類ほどある中から、日替わりで8～10種類が店頭に並ぶ。カフェも併設している。

人気はコーングリッツ&スイートコーン

cocoro scone cafe MAP 別冊P.19-C2
ココロ スコーン カフェ
住札幌市北区北23西9-2-45 シュアーブ23 1階
TEL070-5600-3016
営11:30～18:00、カフェは12:00～17:00（いずれもスコーン売り切れ次第終了）
休不定休
交地下鉄北24条駅から徒歩10分
CC不可 Pなし

カフェはゆっくりくつろげる雰囲気

季節感も大切にした調理パン

北海道産の食材を中心に調理した料理とパンの融合がコンセプトのパン屋さん。季節感や食感を大切にしている。創業時からある四角いフォルムがかわいい「つみ木パン」は、中にあんこやクリームなどが入った人気シリーズ。

生地には道産バターのみ使用

桜楓堂 おうふうどう MAP 別冊P.13-D3
住札幌市北区篠路3-6-1-11
TEL011-558-4623
営11:00～19:00（売り切れ次第終了）
休日・月曜・祝日
交JR篠路駅から徒歩3分
CCADJMV
Pあり

DIYしたというおしゃれな店内

体に優しい道産小麦の無添加パン

道産小麦を使用し、マーガリンとショートニングは使わず無添加。天然酵母、湯ごね種使用のこだわり製法のパンは、子供に安心して食べさせられると評判。道産食材を用いた調理パンも豊富。しっとりもっちりの食パンもおすすめ。

生地がモチモチのこだわりパン

Vertclair MAP 別冊P.18-B1
ヴェールクレール
住札幌市北区新琴似1-2-10-15
TEL011-557-6802
営10:00～18:00
休無休
交JR新川駅から徒歩10分
CC不可 Pあり

店名はフランス語で「若葉色」

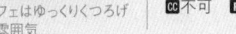

INFO 石狩の厚田でしか手に入らなかった「ニ三一バッテラ」（→P.273）が、札幌でも購入可能に！2023年3月に「ニ三一バッテラ製造所」が北区にオープン。住札幌市北区屯田5-5-1-2 TEL011-374-7231

プールと温泉が揃った水の楽園

シャトレーゼ ガトーキングダム サッポロ

●シャトレーゼ ガトーキングダム サッポロ

プール・温泉 MAP 別冊P.13-C1

プールと温泉が楽しめる「家族にやさしいリゾート」。全天候型の屋内プールにはジャンボプールのほかジャクージプールやキッズプール、幼児プールなどがある。夏には屋外プールもオープンし、多くの人でにぎわう。水着を着たまま食事ができるフードコートも。一方、温泉は体が芯から温まりポカポカになると評判。ヒノキ風呂、陶器風呂など9つの浴槽と、塩を体に塗りこんで発汗をうながす塩サウナもある。菓子メーカーのシャトレーゼが運営しているため、プール＆温泉棟1階にはシャトレーゼの直営店あり。また、ホテルも併設しているので、宿泊してプールや温泉を満喫するのもおすすめ。

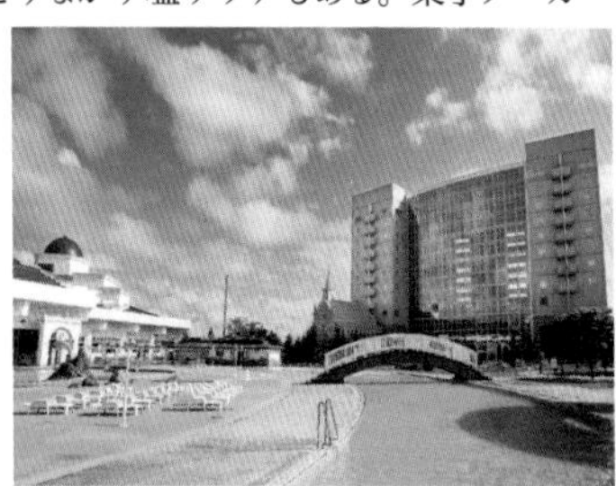

家族連れに人気のプールと温泉の施設

シャトレーゼ ガトーキングダム サッポロ

住札幌市北区東茨戸132 TEL011-773-3311（プール＆温泉直通） 営プール10:00～21:00（最終入場20:30）、温泉10:00～23:00（最終入場22:30） 休無休 料中学生以上2000円（期間、または平日、土・日曜、祝日によって料金変動） 交JR札幌駅から車で約30分。地下鉄麻生駅から車で約20分 CCADJMV Pあり

冬でも存分に楽しめる屋内プール

滑りにくい床が採用されている大浴場

芯からポカポカ、湯冷めしにくい湯

札幌あいの里温泉なごみ

●さっぽろあいのさとおんせんなごみ

入浴施設 MAP 別冊P.14-A2

源泉かけ流しの3種類の浴槽がある温泉施設。泉質はナトリウム塩化物強塩泉で塩分濃度が濃く、湯の色は茶褐色をしている。肌に優しい湯で神経痛や筋肉痛、関節痛などにも効能があるとされる。入浴後は休憩スペースで軽食やソフトクリームなどをいかが。

美肌の湯ともいわれている

札幌あいの里温泉なごみ

住札幌市北区南あいの里5-1-20 TEL011-778-7531 営10:00～23:00（最終受付22:30） 休無休（設備メンテナンスによる休館あり） 料入浴480円 交JRあいの里教育大学駅南口から徒歩5分 CC不可 Pあり

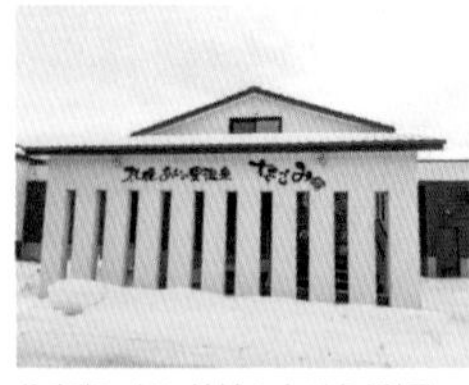

住宅街にあり、地域の人が多く利用

広い露天が自慢の天然温泉

新琴似温泉 壱乃湯

●しんことにおんせん いちのゆ

入浴施設 MAP 別冊P.18-B1

露天スペースにはヒノキ風呂、天然石の岩風呂、ひとりずつゆっくりつかれる壺湯が設置され湯めぐり気分を楽しめる。サウナも広めで高温サウナのほか、じっくり汗をかける低温サウナ「癒蒸洞（ゆじゅどう）」も。ブロアバスを兼ねた深い水風呂があるのも特徴。

天然のヒノキを用いた露天風呂

新琴似温泉 壱乃湯

住札幌市北区新琴似2-8-8-1 TEL011-762-1126 営11:00～24:00 休無休（設備点検などによる休館あり） 料入浴480円 交地下鉄北24条駅前からバスで約13分、新琴似2条8丁目下車すぐ CC不可 Pあり

水辺の緑地のパークゴルフ場

茨戸川緑地

ばらとがわりょくち

公園 MAP 別冊P.14-A1

茨戸川に囲まれた細長い緑地。ビオトープ池、野鳥の森、水辺の広場、眺めの丘などがあり、豊かな自然と多様な生態系が楽しめる。豊かな緑地に広がる全45ホール（無料9ホール）のパークゴルフ場も人気。予約は受け付けておらず、当日受付のみ。クラブやボールのレンタルもある。

さまざまな野鳥に出合える森

茨戸川緑地
住札幌市北区あいの里5-4
TEL011-778-5751(管理事務所)
営散策自由。パークゴルフは7:00～17:00(10月～11月23日は～16:00)、最終受付は1時間前
休パークゴルフは冬季休み
料パークゴルフ1日券500円、1回券(18ホール1ラウンド)300円
交JRあいの里教育大駅前からバスで約5分、あいの里4条7丁目下車、徒歩15分　CC不可
Pあり

作家のアトリエで吹きガラス体験

硝子工房GLOW

がらすこうぼうグロー

ガラス体験 MAP 別冊P.13-D2

ひな人形や兜飾りなどの作品が人気のガラス工芸作家・水木一成さん。ホテルの装飾やレストランの器なども手がける水木さんの工房で、一般向けの吹きガラス体験ができる。普段水木さんが創作活動を行っているアトリエでグラス、小鉢、一輪挿しなどを制作できるのが魅力。

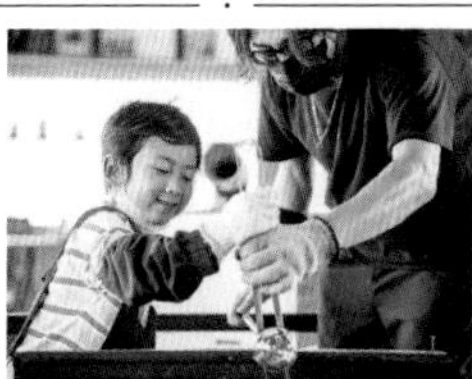
作家のリアルな創作の場に触れられる

硝子工房GLOW
住札幌市北区東茨戸3-2-6-14
TEL011-776-5020　営10:00～17:00(体験の最終受付は16:00)
休不定休　料体験3500円～
交JR篠路駅から車で10分
CCADJV　Pあり

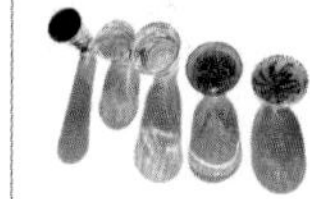
水木さんによる美しいガラスの作品

COLUMN ジモトトピックス

都市型農業×観光のアクティブフィールド

茨戸川ほとりの「とれた小屋ふじい農場」でアクティビティや買い物&グルメを満喫！

自然環境を考えた都市型農業を実践している「とれた小屋ふじい農場」。農業と観光をかけ合わせ、幅広い層に農業や自然に触れる機会も提供している。直売所「とれた小屋」では多品目の新鮮な野菜を販売しており、農場の野菜をたっぷり使ったメニューが楽しめるファームレストラン「ベジタベーレ」も併設。また、敷地内にはオートキャンプ場「para-to sunset river」もあり、デイキャンプ利用でBBQもOK。冬季も利用できる。広いフィールドと農場、豊かな自然を生かし、夏は野菜収穫体験や茨戸川でのSUP体験、クルージング、冬はワカサギ釣り、スノーモービルを楽しむことも。道具はレンタルできるので、手ぶらで出かけて遊べるのがうれしい。

札幌市内でワカサギ釣りができる！

とれた小屋ふじい農場 とれたこやふじいのうじょう

MAP 別冊P.13-D2
住札幌市北区篠路町拓北243-2
TEL090-8903-9958
営直売所9:00～17:00。キャンプ場受付9:00～18:00。ワカサギ釣りは12月中旬～3月下旬の8:00～11:30、12:30～16:00の入れ替え制。売店、道具レンタル受付は8:00～16:00　休無休
料オートキャンプ(車1台1グループ)1500円、デイキャンプ(車1台1グループ)1000円、リバーサイドや電源付きは料金別。ワカサギ釣りは手ぶらセット3500円(平日は3200円)など
交JR拓北駅から徒歩15分
CC不可　P有料あり800円(平日500円)

緩やかな流れの茨戸川でSUP体験

INFO 「あいの里」という地名は、今の篠路エリアに入植した徳島出身の人たちが、故郷の特産である藍を栽培したことから名付けられた。現在、藍栽培は行われていないが、歴史を伝える活動が行われている。

食べる

老舗のスープの味を引き継ぐ名店

CurrySavoy

●カリーサボイ

スープカレー
MAP
別冊P.36-B1

人気店だった「SAVoY」の味を復活させた店で連日ファンが並ぶ。洗練された味は「悪女のスープ」と呼ばれ、数日かけて完成させるスープの奥行きと風味が訪れる人を魅了。定番の「チキンのカリー」1100円のほか、季節限定メニューも外せない。

人気の「シーフードのカリー」1980円

CurrySavoy
住札幌市北区北8西4 ブランシャールBLD B1階
TEL011-717-5959
営11:30〜19:30LO
休不定休　交JR札幌駅北口から徒歩5分　CC不可　Pなし

北大正門近くのビルの地下にある

酒と料理で世界中を旅できる

ハヤシ商店

●ハヤシしょうてん

多国籍料理
MAP
別冊P.36-B1

バックパッカーとして世界各国を回った林兄弟が営む「旅」をコンセプトにした店。20種類以上の世界のビールや酒があり、それに合う料理を提供している。ランチは月替わりでさまざまな国の料理が登場。ライブや写真展なども開催。

ペルー料理の「セビーチェ」1150円

ハヤシ商店
住札幌市北区北9西2-2
TEL011-838-8265
営17:30〜23:30(フード22:00LO、ドリンク23:00LO)。ランチは火・木・土曜の11:30〜14:30LO
休日曜　交JR札幌駅から徒歩5分　CCADJMV　Pなし

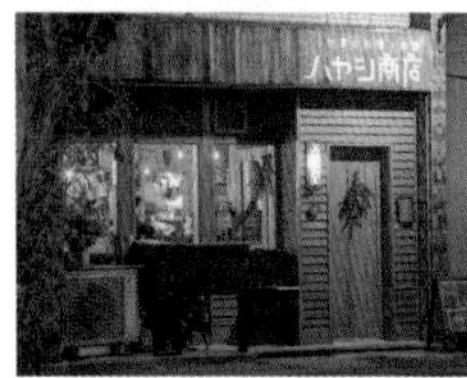

もとは祖父の大工道具店だったそう

食と雑貨で世界とつながる

フェアトレード雑貨&レストラン みんたる

●フェアトレードざっか&レストラン みんたる

創作料理
MAP
別冊P.35-C1

「みんたる」とは、アイヌ語で「人々が交流する場」を意味。ネパールカレーやスパイスチャイなど、ネパール料理がベースの創作料理を提供しているほか、地球にも優しいフェアトレードやオーガニックの雑貨販売を行っている。

整体、占いなどのイベントも随時開催

フェアトレード雑貨&レストラン みんたる
住札幌市北区北14西3-2-19
TEL011-756-3600
営11:45〜22:00　休日・月曜・祝日(臨時休業あり。ウェブサイトで要確認)　交地下鉄北12条駅から徒歩5分
CC不可　Pあり

パパド付きのネパールカレー

味も盛りつけもおしゃれな定食

ごはんや はるや

●ごはんや はるや

定食
MAP
別冊P.19-C2

席数11の小さなお店。女性ひとりでも入りやすく、味付けなどセンスのよさが光るオリジナルの総菜、家庭料理が味わえる。昼は定食（1100円・1300円)、夜はたこめし、豚角黒酢煮などアラカルトメニュー550円〜も楽しめる。

人気の「エビと根菜の揚げ春巻き」850円

ごはんや はるや
住札幌市北区北18西4-1-8 アンタップトホステル1階
TEL011-788-4679
営12:00〜14:00、17:00〜20:00LO
休火・水曜　交地下鉄北18条駅から徒歩3分　CC不可　Pなし

レトロな雰囲気のなかで味わう創作料理
札幌モダンレストラン えりも亭
さっぽろモダンレストラン えりもてい

フレンチ MAP 別冊P.36-B2

古い旅館を英国人デザイナーが改装したモダンなレストラン。北海道の食材を用いた和とフレンチを融合した繊細で上品な創作料理が味わえる。ランチではつぶ天とじ蕎麦1370円など単品メニューも提供している。御膳やコースは要予約で、ほかも予約優先。

要予約の「椿美食御膳プレミアム」3300円。価格は変わる場合あり

札幌モダンレストラン えりも亭
住札幌市北区北7西5-11-2 TEL011-708-5544 営11:30～15:00、17:00～21:00 休日・月曜（不定休あり） 交JR札幌駅から徒歩2分 CCADJMV Pなし

奥には四季の移ろいを感じる中庭も

肉のうま味が絶品のハンバーグ
洋食コノヨシ北18条本店
ようしょくコノヨシきた18じょうほんてん

洋食 MAP 別冊P.19-C2

ハンバーグステーキがメインの人気洋食店。道産牛と道産ブランド豚の合い挽き肉を用いたハンバーグは肉汁たっぷり。ひと口食べるとうま味が口の中に広がる。野菜は石狩の契約農家の有機野菜を使用。一番人気はジャンボ海老フライとハンバーグ180gのセット1870円。

海老フライの長さは約30cm!

洋食コノヨシ北18条本店
住札幌市北区北18西4-2-33 ラフィーネN18 1階
TEL011-214-1383
営11:30～14:30LO（土・日曜・祝日は～15:00LO）、17:00～22:00
休無休
交地下鉄北18条駅から徒歩1分
CC不可
P提携駐車場あり（2000円以上利用で1時間無料、5000円以上利用で2時間無料）

道産食材を使った本格グルメバーガー
ジャクソンビル北24条本店
ジャクソンビルきた24じょうほんてん

ハンバーガー MAP 別冊P.19-C2

北海道産食材にこだわり、米国仕込みのバーガーを提供。道産牛を使った牛肉100%のパテ、道産小麦を配合したオリジナルバンズを用いている。野菜も地元の安心安全なものを極力使用。ハンバーガーのイメージが一変するおいしさと豪快さは、本場のアメリカ人も絶賛。

皮つきポテトも道産100%

ジャクソンビル北24条本店
住札幌市北区北23西3-2-51
TEL011-728-1001
営11:30～15:00LO、17:00～20:30LO（土・日曜・祝日は11:30～20:30LO）
休不定休
交地下鉄北24条駅から徒歩1分
CCADJMV
P提携あり（1800円以上利用で1時間無料）

COLUMN ジモトトピックス
魚屋価格で新鮮な魚介を味わえる

扉を開けると、新鮮な魚がずらり。「日常の食卓においしい魚を」と魚を販売しており、地域の人たちが買い物に訪れる。さらに、購入した魚を調理してもらい、奥で食べることができる。海鮮丼などがお得に味わえるのも魅力。

シハチ鮮魚店 北24条店 シハチせんぎょてん きた24じょうてん
MAP 別冊P.19-C2
住札幌市北区北24西2-1-13 ペアーズ24 1階
TEL011-729-0066 営魚屋10:00～22:00。飲食11:00～LO14:30、16:00～22:00（金・土曜・祝前日は～23:00） 休水曜
交地下鉄北24条駅から徒歩2分 CCADJMV Pなし

たっぷりの刺身がのった豪快海鮮丼

店頭には日替わりでおすすめが並ぶ

上記のジャクソンビルは中央区にも店舗があり、その味を楽しめる。STVの向かいの「大通キタ店」住札幌市中央区北1西8-2-9、円山エリアのテイクアウト専門「バーガースタンド円山店」住札幌市中央区北1西27-5-6の2店舗。

石田珈琲店
住札幌市北区北16西3-1-18
TEL011-792-5244　営11:00〜17:30LO　休火・水曜
交地下鉄北18条駅から徒歩2分
CC不可　Pなし

まるで古きよきヨーロッパの店のよう

静かにコーヒーを味わえるレトロな空間
石田珈琲店
いしだこーひーてん

カフェ　MAP 別冊P.19-C2

地下鉄駅からほど近い閑静な住宅街にある自家焙煎の珈琲店。常時10〜15種類のコーヒー豆が並ぶ。ビンテージ家具を配置したノスタルジックな店の奥には、喫茶店も併設。コーヒーに合うスイーツもあり、カスタードプリン500円はほろ苦いカラメルが大人の味わい。

人気のブレンド600円とカスタードプリン

大地の珈琲
住札幌市北区北20西8-1-3
TEL011-769-9080　営10:00〜17:30LO　休水曜・祝日、ほか不定休あり　交地下鉄北18条駅から徒歩8分。地下鉄北24条駅から徒歩13分　CCADJMV　Pあり

ゆっくり落ち着いてコーヒーが楽しめる店

コーヒー好きが集まる自家焙煎の店
大地の珈琲
だいちのこーひー

カフェ　MAP 別冊P.19-C2

ブラジルコーヒー鑑定士の資格をもつマスターが、生豆の選定・焙煎・抽出まで一貫して行う小さな喫茶店。少量ずつていねいに焼き上げた鮮度のよいコーヒー豆も10種類ほど販売。マスターの探求心から始まったというその日のおすすめ「マスターセレクション」が人気。

珍しい品種やユニークなコーヒー豆も並ぶ

35stock
住札幌市北区北35西8-1-2
TEL011-776-6709
営11:00〜22:00　休不定休
交地下鉄北34条駅から徒歩10分
CCADJMV　Pあり

木のぬくもりが伝わる店内

体に優しい雑炊とデザート
35stock
サンゴストック

カフェ　MAP 別冊P.19-C1

化学調味料を一切使わない雑炊と自家焙煎コーヒーの店。3種のだしから選べる15種類の雑炊には特Aランクの道産米や、厳選した道産食材を使用。函館・山川牧場の牛乳から作ったソフトクリームの和のサンデー880円なども。インテリアにもこだわった店内は落ち着く雰囲気。

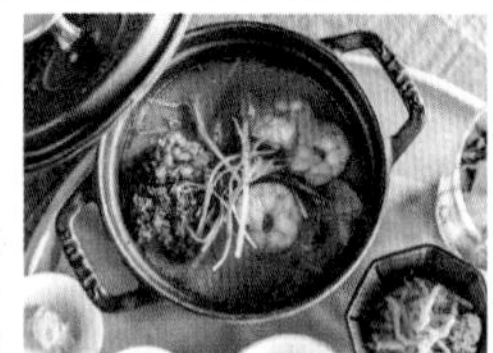
エビ彩り5種野菜雑炊

boiler®
住札幌市北区新川7-16-709-1
TEL011-792-1010
営11:00〜17:00LO(ドリンク17:30LO)
休無休
交地下鉄北24条駅からバスで約18分、新川6条16丁目下車、徒歩1分
CCADJMV　Pあり

居心地のよい空間とこだわりフード
boiler®
ボイラー

カフェ　MAP 別冊P.18-B1

木をふんだんに用いた箱のような印象の外観。中に入るとアンティーク家具を配置したゆったりした空間が広がる。こだわりのスペシャリティーコーヒー、道産素材を使用したカフェメニューが楽しめる。セレクトした日用雑貨や輸入レコード、ホビーグッズなども販売。

自家製マフィンのエッグベネディクト1200円

買う&テイクアウト

サクッとした生地と特製の煮リンゴ
パイクイーン
パイクイーン

アップルパイ
MAP 別冊P.19-C2

地元で長年愛されているアップルパイの店。中の煮リンゴは余市産のふじを中心に、旬に応じて選んだリンゴを用いて秘伝の方法で仕上げている。じっくり焼き上げたパイ生地と大きめの煮リンゴの相性がとてもよく、一度食べるとファンに。

アップルパイ1個367円

パイクイーン
住札幌市北区北20西4-1-16
TEL011-214-0425
営10:00～18:00 休無休
交地下鉄北18条駅から徒歩7分
CCADJMV Pあり

アップルパイ以外のパイも評判

好みの日本酒が必ず見つかる
銘酒の裕多加
めいしゅのゆたか

日本酒
MAP 別冊P.18-B2

現在5代目が切り盛りする札幌では歴史のある日本酒の店。「人から人へお酒を繋ぐ人の縁」を大事にしている。全国の蔵元直送の地酒をはじめ、焼酎、ワイン、リキュールなど、その数は全部で500種類以上。選び方もていねいに教えてくれる。

豊富な品揃え。珍しい日本酒も

銘酒の裕多加
住札幌市北区北25西15-4-13
TEL011-716-5174
営10:00～19:00
休水曜 交地下鉄北24条駅からバスで約6分、北24条西16丁目下車、徒歩5分
CCADJMV Pあり

腸を整えるスムージー、甘酒も販売
The St Monica
セント モニカ

北海道コスメ
MAP 別冊P.19-C2

薬剤師である代表が開発した北海道コスメの直営店。天然馬油保湿クリームのほか、ハマナスや白樺樹液を用いたスキンケア商品などを販売している。また、国産フルーツのスムージー、フルーツ甘酒のテイクアウトも行っている。

代表商品である天然馬油のシリーズ

The St Monica
住札幌市北区北16西3-2-18エルムN16 TEL011-213-7572
営11:00～17:30 休日・月曜
交地下鉄北18条駅から徒歩2分
CCADJMV Pなし

白樺樹液のスムージーもある

COLUMN ジモトトピックス
カフェ併設の地域に愛されるみつはし文具

創業65年以上の、地域に支持される店。日常使いの文房具やワクワクする輸入文具・雑貨、旅のおみやげにおすすめのノート「BOCCO」シリーズ、オリジナルポストカードも並ぶ。買い物の合間にひと休みできるカフェコーナーを設置。

みつはし文具&カフェ MAP 別冊P.19-C2
みつはしぶんぐ&カフェ
住札幌市北区北23西5-2-24 TEL011-757-9467 営10:00～19:00(日曜・祝日～18:30)、カフェのLOは30分前 休無休 交地下鉄北24条駅から徒歩3分 CCAJMV Pあり

地元で愛されてきた町の文房具店

観葉植物なども置かれた店内

INFO 「麻生」(あさぶ)という地名は、かつて亜麻の茎から繊維をとる工場がここにあったことに由来。今もその歴史を伝えていこうと亜麻保存会が中心になって、亜麻の植栽などを行っている。

旬の採れたて新鮮野菜が手に入る

生産者直売所 しのろとれたてっこ

●せいさんしゃちょくばいしょ しのろとれたてっこ

札幌の中心部から車で30分ほど走ると、まだまだ豊かな自然が残っており、そこで農業を営む生産者たちがたくさんいる。北区篠路には、こうした地元の生産者の採れたて野菜を購入できる直売所がある。特産のレタスやブロッコリーをはじめ、アスパラガス、コールラビ、イチゴなど時期に応じた多彩な農産物が並ぶ。スーパーでは見かけない珍しい野菜が登場することも。地域の人はもちろん、他区から足を運ぶ人も数多い。

鮮度のよい野菜を求めて多くの人が訪れる

生産者直売所 しのろとれたてっこ

住 札幌市北区篠路3-10-1-1
TEL 011-771-2130
営 6月中旬～11月上旬の10:00～15:00
休 期間中日曜・祝日
交 JR篠路駅から徒歩16分
CC 不可
P あり

今年から店舗をリニューアルし営業予定（JAさっぽろ篠路支店横）

書籍・音楽・文具・飲食の4つが揃う

コーチャンフォー新川通り店

大型複合書店
MAP 別冊P.18-A1

●コーチャンフォーしんかわどおりてん

各地に店舗を構える大型複合書店コーチャンフォーのなかでも、最大の売り場面積を誇るのが新川通り店。2950坪ある店舗内に、書籍在庫80万冊、文具は10万アイテム以上が揃いテーマパークのよう。3世代が揃って楽しめる店を目指しており、食品などを扱うマルシェ、CD・DVDコーナーも。レストラン&カフェ「インタールード」ではシェフが手がけたビーフカレー1300円の人気が高く、レトルト商品はマルシェで販売。

駐車場は780台も車が停められる

コーチャンフォー新川通り店

住 札幌市北区新川3-18
TEL 011-769-4000（書籍コーナー）
営 9:00～21:00
休 無休
交 地下鉄北24条駅からバスで約15分、天狗橋下車、徒歩3分
CC ADJMV
P あり

文芸本、児童書、雑誌、専門書などあらゆるジャンルの書籍が揃う

旅人とローカルが交わる場所

清華亭（→P.154）そばのゲストハウス「Ten to Ten」の1階にあるカフェ「Spice Local」。バックパッカーとして世界中を旅したシェフが作るスパイス料理は絶品。スパイスチキンカレーはクセになる。スパイスというキーワードで、旅人とローカルが交流できる空間というのも魅力。

Spice Local
●スパイス ローカル

MAP 別冊P.36-A2
住 札幌市北区北7西8-3-12
TEL 011-206-0270
営 12:00～21:00LO
休 不定休
交 JR札幌駅から徒歩10分

COLUMN ジモトトピックス

買って食べられる肉専門店

北海道産の肉を中心に厳選した肉を販売する専門店。精肉、加工品を扱うほか、飲食コーナーもあり、肉のうま味が詰まったオリジナルハンバーグや道産牛のステーキなどをガッツリと味わうことができる。全品テイクアウトOK。

北海道ミートマーケット MAP 別冊P.35-C1
●ほっかいどうミートマーケット

住 札幌市北区北14西3-1-17 ル・ソレイユ1階　TEL 011-214-1390
営 11:30～14:30、17:00～20:30（土・日曜・祝日は通し営業）　休 月曜（祝日の場合は営業、翌日が休）
交 地下鉄北12条駅から徒歩3分
CC ADJMV　P なし

ボリュームたっぷりのHMMハンバーグ

在来タマネギ発祥の地

東区 ●ひがしく

MAP 別冊P.18·19·20·21

面積 56.97km² 人口 約26万0950人（2023年3月）

東区
札幌市

世界的な彫刻家イサム・ノグチがデザインした「モエレ沼公園」

幕府の命を受けた大友亀太郎が開拓に着手したのが東区の始まり。札幌村と呼ばれ、明治期にはたくさんの開拓移民が入植。農業が主要産業だったが、1955（昭和30）年に隣接する札幌市と合併してからは近代的な都市化が進んだ。とはいえ、現在も北区に次いで農地面積は市内第2位で、東区で明治時代に生まれた在来品種のタマネギ「札幌黄」（→P.100、416）はあらためてその魅力が注目されている。地下鉄東豊線が開通して利便性が高くなったこと、さとらんどやモエレ沼公園といった大型の公園もあることから、ファミリー層も多い。

他区とのつながりを深めながら発展するという意味を込めた雪の結晶

このエリアの拠点
JR苗穂駅付近、地下鉄東豊線の東区役所前駅は店なども多くにぎやか。バスターミナルがある環状通東駅、終点の栄町駅付近も人通りが多い。

東区の交通
地下鉄東豊線が中心。地下鉄沿線以外のエリアへ行くには、JR札幌駅、環状通東駅、栄町駅のバスターミナルから各方面へ出ているバスを利用。

東区の歩き方

工場見学から自然との触れ合いまで

明治期の赤れんがの建物を用いたサッポロビール博物館がある苗穂地区には、古くからある工場やそれにまつわる資料館などがある。JR苗穂駅、地下鉄東豊線の東区役所前駅を利用、もしくは中心部からバス移動が便利。さとらんどやモエレ沼などの自然に触れたいのであれば、車を借りてドライブしながら向かうのがおすすめ。あたりにはタマネギ畑が広がり、直売所を設けている農家もある。丘珠空港では近くで飛行機を見ることができる。

地下鉄環状通東駅への行き方

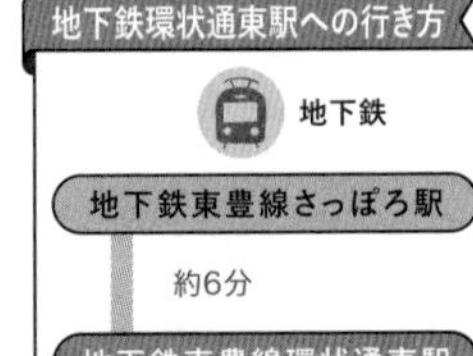

地下鉄
地下鉄東豊線さっぽろ駅
約6分
地下鉄東豊線環状通東駅

INFO 東区といえばタマネギ。区役所の時計台にもその姿が見られる。区のマスコットキャラクター「タッピー」はタマネギの妖精で、タマネギとハッピーを組み合わせて「タッピー」と命名された。

山もビーチもアートの一部

モエレ沼公園でサイクリング♪

約1.9km²の広さがあるアートパーク。
自転車を借りて園内を巡り、スケールの大きなアートを全身で感じよう！

自転車でGO!

サイクリングStart!

① レンタサイクル

モエレ沼公園東口でレンタサイクルが借りられる。返却もここで。20インチの自転車が約50台、乳幼児用バスケット付きもある。

営4月29日～11月3日の9:30～17:00(季節により～16:00。貸し出しは1時間前まで)
休期間中無休
料2時間200円～(1時間延長100円～)

駐車場に隣接して貸し出し場所がある

3分
(徒歩10分)

雪を活用した冷房システムを導入している

② ガラスのピラミッド

明るいアトリウムで休憩できる

3階建て、高さ約32mのガラス張りの建物。館内には管理事務所、フレンチレストラン(要予約)、テイクアウトショップ、オリジナルグッズを扱う店がある。ここでランチボックスを購入して園内で食べることも。

営9:00～18:00(11月4日～4月28日は～17:00) 休第1月曜(11月4日～4月28日は月曜)、祝日の場合は翌日、またはそれ以降の日曜(休日を除く) 料入館無料

テイクアウトショップpanier(パニエ)
TEL011-791-3255(レストランも同じ) 営4月中旬～11月3日の11:00～17:00 休期間中月曜(祝日の場合は翌平日)

1分
(徒歩2分)

③ モエレ山

高さ52mの美しいシルエットをしたモエレ沼公園のランドマーク。不燃ゴミと建設残土を積み上げて造ったとは思えない緑の山で、山頂まで歩いて10分ほど。

回遊と直線の
3方向5ルートの
登り口がある

山頂からは札幌市内が一望できる

History

モエレ沼公園は、1979～1990年までゴミ処理場だった場所。1982年より「環状グリーンベルト構想」の拠点公園として埋め立て地に緑化計画に基づく植林や造成が行われ、23年の歳月を経て2005年にモエレ沼公園としてグランドオープンした。基本設計を手がけたのは世界的に著名な彫刻家イサム・ノグチ。「全体をひとつの彫刻作品とする」というコンセプトのもと、山や森などの景観のなかに巨大なオブジェが設置され、「大地の彫刻」と呼ばれるアートパークに再生した。環境問題への取り組みとしても注目を集めている。

モエレ沼公園
●モエレぬまこうえん

MAP 別冊P.14-B3

世界的な彫刻家イサム・ノグチが設計した公園。園内にはアート作品でもある遊具が126基ある。拠点となるガラスのピラミッド、モエレビーチ、海の噴水、山頂からの眺めがいい高さ52mのモエレ山などが代表的。

住札幌市東区モエレ沼公園1-1
TEL011-790-1231 開7:00～22:00(東口ゲートは～21:00、施設により異なる) 休無休 交地下鉄環状通東駅からバスで約25分、モエレ沼公園東口下車、徒歩5分。4月29日～11月3日の土曜・日曜・祝日(7月中旬～8月中旬は毎日運行)の期間限定バス利用の場合はモエレ沼公園下車すぐ。期間限定バスはJR苗穂駅、地下鉄栄町駅からも運行。

2分
（徒歩5分）

④ 海の噴水

直径48mもの大きさがあり最大25mまで打ち上がる噴水は迫力満点！ 15分と40分のプログラムがあり、ロングプログラムではビッグウェーブも見られる。カラフルに浮かび上がるライトアップもおすすめ。

営4月29日～10月20日の毎日2～4回開催（ライトアップは土・日曜・祝日） 休期間中無休（荒天時の中止、メンテナンスによる変更あり） 料見学無料

最大25mまで打ち上がる「ビッグワン」

噴水のプログラムを公式ウェブサイトなどで確認してから回るのがおすすめ

3分
（徒歩8分）

⑤ ミュージックシェル

白い貝をイメージさせるフォトジェニックな建造物。半球形の部分は反響板を兼ねていて、コンサートなどに使用されることも。

研磨して作った半円のステージ部は幅14.5m

プレイマウンテンの正面にある

1分
（徒歩3分）

⑥ テトラマウンド

芝生の丸いマウンドの上に、ステンレスの円柱を組み上げた三角形をモチーフとしたモニュメント。高さ13m、幅は50m以上とダイナミック。

芝生のマウンドから輝く円柱と空を見上げてみて

円柱は直径2mの太さ

1分
（徒歩1分）

⑦ プレイマウンテン

ミュージックシェル側からは、瀬戸内海の犬島から運んだ花崗岩の石段が99段積み重なって遺跡のよう。反対側は緩やかなスロープが山頂に続く。山頂からは公園全体が一望！

自転車を置いて山頂まで徒歩約10分

3分
（徒歩10分）

⑧ モエレビーチ

海辺をイメージした子供に人気の遊び場。池の中心部から水が湧き、サンゴで舗装された周りに広がっていく。

営6月中旬～ 8月下旬の10:00～16:00
休期間中木曜 料無料

夏はビーチ目当てにファミリーが集まる

おもな見どころ

日本の酪農と乳業の歴史が詰まっている
雪印メグミルク 酪農と乳の歴史館
●ゆきじるしメグミルク らくのうとにゅうのれきしかん

資料館 MAP 別冊P.19-D2

酪農と乳業の歴史を学べる施設。日本の酪農の発展を後世に正しく伝えることを目的に、1977年に建てられた。貴重な文献や資料、実際に使用されていた乳製品の製造機械などを多数展示している。また、ロングセラー商品の乳酸菌飲料「カツゲン」を、受験生やスポーツ選手が縁起をかついで飲んでいることから合格・必勝祈願の神を祀る「勝源神社」が設置されている。

昔のバター作りの機械などを展示

北海道の鉄道の歴史と文化がわかる
北海道鉄道技術館
●ほっかいどうてつどうぎじゅつかん

資料館 MAP 別冊P.19-D2

JR北海道の開業に合わせ、北海道の鉄道技術の歴史と文化を伝えるため開設。れんが造りの建物は1910年に苗穂工場の用品倉庫として建築されたもので、2010年に歴史的価値の高い鉄道遺産として準鉄道記念物に指定された。北海道初の特急キハ82の運転台や運転体験できるジオラマなどがある。夏は屋外に蒸気機関車C62 3号機などの実物展示も。

苗穂工場で改造されたリゾート列車の運転台

鮮やかな花手水や御朱印も評判の神社
札幌諏訪神社
●さっぽろすわじんじゃ

神社 MAP 別冊P.35-C1

石狩街道沿いに建つ神社。信濃の国（長野県）から開拓のためにやってきた上島正らが、郷里の諏訪大社からのご分霊を奉斎したのが始まり。縁結びや夫婦円満、安産、厄除け開運のご利益があると、多くの人が参拝に訪れる。月替わりの御朱印や切り絵の御朱印、1年を通して花が飾られる花手水など、参拝者を和ませてくれるものが用意されている。

ご利益にあやかり参拝者が絶えない

雪印メグミルク 酪農と乳の歴史館
住札幌市東区苗穂町6-1-1
TEL011-704-2329
営9:00～17:00
休土・日曜・祝日　料無料
交札幌駅からバスで約12分、北6条東19丁目下車、徒歩8分
Pあり

1営業日前までの完全予約制

北海道鉄道技術館
住札幌市東区北5東13 JR北海道苗穂工場内
TEL011-721-6624
営第2・4土曜の13:30～16:00
休営業日以外休み　料入館無料

交JR苗穂駅から徒歩15分
Pあり

鉄道好きにはたまらない貴重な資料を展示

札幌諏訪神社
住札幌市東区北12東1-1-10
TEL011-711-0960
営社務所9:00～17:00
交地下鉄北13条東駅から徒歩3分、地下鉄北12条駅から徒歩8分
Pあり

季節で花や飾りが変わる花手水

COLUMN ジモトトピックス

日本のビール造りの原点と発展を知る

札幌を象徴する明治期の建物でビールの歴史を学んだあとは、できたてビールとジンギスカンで乾杯！

1869（明治2）年、北海道開拓のために開拓使が設置され、廃止される1882（明治15）年まで数多くの事業が立ち上げられた。そのひとつが1876（明治9）年に開業した「開拓使麦酒醸造所」によるビール事業だった。サッポロビール博物館になっている赤れんがの建物は、1890（明治23）年に札幌製糖株式会社の工場として建てられ、1965（昭和40）年に閉鎖されるまで札幌麦酒の製麦所として使用されていたもの。館内では北海道の開拓期の歴史とともに、なぜ札幌でビール産業が始まり発展したのかを含め、日本におけるビール造りの歩みを学べる。

自由見学もできるが、ガイド付き「プレミアムツアー」（有料500円、50分、要予約）がおすすめだ。ツアーの最後には、創業時のレシピで作られた「復刻札幌製麦酒」とサッポロ黒ラベルの試飲ができる。

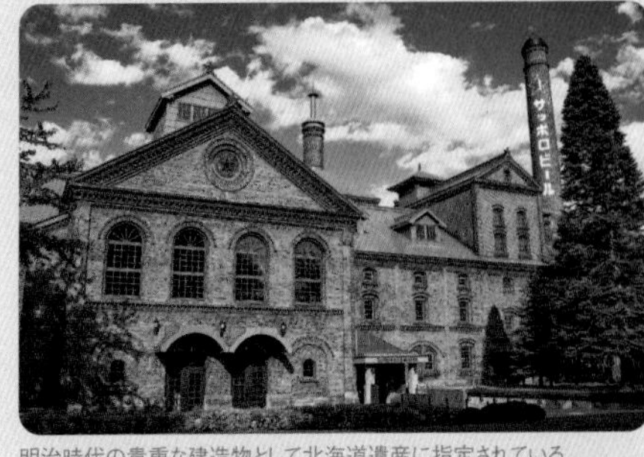

明治時代の貴重な建造物として北海道遺産に指定されている

日本のビール造りがわかる年代別の展示などもある

「麦とホップを製すればビイルとゆふ酒になる」の樽は、開業時に描かれたものを再現

麦汁の煮沸窯は国立科学博物館が定めた未来技術遺産に認定されている

サッポロビール博物館
サッポロビールはくぶつかん

MAP 別冊P.35-D1
住 札幌市東区北7東9-1-1
TEL 011-748-1876
営 11:00～18:00（最終入館17:30）
休 月曜（祝日の場合は翌日）
料 入館無料。プレミアムツアー参加は500円
交 JR苗穂駅から徒歩7分。地下鉄東区役所前駅から徒歩10分
CC 不可　P あり（利用者は6時間無料）

赤れんがの建物で新鮮なビールを味わう

ビールの歴史を学んだあとは、隣接のサッポロビール園で新鮮な生ビールと秘伝のたれで味わうジンギスカンを。ビール園は赤れんがの開拓使館にあり、建物は明治時代に建てられたもの。2、3階のケッセルホールには大正時代に作られた巨大な仕込み釜があり、ビアホールのシンボルとなっている。キングバイキング「定番食べ放題コース」は3600円（100分）。開拓使館の向かい側のガーデングリルでは、窓から赤れんがの建物を眺めながら上質なラム肉やグリル料理などが味わえる。

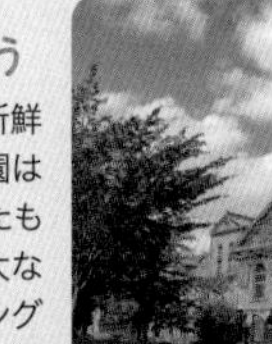
博物館と並んで立つ「開拓使館」

いろいろな部位のラム肉を味わえる

サッポロビール園 サッポロビールえん

MAP 別冊P.35-D1
住 札幌市東区北7東9-2-10
TEL 0120-150-550（予約センター）
営 11:30～20:40LO　休 12月31日のみ
交 JR苗穂駅北口から徒歩7分。地下鉄東区役所前駅から徒歩10分
CC ADJMV
P あり（利用者は6時間無料、会計時に認証が必要）

INFO 東区の特産品であるタマネギ「札幌黄」。明治時代に品種として確立した伝統作物であり、スローフード協会国際本部から食の世界遺産（味の箱舟）にも認定されている。食材としての評価も高い。

烈々布神社
住札幌市東区北42東10-1
TEL011-711-9773
営参拝自由（社務所は9:00〜17:30）
交地下鉄栄町駅から徒歩5分
Pあり

あらゆるご利益を得られる
烈々布神社
れつれっぷじんじゃ

神社 MAP 別冊P.19-D1

かつて北区の篠路から東区丘珠あたりは烈々布と呼ばれていた。烈々布神社は1889（明治22）年、天照大神を祀る祠を建立したのが始まり。現在は天照大神、少彦名神、藤原三吉命、菅原道真公ら九柱のご祭神が祀られており、祭神数は北海道一といわれている。

病気平癒、勝利守護などを願って参拝

札幌村神社
住札幌市東区北16東14-3-1
TEL011-741-7789
営参拝自由（授与所は不在のこともあるため、事前に確認を）
交地下鉄環状通東駅から徒歩3分
Pあり

札幌村と子供に親しまれる神社
札幌村神社
さっぽろむらじんじゃ

神社 MAP 別冊P.19-D2

北海道神宮から開拓三神を奉斎し、1899（明治32）年に創立。地下鉄駅そばの住宅街の中にあり、朝から近隣の人たちが参拝に訪れる姿が見られる、地域に親しまれている神社だ。春と秋の縁日まつりには、大人から子供まで近隣の人たちが大勢集まりにぎやか。

地域に愛される小さな神社

札幌村郷土記念館
住札幌市東区北13東16-2-6
TEL011-782-2294
営10:00〜16:00
休月曜、祝日の翌日
料無料
交地下鉄環状通東駅から徒歩3分
Pなし

大友の役宅跡は札幌市指定の史跡

開拓の祖・大友亀太郎のことがわかる
札幌村郷土記念館
さっぽろむらきょうどきねんかん

資料館 MAP 別冊P.19-D2

幕府の役人だった大友亀太郎によって開墾・整備が進められた札幌村。タマネギ栽培の先進地として発展してきたこのエリアの歴史資料が展示されている。札幌市の文化財に指定されている資料も多数。現在、建物が建っている場所はかつての大友亀太郎の役宅跡。

タマネギ栽培に関する道具などの展示

COLUMN ジモトトピックス

地域に愛される小さなベーカリー

道産小麦100%の無添加生地を使った手作りパンの店「KON・GARI」。おいしくて安心して食べられると地元の人に支持されている。お肉ゴロゴロカレーパン290円などが人気。火〜土曜に登場する各種サンドイッチもファンが多い。

KON・GARI コン・ガリ MAP 別冊P.19-D2
住札幌市東区北16東12-2-19 GARBO1階
TEL011-214-9477 営11:00〜17:30（売り切れ次第閉店） 休木・日曜 交地下鉄環状通東駅から徒歩10分 CCAJMV Pあり

ていねいに作られたパンが並ぶ

住宅街の中にあるかわいいお店

ペットコーナーやスケート場がある
美香保公園
みかほこうえん

公園 MAP 別冊P.19-C・D2

緑が豊かな住宅街のオアシス的な公園。札幌市の都市計画公園第1号でもある。夏になると一角に小動物と触れ合えるペットコーナーがオープン。公園に隣接して野球場やスケート場もある。美香保という名は、土地を寄贈した3人の頭文字をつなげたミカオが由来。

遊具も多く、家族連れでにぎわう

美香保公園
住札幌市東区北20～北22東4～5 TEL011-789-4361（伏古公園管理事務所）
営園内自由
交地下鉄北24条駅から徒歩15分
Pあり（6:00～20:30）

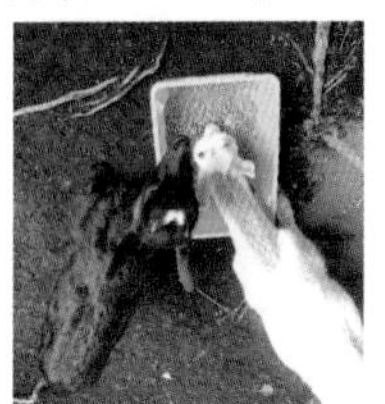
ペットコーナーは6月下旬～8月開設

飛行機やヘリの離発着が見られる
丘珠空港緑地
おかだまくうこうりょくち

公園 MAP 別冊P.20-A1

丘珠空港に隣接する広大な緑地。苗穂丘珠通を挟んで東西のエリアに分かれている。東エリアには18ホールのパークゴルフ場（有料）があり、西エリアには遊具広場を造成。また、西には飛行機の離発着を間近に感じられる展望エリアやランニングコースなどもある。

飛行機をモチーフにした遊具を設置

丘珠空港緑地
住札幌市東区丘珠町 TEL011-781-3051（丘珠空港緑地管理事務所） 営散策自由 交地下鉄環状通東駅からバスで約11分、丘珠神社下車、徒歩1分
Pあり（7:00～19:00。冬期は閉鎖）

大型遊具が揃うタッピーランド
伏古公園
ふしここうえん

公園 MAP 別冊P.19-D2

噴水広場や芝生広場などがある東区を代表する公園のひとつ。和風庭園を模した樹林広場やロックガーデンもあり、四季折々の花や緑が観賞できる。数年前にリニューアルした遊具広場は、東区のマスコット「タッピー」にちなんで、タッピーランドと名づけられている。

子供たちでいつもにぎわう遊具広場

伏古公園
住札幌市東区伏古1-2
TEL011-789-4361（伏古公園管理事務所） 営散策自由
交地下鉄環状通東駅からバスで約5分、札幌小学校前または伏古2条3丁目下車、徒歩3分
Pあり（5:00～20:00。冬期閉鎖）

休憩できるスポットも随所にある

COLUMN ジモトトピックス

見事な藤の花が咲き誇るパープルロード

伏古公園のそば、伏古拓北通の中央分離帯に取り付けられた藤棚は初夏になると400本を超える藤の花がいっせいに咲き乱れる。ほかにもツツジやライラックを植栽。環状通から宮の森北24条通の間は分離帯の中に遊歩道があり、花木を観賞しながら散策できる。

パープルロード MAP 別冊P.20-A2
住伏古拓北通（遊歩道は環状通～宮の森北24条通）
TEL011-781-3521（東区土木部維持管理課）
交地下鉄環状通東駅からバスで約5分、札幌小学校前または伏古2条3丁目下車すぐ Pなし

美しい紫色の藤の花が咲く

INFO 「à petits pas.（アプティパ）」は、米粉や植物性素材を用いた食事やスイーツが味わえるカフェ。不定期で登場する米粉の焼き菓子は絶品。詳細はインスタグラムで確認を。住札幌市東区北28東17-3-7

あそぶ&体験

都市と農業をつなぐ緑豊かな交流拠点

さとらんど

●さとらんど

農業体験 MAP 別冊P.20-A1

モエレ沼公園のそばにある農業体験交流施設。札幌ドーム14個分の広さをもつ敷地内には、旬の野菜を収穫できる体験農場、バターやソーセージ作りができる施設、農家の新鮮な野菜を販売する「さとらんど市場」などがある。バーベキューができる炊事広場、ラベンダー畑やハーブガーデンなどの憩いの場、園内を走るSLバスやレンタサイクルも楽しめる。

センターの建物前からSLバスが出発する

約2300年前の遺跡で縄文の暮らしを体験

丘珠縄文遺跡

●おかだまじょうもんいせき

体験学習 MAP 別冊P.20-A1

市内には縄文時代の遺跡が250ヵ所以上あり、さとらんどの敷地内にも縄文時代晩期〜続縄文時代の丘珠縄文遺跡が発見されている。体験学習館は遺跡を活用した施設。火おこし体験や土器の接合復元体験などができる。夏休みには事前募集をかけ、土器づくり・玉づくり（有料）の体験も実施。さとらんどセンター2階には「おかだま縄文展示室」もある。

冬期は休館となるので注意を

牛乳を通じてコミュニケーションする場所

ミルクの郷

●ミルクのさと

工場・公園 MAP 別冊P.20-A1

さとらんどの一角にあるミルクの郷は、酪農専門のサツラク農業協同組合が運営。ファクトリーパークとして開放している。牛乳の製造工場「ミルク館」、牛や酪農に関する展示や模擬牛での搾乳体験ができる「牛の館」、バターや飲むヨーグルトの製造をしている「まきば館」がある。売店では工場直送の新鮮な乳製品を購入でき、その場で味わうこともできる。

見学施設の中央は広場になっている

さとらんど

住札幌市東区丘珠町584-2
TEL011-787-0223　営9:00〜18:00（10月1日〜4月28日は〜17:00）　休無休（11月4日〜4月28日は月曜）　料入場無料
交JR札幌駅から車で約30分。地下鉄新道東駅からバスで約15分、丘珠高校下車、徒歩10分
Pあり

サツマイモの収穫体験なども行われる

丘珠縄文遺跡
体験学習館

住札幌市東区丘珠町574-2
TEL011-512-5430（札幌市埋蔵文化財センター）　営4月29日〜11月3日の9:00〜17:00（おかだま縄文展示室は通年9:00〜17:00）
休期間中無休（おかだま縄文展示室は11月4日〜4月28日の月曜休、月曜が祝日の場合は翌日休）　料入場無料　交JR札幌駅から車で約30分。地下鉄新道東駅からバスで約15分、丘珠高校下車、徒歩10分　Pあり

ミルクの郷

住札幌市東区丘珠町573-27
TEL011-785-0201（パストランド）
営営業は4月29日〜11月3日。牛の館9:00〜17:00、ミルク館見学コース9:30〜16:00、まきば館9:30〜17:00（10・11月は〜16:00）。レストランとバーベキューハウスは11:00〜17:00（10・11月は〜16:00）
休期間中無休　料入場無料
交JR札幌駅から車で約30分。地下鉄環状通東駅からバスで約18分、東苗穂14条1丁目下車、徒歩3分　Pあり（ミルクの郷専用）

サツラク製品の製造工程が見られる「ミルク館」

美しい藍色に触れる天然の藍染体験

藍染坐忘

●あいぞめざぼう

藍染体験 MAP 別冊P.19-D2

天然原料にこだわった灰汁醗酵建の伝統技法で藍染を行う工房。地下からくみ上げた天然地下水と上質な徳島産、北海道伊達産の藍を使用している。工房内では自社藍染商品の販売・リメイクサービスのほか、ストール藍染体験を実施（2～4人、所要約1時間30分、要予約）。

藍で染め上げた手ぬぐい各種

藍染坐忘
住札幌市東区北8東16-1-5
TEL011-733-4343
営10:00～18:00 休日曜・祝日
料藍染体験1万6500円～（ストールの素材で異なる。菓子とインディゴハーブティー付き）
交地下鉄環状通東駅から徒歩13分。JR苗穂駅から徒歩15分
CCADJMV
Pあり

和の情緒たっぷりの工房内

いろいろな岩盤浴や浴槽を楽しめる

モエレ天然温泉 たまゆらの杜

●モエレてんねんおんせん たまゆらのもり

入浴施設 MAP 別冊P.14-A3

モエレ沼公園の近くにあるスパ施設。日本の四季を表現した4つの岩盤浴、温泉風呂をはじめ、8種類の生薬配合の薬湯、寝湯、気泡湯、電気風呂、露天風呂など10種の浴槽がある。高温サウナも完備。レストルームや喫茶コーナーもあり、のんびり過ごせる。

春をイメージした岩盤浴

モエレ天然温泉 たまゆらの杜
住札幌市東区中沼西1条1-11-10
TEL011-791-6666
営24時間営業（入浴6:00～翌1:00、岩盤浴10:00～22:00）
休無休 料入浴1080円
交JR札幌駅から車で約25分
CCADJMV Pあり

地元で親しまれている大きな銭湯

こうしんの湯

●こうしんのゆ

入浴施設 MAP 別冊P.19-D1

「あたたかさ心と体に」をモットーにした、地域の人たちに支持されている公衆浴場。湯の中に炭酸ガスが溶け込んでいる高濃度人工炭酸泉、天然生薬配合の薬の湯を楽しめる。露天風呂もふたつ。休憩スペースは50畳という広さ。食事メニューも豊富でゆっくりできる。

ゆったり広々としている浴場

こうしんの湯
住札幌市東区北30東19-1-1
TEL011-780-2615 営10:00～23:00 休第3水曜 料入浴480円 交地下鉄新道東駅から徒歩10分 CC不可 Pあり

タイプの違う露天風呂もある

COLUMN ジモトトピックス

住宅街にあるおしゃれなギャラリー&カフェ

モダンなコンクリート塀の向こうに見える赤い三角屋根が印象的な建物。中に入ると本格ギャラリーとゆっくりくつろげるカフェになっている。ギャラリーの展示は10日前後で替わり、写真、絵画、立体作品などの展示を楽しめる。カフェではドリンクのほか、軽食もある。

ギャラリー&カフェ 茶廊法邑 MAP 別冊P.19-D2

●ギャラリー&カフェ さろうほうむら

住札幌市東区本町1-1-8-27 TEL011-785-3607
営10:00～18:00 休火曜 交地下鉄環状通東駅から徒歩10分 CCAJMV Pあり

建物は札幌市都市景観賞などを受賞

作家たちの作品販売もある

INFO 「さとらんど」（→P.170）のさとらんどセンター2階にあるキッズコーナー（通年オープン）。食育×木育をテーマにしており、約500個のアイテムが揃った道内最大のおままごとコーナーなどがある。

食べる

倉庫を改装した古くから人気の洋食店

レストラン プー横丁

●レストラン プーよこちょう

レストラン
MAP 別冊P.19-D2

東区といえばタマネギの産地。札幌軟石で造られたタマネギ倉庫をリノベーションしたレストランがここ。1985年に創業し、1992年から現在の場所で営業している。昭和レトロな雰囲気たっぷりの店内で味わえるのは、ドリアやスパゲティなど。地元のタマネギを使った自家製ソースを用いた洋食は、創業時から変わらぬおいしさで長年通い続けるファンも多い。

人気の「チキンレモンバターソース」セット1450円

レストラン プー横丁
住札幌市東区北23東22-2-12
TEL011-785-1538
営11:00～20:30LO
休無休
交地下鉄元町駅から徒歩15分
CC不可
Pあり

天井が高く開放的な店内

薪窯で焼き上げる本格ナポリピッツァ

リストランテ・ピッツェリア ダルセーニョ

●リストランテ・ピッツェリア ダルセーニョ

イタリアン
MAP 別冊P.19-C2

1988年オープンの本格イタリアン。石狩街道沿いに建つオレンジ色の一軒家が目印だ。ここを訪れたなら外せないのがピッツァ。本場イタリアの「真のナポリピッツァ協会」に認定されており、ナポリから取り寄せた薪の窯で職人がナポリピッツァを焼き上げる。外はパリッと香ばしく、中がモチッとした生地は絶品。道産小麦の生パスタなどもおすすめ。

水牛モッツァレラを使ったマルゲリータ2530円

リストランテ・ピッツェリア ダルセーニョ
住札幌市東区北22東1-1-1
TEL011-722-1808
営11:30～14:00LO、17:00～20:30LO
休火曜(祝日の場合は変動あり)
交地下鉄北24条駅から徒歩7分
CCMV
Pあり

車窓からも目に留まる外観。店内は家庭的な雰囲気

COLUMN ジモトトピックス

本屋のなかの雑貨店と喫茶

地域に密着した本屋「ダイヤ書房」の中にある「ヒシガタ文庫」。「物語との出会いをつくる本屋」というコンセプトでセレクトした雑貨やクラフト作品、アート本など、ワクワクするものがたくさん並ぶ。同じく店内の「喫茶ひしがた」では洋菓子店CAPSULE MONSTER(→P.144)のケーキなどが味わえる。

ヒシガタ文庫・喫茶ひしがた
●ヒシガタぶんこ・きっさひしがた
MAP 別冊P.19-D1
住札幌市東区北25東8-2-1 ダイヤ書房本店内　TEL011-712-2541
営ヒシガタ文庫10:00～20:00、喫茶ひしがた10:00～18:00フードLO、18:30ドリンクLO　休無休
交地下鉄元町駅から徒歩13分
CCADJMV　Pあり

器や食品、文具、アクセサリーなど多彩

ホットドッグ(セット880円)

買う&テイクアウト

北海道の「角食」のおいしさを研究
角食LABO
ベーカリー MAP 別冊P.20-A1
かくしょくラボ

製パン工場と直結した角食専門店としてオープン。北海道では角型食パンのことを「角食(かくしょく)」と呼ぶ。工場ではドイツ、フランス製の機械を導入し、道産小麦をはじめ厳選食材を用いて角食を製造。すべて道産原料で作ったモチモチの寶～TAKARA～（2斤）700円や、最高級強力特等粉を使用したグランプリ800円などのほか、クロワッサンやメロンパンなども並ぶ。

3斤サイズのグランプリ

角食LABO
住札幌市東区東苗穂10条2-19-20
TEL011-791-2115
営10:00～16:00、土曜9:00～12:30
休日曜・祝日
交地下鉄環状通東駅からバスで20分、東苗穂11条3丁目下車、徒歩1分
CC不可 Pあり

研究所をイメージして造られたショップ

本格ラーメンを家庭で楽しめる
森住製麺直売所
麺直売 MAP 別冊P.19-D1
もりずみせいめんちょくばいじょ

1950（昭和25）年に創業し、札幌のラーメン店に麺を卸している製麺所。コシや歯応えのある麺が得意で、有名店や老舗店の麺を数多く手がけている。2021年にオープンした工場直売所では、ラーメン店の味を家庭でも楽しめるよう打ちたての生麺を販売。ラインアップも豊富で低価格、1食分から購入できる。また、直売所の外には24時間稼働の冷凍自販機もある。

地方発送や贈答品の対応もしてくれる

森住製麺直売所
住札幌市東区北46東17-1-25
TEL011-781-9353
営9:00～16:30
休日曜
交地下鉄栄町駅から徒歩7分
CC不可
Pあり

人気の玉子麺。スープなども販売

直売店だけの限定商品もある
きのとや東苗穂工場直売店
菓子 MAP 別冊P.20-A2
きのとやひがしなえぼこうじょうちょくばいてん

きのとやのケーキなどを作る工場併設の直売店。他店舗と同じようにケーキや焼き菓子が並ぶほか、工場直売ならではの限定商品がふたつある。リーフパイの型を抜いた切れ端を焼き上げたパイのかけら380円と、焼き上げの過程で規格外となったシュー生地使用のファクトリーシュー237円だ。いずれも製造状況で販売がない日や数量に限りがある。

ファクトリーシューは店頭で12:00からの販売

きのとや東苗穂工場直売店
住札幌市東区東苗穂5条3-7-36
TEL011-786-6161
営10:00～18:00
休無休
交JR苗穂駅前からバスで約13分、東苗穂4条3丁目下車、徒歩5分
CCADJMV
Pあり

札幌道や国道275号に近く、工場が多いエリアにある

INFO 「おもちゃの森sapporo*」は、日本製をはじめ良質な木のおもちゃを扱う専門店。店舗では実際におもちゃに触れることができ、木のぬくもりを感じられる。住札幌市東区東苗穂10-1-2-6 TEL011-299-3041

厳選した玄米をその場で精米
米家 きゅうさん 札米本店
●こめや きゅうさん さつべいほんてん

米穀店 MAP 別冊P.37-C1

特別栽培米を基準に道内はもちろん、新潟県の魚沼など全国の厳選米農家から産地直送で玄米を仕入れ、それぞれの好みに合わせ精米してくれる米店。隣には注文を受けてからその場で握ってくれるおむすび専門店「おむすびきゅうさん」も併設している。

1920（大正9）年創業の老舗米穀店

米家 きゅうさん 札米本店
住札幌市東区北9東1-3-10
TEL011-721-3393
営10:00～19:00
休日曜
交地下鉄北13条東駅から徒歩6分。地下鉄札幌駅から徒歩10分
CCADJMV
Pあり

並んででも食べたい手作り大福
かど丸餅店
●かどまるもちてん

餅店 MAP 別冊P.19-D2

1937（昭和12）年創業の餅店。早朝からの営業にかかわらず開店前から行列ができる。すべて手作りの餅はコシがあり、無駄に伸びることがなくしっかりした食感。昔ながらの本当の餅のおいしさと評判だ。定番の大福や桜餅のほか期間限定でいちご大福、ぶどう大福などを販売。

豆大福120円などが並ぶ

かど丸餅店
住札幌市東区北23東7-2-23
TEL011-711-9420　営6:00～売り切れ次第閉店　休木曜
交地下鉄元町駅から徒歩13分。地下鉄東区役所前駅からバスで約6分、北23条東8丁目下車すぐ　CCMV　Pあり

北光線沿い、バス停が目の前

バイヤー厳選のアンティークが並ぶ
Bisco
●ビスコ

アンティーク家具 MAP 別冊P.35-D1

ショップには海外からのさまざまなアンティーク家具がずらり。いずれも提携工場でリペアやリメイクしており、状態もよく、そのほとんどが一点物。豊富なアイテムの中からお気に入りを見つける楽しさがある。脚のカット、配線用の穴あけなどの加工は無料で対応。

ソファなど家具のほか、雑貨もある

Bisco
住札幌市東区北10東14-3-3
TEL011-792-5547　営11:00～18:00　休火曜　交地下鉄環状通東駅から徒歩10分　CCADJMV
Pあり

倉庫を改装したショップ

憧れの海外の壁紙で部屋をDIY
WALL DECO KABEYA
●ウォール デコ カベヤ

壁紙・DIY MAP 別冊P.19-D1

輸入壁紙の専門店。北欧のマリメッコや英国のウィリアム・モリスなど、色柄のすてきな壁紙が数多く揃う。自分でも壁紙を貼れるようワークショップも実施。照明やDIYタイル、雑貨なども扱っており、壁紙を含め生活空間のトータルコーディネートもお願いできる。

壁紙は1mから購入が可能

WALL DECO KABEYA
住札幌市東区北32東18-6-10
TEL011-790-7272　営10:00～17:00　休水・木曜　交地下鉄新道東駅から徒歩10分
CCADJMV　Pあり

リフォームなどの相談にものってくれる

バラの咲く町

白石区 ●しろいしく

MAP 別冊P.20-21・P.26-27

面積 34.47km^2　人口 約21万3080人（2023年4月）

大きな国際会議などが行われる「札幌コンベンションセンター」。周囲に公園や商業施設が並ぶ

戊辰戦争で敗れた仙台藩の白石城主・片倉小十郎の家臣たちが移り住み、現在の国道12号沿いに住まいを完成させたのが始まり。地下鉄東西線の開通や厚別副都心計画などにより人口増加が続き、1989（平成元）年に分区。厚別川の西側が白石区となった。区内には、自転車道路の「白石こころーど」、ライラックまつりの会場にもなる川下公園など、身近に自然が感じられる場所が多くある。区内の環状通の中央分離帯には区の花・バラも植栽。また、道内の物流拠点・流通センターも区内にある。

青空をバックに肩車をする親子。人情味豊かな区であることを表現

このエリアの拠点
菊水〜南郷18丁目までの各地下鉄駅が拠点となる。特に地下鉄白石駅はバスターミナルがあり、区内の各方面へバスが出ている。

白石区の交通
地下鉄東西線がメイン。JRも白石駅などがある。地下鉄とJRの白石駅は離れているので間違いのないよう注意を。

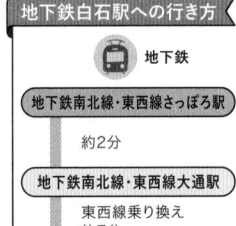

地下鉄白石駅への行き方

地下鉄

地下鉄南北線・東西線さっぽろ駅
↓ 約2分
地下鉄南北線・東西線大通駅
↓ 東西線乗り換え 約7分
地下鉄東西線白石駅

白石区の歩き方

国道12号や南郷通沿いに店や施設が集まる

地下鉄菊水駅から南郷18丁目駅までの各駅周辺に、飲食店などが数多く立ち並ぶ。国道12号沿いも店は多い。地下鉄東札幌駅には、ラソラ札幌、イオン東札幌店など大型商業施設があるほか、白石こころーどのスタートポイントも近いため、ここから歩くのもおすすめ。特に春は桜のトンネルの中を歩いているような気分になれる。ほかの駅からもこころーどへは徒歩数分で行くことが可能。南郷7丁目駅から徒歩数分の本郷通商店街や菊水駅付近には新旧さまざまな店があるのでのぞきながら歩いてみるのもおもしろい。

INFO 白石区の公式マスコットキャラクターは「しろっぴー」。白石区の白から連想するゆきだるまと区の花のバラがモチーフ。実はライバルの「くろっぴー」なるマスコットもいる。

おもな見どころ

自転車・歩行者専用の市民の憩いの場

白石こころーど

しろいしこころーど

正式名称「道道札幌恵庭自転車道線」という自転車・歩行者専用道路。札幌コンベンションセンターを起点に、白石区、厚別区を抜け、北広島市まで続く。「白石こころーど」と呼ばれるのは、「虹の橋」までの約7.2㎞。春には道沿いに約600本の桜が咲き、夏にはまばゆい緑とカラフルな花々に包まれ、秋には鮮やかな紅葉と四季折々の風景を楽しめる。

環状通の上に架かる「環状夢の橋」と桜

全天候型施設もあるライラックの公園

川下公園

かわしもこうえん

公園　MAP　別冊P.20-B3

広い園内には約200種類1700本のライラックが植えられている森があり、5月下旬に開催される「さっぽろライラックまつり」の会場にもなっている。屋外遊具広場、バーベキューができる広場、パークゴルフ場もあり、週末は多くの人でにぎわう。屋内施設「リラックスプラザ」には温水プールや遊具のある室内公園が入っていて通年利用ができる。

札幌の初夏を彩るライラックの花が咲き誇る

COLUMN
ジモトトピックス

北海道ご当地パン「ちくわパン」

市内を中心に道内10店舗を展開する焼きたてパンの店「どんぐり」。豊平区美園で営業していた際、地域の人から「おかずみたいなパンが欲しい」という要望があり、そこで誕生したのが今や北海道名物となり、どんぐりの名を一躍世間に知らしめたちくわパン194円だ。その後も数々の人気総菜パンを開発。店内には多彩なパンが並ぶ。

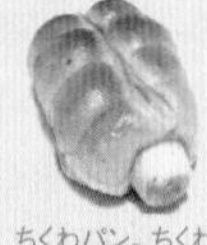
ちくわパン。ちくわとツナサラダがしっとりパンによく合う

どんぐり本店　どんぐりほんてん
MAP 別冊P.26-A1
住 札幌市白石区南郷通8南1-7
TEL 011-865-0006　営 8:00〜20:00
休 無休　交 地下鉄南郷7丁目駅から徒歩1分　CC ADJMV　P あり

1992年から現在の場所に本店を移し本格的に稼働

白石こころーど
住 札幌市白石区東札幌6-1(コンベンションセンター)〜南郷通21南(虹の橋)
TEL 011-864-8125(白石区土木部維持管理課)　営 通行自由
交 地下鉄東札幌駅〜南郷18丁目駅の間の各駅からそれぞれ徒歩3〜5分

地域住民も制作に参加したトンネル内のタイルアート

川下公園
住 札幌市白石区川下2651-3外
TEL 011-879-5311　営 リラックスプラザは9:00〜19:00。パークゴルフ場は4〜11月の営業
休 リラックスプラザは月曜(祝日の場合は翌日)
料 リラックスプラザの温水プール400円、浴室とプールの共通券700円。パークゴルフ300円
交 地下鉄白石駅前からバスで約20分、川下公園前下車、徒歩1分　CC 不可　P あり(4:30〜21:15)

国内最大のライラック園

香水の原料にもなるライラック。甘く優しい香りが漂います。花弁が通常の４枚ではなく５枚のラッキーライラックや日本最古のライラックの子孫を探してみて。

幸運を招くラッキーライラック

日本最古のライラックの子孫は公園の片隅に

世界を知り、学ぶことができる施設

JICA北海道（札幌）ほっかいどう地球ひろば

ジャイカほっかいどう（さっぽろ）ほっかいどうちきゅうひろば

見学施設 MAP 別冊P.26-B1

世界が直面している課題やSDGsについて学び、開発途上国と私たちとのつながりを体感できる3ゾーンの体験型展示や企画展を開催している。世界の民族衣装を試着し、自由に写真撮影できるコーナーもある。施設内のレストランカフェでは世界各国の料理を味わうことができる。

「世界を知る」がテーマのゾーン

JICA北海道（札幌）ほっかいどう地球ひろば
住札幌市白石区本通16南4-25
TEL011-866-8333 営10:00～17:30。レストランカフェは平日のみ11:30～13:30LO（変更の場合あり） 休無休 料入場無料
交地下鉄南郷18丁目駅から徒歩12分 CC不可 Pあり（レストランカフェ利用者に限る）

建物は国道12号沿いに立っている

白石区の歩みがわかる展示

白石郷土館

しろいしきょうどかん

資料館 MAP 別冊P.20-A3

白石区は、札幌市と合併する前は白石村と呼ばれていた。そのルーツは戊辰戦争で敗れた仙台藩の白石城城主・片倉小十郎の家臣が移住したことから始まっているそう。郷土館では、宮城県白石市に関するものや白石区の歴史をパネルなどの展示資料で紹介している。

白石区の由来を学べる

白石郷土館
住札幌市白石区南郷通1南8-1 白石区複合庁舎1階 TEL011-861-2405 営8:45～17:15
休土・日曜・祝日（第2土・日曜は10:00～16:00で開館）
料無料 交地下鉄白石駅直結
Pあり（隣接の立体駐車場利用。白石区複合庁舎内で駐車券の認証を受ける必要あり）

疑似体験を通じて防災について学ぶ

札幌市民防災センター

さっぽろしみんぼうさいセンター

防災体験 MAP 別冊P.26-A1

さまざまな災害の疑似体験を通して、防火・防災に関する知識、災害時の行動などを学ぶことができる施設。地震の体験、プロジェクションマッピングを用いた消火体験、煙からの避難行動をチェックできるコーナーなどがある。多言語に対応した学習コーナーも用意。

リアルなはしご車に乗れる

札幌市民防災センター
住札幌市白石区南郷通6北2-1
TEL011-868-3535
営9:30～16:30 休第1・3月曜
料無料 交地下鉄南郷7丁目駅から徒歩2分 Pあり

本物のような消火体験ができる

COLUMN ジモトトピックス

おみやげにもおすすめ！池田食品の豆菓子

北海道の豆菓子メーカー・池田食品。工場直結の白石本店は、札幌軟石や道産木材を用いた洗練された店構え。ほぼすべての商品の試食も可能だ。芽室町産落花生を使用したナッツペーストシェイク600円など本店限定メニューもある。

池田食品 いけだしょくひん
MAP 別冊P.20-A3
住札幌市白石区中央1-3-32
TEL011-811-2211 営10:00～17:15
休日曜・祝日 交地下鉄白石駅・東札幌駅から徒歩15分 CCADJMV Pあり

本店限定の北海道産生乳100%の「鬼ソフト」420円

豆菓子、ナッツ、かりんとうと多彩な商品

INFO 白石区役所がおかれている複合庁舎の6階には、全国でも珍しい「えほん図書館」がある。約2万5000冊の絵本や絵本関連書籍を読めるだけではなく、読み聞かせなどのイベントも開催している。

あそぶ＆体験

地下鉄駅すぐの好立地にある湯処

湯めごこち 南郷の湯

●ゆめごこち なんごうのゆ

入浴施設 MAP 別冊P.26-B1

泡風呂など4つの内風呂のほかに、日本情緒たっぷりの露天風呂、広い大型乾式サウナがある。洗い場の数も男女それぞれ50ずつあり落ち着いて入浴できる。シャンプーなどの備え付けはないが、各種アメニティはフロントで販売。

和風庭園を眺めながら湯あみができる

湯めごこち 南郷の湯

住札幌市白石区南郷通14北3-5 TEL011-846-4126 営14:00～24:00（土・日曜・祝日は10:00～）。最終入浴受付23:30 休無休 料入浴480円 交地下鉄南郷13丁目駅から徒歩2分 CC不可 Pあり

湯上がりに軽食やビールを楽しむことも

プライベートサウナで、ととのう

フミノサウナ

●フミノサウナ

サウナ MAP 別冊P.20-A3

菊水エリアで親しまれていた銭湯「富美の湯」が、全6室の貸切サウナ専用施設「フミノサウナ」として生まれ変わった。ひとりはもちろん、仲間や家族との利用もOK。全室ロウリュ付き。タオルの貸し出しもあり。完全予約制。

人目を気にせずにサウナを満喫

フミノサウナ

住札幌市白石区菊水上町3条2-52-143 TEL011-807-4949 営10:00～24:00（最終受付22:00） 休無休（臨時休業あり） 料利用2600～6000円 交JR苗穂駅から徒歩20分。地下鉄菊水駅からバスで約10分、菊水上町3条3丁目下車、徒歩2分 CCADJMV Pあり

巨大なインドアクライミング施設

NAC札幌クライミングセンター

●ナックさっぽろクライミングセンター

クライミング MAP 別冊P.19-D3

ショッピングセンターの中にある本格クライミング施設。日本最大級の壁面積を誇り、初心者からエキスパートまで楽しめる。5歳くらいから80代まで幅広い層が利用しているそう。カフェも併設しており、カフェ利用だけでもOK。

ボルダリング体験もできる

NAC札幌クライミングセンター

住札幌市白石区東札幌3条1-1-1 ラソラ札幌 Aタウン1階 TEL011-812-7979 営10:00～22:00（最終受付20:00。日曜～20:00、最終受付19:00） 休無休 料1回1700円～ 交地下鉄東札幌駅から徒歩4分 CCAJMV Pあり（ラソラ駐車場利用。1000円以上利用で3時間無料）

染物体験で世界にひとつの作品作り

野口染舗

●のぐちせんぽ

染物体験 MAP 別冊P.19-D3

着物の修繕、染色を手がける工房。日本文化や着物を身近に感じてほしいと染物体験を実施している。ハンカチや風呂敷、ストールなどを染めることができ、化学染料か天然染料を選ぶことが可能。準備が必要なため予約は1週間前までに。

自分だけのオリジナル染物

野口染舗

住札幌市白石区菊水8条2-2-9 TEL0120-12-4447 営9:00～17:30（土曜は～15:00）。染物体験は月～金曜11:00～と14:00～（第5土曜は10:00～と13:00～） 休日曜・祝日 料ハンカチ（化学染料）2530円、風呂敷（天然染料）4400円など 交地下鉄菊水駅から徒歩15分。地下鉄菊水駅からバスで約3分、菊水上町7条2丁目下車、徒歩3分 CCJMV Pあり

食べる

満足度◎の手作り定食の店
定食や
ていしょくや

定食
MAP 別冊P.20-A3

札幌から旭川を結ぶ国道12号沿いにある定食の店。すべて手作りでボリューム満点。セットメニューが充実しており、人気はしょうが焼ととりから定食。ふっくら焼き上げたしょうが焼きと、ジューシーなから揚げにご飯が進む。

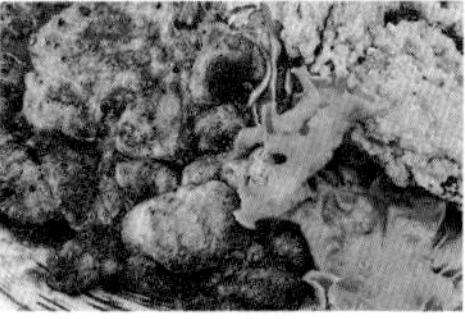
しょうが焼ととりから定食1150円

定食や
住札幌市白石区本通6北1-20 TEL011-598-9898 営11:00～15:00、18:00～21:00LO(火曜は昼のみ、土・日曜・祝日は17:00～) 休水曜、第2・4火曜 交地下鉄南郷7丁目駅から徒歩15分 CC不可 Pあり

昼も夜も客足が絶えない人気店

更科そばと田舎そばが選べる
多加べえの茶屋総本店 蕎傳
たかべえのちゃやそうほんてん そばでん

そば
MAP 別冊P.20-A3

平和通沿いに建つ純和風の合掌造りの建物。趣のある店内で道産そば粉を用いたコシのある更科そばと、香り高い手打ち田舎そばが味わえる。道産の鶏肉、鴨肉などのほか、玉子焼きには有精卵を用いるなど食材にもこだわっている。

透明感がありコシの強い更科そば

札幌多加べえの茶屋総本店 蕎傳
住札幌市白石区平和通6南3-14 TEL011-862-2000 営11:00～15:00、17:00～20:00LO(土・日曜・祝日は11:00～20:00LO) 休火曜 交JR白石駅から徒歩8分 CCMV Pあり

店内は落ち着く和のしつらえ

今までにない新ジャンル「トマト麺」
空と大地のトマト麺Vegie
そらとだいちのトマトめん ベジィ

ヌードル
MAP 別冊P.20-A3

南イタリア産のトマトとニンニクを長時間煮込んだトマトペーストがスープのベース。そこに道産小麦の中華麺を合わせた新感覚のヌードル。締めにはチーズ入りのリゾットおむすび180円がおすすめ。女性ひとりでも入りやすい。

9種野菜のトマト麺950円

空と大地のトマト麺Vegie
住札幌市白石区東札幌2条5-3-1 村定ビル1階 TEL011-807-4213 営11:00～15:30LO、17:00～19:30LO(土・日曜・祝日は11:00～19:30LO) 休水曜 交地下鉄白石駅から徒歩8分 CC不可 Pあり

女性ひとりでも入りやすい

家庭的な雰囲気のなかで味わう本格洋食
洋食とワイン bistroBUTTER
ようしょくとワイン ビストロバター

洋食
MAP 別冊P.26-A1

国産や道産食材を用いてていねいに作られた洋食が楽しめる。ソースやベーコン、パンはすべて手作り。オムライスと小さいグラタン（サラダ付き）は1100円。夜は、ワインとチーズの有資格者でもあるマスター厳選の品が味わえる。

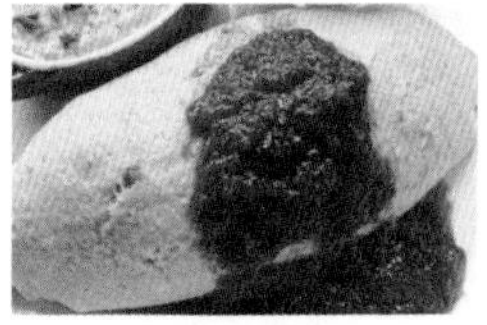
オムライスは懐かしい味わい

洋食とワイン bistroBUTTER
住札幌市白石区栄通5-7-13 日新ビル1階右 TEL090-6871-6977 営11:00～22:00(途中休憩の場合あり) 休水・火曜不定休 交地下鉄南郷7丁目駅から徒歩10分 CC不可 Pあり

アットホームな小さなお店

INFO ハードな旅の途中、疲れたと思ったら……。心も体もホッとする食事をくつろぎの空間で味わえる「おがわのじかん」がおすすめ。事前予約がベスト。住札幌市白石区南郷通8南3-29

東札幌にある知る人ぞ知る名店
trattoria NOBU
●トラットリア ノブ

イタリアン
MAP 別冊P.19-D3

スタッフふたりの一見カジュアルな店だが、提供される料理は本格的。選び抜いた旬の素材で作る料理はひと皿ごとに驚きや感動を与えてくれる。ランチは3コース1600円～、夜はアラカルトやコース料理。季節で内容は変わるが、テリーヌ、パスタはぜひとも味わいたい。

味はもちろん盛りつけや器も美しい

trattoria NOBU
住札幌市白石区東札幌2条3-8-8 TEL011-374-4994 営11:30～14:00、17:30～21:30LO 休水曜(ほか不定休あり) 交地下鉄東札幌駅から徒歩3分 CCADJMV Pなし

南郷通沿い、青い看板と国旗が目印

気取らずいただく、至福の一杯
COFFEE STAND 28
●コーヒースタンドニジュウハチ

カフェ
MAP 別冊P.26-B1

住宅街の中にあるコーヒー専門店。コーヒー鑑定士の資格を有する店主が、多種多様な自家焙煎のスペシャリティコーヒーを提供してくれる。専門店だが明るく親しみやすい店の雰囲気も魅力。コーヒーに合うパウンドケーキやブラウニーなど手作りの焼き菓子もぜひ。

スペシャリティコーヒー450円～

COFFEE STAND 28
住札幌市白石区栄通18-6-5 アサヌマビル1階 TEL011-876-0729 営8:00～17:30LO(土・日曜・祝日は10:00～16:30LO) 休木・金曜 交地下鉄南郷18丁目駅から徒歩5分 CC不可 Pあり

地域密着でご近所さんも足を運ぶ

旅人と地元の人が交差するカフェ
MORIHICO.STAY&COFFEE
●モリヒコステイ&コーヒー

カフェ
MAP 別冊P.35-D2

ビルをまるごとリノベーションしたホテルのカフェ。広々とした空間には薪ストーブがあり、壁には京都の書店・誠光社がセレクトした本が並ぶ。専属シェフが手がけるピザやパスタ、ハンドドリップによるコーヒーが味わえる。コワーキングスペースとして利用する人も多い。

天井高は5m超えで開放感がある

MORIHICO.STAY&COFFEE
住札幌市白石区菊水1条1-3-17 TEL011-826-4501 営7:30～18:30LO(モーニング～11:00、ランチ11:30～14:30) 休無休 交地下鉄菊水駅から徒歩3分 CCADJMV Pあり

夏はテラスや芝生席の利用もできる

COLUMN ジモトトピックス

バラが咲き誇る環状通ローズアベニュー

白石区の花はバラ。環状通の東北通から南7条・米里通までの約4kmの中央分離帯に、毎年6月頃から秋にかけて見事なバラの花が咲く。赤やピンク、黄色の約3500株の美しいバラが咲く光景は風物詩となっており、歩行者やドライバーの目を楽しませてくれる。

環状通ローズアベニュー MAP 別冊P.20-A2
●かんじょうどおりローズアベニュー
TEL011-864-8125(白石区土木部維持管理課)

奥にあるのは白石こころーど(→P.176)の環状夢の橋

環状通は車が多いがバラに癒やされる

買う&テイクアウト

手みやげにも人気のかわいいおはぎ

増田おはぎ

ますだおはぎ

おはぎ MAP 別冊P.19-D3

菊水エリアにある手作りおはぎの専門店。道産の素材を用いて、添加物はできるだけ不使用。季節感を大切にしており、定番以外は季節ごとにメニューが入れ替わる。春は桜、ヨモギ、夏はトウモロコシ、枝豆、秋はサツマイモ、栗、冬はユズなど。

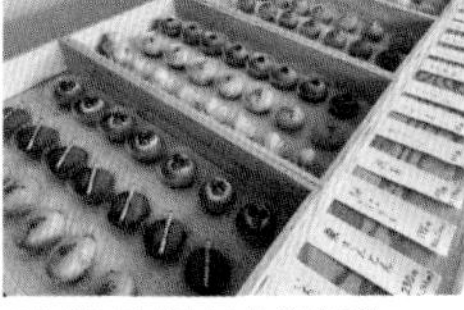
色や形もさまざまなおはぎ172円〜

増田おはぎ
住札幌市白石区菊水5条3-5-17 TEL011-813-7557 営10:30〜18:00(売り切れ次第終了) 休月・火曜 交地下鉄菊水駅から徒歩5分 CC不可 Pあり

菊水の五差路のそば。のれんが目印

道産小麦100%、手作りのパン

シロクマベーカリー本店

シロクマベーカリーほんてん

ベーカリー MAP 別冊P.26-B1

道産小麦100%のパンの店。小麦、塩、砂糖のみで作る天然酵母の食パン400円が人気。子供が喜ぶかわいいパンも多数。2階のイートインスペースでは限定のあんバタートースト490円やオーガニックコーヒー350円などを提供。

店名にちなんだシロクマのパンもある

シロクマベーカリー本店
住札幌市白石区本郷通13南5-20 TEL011-598-0151 営8:30〜18:00(売り切れ次第終了)。イートイン限定メニューは11:00〜16:30 休火曜 交地下鉄南郷13丁目駅から徒歩1分 CCADJMV Pあり

古民家風のすてきな外観

イタリア人の職人が作るチーズ

ファットリアビオ北海道

ファットリアビオほっかいどう

チーズ MAP 別冊P.20-B3

世界最高峰の技術をもつイタリア人のチーズマスターが、北海道のミルクに魅了され移住。新鮮な生乳で伝統的なチーズ作りを行っている。保存料や安定剤は不使用。かみしめると中からミルクがしたたるモッツァレラなどが人気。

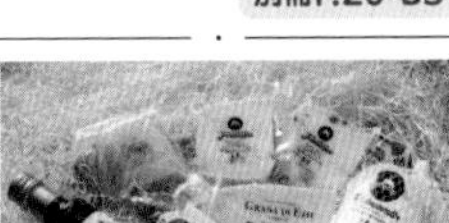
セミハードタイプのチーズも揃う

ファットリアビオ北海道
住札幌市白石区平和通12北5-20
TEL011-376-5260
営11:00〜16:00
休日曜
交地下鉄南郷13丁目駅から徒歩15分(車で約5分)
CCAJMV
Pあり

COLUMN ジモトトピックス

工場製造生ビールが飲めるアサヒビール園

市内で唯一年間5万キロリットル以上を製造する大規模ビール工場「アサヒビール北海道工場」。ここに併設され、北海道工場製造の生ビールを提供しているのがアサヒビール園。ビールと一緒にジンギスカンやしゃぶしゃぶが味わえる「はまなす館」と、焼肉バイキングが楽しめる「ロイン亭」がある。

アサヒビール園 アサヒビールえん MAP 別冊P.26-A1
住札幌市白石区南郷通4南1-1 TELはまなす館011-863-5251、ロイン亭011-860-5061 営はまなす館11:30〜21:00LO、ロイン亭11:30〜15:00LO、17:00〜21:00LO(土・日曜・祝日16:00〜) 休無休 交地下鉄南郷7丁目駅2番出口から徒歩5分 CCADJMV Pあり

お得な食べ放題が充実の「ロイン亭」

「はまなす館」では焼肉のほか一品料理も提供

INFO 「パティスリーアパレイユ。」は、道産小麦や平飼い卵、オーガニック素材などを用いたスイーツの店。土日限定のアップルパイは、一度食べると虜に。住札幌市白石区本通4南1-13(有機やさいアンの店)

秀岳荘白石店

住札幌市白石区本通1南2-14 TEL011-860-1111 営10:30～19:30 休水曜 交地下鉄白石駅、JR白石駅から徒歩10分 CCADJMV Pあり

国道12号と環状通に面している

北海道のアウトドアのことならお任せ

秀岳荘白石店

●しゅうがくそうしろいしてん

アウトドア MAP 別冊P.20-A3

北海道のフィールドに適したアウトドアギアが揃う専門店。4フロアある広い店内には登山用品をはじめ、キャンプ、カヌー、自転車、バックカントリースキー、スノーシューなどのギアがずらりと並ぶ。スタッフも北海道のアウトドアを知り尽くしている強者揃い。

オリジナルの寝袋なども人気

澪工房

住札幌市白石区東札幌2条4-8-18 TEL011-816-6797 営10:00～18:00 休水曜 交地下鉄白石駅から徒歩7分 CCADJMV Pあり

天板が並ぶ工房の中

温もりある上質な家具を販売

澪工房

●みおこうぼう

家具 MAP 別冊P.20-A3

ナチュラルでシンプルな家具を販売。工房とショップがあり、工房では無垢の天板を展示販売。ショップは靴を脱いで上がり、家と同じ状態で椅子の座り心地を確認できる。器、木の小物も展示されていて、贈り物を選ぶのも楽しい。オーダー家具の注文も可。

座り心地がよく人気の「豆のスツール」

Naturie Studio

住札幌市白石区南郷通20北1-23 TEL011-398-5558 営11:00～19:00 休不定休 交地下鉄南郷18丁目駅から徒歩10分 CCADJMV Pあり

オリジナルのソファも人気

暮らしのセレクトショップ

Naturie Studio

●ナチュリエスタジオ

インテリア MAP 別冊P.26-B1

北海道のハウスメーカーが提案するライフスタイルセレクトショップ。国内人気ブランド家具のほか、インテリア雑貨、グリーン、アウトドアアイテムなどが揃う。事前予約をすればワークショップ体験ができるDIYスペースの利用や、住宅相談などもできる。

オーダーカーテンにも対応してくれる

COLUMN ジモトトピックス

日替わりでバラエティに富んだ店が登場

「タネキッチン」はレンタル・シェアキッチン。イベント販売等の製造拠点とする人や自店を出す前の腕試しで利用する人など、日替わりで菓子、パン、弁当などさまざまな店が出店。近くにはカフェバー業態の「タネキッチン.eat」もあり、ランチや本格和食などを味わえる。

タネキッチン MAP 別冊P.26-B1
住札幌市白石区本通16北1-13

タネキッチン.eat ●タネキッチン・イート MAP 別冊P.26-B1
住札幌市白石区本郷通13南1-1 小林ビル2階
※両店とも営業日や営業時間は公式インスタグラムで確認を

タネキッチンにはテイクアウトのものが並ぶ

お酒も飲めるタネキッチン.eat

暮らしに便利な副都心
厚別区 ●あつべつく

MAP 別冊P.20-21 P.26-27

面積 24.38km² 人口 約12万4470人(2023年4月)

厚別区内にある明治、大正、昭和初期の建物が集められた「北海道開拓の村」(→P.184)

厚別区は1989(平成元)年に白石区から分区して誕生。厚別区の本格的な開拓は1882(明治15)年から。多くの開拓者は、小樽や札幌中心部に定住したあとに移り住んだ人が大半といわれる。1972(昭和47)年に厚別副都心開発基本計画が策定されてから、副都心形成が進められ、公共施設や大型の商業施設などが造成された。これが、現在「新さっぽろ」と呼ばれる厚別区の中心地。新しい札幌の玄関口として名づけられたJR新札幌駅の名称にちなんでこう呼ばれるようになった。また、江別市と北広島市にまたがる野幌森林公園も有している。

シンボルマーク

厚別の頭文字Aを表現。ブルーグリーンの色は清新な町と豊かな緑をイメージ

このエリアの拠点
厚別区の中心は新さっぽろ。新千歳空港からの快速エアポートはJR新札幌駅に停まるため、観光やビジネスの拠点を新さっぽろにする人も多い。JR新札幌駅と地下鉄新さっぽろ駅は徒歩5分ほど。

厚別区の交通
新さっぽろにはJR、地下鉄、バス、タクシーとすべてが揃う。バスの使い方をマスターすればあちこちへ足を運ぶことが可能だ。

厚別区の歩き方

副都心・新さっぽろを拠点に森林公園や博物館へ

JRでも地下鉄でもバスでもアクセスができる新さっぽろエリア。サンピアザ、デュオ、イオン新さっぽろ店、カテプリと大きな商業施設が隣接してあるほか、駅直結のホテル、サンピアザ水族館、子供向けの室内遊園地、青少年科学館(改装中)などがある。商業施設内のほか、周辺にも飲食店が数多くあり、1日新さっぽろで過ごすこともできる。バスターミナルからは、厚別区内のほか江別や北広島方面へ向かうバスも発着。野幌森林公園や開拓の村、北海道博物館などへ向かうのもここからバス利用が便利だ。

JR新札幌駅への行き方

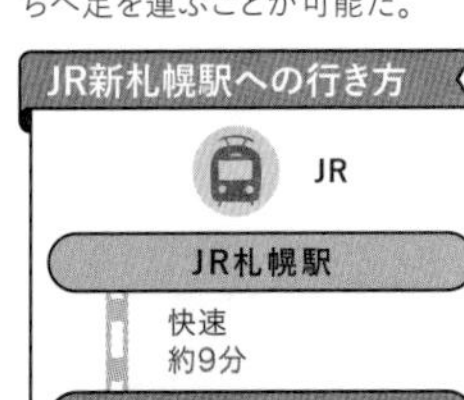

INFO 厚別区には大きな団地が3つある。初めにできたのが「ひばりが丘」。公募によって春をイメージした名称がつけられ、そのあと夏の「青葉」、秋の「もみじ台」と名づけられていった。

開拓時代をリアルに再現

開拓の村へタイムトラベル！

明治の開拓期から昭和初期までの道内各地の貴重な歴史的建造物を保存。天井のない博物館だ。

市街地群

博物館の中心でエントランスでもある市街地群は官庁街、商店街、住宅街、職人街などからなる。

旧札幌停車場

1908（明治41）年に建造され1952（昭和27）年まで使われた札幌停車場で、博物館の管理棟として再現。

必見POINT
露出した柱や梁は当時の流行の最先端を示す建築様式

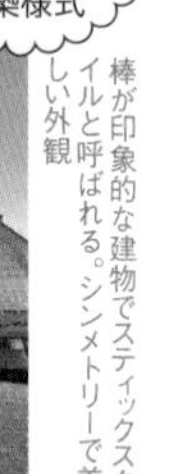

棒が印象的な建物でスティックスタイルと呼ばれる。シンメトリーで美しい外観

旧開拓使札幌本庁舎

明治新政府が札幌を北海道の中心と決め、1873（明治6）年に開拓使札幌本庁舎が完成した。

必見POINT
八角ドームの上にはためく開拓使のシンボル、赤色の五稜星

コントラストが美しい西洋風のモダンな建築

旧開拓使工業局庁舎

1873（明治6）年に中央区大通東2丁目に設置された。道路や橋梁、官庁の建設や農具の製造事業も行った。

明治初期の洋風建築の特徴を現在に伝え重要文化財に指定されている

必見POINT
時計台よりも古い開拓使関係庁舎で現存する唯一の遺構

北海道開拓の村

●ほっかいどうかいたくのむら

MAP 別冊P.21-D3

北海道の開拓時代を再現した野外博物館で、明治～昭和初期の建築物52棟を移築復元して展示している。広大な村内は馬車鉄道で移動することも。

住 札幌市厚別区厚別町小野幌50-1
TEL 011-898-2692
営 9:00～17:00（10～4月は9:00～16:30）
休 無休（冬季は月曜、祝日の場合は翌火曜）
料 入館800円（北海道博物館との共通券1200円）
交 JR札幌・地下鉄新さっぽろ駅からバスで約20分、開拓の村下車すぐ P 400台

開拓期の貴重な足 馬車鉄道体験！

開拓時代に活躍した札幌市街馬車軌道を再現。市街地区群と農村群間の片道約600mを馬車に揺られて移動できる。

営 4月16日～11月30日、12月中旬～3月の土・日曜・祝日、さっぽろ雪まつり期間
料 1乗車250円

上：夏季の運行は馬車が軌道の上をゆっくり進む　左：冬季は雪景色のなかを馬そりが運行

左：ピンク色の外観が目を引く重厚な造り
下：館内には当時をしのぶ執務室や馬車などを展示

必見POINT
本来は石造りの古典様式を木造で表現しているところが特徴

旧浦河支庁庁舎

1897(明治30)年に支庁制度が設けられ道内19支庁に編成。この建物は1919(大正8)年に建築された。

旧来正旅館

旭川東永山兵村に屯田兵として入植した来正策馬が、永山駅前に1919(大正8)年に建てた旅館。

必見POINT
江戸期以来の旅籠屋建築の影響を残した純和風建築

駅の待合所が前身だったので看板には待合旅館とある

旧山本理髪店

玄関の雨よけアーチや2階中央には大きな出窓が

必見POINT
大正期の洋風建築の特徴を残したスマートな造り

北海道神宮裏参道にあった大正後期に建てられた理髪店。内部もリアルに再現されている。

農村群

屯田兵屋や開拓小屋、駅逓など開拓時代の北海道独特の建造物や、郷里の建築様式も見られる。

旧岩間家農家住宅

旧仙台藩の士族移民団として1871(明治4)年に伊達に入植。家屋は郷里の大工が1882(明治15)年に建てたもの。

必見POINT
緩やかな傾斜の柾葺きの上に石が置かれる「石置屋根」

収穫の秋には大根が干されている

旧小川家酪農畜舎

札幌農学校出身の小川三策が、アメリカの設計図を参考にして建築したバルーンフレーム構造の建物。

必見POINT
北海道大学第2農場のモデルバーンと同じ構造になっている

軟石のサイロは昭和初期に普及した形を再現

旧納内屯田兵屋

深川市納内地区に1895(明治28)年に建築された。屯田兵住宅の特色をよく残していて歴史的価値が高い。

上:家の真ん中に囲炉裏がある
下:開拓と警備の役割を担った屯田兵の住宅

必見POINT
入口は切妻平入、外壁は板張り、屋根は柾葺きになっている

漁村群

かつてニシン漁で栄えた鰊御殿で知られる、日本海沿岸の様子を建物や船で再現。

旧青山家漁家住宅

小樽市祝津に1919(大正8)年に建てられた住宅。番屋や網倉、船倉など集約的に保存されている。

上:約60名の漁夫が寝泊まりしていた母屋内部 下:十数棟の建物のうち7棟を移築

必見POINT
随所に見ることができる贅を尽くした造りをチェック

山村群

森林鉄道機関庫や山仕事の建物、炭焼小屋などがある。

必見POINT
機関庫内にある実際に使われていた貴重な車両

上：オホーツクの置戸町の機関庫が元になっている 下：夕張で活躍していた1950年製ディーゼル気動車

森林鉄道機関庫

道庁が国有林の伐採を直営事業にし、木材運搬の森林鉄道を整備。大正末期の機関庫を再現。

おもな見どころ

北海道の自然や歴史を学ぶことができる

北海道博物館

●ほっかいどうはくぶつかん

博物館
MAP
別冊P.21-D3

野幌森林公園の森の中に立つ、美しいれんがで覆われた建物。北海道開拓記念館と道立アイヌ民族文化研究センターを統合し、2015年に開館した総合博物館だ。常設の総合展示では北海道の自然・歴史・文化を5つのテーマに沿って紹介。各テーマは、開拓が進むまでの「北海道120万年物語」、アイヌ民族の文化や歴史を紹介する「アイヌ文化の世界」、北国の暮らしがわかる「北海道らしさの秘密」、この100年ほどのくらしをまとめた「わたしたちの時代へ」、多様な自然環境の中で暮らす生物に関する「生き物たちの北海道」。このほか年に数回の企画展を開催している。

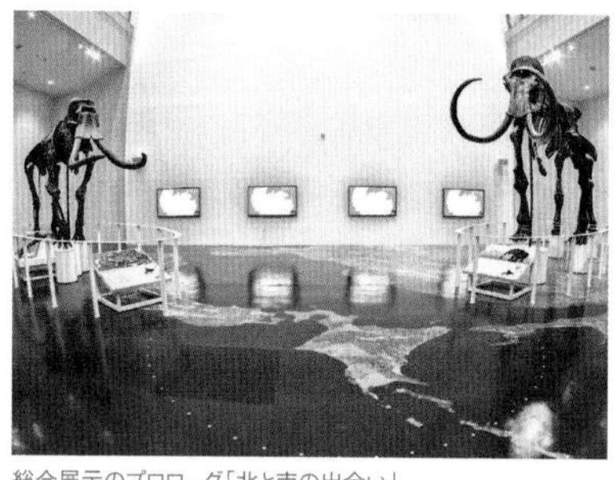
総合展示のプロローグ「北と南の出会い」

北海道博物館
住札幌市厚別区厚別町小野幌53-2
TEL011-898-0466
営9:30～17:00（10～4月は～16:30）
休月曜（祝日・振替休日の場合は直後の平日）
料入館600円（北海道開拓の村との共通券1200円）
交JR新札幌駅、地下鉄新さっぽろ駅からバスで約15分、北海道博物館下車すぐ
CCADJMV
Pあり

博物館の愛称は公募によって決まった「森のちゃれんが」

商業施設に隣接する都市型アクアリウム

新さっぽろサンピアザ水族館

●しんさっぽろサンピアザすいぞくかん

水族館
MAP
別冊P.27-C1

副都心・新さっぽろの大型ショッピングセンターに隣接する水族館。1982（昭和57）年、海のない札幌に水族館を造ることで市民に喜んでもらいたいと設立された。東京のサンシャイン水族館に次いで、国内で2番目に誕生した都市型水族館といわれる。コンパクトな水族館だが、飼育している生物は200種類近くにのぼる。館内の1階中央には大きな回遊水槽があり、約2000匹の魚たちが泳いでいる。このほか、暖かい海の魚や北海道周辺の寒い海にいる魚、タッチングプールもある。2階には元気なコツメカワウソやゴマフアザラシ、ケープペンギンが飼育されているほか、川と湖の魚コーナーもある。

回遊水槽では日曜・祝日に餌づけショーを開催

新さっぽろサンピアザ水族館
住札幌市厚別区厚別中央2条5-7-5
TEL011-890-2455
営10:00～17:00（最終入館16:30。時季により変動）
休無休
料入館1000円
交JR新札幌駅、地下鉄新さっぽろ駅から徒歩3分
CC不可
Pあり

買い物の際に立ち寄る親子連れやカップルも多い

夫婦円満・子授かりの御利益があるとされる

信濃神社

しなのじんじゃ

神社 MAP 別冊P.27-C1

神社周辺は、信濃国（現在の長野）からの入植者によって開拓された。彼らの心のよりどころとして、長野の諏訪大社から御分霊いただいたのが神社の始まり。御祭神は夫婦神の建御名方富命（タケミナカタトミノミコト）と八坂刀売命（ヤサカトメノミコト）。それにあやかり夫婦円満や子宝、安産を望む人が多く訪れる。

境内は保存樹林地に指定されている

道沿いには緑豊かな公園が多数

陽だまりロード

ひだまりロード

道路 MAP 別冊P.27-C1

白石区の東札幌から北広島市まで続く自転車・歩行者専用道路の一部で、厚別区内の4.5kmを「陽だまりロード」と呼ぶ。途中のトンネルにはモザイクタイルアートが施されているほか、道沿いには自然豊かな公園もたくさんあり、楽しみながらサイクリングや散策ができる。

白石と厚別の境界に架かる「虹の橋」

自然の地形を生かして造った公園

青葉中央公園

あおばちゅうおうこうえん

公園 MAP 別冊P.27-C1

陽だまりロード沿いにある公園のひとつ。散策用の木道があり、ミズバショウの群生地にも行くことができる。もともとの自然を生かしているので、林の中で野鳥やエゾリスに遭遇することも多い。夏には子供が遊べるウオータースライダー付きのプールも開放される。

春先のミズバショウの群生

信濃神社
住札幌市厚別区厚別中央4条3-3-3 TEL011-892-3085
営参拝自由（社務所は9:00～16:00） 休無休 交JR厚別駅から徒歩5分 Pあり

厚別区の歴史スポット

1883（明治16）年に長野県の諏訪地方からの入植者たちによって拓かれ、高地・寒冷地に適した稲作技術が持ち込まれた厚別区。信濃神社には開拓の中心人物であった河西由造の功績をたたえた石碑が残されています。

河西由造と長女フデ。厚別川沿いに入植
写真提供／厚別区民歴史文化の会

陽だまりロード
住札幌市厚別区大谷地西1～厚別町上野幌686
TEL011-897-3800（厚別区土木センター） 営通行自由 交地下鉄大谷地駅から徒歩2分 Pなし

青葉中央公園
住札幌市厚別区青葉町5-2
TEL011-897-7805（あつべつグリーンパートナー）
営散策自由
交JR新札幌駅、地下鉄新さっぽろ駅からバスで5分、青葉町中央下車すぐ
Pあり（7:00～20:00）

COLUMN ジモトトピックス

広々としたリラクセーションスパ

ホテルエミシア札幌の地下にある、2000㎡という広さを誇るスパ施設。浴場にジャクージ、ジェットバス、サウナなどがある。ロッカーから洗い場、浴槽と利用しやすい動線になっているのもポイント。アメニティやリネン類も揃っており、ラウンジの食事やドリンクも充実。

スパ・アルパ スパ・アルパ MAP 別冊P.27-C1
住札幌市厚別区厚別中央2-5-5-25
TEL011-895-8822
営12:00～24:00（最終受付23:00） 料入浴2600円 交JR新札幌駅・地下鉄新さっぽろ駅からすぐ Pあり

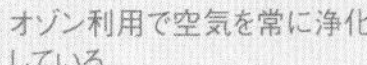
オゾン利用で空気を常に浄化している

横になれる幅広ベンチの遠赤サウナ

INFO 廃校になった小学校を使った「KAMINISHI VILLAGE」は、レンタルスペースなどもある地域交流施設。洗練されたキッチン（カフェ）やコインランドリーなども入っている。住札幌市厚別区上野幌1-2-6-1 営9:00～21:00

食べる

若鶏のおいしさをとことん追求

チキンペッカー

●チキンペッカー

チキン専門店
MAP 別冊P.27-C1

十勝の中札内村の契約農場で育てた安全で良質な若鶏を、道南・森町のなら炭を使った炭火焼きや、ハンバーガー、から揚げ、丼ものなどで提供。肉質がやわらかくジューシー、脂肪分が少ないのがポイントだ。注文が入ってから調理するため、常にできたてを楽しめる。添加物は使わず、オリジナルバンズや米など食材はできる限り北海道産を使用するこだわり。

ボリュームあるベーコンエッグバーガー610円

チキンペッカー

住札幌市厚別区厚別中央2条4-11-39
TEL011-894-2989
営10:00～18:30LO
休無休
交地下鉄新さっぽろ駅から徒歩5分。JR新札幌駅から徒歩7分
CCADJMV
Pあり

木とグリーンが基調。店内は明るくナチュラルな雰囲気

ドイツ仕込みの絶品ソーセージ

café Berg

●カフェ ベルク

カフェ
MAP 別冊P.21-C3

ドイツでハムやソーセージ作りに携わり、帰国後ニセコ町で地産地消をコンセプトにしたレストラン「シェーンベルク」を営業していたオーナーが、2021年にここ厚別でカフェをオープン。賞味期限3時間というできたての白いソーセージ、野菜に4日間漬け込んだあとにスモークする道産豚バラ肉などを味わえる。米や野菜は契約農園のものを使用。

ソーセージとベーコンのミックスセット1400円

café Berg

住札幌市厚別区厚別中央5条4-3-1
TEL080-5729-0602
営11:00～15:00、15:00～18:00(18:00～20:00LOは完全予約制)
休火・水・木曜
交JR厚別駅南口から徒歩1分
CC不可
Pあり

厚別駅のそばにあるかわいい店

女性目線で作られた白と赤のカフェ

K-TYs CAFE

●ケイティーズ カフェ

カフェ
MAP 別冊P.21-C3

白を基調に赤のポイントカラーがかわいらしい外観。女子会などの利用はもちろん、男女問わずひとり客が多いのも特徴だ。ハンドドリップでていねいに入れるコーヒー、道産小麦のクレープシュゼット、フレンチトーストなどのスイーツのほか、パスタやライスボウルと食事メニューも豊富。リクエストで誕生したプレミアムMisoらぁめん890円も人気。

こぢんまりとした白い空間の店内

K-TYs CAFE

住札幌市厚別区厚別中央4条5-3-7 1階　TEL011-375-7223
営11:00～17:00(17:00以降の利用は予約制)
休月曜(祝日の場合は翌日)
交地下鉄新さっぽろ駅、JR新札幌駅、JR厚別駅から徒歩10分
CC不可　Pあり

自慢のスイーツ、クレープシュゼットレギュラーサイズ920円

できたておにぎりとプリンとコーヒー

Cafe TONTON

カフェ トントン

カフェ MAP 別冊P.21-C3

地元産の新鮮食材で作るローグルテンの料理やおにぎりなど、ほっとするメニューが揃う。注文してから握るおにぎりは具材のほか、白米か玄米か、サイズも選べる。看板メニューは道産豚のとろとろ角煮600円。食後は自家製トントンプリン380円やコーヒーを。

あたたかみがあり体が喜ぶ家庭料理

Cafe TONTON
住札幌市厚別区厚別西2条2-3-5 TEL011-375-9413 営ランチ10:00〜14:30LO、カフェ&テイクアウト10:00〜16:30LO 休水・日曜・祝日（祝日がある週は水曜営業） 交JR厚別駅から徒歩7分 CCAJMV Pあり

気軽に立ち寄れる雰囲気が評判

広島のお好み焼きといえばココ！

お好み焼き しずる

おこのみやき しずる

お好み焼き MAP 別冊P.27-C1

広島出身の店主が、本場広島お好み焼きを焼いてくれる。広島産の細もやし、広島の製麺会社の中華麺を用いるなど、そのこだわりがおいしさにつながっている。そば、またはうどん入り（S）930円。ジューシーなソース焼きそば（豚肉・イカ天入り）820円もおすすめ。

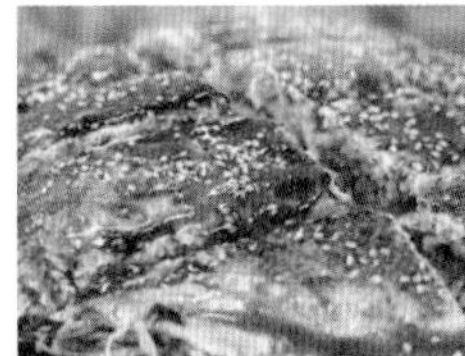

キャベツやもやしが多くヘルシー

お好み焼き しずる
住札幌市厚別区厚別中央3条3-11-17
TEL011-896-0426
営11:30〜13:30LO、18:00〜21:00LO（土・日曜・祝日は11:30〜14:00LO、17:00〜21:00LO）
休木曜、第4水曜
交JR厚別駅から徒歩7分。地下鉄新さっぽろ駅、JR新札幌駅から徒歩10分
CC不可 Pあり

隠れ家的なイタリアンのバル

地下バルCheers

ちかバルチアーズ

バル MAP 別冊P.27-C1

生産者と消費者をつなぐというコンセプトのもと、地元の食材を用いた料理を提供。ランチもディナーも気軽に利用できるイタリアンバルだ。江別・小林牧場の健康な牛の生乳から作られるフレッシュチーズのメニューは絶品。チーズに合うワインも豊富に用意。

小林牧場チーズのニョッキ780円

地下バルCheers
住札幌市厚別区厚別中央1条6-3-1 ホクノー新札幌ビル地下1階 TEL011-887-9767 営11:30〜14:00LO、17:30〜22:00フードLO 休日・月曜 交JR新札幌駅から徒歩3分。地下鉄新さっぽろ駅から徒歩1分 CCADJMV（ディナーのみ） Pなし

隠れ家的な店内でゆっくり食事を

新食感のフルーツソフトクリーム

COCOBON

ココボン

ソフトクリーム MAP 別冊P.27-C1

これまでにない食感と味わいのフルーツソフトクリーム専門店。好きなフローズンフルーツとアイスをオーダーするとその場でミックス。できたてのソフトクリームを味わえる。シャリシャリ感となめらかなアイスのコンビが抜群。いちごミルク（シングル）500円など。

トッピングもありカスタマイズできる

COCOBON
住札幌市厚別区青葉町8-7-30 TEL011-887-8984 営11:00〜17:00（冬季は13:00〜） 休不定休（冬季は月曜） 交JR新札幌駅、地下鉄新さっぽろ駅から徒歩15分 CCADJMV Pあり

広いウッドテラスもある

INFO 新さっぽろにある札幌市青少年科学館のプラネタリウムは現在閉鎖中だが、2024年3月末にリニューアルオープン予定（変動する場合あり）。住札幌市厚別区厚別中央1条5-2-20

買う&テイクアウト

日々のおやつにも食事にもOK!

ドーナツ・ベーグル専門店 ふわもち邸

●ドーナツ・ベーグルせんもんてん ふわもちてい

ドーナツ・ベーグル
MAP
別冊P.27-C1

ドーナツとベーグルの専門店。道産小麦や天然酵母を用いてひとつずつ手作りするドーナツやベーグルは、ふわふわもちもち食感で幅広い層に好評。ドーナツはみるく162円、ごま生地のごまあんこ206円、ベーグルは15種のサラダ249円が人気。

種類が多く何を選ぶかワクワク

ドーナツ・ベーグル専門店 ふわもち邸

住札幌市厚別区厚別中央2条2-3-3　TEL011-802-5919
営10:00～16:00　休月・火曜
交地下鉄ひばりが丘駅から徒歩5分　CC不可　Pなし

古民家風の造りの店舗

添加物不使用の焼きたてパン

BAKERY Coneru 厚別店

●ベーカリーコネル あつべつてん

ベーカリー
MAP
別冊P.27-C1

道産小麦100%の焼きたてパンが70種類以上並ぶ。おいしさはもちろん、安心して食べてもらいたいと厳選した道産素材をふんだんに用い、食事パンはすべて天然酵母を使用。発酵バターを使ったサクサクのクロワッサン190円などが評判。

使用するフィリングも手作り

BAKERY Coneru 厚別店

住札幌市厚別区厚別東2条3-7-1アクティブヒルズ1階
TEL011-557-0708
営8:00～18:00
休無休　交地下鉄新さっぽろ駅から徒歩10分　CC不可
Pあり

パンの香りに包まれる

オリジナリティあふれるおはぎ

おはぎ専門店 ももすず

●おはぎせんもんてん ももすず

おはぎ
MAP
別冊P.27-C1

道産小豆を使った手作りおはぎの店。個装になっており手みやげにも便利。季節限定などのほか、通常メニューは15種類。あんこが入っていないきなこ216円、周りにココナッツをまぶした黒糖ココナッツ270円など珍しいものもある。

ミニおはぎの玉手箱(要予約)1944円

おはぎ専門店 ももすず

住札幌市厚別区中央2条2-6-11ボーンビルド105号室
TEL011-893-1173
営10:00～18:00(日曜は～16:00)
休月曜　交地下鉄ひばりが丘駅から徒歩5分
CC不可　Pあり

仕事帰りやもう一品欲しいときに

おそうざい しえる

●おそうざい しえる

総菜
MAP
別冊P.27-C1

住宅街の中にある小さなテイクアウト専門の店。一つひとつていねいに手作りした総菜は、ほっとする家庭的な味と近隣の人たちに評判。人気があるのはジューシーなメンチカツ220円やイワシのマリネ280円など。お弁当も各種揃う。

総菜のほかデザートなども

おそうざい しえる

住札幌市厚別区大谷地西6-2-5
TEL011-378-9374　営11:00～19:30　休日・月曜　交地下鉄大谷地駅から徒歩10分
CCADJMV　Pなし

カフェのようなおしゃれな外観

リンゴで栄えた
豊平区 ●とよひらく

MAP 別冊 P.24-25·26-27 P.30-31

面積 46.23km² 人口 約22万5490人(2023年4月)

羊ヶ丘展望台から見たシルバーに輝く札幌ドームと札幌の町並み

羊ケ丘や西岡など緑豊かな丘陵地に山林のほか月寒川、吉田川など河川も多く、自然に恵まれている。明治から昭和初期は農業が盛んで、平岸を中心に栽培されていたリンゴは有名。また、軍の町だった月寒は行政や商業の中心地として発展し、国道36号沿いに栄えていった。1997（平成9）年、人口増加にともない区の南東部が清田区に分区。現在は道立総合体育センター「北海きたえーる」、どうぎんカーリングスタジアムなど運動施設が多いこともあり、スポーツと健康をキーワードにした町づくりも行っている。

豊かな自然を表す緑色を用い、豊平区の「と」とシンボルのリンゴを組み合わせた

このエリアの拠点
地下鉄南北線平岸駅、東豊線月寒中央駅周辺に住宅地や商業施設が多い。東豊線の終点・福住駅は新千歳空港からの空港連絡バスの発着があり人の往来も多い。

豊平区の交通
地下鉄の南北線と東豊線、バスが主要の交通機関。福住駅には地下鉄駅から直結のバスターミナルがある。

豊平区の歩き方

札幌ドームや羊ヶ丘、眺望スポットもおすすめ

中心部から札幌ドームへ延びる国道36号沿いは車も多く、新旧さまざまな店が立ち並び、どの時間帯もにぎやかだ。また、地下鉄南北線の平岸駅付近には古くからある飲食店や商店が多い。地下鉄東豊線ができてからは、福住エリアにも新しい住宅地が誕生し、商業施設も増えてにぎわっている。見どころは展望台のある札幌ドームや、クラーク像がある景勝地・羊ヶ丘展望台など。月寒公園、豊平公園など気軽に散策できる大きな公園をはじめ、豊かな自然が残る西岡公園などもある。

地下鉄平岸駅への行き方

地下鉄

地下鉄南北線さっぽろ駅
↓ 約9分
地下鉄南北線平岸駅

INFO 豊平区のマスコットは「こりん」と「めーたん」。こりんは、かつてリンゴ栽培が盛んだったことから、リンゴがモチーフ。めーたんは、羊ヶ丘展望台にいる羊をモチーフにしている。

羊ヶ丘展望台 フォトSpot

クラーク像と同じポーズの記念写真が撮れる人気のビュースポット。 のんびり草を食べるヒツジの写真も撮れる。

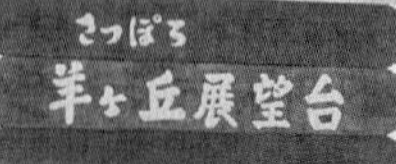

BOYS, BE AMBITIOUS

クラーク像と同じポーズで写真を

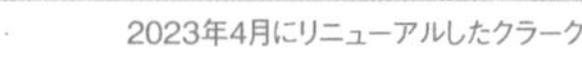
2023年4月にリニューアルしたクラーク像

さっぽろ羊ヶ丘展望台

●さっぽろひつじがおかてんぼうだい

MAP 別冊P.26-A2

1906(明治39)年に農業の研究用施設として誕生した施設。シンボルのクラーク像の向こうにはヒツジの放牧場が広がり、札幌ドームや市街が眺められる。7月にはラベンダーの紫の絨毯が広がる。ジンギスカン店やみやげ物店もある。

住札幌市豊平区羊ケ丘1 TEL011-851-3080 開9:00～17:00(6～9月は～18:00) 休無休 料入場600円 交地下鉄福住駅からバスで約10分、羊ケ丘展望台下車すぐ

History

クラーク像誕生秘話

北海道大学にはクラーク博士の胸像があり、人気のフォトスポットになっている。しかし、観光客が大勢詰めかけるようになったため、1976(昭和51)年、北大開基100年およびアメリカ合衆国の建国200年祭を記念して羊ケ丘展望台に新たな像が設置された。制作は彫刻家の坂坦道によるもの。

北海道大学（→P.148）にあるクラーク博士の胸像

Photo Spot

1 丘の上のクラーク像

北海道開拓の指導者の養成に力を注いだウイリアム・スミス・クラーク博士。日本を去る際に言ったという「Boys, be ambitious.(少年よ、大志をいだけ)」はあまりにも有名な言葉だ。高さ2mの台座の上に立つクラーク像は2.85mの大きさ。右手は「遥か彼方の永遠の真理」を指しているという。

「大志の誓い」に願いを込める

オーストリア館1階で販売（100円）している「大志の誓い」の用紙に、夢や希望を書いてクラーク博士像の台座にあるポストに投函、かなうよう博士に祈願しよう。「大志の誓い」は札幌観光協会が保存。投函日や氏名を伝えると対面することができる。

ポスト

台座の下部にあるポストに投函

展望台からは札幌市街が望める

Photo Spot ② 放牧されているヒツジ

羊ヶ丘展望台のもうひとつのシンボルがヒツジ。積雪期や雨天時以外は放牧されているヒツジたちがのんびり草を食む牧歌的な光景が広がる。GWには「羊の毛刈り」イベントを開催。

草を食べていたり、日影で休んでいることも

なぜヒツジがいるの？

羊ケ丘は1906(明治39)年、農商務省月寒種牛牧場として開設され、やがて農林省北海道農業試験場の運営で牛や豚、綿羊などの研究施設、飼料作物、牧草の品種改良などが行われてきた。1959(昭和34)年、用地の一部に羊ヶ丘展望台がオープン。現在も研究用のヒツジが飼育されている。

Photo Spot ④ クラーク旅立ちの鐘

羊ヶ丘展望台入口にある、赤い屋根の付いた鐘。「大志の誓い」を書いて投函前に鐘を鳴らすと願いがかなうといわれている。

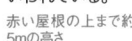

赤い屋根の上まで約5mの高さ

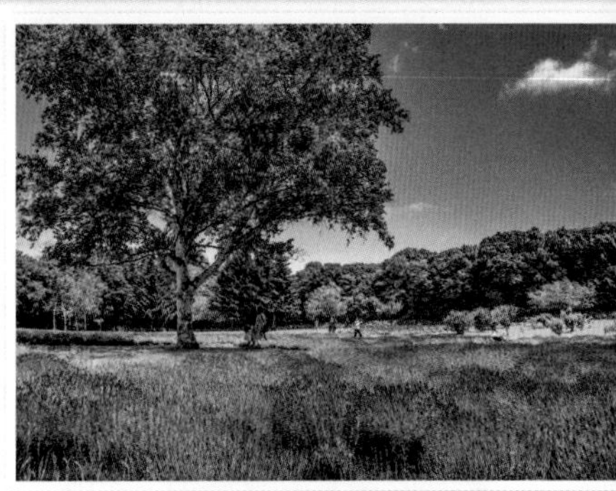

ラベンダー園とシラカバの木が絵になる

Photo Spot ③ 季節限定ラベンダー園

レストハウスの裏側にある約1200㎡のラベンダー園では、1000株以上のラベンダー「おかむらさき」を栽培。7月初旬～中旬にかけて紫色の絨毯が広がり、香りに癒やされる。

ラベンダー刈りを無料で楽しむ！

ラベンダーの開花に合わせてラベンダーを無料で刈り取るイベントを開催！ひとり50本を目安に、ハサミでラベンダーを切り取れる。

花芽を切らないように注意して

持ち帰ってポプリにできる

グルメ&ショッピング

オーストリア館

1階にソフトクリームやテイクアウトショップ、2階にみやげもの店がある。人気のゆるキャラ、ジンギスカンのジンくんグッズが充実。建物は1972年の札幌冬季オリンピックでオーストリアの選手村として建てられたもの。

営9:00～17:00　休無休

羊ヶ丘レストハウス

2フロアからなるジンギスカン店。広い店内は各テーブルに鋳物の焼台が設置され、ラムロースジンギスカン(200g)野菜付き2600円など、肉や野菜を豪快に焼いて味わえる。

営11:00～15:30LO(11～4月は11:30～14:30LO)　休無休

駐車場に面して立つオーストリア館(右)と羊ケ丘レストハウス(左)

見どころ

さっぽろ雪まつり資料館

1950年に始まった「さっぽろ雪まつり」の歴史を知ることができる施設。写真やパネル、雪像の模型を多数展示している。

営休さっぽろ羊ヶ丘展望台に準ずる　料無料

クラーク記念館

雪まつり資料館に隣接。かつてあった札幌北一条教会を2分の1サイズで復元した建物。2019年にクラーク記念館としてリニューアルオープンし、クラーク博士の経歴などを詳しく紹介している。

休さっぽろ羊ヶ丘展望台に準ずる　料無料

左がクラーク記念館、右がさっぽろ雪まつり資料館

おもな見どころ

国内のドームで唯一展望台を設置

札幌ドーム

さっぽろドーム

銀色の楕円形をしたドームはサッカー Jリーグ「北海道コンサドーレ札幌」のホームスタジアムであり、各種スポーツイベントやコンサートの会場に使用される。ドームから突き出るように展望デッキがあり、途中の長いエスカレーターやガラス張りの展望スペースはまるで宇宙船のよう。ガイド付きのドームツアーも開催。屋外の敷地には国内外作家のアート作品も展示。

国道36号沿いに現れる銀色のドーム

札幌ドーム

住札幌市豊平区羊ケ丘1
TEL011-850-1000
営敷地開門7:00～23:00(11～3月は7:00～22:00)。展望台10:00～17:00。ドームツアー10:00～16:00
休不定休　料展望台520円、ドームツアー券1050円(ドームツアー展望台共通券1250円)
交地下鉄福住駅から徒歩10分
CC ADJMV　Pあり

展望スペースからの圧巻の眺め

都心部に近い場所で多彩な花木を楽しめる

豊平公園

とよひらこうえん

林業試験場の跡地を利用して造成した公園。北国らしい針葉樹を集めた針葉樹見本園や、さまざまなバラが咲く花木園、札幌周辺で生育する草花を集めた野草園などがある。野鳥も集まり、バードウオッチングを楽しむ人の姿も。園内の緑のセンターでは、北の風土に合わせた花や庭に関する情報を発信し、年間を通じて展示会や園芸教室などを開催。

四季折々の花を眺めながら散策してみては

豊平公園

住札幌市豊平区豊平5条13
TEL011-811-6568　営園内自由(緑のセンターは8:45～17:15)
休緑のセンターは月曜(祝日の場合は翌平日)　交地下鉄豊平公園駅から徒歩1分
CC不可　Pあり(夜間閉場)

緑のセンターそばに地下鉄駅があるアクセスのよさも魅力

COLUMN
ジモトトピックス

石狩平野で育った新鮮な野菜を直売

八紘学園は開校90年以上の歴史を誇る農業専門学校。敷地面積は63ヘクタールあり、北海道らしいのどかな風景が市街地のすぐそばに広がっている。敷地内の農産物直売所では石狩で育った野菜や畜産物、卒業生が手がけた農産物などを販売。季節により珍しい野菜や山菜が並ぶことも。収穫シーズンには、学生が実習で作った野菜も販売。

八紘学園農産物直売所

はっこうがくえんのうさんぶつちょくばいじょ

MAP 別冊P.26-A1
住札幌市豊平区月寒東2-13-1-12
TEL011-852-8081
営10:00～16:00
休木曜(11月中旬～4月中旬は火・水・木・金曜)　交地下鉄福住駅から徒歩10分　CC不可　Pあり

直売所は赤い屋根とれんが造りのサイロが目印

トウモロコシやトマト、アスパラガスが人気

豊平を見守り続ける氏神様と御神木

豊平神社

とよひらじんじゃ

神社 MAP 別冊P.19-D3

商売繁盛、開運厄除、交通安全などの御利益があるとされる神社。豊平地区は東北地方からの移住者が多く、1871（明治4）年に青森の猿賀神社の御祭神を祀ったのが始まり。現在は三柱の御祭神が合祀され、氏神様として地域に根付いている。樹齢230～250年のハルニレの御神木がある。

社殿に向かって右側の大樹がご神木

豊平神社
住札幌市豊平区豊平4条13-1-18
TEL011-811-1049
営参拝自由（社務所は9:00～17:00）
休無休
交地下鉄豊平公園駅から徒歩10分
Pあり

昭和60年開館、月寒の歴史を物語る

つきさっぷ郷土資料館

つきさっぷきょうどしりょうかん

資料館 MAP 別冊P.26-A1

月寒エリアの歴史に関する資料などを展示。かつて札幌本道と呼ばれた国道36号沿いの古い商店街の写真や、豊平地区と定山渓地区を結んでいた定山渓鉄道で実際に使われていたものなどを展示。れんが造りの建物は、旧陸軍北部軍（後の第5方面軍）司令官官邸だったもの。

重厚なれんが造りの建物

つきさっぷ郷土資料館
住札幌市豊平区月寒東2条2-3-9
TEL011-854-6430
営4～11月の水・土曜10:00～16:00
休上記期間以外
料無料
交地下鉄月寒中央駅から徒歩12分
Pなし

傾斜に沿って造られた広大な総合公園

月寒公園

つきさむこうえん

公園 MAP 別冊P.25-D1

緩やかな傾斜がある広い園内には、野球場やテニスコート・パークゴルフ場、ボート池、多目的広場、遊具などが点在。高台からは美園地区の町並みが一望できる。ウオーキングや散策コースも充実。隣接の月寒神社周辺には古い詩碑、史跡も多く、歴史散策もおすすめ。

広場を見渡せる場所に屋内施設もある

月寒公園
住札幌市豊平区美園11-8-1ほか
TEL011-818-3150
営散策自由
交地下鉄美園駅から徒歩5分
Pあり

貸しボート30分320円で池を巡れる

COLUMN ジモトトピックス

マトンのジンギスカンで伝統の味を実感

八紘学園敷地内にあるジンギスカン専門店。生マトンを七輪の炭火で焼き、秘伝のたれで味わう。基本のジンギスカン1人前セット1600円はおにぎり付き。たれをあと付けするジンギスカンの起源はこの店の前身、八紘学園の創立者・栗林元二郎が発足した「会員制 成吉思汗クラブ」といわれている。

ツキサップじんぎすかんクラブ MAP 別冊P.26-A1
住札幌市豊平区月寒東3-11-2-5　TEL011-851-3341
営11:00～20:00（木曜は17:00～20:00）
休水曜・第3火曜
交地下鉄福住駅から徒歩20分（車で約8分）
CC不可　Pあり

マトンにはスパイシーなたれがよく合う

晴れた日はテラス席がおすすめ（席予約不可）

INFO 月寒公園内の歴史の森のそばに「月寒神社」がある。月の絵柄があしらわれた同神社の特別なお守り「つき守」は、さまざまな"ツキ"に恵まれるようにと、願いが込められている。住札幌市豊平区月寒西3条4-1-56

天神山緑地
住札幌市豊平区平岸1条18、2条16〜17
TEL011-851-1681(豊平区土木センター)
営散策自由
交地下鉄南平岸駅、澄川駅いずれからも徒歩15分
Pあり(冬期間は閉鎖)

5〜6月に北海道最古の藤が花を咲かせる
天神山緑地
●てんじんやまりょくち

平岸エリアにある標高89mの天神山に広がる緑地。頂上付近の展望スペースからは藻岩山や市街を一望できる。園内には日本庭園があり、時期になると桜や梅の花が咲く。山頂付近には国内外のアーティストが活動を行う「さっぽろ天神山アートスタジオ」がある。

樹齢200年といわれる「天神フジ」

太平山三吉神社 平岸天満宮
住札幌市豊平区平岸2条16-3-2
TEL011-831-3789
営参拝自由(社務所は9:00〜17:00)
休社務所は不定休
交地下鉄澄川駅から徒歩10分
Pあり

境内に舞殿があり、舞楽・神楽を奉納

ふたつの名をもつ珍しい神社
太平山三吉神社 平岸天満宮
●たいへいざんみよしじんじゃ ひらぎしてんまんぐう

神社
MAP
別冊P.25-D1

天神山緑地の中にある、ふたつの名前をもつ神社。1982(昭和57)年の設立の際、合祀した社の名前を両方残している。太平山三吉神社が祀っているのは勝利成功・事業繁栄の神様。学問の神様を祀る平岸天満宮は、合格祈願のパワースポットとして知られている。

合格祈願の絵馬が多く奉納されている

COLUMN
ジモトトピックス

リンゴ栽培の歴史を伝える「リンゴ並木」

豊平区役所のあたりから国道36号までの約1.1㎞、環状通の中央分離帯にリンゴの木が植えられており、秋になるとすずなりの赤い実を車窓から見ることができる。豊平区とリンゴの関係は明治時代に遡る。当時、豊平区の各地ではリンゴ栽培が盛んに行われ、なかでも平岸地区のリンゴは「平岸リンゴ」として知られ、海外にも輸出されるほどだった。現在は宅地化が進み、たくさんあったリンゴ園は姿を消してしまったが、この歴史を残そうと1974(昭和49)年に造られたのがこの「リンゴ並木」だ。1976(昭和51)年には地域の有志によって「美園リンゴ会」が立ち上げられ、区や農協とともにリンゴの木を守り続けている。毎年数千個ほどのリンゴが収穫され、地域の行事などで配られる。

中央分離帯にリンゴの木が並ぶ

リンゴ並木 MAP 別冊P.25-D1
●リンゴなみき
住札幌市豊平区美園11条7 TEL011-811-4119(美園まちづくりセンター)

並木の近くにある「りんご並木の碑」

リンゴ倉庫として使われていた建物が区内に残っている

札幌の自然の成り立ちを太古の遺物から知る

札幌市博物館活動センター

さっぽろしはくぶつかんかつどうセンター

博物館 MAP 別冊P.25-D1

札幌の自然の成り立ちと生き物について学べる施設。見どころは約820万年前にいた世界最古の大型海牛化石サッポロカイギュウの復元骨格標本だ。市内で見られる植物・昆虫の標本展示や、1億3千万年前からの札幌の地史をまとめたプロジェクションマッピングもある。

サッポロカイギュウは2002年に南区で発見された

夏には水辺でホタルに出合える

西岡公園

にしおかこうえん

公園 MAP 別冊P.25-D3

西岡水源池と呼ばれる貯水池、月寒川上流域の湿原や森からなる公園。設置から100年以上たつ取水塔がある貯水池には、多くの水鳥がやってくる。また、湿原など水辺にはさまざまな動植物が生息。人工物が少ないこともあり、バードウオッチングにもおすすめ。

珍しいトンボや野鳥などが生息

札幌市博物館活動センター

住札幌市豊平区平岸5条15-1-6
TEL011-374-5002
営10:00～17:00
休日・月曜・祝日
料無料
交地下鉄澄川駅北出口から徒歩10分
Pあり

西岡公園

住札幌市豊平区西岡487
TEL011-582-0050
営散策自由（管理事務所は9:00～17:00）
休管理事務所は火曜（12～3月は火・水曜）
交地下鉄澄川駅前からバスで約15分、西岡水源池下車、徒歩1分 Pあり

赤い屋根の取水塔は国の登録文化財

COLUMN ジモトトピックス

アンパン道路と月寒あんぱん

明治時代、月寒には道内最大の軍隊といわれた陸軍歩兵第25連隊が駐屯。平岸と月寒を結ぶ新道を第25連隊と地域住民が協力して完成させたのが、現在の地下鉄南平岸駅と月寒中央駅を結ぶ約2.6㎞の通称「アンパン道路」である。この工事の際、おやつとしてアンパンが振る舞われたことからこう呼ばれるようになった。そのアンパンが「月寒あんぱん」であり、今もなお伝統の味を守り続けているのが、明治創業の「月寒あんぱん本舗（株）ほんま」。月寒中央駅そばに総本店を構え、月餅のような形状の月寒あんぱんをはじめ、玉ドーナツなどのヒット商品を扱っている。

昭和17年頃のほんまの工場の様子

月寒あんぱん本舗（株）ほんま 月寒総本店 MAP 別冊P.26-A1

つきさむあんぱんほんぽ（かぶ）ほんま つきさむそうほんてん

住札幌市豊平区月寒中央通8-1-10 月寒中央ビル1階
TEL011-851-0817 営10:00～18:00 休無休 交地下鉄月寒中央駅から徒歩2分 CCADJMV Pあり

南平岸まちづくりセンターにあるアンパン道路の看板

現在の総本店の外観

月寒あんぱん5種セット810円。あんの味が異なる

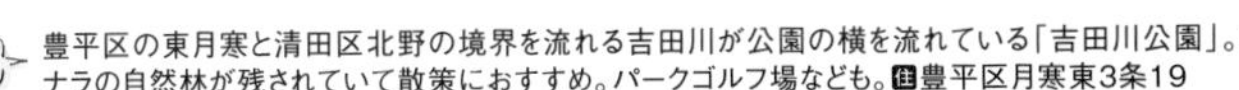
INFO 豊平区の東月寒と清田区北野の境界を流れる吉田川が公園の横を流れている「吉田川公園」。コナラの自然林が残されていて散策におすすめ。パークゴルフ場なども。住豊平区月寒東3条19

あそぶ&体験

手ぶらで気軽にカーリング体験
どうぎんカーリングスタジアム
●どうぎんカーリングスタジアム

カーリング場 MAP 別冊P.26-A1

公共施設としては全国初の通年型カーリング専用施設。5つの競技レーンがあり、室温は5℃に保たれている。カーリング用具一式100円でレンタル可能。インストラクターが指導してくれるので、初心者も気軽に挑戦できる。要予約。

国際大会も開催される本格的な施設

どうぎんカーリングスタジアム
住札幌市豊平区月寒東1条9-1-1 TEL011-853-4572 営月～木曜10:00～22:00(金・土曜は～23:00、日曜は～21:00) 休第3月曜(変更の場合あり) 料詳細要問い合わせ 交地下鉄月寒中央駅から徒歩5分 CC不可 Pあり

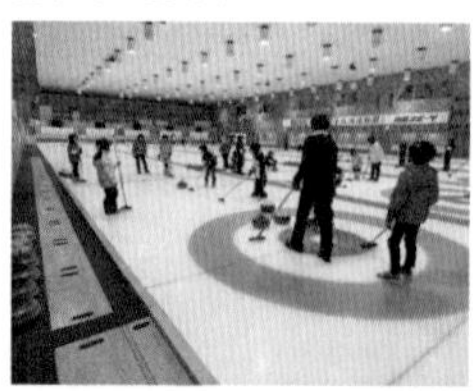
初心者も体験を楽しめる

夏でもスケートを楽しめる
札幌市月寒体育館
●さっぽろしつきさむたいいくかん

スケート場 MAP 別冊P.26-A1

市内では数少ない通年型スケートリンク。札幌冬季オリンピックやユニバーシアード冬季大会など、数多くの国際大会でアイスホッケー会場として使われてきた。スケート靴は1時間250円でレンタル可。2階ロビーは卓球などに開放している。

30m×60mの広いスケートリンク

札幌市月寒体育館
住札幌市豊平区月寒東1条8-1 TEL011-851-1972 営スケートリンク一般開放10:00～17:30(時間変更および大会などで使用できない場合あり。事前に要確認) 休第3月曜(祝日の場合は第4月曜) ※11～3月の休館日は、市内各スケートリンクとの調整により決定 料スケートリンク当日券580円 交地下鉄月寒中央駅から徒歩1分 CC不可 Pあり

源泉かけ流しの天然モール温泉
湯けむりの丘 つきさむ温泉
●ゆけむりのおか つきさむおんせん

入浴施設 MAP 別冊P.26-B2

源泉かけ流し、天然モール温泉の日帰り温泉施設。泉質は美肌の湯とされるアルカリ性単純温泉。市街地を一望できる4階の露天風呂が自慢だ。11℃の井戸水と22℃の源泉のふたつの水風呂も楽しめる。館内には食事処がありメニューも充実。

眺望が抜群の露天岩風呂

湯けむりの丘 つきさむ温泉
住札幌市豊平区月寒東1条20-5-4 TEL011-855-4126 営10:00～24:00(最終受付23:00)、早朝風呂6:00～9:00 休無休 料日帰り入浴平日1500円、土・日曜・祝日1600円 交JR札幌駅から車で約30分。地下鉄福住駅からバスで約5分、月寒東1条19丁目下車すぐ CCADJMV Pあり

COLUMN ジモトトピックス
北海道立総合体育センター「北海きたえーる」

豊平公園に隣接する東北以北最大の屋根付き体育館で「北海きたえーる」の愛称で呼ばれる。イメージコンセプトは「森と一体となった周辺環境に優しいスポーツの殿堂」。館内には北海道のオリンピックゴールドメダリストの写真が飾られていて、スポーツ情報資料室やレストランも利用できる。

北海道立総合体育センター MAP 別冊P.19-D3
●ほっかいどうりつそうごうたいいくセンター
住札幌市豊平区豊平5条11-1-1 TEL011-820-1703
営9:00～21:00(一部施設は～23:00)
休月曜(月2回不定休あり)
交地下鉄豊平公園駅から徒歩4分 Pあり

1階メインアリーナ入口に北海道出身ゴールドメダリストのパネルがある

メインアリーナやサブアリーナ、武道場や弓道場、資料室などもある

食べる

だしが自慢。全室個室の和食店

だし屋 おわん

だしや おわん

和食 MAP 別冊P.25-D1

和モダンな雰囲気の店内は全室個室。職人が作る本格和食を、落ち着いた空間で味わうことができる。黄金のだしと銘打つ自慢のだし汁で食す富良野産ラベンダーポークのしゃぶしゃぶと、土鍋で炊く淡路産鯛の鯛めしが看板メニュー。昼の人気は和懐石コースや鯛茶漬セット。しゃぶしゃぶと鯛料理がセットになった鯛づくしコースが店のいち押しだ。

出汁しゃぶ 鯛づくしコース1人4480円(2人～)

アットホームで気さくなイタリアン

オステリア・デラカーサ

オステリア・デラカーサ

イタリアン MAP 別冊P.25-D1

1992年創業、家庭的・自家製がコンセプトのイタリアンレストラン。サンダル履きでも気軽に入店できる、あたたかな雰囲気が持ち味だ。青森産ニンニクなど国産食材にこだわった料理はどれもボリュームたっぷり。パスタは塩・トマト・クリーム・和風ソースとバリエーション豊富。ツブとホタテのガーリックパスタやマルゲリータピザなどが人気。

ツブとホタテのガーリックパスタ(塩)1700円

日本庭園を眺めて優雅に食事を

蕎麦と日本料理 驚

そばとにほんりょうり きょう

和食 MAP 別冊P.26-A1

壁一面に設けた大きな窓の向こうには滝が流れる日本庭園がある。春夏秋冬、昼と夜それぞれに風情が異なる景色を眺めながら、そばやステーキ、日本料理をゆったりと楽しむことができる。メニューも豊富だ。庭園が見える開放感あふれるカウンター席やフロアテーブル席のほか、個室もあり、シチュエーションに合わせて使い分けできる。

窓の外の景色もごちそうの一部

だし屋 おわん

住 札幌市豊平区平岸3条8-3-1 平岸ファースト1階
TEL 011-841-7066
営 11:30～14:00LO、17:00～21:00LO(料理)、21:30LO(ドリンク)
休 月曜、第3火曜
交 地下鉄平岸駅から徒歩4分
CC ADJMV　P あり

入口も和のしつらえ。あんどんが目印

オステリア・デラカーサ

住 札幌市豊平区平岸1条19-2-45
TEL 011-832-4343
営 11:00～14:00LO、17:30～20:00LO　休 木曜
交 地下鉄澄川駅から徒歩8分
CC ADJMV　P あり

気軽に立ち寄れるカジュアルな雰囲気

蕎麦と日本料理 驚

住 札幌市豊平区月寒西1条8-8-1 ガーデンヒルズ月寒中央1階
TEL 011-826-3636
営 11:00～14:30LO、17:00～21:30LO　休 月曜
交 地下鉄月寒中央駅から徒歩2分
CC ADJMV　P あり

区内の文化遺産151ヵ所を巡る

豊平区内にある文化遺産や地域のシンボルなどを「とよひらふるさと再発見」として選定。一部には、その場所の説明が書かれたプレートが設置されている。区のホームページに151ヵ所が載っているので、探訪してみるのもいい。

INFO 豊平という地名の語源はアイヌ語の「トイェ・ピラ＝崩れた崖」を意味し、豊平川の川岸の一部の呼び名だったそう。豊平区内の平岸や月寒の地名もアイヌ語が語源とされている。

パティスリーフレール

住札幌市豊平区豊平4条12-1-1
TEL011-598-9142
営10:00～20:00(カフェスペース19:00LO)
休無休
交地下鉄豊平公園駅から徒歩9分
CCADJMV
Pあり

賞味期限3分フレール苺ショート

シックな空間でこだわりのスイーツを

パティスリーフレール

パティスリーフレール

カフェ
MAP 別冊P.19-D3

フルーツをそのままかたどったユニークなケーキシリーズなど、味はもちろんビジュアルにもこだわるスイーツが勢揃い。本場パリをイメージした店内は、上品でシックなたたずまいだ。ゆったりしたカフェスペースがあり、好みのケーキとドリンクをセットで楽しめる。カフェ限定メニューも豊富で、生クリームのおいしい瞬間を逃さずに味わえる賞味期限3分フレール苺ショート935円がとりわけ人気。

かわいいビジュアルにもほっこり

&PAN MARKET and BAKERY

住札幌市豊平区月寒西4条5-2-10 NORDESTA PARKMOON 1階
TEL011-688-8560
営ベーカリー・デリ9:00～18:00、カフェ・イートイン8:00～18:30LO
休水曜
交地下鉄美園駅から徒歩10分
CCADJMV
Pあり

こだわりのイタリアパンが並ぶベーカリー

おしゃれな食のコンセプトショップ

&PAN MARKET and BAKERY

アンド パン マーケット アンド ベーカリー

ベーカリーカフェ
MAP 別冊P.25-D1

ベーカリーとカフェ、デリや雑貨を1ヵ所で楽しめるコンセプトショップ。「食の芸術体験」をテーマにしたおしゃれな空間が広がる。ベーカリーは伝統的なイタリアパンが中心で、道産小麦を使い自家製天然酵母で仕込んでいる。カフェでは朝食からランチ、アラカルトまでバラエティ豊かなメニューを用意。購入したパンやデリを席で食べることも可能だ。ペットを同伴して利用できる開放的なテラス席もある。

おしゃれなカフェで憩いの時間。近くには月寒公園もある

COLUMN
ジモトトピックス

不思議で魅力的な古民家複合施設

築約50年の古民家をリノベーションした小さな複合施設。施設名の「ugo(雨後)」とは、物事が相次いで現れることのたとえ。人との出会いや文化を次々に発生させることを目指す、不思議で魅力的な空間だ。1階にはカフェと、えりすぐりの家具や雑貨が揃うセレクトショップがあり、ポップアップスペースやギャラリーとしての機能も併せもつ。2階には水たばこをたしなめるシーシャエリアと、コワーキングスペースを設けている。駐車場は軽乗用車1台分(夏季のみ)なので、公共交通機関を利用しよう。

ugo ウゴ MAP 別冊P.35-D3
住札幌市豊平区豊平3条4-1-23
TEL011-376-5663
営月・木曜12:00～23:00、水曜16:00～23:00、金～日曜・祝日12:00～24:00
休火曜(変動あり) 交地下鉄菊水駅から徒歩6分。地下鉄学園前駅から徒歩7分 CCADJMV
Pあり(夏季のみ軽乗用車)

雰囲気のあるカフェエリア

名物デザートの「チャイプリン」

趣あるレトロな店でコーヒーを味わう
宮田屋珈琲 豊平店
みやたやこーひー とよひらてん

喫茶店 MAP 別冊P.25-D1

大きなれんが造りの蔵を改装した喫茶店。ハンドドリップで1杯ずつ入れる自家焙煎コーヒーを味わえる。10食限定の人気メニュー、揚げたてミルフィーユカツサンドやカレードリアもおすすめだ。広々とした店内にWi-Fiと電源を完備。ワーキングスペースとして使う人も。

映画のロケにも使われた約200席の店内

宮田屋珈琲 豊平店
住札幌市豊平区平岸4条1-4-4
TEL011-817-3930
営10:00～22:30LO
休無休
交地下鉄豊平公園駅から徒歩1分
CCADJMV　Pあり

揚げたてミルフィーユカツサンド740円

石焼きの器でいただくシフォンケーキ
六軒村しふぉん produced by 自休自足
ろっけんむらしふぉん プロデュースド バイ じきゅうじそく

カフェ MAP 別冊P.26-A2

石焼きの器を使ったメニューが評判。なかでも石で焼き上げるシフォンケーキ（予約制）は、驚くほどフワフワ。石焼きカレードリアなども人気だ。古民家をリノベーションした店舗はペット同伴OK。ドッグガーデンも併設しており、無料で利用できる（夏季のみ）。

石で焼き上げるシフォンケーキ1280円～

六軒村しふぉん produced by 自休自足
住札幌市豊平区福住1条8-4-3
TEL011-876-8835
営11:30～15:00LO
休月・火曜（祝日の場合は営業）
交地下鉄福住駅からバスで約5分、福住中央通8丁目下車、徒歩2分。地下鉄澄川駅からバスで約6分、札大正門前下車、徒歩4分
CCなし　Pあり

急須で入れた日本茶をたしなむひととき
日本茶カフェ茶楽逢
にほんちゃカフェさらい

カフェ MAP 別冊P.26-B2

日本茶販売の老舗が、急須で入れるお茶のおいしさを広めたいとオープン。定番の鹿児島茶や静岡茶をはじめ、玄米茶やほうじ茶など、急須でていねいに入れた日本茶をじっくり味わえる。抹茶パフェ750円、きな粉の白玉500円などのスイーツも充実。お茶とセットで楽しめる。

抹茶パフェとお茶のセット950円のパフェ

日本茶カフェ茶楽逢
住札幌市豊平区月寒東2条20-1-6
TEL011-852-1513
営11:00～18:00LO
休日曜・祝日
交地下鉄福住駅からバスで約5分、月寒東1条19丁目下車、徒歩7分
CCJMV　Pあり

自家焙煎コーヒーとスイーツのマリアージュ
Cafe Tocoche
カフェ トコシエ

カフェ MAP 別冊P.35-D3

インダストリアルな空間にアンティーク家具が並ぶ洗練された印象のカフェ。自家焙煎コーヒーをマグカップでたっぷり提供している。厳選素材の自家製スイーツもあり、濃厚なプリンやカヌレとコーヒーとのマリアージュが好評だ。ランチタイムは週替わりパスタも登場。

硬めの濃厚プリンとコーヒーは相性◎

Cafe Tocoche
住札幌市豊平区豊平3条7-2-1 エクセレントハウス豊平37 1階
TEL011-838-7305
営12:00～17:00LO（ランチは～14:30LO）。土・日曜・祝日は11:00～18:00（変更あり）
休月曜（不定休あり）
交地下鉄菊水駅、地下鉄学園前駅から徒歩10分
CC不可　Pあり

クールさとあたたかさが同居する店内

INFO 天神山には太平山三吉神社、平岸天満宮（→P.196）のほかに、もうひとつ「相馬神社」がある。樹齢300年以上の御神木・シバクリの巨木があり、パワースポットとしても人気。住豊平区平岸2条18-1-1

買う&テイクアウト

多彩な手作りパンがずらり

札幌大吾ぱん屋 平岸本店

さっぽろだいごぱんや ひらぎしほんてん

パン屋 MAP 別冊P.25-D1

地下鉄駅直結のこぢんまりした店舗の中に約100種類の手作りパンが並ぶ。一番人気は注文後に自家製カスタードクリームを詰める特製クリームパン184円。菓子パンや調理パン、食パンなどバラエティ豊かなラインアップだ。

こだわりの手作りパンがぎっしり

甘さとほろ苦さが絶妙なコーヒー大福

福屋餅菓子舗

ふくやもちがしほ

和菓子 MAP 別冊P.25-D1

地元に愛され続けて約40年の和菓子店。名物は、きめ細かく軟らかい生地の中にコーヒーあんと生クリームが入ったコーヒー大福。豆大福やよもぎ大福、べこ餅といった定番の和菓子のほか、かりんとうなど懐かしい菓子類も販売している。

コーヒー大福(左手前)は1個120円

種類豊富な焼き芋を通年で販売

いもや

いもや

焼き芋 MAP 別冊P.25-D1

焼き芋を通年で販売。全国の産地から旬のサツマイモを取り寄せ、自家製窯でじっくり時間をかけて焼いて甘味を引き出している。しっとり系、ホクホク系、その中間と、食感が異なる焼き芋が豊富にあるので好みでチョイスしよう。

品種で違う味や食感の違いを楽しんで

素材の味が生きた濃厚ジェラート

GELATERIA GELABO

ジェラテリア ジェラボ

ジェラート MAP 別冊P.26-A2

素材にとことんこだわるジェラート専門店。ベースは赤井川村・山中牧場のまろやかでコクのある低温殺菌牛乳。厳選した旬のフルーツを生のまま仕入れて店内で加工。濃厚ながらすっきりした味わいのジェラートに仕上げている。

素材本来の味を楽しめると評判

札幌大吾ぱん屋 平岸本店

住札幌市豊平区平岸3条8-1-4 平岸パークマンション1階
TEL011-833-2828 営6:30～18:00(売り切れ次第閉店)
休日曜・祝日、ほか不定休あり
交地下鉄平岸駅直結
CCADJMV Pなし

福屋餅菓子舗

住札幌市豊平区平岸2条12-3-10
TEL011-812-2936 営8:30～18:00(閉店時間変更あり)
休不定休 交地下鉄南平岸駅から徒歩4分 CC不可 Pなし

いもや

住札幌市豊平区平岸2条15-5-22
TEL011-300-8888 営10:00～17:00 休月曜(祝日の場合は翌火曜) 交地下鉄南平岸駅から徒歩8分 CC不可 Pあり

GELATERIA GELABO

住札幌市豊平区福住1条7-1-5
TEL011-851-8881 営10:00～20:00(11～3月は11:00～19:00)
休無休(11～3月は月曜)
交地下鉄福住駅から車で約5分
CC不可 Pあり

COLUMN ジモトトピックス

町なかに滝や渓流

明治期、切り出された木材を運ぶために使われていた精進川。「精進河畔公園」は川の滝(平岸1-17)付近から始まり、町なかと思えないほど生い茂った樹木の中を渓流が流れる。

精進河畔公園

しょうじんかはんこうえん

MAP 別冊P.25-D1
住札幌市豊平区平岸1条16・17・20、中の島2-7～11
交地下鉄南平岸駅から徒歩12分

秋にはサクラマスも遡上

自然と調和した町並み
清田区 ●きよたく
MAP 別冊P.26-27·32-33

面積 59.87km² 人口 約11万1060人(2023年4月)

たくさんの梅の木が植栽されている平岡公園。春先には多くの人が訪れる

札幌の東の玄関口・国道36号が走る清田区。人口増加にともない、1997（平成9）年に豊平区から分区した。南は恵庭市、東は北広島市と隣接。現在の清田区にあたるエリアはかつて「あしりべつ」と呼ばれ、昭和30年代までは水田が広がり、小高い丘陵地にはリンゴの果樹が植えられていた。清田という地名は、美しく清らかな水田地帯であったことからつけられた。高度経済成長の波に乗り大型団地が造成され、国道沿いに工場や商業施設も増えるなど発展。現在も計画的に住みよい町づくりが行われている。

清田区のKを、太い幹（オレンジ）と若葉（グリーン）と厚別川（ブルー）で表現

このエリアの拠点
区内に地下鉄駅やJR駅はないが、区役所や消防署が入る清田区総合庁舎付近などが拠点。

清田区の交通
移動に関しては隣接する厚別区、豊平区、白石区の地下鉄駅のバスターミナルなどから各方面へ出ているバスが中心となる。

清田区の歩き方

緑と触れ合えて、すてきな店もたくさん

国道36号沿いは商業施設が並び、車の往来も多くにぎやか。一方で国道から外れた住宅地に入ると、計画的に造成された閑静で美しい住宅街が広がる。住宅街のなかには公園や緑地も多く、おしゃれなカフェや雑貨店、スイーツの店なども点在しているので、店巡りなどを楽しめる。また、6.5ヘクタールの広大な梅林を有する平岡公園や美しい庭木を楽しめる平岡樹芸センターといった憩いの場もぜひ訪れたいところだ。さらに、区の南西部に標高321.5mの白旗山があり、散策することもできる。散策路沿いには有明の滝もある。

公式マスコット「きよっち」
「きよっち」は白旗山に住んでいる森の妖精。帽子は区のシンボルマーク、胸には区の自然を象徴する木の葉が描かれている。

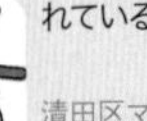

清田区マスコットキャラクター「きよっち」

INFO 清田区内の菓子店と清田区が連携・協力し、「きよたスイーツ」ブランドを発足。スイーツを通じた区の魅力アップのため、スイーツ店のマップ作成やスタンプラリーなどを行っている。

おもな見どころ

1200本の梅が咲く、札幌の梅の名所

平岡公園

ひらおかこうえん

公園 MAP 別冊P.27-C2

広い梅林で知られる総合公園。道央自動車道を挟んで東地区と西地区に分かれており、梅林は西地区にある。梅の花は5月上旬あたりから咲き始め、2週間ほどの開花中は最大20万人もの来園者が訪れる梅の名所だ。散策ができる自然林やミズバショウの群落などがある湿地エリアも。東地区には、遊具広場、有料のテニスコート、野球場がある。

開花すると梅の甘い香りに包まれる

さまざまな樹木が見られる公園

平岡樹芸センター

ひらおかじゅげいセンター

公園 MAP 別冊P.27-C2

庭木の生産を行っていた故・竹澤三次郎氏から土地と樹木の寄贈を受け、日本庭園や緑の相談所を整備して開園。ノムラモミジの紅葉並木、ヤエザクラの桜並木など四季折々の見どころがある。6月に新芽を吹くイチイも美しい。2015年の管理事務所リニューアルにともない、公園の愛称が「みどりーむ」になった。庭に関する講座や教室も開催されている。

燃えるような紅葉のトンネル

清田エリアの開拓の歴史がわかる

あしりべつ郷土館

あしりべつきょうどかん

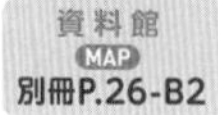
資料館 MAP 別冊P.26-B2

清田エリアは1944（昭和19）年頃まで、このあたりを厚別川（あしりべつ）が流れていることから厚別と呼ばれていた。郷土館は清田地区開基100年記念事業の一環として1983（昭和58）年に開館したが、建物の老朽化により2002年に清田区民センター内に移転。館内には昔の農機具、生活用具など約1750点を展示し、見て・触れて・体験しながら清田区の歴史を学べる。

開拓時代の住居の再現

平岡公園

住札幌市清田区平岡公園1-1
TEL011-881-7924　営散策自由
交東地区はJR新札幌、地下鉄新さっぽろ駅からバスで約13分、平岡公園東2丁目下車すぐ。西地区はJR新札幌、地下鉄新さっぽろ駅からバスで約14分、平岡6条4丁目下車、徒歩5分。地下鉄大谷地駅からバスで約18分、平岡5条6丁目下車、徒歩5分
Pあり（6:00～21:00。冬期は東地区第4駐車場のみ利用可）

全国的にも珍しい人工湿地もある

平岡樹芸センター

住札幌市清田区平岡4条3
TEL011-883-2891　営4月29日～11月3日の8:45～17:15
休期間中月曜（祝日の場合は翌日）　交地下鉄大谷地駅からバスで約10分、平岡4条2丁目下車、徒歩1分。JR札幌駅、地下鉄新さっぽろ駅からバスで約18分、平岡4条2丁目下車、徒歩1分
Pあり

池もある秋の日本庭園の様子

あしりべつ郷土館

住札幌市清田区清田1-2-5-35 清田区民センター2階　TEL011-885-0869　営水・土曜の10:00～16:00　休水・土曜以外と区民センター閉館日　料入館無料
交地下鉄南郷18丁目駅からバスで約10分、清田小学校下車、徒歩6分　Pあり

さまざまな生活用具を展示

ニュータウンのなかにある憩いの公園
真栄春通り公園
しんえいはるどおりこうえん

公園 MAP 別冊P.26-B3

真栄にあるニュータウン「四季のまち」の中にある公園のひとつ。園内には手塚登久夫、山本正道、國松明日香、黒川晃彦、松隈康夫という5人の著名な作家による彫刻作品が設置されている。春には桜やツツジが咲き誇り、夏には噴水池で水遊びができる。

「四季のまち」は札幌市都市景観賞を受賞

真栄春通り公園
住札幌市清田区真栄4条2
TEL011-888-2800
営散策自由
交地下鉄福住駅からバスで約13分、真栄3条2丁目下車、徒歩2分
Pなし

広葉樹林に囲まれた美しい滝
有明の滝自然探勝の森
ありあけのたきしぜんたんしょうのもり

自然 MAP 別冊P.32-A2

滝野すずらん丘陵公園と隣り合う山の斜面に約7kmの散策路がある。広葉樹林が広がる森になっておりヤマモミジやカエデ、ナナカマドが多いことから秋は紅葉を楽しむことができる。駐車場から600mほど行った所に落差13m、水が岩肌を細く伝う優美な有明の滝がある。

夏は涼みに訪れる人も多い

有明の滝自然探勝の森
住札幌市清田区有明
TEL011-883-8931(ふれあいセンター)
営散策自由
交地下鉄福住駅から車で20分
Pあり(冬季は閉鎖)

COLUMN ジモトトピックス
白旗山札幌ふれあいの森

白旗山は標高321.5mの山。真栄入口、有明入口、ふれあいの森入口と、清田区内から3つの散策ルートがあり、いずれも片道30〜40分で山頂へ到着できる。気軽にハイキングが楽しめる場所として幅広い層に人気。山の名前は、屯田兵が測量時に白い旗を立てたことに由来するといわれている。「札幌ふれあいの森」入口にはふれあいセンターがあり、開園期間中の毎週、土・日曜の10:00からは自然観察会を開催。木陰で川のせせらぎを聞きながら炭火焼きが楽しめるコーナーも利用できる(炭や網、食材などは持参を)。クラフト体験ができる木工館も。

白幡山 しらはたやま MAP 別冊P.32-B1
札幌ふれあいの森 さっぽろふれあいのもり MAP 別冊P.32-B2
住札幌市清田区有明386ほか
TEL011-883-8931(ふれあいセンター)
営4月下旬〜11月上旬の9:00〜17:00
休期間中無休
交地下鉄福住駅から車で20分
Pあり

白旗山の散策路入口にあるふれあいセンター

広葉樹に囲まれた炭火焼きコーナー

どさんこワイド179 明石アナ column
我が地元・清田区

清田区にある我が家から真駒内滝野線で支笏湖までよくドライブします。信号がほとんどないのであっという間に到着。そう清田区は国立公園を「庭扱い」できる環境だ。穴場は白旗山手前の「林中つりぼり」(札幌市清田区清田369)。貸し竿・炭焼き台完備、手ぶらでOK。自然に囲まれて釣った渓流魚を塩焼き(おにぎりの持ち込みもOK!)にするのが最高! 時間制限がないので、ひなたぼっこしながら、のんびり楽しむべし。子供と一緒によく行ったな〜。

林中つりぼりにて

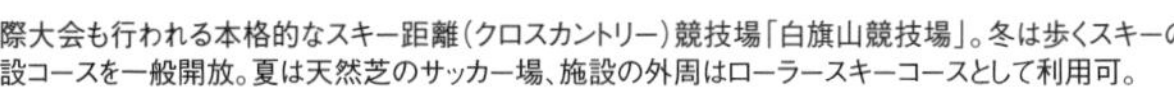
INFO 国際大会も行われる本格的なスキー距離(クロスカントリー)競技場「白旗山競技場」。冬は歩くスキーの常設コースを一般開放。夏は天然芝のサッカー場、施設の外周はローラースキーコースとして利用可。

あそぶ&体験

岩盤浴やサウナなど、癒やしの施設

湯の郷 絢ほのか

ゆのさと あやほのか

入浴施設 MAP 別冊P.26-B2

4種の岩盤浴、高温サウナ、スチーム塩サウナ、オートロウリュ、露天風呂などが揃う。湯は炭酸ガスが溶け込んだ高濃度炭酸泉。食事もでき、マンガも1万8000冊以上読み放題と、ゆっくり過ごすことができる。地下鉄駅から無料送迎バスも運行している。

ほどよい刺激の薬湯露天風呂

湯の郷 絢ほのか
住札幌市清田区清田2条3-2-26
TEL011-881-2686
営24時間　休無休
料平日1150円（土・日曜・祝日1250円）
交地下鉄福住駅から車で10分
CCAJMV　Pあり

ぬりえ感覚のディンプルアート体験

Vida shop

ビダショップ

アート体験 MAP 別冊P.26-B2

海外から直接仕入れているアルパカの毛糸販売のほかハンドメイド雑貨、クラフト作品も扱うショップ。店内ではリサイクルから生まれた超透明絵具による「ディンプルアート」の体験ができる。ぬりえのような感覚でステンドグラス風の作品が簡単に作れる。

ツルツルした画板の上に彩色していく

Vida shop
住札幌市清田区平岡1条2-5-14
TEL011-885-2861
営10:00～16:00　休土曜
料ディンプルアート1200円（要予約）　交地下鉄福住駅または大谷地駅からバスで約20分、清田区役所下車、徒歩7分
CC不可　Pあり

世界にひとつの陶芸作品を作る

花炎窯

かえんがま

陶芸体験 MAP 別冊P.26-B2

清田エリアにあるアットホームな陶芸教室。指導経験が豊富な陶芸家が教えてくれる。体験プランは手びねりと電動ろくろのふたつ。茶碗や皿など好きなものを2点制作できる。作業時間は90分ほど。5色のなかから好きな色を選び、約1ヵ月後に完成。

土に触れ、作る楽しさを実感できる

花炎窯
住札幌市清田区平岡2条3
TEL070-7627-6951
営水・金・日曜の10:00～17:00（体験時間はプランにより異なるため予約時に確認を）
休営業日以外
料手びねり体験2200円、電動ろくろ体験3520円（要予約）
交地下鉄福住駅からバスで約15分、平岡しんたく団地下車、徒歩3分　CCADJMV　Pあり

自分の好きな皿やカップなどを制作

COLUMN ジモトトピックス

広大なフィールドの中でサバゲー体験

清田の有明エリアにある広い敷地内で、陣取り合戦のようなサバイバルゲーム体験ができる。ギアはレンタルがあるので手ぶらでも大丈夫。18歳以下でも保護者同伴であれば参加できる。貸し切りでの利用は4人から。サバイバルゲーム利用者はバーベキューコーナーの利用が可。

ARIAKE BASE有明フィールド　MAP 別冊P.32-B2
アリアケ ベースありあけフィールド
住札幌市清田区有明310-10　TELなし（予約や問い合わせは公式ウェブサイトか公式LINEより）　営日中9:00～16:30、夜間18:30～24:00
休予約がない日　料体験1人2500円（割引あり。要問い合わせ）
交地下鉄福住駅から車で約25分　CC不可　Pあり

会社のレクなど団体での利用も多い

食べる

自家焙煎コーヒーと自家製パンの店

Café ZIKKA

カフェ ジッカ

カフェ MAP 別冊P.27-C2

平岡公園の近く、半円のドーム状の外観が目印。中に入ると天井が高く広々としており、開放感がある。手前はショップになっており、焙煎したコーヒー豆や道産小麦のパン、北欧雑貨などを販売。奥にカフェがあり、世界各国の12〜15種類のコーヒーをネルドリップで入れてもらえる。パンケーキやスコーン、パフェと一緒にゆっくり楽しみたい。

自家製バタールによるフレンチトースト500円

Café ZIKKA

住札幌市清田区平岡公園東11-12 TEL011-882-7018 営10:00〜18:30LO（ランチタイム10:00〜15:00） 休水曜 交地下鉄新さっぽろ駅、JR新札幌駅からバスで約15分、ライブヒルズ南下車、徒歩5分。地下鉄大谷地駅から車で約7分 CCADJMV Pあり

ゆったりとした席の配置と空間。くつろぎたくなる雰囲気

ケーキやギャレットなどを味わえる

函館洋菓子スナッフルスさっぽろ清田店

はこだてようがしスナッフルスさっぽろきよたてん

カフェ MAP 別冊P.26-B2

函館発のスフレタイプのチーズケーキ、チーズオムレットが看板商品。厨房を構えるここ、さっぽろ清田店では焼き菓子のほか生ケーキも販売。明るくナチュラルな雰囲気のサロンを併設しており、店頭のショーケースにあるケーキとドリンクのケーキセット990円をはじめ、そば粉のギャレット1200円（ドリンク付き）といった軽食もいただける。

ショーケースには手作りのケーキが並ぶ

函館洋菓子スナッフルスさっぽろ清田店

住札幌市清田区清田2条3-10-55 TEL011-376-0336 営10:00〜19:00、サロンは11:00〜17:00LO（軽食は11:30〜15:00LO） 休水曜 交地下鉄福住駅からバスで約15分、清田団地入口下車、徒歩5分 CCADJMV Pあり

ゆっくり過ごすことができるサロン

無添加・無化調の土鍋カレーが人気

できるだけ自然食カフェ G-café

できるだけしぜんしょくカフェ ジーカフェ

自然食カフェ MAP 別冊P.26-B2

閑静な住宅街の中にあるカフェ。看板犬のスタンダードプードルが出迎えてくれる。無添加で化学調味料を使わず、仕入価格に応じて無農薬野菜などを使用している。辛さが選べるスパイスの効いた土鍋カレーやスパイシープレートなど、フードは想像以上に食べ応えがある。店内では無添加食材やおしゃれなナチュラル雑貨の販売もしている。

一番人気の土鍋スープカレーのチキン（玄米）1540円

できるだけ自然食カフェ G-café

住札幌市清田区清田2条1-1-20 TEL011-885-7570 営11:00〜15:30LO 休月曜、第1・3・5火曜 交地下鉄福住駅からバスで約8分、札幌国際大学前下車、徒歩10分 CC不可 Pあり

ツタに覆われた印象的な外観。秋には美しく色づく

INFO 「厚別神社」は名前に厚別と付くが、読み方は「あしりべつ」で、住所も清田区。地域の人たちの安全と豊作を願って建てられた。境内には清田開基百年碑などもある。住札幌市清田区平岡2条1-3-1

こだわりの平飼い卵を使ったスイーツ
コッコテラス
コッコテラス

カフェ MAP 別冊P.32-B1

餌からこだわった平飼い養鶏場の永光農園が運営する卵とスイーツの店。カフェでは、自社のフレッシュな卵を使ったカスタードクリームのような濃厚ソフトクリームが人気。エッグタルトやパフェ、ふわふわもちもちのパンケーキも評判。季節限定メニューもある。

ベリーパンケーキ単品980円

コッコテラス
住札幌市清田区有明216
TEL011-886-7204 営11:00～16:00LO（ショップは10:00～17:00） 休水・土・日曜・祝日（ショップは水曜のみ）
交地下鉄福住駅からバスで約30分、有明小学校下車、徒歩10分。地下鉄福住駅から車で約20分
CC ADJMV P あり

自然豊かな環境のなかにあるカフェ

至福の炊きたてホカホカご飯
土鍋ごはんとワッフルのお店 cafeRi-no
どなべごはんとワッフルのおみせ カフェリーノ

カフェ MAP 別冊P.26-B2

注文が入ってから炊き上げる土鍋ご飯と、1枚1枚焼きあげるベルギーワッフルが評判の店。土鍋ご飯はあさりと生姜1550円、舞茸とごぼう1550円などのほか、旬の食材を用いた季節の炊き込みご飯も。すべてワッフルとドリンク付き。テイクアウトもできる。

紀州梅とじゃこAセット1550円

土鍋ごはんとワッフルのお店 cafeRi-no
住札幌市清田区北野5条5-12-22
TEL011-886-0237
営11:00～15:30LO 休日曜
交地下鉄大谷地駅からバスで5分、北野6条5丁目下車、徒歩1分
CC 不可 P あり

キッズ向けの座敷席は要予約

奥の深い台湾茶の世界に触れる
taiwantea Yuuka
タイワンティ ユウカ

台湾茶 MAP 別冊P.27-C2

生産者の思いが込められた、香り高く優しい味の台湾茶に魅了された店主が、良質な茶葉を厳選販売。喫茶スペースでは本格茶器を使って台湾茶を楽しめる。台湾カステラ、杏仁豆腐など日替わりスイーツ、オリジナルのYuukaしるこ605円もある。体に優しいDarcy'sアイスも提供。

芳醇な味の高級高山茶830円など

taiwantea Yuuka
住札幌市清田区平岡公園東8-1-1 TEL011-882-0815 営11:00～16:30LO 休日曜・祝日 交地下鉄大谷地駅からバスで約15分、東栄通下車、徒歩5分。JR新札幌駅、地下鉄新さっぽろ駅からバスで約15分、上野幌3条5丁目下車、徒歩3分。JR上野幌駅から徒歩15分
CC ADJMV P あり

COLUMN ジモトトピックス

きのとや直営牧場の牛乳や卵を販売

札幌の有名スイーツショップきのとや。直営の養鶏場と酪農牧場で取れた商品を扱うこの店舗では、ケーキや菓子のほかに、放牧飼育乳牛の低温殺菌牛乳「ユートピアのおいしい牛乳」や、有精卵「ユートピアの平飼いたまご」などを販売。カフェではこの卵を使ったたまごかけごはん550円などが食べられる。

きのとやファーム店・KINOTOYA cafe MAP 別冊P.26-B2
きのとやファームてん・キノトヤ カフェ
住札幌市清田区清田1条4-4-25 TEL011-889-6161
営10:00～20:00（カフェは～19:00） 休火曜
交地下鉄福住駅からバスで約15分、清田区役所下車、徒歩1分
CC ADJMV P あり

ユートピアのたまごかけごはん

道南スギやエッグタイルを用いた建物

創業時から変わらない秘伝の味

かねひろ 羊ヶ丘通店

かねひろ ひつじがおかどおりてん

ジンギスカン MAP 別冊P.27-C3

昭和39年に長沼町で誕生した「かねひろジンギスカン」。試行錯誤を繰り返して誕生したこだわりのたれに漬け込んだ味付けジンギスカンはファンが多い。精肉店直営なのでジンギスカンのほか和牛もリーズナブルに味わえるのがポイント。1階では精肉も販売している。

無煙ロースターで匂いも気にならない

かねひろ 羊ヶ丘通店
住札幌市清田区美しが丘4条7-1-1 TEL011-888-2233
営11:30～14:30LO（土・日曜・祝日は～15:00LO）、17:00～21:30LO。精肉販売は10:30～18:30
休木曜（祝日の場合は同じ週の火曜） 交地下鉄福住駅からバスで約25分、美しが丘3条7丁目下車、徒歩1分。地下鉄福住駅から車で約15分 CCADJMV
Pあり

ブランド豚のおいしさをとことん味わう

ひこま豚食堂&精肉店 Boo Deli

ひこまぶたしょくどう&せいにくてん ブー デリ

豚肉料理 MAP 別冊P.27-C3

道南アグロ農場で育てられたSPF豚「ひこま豚」。肉のきめが細かく、脂身が甘いこの豚を使ったメニューが味わえる。豚丼、ハンバーグ、メンチカツなどのほか、好きな部位を好みの量でとんかつかステーキで食べる「オーダーカット御膳」が人気(肉代プラス550円)。

肉質の柔らかさがわかるとんかつ

ひこま豚食堂&精肉店 Boo Deli
住札幌市清田区美しが丘4条6-2-6 TEL011-802-5141
営10:00～20:00（イートインは11:00～14:30LO、17:00～19:30LO。土・日曜・祝日は11:00～15:00LO、16:30～19:30LO）
休水・木曜
交地下鉄福住駅からバスで25分、美しが丘3条7丁目下車、徒歩1分。地下鉄福住駅から車で15分 CCADJMV Pあり

知床鶏を風味豊かなカレーでいただく

南インドスープカレー天竺札幌清田本店

みなみインドスープカレーてんじくさっぽろきよたほんてん

スープカレー MAP 別冊P.26-B2

1997年にオープンし2012年に現在の場所に移転。鶏ガラや果物、野菜から取ったスープに23種類のスパイスをブレンドした香り高いカレーは、あっさりして食べやすく幅広い層に支持されている。知床産のチキンレッグと野菜の北海道マハラジャカレー1400円などが人気。

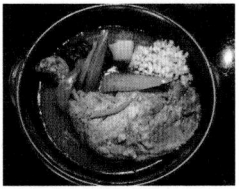

鶏肉がジューシーなマハラジャカレー

南インドスープカレー天竺札幌清田本店
住札幌市清田区平岡1条1-7-1
TEL011-802-5175
営11:00～20:30LO
休火曜（祝日の場合は営業）
交地下鉄福住駅からバスで約15分、清田区役所下車、徒歩1分
CCMV Pあり

中央に天蓋があるゆったりした店内

COLUMN ジモトトピックス

地元産「きよたベリー」を使ったスイーツ

いちご農家オリジナルのブランドいちご「きよたベリー」のパフェや大福を販売。寒冷地では難しいといわれる安納芋も栽培し、いちごと安納芋を使ったスイーツもある。1～5月上旬は本州産いちごを使用。

農家の茶屋 自然満喫倶楽部 MAP 別冊P.32-B1
のうかのちゃや しぜんまんきつくらぶ
住札幌市清田区有明187 TEL011-883-6886
営10:00～17:00（11～2月は～16:00） 休無休
交地下鉄福住駅からバスで約30分、有明小学校下車、徒歩7分。地下鉄福住駅から車で約20分 CC不可 Pあり

いちごパフェのミルク750円など

INFO 清田区総合庁舎の裏手には「ホタル池」がある。自然環境の保護・保全について関心をもってもらうため、NPO法人札幌清田ホタルの会の協力のもと夏にホタル観賞会も実施予定。

買う&テイクアウト

毎日通いたいバラエティ豊かなパン

ペンギンベーカリー北野店

●ペンギンベーカリーきたのてん

パン屋
MAP
別冊P.27-C2

道産素材にこだわったさまざまなタイプのパンが約80種類並ぶ。2022年のカレーパングランプリで最高金賞を受賞した海老カレーパンフォンデュ350円といった総菜パンも豊富。卵や牛乳、マーガリンなど不使用の「とべない食パン」も不動の人気。

道産小麦ゆめちから使用の食パン360円

かわいいウサギのロゴが目印

お菓子のドルチェヴィータ

●おかしのドルチェヴィータ

洋菓子、パン
MAP
別冊P.26-B3

洋菓子、パン、ケーキが揃う店。道産小麦のほか、卵や乳製品も道産を使用し、素材と季節感を大切にしている。人気は、天皇皇后両陛下が召し上がったというフィナンシェ、ピコリータやバターたっぷりサクサクのクロワッサンなど。

うさぎの樹(バウムクーヘン)1600円

古くてすてきな雑貨や家具が大集合

81antiques

●エイティーワンアンティークス

アンティーク
MAP
別冊P.26-B3

国内外の雑貨から家具までビンテージやアンティークアイテムが揃うショップ。アンティークに合う現代の雑貨や、春から夏には観葉植物も販売している。古物と植物の相性はよく、庭づくりや部屋のインテリアにもおすすめ。

お気に入りとの出合いがあるかも

コスメ、本、カフェ。1日楽しめるスポット

TSUTAYA美しが丘

●ツタヤうつくしがおか

本・雑貨
MAP
別冊P.27-C3

従来のTSUTAYAと同様、本や文具、雑貨はもちろん、女性にもっと楽しんでもらうため市内唯一の@cosme storeが入っており、多彩なコスメアイテムをチェックできる。円山の人気カフェRainも併設し、コーヒーを飲みながらの読書もOK。

売り場にはセンスのよい雑貨も並ぶ

ペンギンベーカリー北野店

住札幌市清田区北野6条5-6-30 TEL011-375-7146 営8:30～19:00 休無休 交地下鉄大谷地駅からバスで約3分、北野7条5丁目下車、徒歩1分 CCMV Pあり

牧歌的な雰囲気のかわいらしい店舗

お菓子のドルチェヴィータ

住札幌市清田区美しが丘2条2-9-10 TEL011-886-5455 営10:00～19:00(火曜～18:00) 休水曜(変更あり) 交地下鉄福住駅からバスで約15分、美しが丘3条2丁目下車、徒歩5分 CCADJMV Pあり

ギフトにぴったりなものも多く並ぶ

81antiques

住札幌市清田区美しが丘3条1-8-3 TEL011-378-4781 営10:00～17:00 休月曜 交地下鉄福住駅からバスで15分、美しが丘3条2丁目下車、徒歩5分 CCADJMV Pあり

大きなログハウス。看板犬がお出迎え

TSUTAYA美しが丘

住札幌市清田区美しが丘3条4-1-10 TEL011-886-1111 営10:00～22:00(@cosme storeは～20:00、Rainはフード17:00LO、ドリンク19:30LO) 休無休 交地下鉄福住駅、大谷地駅からバスで約20分、美しが丘3条5丁目下車、徒歩3分 CCADJMV Pあり

道内屈指の温泉郷がある
南区 ●みなみく

MAP 別冊P.16-17·22-23·24-25·28-29·30-31

面積 657.48km² 人口 約13万4400人（2023年4月）

緑鮮やかな夏の定山渓温泉

札幌市の面積の約6割を占める広大な南区。区内には支笏洞爺国立公園が含まれ、緑豊かな自然と住宅街とが調和しながら発展してきた。札幌の温泉地・定山渓温泉には、国内外から多くの観光客が訪れる。近くには豊平峡ダムや定山渓ダムもある。また、恵まれた自然を生かした滝野すずらん丘陵公園や抜群の雪質を誇る札幌国際スキー場、夜景の美しい藻岩山、石山緑地など、規模の大きな自然スポットも多数。果樹栽培も盛んで、十数ヵ所ある観光果樹園も人気。さらに、アートの拠点・札幌芸術の森もある。

南区の歩き方

恵まれた自然とアートに触れられる

南区内各所から天然温泉が湧出しているが、温泉街でゆっくり湯あみを楽しみたいなら歴史ある定山渓温泉（→P.212）へ。札幌駅から車で約40分、地下鉄真駒内駅から車で約20分、バスも出ているので気軽に行くことができる。温泉周辺には話題の飲食店も多い。紅葉の名所としても知られている。近くにある日帰り入浴施設の豊平峡温泉も人気だ。定山渓に向かう国道230号沿いには多くの観光果樹園がある。札幌芸術の森や、軟石の採石場跡を再生させた石山緑地など、アートと自然が交わるスポット巡りもおすすめ。

シンボルマーク

豊かな緑と小鳥に恵まれた南区を象徴したデザインで、ミナミと読める

このエリアの拠点
飲食店などが多いのは地下鉄澄川駅付近。終点の真駒内駅と澄川駅からは区内各方面へのバスが出ている。

南区の交通
真駒内までは地下鉄だが、その奥の石山や藤野、定山渓、滝野、芸術の森などへはすべてバスまたは車が交通手段となる。

地下鉄真駒内駅への行き方

地下鉄

地下鉄南北線さっぽろ駅
↓ 約20分
地下鉄南北線真駒内駅

INFO 区内の果樹園では、さまざまな果実が栽培されている。6月のイチゴから始まり、7月はサクランボやブルーベリー、8〜9月はプルーンやモモ、9〜10月はブドウ、リンゴなどが収穫できる。

札幌近郊の温泉地

定山渓温泉へミニトリップ！

札幌市南区にあり、札幌中心部から車で50分ほどの温泉地。札幌の奥座敷と呼ばれる温泉街で自然に触れ、グルメや買い物も！

定山渓温泉ミニトリッププラン

駐車場 →（徒歩）約5分 → ①かっぱ家族の願掛け手湯 →（徒歩）約3分 → ②定山源泉公園 →（徒歩）約8分 → ③二見公園／二見吊橋 →（徒歩）約10分 → ④かっぱ淵／かっぱ淵公園 →（徒歩）約18分 → ⑤岩戸観音堂 →（徒歩）約10分 → ⑥定山渓大橋 →（徒歩）約2分 → ⑦足のふれあい太郎の湯 →（徒歩）約10分 → 駐車場 →（車）約8分 → ⑧定山渓ダム

紅葉の名所としても知られている。定山渓大橋からの眺め

History

江戸時代末期の1866（慶応2）年、修行僧の美泉定山（みいずみじょうざん）が源泉と出合い湯治湯を作ったのが始まり。その後も温泉開発に力を注いだ定山にちなみ、定山渓温泉と呼ばれるようになった。明治10年代から温泉宿が次々と開業、道路整備も進む。1918（大正7）年に定山渓鉄道（→P.51）が開業すると、定山渓は一大行楽地としてにぎわった。札幌の温泉地として不動の人気を誇り、近年は新しいコンセプトの温泉宿や飲食店も増え、より注目が集めている。

定山源泉公園にある美泉定山の像

定山渓温泉

●じょうざんけいおんせん

MAP 別冊P.22-B1

豊平川沿いに開けた定山渓温泉は、札幌中心部から近いこともあり古くから人気の温泉地としてにぎわってきた。源泉は56ヵ所あり、川岸や川底から60〜80℃の高温の湯が毎分8600ℓも湧出。無色透明なナトリウム塩化物泉の湯を満喫できる。

住札幌市南区定山渓温泉　TEL011-598-2012（定山渓観光協会）　交🚗札幌駅から約25km　🚌札幌駅から「かっぱライナー号」で約60分、定山渓湯の町、第一ホテル前、定山渓大橋などで下車

❶ かっぱ家族の願掛け手湯

●かっぱかぞくのがんかけてゆ

MAP 別冊P.22-A2

2匹のかっぱがシンボルの手湯。かっぱの頭の皿にお湯を注ぐと口からお湯が流れ出す。手を清めながら「オン・カッパヤ・ウンケン・ソワカ」と3度となえて願い事をすると叶うといわれている。

歓迎塔を兼ねている

卵は隣接するショップで販売。ネット入り3個150円

温泉が流れ落ちる「美泉の滝」

❷ 定山源泉公園

●じょうざんげんせんこうえん

MAP 別冊P.22-A2

開祖、美泉定山の生誕200年を記念して2005年に整備された公園。美泉定山の像、足湯、高温の源泉で気軽に、温泉卵が作れる「おんたまの湯」がある。

住札幌市南区定山渓温泉東3　営7:00〜21:00　交バス停定山渓湯の町から徒歩1分

❸ 二見公園／二見吊橋

●ふたみこうえん／ふたみつりばし

MAP 別冊P.22-A2

「かっぱ大王」の像がある公園。公園から続く散策路を通り二見吊橋に上ると、美しい渓谷や温泉街が望める。紅葉の見頃は10月上旬〜中旬。

住札幌市南区定山渓温泉西4
営見学自由
交バス停定山渓湯の町から徒歩5分

かっぱ大王の像を探してみよう

定山渓散策路にある

紅葉に映える赤い二見吊橋

INFO **定山渓温泉の駐車場**　日帰りの場合は定山渓まちづくりセンターの脇に「定山渓スポーツ公園」無料駐車場（50台）がある。駐車場からかっぱ家族の願掛け手湯へ徒歩5分。

❹ かっぱ淵／かっぱ淵公園

●かっぱぶち／かっぱぶちこうえん MAP 別冊P.22-A2

二見吊橋を渡って豊平川の川岸に出ると、目の前にそそり立つ断崖と、深い淵が横たわる。かっぱ伝説が伝わるかっぱ淵は神秘的な美しさ。散策路はかっぱ淵公園をへてその先「いこいの広場」へと続いている。

二見吊橋からのかっぱ淵

定番みやげ

定山源泉公園の前にある、1931(昭和6)年創業の温泉まんじゅうの老舗。蒸したてのまんじゅうは薄皮に黒糖あんがたっぷり。

大黒屋商店

●だいこくやしょうてん MAP 別冊P.22-A2

住札幌市南区定山渓温泉東4-319 TEL011-598-2043
営8:00～なくなり次第終了 休水曜
交バス停定山渓湯の町から徒歩1分

❺ 岩戸観音堂

●いわとかんのんどう MAP 別冊P.22-A1

小樽定山渓間自動車道の道路工事で亡くなった人の慰霊と、交通安全を祈願して建てられたお堂。洞窟内には33体の観音様が安置されている。

住札幌市南区定山渓温泉西4
営7:00～20:00 休無休 料洞窟拝観300円
交バス停定山渓湯の町から徒歩1分

洞窟内の観音様にお参りしよう

❻ 定山渓大橋

●じょうざんけいおおはし MAP 別冊P.22-B1

道道1号線に架かる橋で、豊平川と定山渓の温泉街が眺められるビュースポット。欄干にブロンズ製の「緑の女神」が設置されている。

住札幌市南区定山渓温泉東2
営通行自由
交バス停定山渓大橋下車すぐ

紅葉の時期は特にきれい

❼ 足のふれあい太郎の湯

●あしのふれあいたろうのゆ MAP 別冊P.22-B1

定山渓に3ヵ所ある手湯・足湯のひとつ。八角形の大きめな足湯で、屋根があるので雨の日も利用できる。タオルの自販機もある。

住札幌市南区定山渓温泉東3
営7:00～20:00
交バス停定山渓温泉東2丁目から徒歩1分

東屋風の建物内にはおみくじもある

❽ 定山渓ダム

●じょうざんけいダム MAP 別冊P.22-A3

堤頂高117.5mと、北海道で2番目に高い重力式コンクリートダム。春は桜、秋は紅葉が美しい下流園地が整備され、定山渓ダム資料館の見学ができる。ダム湖を望む堤頂部へは、資料館から遊歩道の階段を上って行く。

住札幌市南区定山渓8区
TEL011-598-2513 定山渓ダム資料館 営4月29日～11月3日の9:30～16:00(下流園地は9:00～17:00)
休期間中月曜(祝日の場合は次の平日。下流園地は無休) 料入館無料
交バス停定山渓大橋から車で8分、または徒歩30分

川の水を維持するための放流が見られることも

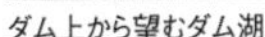

ダム上から望むダム湖

新スポット 山ノ風マチ

定山渓温泉の一画に2022年、「山ノ風マチ」エリアがオープン。宿泊施設を核に食堂、パン屋、スイーツショップなどが集まる。定山渓散策の途中に立ち寄ってみるのもおすすめ。 MAP 別冊P.22-B1

雨ノ日と雪ノ日

カフェでは美瑛町のジャージー牛乳と旬の食材を使い、着色料や保存料不使用の14種類のジェラートと、生地から手作りのピザが楽しめる。

営10:00～18:00(ピザ17:30LO)
休木曜(祝日は除く)

エクスクラメーションベーカリー

道産小麦とバターを使って焼き上げるパン。さまざまな具材を合わせ、見た目もきれい。2階にカフェスペースがあり、ランチはバーガーを提供。

営10:00～17:00 休水曜(祝日は除く)

ハレとケ洋菓子店

小麦、牛乳、バター、卵はすべて道産。芸術品のようなケーキが並ぶ。標高598mの朝日岳をモチーフにした「サブレ598」はおみやげにもぴったり。

営10:00～17:00 休無休

食堂いち

風マチビルヂング2階にある食堂。「ゆる焼き鮭定食」「炭焼きハンバーグ定食」など和と洋の要素が融合した7種類の定食を用意。

営11:00～15:00 休火曜

おもな見どころ

自然の中、さまざまなアートに親しめる拠点

札幌芸術の森

さっぽろげいじゅつのもり

美術館 MAP 別冊P.31-C2

自然豊かな約40ヘクタールの敷地内に、美術館や野外ステージ、各種クラフト工房、音楽練習室などが点在する札幌の芸術文化の拠点。札幌芸術の森美術館では多彩な企画展を開催。野外美術館では、季節の移り変わりとともに彫刻や立体造形の作品が楽しめる。クラフト工房では体験ものも実施。見て、触れて、作って、アートと自然に1日中触れられる場所だ。

アート作品と自然が融合している空間

軟石アートと緑が融合した公園

石山緑地

いしやまりょくち

公園 MAP 別冊P.25-C3

かつて建材として活用された札幌軟石の石切り場跡地を公園に再生。南ブロックと北ブロックに分かれており、北ブロックは遊具やテニスコートがあり、春には桜が咲き誇る。5人の彫刻家たちが構想から設計を手がけた南ブロックは、全体が芸術作品になっている。削られた岩肌を背景に、軟石などを使った作品が点在。まるで異国の古代遺跡のような雰囲気だ。

コロシアムのような「ネガティブマウンド」

アイヌ民族の歴史文化に触れられる

札幌市アイヌ文化交流センター・サッポロピㇼカコタン

さっぽろしアイヌぶんかこうりゅうセンター・サッポロピㇼカコタン

資料館 MAP 別冊P.23-C3

日本の先住民族であるアイヌ民族の生活や歴史文化について楽しみながら学べる施設。屋外には伝統家屋の展示と、アイヌ民族が食料や薬に用いていた植物が植えられている。センターの建物内には伝統衣服や民具など約300点が並ぶ展示室のほか、無料でアイヌ刺繍や木彫り体験などができるコーナーも。アイヌ民族の衣装を着て記念撮影もできる。

展示室では儀式などの映像の鑑賞もできる

札幌芸術の森

住札幌市南区芸術の森2-75
TEL011-592-5111　営9:45～17:00(6～8月は～17:30)。札幌芸術の森美術館と野外美術館は閉館30分前が最終入館
休野外美術館は4月29日～11月3日の期間中無休。札幌芸術の森美術館は展覧会の会期による
料野外美術館(夏季は佐藤忠良記念子どもアトリエ入館料含む)700円。札幌芸術の森美術館は展覧会ごとに料金が異なる
交地下鉄真駒内駅からバスで約15分、芸術の森入口または芸術の森センター下車すぐ
P有料あり

石山緑地

住札幌市南区石山78-24
TEL011-578-3361　営4月中旬～11月下旬(積雪状況による)、散策自由　交地下鉄真駒内駅からバスで約5分、石山東3丁目下車、徒歩4分　Pあり

緑に赤が映える「赤い空の箱」。後ろには採掘跡の岩肌が見える

札幌市アイヌ文化交流センター・サッポロピㇼカコタン

住札幌市南区小金湯27　TEL011-596-5961　営8:45～22:00(展示室・庭園は9:00～17:00。アイヌ文化体験コーナーは10:00～12:00、13:00～16:00)　休月曜・祝日、毎月最終火曜　料展示室入館200円　交JR札幌駅からバスで約60分、小金湯下車、徒歩6分　Pあり

小金湯温泉のすぐ向かい側にあるコンクリートの建物

巨大な涅槃大仏に会いに行く

佛願寺 大涅槃聖堂

ぶつがんじ だいねはんせいどう

仏教寺院
MAP 別冊P.31-C1

45mの巨大な金色の涅槃大仏を安置した仏教寺院。大仏の手前には世界的な庭師・北山安夫が手がけた日本庭園が広がり、明るく平穏な空気が流れる。大仏を拝しながら写経や写仏ができる参拝堂があり、手ぶらでも体験が可能。パワースポットとしても知られている。

人を救済する力もあるとされる涅槃大仏

佛願寺 大涅槃聖堂
住札幌市南区石山東6-1-24
TEL011-593-3000
営9:00～17:00(11～3月は～16:00)
休無休 料拝観無料。写経・写仏は各1000円
交地下鉄真駒内駅からバスで約10分、石山東6丁目下車すぐ
Pあり

サケの仲間20種と札幌の身近な生き物を展示

札幌市豊平川さけ科学館

さっぽろしとよひらがわさけかがくかん

科学館
MAP 別冊P.25-C2

サクラマスやイトウをはじめ、国内外のサケ科の魚、約20種類を種類別に飼育展示。レイクトラウトなどの珍しい種類も見ることができる。サケ稚魚の体験放流やサケの観察会など、季節に応じてイベントも実施。札幌に生息する淡水魚やカエル、トカゲなども展示している。

サケの稚魚のデザインが特徴的な建物

札幌市豊平川さけ科学館
住札幌市南区真駒内公園2-1
TEL011-582-7555
営9:15～16:45 休月曜(祝日の場合は翌平日)
料入館無料
交地下鉄真駒内駅からバスで約6分、真駒内競技場前下車、徒歩4分
Pあり(4月29日～11月3日の土・日曜・祝日有料)

自然がいっぱいの広大な公園

北海道立真駒内公園

ほっかいどうりつまこまないこうえん

公園
MAP 別冊P.25-C2·3

北海道の酪農発祥の地に、札幌オリンピックの競技施設の整備と並行して造成された公園。85ヘクタールの広さがある園内には、豊平川と合流する真駒内川が流れている。自然林を生かした6万本以上の樹木があり多くの野鳥が生息。春は桜、秋は紅葉を見るために多くの人が訪れる。

春には桜の花を楽しめる

北海道立真駒内公園
住札幌市南区真駒内公園3-1
TEL011-581-1961
営6:30～21:00 休無休
交地下鉄真駒内駅からバスで約6分、真駒内競技場前下車、徒歩2分
P有料あり(4月29日～11月3日の土・日曜・祝日有料)

イチョウが美しい秋の公園

「北海道の酪農の父」の趣ある記念館

エドウィン・ダン記念館

エドウィン・ダンきねんかん

資料館
MAP 別冊P.25-C3

明治期に北海道の酪農の礎を築いた外国人指導者、エドウィン・ダンをしのぶ記念館。館内にはダンの業績を描いた油絵23点、真駒内種畜場の模型、ダンゆかりの品々などを展示している。木造洋風建築の趣ある外観や内装も見どころのひとつだ。国の登録有形文化財にも登録。

平成15年に改修工事し、リニューアル

エドウィン・ダン記念館
住札幌市南区真駒内泉町1-6
TEL011-581-5064
営9:30～16:30
休水曜(11～3月は月～木曜)
料入館無料 交地下鉄真駒内駅から徒歩10分 Pなし

記念館が立つ公園内には銅像もある

INFO 札幌軟石の産地だった石山エリアにある「ぽすとかん」は、札幌軟石で建てられた昔の郵便局。現在は、建物内にカフェや軟石を使った小物などの物販スペースがある。住札幌市南区石山2条3-1-26

豊平峡ダム

住札幌市南区定山渓840番地先
TEL011-598-3452
営8:45〜16:00(観光放流は6〜10月の9:00〜16:00) 休無休
料電気バス700円(運行は5〜11月予定) 交ダム入口へJR札幌駅から車で約60分。定山渓観光案内所から車で約10分。入口からダムへは徒歩か電気バスを利用 Pあり

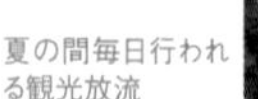

夏の間毎日行われる観光放流

壮大な絶景と迫力ある観光放流

豊平峡ダム

●ほうへいきょうダム

ダム MAP 別冊P.28-A3

支笏洞爺国立公園内にある高さ102.5mのアーチ式コンクリートダム。切り立った崖とダム湖が美しい有数の景勝地で、紅葉時期は特に人気。入口からダムまでの約2kmは、環境保護のため車両は乗り入れ禁止。徒歩か電気バスの利用を。6〜10月の観光放流は迫力満点。

岩盤と放流が壮大な景観を見せる

真駒内駐屯地 史料館

住札幌市南区真駒内17 陸上自衛隊真駒内駐屯地
TEL011-581-3191(内線3905または3806)
営9:00〜16:00(基準)※要予約(個人の場合は1週間前までに電話またはメールにて受付)
休土・日曜・祝日、GW、お盆期間など 料無料 交地下鉄真駒内駅から徒歩15分(東門)。地下鉄中の島駅からバスで約10分、自衛隊病院前下車、徒歩10分(西門) Pあり

自衛隊駐屯地で札幌の歴史に触れる

真駒内駐屯地 史料館

●まこまないちゅうとんち しりょうかん

史料館 MAP 別冊P.25-C2

自衛隊真駒内駐屯地内にある4つの建物からなる史料館。屯田兵による北海道開拓期から現在の真駒内駐屯地までの歴史や、札幌雪まつり、札幌冬季オリンピックの資料を展示。実物大の屯田兵屋内部模型や、旧陸軍の制服・武器もあり、開拓期好きに人気のスポットだ。

れんがの1〜3号館、サイロ館がある

国営滝野すずらん丘陵公園

住札幌市南区滝野247
TEL011-592-3333(滝野公園案内所)
営9:00〜18:00(時期により時間短縮) 休4月1〜19日、11月11日〜12月22日 料入園450円(15歳未満無料。12月23日〜3月31日は無料) 交JR札幌駅から車で約50分。地下鉄真駒内駅からバスで約30分、すずらん公園東口下車すぐ P有料あり

春夏秋冬を自然のなかでおおいに遊ぼう

国営滝野すずらん丘陵公園

●こくえいたきのすずらんきゅうりょうこうえん

公園 MAP 別冊P.31-D3

約400ヘクタールの広大な敷地をもつ、北海道で唯一の国営公園。季節の花々が咲き誇る花畑やユニークな形をした大型遊具、3つの滝巡りを楽しめる渓流ゾーンなどがあり、豊かな自然のなかで遊べる。冬期は雪遊びができる入園無料の「滝野スノーワールド」として開園。

季節ごとにさまざまな花が咲くガーデン

真駒内滝野霊園

住札幌市南区滝野2
TEL011-592-1223
営9:00〜16:00(11〜3月は10:00〜15:00) 休無休
料ラベンダー維持協力金300円(志納) 交地下鉄真駒内駅からバスで約20分、真駒内滝野霊園下車すぐ Pあり

夏にはラベンダーが美しく咲く

御霊を見守る頭大仏などがある霊園

真駒内滝野霊園

●まこまないたきのれいえん

霊園 MAP 別冊P.31-D2

道民のための公園霊園として造成され40年。札幌ドーム32個分の広さの敷地内には巨大なモアイ像やストーンヘンジなど、驚かされるものが多数。特に数万株のラベンダーの丘から頭頂部が見える、世界的建築家・安藤忠雄が設計した「頭大仏殿」は必見だ。

高さが13.5mもある頭大仏

あそぶ&体験

歴史ある風光明媚な温泉郷

湯元 小金湯

ゆもと こがねゆ

温泉 MAP 別冊P.29-C1

豊かな自然に囲まれた和モダンなしつらえの温泉宿泊施設。こんこんと湧き出る単純硫黄泉（弱アルカリ性）は、温泉治療に適しているといわれ、明治時代から風光明媚な湯治場として親しまれてきた。四季折々の景観を眺めながら入浴できる源泉100%の露天風呂、充実した設備の内風呂、オートロウリュ付きのヒノキのサウナを備えている。館内には食事処もあり。

緑豊かな自然を感じながら露天風呂で湯あみ

湯元 小金湯

住札幌市南区小金湯25
TEL011-596-2111
営10:00～23:00（最終入館受付22:00） 休無休
料日帰り入浴平日950円、土・日曜・祝日1050円 交地下鉄真駒内駅からバスで約40分、小金湯下車、徒歩5分
CCADJMV Pあり

後ろに見える桂の大木は温泉のシンボル。推定樹齢は700年

秘湯気分を味わえる「美肌の湯」

やわらぎの里 豊平峡温泉

やわらぎのさと ほうへいきょうおんせん

温泉 MAP 別冊P.28-A1

「定山渓の秘湯」といわれる日帰り入浴専用の温泉施設。「薄めず、沸かさず、循環せず」を信条に源泉のまま各浴槽に注がれる中性の泉質の湯は、つかると肌がスベスベになる美肌の湯として有名。内湯のほか最大入浴人数200人という日本最大級の露天風呂があり、開放感を味わいながらゆったりと湯あみできる。ライトアップされた夜の露天風呂は幻想的。

「無意根の湯」など3つの露天風呂がある

やわらぎの里 豊平峡温泉

住札幌市南区定山渓608-2
TEL011-598-2410
営10:00～22:30（最終受付21:45）
休無休
料日帰り入浴1000円（タオル料金別途）
交JR札幌駅からバスで約1時間20分、豊平峡温泉下車すぐ
CC不可 Pあり

内湯の床には、湯の華が結晶化したものが付いている

COLUMN ジモトトピックス

豊平峡温泉で本格的インドカリーを

「豊平峡温泉といえばカリー」。意外に思うかもしれないが、札幌市民にとってはこれが常識。数十種類のスパイスとタマネギをたっぷり使って作る本格的インドカリーがこの店の名物。カリーだけを目当てに店を訪れる人もいるほど人気なのだ。特製の窯で焼き上げたナンはもっちりふわふわ。チキンカリー1000円などメニューも豊富。そばやジンギスカンもあり。

ONSEN食堂 オンセンしょくどう

MAP 別冊P.28-A1

住札幌市南区定山渓608-2 TEL011-598-2410 営11:00～21:00（インド料理）、11:00～14:00、17:00～20:00（和食） 休無休 交JR札幌駅バスターミナルからバスで約80分、豊平峡温泉下車すぐ CC不可 Pあり

豊平峡温泉名物のインドカリー

ジンギスカンは生ロースを使用

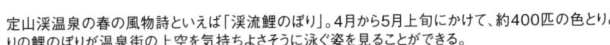

INFO 定山渓温泉の春の風物詩といえば「渓流鯉のぼり」。4月から5月上旬にかけて、約400匹の色とりどりの鯉のぼりが温泉街の上空を気持ちよさそうに泳ぐ姿を見ることができる。

全館バリアフリーの保養施設

札幌市保養センター駒岡

●さっぽろしほようセンターこまおか

入浴施設 MAP 別冊P.31-C1

自然に囲まれて過ごせる全館バリアフリーの、あらゆる人に優しい保養施設。日帰り入浴できる大浴場、レストラン、パークゴルフ場などを備え、宿泊もできる。館内には自由に使える福祉用具を設置。介護専門資格者による対応が可能で、高齢者や障がい者も快適に利用できる。

食事付きの日帰りプランなどもある

札幌市保養センター駒岡

住札幌市南区真駒内600-20
TEL011-583-8553
営日帰り入浴10:00～20:00
休不定休(年間5日間)
料日帰り入浴440円
交地下鉄真駒内駅からバスで約10分、保養センター駒岡下車すぐ(車で約8分)
CCAJ　Pあり

夏も冬も屋内スポーツを楽しむ

真駒内セキスイハイムアリーナ(北海道立真駒内公園屋内競技場)

●まこまないセキスイハイムアリーナ(ほっかいどうりつまこまないこうえんおくないきょうぎじょう)

スポーツ施設 MAP 別冊P.25-C2

1972（昭和47）年の札幌オリンピックの会場にもなった、真駒内公園の中にある多目的屋内競技場。夏期はバドミントンや卓球などに一般開放され（用具は各自用意）、冬はスケートリンクに切り替わる。通年で利用できる室内ランニングコースやウエイトトレーニング場も完備。

コンサートなど大規模イベントも行われる

真駒内セキスイハイムアリーナ

住札幌市南区真駒内公園1-1
TEL011-581-1972
営10:00～19:00(季節、イベントにより変動)
休第1･3火曜(冬期は第2･4火曜)
料スポーツ利用料630円、スケート滑走料810円(ほか各種料金あり)　交地下鉄真駒内駅から徒歩20分。または地下鉄真駒内駅からバスで約5分、上町1丁目下車、徒歩5分
CC不可　Pあり

ナイタースキーで夜景を満喫

札幌藻岩山スキー場

●さっぽろもいわやまスキーじょう

スキー場 MAP 別冊P.25-C2

札幌市街地にいちばん近く利便性の高いスキー場。初心者向けから上級者向けまで変化に富んだ全10コースが揃う。スノーボードは全面禁止なので、初心者のスキーヤーも安心して滑ることができる。きらめく夜景を眺めながら滑走できるナイタースキーが特に好評だ。

うさぎ平コースから見える夜景

札幌藻岩山スキー場

住札幌市南区藻岩下1991
TEL011-581-0914(スキー場営業期間内)
営12月中旬～3月下旬の9:00～21:00(積雪状況などにより変更あり)　休期間中無休
料リフト5時間券3500円(各種あり。詳細は公式ウェブサイトにて)
交JR札幌駅から車で約30分。地下鉄真駒内駅から車で約15分
CC不可　Pあり

パウダースノーと広大なゲレンデが自慢

札幌国際スキー場

●さっぽろこくさいスキーじょう

スキー場 MAP 別冊P.8-A1

道内屈指のパウダースノーと最大滑走距離3.6kmの広大なゲレンデが自慢。初心者から上級者まで楽しめるバラエティに富んだ7つのコースがある。リフト1日券とランチや近隣の温泉の日帰り入浴がセットになったお得なパックも人気。当日の利用がスムーズなウェブ予約もあり。

例年GWまで営業している

札幌国際スキー場

住札幌市南区定山渓937番地先
TEL011-598-4511
営11月中旬～5月上旬の8:30～17:00(積雪状況などにより変更あり)　休期間中無休
料リフトゴンドラ1日券4800円(各種あり。詳細は公式サイトで)
交JR札幌駅から車で約60分。バスで約1時間30分、札幌国際スキー場下車すぐ
CCADJMV　Pあり

たくさんの動物たちと間近に触れ合える

ノースサファリサッポロ

ノースサファリサッポロ

サファリパーク MAP 別冊P.29-C1

さまざまな動物たちを展示する体験型のサファリパーク。小動物たちとの触れ合いはもちろん、大蛇を首に巻く体験やトラやライオンの餌やりなど、大人もドキドキするようなプログラムを用意。敷地内には、動物と宿泊できるアニマルグランピングなどの施設もある。

ハラハラドキドキの餌やり体験

ノースサファリサッポロ
住札幌市南区豊滝469-1
TEL080-1869-6443
営10:00～17:00（土・日曜・祝日9:00～。季節により変動あり）
休3月27日～4月27日、11月1日～1月4日 料入園1900円
交地下鉄真駒内駅からバスで約25分、豊滝会館前下車、無料シャトルバスで3分（090-3462-5096に電話でバス停まで送迎）
CCADJMV P有料あり

散策だけでも満たされる憩いの場

定山渓ファーム

じょうざんけいファーム

観光農園 MAP 別冊P.28-A2

山林を抜けると、谷の合間に現れる美しい農園。21ヘクタールもある広い敷地内には四季折々の花木を愛でることができるオーチャードガーデン、サクランボなどの果物狩りや農業体験ができる施設、ファームレストラン、アスレチック、釣り堀などがあり、1日楽しめる。

自然の豊かさを感じられるガーデン

定山渓ファーム
住札幌市南区定山渓832
TEL011-598-4050
営4月29日～11月5日の9:00～17:00（10月～11月5日は～16:00）。11月6日～3月は予約で入園可（10:00～15:00） 休水曜
料入園600円（各アクティビティは別途有料） 交JR札幌駅からバスで約25分、定山渓神社前下車、送迎車あり（電話で事前申し込み） CC不可 Pあり

キャンプ場もあり、楽しみ方は多彩

紅櫻公園

べにざくらこうえん

公園 MAP 別冊P.25-D3

春は桜、秋は紅葉が見事な私設公園。桜山と呼ばれる山林の一画にあり、日本庭園や散策路が整備されている。園内には手ぶらでキャンプを楽しめる「紅櫻アウトドアガーデン」をはじめ、カフェやジンの蒸留所、神社なども併設。多彩な楽しみ方ができる。

自然を残した山林が広がる

紅櫻公園
住札幌市南区澄川389-6
TEL011-581-4858（公園）、011-780-1522（キャンプ場）
営4月下旬～11月上旬の10:00～17:00（キャンプ場は現地スタッフ滞在時間） 休公園は期間中無休、キャンプ場は月曜（祝日の場合は翌日） 料入園500円。キャンプ場1500円、区画利用料2500円～ 交地下鉄自衛隊前駅から徒歩20分
CCキャンプ場ADJMV Pあり

COLUMN ジモトトピックス

八剣山の麓に広がるワイナリーとレストラン

自社畑のブドウなどを用いたワイン作りを行っている八剣山ワイナリー。併設のキッチン&マルシェではブドウ畑を眺めながら、ワインと地元食材を使った料理を味わえる。なかでもダムカレーとマルゲリータピザが人気。各種ワインのほか、農産加工品や地元産の新鮮な野菜も販売。

八剣山キッチン&マルシェ MAP 別冊P.29-D1

はっけんざんキッチン&マルシェ

住札幌市南区砥山194-1 TEL011-596-5778
営マルシェ10:00～17:00（キッチンは金～日曜の11:30～16:30LO。月～木曜はテイクアウトのみ） 休無休
交地下鉄真駒内駅から車で約20分 CCADJMV Pあり

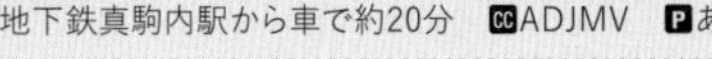

建物の赤い壁がブドウ畑の緑に映える

定山渓ダムカレー（ポーク）1380円

INFO 6～10月に行われる定山渓温泉の宿泊者限定プレミアムイベント「JOZANKEI NATURE LUMINARIE」は、イルミネーションやプロジェクションマッピングのライティングパフォーマンスが見事。

食べる

崖の上に立つ絶景カフェ

カフェ崖の上

●カフェがけのうえ

カフェ
MAP
別冊P.22-A1

定山渓の自然に抱かれた絶景カフェ。にぎやかな温泉街から少し離れた崖の上にあり、大きな窓からは白井川が流れる美しい渓谷と森の木々を眺められる。サイフォンで入れるコーヒーや自家製スイーツとともに、壮大な景色を楽しみたい。

緑に囲まれてゆっくりできる

大きな窓から札幌の街を一望

CAFÉ de ROMAN藻岩店

●カフェドロマン もいわてん

カフェ
MAP
別冊P.25-C2

札幌の市街地を見下ろす藻岩山の中腹に立つ、眺望自慢のカフェ。パティシエによるこだわりのスイーツと、1杯ずつていねいに入れるハンドドリップコーヒーを味わえる。四季をテーマにした予約限定の季節のアフタヌーンティーが人気。

季節のアフタヌーンティー2900円～

緑に抱かれた隠れ家レストラン

カフェ&レストラン ヴィーニュ

●カフェ&レストラン ヴィーニュ

洋食
MAP
別冊P.30-B1

パークゴルフ場やさっぽろ藤野ワイナリー、英国式庭園を併設した「エルクの森」敷地内にある隠れ家レストラン。吹き抜けのある開放的な店内で、生パスタや自家製ピザ、ワインパフェなどを味わえる。周囲の散策もあわせて楽しめる。

店内は天井が高く見事な家具調度品も

カフェ崖の上

住札幌市南区定山渓567-36
TEL011-598-2077
営10:00～18:00　休月曜（祝日の場合は火曜）　交地下鉄真駒内駅からバスで約45分、定山渓大橋下車、徒歩10分
CCADMV　Pあり

CAFÉ de ROMAN藻岩店

住札幌市南区藻岩下2-2-47
TEL011-588-2121　営11:00～16:00LO　休水曜　交地下鉄真駒内駅から車で10分。地下鉄真駒内駅からバスで約18分、南34条西11丁目下車、徒歩15分
CCADJMV　Pあり

窓の向こうに札幌の景観が広がる

カフェ&レストラン ヴィーニュ

住札幌市南区藤野670-1
TEL011-591-5676　営11:00～15:00LO（土・日曜・祝日～16:00LO。ドリンク16:30LO）　休無休（11～3月は水曜）　交地下鉄真駒内駅からバスで約15分、藤野4条2丁目下車、徒歩7分。JR札幌駅から車で約40分
CCADJMV　Pあり

パスタとピザは道産小麦100%使用

COLUMN
ジモトトピックス

自然と寄り添う特別な場所で深呼吸

世界的なテキスタイルデザイナーが「クリエイションを呼吸する場所」をコンセプトに、自然を取り入れた暮らしを提案する場所。自然豊かな敷地内にショップとフレンチのダイニング、ゲストハウスの複合施設がある。ダイニングは前日までの完全予約制。

COQ　●コキュウ　MAP 別冊P.31-C2

住札幌市南区常盤5-1-1-23　TEL011-252-9094　営ショップ11:00～18:30、ダイニング11:30～13:30LO、14:00～16:00LO、18:00～19:30LO　休日・月曜（祝日の場合は翌日）
交地下鉄真駒内駅からバスで約16分、常磐6条2丁目下車、徒歩2分。JR札幌駅から車で約40分　CCADJMV　Pあり

フレンチコースは1日4組限定で提供

ショップでは雑貨やテキスタイルを販売

オーガニックな食材で作る家庭の味

おうちごはん 野の

●おうちごはん のの

和食 MAP 別冊P.29-D2

自然や畑に囲まれた農家レストラン。開墾から30年以上、農薬や化学肥料を使わずに畑作りをしている。自家栽培の野菜を中心に、平飼いの有精卵や自然食材で作る優しい家庭の味が好評だ。数種類から主菜を選べる看板メニュー、野の定食はボリュームたっぷり。

野の定食2000円。ご飯のお代わりも可

おうちごはん 野の

住札幌市南区簾舞94-2 TEL090-9436-5256 営金・土曜12:00〜14:00LO、17:00〜19:00LO、日・月曜12:00〜14:00LO 休火〜木曜（その他不定休あり） 交地下鉄真駒内駅からバスで約30分、東簾舞下車、徒歩約50分（事前予約でバス停まで送迎可）。JR札幌駅から車で約40分。地下鉄真駒内駅から車で約25分 CC不可 Pあり

のど越しと風味を楽しむ手打ちそば

正直庵

●しょうじきあん

そば MAP 別冊P.31-C1

そば本来の風味を楽しめると評判の店。殻付きの玄そばを1年分仕入れ、専用の低温倉庫で保管。使うぶんだけこまめに殻をむき、石臼で自家製粉して麺を手打ちしている。のど越しがよく香り高いそばを求め、遠くから足しげく通う人も。もりやざる、鴨セイロなどが人気だ。

もり900円でそば本来の味わいをどうぞ

正直庵

住札幌市南区石山東6-8-2 TEL011-592-5039 営11:00〜15:00（16:00閉店の場合もあり。金曜はそばが売り切れ次第閉店） 休水曜、毎月最終金曜 交地下鉄真駒内駅からバスで約8分、石山東5丁目下車、徒歩4分 CC不可 Pあり

店舗は支笏湖通に面している

ハワイアンなあたたかみあふれる店

小さなレストラン itsumo Ohana

●ちいさなレストラン イツモ オハナ

ハワイ料理 MAP 別冊P.25-C3

オーナーの実家がハワイなので、インテリアもBGMもハワイアンでトロピカルな雰囲気。店名のオハナは、ハワイ語で家族や仲間という意味。オリジナルのロコモコやステーキ、スパカツなどが味わえるほか、パタゴニアが手がけるオーガニックビールやフードも取り扱っている。

Ohanaオリジナルロコモコ1100円

小さなレストラン itsumo Ohana

住札幌市南区真駒内柏丘3-1-46 TEL011-303-8118 営11:00〜20:30LO 休火曜 交地下鉄真駒内駅から徒歩8分 CC不可 Pあり

食べ応えがあるもちもちの大きな白玉

定山渓甘味処もくじ

●じょうざんけいかんみどころもくじ

甘味処 MAP 別冊P.22-B1

市街から定山渓へ入る小さなトンネル近くの古民家が、2022年の夏に甘味処としてオープン。旭川産の米粉と熊本県産の白玉粉をブレンドして作る白玉は、ゆでたてのもちもちだ。アツアツ白玉を十勝産のきなこや粒あん、自家製黒蜜と味わおう。限定あんみつなどもある。

白玉と宇治抹茶1100円

定山渓甘味処もくじ

住札幌市南区定山渓温泉東2-92-2 TEL011-211-6139 営10:00〜16:00LO 休月〜木曜（祝日の場合は営業） 交地下鉄真駒内駅から車で約30分。JR札幌駅からバスで約1時間、白糸の滝下車、徒歩3分 CCADJMV Pあり

外観も店内もレトロな雰囲気

INFO 定山渓温泉にある「岩戸観音堂」は、1936（昭和11）年に温泉の発展を願って立てられた。お堂の奥には120mほどの洞窟があり、33身の観音様が祀られている。パワースポットとしても人気。

買う&テイクアウト

本場の製法で作る新鮮ジェラート
レ・ディ・ローマ・プラス
●レ・ディ・ローマ・プラス

ジェラート MAP 別冊P.31-C1

本場イタリアの製法で作るジェラートは、コクがあるのにさっぱりとしたあと味。北海道の新鮮なミルクと生クリーム、札幌産の希少なイチゴや余市産ブドウなど、えりすぐりの素材をふんだんに使った贅沢な味わいだ。窯焼きピザも評判。

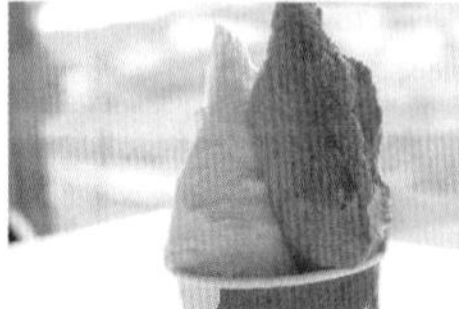
素材のおいしさが際立つジェラート

レ・ディ・ローマ・プラス
住札幌市南区常盤1条2-1-17
TEL011-215-0033
営5～10月は10:00～18:00(イートインは11:00～ピザ16:00LO、ジェラート17:30LO)、11～4月は11:00～16:00
休不定休
交地下鉄真駒内駅からバスで約10分、常盤橋下車、徒歩2分
CCADJMV
Pあり

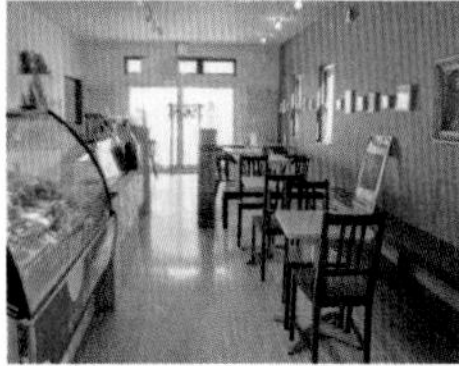
ピンクの壁の明るい店内

シンプルでいて味わい深い塩ザンギ
塩ザンギとお総菜 ひろちゃん 澄川本店
●しおザンギとおそうざい ひろちゃん すみかわほんてん

塩ザンギ MAP 別冊P.25-D2

まろやかで口当たりのよい自然塩で味つけした塩ザンギが看板メニュー。1日2回交換する新鮮な油で揚げたザンギは外はパリッ、中身はジューシー。シンプルでいて奥深い味わいだ。肉や魚、野菜をバランスよく組み合わせた総菜も並ぶ。

地域の人たちが気軽に訪れる店

塩ザンギとお総菜 ひろちゃん 澄川本店
住札幌市南区澄川5条3-1-20 イチノミヤビル1階
TEL011-815-0326
営11:00～20:00
休無休
交地下鉄澄川駅から徒歩5分
CCADJMV
Pなし

道産リンゴの手作りアップルパイ
J・glacée
●ジェイ・グラッセ

アップルパイ MAP 別冊P.22-A1

道内各地の契約農家のリンゴで作る、果実感あふれるアップルパイが名物。砂糖を控えてみりんで仕上げた甘さ控えめのコンポートを、バター100%使用のパイで包んで焼き上げている。地元の果樹園の果物を使ったパフェや焼き菓子も好評だ。

ゆっくり過ごせるイートインコーナーも

J・glacée
住札幌市南区定山渓温泉西4-352
TEL011-598-2323
営9:00～16:30LO
休火曜
交地下鉄真駒内駅からバスで約50分、定山渓湯の町下車すぐ
※定山渓温泉へのアクセス→P.212
CCADJMV
Pあり

COLUMN ジモトトピックス

老舗パンメーカーの直売所

老舗パンメーカー「京田屋」の工場直売所。お得なアウトレットパンや工場直送の焼きたてパン、新作パンを販売している。パンは一部商品を除き、道産小麦100%、改良剤不使用で作っている。1袋ずつ内容が異なるアウトレットの「袋詰パン」などが人気だ。

「袋詰パン」1袋380円。定価のほぼ半額

店舗はパン工場に隣接

京田屋 石山工場直売所 MAP 別冊P.31-C1
●きょうだや いしやまこうじょうちょくばいじょ
住札幌市南区石山2条3-14-1 TEL011-591-2497 営10:00～14:00(売り切れ次第終了) 休日曜 交地下鉄真駒内駅からバスで約8分、石山緑小学校前下車すぐ CCADJMV Pあり

美しい山が連なる 西区 ●にしく

MAP 別冊P.16-17・18-19・22-23

面積 75.10km² 人口 約21万8530人（2023年4月）

宮の沢駅からすぐのところにある「白い恋人パーク」。甘い香りが漂う

明治時代に入植した屯田兵により稲作や畑作が行われてきたが、昭和30年代に入ると宅地化が進んだ。1989（平成元）年に手稲区と分区し、広さは市内で2番目。区の南西部は三角山や五天山など山が連なり、北側には鉄工団地、木工団地がある。区の中心地・琴似、二十四軒エリアには、古くからの商店や飲食店などが数多く立ち並びにぎやか。1999（平成11）年に琴似駅までだった地下鉄東西線が宮の沢駅まで延伸し、新たに誕生した発寒駅、宮の沢駅付近も住宅や商業施設が増え、町は発展を続けている。

西区の歩き方

琴似の繁華街や山や川の豊かな自然も

地下鉄とJRの駅がありアクセスのいい琴似エリアは、駅前の通りにたくさんの商店や飲食店が並び、商店街も元気な印象。夜もにぎやかで知る人ぞ知る店も多く、わざわざ遠方から飲みに訪れる人もいる。地下鉄の延伸や、イオンモール札幌発寒誕生などを機に発寒や宮の沢方面にも店が増えた。地下鉄宮の沢駅からすぐのところには「白い恋人パーク」がある。一方で、西区のシンボルでもある三角山、琴似発寒川など豊かな自然も身近で、五天山公園や農試公園など特徴のある公園や緑地も多い。

2羽の野鳥になぞらえたWは、WEST（西）の頭文字。区民の融和と調和を表す

このエリアの拠点
古い町で今も繁華街としてにぎわう琴似地区、札幌市生涯学習センター（ちえりあ）や白い恋人パークがある宮の沢地区がおもな拠点。

西区の交通
地下鉄東西線とJR、バスを利用。JRは琴似駅、発寒中央駅、発寒駅が区内の駅。地下鉄宮の沢駅にはバスターミナルもある。

JR琴似駅への行き方

INFO 西区の環境キャラクター「さんかくやまベェ」は、三角山と琴似発寒川にすんでいる妖怪。近頃は地球温暖化に頭を悩ませているそう。介護予防体操「エコロコ!やまベェ誰でも体操」なるものもある。

おもな見どころ

子供から大人まで楽しめる運動公園

農試公園

●のうしこうえん

公園 MAP 別冊P.18-B2

1975年に農林水産省北海道農業試験場の跡地を整備。通年利用できる屋内運動施設のほか、交通ルールを学びながら自転車の練習ができる交通コーナーなどの体験施設もある。2023年に水遊び場や遊戯広場がリニューアルした。

新しくなった遊戯広場

美しい円錐形は西区のシンボル

三角山

●さんかくやま

自然 MAP 別冊P.18-A3

山の手エリアにある標高311mの山。ほどよい高さと市街地から近いこともあり、登山初心者に人気。休日には多くの市民が訪れる。最短で、頂上まで1時間以内で登ることができ、市内を一望できる。登山口は3ヵ所あるが利用しやすいのは山の手入口。

山頂からは札幌中心部が望める

体験もできるお菓子のテーマパーク

白い恋人パーク

●しろいこいびとパーク

札幌銘菓「白い恋人」でおなじみのISHIYAが運営。王立英国建築家協会の建築士が設計したロマンティックな建物と、あたりに漂う甘い香りが夢のような世界へいざなってくれる。庭園には夏になると200株のバラが咲き誇る美しいローズガーデンが登場。冬はイルミネーションがきらめく。館内には、白い恋人とバウムクーヘンの製造ライン見学、ISHIYAの歴史がわかる展示、チョコレートについて学べるアトラクションなどがある。オリジナルの白い恋人を作ることができる有料のワークショップも行われている。カフェやレストランも充実しており、ショップでは限定菓子やグッズも販売。

イングリッシュローズなどの花が咲く

農試公園

住札幌市西区八軒5条西6-95-21
TEL011-615-3680
営入園自由、屋内施設8:30～21:00　休無休
料屋内施設は利用方法により料金異なる(要問い合わせ)
交JR琴似駅から徒歩15分。地下鉄琴似駅からバスで約7分、八軒6条西5丁目下車、徒歩1分
Pあり

三角山

住札幌市西区山の手
TEL011-211-2522(札幌市建設局みどりの推進部みどりの管理課)
交山の手入口へJR琴似駅からバスで約6分、山の手4条11丁目下車、徒歩4分
Pあり(台数が少ないので注意)

山の手入口。エゾリスなどにも合える

白い恋人パーク

住札幌市西区宮の沢2条2-11-36
TEL011-666-1481
営10:00～17:00(最終入館16:00。イベントにより時間変更あり)
休無休
料入館800円(子供400円)
交地下鉄宮の沢駅から徒歩約7分
CCADJMV
P有料あり

冬になると澄んだ空気のなかイルミネーションが輝く

缶に来館記念の写真を入れられるフォトショップもある

にぎやかな琴似エリアを見守る鎮守神
琴似神社
ことにじんじゃ

神社 MAP 別冊P.18-B2

明治初期にここに入植した屯田兵の大半が、戊辰戦争で敗れた仙台藩亘理や会津藩の士族であった。彼らが亘理伊達家の初代当主・伊達成実を武早智雄神(たけはやちおのかみ)として祀ったのがこの神社の始まり。境内には北海道の有形文化財で北海道遺産にもなっている「琴似屯田兵屋」がある。

子宝や安産のご利益があるといわれる

琴似神社
住 札幌市西区琴似1条7-1-30
TEL 011-621-5544
営 参拝自由(社務所は9:00～16:00)
休 無休。琴似屯田兵屋は冬季期間閉鎖
交 地下鉄琴似駅から徒歩5分。JR琴似駅から徒歩15分
P あり(行事等で使用不可の場合あり。事前に確認を)

入植時の暮らしぶりがわかる兵屋
琴似屯田兵村兵屋跡
ことにとんでんへいそんへいおくあと

歴史的建造物 MAP 別冊P.18-B2

明治時代に屯田兵が入植した場所に、兵屋の建物を復元。国の史跡指定を受けている。建物の中には土間やいろり、縁なしの畳など、当時の暮らしが再現されている。琴似神社の境内にある北海道遺産「琴似屯田兵屋」と合わせて見学したい。

各地の兵屋とともに北海道遺産に登録

琴似屯田兵村兵屋跡
住 札幌市西区琴似2条5-1-12
TEL 011-621-1988
営 9:00～17:00
休 無休
料 無料
交 地下鉄琴似駅から徒歩3分。JR琴似駅から徒歩12分
P なし

琴似兵村にまつわる貴重な資料を展示
琴似屯田歴史館 資料室
ことにとんでんれきしかん しりょうしつ

資料館 MAP 別冊P.18-B2

道内37ヵ所に造られた屯田兵村の中でも琴似兵村はその先駆けであった。資料室には開拓の苦闘の歴史がわかる書籍、写真、民具などの史料を展示。隣接する「屯田の森」には入植を記念して建立された「琴似屯田開村記念碑」など4つの碑が建てられている。

資料室は西区役所の建物の中にある

琴似屯田歴史館 資料室
住 札幌市西区琴似2条7 西区役所分庁舎2階
TEL 011-614-8245
営 水曜の10:00～16:00(月曜および金曜も開館する場合あり)
休 上記以外の曜日と祝日
交 地下鉄琴似駅から徒歩5分
P なし

手稲札幌合併記念でできた展示室
手稲記念館
ていねきねんかん

資料館 MAP 別冊P.18-A2

手稲町は、1967年に札幌市と合併。2年後にそれを記念して建てられたのがこの建物である。手稲の歴史に関する資料や生活用具、手稲遺跡からの出土品など約1130点が収蔵されている。ちなみに1989年に分区するまで手稲は西区であったので、この名称となっている。

講堂や和室もあり地域の人たちが利用

手稲記念館
住 札幌市西区西町南21-3-10
TEL 011-661-1017
営 9:00～17:00
休 火・木・日曜・祝日
料 無料
交 地下鉄宮の沢駅から徒歩10分
P あり

INFO 地下鉄宮の沢駅に直結している「ちえりあ」は、市民の生涯学習をサポートする複合公共施設。陶芸室、音楽・映像スタジオ、研修室などがあり、サークルなどに貸し出しているほか、さまざまな講座も開催。

周囲の岩に水音が反響して迫力満点

平和の滝

●へいわのたき

自然 MAP 別冊P.17-C3

西区を流れる琴似発寒川の上流にある滝。この川が「右股川(みぎまたがわ)」と呼ばれていたこともあり、別名「右股の滝」。落差10mほどの滝は、かつて僧侶が滝行をしていたともいわれる。夏は涼を求め、秋には市内でもいち早く紅葉が見られるスポットとして多くの人が訪れる。

山の中なのでクマ対策はしておきたい

平和の滝
住 札幌市西区平和435
営 散策自由
交 地下鉄琴似駅からバスで約30分、平和の滝入口下車、徒歩20分。札幌駅から車で約30分
P あり

バーベキューやホタル観賞も楽しめる

五天山公園

●ごてんざんこうえん

公園 MAP 別冊P.17-D3

福井地区にあった採石場跡地に造られた総合公園。遊具が豊富にあるほか、展望台や炊事広場、パークゴルフ場(有料)もあるなど充実。特に週末はにぎわう。かつて西区の西野地区に140台あったとされる水車を復元し、そばにホタル水路を整備。夏にはホタル観賞もできる。

奥には特徴ある五天山がそびえる

五天山公園
住 札幌市西区福井423
TEL 011-662-2424
営 4月中旬〜11月下旬は7:00〜19:00(それ以外の冬季は8:00〜17:00)
休 無休
交 地下鉄発寒南駅からバスで約20分、五天山公園下車すぐ。札幌駅から車で約25分
P あり

ギャラリーもある創祀130年以上の神社

西野神社

●にしのじんじゃ

神社 MAP 別冊P.17-D3

1885(明治18)年に創建され、札幌のなかでも特に歴史の古い神社のひとつ。縁結び、安産、厄除けの御利益で知られる。人形供養を行う神社として有名で地域住民はもちろん、各地から多くの人が訪れる。札幌の神社では唯一、一般向けの神道式の墓の建立維持をしている。

休憩できる参集殿では地元の菓子を販売

西野神社
住 札幌市西区平和1条3-1-1
TEL 011-661-8880
営 参拝自由。社務所は9:00〜17:00。参集殿(参拝者休憩所)は10:00〜15:00(土・日曜・祝日は〜16:00)
休 無休
交 地下鉄発寒南駅からバスで約25分、平和1条3丁目下車、徒歩1分
P あり

COLUMN ジモトトピックス

地元で話題の無人野菜直売所

西区の山の中、おそらく札幌でいちばんわかりにくいと思われる野菜直売所。無農薬、無化学肥料で育てられた味の濃い旬の野菜が並び、そのおいしさにリピーターも多い。珍しい露地栽培の葉物なども手に入れることができる。

かわいふぁ〜む MAP 別冊P.18-A3
住 札幌市西区小別沢39 営 5月上旬〜11月の10:00〜17:00(売り切れ次第終了) 休 不定休(雨の日や農作業の立て込んでいる日は休み。SNSで確認を) 交 地下鉄円山公園駅から車で10分 CC 不可 P あり

取れたてのこだわり野菜が並ぶ

四季の移り変わりが楽しめる緑道

西野緑道

にしのりょくどう

公園 MAP 別冊P.18-A3

宅地化にともない水無川となっていた農業用水路が、発寒川護岸工事で埋没することになった際、「自然を残してほしい」という住民からの要望を受けて整備された緑道。遊水路では夏場は足を水につけて遊ぶこともできる。遊歩道沿いの白樺並木も美しい。

平地より少し遅く開花する八重桜の並木

西野緑道
住札幌市西区西野6・7条1、8条2・3、9条3
TEL011-667-3201(西区土木センター)
営散策自由
交地下鉄琴似駅前からバスで約12分、西野7条3丁目下車、徒歩3分
Pなし

川沿いにサイクリングロードもある緑地

発寒川緑地

はっさむがわりょくち

公園 MAP 別冊P.18-A3

琴似発寒川沿いの河川敷に広がる緑地。9ホールあるパークゴルフ場や、川遊びもできるふれあい広場などがある。川に沿ってサイクリングロードが整備されており、サイクリングやウオーキングを楽しむ人も多い。途中には美しい桜並木のトンネルもある。

川のせせらぎを聞きながら散歩ができる

発寒川緑地
住札幌市西区西野4条～8条1地先
TEL011-667-3201(西区土木センター)
営散策自由
交JR琴似駅からバスで約25分、山の手橋下車、徒歩3分。JR琴似駅から車で約10分
Pあり

花見や川遊びスポットとして人気

発寒河畔公園(その1)

はっさむかはんこうえん(その1)

公園 MAP 別冊P.18-A2

琴似発寒川沿いに縦長に造成された公園。春は園内に植えられた桜や梅のお花見スポットとして人気があり、区内外から多くの花見客が訪れる。夏は、「なかよし橋」そばの河川敷で子供たちが川遊びや網を手に魚とりを楽しむ姿が見られにぎやかだ。

写真は梅の花。桜と梅が同時に咲く年も

発寒河畔公園(その1)
住札幌市西区山の手6条1～4、7条5～6
TEL011-667-3201(西区土木センター)
営散策自由
交JR琴似駅からバスで約14分、発寒橋下車、徒歩3分。JR琴似駅から車で8分
Pあり

COLUMN ジモトトピックス

厳選したものだけが並ぶ自然食品店

1984年創業のオーガニックスーパー。創業者自らが育てた生命力あふれる無農薬野菜のほか、独自の基準で選んだ鮮魚やフルーツ、有機小麦を用いた焼きたての天然酵母パンや無添加の総菜など、3000品目以上が並ぶ。

ナチュラル&オーガニック 自然食の店 まほろば本店

ナチュラル&オーガニック しぜんしょくひんのみせ まほろばほんてん　MAP 別冊P.18-A2

住札幌市西区西野5条3-1-1　TEL011-665-6624　営10:00～18:00

休無休　交地下鉄発寒南駅からバスで約20分、手稲東小学校前下車、徒歩1分　CCADJMV　Pあり

健康講座やヨガなどのイベントも開催

INFO JR琴似駅のそばにあるツタに覆われたれんがの建物は、日本食品製造合資会社(日食)が日本で最初にシリアルを製造した工場跡。1929(昭和4)年に建てられた。札幌市の景観資産第1号でもある。

あそぶ＆体験

地域で愛されるアットホームな銭湯

湯屋・サーモン

ゆや・サーモン

入浴施設 MAP 別冊P.18-A1

2022年に20周年を迎えた地域密着の大型銭湯。ふたつの内風呂、ふたつの露天風呂が楽しめる。ゆったりくつろげる休憩スペースもあり、「サーモントロ丼」など食事メニューも用意。また、春は山菜、夏は地元産の野菜、秋はきのこなどを販売。

露天風呂のひとつは薬湯に

湯屋・サーモン

住札幌市西区発寒7条14-16-15 TEL011-669-1004 営12:30～23:00（土・日曜・祝日は9:30～） 休木曜（祝日を除く） 料入浴480円（サウナ利用はプラス100円） 交地下鉄宮の沢駅、JR発寒駅から徒歩15分 CC不可 Pあり

希少な道産そば粉を用いて体験

手打ち蕎麦 もんど

てうちそば もんど

そば打ち体験 MAP 別冊P.18-A2

道産そば粉を用いた手打ちそばの店で、「楽しく気軽に」をコンセプトにしたそば打ち体験ができる。ひととおりの作業のあとは、自分で打ったそばを味わおう。そば打ち体験にエゾシカ肉のしゃぶしゃぶが付いたプランもある。

混ぜるところから切るところまで

手打ち蕎麦 もんど

住札幌市西区発寒6条9-17-28 F-BLDG6 1階 TEL011-205-0395 営体験は日・月・火曜の15:30～、16:30～。店舗は11:00～15:00（金・土曜は17:00～20:00も営業） 休木曜、不定休あり 料そば打ち体験1人4000円、そば打ち体験と北海道エゾシカ肉のしゃぶしゃぶ付きプラン1人6000円（いずれも2人以上で開催） 交地下鉄宮の沢駅から徒歩3分 CCADMV Pあり

香り高い道産そば粉を使用したそば

豊かな自然のなかで遊びを満喫

Wonderland Sapporo

ワンダーランド サッポロ

中心部から車で25分ほどの場所でスノーモービルやスノーラフティングなど、贅沢な冬遊びが楽しめる。イヌイットの住居・イグルー作り体験や、雪中ジンギスカンBBQも。夏はキャンプや四輪バギー、釣り堀などで遊べる。

エキサイティングなバナナボート！

Wonderland Sapporo

住札幌市西区福井478 TEL011-661-5355 営9:00～17:00（ツアー受付は～16:00） 休無休 料スノーモービル／ツアー（20～30分）8500円、エキサイティング（80～90分）1万5000円など 交地下鉄発寒南駅からバスで約20分、福井えん提前下車、徒歩2分 CCADJMV Pあり

COLUMN ジモトトピックス

知る人ぞ知るディープスポット

「懐かしく、妖しく、美しく」という言葉がぴったりな私設博物館。道民なら誰もが知っている「坂ビスケット」の創業者一族・坂一敬さんのコレクションが並ぶ。入場無料だが、ぜひ隣接している売店でビスケットを購入してほしい。

レトロスペース 坂会館 MAP 別冊P.18-B2

レトロスペース さかかいかん

住札幌市西区二十四軒3-7-3-22 TEL011-632-5656 営13:00～18:00（土曜は10:00～16:30。時間は多少前後することもあり） 休日曜・祝日 交地下鉄二十四軒駅から徒歩15分 Pあり

貴重なものから猥雑なものまで多彩

食べる

住宅街にある隠れ家的なコーヒー専門店

サッポロ珈琲館 本店

サッポロこーひーかん ほんてん

カフェ
MAP 別冊P.18-B2

市内各所に店舗を構えているが、本店は昭和初期に建てられた旧北海道工業試験場を改装した趣のある店内。日替わりで世界各国のコーヒーが楽しめる朝のコーヒー430円や、茶道風の水出しコーヒーと珈琲羊かんのセットがおすすめ。

建物に歴史が感じられる本店

サッポロ珈琲館 本店
住札幌市西区八軒1条西3-1-63
TEL011-612-6646
営9:00～22:00(2023年5月現在は～17:00LO) 休無休
交JR琴似駅から徒歩5分
CC不可 Pあり

お抹茶のようなお点前珈琲セット950円

すべてのメニューをアツアツの鉄板で提供

あいねくらいねなはとむじく

あいねくらいねなはとむじく

洋食
MAP 別冊P.18-B2

れんが造りのレトロな雰囲気の店内でクラシック音楽をBGMに、厚みのあるハンバーグやステーキ、オムライスが楽しめる。ジューシーなハンバーグ900円～（グラム数で変わる）は牛モモ100%でとてもやわらか。口の中に肉のうま味が広がる。

ハンバーグロコモコ1300円～

あいねくらいねなはとむじく
住札幌市西区琴似2条5-2-8 琴似パレスハイツ1階
TEL011-644-2685 営11:30～13:45LO、17:30～20:00LO
休月曜(木・金曜はランチのみ)
交地下鉄琴似駅から徒歩3分
CCADJMV Pあり

落ち着ける昔ながらの洋食屋

並んでも食べたい絶品さぬきうどん

手打うどん寺屋

てうちうどんてらや

うどん
MAP 別冊P.18-B2

ミシュランガイドでビブグルマンを受賞したこともある名店。香川出身の店主が毎朝打つうどんはコシがあり、のど越しもいい。澄んだだしは飲み干したくなるほどで、そのだしを使ったおでんもある。ボリュームのあるぶっかけ天ぷら1300円が人気。

天ぷらは揚げたてサクサク!

手打うどん寺屋
住札幌市西区山の手3条6-1-10
TEL011-622-4828
営11:00～14:20LO(土・日曜・祝日は～14:50LO、ただしなくなり次第終了) 休月・火曜
交地下鉄琴似駅から徒歩10分
CC不可 Pあり

厳選食材を使った心も体も整う食事

自然栽培米おにぎり Cafe178 ミヤノサワ

しぜんさいばいまいおにぎり カフェ178 ミヤノサワ

カフェ
MAP 別冊P.18-A2

全国から取り寄せた自然栽培米を使ったおにぎりや自家製味噌の味噌汁、自然栽培や有機栽培の野菜を使ったデリが味わえるカフェ。体が喜ぶ食事とくつろげる空間で元気をチャージできる。グルテンフリーの焼き菓子などもある。

みそ汁などが付いたおにぎりプレート1200円～

自然栽培米おにぎり Cafe178 ミヤノサワ
住札幌市西区発寒6条10-10-8
TEL080-3292-0178 営9:00～16:00(土・日曜・祝日～17:00)
休不定休 交地下鉄宮の沢駅から徒歩2分 CCAJMV
Pあり

一軒家をリノベした落ち着ける空間

INFO 西区には文化芸術に触れられる地下鉄琴似駅直結の「ターミナルプラザことにPATOS」、JR琴似駅そばの「生活支援型文化施設コンカリーニョ」がある。演劇やダンス、ライブなどが行われる。

発明料理 絵地尊

住札幌市西区発寒6条10-1-3 SR宮の沢ステーションビル1階
TEL011-671-0003
営11:30〜14:00LO、17:00〜21:00LO
休月・火曜(ランチは日曜も休み)
交地下鉄宮の沢駅からすぐ
CCADJMV Pあり

各種アラカルトやコース料理5500円も

シェフが"発明する"創作料理の数々

発明料理 絵地尊

●はつめいりょうり えじそん

創作料理 MAP 別冊P.18-A2

フレンチをベースにした創作料理が楽しめる地元で評判の店。全国各地から仕入れた旬の食材を用いてシェフが発明（アレンジ）する料理は、見た目も味も満足させてくれるものばかり。お箸で食べられる気軽な感じもうれしい。ディナーのオープンは17時からと比較的早め。

サクサクの鮮魚と海老の変わり衣包み

餃子と中華 つつみ人

住札幌市西区宮の沢1条1-6-27
TEL011-624-6399
営11:30〜14:30LO、17:30〜21:00LO
休火曜、第2・3月曜 交地下鉄宮の沢駅から徒歩2分
CCADJMV Pあり

手作り餃子は味もボリュームも◎

餃子と中華 つつみ人

●ぎょうざとちゅうか つつみびと

中華料理 MAP 別冊P.18-A2

手作りのもっちりした皮にジューシーな餡がたっぷり詰まった餃子が評判。ほかにも海鮮、肉、ご飯、麺と豊富なメニューがありファミリー層からサラリーマンまで幅広く支持されている。コンサドーレ札幌の福森晃斗選手公認、赤と黒の皮のフクモリ餃子6個620円もある。

中から肉汁があふれる定番の焼餃子550円

COLUMN ジモトトピックス

地元で評判の工場直売所

西区にある工場に併設された直売所。わけあり品や業務用商品など、直売所ならではの特典あり！

さっぽろ西町ハム工房 MAP 別冊P.18-A2

●さっぽろにしまちはむこうぼう

マルハニチロ畜産札幌工場の敷地内。2010年にオープンして以来、地域密着型店舗として近隣住民に支持されている。同工房ブランドのベーコンやあらびきウインナーが人気。豚1頭から2本しか取れないヒレ肉に味を付けて燻した直火燻製ヒレハム(100gあたり740円)もおすすめ。

住札幌市西区西町北18-1-1 TEL011-663-2305
営10:00〜17:30 休不定休
交地下鉄宮の沢駅から徒歩7分 CCADJMV
Pあり

ハンバーグや味付け肉なども並ぶ

鱗幸食品直売店 MAP 別冊P.18-B2

●りんこうしょくひんちょくばいてん

道産食材を用いた加工食品工場の直売所。札幌産タマネギ「札幌黄」を用いた札幌しゅうまいや、オリジナルのグラタンなどを直売価格で購入できる。工場直売ならではのわけあり商品、調理済みの総菜、お得な業務用商品なども販売している。

住札幌市西区二十四軒2条2-4-21
TEL011-616-3337 営10:30〜17:30 休月・日曜・祝日(変更の可能性あり)
交地下鉄二十四軒駅から徒歩10分。JR琴似駅から徒歩14分 CCADJV Pなし

いちばん人気の商品「札幌しゅうまい」

買う&テイクアウト

本場の厳選メープルシロップはいかが

GAGNON

ギャニオン

メープルシロップ MAP 別冊P.18-B2

珍しいメープルシロップの専門店。本場カナダの厳選したものだけを販売している。シロップのほかメープルシュガーなども。また、道産食材とメープルを組み合わせた商品やソフトクリーム540円、アップルパイ556円などのスイーツも販売。

多彩な商品ラインアップに驚く

GAGNON
住 札幌市西区山の手2条1-4-23
TEL 011-622-8660
営 11:00～18:00 休 月・火曜
交 地下鉄琴似駅から徒歩8分
CC ADJMV P あり

シックな赤い壁と青地の看板が目印

地元はもちろん遠方からのファンも

パティスリーYOSHI

パティスリーヨシ

スイーツ MAP 別冊P.17-D3

東京やフランスで修業を積んだシェフが厳選素材を用いて作るケーキが20種類以上。ふわふわのロール生地に生クリームと、とろけるブリュレを巻いた西野ロール1400円などが人気。パンやショコラ、夏は多彩なフレーバーのジェラートも販売。

一番人気のモンブラン、ていね山550円

パティスリーYOSHI
住 札幌市西区西野10条8-2-7
TEL 011-666-7467
営 9:00～19:00(4～9月のジェラート販売は9:00～18:00)
休 月・火曜(祝日の場合は営業)
交 地下鉄琴似駅、発寒南駅、宮の沢駅からバスで約15分、西野9条8丁目下車、徒歩5分。地下鉄発寒南駅から車で約10分
CC ADJMV
P あり

店舗はかわいらしい洋風の建物

おみやげにもぴったりな菓子も見つかる

菓子工房 美好屋

かしこうぼう みよしや

和菓子 MAP 別冊P.18-B2

1961（昭和36）年に創業した和菓子、もち、おこわの店。道産のもち米、小豆など素材にこだわり、地元の人に支持されている。急速冷凍した商品を全国にも発送可。円山動物園とコラボしたホッキョクグマのお干菓子などはおみやげにも。

自分であんを詰める、手作りクマ最中

菓子工房 美好屋
住 札幌市西区二十四軒2条4-1-8
TEL 011-611-3448
営 9:00～17:00 休 水・日曜・祝日 交 地下鉄二十四軒駅から徒歩1分 CC ADJMV P あり

地下鉄駅そばでアクセスもよい

しっとり食感のオランダせんべい

はしや

はしや

菓子 MAP 別冊P.18-B2

昭和40年頃に根室で誕生した「オランダせんべい」。その根室銘菓の味を受け継ぎ、札幌で製造している。添加物を使わず、砂糖、黒糖、小麦粉を用いて1枚ずつ焼くせんべい1袋300円は素朴で優しい味わい。堅焼きタイプもある。

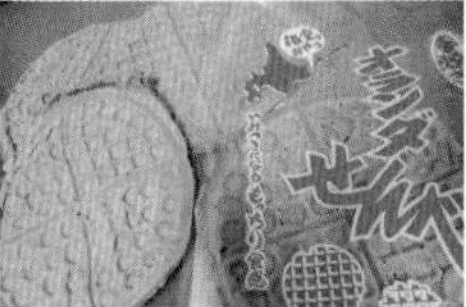

懐かしい味のソフトなせんべい

はしや
住 札幌市西区山の手3条3-4-11
TEL 011-642-5660
営 9:00～17:00 休 日曜
交 地下鉄琴似駅から徒歩10分
CC 不可 P あり

9～13時頃は焼きたてが購入できる

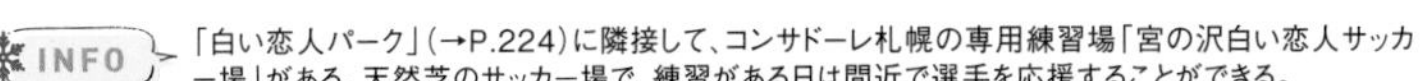

INFO 「白い恋人パーク」(→P.224)に隣接して、コンサドーレ札幌の専用練習場「宮の沢白い恋人サッカー場」がある。天然芝のサッカー場で、練習がある日は間近で選手を応援することができる。

inZONE with ACTUS 宮の森本店
住札幌市西区二十四軒2条7-1-14
TEL011-611-3939
営11:00～19:00　休不定休
交地下鉄二十四軒駅から徒歩6分
CCADJMV　Pあり

宮の沢北一条通沿いにある

毎日が楽しくなる生活雑貨や家具

inZONE with ACTUS 宮の森本店

インテリア
MAP 別冊P.18-B3

●インゾーネ ウィズ アクタス みやのもりほんてん

暮らしのトータルデザインを行っているインテリアショップ。1階はおもに生活雑貨、2階は家具が並ぶ広い店内にはセンスのよい上質なアイテムが豊富に揃い、ギフト選びにもおすすめ。インテリアはもちろん戸建てやリフォームの相談にものってくれる。

住まいにまつわる商品が揃う

tomoni art ギャラリー&ショップ
住札幌市西区発寒14条14-2-33
TEL011-663-0200
営10:00～16:00(土曜は9:00～12:00)
休日曜(臨時休館あり。公式ウェブサイトで要確認)　交JR発寒駅から徒歩20分。札幌駅から車で約25分　CCAJMV　Pあり

奥には原画も展示されている

元気がもらえる個性的なアートグッズ

tomoni art ギャラリー&ショップ

オリジナル雑貨
MAP 別冊P.18-A1

●トモニアート ギャラリー&ショップ

tomoni artとは、社会福祉法人ともに福祉会による「ともに」のメンバーたちが描いた個性豊かな作品を用いたアートグッズブランド。ギャラリー&ショップでは原画の展示のほか、文具やブローチ、エコバッグなど日常使いできるさまざまなグッズを販売している。

オリジナル手ぬぐい各660円～

アルペンアウトドアーズ フラッグシップストア札幌発寒店
住札幌市西区発寒9条12-1-15
TEL011-671-5800
営10:00～21:00　休なし
交JR発寒駅から徒歩5分
CCADJMV　Pあり

アウトドア好きなら1日中いても飽きない

アウトドアライフをより豊かにする

アルペンアウトドアーズフラッグシップストア札幌発寒店

アウトドア
MAP 別冊P.18-A1

●アルペンアウトドアーズフラッグシップストアさっぽろはっさむてん

約1000坪の売り場にキャンプ用品、登山、ウインタースポーツなどのアイテムが揃う。テントの試し張りや、登山道さながらの石畳でトレッキングシューズの試し歩きができるなど、実際の使用感をイメージして買い物できる。人気ブランドのショップも入っている。

300ブランド7万点という品揃え

北のあんこや
住札幌市西区西野3条4-11-7
TEL011-662-1266
営10:30～16:30
休月･火曜(その他臨時休業あり)
交地下鉄発寒南駅から徒歩15分
CC不可
Pあり

西野発のおやつ「雪だるま焼き」

北のあんこや

和菓子
MAP 別冊P.18-A2

●きたのあんこや

北海道産しゅまり小豆を使ったオリジナルの雪だるま焼きは見た目のかわいさはもちろん、味も評判で遠方から買いに来る人も。よく見ると裏表で女の子、男の子の柄になっている。夏季限定のアツアツの鯛焼きとソフトクリームの鯛LOVEソフト600円も人気。

雪だるま焼き250円

手稲山に抱かれた
手稲区 ●ていねく

P.10-11
MAP 別冊P.16-17
P.18-19

面積 56.77km² 人口 約14万0850人（2023年4月）

約600mのカナールの向こうに手稲山が見える「前田森林公園」

小樽市に隣接し、南西部には区のシンボルである手稲山がそびえる。冬季オリンピック札幌大会のアルペン競技などの会場となり世界に知られるようになった山で、夏は登山やハイキング、冬はスキーやスノーボードを楽しめる。手稲エリアは明治初期、小樽から札幌までの物流の中継点として集落が形成されていった。畑作・稲作が行われ、スイカとカボチャが特産。もともとは手稲町だったが、1967（昭和42）年に札幌市と合併し、1972（昭和47）年に西区となる。その後、人口増加にともない、1989（平成元）年に西区から分区した。

手稲の山々と手稲を流れる軽川をデザイン。豊かな自然を大切にする区民の心意気を表現

手稲区の歩き方

登山にスキーにプール、緑豊かな憩いの場も

手稲区のシンボルが四季折々のアクティビティが楽しめる手稲山。登山は手稲本町入口と金山入口の2ヵ所から登ることができる。金山入口から足を延ばせば乙女の滝、星置の滝に寄ることも可能。冬はスキー場がオープンし、石狩湾や札幌の町並みを望みながらスキーを楽しめる。手稲山の自然は、ほかにも造波プールや流水プールのある「ていねプール」、多くの人が散策に訪れる前田森林公園、星置エリアには星観緑地といったスポットも。手稲神社へは区外からも参拝に訪れる人も多い。

このエリアの拠点
JR手稲駅付近が区の中心。線路を挟んで南北に分かれるが、駅周辺は各方面へのバスの発着があるほか、商業施設も並ぶ。

手稲区の交通
JRとバスが主要の公共交通機関。住民は車移動が多い。JRは、小樽からと新千歳空港からの快速が停まる。

JR手稲駅への行き方

INFO 手稲区のマスコットキャラクター「ていぬ」。頭が手の形をした犬で、「ていぬ君」と呼ばれ親しまれているが、実は性別不明。エコバッグやカップなどいろいろなグッズも販売されている。

おもな見どころ

10年かけて造成。四季を楽しめる森

前田森林公園

●まえだしんりんこうえん

公園 MAP 別冊P.11-D2

広い園内の半分は森になっており、桜、藤、紅葉と四季の樹木を楽しむことができる。展望ラウンジからの手稲山の眺めはすばらしく、約600mのカナール（運河）と両サイドのポプラ並木は外国のような風景。パークゴルフ場もある。

5月下旬から開花する見事な藤の花

前田森林公園

住札幌市手稲区手稲前田591-4
TEL011-681-3940
営自由散策（管理事務所は9:00〜17:00）
休無休
料パークゴルフ場利用1人300円
交JR手稲駅から車で約10分。JR手稲駅からバスで約17分、前田中央通西下車、徒歩10分
Pあり

スポーツやレクの場として親しまれる

手稲山

●ていねやま

自然 MAP 別冊P.16-B2

昭和初期には金が産出され、手稲地区の発展を支えた。現在は山頂に電波塔が設置され、市民の暮らしに欠かせない存在。夏は登山が楽しめ、冬は1972年札幌オリンピックの会場にもなったスキー場でウインタースポーツを堪能できる。

石狩平野と日本海を一望できる

手稲山

住札幌市手稲区〜西区
交自然歩道手稲山北尾根ルート入口／手稲本町入口へJR手稲駅南口から徒歩20分。金山入口はJR手稲駅南口からバスで約12分、手稲鉱山下車、徒歩6分
スキー場／JR手稲駅南口からバスで約15分のテイネオリンピア前、または約30分のテイネハイランド下車（冬期間のみ運行）

飛躍や出世、子供の成長を祈る

手稲神社

●ていねじんじゃ

神社 MAP 別冊P.17-D1

明治時代に手稲村の開拓移住者の心のよりどころとして建立。本殿内には道内の神社で唯一の龍柱があるほか、境内の「せのび石」は子供の成長、立身出世、試験合格の御利益があるとされる。また、手稲山の山頂には手稲神社奥宮がある。

本殿内の龍柱は飛躍を表している

手稲神社

住札幌市手稲区本町2条3-4-25
TEL011-681-2764、011-682-2944　営参拝自由（社務所は9:00〜17:00）　休無休　交JR手稲駅から徒歩3分　Pあり

毎年6月30日に祈願を行う奥宮

手稲エリアの穴場の花見スポット

軽川緑地

●がるがわりょくち

緑地 MAP 別冊P.11-D3

手稲山麓から手稲本町、前田地区を流れる軽川。JR函館本線から北側の川の両岸にエゾヤマザクラ、チシマザクラ、サトザクラなどが咲く。この桜並木は道内で初めて「桜づつみモデル事業」として国の指定を受け整備された。

花見の穴場スポットでもある

軽川緑地

住札幌市手稲区前田1条10〜8条8
TEL011-681-4011（手稲区土木センター）
営自由散策
交JR手稲駅から徒歩15分
Pなし

水量で表情が大きく異なる
星置の滝
ほしおきのたき

自然
MAP 別冊P.11-C3

手稲山の西側、小樽市との市境を流れる星置川。この上流、金山エリアにあるのが落差約12m、幅約4m、2段になって流れる星置の滝だ。春は雪解け水の豊富な水が滝つぼに豪快に流れ落ちる様子が見られるが、水量が少ないときは繊細で美しい一本線のように見える。

季節によって異なる表情を見せる

山の中にあるパワースポット
乙女の滝
おとめのたき

自然
MAP 別冊P.16-B1

星置川の支流・滝の沢川にかかるのが乙女の滝。手稲山北尾根ルートの登山道を1.5kmほど歩くことになるため、動きやすい服装、靴などの装備は必要。林の中を歩いた先には、落差約8m、幅約7m、岩肌を伝って静かに水が流れ落ちていく美しい滝が待っている。

水しぶきを立てず滑るように流れる

縁起のよいカエルが待っている
星置神社
ほしおきじんじゃ

神社
MAP 別冊P.10-B3

明治から星置地区を支えてきた神社。境内が高台にあるため、日本海を望むことができる。結びのイチョウと呼ばれる御神木は、良縁や縁結び、安産の御利益があるほか、境内各所に祀られているカエルもなでると御利益があるという。ちなみに手水舎もカエルの口から水が出る。

神社の社紋は三つ巴に星置の星

地域の人々に愛される広い緑地
星観緑地
ほしみりょくち

公園・緑地
MAP 別冊P.10-B3

春は桜、夏はタチアオイ、秋はイチョウの紅葉が美しく、広い園内は散策やパークゴルフを楽しむことも。星置川とキライチ川の合流点に架かるシンボル、星流橋からは手稲山を正面に望み、秋になると鮭の遡上が見られる。5・6月はほしみ花市を開催。

桜並木と手稲山

星置の滝
住 札幌市手稲区金山3条3
営 自由散策
交 JR星置駅から徒歩20分
P なし

乙女の滝
住 札幌市手稲区金山
営 自由散策
交 星置の滝から徒歩20分。JR手稲駅南口からバスで約30分、手稲鉱山下車、登山道を徒歩25分
P なし

星置神社
住 札幌市手稲区星置南1-8-1
TEL 011-685-6770　営 参拝自由(社務所は9:00〜17:00)　休 無休　交 JRほしみ駅から徒歩10分。JR手稲駅南口からバスで約10分、または地下鉄宮の沢駅からバスで約35分、星置橋下車、徒歩2分　P あり

通年イルミネーションが点灯している

星観緑地
住 札幌市手稲区手稲317
TEL 011-686-0680　営 自由散策。休憩所とパークゴルフ場は8:00〜17:00　休 パークゴルフ場は水曜　料 パークゴルフ場利用無料(レンタルはなし)　交 JRほしみ駅から徒歩5分　P あり

どさんこワイド179 木村アナ column
手稲区のスイカ栽培
海側の手稲山口地区に広がる「砂地」。山口県から入植した先人たちはこの地に適した作物としてスイカを栽培、「山口すいか」の名で一大名物に。昭和40年代には盛んにPR活動も行われました。現在は「サッポロ西瓜」の名で全国へ。

札幌市内中心部で販売促進キャンペーン。昭和40年代
写真提供／手稲区在住　尾池純一さん

INFO 手稲区のシンボルでもある手稲山の標高は1023.1m。これにちなんで2014(平成26)年に、10月23日は「手稲山の日」と定められた。手稲山ではかつて、金鉱脈が発見されたこともあるそうだ。

あそぶ＆体験

市内にいながらパウダースノー体験

サッポロテイネ スキー場

●サッポロテイネ スキーじょう

スキー場 MAP 別冊P.17-C2

1972年の札幌オリンピックの会場にもなった、雪質、コースレイアウトにおいて国内屈指のスキー場。豊富な雪の量、初心者から上級者まで楽しめる多彩なコースがある。中心部からわずか15kmという近さで市民はもちろん、観光客も多い。

ゲレンデから街や日本海を望める

サッポロテイネ スキー場

住札幌市手稲区手稲本町593 TEL011-682-6000 営11月下旬～5月上旬の9:00～21:00(ナイター16:00～) 休期間中無休(4月中旬～5月上旬は平日休業) 料リフト4時間券、1日券など公式ウェブサイトで要確認 交JR手稲駅からバスで約16分、テイネオリンピア前下車すぐ CCADMV Pあり

キッズが雪遊びできるコーナーも

札幌市民の夏の水遊び定番スポット

ウォーターパーク ていねプール

●ウォーターパーク ていねプール

プール MAP 別冊P.17-D1

北海道最大級の規模を誇る屋外プール。短い夏を楽しもうと多くの市民が訪れる。造波プール、ウオータースライダー、流水プール、幼児プールなど、さまざまな種類のプールが用意されている。幼児用プールもあるので家族でも楽しめる。

札幌では数少ない屋外プール

ウォーターパーク ていねプール

住札幌市手稲区前田1-5 TEL011-682-6588 営夏季9:30～16:30(日程は公式ウェブサイトで要確認) 休期間中無休 料入場1100円 交JR稲積公園駅から徒歩5分 CC不可 P有料あり

「創るを楽しむ」がコンセプト

ドライフラワー専門店キートス・クッカ

●ドライフラワーせんもんてんキートス・クッカ

ドライフラワー MAP 別冊P.17-D1

道産花材を中心に世界中から集めた生花を一本ずつ手作業で乾燥加工。約200種類あるドライフラワーを自由に選びアレンジメントを作れる。ワークショップではリース、しめ縄などのテーマで開催。詳細は公式ウェブサイトで確認を。

多彩なドライフラワーがある

ドライフラワー専門店キートス・クッカ

住札幌市手稲区前田4条5-1-23 TEL050-3066-7722 営10:30～16:00(午前中にワークショップがある日は13:00～)。ワークショップは毎週水曜10:30～12:00(月1回、土曜開催) 休日・月・木曜・祝日 料ワークショップ3000～5000円(テーマで異なる) 交JR稲積公園駅から徒歩10分。地下鉄宮の沢駅からバスで約20分、ていねプール前下車、徒歩3分 CCADJMV Pあり

1日いても飽きることがないスパ

ていね温泉ほのか

●ていねおんせんほのか

入浴施設 MAP 別冊P.17-D1

天然温泉、開放的な露天風呂、岩盤浴、サウナなどが揃うスパ施設。なかでも岩盤浴は、ナノミストに包み込まれる「雲海洞」や「炎蒸洞」など6種類もある。レストランやマンガ処もあり、1日ゆっくり過ごすことができる。

国道5号沿いにありわかりやすい

ていね温泉ほのか

住札幌市手稲区富丘2条3-2-1 TEL011-683-4126 営風呂6:00～翌2:00(露天風呂は～翌1:00)、岩盤浴8:00～翌1:00 休無休 料平日1200円、土・日曜・祝日1300円(早朝料金750円。深夜料金1500円。金・土曜・祝前日1800円) 交JR稲積公園駅から徒歩15分。JR手稲駅、地下鉄宮の沢駅から車で約10分(無料送迎バスあり) CCJV Pあり

＼あなたの声をお聞かせください！／

毎月合計３名様
読者プレゼント

1. 地球の歩き方オリジナル御朱印帳

2. 地球の歩き方オリジナルクオカード（500 円）

いずれかおひとつお選びください。

★応募方法

下記 URL または QR コードにアクセスして
アンケートにお答えください。

URL https://arukikata.jp/bnesft

★応募の締め切り

2025年7月13日

食べる

こだわりのストレート麺は店内で製麺
大衆食堂中華そばとおコメの店メシケン。
たいしゅうしょくどうちゅうかそばとおコメのみせメシケン。

中華 MAP 別冊P.18-A1

地域の幅広い層に支持されている中華そば店。ラーメンの麺は道産小麦「ゆめちから」を中心にブレンドした全粒粉の自家製麺。スープは鶏ガラとゲンコツを炊いたものをベースに魚介系を合わせた、コクがあるのに優しい味だ。

一番人気の青唐辛子担々麺890円

大衆食堂中華そばとおコメの店メシケン。
住札幌市手稲区新発寒4条1-1-55
TEL 011-663-1383
営11:00～15:30LO
休不定休
交JR発寒駅から徒歩22分
CC不可 Pあり

ピザもスイーツも一から手作り
Italian Restaurant POPOLO
イタリアン レストラン ポポロ

イタリアン MAP 別冊P.11-C3

盛りつけも美しい本格イタリアンが気軽に食べられると地元で評判。安心安全な食材をおいしく食べてもらいたいと、手間を惜しまずデザートまですべて手作りしている。ピッツァはトマトとオイルベースがあり1300円～。小上がりもある。

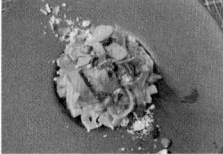

生パスタの望来豚のラグーソース1485円

Italian Restaurant POPOLO
住札幌市手稲区稲穂2条8-5-5
TEL 011-681-9619 営11:30～14:00LO、17:30～20:00LO
休水曜 交JR星置駅から徒歩3分
CC AJMV Pあり

緑と白の洋館風の建物が目印

最後までアツアツのカレーせいろ
そば きらり
そば きらり

そば MAP 別冊P.18-A1

火にかけた土鍋のカレー汁に冷たいそばをつけていただくカレーせいろや、特製味噌だれの味噌カツ丼などが人気の店。コスパのよさも評判だ。ジャズが流れる店内は、昼時になるとサラリーマンやご近所さんたちでにぎわう。

カレーせいろはだしが効いている

そば きらり
住札幌市手稲区新発寒4条3-13-8
TEL 011-695-5220 営11:00～15:00LO、17:00～20:00LO（火・水・木曜は昼のみ営業）
休無休 交JR発寒駅から車で約5分 CC不可 Pあり

下手稲通り沿いにあってわかりやすい

食べ応えのあるトンテキや丼
定食処櫻茶屋
ていしょくどころさくらちゃや

定食 MAP 別冊P.11-C3

札幌運転免許試験場のそばにある店。免許更新定食150g1080円～、免許トリタテ丼150g980円～などユニークなネーミングのメニューが話題。一部のメニューを除き豚肉は道産かみふらのポークを使用。味もボリュームも満足度が高い。

オリジナルソースが絡むトンテキ

定食処櫻茶屋
住札幌市手稲区曙5条4-2-1
TEL 011-590-0245
営12:00～20:00LO（金曜は～13:30LO、土曜は～17:00LO）
休不定休
交JR稲穂駅から徒歩20分。JR手稲駅からバスで約13分、札幌運転免許試験場下車、徒歩1分
CC不可 Pあり

マンガ本がたくさん揃っている

「山口緑地」には西と東のふたつのパークゴルフ場がある。明治時代にバッタが大量発生したことに由来する「バッタ塚」も。住札幌市手稲区手稲山口295-1（東コース）、手稲山口582（西コース）

どのメニューも味に安定感がある

アルタイル

アルタイル

洋食 MAP 別冊P.17-D1

札幌から小樽へ向かう国道5号沿いにあり、古くから幅広い層に親しまれているレストラン。和牛のおいしさがわかるハンバーグや自家製ベシャメルソースを使ったグラタン、ドリア、大きなエビフライなど、手間ひまかけて作られた料理と自家焙煎のコーヒーが味わえる。

じっくり煮込んだビーフシチュー1450円

アルタイル

住札幌市手稲区富丘3条7-1-66
TEL011-694-6447
営11:00～21:30LO
休水・木曜
交JR手稲駅から徒歩15分。JR手稲駅からバスで約5分、新富丘下車、徒歩3分
CC不可
Pあり

心身ともに整う食事をゆったりと

玄米ごはん・カフェじょじょ

げんまいごはん・カフェじょじょ

自然食カフェ MAP 別冊P.17-D1

1994年オープンの緑豊かな住宅街にあるカフェ。無農薬自然栽培の玄米ごはんや道産小麦と天然酵母のパンをはじめ、天然醸造の調味料や添加物の入っていない食材を用い、体が喜ぶ雑穀と旬の野菜中心の料理を提供している。ベジタリアンやビーガンの人にも対応。

人気の定番、ごはんセット1200円

玄米ごはん・カフェじょじょ

住札幌市手稲区富丘5条4-18-6
TEL011-684-1040
営11:00～16:30LO（第3日曜は～14:30LO）
休月曜
交JR稲積公園駅から徒歩25分。JR手稲駅からバスで約7分、富丘下車、徒歩8分
CC不可
Pあり

ゆっくりくつろげる店内

サイフォンコーヒーとワッフル

CAFE FUGO

カフェ フーゴ

カフェ MAP 別冊P.11-D3

道産小麦や国産発酵バターを使った手作りのアメリカンワッフルは、食事系からスイーツ系まで種類が豊富。カリッとジューシーなフライドチキンとワッフルをワンプレートにしたフライドチキンワッフルや、カフェインレスコーヒーを使ったコーヒーソフトが人気。

サイフォン式のコーヒーを楽しめる

CAFE FUGO

住札幌市手稲区前田6条10-2-10 Aoi BLD.610 1階
TEL011-676-4155
営10:00～18:30LO（土曜・祝日は～17:30LO。冬季は時間短縮あり）
休日曜（祝日不定休）
交JR手稲駅から徒歩15分
CCADJMV　Pあり

サロン限定のデザートメニューも

benbeya本店

ベンベヤほんてん

札幌の人気菓子店benbeyaの本店。ケーキやマカロン、ショコラ、焼き菓子などが並ぶ。ソフトクリーム400円（イートイン407円）～も季節を問わず人気。店舗の奥にはカフェスペースのサロンがあり、居心地のよい空間のなかでケーキセットやここだけの限定デザートなどが味わえる。

ギフトにおすすめの商品も多数

benbeya本店

住札幌市手稲区星置3条9-10-7
TEL0120-77-3310
営11:00～19:00（サロンは～17:00LO）
休無休
交JRほしみ駅から徒歩12分
CCADJMV
Pあり

庭を眺めながらのティータイム

買う&テイクアウト

地域で評判の小さなパン屋さん

ベーカリー銀座屋

ベーカリーぎんざや

パン MAP 別冊P.11-C3

星置の滝へ続く散策路入口そば、かつて札幌医大のそばにあった昔ながらのパン屋「銀座屋」のお孫さんが店主を務める。マーガリンやショートニング不使用のパンは安心して食べられると好評。自家製カスタードクリームパンなど焼きたてが並ぶ。

サクサクのクロワッサンや角食が人気

限定「超熟®」や道産食材を使ったパン

Pasco夢パン工房 手稲店

パスコゆめパンこうぼう ていねてん

パン MAP 別冊P.11-D3

大きな山小屋風の店舗が目印。店内では次々と多種多彩なパンが焼き上がり、つい目移りしてしまう。ゆめちから、春よ恋といった道産小麦を用いて工房で焼く、北海道限定版の「超熟®」は、しっとりもっちり食感だ。

北海道のみで販売の「超熟®」

おからドーナツなど限定商品もあり

豆太 工場直売所

まめた こうじょうちょくばいしょ

豆腐 MAP 別冊P.17-D1

道産大豆と手稲山系の伏流水で作る豆腐を製造販売。全国豆腐品評会木綿豆腐の部で1位金賞を獲得した実績をもつ。直売所では豆腐や揚げのほか、季節の商品、夏限定の豆乳ソフトクリームなどここでしか買えないものも販売している。

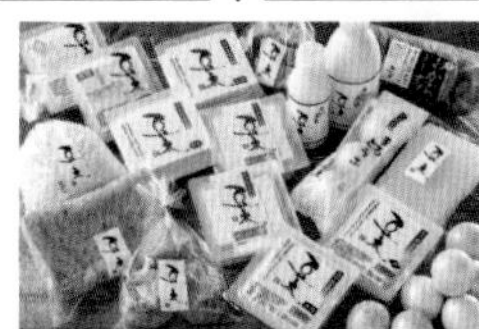
大豆のコクと甘みが絶品の豆腐など

貴重な絵本の原画展なども開催

ちいさなえほんや ひだまり

ちいさなえほんや ひだまり

絵本 MAP 別冊P.18-A1

札幌で絵本ならここ、と絵本関係者や作家たちが太鼓判を押す専門店。道外の絵本好きもうわさを聞いて訪れる。一軒家を改装した店は靴を脱いで上がるスタイルで、店主の青田正徳さんが厳選した良書が並ぶ。時間を取ってゆっくり訪れたい。

店主は星野道夫ファン。星野作品も並ぶ

ベーカリー銀座屋
住札幌市手稲区金山3条2-1-34
TEL011-558-9829 営7:00〜16:00 休日・月・火曜 交JR星置駅から徒歩13分 CC不可
Pあり

山小屋風のかわいらしい店舗

Pasco夢パン工房 手稲店
住札幌市手稲区曙5条2-7-25
TEL011-686-6201
営8:00〜18:00(売り切れ次第閉店) 休月曜(祝日の場合は営業、翌日休み)
交JR手稲駅から徒歩20分
CC不可
Pあり

豆太 工場直売所
住札幌市手稲区富丘2条5-9-30
TEL011-691-8318
営10:00〜16:00 休日・月曜
交JR稲積公園駅から徒歩10分
CCAJMV Pあり

金賞受賞の特上とうふも月2回販売

ちいさなえほんや ひだまり
住札幌市手稲区新発寒6条5-14-3
TEL011-695-2120
営10:00〜19:00
休火・水・木曜
交JR稲積公園駅から徒歩30分。地下鉄宮の沢駅からバスで約16分、新発寒7条4丁目下車、徒歩3分。またはバスで約17分、新発寒6条5丁目下車、徒歩3分
CC不可
Pあり

住宅街にある店。この看板が目印

INFO 区内の手稲山口は砂地の多い地域。砂地は水はけがよくスイカなどツタもの栽培に適していることから、糖度の高い「サッポロ西瓜」、強い甘みのあるカボチャ「大浜みやこ」が特産品として誕生した。

読者投稿

こっそり教えたい

穴場の店

24時間営業のサンドイッチ専門店

サンドリア本店

MAP 別冊P.38-A3

札幌で大人気の老舗サンドイッチ専門店。エッグやポテトサラダなどの定番からスイーツ系まで常時50種類ものできたてサンドイッチが並んでいて、どれにしようか迷ってしまう。本店は24時間営業。札幌駅の西口に自販機もあるので要チェック。
(中央区在住 S.T)

住札幌市中央区南8西9-758-14 TEL011-512-5993
営24時間 休無休
交市電山鼻9条停留場から徒歩5分 CC不可 Pあり

半世紀の歴史を刻むサラサラルーのカレー

カリーハウスコロンボ

MAP 別冊P.36-B2

JR札幌駅から地下歩行空間直結。カウンター11席だけのカレー専門店。開店したのは札幌冬季オリンピックが開催された翌年の1973年だ。普通盛りはご飯が350gとボリューミーで、サラサラのルーが特徴。人気はカツカレーと水曜の日替わりメニュー、煮込みハンバーグとのこと。ルーのお代わりができるのと、食後のアイスクリームのサービスがうれしい。
(東区在住 K.T)

住札幌市中央区北4西4 札幌国際ビルB1階
TEL011-221-2028 営11:00～20:30(土・日曜・祝日は～19:00) 休第4日曜
交JR札幌駅から徒歩2分 CC不可 Pなし

「すすきのゼロ番地」で手打ちそば

そばびより 朱月菴(あかつきあん)

MAP 別冊P.39-C2

歴史を感じるすすきの市場の階段を下りると、昭和40年代に誕生した飲食街「すすきのゼロ番地」がある。昔ながらのスナックや居酒屋のほかイタリアンやバーなど新しい店も。おすすめは手打ちそばが食べられる朱月菴。大正ロマンが感じられる店内で、松倉さんご夫婦との会話を楽しみながらつまみと日本酒、〆はせいろを。
(中央区在住 T.T)

住札幌市中央区南6西4 すすきのゼロ番地B1階
TEL011-562-8081
営19:00～翌0:30LO
休日曜・祝日
交地下鉄すすきの駅から徒歩5分
CC不可 Pなし

札幌の始まりの地の和食屋さん

大友堀(おおともぼり)トーチ

MAP 別冊P.39-D1

創成川イーストの、大友亀太郎の像からほど近い場所にある和食屋さん。札幌発祥の地、大友堀を店名に配した「トーチ」と、同じビル内に姉妹店でワインが楽しめるイタリアン「stem(ステム)」も。店主でソムリエでもある清水さんが手がける創作和食と、日本酒やナチュラルワインとのペアリングが楽しめる。
(北区在住 Y.O)

住札幌市中央区南2東2-8-1大都ビル1階
TEL011-213-1407 営17:00～23:00LO 休日曜・祝日
交地下鉄大通駅から徒歩7分 CCADJMV Pなし

COLUMN

最高級の黒毛和牛「えぞ但馬牛」を味わう

すき焼・しゃぶしゃぶ 牛のいしざき

全国から厳選した黒毛和牛を使用、堪能できる老舗店。なかでも飼育から加工まで一貫した自社管理の、希少な黒毛和牛「えぞ但馬牛」を、しゃぶしゃぶや秘伝のたれとあわせたすき焼きで堪能できる。プレミアムワインや各地の銘酒も豊富。

きめ細かいサシの入った極上霜降り肉

MAP 別冊P.39-C2

住札幌市中央区南3西3 G DINING SAPPORO 3階
TEL011-251-8721
営17:00～22:30LO(祝日は～21:30LO)
休日曜
交地下鉄すすきの駅から徒歩1分
CCADJMV Pなし

全席完全個室。接待や会合での利用◎

狸(タヌロク)6ではしご酒を楽しむ

無茶法(ぶさほう)

MAP 別冊P.38-B2

狸小路6丁目にある日本酒と抹茶、音楽、器が楽しめる店。ブルースやラテン音楽などに精通する梶原氏が店主で音楽好きが集まる。店内には抹茶茶碗やぐい飲みがずらり。また、梶原氏は同じ6丁目にラム酒とフレンチクレオール料理の店「マラボア」と、ジャマイカ料理の「ミス・ジャマイカ」も経営。はしご酒ができる。
(中央区在住 M.A)

住札幌市中央区南3西6(狸小路6)
TEL011-200-9234 営18:00～翌1:00 休不定休
交地下鉄すすきの駅から徒歩5分 CC不可 Pなし

AREA NAVI

札幌周辺

Suburbs of Sapporo Area

MAP 別冊P.4-5

札幌から車を走らせること1〜2時間で、湖や海の豊かな自然が広がる。また、札幌市に隣接する町はベッドタウンとして商業施設が発展し、暮らしやすい要素が揃う。ひと足延ばして買い物やアクティビティを楽しもう。

1

千歳・恵庭・北広島

●ちとせ・えにわ・きたひろしま

P.248 MAP 別冊P.4-5

北海道の玄関口・新千歳空港がある

新千歳空港がある千歳市と、空港から札幌へと向かう途中に位置する恵庭市および北広島市。北広島市は2023年に北海道ボールパークFビレッジがオープンし、今最もホットなエリアだ。周辺には自然と触れ合えるスポットも多い。

新球場エスコンフィールド

2

苫小牧・白老

●とまこまい・しらおい

P.257 MAP 別冊P.4-5

太平洋に面した港湾都市で馬産地

本州からフェリーが発着する海の玄関口が苫小牧。競走馬の産地としても有名だ。同じく太平洋に面した白老にはウポポイ（民族共生象徴空間）があり、アイヌ文化に触れることができる。新鮮な海の幸や白老牛などのグルメも楽しめる。

ポロト湖畔にあるウポポイ

3

登別・室蘭

●のぼりべつ・むろらん

P.262 MAP 別冊P.4-5

登別温泉と海に突き出した"鉄の町"

豊富な湯量を誇る日本屈指の温泉地、登別温泉。源泉のひとつ登別地獄谷散策は観光のハイライト。登別市の南に位置する室蘭市は海に囲まれ、鉄鋼業が盛ん。岬の先端にある「地球岬」は水平線が丸く見えるビュースポットとして知られている。

地球岬からの眺め

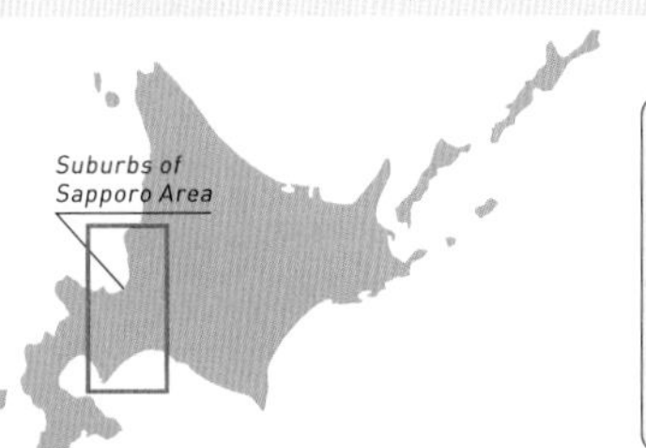

札幌周辺でしたいコト5

1. ひと足延ばして気軽に自然と触れ合う
2. 登別温泉をはじめとする良質な温泉を楽しむ
3. ウポポイでアイヌ文化を体感する
4. テーマパークで自然や動物と触れ合う
5. 取れたて野菜の直売所で買い物

4

伊達・洞爺湖・壮瞥・留寿都

●だて・とうやこ・そうべつ・るすつ

P.266 MAP 別冊P.4-5

洞爺湖を中心としたエリア

洞爺湖を囲む洞爺湖町と壮瞥町、南の伊達市と北の留寿都村。洞爺湖有珠山ジオパーク登録のダイナミックな自然を感じられるエリアだ。

洞爺湖温泉

5

石狩・当別

●いしかり・とうべつ

P.270 MAP 別冊P.4-5

札幌の北に長く延びる

札幌のベッドタウンとして発展する当別町と、石狩湾に面して長く延びる石狩市。のびやかな田園風景が広がる。

石狩のはまなすの丘公園

6

江別・南幌・長沼

●えべつ・なんぽろ・ながぬま

P.274 MAP 別冊P.4-5

札幌に近い人気のエリア

札幌市に隣接しアクセス便利な“れんがのまち”江別市と、週末はキャンプ場や野菜直売店がにぎわう南幌町と長沼町。

江別市ガラス工芸館

札幌周辺ジモトトーク

札幌周辺を旅するなら、キャンプ旅行はいかがでしょうか？　東京出身の私は、北海道に来てキャンプが趣味のひとつになりました。ただ「にわかキャンパー」の域は出ないレベルなので、できるだけ環境が整っているキャンプ場がいいなぁと思うのですが、サミットの開催地にもなった有名観光地、洞爺湖にある財田キャンプ場は特におすすめ。トイレやシャワー、洗濯機などの設備が整っているだけでなく、入口にカフェがあったり、バーベキューセットや焚き火台のレンタルも可能で、食材さえ用意していけば手ぶらで訪れても安心です。何より木々の向こうに洞爺湖が望める景色が最高です。

設備が整っている財田キャンプ場

鬼がすんでいそうな地熱地帯

登別温泉 地獄パワー!

日本有数の温泉地、 登別温泉の源泉地である登別地獄谷や大湯沼を散策。 地球のエネルギーを間近に見られるパワースポットだ。

蒸気が噴き出すシューという音が聞こえる登別地獄谷

History

アイヌの人々はこの地に湧く温泉が体にいいと知っていたとされ、江戸時代に和人にも温泉の存在が伝わる。1845年頃、探検家の松浦武四郎が立ち寄る。1857(安政4)年には近江商人の岡田半兵衛が、硫黄採掘の人夫用湯治止宿小屋を建設。翌年、滝本金蔵が「第一滝本館」(→P.385)の前身となる温泉宿を建設する。明治になると道路の整備が進み、日露戦争の戦時中は傷病兵の保養地となったことも。大正に入ると鉄道が開通し、温泉地として発展。1954(昭和29)年、1961(昭和36)年と2度にわたり昭和天皇が登別温泉を訪問している。2008(平成20)年に開湯150周年を迎えた。日本百景、北海道遺産に選定されている。

明治の終わり頃の登別温泉。温泉宿が立つ

湯樋滝を浴びる人たち。大正時代の写真

登別温泉

●のぼりべつおんせん

MAP 別冊P.48-A2

硫黄泉や明ばん泉など多種類の泉質の温泉が湧く、世界でも珍しい温泉地。一度に何種類もの温泉につかることができる宿もある。源泉地である地獄谷や大湯沼へ温泉街から遊歩道が整備され、散策しながら温泉パワーを体感できる。

住登別市登別温泉町 TEL0143-84-3311(登別国際観光コンベンション協会) 交🚗札幌駅から約110km 🚃JR札幌駅から特急で約1時間10分、登別駅下車 🚌札幌駅前から「高速おんせん号」で約1時間40分、登別温泉下車

登別地獄谷

●のぼりべつじごくだに

地獄谷展望台から地獄谷の中を巡ることができる距離約570mの地獄谷遊歩道が整備されている。あちこちから水蒸気が噴き出し硫黄のにおいが漂うなかを、地獄谷の真ん中にある鉄泉池(てっせんいけ)まで行くことができる。

鉄泉池は間欠泉だが最近はほとんど噴き出すことはない。透明な湯を間近に見られる

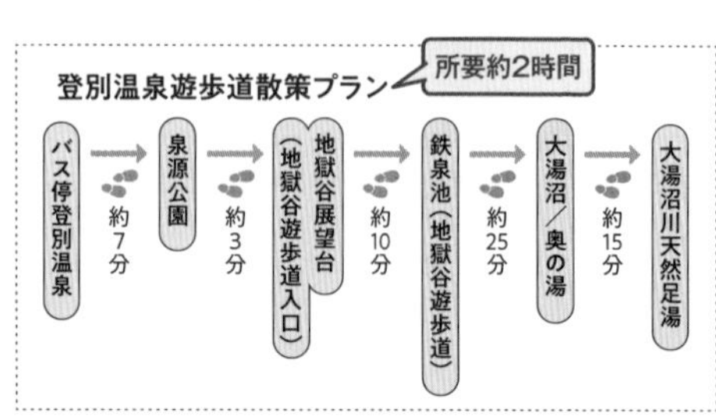

MAP 別冊P.48-A2
営散策自由
交バス停登別温泉から徒歩10分。地獄谷展望台手前に有料駐車場あり

地獄谷の中へと延びる歩きやすい遊歩道

登別温泉遊歩道散策プラン 所要約2時間

バス停登別温泉 →(約7分)→ 泉源公園 →(約3分)→ 地獄谷展望台(地獄谷遊歩道入口) →(約10分)→ 鉄泉池(地獄谷遊歩道) →(約25分)→ 大湯沼/奥の湯 →(約15分)→ 大湯沼川天然足湯

泉源公園 ●せんげんこうえん

開湯150周年を記念して2008(平成20)年に設置された。地獄谷から流れ出す川沿いにあり、約3時間ごとに温泉を噴き出す間欠泉を見に人が集まる。鬼の像や、異なる御利益がある8本の金棒も。

MAP 別冊P.48-A2
営見学自由
交バス停登別温泉から徒歩7分

間欠泉の高さは8mにも達する

9本目の金棒は地中にあるというから探してみて

火山活動を続ける日和山と温泉の沼

大湯沼 ●おおゆぬま

山肌から噴煙を上げる標高377mの日和山の麓にある周囲約1kmの沼。湖底から約130℃の硫黄泉が湧いており、表面の温度は40〜50℃。淵では灰色の泥沼がボコボコと動いている。

MAP 別冊P.48-A2
営散策自由　交バス停登別温泉から車で約10分。大湯沼展望台に有料駐車場あり(冬季閉鎖)

奥の湯 ●おくのゆ

大湯沼と駐車場を挟んで横たわる、温泉の沼。こちらも湖底から硫黄泉が湧いていて、表面温度は75〜85℃と高温。湯気が漂い、地獄の湯釜を想像するような風景だ。

小さな沼だが高温の湯が湧いている

MAP 別冊P.48-A2
営散策自由　交バス停登別温泉から車で約10分。大湯沼展望台駐車場利用

大湯沼川天然足湯
●おおゆぬまがわてんねんあしゆ

大湯沼から約390mの大湯沼川探勝歩道が足湯まで続いている。途中で車道から川沿いの山道に分かれ、下ること10分ほどで木製のベンチが設置された足湯に着く。大湯沼の高温の温泉が流れている間に温度が下がり、ちょうどいい温かさになる。

森の中で天然の足湯を楽しめる。タオルを持参しよう

MAP 別冊P.48-A2
営足湯自由
交大湯沼展望台から徒歩15分

登別温泉の鬼探し

鬼がすんでいそうな地獄谷にちなみ、あちこちでインパクトのある鬼が迎えてくれる。

からくり閻魔堂

「地獄の審判」の時間になると怒って顔が真っ赤になり、目が光る。エンマ帳に願いを書いて地獄の釜にお金を入れるとかなうという

閻魔様の顔変をCheck!

鬼祠 - 念仏鬼像

念仏鬼像を祀った祠を見守る高さ3.5mの赤鬼立像と高さ2.2mの青鬼座像

登別東インター前歓迎鬼像

登別東ICの出口にある高さ18mの赤鬼像。指さすほうへ向かうと登別温泉に着く

シンボル鬼 - 商売繁盛

メインストリート「極楽通り」に点在する鬼像のひとつ。恋愛成就や合格祈願の鬼像も

イベント

地獄の谷の鬼花火

地獄谷にすむ湯鬼神たちが人々の幸福と無病息災を願い、手筒花火を打ち上げる。最大10mもの火柱がいっせいに上がり迫力満点。

開スケジュールは要確認

鬼が手筒花火を打ち上げる

名物グルメ

地獄ラーメン 0丁目900円

地獄ラーメン

丁目が増えるごとにスプーン山盛り1杯分の特製唐辛子を加えられるので、好みの辛さが選べる。0丁目がマイルドな辛さでおすすめ。タマネギがアクセント。

味の大王 登別温泉店
●あじのだいおう のぼりべつおんせんてん

MAP 別冊P.48-A2
住登別市登別温泉町29-9　TEL0143-84-2415　営11:30〜15:00　休不定休　交バス停登別温泉から徒歩2分

カルデラ湖・火山・温泉のジオサイト

洞爺湖の絶景ビュースポット

支笏湖洞爺国立公園、 および洞爺湖有珠山ジオパークに登録されている洞爺湖。湖畔を巡り生きている自然と変化に富んだ地形を眺めよう！

洞爺湖温泉からの洞爺湖と中島

洞爺湖

●とうやこ

MAP 別冊P.48-A・B1

洞爺湖は洞爺湖町と壮瞥町にまたがって横たわる東西約11km、南北約9kmの、日本で3番目に大きなカルデラ湖。中央に噴火でできた溶岩ドームの中島が浮かぶ。観光の拠点は南湖畔にある洞爺湖温泉。

住洞爺湖町洞爺湖温泉
TEL0142-75-2446（洞爺湖温泉観光協会）
交🚗札幌駅から約103㎞ 🚃JR札幌駅から約1時間50分、洞爺駅下車後、バスで約20分、洞爺湖温泉バスターミナル下車 🚌札幌駅前から洞爺湖温泉行き（予約制）で約2時間40分、洞爺湖温泉下車

洞爺湖の絶景クルーズ

洞爺湖汽船

●とうやこきせん

洞爺湖温泉から中島周辺を遊覧する観光船。お城のような「エスポアール」ほか2隻の船があり、デッキから洞爺湖と有珠山、羊蹄山を眺められる。夜は花火観賞船も運航。春から秋は中島で下船もできる。

MAP 別冊P.48-A1
住 洞爺湖町洞爺湖温泉
TEL 0142-75-2137
催8:30～16:30、運航は30分ごと（冬季は～16:00、運航は60分ごと） 休無休
料乗船1500円。4月下旬～10月の花火鑑賞船は1600円
休バス停洞爺湖温泉から徒歩5分

洞爺湖をクルーズする「エスポアール」と羊蹄山

上陸して自然と触れ合う

中島

●なかじま

洞爺湖の真ん中に浮かぶ大島と弁天島・観音島・饅頭島の4つの島の総称。洞爺湖汽船で上陸できる大島には1周7.6kmのフットパスが整備されている。船着き場にある中島・湖の森博物館ではジオパークの環境や中島の自然を紹介。

MAP 別冊P.48-A1
TEL0142-75-4400 営4月末～10月下旬の9:00～16:00 休期間中無休
料入館200円

フットパスは1.3kmのショートカットコースも

中島・湖の森博物館

手湯・足湯巡りができる

洞爺湖温泉

●とうやこおんせん

洞爺湖の南側湖畔に位置する温泉地。12本の源泉井戸から汲み上げる温泉を利用した宿が立ち並ぶ。エリア内に10ヵ所の手湯、2ヵ所の足湯があり、気軽に温泉を楽しめる。

MAP 別冊P.48-A1
住洞爺湖町洞爺湖温泉 TEL 0142-75-2446（洞爺湖温泉観光協会）

道道2号沿いにある手湯「薬師の湯」

足湯「洞龍（とうろん）の湯」からは洞爺湖が眺められる

TOYAのオブジェは人気のフォトスポット

前庭から眼下に洞爺湖を望む

サイロ展望台

●サイロてんぼうだい

洞爺湖の北西にある展望スポット。高さ約170mのカルデラ壁の上にあり、眼下に洞爺湖と中島、有珠山や昭和新山が大パノラマで眺められる。入口の施設内にはみやげ物を販売する売店あり。

MAP 別冊P.48-A1
住 洞爺湖町成香3-5 営8:30～18:00(11～4月は～17:00。売店は10:00～) 休不定休 交洞爺湖温泉バスターミナルから車で約10分 Pあり

自然とアートに触れる

とうや湖ぐるっと彫刻公園

●とうやこぐるっとちょうこくこうえん

「人と自然がふれあう野外彫刻公園」として、洞爺湖の湖畔に全部で58基の彫刻が点在。石やブロンズ、鉄など、それぞれ個性のある彫刻ばかり。

高さが3mの「月の光」(イゴール・ミトライ)

展望台横のテイクアウトカフェ

Cafe balher

●カフェ バルハー

ソフトクリームやパフェ、洞爺湖温泉にある山岳喫茶焙煎のコーヒーなどを、洞爺湖を眺めながらゆっくり楽しめる。

TEL 080-6088-1085
営4月下旬～11月上旬の10:00～15:30 休不定休

岡田屋の白いお汁粉コラボのサンデー650円

コンテナを利用したCafe balherとサイロ展望台

上空から洞爺湖を眺める!

洞爺湖スカイクルージング

●とうやこスカイクルージング

サイロ展望台前から、ヘリコプター遊覧の洞爺湖スカイクルージングが出発。上空から洞爺湖、有珠山、羊蹄山などの絶景を眺められる。

空いていれば当日でも搭乗できる

TEL 080-9502-4505(匠航空) 営4月1日～11月6日(予定) 休不定休(悪天候の場合は運休。メンテナンス休業あり) 料絶景お手軽コース4800円(飛行時間3分)、中島コース9000円(飛行時間6分)ほか

斜面に咲く梅の花と洞爺湖、中島、羊蹄山

梅林と洞爺湖の絶景スポット

壮瞥公園

●そうべつこうえん

急な坂を上った先にある壮瞥公園は約300本の豊後梅が植えられた梅の名所。5月中旬にはピンク色の花と洞爺湖、羊蹄山の絶景を見に多くの人が集まる。

有珠山と昭和新山も眺められる

MAP 別冊P.48-B1
住壮瞥町字東湖畔 TEL0142-66-2750(そうべつ観光協会) 営見学自由(11～4月は閉園) 料園内自由 交JR伊達紋別駅から車で約15分 Pあり

洞爺湖温泉のイベント

洞爺湖温泉では、夏は花火大会、冬はイルミネーションのイベントを開催。
TEL0142-75-2446(洞爺湖温泉観光協会)

夏 ロングラン花火大会

期間:4月28日～10月31日
時間:20:45～21:05(20分)
半年もの期間毎晩、湖の上に大輪の花火が打ち上がる。船の上から移動して打ち上げるので温泉街のどこからでも見られる。

冬 洞爺湖温泉イルミネーショントンネル

期間:11～4月
時間:18:00～22:00
約40万球のLEDが冬の温泉街を幻想的に彩る。全長70mのイルミネーショントンネルと、直径約9mの光のドームが登場。

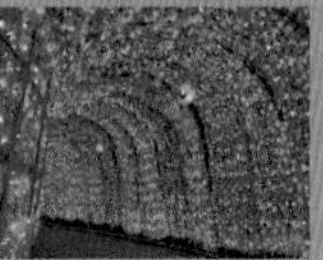

空の玄関から札幌までの3都市

千歳・恵庭・北広島

●ちとせ・えにわ・きたひろしま MAP 別冊P.4-5

北広島市
恵庭市
千歳市

千歳市
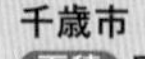
面積 594.5km²
人口 約9万6970人
（2023年4月）

千歳の「ち」を飛行機の形にデザインした

恵庭市
面積 294.65km²
人口 約7万70人
（2023年3月）

ふたつの川の流域にある恵み豊かな地域を表現

北広島市
面積 119.05km²
人口 約5万7170人
（2023年3月）

中央にひろしまの「ひ」を図化し、波形と三角形により無限の発展の可能性を表現

新千歳空港の国際線ターミナルビル。海外からの便も多く発着する

北海道の空の玄関口・新千歳空港、そして支笏湖を有する千歳市。身近に雄大な自然を感じられるにもかかわらず、札幌とのアクセスのよさも含め、利便性の高い市だ。恵庭市は新千歳空港と札幌市のほぼ中間地点に位置。市民主導による“花のまち”、ガーデニングが盛んな町としても知られ、シーズンには市内各所に花があふれる。北広島市は2023年3月にオープンした北海道ボールパークFビレッジで注目を集めている。大きなアウトレットモールや大型商業施設が増え、札幌までJRで約16分という近さもあり、暮らしやすいとファミリー層にも人気。

国道36号「弾丸道路」

国道36号の札幌～千歳間は「弾丸道路」と呼ばれていました。34.5kmを昭和27～28年の1年余りで「弾丸のように早く完成させた」のが由来（諸説あり）。その技術は全国の高速道路建設にも生かされたそう。

当初は旧島松駅逓所前を通った

写真／北洋映画社製作「国道36号線 札幌－千歳道路 紹介篇」北海道博物館所蔵より

千歳・恵庭・北広島の歩き方

1日かけて過ごしたい魅力的なスポットが多数

それぞれJRの駅を起点に町が広がっているが、車移動が便利。時間をかけてゆっくり過ごしたいスポットが多いのも特徴だ。千歳の支笏湖は千歳駅から車で45分近くかかるので、あたりの景色を楽しみながらドライブ気分で向かおう。支笏湖温泉や丸駒温泉に寄って湯あみを楽しむのも。恵庭の花の拠点はなふるは国道36号沿い、えこりん村は恵庭ICからすぐなので、車でのアクセスがおすすめ。北広島の北海道ボールパークFビレッジは、北広島駅からシャトルバス利用が便利。

おもな見どころ

千歳川の水中をガラス越しに観察
サケのふるさと千歳水族館
サケのふるさとちとせすいぞくかん

千歳市
水族館
MAP 別冊P.32-B2

北海道を中心に世界各地の淡水生物を展示する水族館。清流・千歳川の水中をガラス越しに直接観察できる日本初の水中観察ゾーンが最大の見どころ。サケの群れが遡上する秋の光景は圧巻だ。バックヤードツアーや餌やり体験も（要予約、有料）。

道内最大の水槽があるサーモンゾーン

サケのふるさと千歳水族館
住千歳市花園2-312 サーモンパーク千歳内　TEL0123-42-3001
営9:00～17:00（冬季時間短縮あり）　休無休（メンテナンス休館あり）　料入館800円
交JR千歳駅から徒歩10分。新千歳空港から車で約10分
Pあり

タッチプールなどもある

ジオラマと模型でたどる鉄道の歴史
王子軽便鉄道ミュージアム 山線湖畔驛
おうじけいべんてつどうミュージアム やませんこはんえき

千歳市
資料館
MAP 別冊P.5-C2

1908（明治41）～1951（昭和26）年に支笏湖と王子製紙苫小牧工場、千歳川沿いの発電所間を運行し、山線の愛称で親しまれてきた王子軽便鉄道。その歴史をジオラマや鉄道模型などで再現。使われた山線鉄橋は、道内に現存する最古の鋼橋だ。

施設は2020（令和2）年に開設

王子軽便鉄道ミュージアム 山線湖畔驛
住千歳市支笏湖温泉番外地
TEL0123-25-2453（一般財団法人 自然公園財団 支笏湖支部）
営9:00～17:00（12～3月は9:30～16:00）
休12～3月の火曜（祝日の場合は翌日）　料無料
交バス停支笏湖（→P.250）から徒歩2分
P有料あり（12～3月は無料）

名水百選に選ばれた湧水と親しむ
名水ふれあい公園
めいすいふれあいこうえん

千歳市
公園
MAP 別冊P.9-D3

千歳市の水道水に利用されている「ナイベツ川湧水」が名水百選に選ばれたことを記念して開園。ナイベツ川湧水の噴出口を再現した湧水池があり、川沿いに木桟橋の散策路が整備されている。隣接する浄水場の管理棟には水道情報館がある。

川沿いの散策路。水に足を浸す人も

名水ふれあい公園
住千歳市蘭越4
TEL0123-24-3284（千歳市水道局水道整備課）
営4月第4土曜～11月15日の9:00～18:00（10月1日～11月15日は～17:00）
休期間中無休　料無料
交JR千歳駅から車で約10分。新千歳空港から車で約20分
Pあり

一番搾りのおいしさの秘密がわかる
キリンビール北海道千歳工場
キリンビールほっかいどうちとせこうじょう

千歳市
工場見学
MAP 別冊P.9-D3

工場見学ツアーを1日5回開催（土・日曜は8回。所要時間1回約90分、要事前予約）。人気商品である「キリン一番搾り」の製造工程やこだわりを知ることができ、最後には工場直送のビールのテイスティングができる。レストランもあり。

キリンビール北海道千歳工場の外観

キリンビール北海道千歳工場
住千歳市上長都949-1
TEL0123-24-5606　営9:30～16:30（受付）　休月・火曜（祝日の場合は営業）　料ツアー参加費500円　交JR長都駅から徒歩10分。新千歳空港から車で約20分
Pあり

締めくくりにおいしい1杯を

「サケのふるさと千歳水族館」のそばを流れる千歳川に、インディアン水車と呼ばれる捕魚車が設置されている（稼働は8月中旬～12月上旬）。電力を使わず水力だけで回っているインディアン水車は道内ではここだけ。

COLUMN
ジモトトピックス

美しい「支笏湖ブルー」に癒やされる

札幌や新千歳空港からショートトリップで行くことができる支笏湖。美しいブルーの水と、周囲を囲む山々の絶景に出合える。

夏は深く澄みきったブルーに出合える。赤い橋は山線鉄橋(→P.249)

支笏湖は約4万6000年前に起きた火山活動によってできたカルデラ湖。最大水深が360mあり、これは秋田県の田沢湖に次いで2番目の深さ。日本最北の不凍湖と呼ばれる。透明度が高く、日本屈指の水質が自慢だ。澄んだ水に光が当たると「支笏湖ブルー」と呼ばれる美しい青色の輝きを見せてくれる。

支笏湖 ●しこつこ MAP 別冊P.9-C3
住千歳市支笏湖温泉 TEL0123-25-2404(支笏湖ビジターセンター)
交JR札幌駅から車で約1時間10分。新千歳空港から車で約40分。新千歳空港バスターミナルからバスで約55分、支笏湖下車 P有料あり(12〜3月は無料)

案内所 湖や周辺の自然について学べる

支笏湖ビジターセンター ●しこつこビジターセンター MAP 別冊P.5-C2

支笏湖を訪れたらまず寄りたい場所。今もなお活動を続けている火山の様子や、支笏湖周辺に生息する生き物の生態、湖の中の世界などを模型や大型写真、映像で魅力的に紹介している。

温泉街のそば、湖畔に立つセンター

湖周辺の豊かな自然について学べる

住千歳市支笏湖温泉番外地
TEL0123-25-2404 営4〜11月は9:00〜17:30、12〜3月は9:30〜16:30 休12〜3月は火曜(祝日の場合は翌日) 交バス停支笏湖から徒歩2分 P支笏湖駐車場利用

体験 人と自然をつなぐアクティビティカンパニー

支笏湖ガイドハウスかのあ ●しこつこガイドハウスかのあ MAP 別冊P.5-C2

支笏湖と千歳川を拠点に、カヌーやトレッキングのツアーを行っている。経験豊富な北海道出身のガイドが、豊かな自然の中でのアクティビティを通じ、さまざまな気づきや感動が得られる時間を提供。

住千歳市支笏湖温泉番外地
営8:50〜17:30 休不定休
料プライベートカヌー(1〜3人)4万4000円、ネイチャークルージング7700円など。公式ウェブサイトで確認を
交バス停支笏湖から徒歩1分
CCMV(予約時の事前決済)
P支笏湖駐車場利用

デジタルデトックスができる時間

自然が教えてくれることはさまざま

グルメ 支笏湖のヒメマス料理が味わえる

ポロピナイ食堂 ●ポロピナイしょくどう MAP 別冊P.5-C2

美しい支笏湖を眺めながら食事が楽しめる。なかでも6〜8月は、朝釣りした新鮮な支笏湖チップ(ヒメマス)を使った料理が味わえる。食事のほかにも桟橋からの釣り体験、ペダルボート乗りなどもできる。
住千歳市幌美内番外地 TEL0123-25-2041
営4月上旬〜11月上旬の10:00〜17:30LO
休期間中無休 交バス停支笏湖から車で約10分
CC不可 Pあり

支笏湖チップスペシャルセット

チップのフライを包んだクレープ

縄文から現代までの歴史と文化が一堂に

恵庭市郷土資料館

えにわしきょうどしりょうかん

恵庭市 資料館 MAP 別冊P.33-D2

約7000年前から人々が生活していた恵庭の歴史や自然を学べる資料館。縄文、続縄文、擦文文化や、アイヌ文化に関する資料、市民が寄贈した昭和の生活用具などを展示。国指定史跡カリンバ遺跡から出土した、縄文時代の漆塗りや玉の装身具（重要文化財）も見られる。

カリンバ遺跡の合葬墓のレプリカも展示

恵庭市郷土資料館
住恵庭市南島松157-2
TEL0123-37-1288
営9:30～17:00
休月曜、祝日の翌日、毎月最終金曜
料無料
交JR恵み野駅からバスで約10分、恵み野東7丁目下車、徒歩10分
Pあり

湖の周辺には広場や桜公園も

えにわ湖

えにわこ

恵庭市 自然 MAP 別冊P.9-C3

漁川ダムの建設によって誕生した人造湖。周辺には、バーベキューや日帰りキャンプを楽しめる広大な芝生広場「えにわ湖自由広場」、3000人の恵庭市民が桜を植樹した「えにわ湖桜公園」などを整備。紅葉や桜の名所としても有名だ。ダムの資料展示室は自由見学可。

豊かな自然に囲まれた「えにわ湖」

えにわ湖
えにわ湖自由広場・桜公園
住恵庭市盤尻
TEL0123-33-3131（恵庭市役所経済部花と緑・観光課）
営4月29日～11月3日の日没
休期間中無休
料無料
交JR恵庭駅から車で約30分。道央自動車道恵庭ICから車で約20分
Pあり

桜公園。毎年5月上旬に満開を迎える

かつて北広島にはマンモスがいた！

北広島市エコミュージアムセンター知新の駅

きたひろしましエコミュージアムセンターちしんのえき

北広島市 資料館 MAP 別冊P.9-D2

北広島市の自然史や郷土史などについて情報発信・収集を行う施設。市内で発見された貴重な地層や化石、地域ゆかりの先人に関する資料を展示している。マンモスの化石が発見されたことから、市内の子供たちと共同制作した親子マンモスの模型も展示している。

ケナガマンモスの親子の模型

北広島市エコミュージアムセンター知新の駅
住北広島市広葉町3-1（広葉交流センターいこ～よ2階）
TEL011-373-0188
営9:00～17:00
休月曜（祝日の場合は直後の平日）
料入館無料
交JR北広島駅から徒歩15分（車で約5分）
Pあり

現存する道内最古の駅逓所

国指定史跡 旧島松駅逓所

くにしていしせき きゅうしままつえきていじょ

北広島市 歴史的建造物 MAP 別冊P.9-D2

明治初期の北海道で、宿泊や運送、郵便で重要な役割を担った駅逓所のひとつ。現存する建物としては道内最古。クラーク博士が「少年よ、大志をいだけ」の金言を残した地としても知られている。館内ガイドが常駐し、明治期の島松駅逓所について説明してくれる。

夏と秋にライトアップイベントを開催

国指定史跡 旧島松駅逓所
住北広島市島松1-1
TEL011-377-5412（開館時）、011-373-0188（閉館時連絡先・エコミュージアムセンター知新の駅）
営4月28日～11月3日の10:00～17:00
休期間中月曜（祝日の場合は直後の平日）
料入館200円
交JR島松駅から車で約10分。地下鉄福住駅からバスで約40分、島松ゴルフ場下車、徒歩10分
Pあり

INFO 旧島松駅逓所には「寒地稲作この地に始まる」という碑がある。寒地稲作の祖と称される中山久蔵は、島松で稲作の試作を進め、苦労の末に米の収穫に成功。久蔵は4代目の駅逓取扱人でもあった。

原生林に囲まれた支笏湖の温泉施設

休暇村支笏湖

●きゅうかむらしこつこ

千歳市 入浴施設 MAP 別冊P.5-C2

支笏湖を見下ろす高台に位置する、原生林に囲まれた温泉宿泊施設。隣接する野鳥の森では国内に生息する種のうち、3分の1もの野鳥を観察することができる。湯上がり後も肌のしっとり感が続く、とろりとした泉質は特に女性に好評だ。

とろりとした泉質の天然温泉を楽しめる

休暇村支笏湖

住千歳市支笏湖温泉
TEL0123-25-2201
営日帰り入浴11:00～15:00（土・日曜・祝日は14:00受付終了の場合あり）
休火・水曜
料入浴800円
交JR千歳駅から車で約45分。新千歳空港から車で約50分
CC不可
Pあり

喧騒から離れた豊かな自然の中にある

モール温泉と2種類のサウナを楽しむ

恵庭温泉ラ・フォーレ

●えにわおんせんラ・フォーレ

恵庭市 入浴施設 MAP 別冊P.33-D3

日帰り入浴専用の温泉施設。露天風呂では美肌の湯として知られる植物由来のモール温泉を楽しめる。泉質はナトリウム塩化物泉。広い内風呂にはジェットバスや打たせ湯があり、フィンランド式高温サウナと低温塩サウナを備えている。

希少なモール温泉の露天風呂

恵庭温泉ラ・フォーレ

住恵庭市恵南4-1
TEL0123-32-4171
営11:00～23:00（最終受付22:20）
休無休（メンテナンス休館あり）
料入浴440円
交JR恵庭駅から徒歩30分（車で約8分）
CC不可
Pあり

露天風呂から望む電車の風景

里の森 天然温泉 森のゆ

●さとのもり てんねんおんせん もりのゆ

北広島市 入浴施設 MAP 別冊P.27-D2

内風呂・露天風呂ともに天然温泉100%の湯が楽しめる日帰り入浴専門施設。露天風呂からの眺望が自慢で、目の前に森や電車が走る風景が広がる。男女の浴室は毎日入れ替わり、高温サウナも完備。飲泉も可能で飲泉所も設置している。

眺望が自慢の露天風呂

里の森 天然温泉 森のゆ

住北広島市西の里511-1
TEL011-375-2850
営9:00～22:00（最終受付21:30）
休無休（メンテナンス休館あり）
料入浴800円（土・日曜・祝日、特定日は850円）
交JR上野幌駅から徒歩10分
CCJMV
Pあり

COLUMN ジモトトピックス

支笏湖を望む秘湯＆サウナに湖の水風呂も！

支笏湖の湖畔にある1915（大正4）年創業の老舗・丸駒温泉旅館は、全国的に知られる秘湯。天然露天風呂は全国でも20ヵ所ほどしかない珍しい足元湧出湯。展望露天風呂からはダイナミックな支笏湖が一望できる。フィンランド式サウナを導入し、湖に面した水風呂は湖の水を使用している。

湖畔の宿支笏湖 丸駒温泉旅館 千歳市

●こはんのやどしこつこ まるこまおんせんりょかん MAP 別冊P.5-C2

住千歳市幌美内7 TEL0123-25-2341 営受付10:00～15:00 休不定休 料入浴1200円 交JR札幌駅から車で約60分 CC日帰りは不可 Pあり

野趣あふれる天然露天風呂

湖の水かけ流しの水風呂

COLUMN
ジモトトピックス

“花のまち”恵庭を代表する大型複合施設

「花のまちづくり」をスローガンに掲げ美しい町作りを進めている恵庭。個人宅、店舗などのオープンガーデン、花や庭にまつわる施設もあり、ガーデニングの町として全国的に知られる。花と動物にも触れられる施設を紹介。

“花のまち”のシンボル的な拠点

2020年に誕生した施設。メインは7つのテーマガーデンからなるガーデンエリア。北海道を代表するガーデナーが設計したガーデンは、四季折々の花や樹木の美しさを間近で感じられる。敷地内には、焼きたてパンの「えにパン」などが入っている道と川の駅「花ロードえにわ」、恵庭市内や近郊の約70軒の生産者の野菜が並ぶ農畜産物直売所「かのな」などがあり買い物が楽しめる。雨や雪の日も遊べる屋内遊びの空間「えにわファミリーガーデンりりあ」、花と緑に囲まれた車中泊専用の施設「RVパーク花ロードえにわ」も。

ガーデンエリアの「虹色の島」

花の拠点 はなふる ●はなのきょてん はなふる

MAP 別冊P.33-D3

住 恵庭市南島松828-3 TEL 0123-29-6721（花の拠点センターハウス総合案内） 営 9:00～17:00 休 無休 交 JR恵み野駅から徒歩15分 CC 店舗により異なる P あり

みやげ物も買える「花ロードえにわ」

市外からの買い物客も多い「かのな」

見どころ盛りだくさんのエコな村

敷地総面積150ヘクタールのエコロジーテーマガーデン。広い園内には頭上にトマトがなる「とまとの森」や、羊がやってくるキャンプ場など複数の施設が点在している。イングリッシュガーデンの「銀河庭園」は、春は水仙、夏はバラ、秋はダリアと季節ごとにさまざまな表情を楽しめる。「みどりの牧場」には、アルパカやミニチュアホースなどがいるほか、牧羊犬とハンドラーが一体となって羊の群れを追うショーも実施。ローストポークがメインに付くビュッフェスタイルの「森のレストラン Ten-Man」などもある。

銀河庭園のローズガーデン

えこりん村 ●えこりんむら

MAP 別冊P.33-C3

住 恵庭市牧場277-4 TEL 0123-34-7800 営 銀河庭園&みどりの牧場は4月26日～10月31日の9:30～17:00（10月は～16:00）。そのほか施設によって異なる 休 期間中無休（施設によって異なる） 料 銀河庭園&みどりの牧場入園1200円 交 JR恵庭駅西口から無料送迎バスで約15分 CC 銀河庭園&みどりの牧場は不可。ほかは施設により異なる P あり

みどりの牧場の牧羊犬ショー

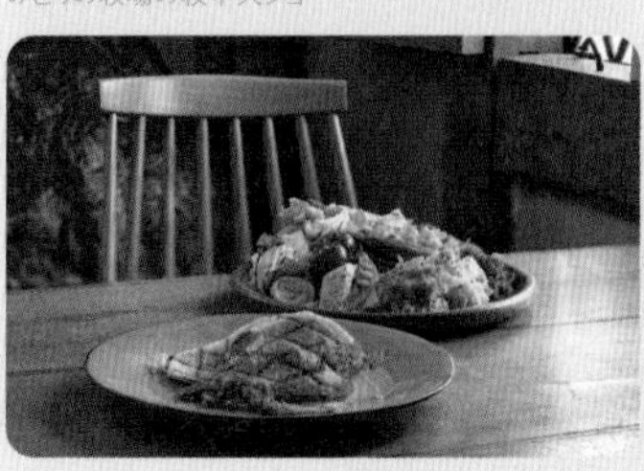
森のレストラン Ten-Manのローストポーク

INFO 恵庭のカントリーサインは、女の子が花に囲まれて本を読んでいる絵が描かれている。恵庭が読書の町でもあるからだ。全国でも珍しい「読書条例」を制定し、読書活動を推進している。

食べる

草花咲く庭園と欧風家庭料理を楽しむ
MEON農苑エシカルキッチン&カフェ
●ミオンのうえんエシカルキッチンアンドカフェ

千歳市
欧風家庭料理
MAP 別冊P.9-D3

千歳川のほとりにあるMEON農苑に併設し、素朴で豊かなカントリーサイドの暮らしを提案するカフェ。近郊の契約農家の食材や自家栽培ハーブなどで作る欧風の家庭料理が人気だ。草花が咲く庭園や水路があり、のんびり散策も楽しめる。

人気の煮込み料理の一例「ポトフ」

野鳥やリスを間近で観察できるカフェ
The Bird Watching Cafe
●ザ・バード ウオッチング カフェ

千歳市
カフェ
MAP 別冊P.9-D3

森に面した大きな窓があり、野鳥やリスを観察しながら食事ができる。冬は人気者のシマエナガが飛来することでも有名だ。シマエナガソフトやオーストラリアスタイルのバーガーが好評。本格的な写真撮影ができる専用スペースもある。

かわいいシマエナガソフト650円

自家製チーズのフレッシュな味わい
みるくのアトリエ寺田牧場
●みるくのアトリエてらだぼくじょう

恵庭市
ピザ・パスタ
MAP 別冊P.33-D3

酪農家・チーズ職人・イタリアンシェフの3つの顔をもつ店主が営むファームレストラン。料理に使うモッツァレラチーズは毎朝、自家牧場の搾りたてのミルクで手作りしている。人気のマルゲリータランチセット1300円などで新鮮な味を楽しもう。

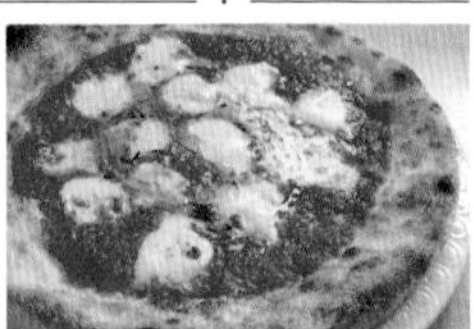
モッツァレラを使ったマルゲリータ

北海道ならではのエゾシカ料理
シカ肉レストラン あぷかの森
●シカにくレストラン あぷかのもり

北広島市
シカ肉料理
MAP 別冊P.9-D2

エゾシカ肉処理工場（HACCP・エゾシカ肉認証）が運営する、エゾシカ専門のジビエレストラン。ヘルシーで美味な自慢の熟成肉を、ステーキやハンバーグなどで提供している。看板料理はおまかせ3種盛りステーキセット。肉の直売もあり。

おまかせ3種盛りステーキセット1650円

MEON農苑エシカルキッチン&カフェ
住千歳市蘭越1625-6　TEL0123-26-2007　営10:30～17:00LO（11～2月は～16:00LO）　休木曜、第2・第4水曜　交JR千歳駅から車で約13分、新千歳空港から車で約20分　CCADJMV　Pあり

The Bird Watching Cafe
住千歳市蘭越90-26　TEL0123-29-3410　営10:00～15:30LO（デザート・ドリンクは16:30LO）　休火曜　交JR千歳駅から車で約15分。JR千歳駅からバスで約20分、千歳桂病院前下車、徒歩1分　CCJMV　Pあり

みるくのアトリエ寺田牧場
住恵庭市恵南28　TEL0123-39-2546　営11:00～15:30LO　休水曜　交JR恵庭駅から車で約7分　CC不可　Pあり

シカ肉レストラン あぷかの森
住北広島市輪厚607-28　TEL011-511-4855　営土・日曜、第4火曜11:00～14:30LO　休月～金曜　交JR北広島駅から車で約15分　CCJMV　Pあり

COLUMN
ジモトトピックス

花のまち・恵み野をコーヒー片手に散策

国際コーヒー鑑定士が厳選したスペシャリティコーヒーを、世界で1台しかない焙煎機で焼き、常時20種類販売。ていねいにドリップしたコーヒーをテイクアウトできる。

珈琲きゃろっと
●こーひーきゃろっと

MAP 別冊P.33-D2
住恵庭市恵み野西1-25-2
TEL0123-36-4561
営10:00～16:00LO
休水・日曜　交JR恵み野駅から徒歩10分

全国にファンがいるコーヒー豆の店

買う&テイクアウト

特産のハスカップのワインも人気
千歳ワイナリー
ちとせワイナリー

千歳市
ワイナリー
MAP 別冊P.32-A2

日本のピノノワール栽培の第一人者である余市町・木村農園のブドウのみを使用したワインを醸造。千歳近郊で収穫されるハスカップのフルーツワインも人気だ。直売所では無料と有料の試飲を数種類ずつ用意。醸造施設見学ツアーも実施（要予約）。

世界水準のワイン造りを目指している

道産素材にこだわった和洋菓子とパン
もりもと千歳本店
もりもとちとせほんてん

千歳市
菓子・パン
MAP 別冊P.32-A3

創業70年以上の、道産素材にこだわった菓子メーカー。明るく開放的な本店には、ベストセラー商品のハスカップジュエリーをはじめ、和菓子や洋菓子、パンがぎっしりと並ぶ。店内厨房で作るできたてのスイーツや本店限定商品にも注目だ。

バラエティ豊かな商品が並ぶ明るい店内

特別栽培の取れたて野菜と加工品を販売
余湖農園農産物直売所
よごのうえんのうさんぶつちょくばいじょ

恵庭市
野菜
MAP 別冊P.9-D2

土づくりからこだわり、特別栽培に取り組んでいる余湖農園（JGAP認証農場）。直売所ではその畑から収穫した元気で新鮮な野菜や、ジュース・味噌などの加工品を販売。トマトソフトクリームも人気だ。夏は自然の中でバーベキューも楽しめる。

野菜の味に深みがあると評判

カフェ併設のガーデニング専門店
サンガーデン
サンガーデン

恵庭市
花苗・カフェ
MAP 別冊P.33-D2

500種類以上の花苗や野菜苗を生産・販売しているガーデニング専門店。敷地内のカフェでは野菜をたっぷり使ったヘルシーなワンプレートランチや、手作りのマフィンやスコーンを味わえる。オープンガーデンを散策するのも楽しい。

カフェはテラス席もある

千歳ワイナリー
住千歳市高台1-7
TEL0123-27-2460
営9:00～17:00 休無休
交JR千歳駅から徒歩10分
CCADJMV Pあり

昭和30年代に造られた札幌軟石の穀物庫を改良

もりもと千歳本店
住千歳市千代田町4-12-1
TEL0123-26-0218
営9:00～19:00 休無休
交JR千歳駅から徒歩約7分
CCAJMV P有料あり(買い物で1時間無料)

余湖農園農産物直売所
住恵庭市穂栄323
TEL0123-37-2774
営4月28日頃～10月の9:00～17:30LO(11月～4月27日頃は～16:00) 休無休
交JR島松駅から徒歩30分(車で約10分) CC不可 Pあり

サンガーデン
住恵庭市西島松561-4 TEL0120-980-386 営ガーデンショップ4月～10月連休の9:00～17:00、カフェティーズガーデン4月～11月第1日曜の10:00～16:30LO
休期間中木曜(祝日の場合は営業) 交JR恵み野駅から徒歩15分 CCADJMV Pあり

野菜中心のワンプレートランチ1500円

どさんこワイド179 佐々木アナ column

私は「千歳っ子」！

幼い頃は支笏湖のスワンボートに乗って、よくはしゃいでいました。国内屈指の水質と透明度を誇り、知る人ぞ知る淡水ダイビングの名所でもあるんですよ！ 潜ればわかる「静けさ」と「支笏湖ブルー」の神秘的な世界。ぜひ体験を。

今も水の中ではしゃいでいます！

INFO 恵庭の特産品のひとつがえびすかぼちゃ。しっかりした甘みとホクホク感が特徴。特に関西地方で人気がある。このえびすかぼちゃを使ったスイーツやパンなどの加工品も数多く作られている。

美しいガラスとパンに出合う森

ニーウンペツの森

ニーウンペツのもり

北広島市 ガラス・パン MAP 別冊P.33-C2

昭和初期に造られた小学校をリノベーションした、自然のなかにたたずむガラス工房兼ギャラリー。ステンドグラスや吹きガラス作品の購入や製作体験ができる（要予約）。カフェも併設。敷地内に、北海道産の厳選素材で作るパンが人気のベーカリー「森のパン工房ウタリ」がある。

レトロな空間にガラス製品が並ぶ

ニーウンペツの森

住北広島市輪厚308 TEL011-377-7680（ニーウンペツの森）、080-4045-5240（森のパン工房ウタリ） 営ニーウンペツは4～12月の第1週を除く金・土・日曜の10:30～17:00、ウタリは10:00～16:00（売り切れ次第終了） 休ニーウンペツは期間中月～金曜（第1週は休み）。ウタリは月・火曜 交JR北広島駅から車で約20分 CCニーウンペツはADJMV、ウタリは不可 Pあり

世界最高ランクを誇るハムとベーコン

エーデルワイスファームPiccola Foresta本店

エーデルワイスファームピッコラ フォレスタほんてん

北広島市 ハム・ベーコン MAP 別冊P.33-D1

長期氷温熟成と薪・炭火仕上げによるハム・ベーコンの製造で、国際的に高い評価を受けているエーデルワイスファーム。同社の全製品を購入できる直売店とベーカリー、レストランが揃う新施設が2022年にオープン。北海道で約90年間受け継がれてきた伝統の味を楽しもう。

グランピング施設もオープン

エーデルワイスファーム Piccola Foresta本店

住北広島市輪厚531-7 TEL011-887-6985（直売店直通） 営直売店10:00～17:00（4～10月の土・日曜・祝日は～18:00、1～2月は～16:00）、ベーカリー10:00～売り切れ次第閉店、レストラン11:00～16:00LO（1～2月は～15:00LO） 休直売店火曜、ベーカリー月・火曜、レストラン火・水曜 交JR北広島駅から車で約10分。JR北広島駅からバスで約15分、輪厚三愛病院前下車、徒歩10分 CCADJMV Pあり

COLUMN ジモトトピックス

北海道を代表するふたつのアウトレットモール

新千歳空港のある千歳市にある「千歳アウトレットモール・レラ」と、札幌と新千歳空港の間にある北広島市の「三井アウトレットパーク 札幌北広島」。どちらも空港からのアクセスのよさから観光客も利用しやすい。

開放的でオープンな雰囲気

新千歳空港から車で10分という便利な立地の、開放感あふれる屋外型のアウトレットモール。ファッションからアウトドア、グルメ、おみやげまで幅広いショッピングを楽しめる。ラーメン店が集う「ラーメン博覧会」も人気。ドッグランがあり、愛犬連れで来館も可能だ。

レラアトリウムとアトリウム前広場

千歳市

千歳アウトレットモール・レラ

ちとせアウトレットモール・レラ MAP 別冊P.32-B3

住千歳市柏台南1-2-1 TEL0123-42-3000
営10:00～19:00 休無休
交JR南千歳駅から徒歩3分。新千歳空港から車で約10分
CC店舗により異なる Pあり

約180店舗が入った最大モール

北海道エリア最大級のアウトレットモール。1年を通して快適にショッピングを楽しめる屋内型で、観光拠点としての役割も担っている。ラグジュアリーブランドからカジュアルブランド、北海道中のおいしいものが集結した店まで、バラエティに富んだショップが揃う。

札幌中心部や新千歳空港から車で約30分

北広島市

三井アウトレットパーク 札幌北広島

みついアウトレットパーク さっぽろきたひろしま

MAP 別冊P.27-C3

住北広島市大曲幸町3-7-6 TEL011-377-3200
営物販10:00～20:00、レストラン11:00～21:00、フードコート10:30～20:30LO 休不定休 交新千歳空港から車で約30分。JR札幌駅から直通バスで約50分 CC店舗により異なる Pあり

ウポポイやウトナイ湖がある

苫小牧・白老

●とまこまい・しらおい MAP 別冊P.4-5

苫小牧東港フェリーターミナルからの眺め

苫小牧市
面積 約561.58km²
人口 約16万7460人
（2023年4月）

白老町
面積 約425.64km²
人口 約1万5570人
（2023年3月）

白老の白と片仮名のオイを合わせて図案化した

札幌から車で一般道を利用して約1時間30分の位置にある苫小牧市。空の玄関・新千歳空港からは30分という距離で、多くのフェリーや貨物船が発着する港も有する。北海道の物流拠点であるとともに、工場も多く、ものづくりの町としても知られる。一方で、ラムサール条約に登録されているウトナイ湖や世界的に珍しい三重式火山の樽前山など、自然にも恵まれたエリアだ。苫小牧市の隣にある白老町は、2020年にオープンしたウポポイ（民族共生象徴空間）や、豊かな海や山の幸でも知られる町。また、競走馬の産地でもあり、たくさんの名馬を産出している。

苫小牧・白老の歩き方

ホッキ貝や白老牛など現地で楽しみたい味覚

苫小牧はJRの駅を起点にバス移動という選択肢もあるが、車があると各所へ気軽に移動できて便利。苫小牧の特産品・ホッキ貝は、海の駅ぷらっとみなと市場に入っている飲食店でホッキカレーや寿司で味わえる。野鳥観察ができるウトナイ湖なども立ち寄りたい。白老のウポポイ（民族共生象徴空間）は、半日もしくは1日かけてじっくり見るのがおすすめ。また、白老へ行ったなら、美食家たちが愛する特産品の白老牛や虎杖浜たらこを使ったメニューを堪能して。

どさんこワイド179 村雨アナcolumn

有名人輩出の町・苫小牧

苫小牧出身者は男子卓球の五輪メダリスト・丹羽孝希さん、オリンピック3大会連続出場で女子アイスホッケー主将を務めた大澤ちほさん、世界的なビリヤード選手の平口結貴さんに歌手のEXILE SHOKICHIさん、プロ野球の田中将大投手は高校時代を苫小牧で過ごしました。

SHOKICHIさんは番組レギュラーメンバー♥

INFO 苫小牧の樽前山（たるまえさん）からの清流が、長い年月をかけて岩を浸食してできた崖が「樽前ガロー」。切り立った岩肌に深緑の苔が張り付き、独特な自然景観を生み出している。6月頃はあたりの新緑と川の水がより美しさを演出。

おもな見どころ

苫小牧市
自然
MAP
別冊P.5-D2

日本屈指の野鳥の宝庫
ウトナイ湖
●ウトナイこ

ウトナイ湖は周囲9kmの淡水湖。ラムサール条約に登録された湖で、渡り鳥の重要な中継地点になっている。湖畔のウトナイ湖野生鳥獣保護センターでは湖の自然に関するパネルやはく製などを展示。センターから続く観察路では野鳥観察を楽しめる。

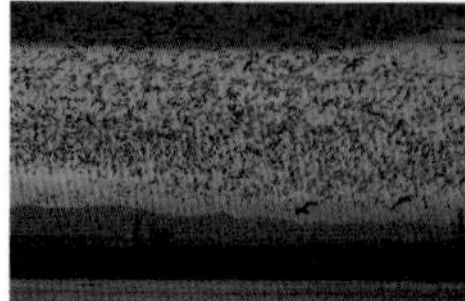
朝焼けのなか、飛び立つ鳥たち

苫小牧市
科学館
MAP
別冊P.5-C3

宇宙ステーション「ミール」を展示
苫小牧市科学センター
●とまこまいしかがくセンター

科学や天文分野に特化した科学館。館内にはプラネタリウムやミール展示館などがある。ミールとは、旧ソ連（ロシア）製の長期滞在型の宇宙ステーションのこと。世界にひとつしかない貴重なミールの予備機が展示されている。

ミールの基幹モジュール

白老町
自然
MAP
別冊P.48-B2

限りなく透明に近い円形の湖
倶多楽湖
●くったらこ

約4万年前の火山の噴火でできたカルデラ湖。湖面の標高257m、水深最大147m。透明度は28.3mあり、かつて全国1位に輝いたことも。支笏洞爺国立公園特別区域内にあり、登別市側から行くことが可能。周囲の原生林も含め神秘的な美しさが漂う。

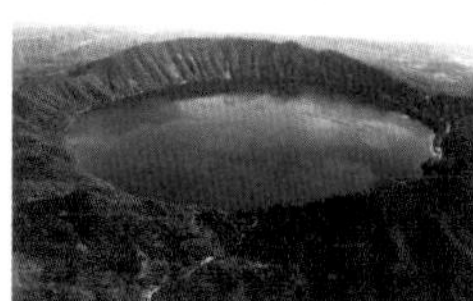
上空から見ると美しい円形をしている

白老町
資料館
MAP
別冊P.49-C2

史跡とともに北海道遺産に選定
仙台藩白老元陣屋資料館
●せんだいはんしらおいもとじんやしりょうかん

幕命を受けた仙台藩の藩士たちが北辺防備のために造った陣屋。国の史跡に指定され、資料館が建てられた。鎧兜など約300点が展示され、藩士たちの暮らしぶりや先住民族であるアイヌの人たちとの交流についてなど、数多くの資料を展示。

武家屋敷をモチーフにした建物

ウトナイ湖
野生鳥獣保護センター
住苫小牧市字植苗156-26
TEL0144-58-2231　営9:00～17:00　休月曜（祝日の場合は翌日）　料入館無料　交JR苫小牧駅から車で約25分。新千歳空港から車で約15分　Pあり

保護センターでは野鳥について紹介

苫小牧市科学センター
住苫小牧市旭町3-1-12
TEL0144-33-9158　営9:30～17:00　休月曜（祝日の場合は翌平日）　料無料　交JR苫小牧駅から徒歩20分（車で約5分）
Pあり

西側にはモザイク仕上げの壁画がある

倶多楽湖
住白老町虎杖浜
TEL0144-82-2216（一般社団法人白老観光協会）
営見学自由。ただし11月初旬～4月初旬は道路通行止
交JR登別駅から車で約15分
Pあり

仙台藩白老元陣屋資料館
住白老町陣屋町681-4
TEL0144-85-2666
営9:30～16:30
休月曜（祝日の場合は翌平日）
料入館300円（町民無料）
交JR白老駅から車で約5分
Pあり

仙台藩士の子孫らが寄贈・寄託

あそぶ&体験

1年をとおして楽しめる馬のテーマパーク

苫小牧市 テーマパーク MAP 別冊P.5-D2

ノーザンホースパーク

ノーザンホースパーク

乗馬やポニーのショーなど、馬との触れ合いが楽しめる施設。広い敷地内ではサイクリングやパークゴルフなどのアクティビティも。約1000品種の植物が植栽されているガーデンや道産食材を使ったレストランもある。冬は馬そりも登場。

恵まれた自然の中で乗馬体験

ノーザンホースパーク
住苫小牧市美沢114-7
TEL0144-58-2116 営9:00～17:00(11月6日～4月9日は10:00～16:00) 休4月10～14日(ほか公式ウェブサイトで要確認)
料入園800円(11月6日～4月9日は500円) 交新千歳空港から無料シャトルバスで約15分
CCADJMV Pあり

ポニーのショーも行われる

スキンケアメーカーの旗艦施設

白老町 テーマパーク MAP 別冊P.48-B3

ナチュの森

ナチュのもり

スキンケア商品の工場と公園がひとつになった場所。ショップやスパ、カフェのほか、廃校を利用して2022年にオープンした「森の工舎」では、香りの不思議や蒸留の仕組みがわかる体験が楽しめる。モノづくりのワークショップも開催中。

蒸留実験室の本格的な蒸留器

ナチュの森
住白老町虎杖浜393-12
TEL0144-84-1272(総合案内)
営10:00～17:00
休水・木曜(祝日の場合は営業)
交JR登別駅から車で約8分。新千歳空港から車で約1時間30分
CCADJMV Pあり

岩盤浴、サウナも完備のスパ施設

苫小牧市 入浴施設 MAP 別冊P.5-C3

苫小牧温泉ほのか

とまこまいおんせんほのか

天然温泉のほか、美容オイルを配合した月替わりの湯やジャクージ、2種類の岩盤浴、高温サウナなどを備えるスパ。サウナにはオートロウリュも完備している。入浴のあとは、海が見えるレストランでゆっくり食事もできる。

海風を感じられる露天風呂

苫小牧温泉ほのか
住苫小牧市糸井124-1
TEL0144-76-1126 営9:00～24:00 休無休 料入浴950円
交JR苫小牧駅前からバスで約16分、三星工場前下車、徒歩3分
CCJV Pあり

岩盤浴の悠蒸洞(ゆうじゅどう)

源泉かけ流しの日帰り入浴

白老町 入浴施設 MAP 別冊P.48-B3

アヨロ温泉

アヨロおんせん

国道36号そば、海沿いにある源泉100%かけ流しの日帰り入浴施設。波の音を聞きながら湯あみが楽しめる。泉質は塩化ナトリウム。全館バリアフリーで利用しやすい。食事もでき、前浜で取れたタラコや鮭を使った料理が味わえる。

ジャクージや寝湯などもある

アヨロ温泉
住白老町字虎杖浜154-2
TEL0144-87-2822 営8:00～21:00 休不定休 料入浴480円
交JR虎杖浜駅から徒歩15分
CC不可 Pあり

湯上がりに海を望めるテラス

INFO 白老の「ポロト湖」は、夏は湖上でのカヌー、冬はワカサギ釣りなどができる淡水湖。ミズバショウの群生地としても知られる。湖の周囲には「ポロト自然休養林」があり、サイクリングやバードウオッチング、森林浴が楽しめる。

食べる

新鮮な食材を市場で買って飲食も

海の駅 ぷらっとみなと市場

うみのえき ぷらっとみなといちば

苫小牧市 市場･飲食施設 MAP 別冊P.5-C3

魚介や青果など、新鮮な食材が揃う市民の台所。市場直送の食材を味わえる飲食店も多数あり、日本一の漁獲量を誇る苫小牧のホッキ貝を使ったカレー、寿司、海鮮丼の店が軒を連ねる。敷地内にはホッキ貝にまつわる資料館もある。

市民はもちろん観光客にも人気

海の駅 ぷらっとみなと市場
住苫小牧市港町2-2-5　TEL0144-33-3462　営7:00～16:00
休水曜(祝日の場合は営業)
交JR苫小牧駅から車で約5分
CC店舗により異なる　Pあり

ひと休みにぴったりのオーシャンビュー

ミントブルー

ミントブルー

苫小牧市 カフェ MAP 別冊P.5-C3

太平洋の海を眺めながら食事やコーヒーが楽しめるカフェ。テラス席があり、海風を感じながら海を眺めているだけで癒やされる。水出しコーヒーなどのドリンクのほか、日替わりスイーツ、日替わりのプレート、パスタなどの食事メニューもある。

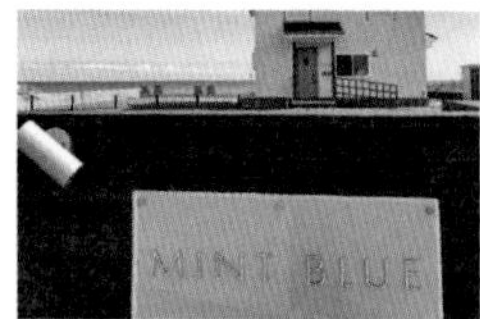

苫小牧の海がすぐ目の前

ミントブルー
住苫小牧市錦岡11-2　TEL080-5876-4845　営11:00～16:00LO　休月･木曜　交JR苫小牧駅から車で約15分　CC不可　Pあり

老舗水産加工会社の自慢のタラコ

たらこ家 虎杖浜

たらこや こじょうはま

白老町 タラコ MAP 別冊P.48-B3

大正2年創業の水産加工会社の直営店。自社生産のタラコや明太子、真ホッケやサバの一夜干しなどを販売。奥のイートインスペースでは虎杖浜タラコを使ったメニューを味わえる。テイクアウトできるコロッケや揚げかまぼこもあり。

たらこ家スペシャル2280円

たらこ家 虎杖浜
住白老町虎杖浜185-7
TEL0144-87-3892　営物販9:00～17:00、食事11:30～14:30
休木曜　交JR虎杖浜駅から徒歩20分。JR登別駅から車で約5分
CCADJMV　Pあり

作家作品で味わう地元メニュー

はしもと珈琲館

はしもとこーひーかん

白老町 カフェ MAP 別冊P.5-C3

こだわりのコーヒーと、地元・白老の食材を使用したオリジナルのメニューを提供。白老産の和牛のハンバーグや虎杖浜産のタラコを使ったパスタなどが人気。店で使用している器は隣接する「はしもと陶芸館」で販売している作家作品だ。

燻製たらこスパゲティ1320円

はしもと珈琲館
住白老町竹浦118-31
TEL0144-87-2597　営10:00～16:00LO(12～2月は～15:30LO)　休月・木曜(祝日の場合は営業。木曜が祝日の場合は金曜休)　交JR虎杖浜駅、竹浦駅から車で約4分。JR登別駅から車で約7分　CC不可　Pあり

COLUMN ジモトトピックス

生産者直営の白老牛ファームレストラン

白老にあるウエムラ牧場で生産される白老牛「上村和牛」を、ステーキやハンバーグで楽しめる。気軽に高級和牛が味わえると評判。

ファームレストラン ウエムラ・ビヨンド
MAP 別冊P.49-D2
住白老町字社台289-8
TEL0144-84-3386
営11:00～18:30LO
休不定休
交JR白老駅から車で約5分
CCJV
Pあり

炎の王様ダブルチーズのハンバーグセット150g 2255円

買う&テイクアウト

ギフトにぴったりの物からアウトレットまで

王子サーモン北海道工場直営店

おうじサーモンほっかいどうこうじょうちょくえいてん

苫小牧市 工場直売店 MAP 別冊P.5-C3

王子サーモン北海道工場に隣接した直売店。王子サーモンの定番商品やギフト商品はもちろん、工場直売ならではのサーモン切り落としや大容量パックなどのアウトレット品も揃う。在庫状況によってお買い得品に出合えるチャンスも。

アラやカマを甘塩で調味した限定品も

王子サーモン北海道工場直営店

住苫小牧市有明町2-8-15
TEL0144-84-1187 営9:30〜18:00 休無休 交JR苫小牧駅から車で約15分 CCADJMV Pあり

店舗は2020年にリニューアル

地元で愛される菓子メーカーの本店

三星本店

みつぼしほんてん

苫小牧市 菓子 MAP 別冊P.5-C3

ハスカップを使った銘菓「よいとまけ」で知られる苫小牧を代表する菓子メーカー。ここ本店では、道産原料を使用した菓子や豊富な焼きたてパンのほか、ソフトクリームやハスカップサンデーなども提供。広いイートインスペースもある。

贈答品から普段のおやつまで

三星本店

住苫小牧市字糸井141
TEL0120-333-153 営8:00〜19:00 休無休 交JR苫小牧駅から車で約30分 CCADJMV Pあり

イートインでは紅茶を無料で提供

フレッシュな卵を使った贅沢スイーツ

マザーズプラス

マザーズプラス

白老町 卵スイーツ MAP 別冊P.49-D2

白老にある養鶏会社が運営する、卵と卵を使ったスイーツの店。飼料や環境にこだわって育てている鶏の卵は、平飼い有精卵、赤たまご、さくら色たまごと3種類。新鮮卵のシュークリーム300円やプリン250円、ロールケーキ1450円は人気商品。

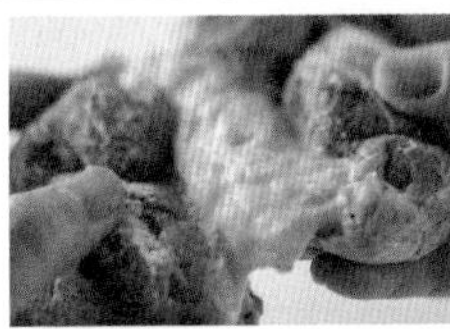
卵たっぷりのシュークリーム

マザーズプラス

住白老町字社台289-1
TEL0144-82-6786 営10:00〜18:00 休不定休 交JR白老駅から車で約3分 CCMV Pあり

建物はグッドデザイン賞を受賞

白老牛が卸売価格で購入できる

阿部牛肉加工 直売所

あべぎゅうにくかこう ちょくばいしょ

白老町 牛肉 MAP 別冊P.49-C3

全国的に知られるブランド和牛・白老牛の繁殖、肥育、加工まで一貫生産している工場の直売店。和牛のすき焼き、焼肉、ステーキなどを中心に、豚肉や鶏肉の加工品も卸売りの価格で購入できる。毎月末の金・土曜には卸売りセールを開催。

セール時は多くの人でにぎわう

阿部牛肉加工 直売所

住白老町字石山323-9
TEL0144-83-2941 営9:00〜16:00 休水・日曜・祝日
交JR白老駅から車で約3分
CC不可 Pあり

壁の「あべ牛」の文字が目印

INFO 白老のウポポイから歩いていける距離に観光協会が運営する「ポロトミンタラ」がある。観光情報が手に入るほか、白老牛、タラコなど、食材王国と名高い白老のおいしい特産品やアイヌの工芸品を購入できる。

温泉にテーマパークや工場夜景

登別・室蘭

●のぼりべつ・むろらん MAP 別冊P.4-5

登別市
面積 約212.21km²
人口 約4万4820人
(2023年3月)

登別の「の」と力強く伸びる市の将来を表現

登別市のロゴマーク

市制施行50周年の際に記念して作られたロゴマーク。鬼が温泉でほっこりしている。

室蘭市
面積 約81.01km²
人口 約7万7470人
(2023年3月)

カタカナのロを6個で「ムロ」、蘭の花を中央に図案化

室蘭市のブランドマーク

室蘭市開港150年、市制施行100年を記念して作られた。白鳥大橋、やきとり、地球岬をボルトで表現。

谷に沿って数多くの湧出口や噴気孔がある「地獄谷」

日本有数の温泉地・登別温泉。多種類の泉質の温泉が湧出することで知られている。地獄谷や大湯沼などいたるところから源泉が湧き出ており、自然湧出量は1日1万tといわれるほど。温泉街の周辺には、地獄谷をはじめ、豊かな自然が生み出したすばらしい眺望と、のぼりべつクマ牧場などの観光スポットが集まっている。また、登別市街にはテーマパークがある。隣接する室蘭市は"鉄の町"であり、幻想的な工場夜景が人気。展望台から太平洋を一望できる地球岬は、昔から初日の出のスポットとして知られ、元旦には各地から多くの人が集まる。

登別・室蘭の歩き方

温泉にテーマパーク、時間があれば周辺スポットへ

高速道路を使えば札幌から1時間30分ほどで、国内屈指の湯処・登別温泉へ到着する。登別市街にある江戸時代を再現したテーマパーク「登別伊達時代村」や、水族館「登別マリンパーク ニクス」で遊んだあと、温泉へ向かうコースもおすすめ。温泉街から地獄谷や大湯沼などを回り、自然散策を楽しむのであれば動きやすい靴で。登別から車で30分ほど行くと室蘭に着くので、時間に余裕があるなら、名物の室蘭やきとりを食べ、夜景を見るのもいい。

おもな見どころ

たくさんのクマたちを間近で見られる
のぼりべつクマ牧場
のぼりべつクマぼくじょう

登別市 クマ牧場 MAP 別冊P.48-A2

登別温泉街からロープウエイでクマ牧場のある山頂へ。餌やり体験をしたり、ガラスを隔てて目の前にクマが現れるヒトのオリなどから観察できる。ヒグマ博物館や倶多楽(くったら)湖展望台、アイヌ文化に触れられるユーカラの里（5〜10月）などもある。

かわいい子グマ牧場もある

のぼりべつクマ牧場
住 登別市登別温泉町224
TEL 0143-84-2225
営 9:00〜17:00（10月21日〜4月20日は9:30〜16:30）
休 無休（強風や保守によるロープウエイ運休時は休園）
料 入場2800円
交 JR登別駅からバスで約15分、登別温泉バスターミナル下車、徒歩5分
CC ADJMV
P あり

北欧をイメージした大型水族館
登別マリンパーク ニクス
のぼりべつマリンパーク ニクス

登別市 水族館 MAP 別冊P.48-B3

デンマークにあるイーエスコー城をモデルにしたニクス城の中には約400種、2万点の生き物が展示されている。幻想的な展示が多く、見ていて飽きない。イルカやアシカのパフォーマンス、かわいいペンギンのパレードも毎日開催。

1万匹のイワシがいる銀河水槽

登別マリンパーク ニクス
住 登別市登別東町1-22
TEL 0143-83-3800
営 9:00〜17:00（最終入場16:30）
休 4月10〜14日
料 入館2800円
交 JR登別駅から徒歩5分
CC ADJMV
P 有料あり

江戸時代へ手軽にタイムスリップ
登別伊達時代村
のぼりべつだてじだいむら

登別市 テーマパーク MAP 別冊P.48-A3

一歩足を踏み入れるとそこは江戸時代の町並み。忍者のアクションショーや豪華絢爛な花魁ショーなどがあるほか、見どころも盛りだくさん。手裏剣体験や時代衣装のレンタルなどもできる歴史エンターテインメント施設だ。

忍者の姿で江戸の町を歩ける!

登別伊達時代村
住 登別市中登別町53-1
TEL 0143-83-3311
営 9:00〜17:00（11月1日〜3月31日は〜16:00。最終受付は1時間前）
休 無休（冬場保守点検で休村の場合あり）
料 入村3300円
交 JR登別駅からバスで約8分、登別伊達時代村前下車すぐ
CC ADJMV
P 有料あり

アイヌ文化を広く伝える記念館
知里幸恵 銀のしずく記念館
ちりゆきえ ぎんのしずくきねんかん

登別市 資料館 MAP 別冊P.48-A3

アイヌの手によって書かれた初めてのアイヌ語の本「アイヌ神謡集」の著者である知里幸恵（1903〜1922）。彼女の生涯と業績の一端を学ぶことができる。直筆の手紙や日記が展示されているほか、アイヌ語やアイヌ文化、歴史についての図書や資料もある。

知里幸恵が生まれた場所に立つ

知里幸恵 銀のしずく記念館
住 登別市登別本町2-34-7
TEL 0143-83-5666
営 3月1日〜12月19日の9:30〜16:30（最終受付は30分前）
休 期間中火曜（祝日は除く）
料 入館500円
交 JR登別駅から徒歩15分。登別東ICから車で5分
P あり

INFO 登別温泉では8月の最終土・日曜に「地獄まつり」が行われるほか、9〜10月には迫力たっぷりの「地獄の谷の鬼花火」も数日間開催。鬼花火は完全予約制（開催日当日に予約を）。2月には「湯まつり」もある。

太平洋を一望。道内屈指の大パノラマ
地球岬
●ちきゅうみさき

室蘭市
自然
MAP 別冊P.4-B3

元旦には初日の出を拝むために各地から多くの人が訪れる景勝地。100m近くの断崖絶壁が連なり、展望台からは太平洋を見渡せる。アイヌ語で断崖を意味する「チケプ」が「チキウ」になり地球岬と呼ばれるように。突端にある灯台は、全体が白く下部が八角形と珍しい。

よく晴れた日の眺めは爽快

地球岬
住室蘭市母恋南町4-77
営見学自由
交JR母恋駅から車で約10分
Pあり

室蘭観光の拠点スポット
道の駅みたら室蘭（白鳥大橋記念館）
●みちのえきみたらむろらん（はくちょうおおはしきねんかん）

室蘭市
道の駅
MAP 別冊P.4-B3

展望デッキからは白鳥大橋や大黒島、エンルムマリーナなどの眺望が楽しめる。東日本最大のつり橋・白鳥大橋の建設に関する資料などを展示。1階では室蘭や近郊の特産品を販売、室蘭名物が味わえる「くじら食堂」もある。うずら卵と地元の牛乳を使ったソフトも人気。

道の駅周辺に水族館などが点在

道の駅みたら室蘭（白鳥大橋記念館）
住室蘭市祝津町4-16-15
TEL0143-26-2030
営9:30～19:00（11～3月は～17:00）
休無休（11～3月は木曜、祝日の場合は翌日）
交JR室蘭駅からバスで約10分、みたら・水族館前下車、徒歩5分
Pあり

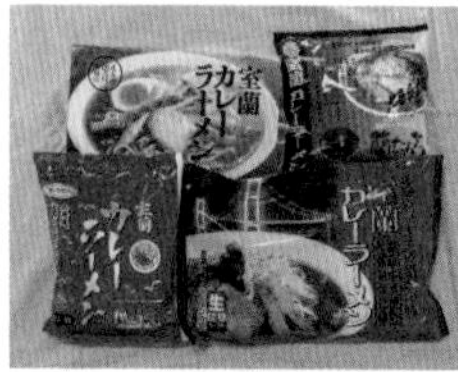
名物カレーラーメンなども販売

北海道で最古の水族館
室蘭民報みんなの水族館
●むろらんみんぽうみんなのすいぞくかん

室蘭市
水族館
MAP 別冊P.4-B3

クジラの解体工場だった跡地に1953年、市民の憩いの場として造られた。アザラシやトドといった海獣たちのショーや、フンボルトペンギンがよちよち歩く行進なども。水族館のシンボルキャラクターになっているアブラボウズは、太平洋などの深海に生息している魚。

敷地内には遊具施設（有料）もある

室蘭民報みんなの水族館
住室蘭市祝津町3-3-12
TEL0143-27-1638
営4月下旬～10月中旬の9:30～16:30（GWと夏休み中は～17:00）
休期間中無休
料入館400円
交JR室蘭駅からバスで約10分、みたら・水族館前下車、徒歩5分。
Pあり

COLUMN
ジモトトピックス

工場群が織りなす美しい室蘭の夜景

北海道を代表する鉄の町・室蘭。夜になると工場群の美しい明かりやライトアップされた白鳥大橋があたりを輝かせ、まるで宝石箱のよう。展望台や海上からのナイトクルージングなど、いろいろな場所から夜景を楽しめるのもポイント。イタンキ浜を望む潮見公園展望台からの夜景もおすすめ。

煙突の水蒸気も幻想的に見える

室蘭市 MAP 別冊P.4-B3
潮見公園展望台 ●しおみこうえんてんぼうだい
住室蘭市東町5-2（潮見公園展望台） 営見学自由
交JR東室蘭駅から車で10分 Pあり

食べる

全国的にも知られる登別の地ビール

わかさいも登別東店 のぼりべつ地ビール館

わかさいものぼりべつひがしてん のぼりべつじビールかん

登別市 地ビール MAP 別冊P.48-B3

登別の水を仕込み水にして醸造している地ビール「鬼伝説」。わかさいも登別東店内で製造しており、菓子売り場の奥からガラス越しにその様子が見られる。2階にある「レストラン桜」では3種類ある「鬼伝説」の飲み比べもできる。

地ビールを製造している登別東店

わかさいも登別東店 のぼりべつ地ビール館

住 登別市中登別町96-6
TEL 0143-80-2111
営 9:00～18:00(レストランは11:30～14:30LO)
休 無休
交 JR登別駅から徒歩20分。登別東ICから車で1分
CC ADJMV
P あり

金鬼ペールエール瓶550円

室蘭名物カレーラーメンの元祖

味の大王 室蘭本店

あじのだいおう むろらんほんてん

室蘭市 ラーメン MAP 別冊P.4-B3

室蘭を訪れたなら食べておきたいカレーラーメン。味の大王は40年以上の歴史を誇る元祖の店。塩気、甘み、うまみ、辛さのバランスを大切にした秘伝のカレースープは絶品だ。3日間熟成させた自家製のちぢれ麺との相性もばっちり。

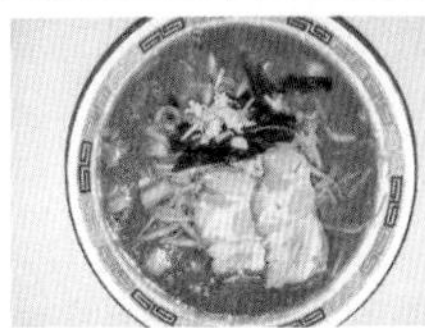

一番人気のカレーラーメン880円

味の大王 室蘭本店

住 室蘭市中央町2-9-3
TEL 0143-23-3434
営 11:00～14:45LO
休 火曜
交 JR室蘭駅から徒歩5分
CC 不可
P あり(商店街駐車場)

室蘭やきとりを初めて全国発送した店

鳥辰本店

とりたつほんてん

室蘭市 室蘭やきとり MAP 別冊P.4-B3

祖父母からひ孫まで4世代が家族連れで訪れるほど地元で親しまれている。室蘭やきとり190円は、北海道産の豚肩ロースとタマネギを使用し、創業時から受け継がれているたれで味つけ。ジューシーな若鶏の半身揚げ1300円も人気。

豚肉は大きめにカットされている

鳥辰本店

住 室蘭市中央町2-4-17
TEL 0143-23-3938
営 17:00～22:30LO(土・日曜・祝日は16:30～)
休 月曜(祝日の場合は翌日)
交 JR室蘭駅から徒歩3分
CC 不可
P あり(商店街駐車場利用)

COLUMN ジモトトピックス

上質な素材とこだわりの製法で作る納豆

登別に「豆の文志郎」という小さな工房型の納豆専門店がある。そのルーツは1920(大正9)年創業の豆腐店で、納豆作りは1935(昭和10)年からスタート。北海道産の大豆、磨いた水、「文志郎蔵」で発酵させた自家培養の「文志郎菌」を用いて上質な納豆を作っている。本店限定商品もあるのでチェックしたい。

納豆は洞爺湖サミットの朝食にも採用された

登別市 MAP 別冊P.4-B3

豆の文志郎 登別本店(道南平塚食品) まめのぶんしろう のぼりべつほんてん(どうなんひらつかしょくひん)

住 登別市幌別町4-12-1 TEL 0143-85-2167 営 9:00～17:00 休 無休
交 JR幌別駅から徒歩4分 CC AJMV P あり

INFO 室蘭最大の祭りが7月下旬に3日間行われる「むろらん港まつり」。室蘭ばやしと北海盆唄に合わせて踊る市民おどりや、みこしや山車が練り歩く室蘭ねりこみのほか、見事な花火大会も行われる。

火山との共生、変動する大地

伊達・洞爺湖・壮瞥・留寿都

● だて・とうやこ・そうべつ・るすつ　MAP 別冊P.4-5

伊達市
面積 444.2km²
人口 約3万2120人
（2023年3月）

桜は士族が開拓した歴史から武士の精神を表現

洞爺湖町
面積 180.87km²
人口 約8100人
（2023年3月）

洞爺湖の「と」をモチーフに雄大な風景を取り入れた

壮瞥町
面積 205.01km²
人口 約2360人
（2023年3月）

上部に有珠山と昭和新山、下は洞爺湖をかたどっている

留寿都村
面積 119.84km²
人口 約1840人
（2023年3月）

太陽と雪をイメージした6方向3条の光線と村を囲む山々などを組み合わせた

洞爺湖と中島、遠くに雲をかぶった羊蹄山が見える

伊達市は、仙台藩亘理領の領主・伊達邦成とその家臣たちが開拓。雪が少なく、気候が温暖なことから北の湘南とも呼ばれる。伊達市に隣接する壮瞥町と洞爺湖町にまたがる洞爺湖は、国内で3番目に大きなカルデラ湖。活火山の有珠山と洞爺湖を中心とした洞爺湖有珠山ジオパークは、日本ジオパークとユネスコ世界ジオパークに認定されている。温泉のほか、噴火湾でとれる魚介、火山灰・軽石の混じった土壌での果樹など、大地の恵みも多い。ニセコと洞爺湖の間に位置する留寿都村はジャガイモやアスパラガスの名産地だ。

伊達・洞爺湖・壮瞥・留寿都の歩き方

火山、歴史、自然とテーマを決めて回るのも楽しい

洞爺湖有珠山ジオパークに認定されている伊達市、壮瞥町、洞爺湖町は、火山、歴史、自然など、テーマを決めてスポットを回ると知的好奇心が満たされる。効率よく回るなら車での移動が便利。火山の資料があるビジターセンターや火山の遺構を訪れたり、洞爺湖や中島の自然をカヌーやトレッキングで堪能するのもおすすめ。また、洞爺湖温泉につかり、おしゃれなカフェでくつろぐのもいい。留寿都にあるルスツリゾートでは通年、アクティビティが楽しめる。

おもな見どころ

今も大地のエネルギーが感じられる
昭和新山
しょうわしんざん

壮瞥町 自然 MAP 別冊P.48-A2

1943（昭和18）年の噴火活動によって誕生した山。現在も噴煙をたなびかせている。麓の駐車場周辺にはロープウエイ、昭和新山熊牧場、昭和新山の生成の記録などを展示した三松正夫記念館のほか、レストランやみやげもの店などがある。

麦畑が隆起してできたという山

洞爺湖周辺の自然に関する情報を提供
洞爺湖ビジターセンター
とうやこビジターセンター

洞爺湖町 資料館 MAP 別冊P.48-A1

洞爺湖周辺の動植物、有珠山の自然についてなどを巨大な空撮写真やパネルでわかりやすく解説。施設内にある火山科学館では、有珠山の火山活動を映像や展示物で紹介している。体感装置、シアターの音や映像で迫力と脅威を感じられる。

木をふんだんに使った建物

噴火当時のそのままの姿が残る
金比羅火口災害遺構散策路
こんぴらかこうさいがいいこうさんさくろ

洞爺湖町 散策路 MAP 別冊P.48-A1

洞爺湖ビジターセンターの裏にある散策路。2000年に起きた有珠山噴火の際、熱泥流が流れ込んで被災した公営の団地や町営浴場が、噴火の遺構物として砂防施設内に保存されている。足を延ばすと大きな火口の縁まで行くことができる。

被災した当時の様子がわかる

古い建物を生かした美術館
洞爺湖芸術館
とうやこげいじゅつかん

洞爺湖町 資料館 MAP 別冊P.48-A1

洞爺湖畔にある小さな美術館。洞爺村国際彫刻ビエンナーレの作品や北海道を代表する彫刻家・砂澤ビッキの作品、写真家・並河萬里の写真作品、近・現代文学の初版本や限定本のコレクションを展示。詳細は公式ウェブサイトを参照。

旧洞爺湖村の役場だった建物

昭和新山
住 壮瞥町字昭和新山　TEL 0142-66-2750（そうべつ観光協会）
交 JR伊達紋別駅から車で約20分
P 有料あり

洞爺湖ビジターセンター
住 洞爺湖町洞爺湖温泉142-5
TEL 0142-75-2555　営 9:00〜17:00
休 無休　料 無料（火山科学館は入館600円）　交 洞爺湖温泉バスターミナルから徒歩3分　P あり

金比羅火口災害遺構散策路
住 洞爺湖町洞爺湖温泉142-5
TEL 0142-75-4400（洞爺湖町観光振興課）　営 7:00〜18:00（10月〜11月10日は〜16:00）
休 11月11日〜4月中旬は閉鎖
料 無料　交 洞爺湖温泉バスターミナルから徒歩5分　P あり

洞爺湖芸術館
住 洞爺湖町洞爺町96-3
TEL 0142-87-2525　営 4〜11月の9:30〜17:00（最終受付30分前）
休 期間中月曜（祝日の場合は翌日）　料 入館300円　交 JR洞爺駅から車で25分　P あり

COLUMN ジモトトピックス

伊達の歴史と多様な文化に触れる

縄文文化、アイヌ文化、武家文化と、さまざまな文化が花開いた伊達市。歴史や文化にまつわる文化財、美術品などから歴史を学べる。

だて歴史文化ミュージアム
だてれきしぶんかミュージアム
MAP 別冊P.4-B3
住 伊達市梅本町57-1
TEL 0142-25-1056　営 3〜11月の9:00〜17:00（最終入館16:30）　休 期間中月曜（祝日の場合は翌平日）
料 観覧料300円
交 JR伊達紋別駅から車で5分　P あり（道の駅と同じ）

仙台藩亘理伊達家中の移住により武家の文化が伝わった

INFO ジャパンブルーと呼ばれる藍染。その染料となる藍の生産量の約3割が伊達市で栽培されている。ちなみに北海道で唯一の藍生産地でもあり、市内には染色してくれる工房や染色体験ができる場所もある。

あそぶ＆体験

変動する大地が形成した美しい景色を望む

有珠山ロープウェイ

●うすざんロープウェイ

壮瞥町 展望台 MAP 別冊P.48-A2

火山の噴火によって数十年ごとにその景色を変え続ける洞爺湖有珠山ジオパーク。有珠山の噴火により被害も受けたが、現在は火山との共生を実現させている。有珠山の山頂からは火山活動によって生み出された美しい眺望が楽しめる。山頂へは昭和新山の麓から片道6分のロープウェイで。2022年には山頂駅のすぐ横の洞爺湖展望台に「Mt.USUテラス」がオープン。ソファに座ってオリジナルのスムージーなどを飲みながら、洞爺湖や昭和新山の雄大な眺めを満喫できる。また、山頂駅から遊歩道を通って火口原展望台へ行くと、噴火口や太平洋につながる内浦湾を望むことができる。

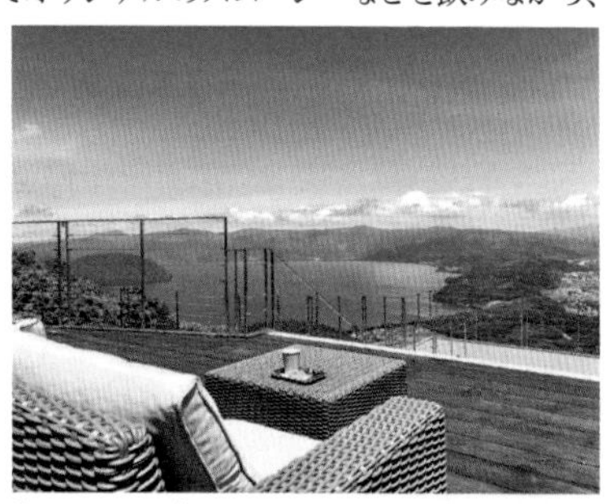

「Mt.USUテラス」から望む洞爺湖。空が近く感じられる

カヌーなど洞爺湖のネイチャーツアー

洞爺ガイドセンター

●とうやガイドセンター

洞爺湖町 アウトドア MAP 別冊P.48-A1

カナディアンカヌーやネイチャーウオーキングなど、洞爺湖の水と森、その青さと広さを実感できるアウトドアツアーを実施。洞爺湖を知り尽くしている知事認定の自然・カヌーガイドが、その日いちばん美しい景色に出合わせてくれる。

こんなスポットにも案内してくれる

無農薬ハーブの香りを楽しむ

ハーバルランチ

●ハーバルランチ

洞爺湖町 ハーブ体験 MAP 別冊P.48-A1

洞爺湖を望む丘にあるハーブ園。約40種類の無農薬ハーブの中から好きな香りのものを摘んで、ハーブティーやハーブソルト作りなどができる。水蒸気蒸留で抽出するアロマウオーター蒸留体験も。化粧水やルームスプレーに使用できる。

自分でハーブを摘むところからの体験

有珠山ロープウェイ

住 壮瞥町字昭和新山184-5 TEL 0142-75-2401 営 夏季8:15～17:30、冬季9:00～15:45（季節によって変動あり） 休 無休（冬季整備運休あり） 料 ロープウェイ往復1800円 交 洞爺湖温泉バスターミナルから車で約10分 CC ADJMV P 有料あり

ガラス面の広いスイス製のゴンドラから見える昭和新山

洞爺ガイドセンター

住 洞爺湖町洞爺町193-8 TEL 0142-82-5002 営 8:30～17:30（ツアー開始時間は要問い合わせ） 休 火曜（連休や祝日の場合は翌日） 料 6000円～（ツアーにより異なる） 交 JR洞爺駅から車で約30分 CC AMV P あり

ハーバルランチ

住 洞爺湖町月浦44 TEL 090-1529-0438（畑直通） 営 6～10月の10:00～15:30 休 期間中火曜 料 ハーブティー作り880円、蒸留体験3630円など 交 JR洞爺駅、洞爺湖温泉バスターミナルから車で10分 CC 不可 P あり

オールシーズン楽しめるルスツリゾート

宿泊施設ルスツリゾートを中心としたリゾートエリア。夏はキャンプやラフティング、ゴルフなど、冬は3つのピークに4つのゴンドラと14のリフトが設置されたスキー場となり、スキーやスノーアクティビティが楽しめる。サマーゴンドラに乗って行く羊蹄パノラマテラスからは、羊蹄山や洞爺湖の絶景が楽しめる。

ルスツリゾート

MAP 別冊P.49-D2

住 留寿都村字泉川13

TEL 0136-46-3331

交 札幌駅前から車で約1時間30分、洞爺湖温泉から車で約30分。宿泊者は札幌や新千歳空港から専用シャトルバスあり（要予約）

食べる&買う

地元で人気の湖畔のカフェ&レストラン

洞爺湖町 多国籍料理 MAP 別冊P.48-A1

yucana

ユカナ

湖畔に立つかわいらしい一軒家。ベトナムのフォーやタイのグリーンカレーなどが味わえる、札幌の人気ベトナム料理店で腕を振るっていたオーナーがオープンした店だ。ショーケースには素材にこだわったスイーツも並ぶ。

看板メニュー、鶏肉のフォー880円

羊蹄山を眺めながら味わう手作りジェラート

洞爺湖町 ジェラート MAP 別冊P.48-A1

レークヒル・ファーム

レークヒル・ファーム

放牧主体の牧場で育った健康な牛の新鮮な生乳を使って、敷地内の工房でジェラートをはじめ、シュークリーム、プリン、チーズなどの乳製品を手作り。季節の花が咲きほこるガーデンは無料開放。建物裏の広場からは羊蹄山が望める。

まきばのジェラートはシングル350円

新鮮野菜や知る人ぞ知る財田米を販売

洞爺湖町 観光施設 MAP 別冊P.48-A1

とうや・水の駅

とうや・みずのえき

木造の建物の玄関を入ると、目の前に額縁に入った絵画のような洞爺湖が飛び込んでくる。1階物販コーナーでは地元の新鮮野菜や加工品、自慢の財田(たからだ)米などを販売。デッキに出ると樹齢130年を超えるポプラの大木がある。

観光案内所も入っている

yucana
住洞爺湖町洞爺町146-6
TEL0142-82-4739 営12:00～15:00LO 休金・日曜 交JR洞爺駅から車で25分 CC不可 Pあり

レークヒル・ファーム
住洞爺湖町花和127 TEL0120-83-3376 営9:00～18:00(10月～4月末は～17:00) 休無休 交JR洞爺駅から車で20分 CCMV Pあり

とうや・水の駅
住洞爺湖町洞爺町100
TEL0142-82-5277 営9:00～18:00(10～3月は～17:00) 休無休(11～3月は月曜) 交JR洞爺駅から車で約20分 CC不可 Pあり

洞爺銘菓「わかさいも」発祥の地

湖畔にある北海道銘菓わかさいもの本店。わかさいもを天ぷらにした、いもてん140円の実演販売も行っており、揚げたてが食べられる。

わかさいも 洞爺湖本店
わかさいも とうやこほんてん
MAP 別冊P.48-A1
住洞爺湖町洞爺湖温泉144
TEL0142-75-4111
営9:00～18:00 休無休
交洞爺湖温泉バスターミナルから徒歩約5分 Pあり

おみやげでも人気のわかさいも

COLUMN ジモトトピックス

洞爺湖一望のホーストレッキング

新緑、紅葉、白銀と四季折々の山岳コースを進み、馬上から洞爺湖や有珠山を眺められる。体力に自信があれば初心者でも参加可能。おとなしい馬たちなので安心。

レイクトーヤランチ 洞爺湖町 MAP 別冊P.48-A1
住洞爺湖町月浦44 TEL0142-73-2455 営9:30～16:30(冬季は15:30)
休夏季無休(冬季は火曜。雪の降り始めと雪解けは休み)
料レイクトレッキング約40分7150円～、レイクヒルトレッキング約90分1万3200円 CC不可 Pあり

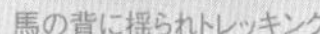
馬の背に揺られトレッキング

INFO 世界遺産の縄文遺跡がある伊達・洞爺湖エリア。伊達市の北黄金貝塚は史跡公園として開放、敷地内には情報センターもある。洞爺湖の入江貝塚・高砂貝塚には、入江高砂貝塚館というガイダンス施設がある。

昔からのサケの文化が残る

石狩・当別

●いしかり・とうべつ　MAP 別冊P.4-5

石狩市
当別町

石狩市
面積 722.33km²
人口 約5万7800人
（2023年3月）

石狩の頭文字iをかたどり、伸びゆく未来を指す

当別町
面積 422.86km²
人口 約1万5300人
（2023年4月）

当別の「と」をモチーフに自然との調和をデザイン

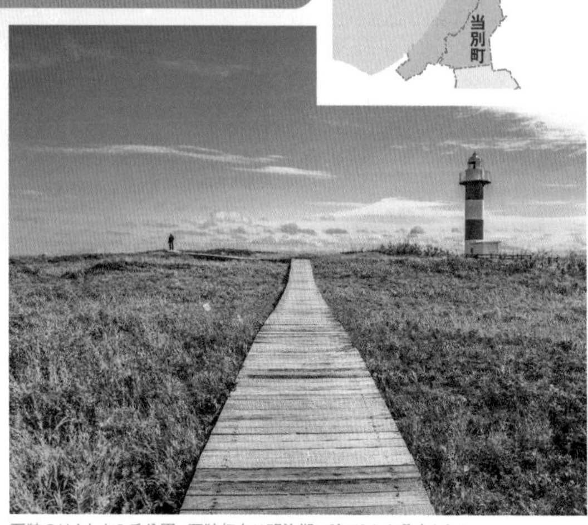

石狩のはまなすの丘公園。石狩灯台は明治期に建てられた希少なもの

札幌市の北側に隣接し、石狩川の最下流部にある石狩市。石狩湾新港をベースに経済拠点として発展している。江戸時代には、松前藩がアイヌの人々と石狩で交易を行っており、明治になると移住者によって開拓が進んだ。昭和30年代に入ると札幌市の人口急増にともない、ベッドタウンとして宅地化が推進され人口も増加。2005（平成17）年には石狩市、厚田村、浜益村の3つが合併した。札幌市、石狩市、江別市に隣接する当別町は、姉妹都市であるスウェーデンのレクサンド市と積極的に交流を行っている田園都市。稲作と花き栽培が盛んだ。亜麻の花畑も美しい。

当別町のキャラクター

町公認のマスコットキャラクター「とべのすけ」。町の基礎を築いた伊達家の武士のイメージと、その紋章にあるスズメがモチーフ。当別を短縮した「とべ」と、当別がますます飛躍するよう「飛べ」という思いが込められている。

石狩・当別の歩き方

海風を感じながら海岸線をドライブ

石狩市の公共交通機関はバスが中心。時間を有効に使うのであれば車移動を。漁港の朝市に足を運び、海沿いの国道231号を爽快にドライブしよう。夏は海水浴も楽しめる。道の駅石狩「あいろーど厚田」からは眺望がすばらしい。秋にはサケに関するイベントが行われるのでチェックを。当別町内はJR学園都市線が走っており、ロイズの工場へは新たに誕生したロイズタウン駅を利用すると便利。農産物の直売所を併設している北欧の風 道の駅とうべつも人気。

おもな見どころ

ピンク色のハマナスが咲き乱れる

はまなすの丘公園

はまなすのおかこうえん

石狩市 公園 MAP 別冊P.6-B1

石狩川と日本海が交わる場所に位置する公園。海岸草原が残る貴重な場所でもあり、180種に及ぶ植物が自生。6〜7月にはハマナスの花が咲き、あたりが甘い香りに包まれる。公園のヴィジターセンターではハマナスソフトクリーム300円も販売。

後ろにあるのは道内最古の石狩灯台

石狩川河口の街の歴史がわかる

いしかり砂丘の風資料館

いしかりさきゅうのかぜしりょうかん

石狩市 資料館 MAP 別冊P.6-B1

石狩川の河口周辺の歴史や自然に関する資料が展示されている。かつて多く生息したというチョウザメのはく製や、4000年前のサケ漁の漁具など。明治時代に石狩で作られていたサケ缶の復元ラベルを使った缶詰作りもできる（150円）。

企画展や講座なども開催される

息をのむほど美しい夕日が見られる

厚田公園（あいろーどパーク）

あつたこうえん（あいろーどパーク）

石狩市 公園 MAP 別冊P.5-C1

日本海に面した国道231号沿いにある公園。道の駅石狩「あいろーど厚田」や展望台、キャンプ場などがある。展望台は北海道で初めて恋人の聖地に選ばれた場所。道の駅2階や展望台からは雄大な海岸線が望める。夕日の美しさは随一だ。

道の駅からもこんな景色が見える

新日本名木100選にも選ばれたご神木

千本ナラ

せんぼんナラ

石狩市 自然 MAP 別冊P.5-C1

浜益エリアにある推定樹齢八百数十年のミズナラの大木。吹き上げる海風の影響で枝が多数に分かれ、空に伸びているのが千手観音を連想させることからそう呼ばれている。木に触れると病気が治ったなどうわさが広まり人々が訪れるように。

テレビで紹介され全国区に

はまなすの丘公園
住石狩市浜町
TEL0133-62-3450（はまなすの丘公園ヴィジターセンター。冬季は0133-62-4611石狩観光協会）
営散策自由（ただし、冬季除雪なし）
交JR札幌駅から車で約50分。中央バス札幌ターミナルからバス（石狩駅）で約1時間、終点・石狩で下車、徒歩15分
Pあり

いしかり砂丘の風資料館
住石狩市弁天町30-4
TEL0133-62-3711
営9:30〜17:00
休火曜（祝日の場合は翌平日）
料入館300円
交JR札幌駅から車で約60分
Pあり

隣にある明治期の建物・旧長野商店

厚田公園（あいろーどパーク）
住石狩市厚田区厚田98-2
TEL0133-78-2300（道の駅石狩「あいろーど厚田」）
営道の駅9:30〜18:00（6〜8月は〜19:00、11〜3月は10:00〜16:00）
休無休
交JR札幌駅から車で約1時間10分
Pあり

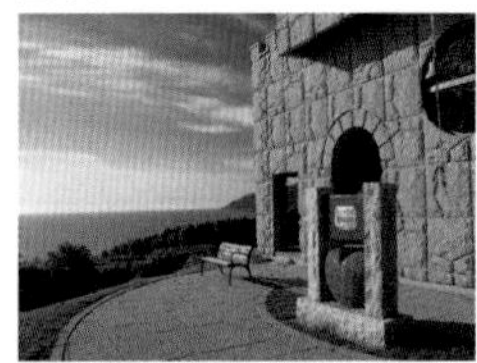
展望台の恋人の聖地。誓いの鐘もある

千本ナラ
住石狩市浜益区毘砂別
TEL0133-79-5700（石狩観光協会浜益事務所）
営見学自由（ただし、冬期間は車両通行止め）
交JR札幌駅から車で約2時間
Pあり

INFO サケが旬の秋、「浜益ふるさと祭り」「厚田ふるさとあきあじ祭り」「石狩さけまつり」という石狩市3大秋祭りが開催される。サケの即売会のほか、伝統文化を伝える企画などが催され大いににぎわう。

あそぶ＆体験

短い北国の夏を海水浴で満喫
石狩浜海水浴場 あそびーち石狩
●いしかりはまかいすいよくじょう あそびーちいしかり

石狩市 海水浴場 MAP 別冊P.6-B1

札幌中心部から約1時間というアクセスのよさから人気のビーチ。指定エリアであればバーベキューやキャンプも可能。砂浜でも利用可能な車椅子の貸し出しや、多目的トイレ・シャワーも設置されているバリアフリービーチでもある。

夏はたくさんの人でにぎわう

オーシャンビューの天然温泉施設
石狩天然温泉 番屋の湯
●いしかりてんねんおんせん ばんやのゆ

石狩市 入浴施設 MAP 別冊P.6-B1

潮風を感じながら源泉100%天然温泉が楽しめる。海底からこんこんと湧き上がる化石海水の湯は、茶褐色のナトリウム塩化物強塩泉。湯冷めしにくい美肌の湯といわれる。館内でカピバラを飼育しており、湯につかる姿も見られる。

夕暮れ時の湯あみもおすすめ

当別の特産品や食材を使った食事
北欧の風 道の駅とうべつ
●ほくおうのかぜ みちのえきとうべつ

当別町 道の駅 MAP 別冊P.14-B1

北欧をイメージした木造の大きな三角屋根が目印。開放的なアトリウムで食事や買い物が楽しめる。地元の特産品のほか、スウェーデンのレクサンド市など姉妹都市の特産品も並ぶ。隣接の農産物直売所では切り花や地場の野菜などを販売。

木をふんだんに用いたアトリウム

石狩浜海水浴場 あそびーち石狩

住石狩市弁天町地先　TEL0133-62-5554（開設期間中のみ）
営7月～8月中旬の8:00～17:00（遊泳可能時間）　休期間中無休
交JR札幌駅から車で約50分。中央バス札幌ターミナルからバス（石狩線）で約1時間、石狩温泉前か終点・石狩で下車、徒歩5分
CC不可　P有料あり

石狩天然温泉 番屋の湯

住石狩市弁天町51-2　TEL0133-62-5000　営10:00～24:00
休無休　料入浴750円　交JR札幌駅から車で約50分。中央バス札幌ターミナルからバスで約1時間、石狩温泉前下車すぐ　CC不可　Pあり

カピバラのゆきちゃんは人気者

北欧の風 道の駅とうべつ

住当別町当別太774-11
TEL0133-27-5260　営9:00～18:00（12～3月は10:00～16:00）。レストラン、農産物直売所は異なる　休無休（12～3月は水曜）
交JR札幌駅から車で約40分。JRロイズタウン駅、JR太美駅から徒歩約15分　CC店舗により異なる　Pあり

道の駅オリジナルクッキー640円

COLUMN ジモトトピックス

石狩の漁港で開かれる朝市

石狩市内の3つの漁港では、前浜で取れた魚介を販売する朝市が開かれる。3つのなかでいちばん長い期間開催されているのが厚田港朝市。4～10月中旬の期間中、毎日開催される。時化などで休漁の場合があるので事前に確認を。

厚田港朝市　●あつたこうあさいち　石狩市　MAP 別冊P.5-C1

住石狩市厚田区厚田7-4（厚田漁港）　TEL0133-78-2006（石狩湾漁業協同組合厚田支所）　営4月～10月中旬の7:00～14:00頃　休期間中無休（荒天時休み）
交JR札幌駅から車で約1時間10分　Pあり

4～6月はカレイやタコなどが並ぶ

早起きして出かけてみるのもおすすめ

食べる

新鮮で安心な地元野菜を使ったランチ

わがまま農園カフェ

わがままのうえんカフェ

石狩市 カフェ MAP 別冊P.6-B1

家族で切り盛りしているわがまま農園。農園の納屋を改装したカフェでは新鮮な自家野菜や地元の厳選食材を、おいしく調理して提供。ランチは野菜がたっぷり食べられると女性に人気だ。オリジナルのドレッシングも評判。

わがままサラダボウル1650円

郷土料理・石狩鍋の発祥の店

金大亭

きんだいてい

石狩市 鮭料理 MAP 別冊P.6-B1

1880年創業の鮭料理専門店。石狩産の鮭尽くしのコースが楽しめる(3000～6000円)。コースの締めに出てくる石狩鍋は、サケや野菜を味噌仕立てで煮込んだ郷土料理。オリジナルの味付けにファンも多い。コースは前日までに要予約(2名～)。

たっぷりのサケが入った石狩鍋

肩の力を抜いて過ごせる空間

Cafe&Kitchen Offshore

カフェ&キッチン オフショア

当別町 カフェレストラン MAP 別冊P.6-B1

冬になると雪深くなるからこそ西海岸の暖かい風を感じられるような場所を、と願いを込めて作られたカフェ。当別町の旬の食材を生かしたセンスのよいメニューが揃う。夏場は札幌からドライブやサイクリングがてら訪れる人も多い。

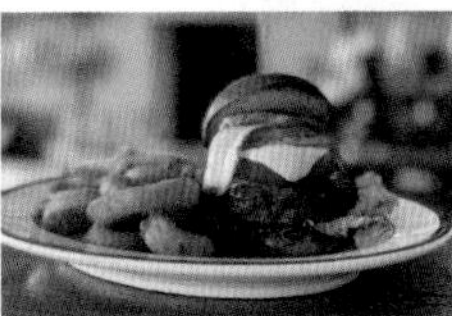

オフショアバーガー1530円

本場・讃岐以上のコシとおいしさ

かばと製麺所

かばとせいめんじょ

当別町 うどん MAP 別冊P.6-B1

平日でも行列が絶えない、打ちたてゆでたての讃岐うどんの店。モチモチしたコシの強い麺は食べ応えが満点。うどん好きならぜひ一度は訪れたい。当別町産の新鮮野菜や山菜、半熟卵といった揚げたての天ぷらも一緒にいかが。

おすすめの冷やぶっかけ390円

わがまま農園カフェ

住石狩市八幡町高岡87-3 TEL080-1885-0050 営4～11月のランチ11:00～14:00、カフェ14:30～17:00 休期間中火・水曜 交JR札幌駅から車で約50分 CC不可 Pあり

金大亭

住石狩市新町1 TEL0133-62-3011 営11:00～19:00LO 休不定休 交JR札幌駅から車で約40分 CC不可 Pあり

Cafe&Kitchen Offshore

住当別町弥生51-26 TEL0133-27-5414 営11:30～15:00LO 休水曜、第1・3木曜 交JR当別駅から徒歩5分 CCADJMV Pあり

かばと製麺所

住当別町樺戸町355 TEL0133-22-3377 営4月～11月中旬の11:00～15:00 休期間中不定休 交JR当別駅から徒歩20分。JR札幌駅から車で約40分 CC不可 Pあり

COLUMN ジモトトピックス

ニシンと数の子の親子バッテラ

道の駅石狩「あいろーど厚田」内の期間限定の店「石狩ニ三一」で販売しているバッテラ。石狩産の〆ニシン、歯応えのよい数の子、酢加減が絶妙なシャリとのバランスのよさは絶品。

石狩ニ三一

いしかりふみいち

MAP 別冊P.5-C1

住石狩市厚田区厚田98-2 あいろーど厚田2階

営4～10月の10:30～16:00(土・日曜・祝日は～17:00)、商品がなくなり次第閉店

休期間中無休

ニ三一バッテラ6切れ1300円

INFO スウェーデン・レクサンド市と姉妹都市の当別町では、毎年6月中旬～下旬に北欧の伝統行事「夏至祭」を開催。広場にマイストロングというポールを立て、音楽とともに参加者がダンスを踊る。

札幌の近場ののどかな田園都市

江別・南幌・長沼

●えべつ・なんぽろ・ながぬま　MAP 別冊P.4-5

江別市
南幌町
長沼町

江別市
面積 187.38km²
人口 約11万8780人
（2023年4月）

中央の星は江別開拓にあたった屯田兵を表している

南幌町
面積 81.36km²
人口 約7610人
（2023年4月）

町の安定と町民の融和を表現

長沼町
面積 168.52km²
人口 約1万100人
（2023年3月）

長沼のナガを図案化。全体の円は平和を表す

江別市のJR野幌駅前。「れんがのまち」らしくれんがが使われている

石狩平野の中央に位置する江別市は札幌市に隣接し、新千歳空港や石狩湾新港にも近い。市内には5つのJRの駅があり、いずれも札幌への通勤や通学圏内となっている。4大学を有しているのも特徴。また、明治期かられんがの一大産地として知られ、毎年夏には「えべつやきもの市」が開催される。江別市に隣接する南幌町は、ファミリー層に支持されているキャンプ場があるほか、特産品であるキャベツを使ったキムチなどの加工品が人気。南幌町の隣の長沼町には、おしゃれなカフェやファームレストランなどが点在している。

どさんこワイド179 木村アナ column

ワタシの地元・江別市

白い外壁だから「江別のホワイトハウス」と呼ばれるウチから徒歩1分「北海道立図書館」。絵本から研究書まで北海道のありとあらゆる本を所蔵。広い芝生と見上げるほどのポプラの木、れんが造りのサイロまである知的スポット。

芝生でリラックス……しすぎですか？

江別・南幌・長沼の歩き方

ドライブで牧歌的な風景も楽しめる

江別市へは札幌駅からJRを利用すると便利。各JRの駅を中心に市街地が形成されているので、駅から徒歩で行ける見どころスポットも多い。「れんがのまち」にふさわしく、れんが造りの歴史的な建物もある。小麦栽培をはじめ、畑作、酪農も盛んで、直売所やファームレストランなどもあり、市街地にはのどかな田園風景が広がる。南幌町では温泉やキャンプなどのレジャーが楽しめる。話題の店が増えている長沼町は、札幌から車で50分ほど。ちょっとしたドライブにおすすめ。

おもな見どころ

北海道のやきもの文化を創造、発信
江別市セラミックアートセンター
えべつしセラミックアートセンター

江別市 資料館 MAP 別冊P.15-D2

北海道の陶芸文化の創造やれんが産業の歴史を発信する施設。1階には道内で活躍中の陶芸家の作品やれんが資料を展示。れんが産業の歩みがわかる展示室もある。2階では陶芸やアート関連の企画展示を実施。レンタル工房もある。

れんが造りの建物。三角屋根が目印

江別が丸ごとわかる
江別市郷土資料館
えべつしきょうどしりょうかん

江別市 資料館 MAP 別冊P.15-D2

縄文から開拓期、その後の町の発展や産業の歴史に関する資料が揃う。国重要文化財の江別太遺跡・元江別1遺跡の出土品、北海道指定有形文化財のペア土偶なども展示。第2次世界大戦末期、江別で製作された木製戦闘機の資料もある。

200点を超す土器の展示は圧巻

勾玉（まがたま）作りなどの体験もできる
北海道立埋蔵文化財センター
ほっかいどうりつまいぞうぶんかざいセンター

江別市 資料館 MAP 別冊P.21-D3

旧石器時代からアイヌ文化期まで、道内の数多くの遺跡から出土した遺物資料を展示している。館内の無料体験学習施設「縄文工房」では、滑石を利用した勾玉作り、ウッディ粘土を利用した土器、土偶、土製品作りなどができる。

常設展示のほか企画展も行われる

地域の人も多く訪れる道の駅
道の駅マオイの丘公園
みちのえきマオイのおかこうえん

長沼町 道の駅、展望 MAP 別冊P.7-C3

ピラミッド型のガラスオブジェが印象的なセンターハウスは、サイロをイメージしたれんが造り。展望台から石狩平野が一望でき、山々に夕日が沈む様子は一見の価値あり。地元食材を使ったピッツェリア・スイーツ工房、農産物直売所などもある。

大きなサイロのような円形の建物

江別市セラミックアートセンター

住 江別市西野幌114-5　TEL 011-385-1004　営 9:30～17:00（最終入館16:30）　休 月曜（祝日の場合は翌日）　料 1階展示観覧300円　交 JR札幌駅から車で約40分。JR野幌駅前からバスで約11分、セラミックアートセンター前下車すぐ　P あり

実物資料も並ぶれんが資料展示室

江別市郷土資料館

住 江別市緑町西1-38　TEL 011-385-6466　営 9:30～17:00（最終入館16:30）　休 月曜（祝日の場合は翌日）　料 入館200円　交 JR江別駅から徒歩15分　P あり

北海道立埋蔵文化財センター

住 江別市西野幌685-1　TEL 011-386-3231　営 9:30～16:30（縄文工房申し込みは15:30まで）　休 月曜・祝日（ほか臨時休館あり）　料 無料　交 JR大麻駅から徒歩20分。JR札幌駅から車で約30分　P あり

道の駅マオイの丘公園

住 長沼町東10線南7　TEL 0123-84-2120　営 9:00～18:00（12～3月は～17:00）　休 無休　交 JR札幌駅から車で約50分。新千歳空港から車で約30分　P あり

COLUMN ジモトトピックス

町のいたるところにある江別のれんが

江別市内には現在もれんが工場が稼働している。北海道遺産にも認定された「江別のれんが」は、公共施設の建物や公園をはじめ町のいたるところで使われている。

江別駅前公園にあるれんが造りの噴水

INFO 江別市のえべつ観光協会で認定しているキャラクター「えべチュン」。頭が江別市の特産品であるれんがのため、重くて飛べずにいるそう。手には江別産小麦の穂を持っていて、いつもそのおいしさに感動して泣いている。

あそぶ&体験

れんがの建物の中でガラス作品作り
江別市ガラス工芸館
●えべつしガラスこうげいかん

江別市 ガラス工芸 MAP 別冊P.15-D2

個人邸宅だったれんが造りの洋館を現在の場所に移築し、ガラス工芸作家の工房として活用。現在は国内外で活躍する作家の柿崎均さんが創作活動を行っており、制作の様子を見学できる。また、ガラス作品作り体験をすることも。

体験の指導は作家の柿崎さんが担当

江別市ガラス工芸館
住江別市野幌代々木町53
TEL011-384-7620
営5～10月の10:00～17:00
休期間中月～金曜(祝日除く)
料入館無料。ガラス作品作り体験4400円(要予約) 交JR野幌駅から徒歩5分 CC不可 Pあり

館内には柿崎さんの作品を展示

トンデンファームが運営する体験牧場
アースドリーム角山農場
●アースドリームかくやまのうじょう

江別市 動物触れ合い MAP 別冊P.15-C3

かわいいアルパカやウサギ、1トン級の大きな馬などの動物たちと触れ合え、餌やり体験もできる。子供の国エリアには巨大ブランコや滑り台、室内遊び場がある。ハムやベーコンなどトンデンファーム製品を用いたレストランも併設。

モフモフの毛をしたアルパカにタッチ

アースドリーム角山農場
住江別市角山584-1
TEL011-391-2500 営10:00～16:00(土・日曜・祝日は～17:00)。1月7日～4月中旬は土・日曜・祝日の10:00～16:00
休火・水曜(冬季は平日休園)
料動物ふれあいエリア600円、子供の国エリア600円 交JR野幌駅から車で約15分 CCMV
Pあり

乳しぼりや乗馬体験などができる
ハイジ牧場
●ハイジぼくじょう

長沼町 体験牧場 MAP 別冊P.7-C2

田園風景が広がる長沼にある体験牧場。広い牧草地には羊や馬が放牧されている。牛の乳しぼり体験、子ヤギにミルクをあげる体験、乗馬体験などができる。牧場内を走る「アルプス号」に乗って、のどかな景色を眺めるのもおすすめ。

北海道らしい牧歌的な眺めが広がる

ハイジ牧場
住長沼町東9線南2
TEL0123-88-0011 営4月上旬～11月上旬の10:00～16:00(5～9月は～17:00)
休水曜(祝日の場合は営業)
料入場1000円(体験は別途有料) 交JR札幌駅から車で約1時間。新千歳空港から車で約40分
CC不可 Pあり

釣りも楽しめるキャンプ場併設の公園
三重湖公園
●みえここうえん

南幌町 公園 MAP 別冊P.7-C2

三重湖は大正～昭和初期の夕張川造成事業の際に造られた人工湖。湖には水鳥が訪れ、湖畔には林に囲まれた散策路がある。園内のキャンプ場は湖岸にあり、釣り好きなキャンパーが多い。隣には川に面して芝生が広がる緑地公園も。

夕暮れ時にはこんな景色も見られる

三重湖公園
住南幌町南13線西3
TEL011-378-1270 営散策自由。キャンプ場の受付は4～10月の9:00～17:00 休キャンプ場受付は月曜(ただしキャンプ場利用は可)
料テント2張まで500円(日帰り、車中泊も含む)。バンガロー(予約制)は日帰り1000円、宿泊2000円 交JR江別駅から車で約25分。JR札幌駅から車で約50分 CC不可 Pあり

さまざまな浴槽で天然温泉を満喫

江別天然温泉 湯の花江別殿

●えべつてんねんおんせん ゆのはなえべつでん

江別市 入浴施設 MAP 別冊P.15-C2

大きな岩を掘って造った露天岩風呂、露天檜風呂、大浴場、アクティブスパ、足湯などがある温泉施設。泉質は湯冷めしにくく、美肌成分も含まれているナトリウム塩化物強塩泉。1時間480円で超美肌浴と呼ばれる岩盤浴も利用可。2階には無料の休憩大広間や食事処がある。

いろいろな露天風呂がある

江別天然温泉 湯の花江別殿

住 江別市野幌美幸町33
TEL 011-385-4444
営 8:00～24:00
休 無休
料 入浴480円
交 JR新札幌駅からバスで約20分、3番通10丁目下車すぐ
CC 不可
P あり

湯上がりには名物のキャベツ天丼を

なんぽろ温泉ハート&ハート

●なんぽろおんせんハート&ハート

南幌町 入浴施設 MAP 別冊P.9-D1

本館と新館のふたつの浴場があり、熱の湯といわれる塩化物泉の源泉かけ流しをはじめ、ラドン泉、美肌効果のある酵素風呂などが楽しめる。館内のレストラン「味心(あじしん)」では、南幌町の特産品であるキャベツをたっぷり使った名物・キャベツ天丼1200円が味わえる。

広々とした大浴場

なんぽろ温泉ハート&ハート

住 南幌町南9線西15
TEL 011-378-1126
営 10:00～21:00(最終入館20:30)
休 不定休
料 入浴750円
交 JR江別駅から車で約15分。JR札幌駅から車で約50分
CC JV
P あり

話題のキャベツ天丼

豊富な湯量を誇る源泉かけ流しの湯

ながぬま温泉

●ながぬまおんせん

長沼町 入浴施設 MAP 別冊P.7-C2

長沼町の市街地から2kmほどの所にある源泉かけ流しの施設。1分間に約1150ℓという湧出量が自慢。泉質はナトリウム塩化物強塩泉。大浴場、露天風呂のほか、勢いのあるジャクージ、サウナもある。春に改装した別棟ではジンギスカンの食べ比べが楽しめ、アウトドアギアも販売。

御影石造りの露天風呂

ながぬま温泉

住 長沼町東6線北4
TEL 0123-88-2408
営 9:00～22:00(最終受付21:30)
休 11月6～8日(変更の場合あり)
料 入浴700円
交 JR札幌駅から車で約1時間。新千歳空港から車で約30分
CC 不可
P あり

COLUMN ジモトトピックス

見どころ多彩な遊歩道

国道12号から湯川公園まで続く遊歩道にはれんがが敷き詰められ、途中には「江別市ガラス工芸館」(→P.276)やさまざまなオブジェ、都市景観賞を受賞した噴水などがある。

野幌グリーンモール 江別市 MAP 別冊P.15-D2

●のっぽろグリーンモール

住 江別市野幌町、野幌代々木町、野幌寿町
交 JR野幌駅より徒歩10分

都市景観賞を受賞した噴水

ガラス工芸館前の広場にあるオブジェ「TIME BELL」

INFO 長沼町はどぶろく特区の認定を受けている道内でも数少ない町。町内の農家が自分のところの米で作った個性あふれるどぶろくを製造している。道の駅や農家の直売所などで購入できる。

食べる

江別初の農家レストラン

ファームレストラン食祭

●ファームレストランしょくさい

江別市
レストラン
MAP 別冊P.21-D1

40年前から農薬を使わず有機肥料のみの農業を続け、安心安全な野菜を店で提供。野菜ばかりだけではなく調味料、肉、魚、平飼い卵など、使用する食材はオーガニックを使用。敷地内には陶芸工房もあり、レストランの食器はここで作られている。

食材から器まですべて手作り

ファームレストラン食祭
住江別市元野幌919
TEL011-802-6688
営11:00～15:30LO　休水曜
交JR野幌駅から車で約9分
CC不可　Pあり

窓からは1万2000坪の畑を見渡せる

カフェを通じて社会貢献を実践

Café&noodles menkoiya

●カフェ&ヌードル メンコイヤ

江別市
カフェ
MAP 別冊P.21-D2

江別の大学生と地域を結びつける場として、2013年に大麻銀座商店街にオープン。カフェでは江別の製麺会社の麺や、地元牧場の牛乳を使ったメニューやアイスを提供。奥にフェアトレードの洋服や雑貨の店、2階には多目的スペースがある。

町村牛乳使用ミルクみそラーメン650円

Café&noodles menkoiya
住江別市大麻東町13-48 community HUB 江別港1階
TEL011-398-9684　営10:00～17:00　休日曜　交JR大麻駅から車で約5分　CCADJMV　Pあり

昭和レトロな雰囲気のカフェ

野菜料理やパスタのビュッフェ

リストランテクレス

●リストランテクレス

長沼町
レストラン
MAP 別冊P.7-C2

長沼の小高い丘にあるビュッフェレストラン。美しい庭を眺めながら、有機野菜をたっぷり使った料理や手作りスイーツ、できたてパスタが楽しめる。ビネガードリンク、フレッシュジュースなども。女性2400円、男性2500円。

敷地内には野菜直売所や雑貨店もある

リストランテクレス
住長沼町東3線北10
TEL0123-82-5500
営11:00～14:00LO（土・日曜・祝日～14:30LO）
休水曜
交JR栗山駅から車で約8分
CC不可
Pあり

COLUMN ジモトトピックス

いろいろ楽しめる「あいすの家とエトセトラ」

搾りたての良質な生乳を使ったアイスやソフトクリームで知られる長沼の「あいすの家」。2022年夏に「あいすの家とエトセトラ」をオープンした。シュークリームやロールケーキ、チーズ、ハム、ベーコンなどのほか、パンの製造もスタート。あいすの家とエトセトラで購入できる。

あいすの家とエトセトラ　●あいすのいえとエトセトラ
長沼町　MAP 別冊P.9-D2
住長沼町西11線南7　TEL0123-88-0170
営9:30～17:30（4～9月は～18:30）　休無休
交JR北広島駅から車で約10分　CCADJV　Pあり

さまざまなフレーバーが揃う

ピンク色のこの建物が目印

求めるのはまっすぐな旨さ、
記憶の味、その先の旅路
白老牛
和牛王国
ウエムラ
ホームページ
白老牛バーガー・BBQ
FARM RESTAURANT
UEMURA
BASE
ファームレストラン
ウエムラ・ベース
TEL.0144-83-4929
北海道白老郡白老町字石山109-20
営業時間/11:00～17:00(季節により変動あり)
定休日/年末年始 ※要問合せ
白老牛
ステーキバーガー
950円(税込)
白老牛キングス
ラクレットチーズ
バーガー
1,400円(税込)
炎の王様 ダブルチーズの
ハンバーグセット
ライス&牛スープ付
(150g) 2,255円(税込)
ビヨンドステーキ
(肩ロース) セット
ライス&牛スープ付
(100g) 2,915円(税込)
(150g) 3,960円(税込)
(200g) 4,950円(税込)
和牛レストラン
FARM RESTAURANT
UEMURA
BEYOND
ファームレストラン
ウエムラ・ビヨンド
TEL.0144-84-3386
北海道白老郡白老町字社台289番地8
・営業時間/11:00～20:00(季節により変動あり)
・定休日/年末年始 ※要問合せ
車で
ウポポイから
3分
登別から
30分
新千歳
空港から
42分
札幌から
70分
ファームレストラン
ウエムラ・ベース
至苫小牧
高速道路の下をくぐる
道央自動車道
道なりにまっすぐ
白老IC
ポロト湖
看板が目印
アイザワ
白老ガス
ウポポイ
(民族共生象徴空間)
山加運輸
JR室蘭線
JR白老駅
至登別
36
ファームレストラン
ウエムラ・ビヨンド
白老港
マザーズ
プラス
太平洋
Instagram
最新情報
YouTube
メニュー動画

※道央自動車道利用の場合
●道央自動車道白老IC・
JR白老駅から車で約10分

買う&テイクアウト

愛情込めて育てた牛の乳製品

町村農場ミルクガーデン

●まちむらのうじょうミルクガーデン

江別市　乳製品　MAP 別冊P.15-D1

日本の近代酪農のパイオニアでもある江別の町村農場。農場の新鮮な牛乳を用いた牛乳や乳製品、天然酵母ドーナツやプリンなどを販売している直営店のひとつが、牛舎を改装したミルクガーデン。緑豊かな牧場を眺めながらゆっくりできる。

建物内にはイートインスペースもある

町村農場ミルクガーデン
住江別市篠津183
TEL011-375-1920
営9:30～17:00（11～3月は10:00～16:30）
休無休（12～3月は火曜）
交JR江別駅から車で約15分
CCADJMV
Pあり

江別・野幌から食文化を発信

ゆめちからテラス

●ゆめちからテラス

江別市　ベーカリー、野菜　MAP 別冊P.15-D2

小麦「ゆめちから」の新しい価値創造を求め、製パンメーカーPascoとJA道央の共同プロジェクトで誕生した施設。道産小麦のベーカリー「Pasco夢パン工房」、地元の生産者らが運営する「のっぽろ野菜直売所」、「プチキッチンOgiOgi」が入っている。

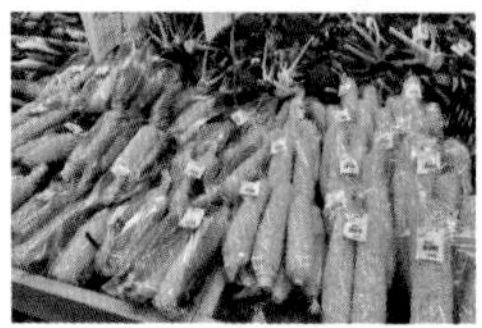
新鮮な野菜が並ぶ直売所

ゆめちからテラス
住江別市西野幌107-1
TEL011-382-8319（野菜直売所）、011-802-8885（夢パン工房）、080-1972-6109（OgiOgi）
営9:00～閉店時間は店舗により異なる
休5～10月は無休（夢パン工房は4～12月無休。それ以外の月は第1・3月曜定休、ただし祝日の際は営業）
交JR野幌駅から車で約5分
CC店舗により異なる
Pあり

野幌総合運動公園から車で3分ほど

れんが造りのローカル商業施設

ËBRI

●エブリ

江別市　複合施設　MAP 別冊P.15-D2

近代化産業遺産の赤れんが工場をリノベーションした、れんがのまち・江別のシンボル的な存在。館内には「えぶり市場」、自家焙煎の「NOPPORO COFFEE」、江別や姉妹都市の特産品などが並ぶ「江別アンテナショップ GET'S」などがある。

建物は国の登録有形文化財にも登録

ËBRI
住江別市東野幌町3-3
TEL011-398-9570
営10:00～20:00（店舗で異なる）
休無休
交JR野幌駅から徒歩で7分
CCAJV
Pあり

COLUMN ジモトトピックス

ヒト・モノ・コトをつなぐ大型複合書店

「田園都市スローライフ」をコンセプトに食・知・暮らしの3棟からなるライフスタイル提案型の大型複合書店。飲食店やアパレル、植物などのショップが入っているほか、イベントなどもあり、1日いても飽きない。道内ではここだけの「AKOMEYA TOKYO」「ハレル ツナガルマーケット」も入っている。

江別 蔦屋書店　江別市　MAP 別冊P.15-D2
●えべつ つたやしょてん
住江別市牧場町14-1　TEL011-375-6688　営9:00～22:00
休無休　交JR江別駅から徒歩20分　CCADJMV　Pあり

駐車場は500台完備

知の棟の中。本好きにはたまらない

魚屋直営だから新鮮な"ネタ"がお手頃に!

創業78年

北のどんぶり屋 滝波食堂

カニ
冷凍していない新鮮なカニ身は、旨味が凝縮された人気のネタ

活ホタテ
繊維を壊さずさばくので、濃厚でサクサクとした食感が特徴

生ウニ
旬の産地の無添加「海水うに」を使用、ふわっととろける甘さが自慢

小樽市民の台所・三角市場の魚屋直営どんぶり屋。本物を知り尽くした店主が振る舞う、新鮮な小樽の浜料理や定食の数々。創業から守る味と鮮度、感謝の想いを込めた接客で、旅人の心を満たします。

どんぶりのほか、定食・刺身・焼き物もオススメ!

むかいの魚屋滝波商店でお土産も買えます!

出入口からおもてなし!
従業員一同、お待ちしています!

小樽で食べたい海鮮丼は…コレ!!

元祖わがまま丼

3品普通盛 **2,420円〜**(税込)

自家製イクラやウニ、季節の旬のネタなど、10種のネタから3〜4品選んで好みの「わがまま」な海鮮丼をどうぞ。

自家製イクラ

生ウニ

カニ

本まぐろ

ボタンエビ

甘えび

サーモン

活ホタテ

とびっこ

SEASONAL FOOD

3品	小盛	2,200円
	普通盛	2,420円
4品	小盛	2,750円
	普通盛	2,970円

※生ウニを選ぶとプラス330円となります ※季節や天候によって入荷状況が異なります ※全て税込

\ 小樽駅すぐの /

観光名所・三角市場

JR小樽駅よりすぐの小樽三角市場。敷地と屋根が三角の形をしていることから名付けられたこの市場には新鮮な海産物や野菜・果物などを取り扱う店が両側に並んでいる。港町小樽ならではのお土産を選んだり、旬の食材を使ったメニューを味わったりでき、小樽に行くなら絶対立ち寄りたいスポット。

ランチ | お土産販売 | 駅近 | 近隣有料駐車場有 | 予約不可

JR小樽駅から徒歩1分

TEL.0134-23-1426

小樽市稲穂3-10-16
三角市場内

【営業時間】8:00〜17:00 【定休日】無休(元日のみ休み) 【席】56席

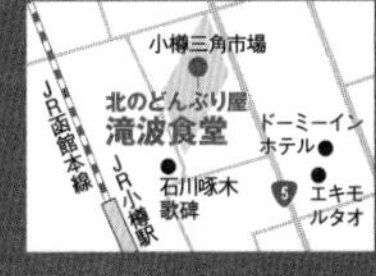

特典 | 2024年4月30日迄

活ホタテ焼きor活ホタテ刺、どちらか1品サービス!

※悪天候等により入荷のない場合は、サービス内容が変更になる場合があります ※どんぶり、または定食をご注文の方に限り、1人1枚 ※本紙持参の方に限る ※注文時提示

AREA NAVI

小樽市

Otaru Area　MAP 別冊P.4-5

小樽市の徽章
雪を表徴した六花の中に小樽の「小」の文字を図案化

カントリーサイン
ガス灯と古い倉庫が立ち並ぶ、小樽運河を図案化

札幌から日帰りでも行くことができる小樽は、明治から大正にかけて栄えた歴史ある町。見どころが集中する中心部なら徒歩で巡ることができる。ひと足延ばせば海あり山ありと、多彩な自然風景を満喫できる。

1 小樽中心部 ●おたるちゅうしんぶ
P.297 MAP 別冊P.46-47

（JR小樽駅周辺・小樽運河・色内・堺町）

歴史ある町並みに見どころ、グルメ、ショップが集中

小樽運河や歴史的建造物といった小樽の代表的な見どころが、中心部の狭い範囲に集中している。JR小樽駅、または南小樽駅を起点に歩いて観光ができて便利。観光のメインストリート、堺町通りには小樽ガラスやスイーツの店が並ぶ。

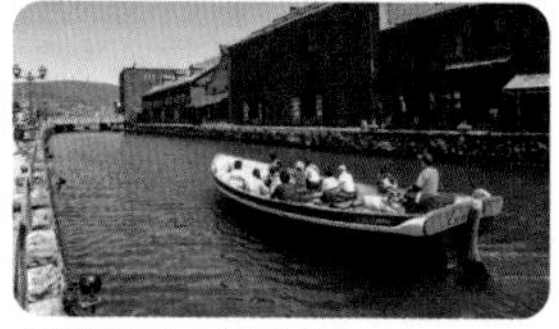
小樽運河クルーズも楽しめる

2 小樽山の手&東部 ●おたるやまのて&とうぶ
P.323 MAP 別冊P.42-43

（小樽公園・天狗山・小樽築港・朝里川温泉・銭函・張碓）

中心部を見下ろす高台と東部の湾岸エリア

中心部の背後の山の手エリアは傾斜地になっていて、標高532mの天狗山は小樽市街と海が一望できるビュースポット。市内唯一の温泉地である朝里川温泉、海に面した銭函・張碓地区へも足を延ばしてみたい。

天狗山からの小樽市街

3 小樽西部&北部 ●おたるせいぶ&ほくぶ
P.337 MAP 別冊P.44-45

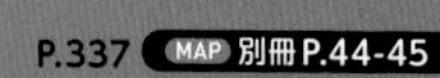

（手宮・祝津・オタモイ・忍路・蘭島）

険しい断崖が続くもうひとつの小樽の風景

海からそそり立つ断崖の上に位置する祝津は、中心部から気軽に行くことができる展望スポットとして人気。おたる水族館もここにある。さらに西にはオタモイ海岸や蘭島エリアと、海の絶景スポットが続く。鰊御殿ほか歴史的なスポットも多い。海上観光船で海からの景色を楽しむのもおすすめだ。

祝津展望台からの絶景

面積 約244km²
人口 約10万7870人

小樽でしたいコト5

1. 小樽運河や歴史的建造物を見学
2. 港町・小樽の海鮮や名物グルメを味わう
3. 堺町通りを歩いて小樽ガラスやスイーツ三昧
4. 天狗山や祝津からの大展望を満喫する
5. 「青の洞窟」クルーズで海上からの景色を楽しむ

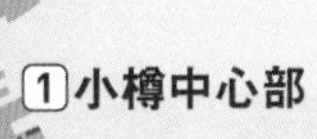

歴史的建造物が並ぶ堺町通り

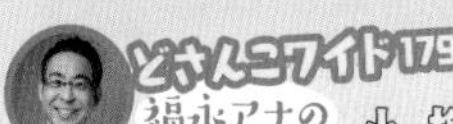

どさんこワイド179 福永アナの 小樽市ジモトトーク

小樽で運河や堺町通りを散策したあとの楽しみといえば食事。小樽といえば寿司、海鮮丼ですが、ひと味違う旅にするならあえて「地元の人が行く焼肉屋さん」なんていかがでしょうか？　小樽には独特の焼肉文化があるのをご存じですか？　私もロケに行ってビックリ。それは焼肉を楽しんだあとの〆。焼肉のたれをお湯で割って飲むという。蕎麦湯じゃないんだから……とツッコミたくなりますが、お肉をたくさんつけて脂やうま味が加わったたれにお湯を注いで飲むと、スープ代わりといいますか、これがいけるんですよ。すべてのお店で楽しめるわけではありませんが、ぜひ体験してみてください。

たれにお湯を注いで飲むのが小樽流

小樽グルメ決定版

小樽は1869(明治2)年に商船の運航が許可され、北前船や石炭の送り出しの港として栄え食も発展。石狩湾の恵みとレトログルメを楽しもう!

決定版 01 寿司&海鮮丼

小樽の港では多くの魚が水揚げされ、「小樽寿司屋通り」(→P.316)があるほど寿司屋が多い。また、庶民の台所、市場には新鮮魚介が並び、海鮮の宝庫だ。

小樽・堺町 MAP 別冊P.46-B3

小樽たけの寿司

おたるたけのすし

築120年の古民家を利用。人気の海鮮丼は約20種類から3種のネタが選べるあいのり丼2700円をはじめ、13種類のネタがのる海鮮丼特上3550円も。握りは帯広にぎり6カン2300円、札幌にぎり9カン2550円など、数や内容で選べるのがうれしい。

住小樽市堺町2-22 TEL0134-25-1505
営11:00～21:00 休木曜 交JR小樽駅から徒歩15分 CCDJMV P なし

にぎわう堺町通りにある古民家のお寿司屋さん
握りのセットは北海道の地名なんだよ 大将の宇野賢一氏

小樽にぎり
12貫3750円
マグロ、ホタテ、ボタンエビ、ウニなどが1列に盛りつけられどこから食べるか悩む

北海道の人気の日本酒や全国の銘酒も揃う

堺町通りに面して立つ。ランチから通し営業で利用しやすい

小樽の魚カレンダー

小樽の海岸は砂地、岩地、岩礁、転石など変化に富んでおり40種類以上の魚介が水揚げされる。漁港は祝津、塩谷、忍路をはじめ、小樽港には高島漁港区ほか魚揚げ場がある。

	1月	2月	3月	4月	5月	6月	7月	8月	9月	10月	11月	12月
ウニ	5月中旬から解禁。エゾバフンウニやキタムラサキウニがとれる					旬のなかでもおすすめ	旬のなかでもおすすめ					
シャコ	カマキリのような鎌をもつ甲殻類。小樽では春と秋の2回、漁がある			旬	旬のなかでもおすすめ	旬				旬	旬のなかでもおすすめ	旬
ニシン	旬	旬のなかでもおすすめ	旬	旬は春と冬の2回。春は白子がおいしく、冬は身に脂がのる。春告魚(はるつげうお)と呼ばれ、春が人気								
ハッカク	旬のなかでもおすすめ	旬		断面が八角形に見えるのが名前の由来。ヒレが大きいことからトクビレとも呼ばれる								旬
カスベ	旬のなかでもおすすめ	旬		エイの仲間。店頭には皮をむいたヒレが並ぶ。煮付けやから揚げで食べる							旬	旬のなかでもおすすめ
サクラマス			旬のなかでもおすすめ	旬のなかでもおすすめ		海へ下り約1年後、桜の咲く時期に戻ってくるサケの仲間						

※小樽市漁協組合「おさかなごよみ」より

□…漁期 …旬のなかでもおすすめ …旬

＼小樽にある／
市場の海鮮丼

港町小樽の市場で営業する寿司屋や定食屋。市場直送の魚介を使った鮮度バツグンの海鮮丼！

市場にある本格寿司 旬の味を丼で味わう

海鮮おまかせ丼 2700円
イクラやウニ、甘エビ、白身などがてんこ盛り。大根やニンジンなどの野菜で作る飾りがキレイ

南樽市場 ➡P.322

寿司処 わさび

MAP 別冊P.45-C3

すしどころ わさび

南樽市場の魚屋が並ぶ通路側にある。シャリは備長炭で炊き上げたふっくらとした酢飯。握りは上盛合せ1000円から店主おまかせ握り3500円まで5種類。海鮮丼は1700円〜。

TEL 090-1389-6296
営 10:00〜17:30LO　休 日曜
CC 不可

緑の暖簾と提灯が目印

鱗友朝市 ➡P.322　MAP 別冊P.46-A1

朝市食堂

あさいちしょくどう

鱗友朝市の開店とともに朝4時に暖簾をあげる。30年近く「のんのん」という食堂だったが2017年に引き継ぎ、現在の店名に。定食もあり、新鮮魚介を市場価格で味わえる。

TEL 0134-24-0668
営 4:00〜13:30LO
（なくなり次第終了。冬季は5:00〜）
休 不定休　CC 不可

丼メニューは22種類

早朝から海鮮丼を食べるならココへ！

小樽丼 2400円
ウニやイクラ、ホタテの定番にカニや甘エビなど4種類ほどのネタがのる

駅チカの市場で豪快海鮮丼！

元祖わがまま丼 4品普通サイズ 2970円〜
10種類のなかから3〜4種類の具材と、ご飯も白米か酢飯が選べる

小樽三角市場　MAP 別冊P.46-A2

北のどんぶり屋 滝波食堂

きたのどんぶりや たきなみしょくどう

小樽三角市場内で海産物を扱う、滝波商店が経営する海鮮丼がメインの食堂。10種類の魚介から3〜4種類が選べる「わがまま丼」のほか、定番のカニやイクラの丼、焼き魚定食などもある。

住 小樽市稲穂3-10-16
TEL 0134-23-1426　営 8:00〜17:00
休 無休　交 JR小樽駅から徒歩1分

入口には海鮮丼の写真がいっぱい

小樽中央市場 ➡P.322　MAP 別冊P.46-A2

小樽海鮮丼ガンガン亭

おたるかいせんどんガンガンてい

昭和の時代、汽車に乗り込む行商人が「ガンガン部隊」と呼ばれていたのが店名の由来。市場内にマネキンで再現されている。通路の両側が店で、注文してから向かいのテーブル席で食べる。

TEL 080-8012-4876
営 11:00〜15:00（早仕舞いあり）
休 月曜　CC ADJMV

市場の2棟目にある

歴史ある市場で雰囲気も味わう

ガンガン丼 2700円
一番人気の丼でボタンエビやウニ、イクラなど旬のネタ満載のオールスター海鮮丼

決定版 02 小樽ご当地グルメ

ハイカラな港湾都市・小樽にはバラエティに富んだご当地グルメが揃う。
どれもボリューム満点で食べ応えあり！

小樽あんかけ焼そば

昭和30年代に生まれたという小樽のソウルフード。
焼そばの上に野菜と海鮮のあんかけがたっぷり。

デカ盛りとロックなあんかけ焼そば専門店

五目あんかけ焼きそば
1人前(2玉) 1250円
鳥肉と豚肉にエビ、ウズラ、野菜など16種類の具材が入ったあんがたっぷり

ブラックサバス焼きそば　ハーフ(1玉)　1100円
ヘヴィメタルの有名バンドがメニュー名。中国の黒いたまり醤油・老抽王(ラオチョウワン)と山椒で味付け

(小樽・稲穂) MAP 別冊P.46-A1

中華食堂 龍鳳

ちゅうかしょくどう りゅうほう

1977(昭和52)年創業のあんかけ焼きそば専門店。先代の後を継ぎ、太田友樹さんと母親とで暖簾を守る。普通盛りがそば2玉というボリュームで、1玉だとハーフで50円引き。

住小樽市稲穂4-4-9 TEL0134-23-9918
営11:00～スープがなくなり次第終了
休木曜　交JR小樽駅から徒歩8分
CC不可　Pあり

1リズミカルに作る太田友樹さん。メニューには好きなバンド名も
2目立つ外観にもうまさがにじみ出ている
3昭和の香り漂う店内

懐かしいメニューが揃う老舗のビヤホール

小樽海鮮あんかけ焼そば　1408円
エビやカニ、イカの海鮮とキクラゲや白菜などの野菜があんに絡んでいる

(小樽・稲穂) MAP 別冊P.46-A3

ニュー三幸 小樽本店

ニューさんこう おたるほんてん

1954年開業の老舗ビヤホールで生ビールと一緒に肉料理や洋食、麺類から和食までバラエティに富んだメニューが楽しめる。シェフがテーブルで料理するステーキワゴンも名物。

住小樽市稲穂1-3-6 サンモール一番街　TEL0134-33-3500　営11:30～20:30LO　休無休　交JR小樽駅から徒歩5分　CCADJMV　Pあり

サンモール一番街にあるれんが造りのアーチ

広いビアホールで一角にはジンギスカンの「麦羊亭」も

焼肉〆スープ

小樽では焼肉を食べ終わったあと、つけだれにスープを加えて飲む〆スープが浸透。焼肉 三四郎本店が元祖。

焼肉を食べたあとは〆スープという楽しみ

ホルモンは火が通ってカールしてきたら食べ頃

ホルモン 440円
手作業でていねいに下処理しているホルモン、丸まったら食べ頃

さがり847円
ハラミと同じ牛の横隔膜で肉質上位ランクの生肉を使用。たれに合う

焼いたホルモンや肉などのうま味が出たたれをスープにして

〆はたれを昆布だしのスープで割ってどうぞ

たれスープ発祥の店として有名

(小樽・花園) MAP 別冊P.46-A3

焼肉 三四郎本店

やきにく さんしろうほんてん

1960(昭和35)年創業の人気店。女将の一色照子さんが、残ったたれをお湯で割ったのが焼肉〆スープの始まり。選び抜かれた肉は豚・鶏・牛・羊・馬の各部位があり、サイドメニューも充実している。

住小樽市花園1-9-2 TEL0134-32-3991
営17:00～翌0:00
休月曜 交JR小樽駅から徒歩11分
CCADJMV P商店街提携利用

半身揚げ

名前のとおり、鶏肉の半身をフライにした小樽名物で若鶏時代なるとが発祥。揚げたてで皮はパリッ、肉はジューシー。

(小樽・稲穂) MAP 別冊P.46-A2

若鶏時代 なると 本店

わかどりじだいなると ほんてん

たれに漬け込んだ若鶏の半身を、時間をかけてカラリとフライに。1952(昭和27)年の創業以来約70年、伝統の味を守り続けている。特上にぎり2530円や特上生ちらし2630円など和食メニューも。

住小樽市稲穂3-16-13
TEL0134-32-3280
営11:00～20:30LO 休無休
交JR小樽駅から徒歩5分
CCADJMV Pあり

若鶏定食 1270円
名物の若鶏半身揚げにご飯や味噌汁などが付いた一番人気の定食

揚げたてアツアツの半身揚げをほお張る

1 半身揚げ単品990円をビールと一緒に味わうのもいい 2 宴会場のような広い店内。テーブル席やカウンター席もある 3「なると」の名前の由来は創業者が淡路島出身だからだそう

決定版 03

昭和の喫茶店

かつての金融機関の重厚な建物が残る小樽。明治から大正そして昭和へと時代の流れがミックスした港町の、華やかで懐かしい喫茶店。

歴史を感じる空間で過ごす

札幌グランドホテルにもあるというシャンデリア

扉を開けると目の前にシャンデリアがきらめく

小樽・花園　MAP 別冊P.46-A3

1948年 昭和23年創業

喫茶コロンビア

きっさコロンビア

花園銀座通りにある喫茶店。戦後の復興期から高度経済成長時代、平成、令和と時代が流れても店の雰囲気はそのまま。赤いビロードのソファと天井から下がるシャンデリアに圧倒される。

住小樽市花園1-10-2　TEL0134-33-5178　営11:00～21:30LO　休不定休　交JR小樽駅から徒歩11分　CC不可　P提携あり（2000円以上の利用で1時間無料）

座り心地のいいボックスシート

プリンアラモード800円
かための四角いプリンにアイスクリームとフルーツ。数量限定

パイナップルがインパクト大のオムライス1000円

ランプの明かりが幻想的なカフェ

小樽・堺町　MAP 別冊P.46-B3

北一ホール

きたいちホール

1891（明治24）年の漁業用倉庫を利用した北一硝子のホール。毎日、開店と同時に167個の石油ランプに火をともす。幻想的なランプの明かりのなかでランチやスイーツ、地ビールも楽しめる。

住小樽市堺町7-26　TEL0134-33-1993　営9:00～17:30　休無休　交JR南小樽駅から徒歩10分　CCADJMV　P提携利用（2000円以上で2時間無料）

歴史的建造物を利用した広い店内

懐かしい喫茶メニューなら
鉄板カツミート980円
タマネギを大量に煮込んで作るミートソースとサクサクのカツがベストマッチ

銅板のテーブルと赤いソファでレトロ感満載

坂の上にある
三角屋根のグルメ喫茶

1980年 昭和55年創業

(小樽・松ヶ枝) MAP 別冊P.44-B3

喫茶ルナパーク

きっさルナパーク

店名は萩原朔太郎の詩集から。モーニング650円(9:30～11:00)に始まり、日替わりランチ、鉄板ナポリタン、オムライスからフレンチトーストまで、喫茶メニューなら何でもおまかせ。

住小樽市松ヶ枝1-21-5 TEL0134-32-9789 営9:30～18:30LO(土・日曜・祝日は11:00～) 休月曜 交JR小樽駅・南小樽駅から車で8分 CC不可 Pあり

あんかけ焼きそばも人気なんですよ

コーヒーはブレンド(ホット・アイス)、アメリカン各480円、おかわりは200円

かわいい一軒家。玄関の上の三角が目印

ジャズのリズムに酔いしれる

趣のある石蔵。店のロゴマークは真空管

1985年 昭和60年創業

明治の石蔵で
コーヒーと酒とJAZZにひたる

(小樽・色内) MAP 別冊P.47-C1

Free-Lance

フリー-ランス

旧手宮線の線路沿いにある、マスターひとりで営むジャズ喫茶。建物は1908(明治41)年に足袋屋の倉庫として建てられた、軟石の木骨石造り。音響効果がよく、いい音に包まれる。

住小樽市色内2-9-5
TEL0134-27-3646
営12:00～22:00 休火曜
交JR小樽駅から徒歩8分
CC不可 Pあり

冬は薪ストーブで暖を取る

1 名盤を聴きながら濃いスリー・フォールド・ストロング・コーヒー650円を　2 チョコレートケーキ450円とコーヒー550円　3 隠れ家のような店。聴きたいレコードのリクエストも可

決定版 04 懐かしスイーツ

商業の中心として栄えた小樽では、和菓子から洋菓子まで流行のスイーツが続々誕生。今もその名残が見られる。

飴

本物のリンゴみたいなかわいさ

甘酸っぱいりんご飴1袋330円

1918(大正7)年創業

パッケージも懐かしい

小樽・色内　MAP 別冊P.46-A2

飴屋六兵衛 本舗

あめやろくべえ ほんぽ

北海道のてんさい糖と小樽の水で手作りする、りんご飴やバター飴など10種類ほどの飴があり、どれもレトロなパッケージとカラフルな色合い。

住小樽市色内2-4-23　TEL0134-22-8690　営9:00～17:00(土曜日～16:00)　休日曜・祝日　交JR小樽駅から徒歩10分

手まり飴1袋330円は1粒が大きい

店の前に飴の屋台が出ている

1911(明治44)年創業

まるで水晶玉のような飴

小樽・花園　MAP 別冊P.46-A3

澤の露本舗

さわのつゆほんぽ

使用しているのは砂糖のみ。水飴を使わない伝統の製法でひとつずつ手作り。大粒の飴が口の中でゆっくりと溶けていく。

住小樽市花園1-4-25　TEL0134-22-1428　営11:00～16:00　休水曜、不定休あり　交JR小樽駅から徒歩10分

店舗はここのみ。作っているのも澤の露のみ

砂糖本来の優しい自然な味。120g袋入り500円

ぱんじゅう

ひとくちサイズだけど中身ずっしり

大きさは縦4cm、横3cmほど

明治時代からの庶民の味 ハイカラな小樽の名物

小樽・色内　MAP 別冊P.47-D2

桑田屋小樽本店

くわたやおたるほんてん

薄い生地の中に具がぎっしり詰まったぱんじゅう。パンのような皮の饅頭が語源なのだそう。定番と季節限定商品を含め10種類以上ある。

住小樽市色内1 小樽ターミナル1階　TEL0134-34-3840　営10:00～18:00(11～4月は～17:00)　休火曜　交JR小樽駅から徒歩10分

こし餡、つぶ餡ほかクリームやチーズなど1個110円～

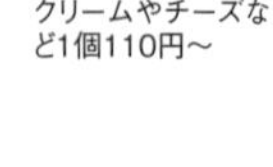

焼きたての温かいぱんじゅうをテイクアウトやイートインも

ソフトクリーム

歴史ある白亜の建物でジャンボソフトクリーム

小樽・花園　MAP 別冊P.46-A3

小樽ミルク・プラント

おたるミルク・プラント

天狗山山麓一帯には戦前まで、乳牛を育てる牧場がいくつかあった。小樽公園入口にある白亜の建物はそれらの酪農家が合同で、1936(昭和11)年に牛乳工場として建てたもの。今は牛乳風味を生かしたソフトクリームが人気の店。

住小樽市花園2-12-13　TEL0134-22-5192　営4月中旬～11月上旬の11:00～18:00(土・日曜・祝日は10:30～)　休期間中無休　交JR小樽駅から徒歩5分

アール・デコ調の美しい建物

倒さないように注意して!

自由の女神が持つたいまつに見立てたニューヨークジャンボ800円は高さがおよそ30cm！レギュラーは320円

アイスクリーム 1919（大正8）年創業のアイスクリームの元祖

（小樽・稲穂） MAP 別冊P.46-A2

アイスクリームパーラー美園

●アイスクリームパーラーみその

北海道で最初にアイスクリームを作ったといわれる店。赤井川村の牛乳に道産はちみつを加えて作るアイスは優しい味わい。パフェやフロートなどメニューが多数ある。

住小樽市稲穂2-12-15 TEL0134-22-9043 営11:00～17:00LO 休火・水曜 交JR小樽駅から徒歩4分

大正ロマンアイスクリーム330円

アーケード街のビルの2階にあるレトロな雰囲気の店内

赤いサクランボにキュン♡

人気の茶紅麗糖伯福栄（ちょこれいとぱふぇ）780円

100周年記念アイスハーフ&ハーフ600円。ソフトアイスとハードアイスの両方が食べられる

老舗の餅屋さんめぐり

小樽には餅屋が多い。その理由は、港で働く労働者に手軽な行動食として餅菓子が好まれたため、とも。切り餅のほか大福、すあま、べこ餅など、伝統の餅菓子を作る老舗が点在。各店ごとに異なる味や食感を、食べ比べてみるのも楽しい。

ひとつずつ手作業で仕上げられる老舗の餅菓子。山照開福餅

幕末の頃創業

他店よりかなり大きい大福。

雷除志ん古

●かみなりよけしんこ

餅屋の中でもきわだって長い歴史をもつ老舗。不思議な店名だが、その名の由来は店の人にも不明だそう。看板商品の大福は胡麻、豆、草などがあり各150円。

MAP 別冊P.45-C3

住小樽市若松1-5-13
TEL0134-22-5516
営5:30～売り切れ（正午頃）
休日曜・祝日
交JR南小樽駅から徒歩4分

7:30頃には商品が揃う

1938（昭和13）年創業

黒糖の味がしっかりしたべこ餅

山照開福餅

●やましょうかいふくもち

現在は2代目が先代譲りの味と製法を受け継ぐ。小さな構えの店ながら豆、しそ、草などの大福、べこ餅、すあま（各160円）、串団子110円と品数が豊富。

MAP 別冊P.44-B2

住小樽市錦町21-9
TEL0134-23-1729
営8:00～16:30
休水・木曜
交JR小樽駅から徒歩20分

能島通りの商店街にある店

1949（昭和24）年創業

餅菓子はいずれもひとつ160円

みなともち

●みなともち

戦後間もない時期に創業。大福、べこ餅、しんこ餅などの定番のほか初春に桜餅、彼岸の頃にはおはぎ、と季節ごとのお菓子が並ぶ。中央市場内に店舗あり。

MAP 別冊P.45-C3

住小樽市花園4-10-13
TEL0134-23-2555 営8:30～17:00なくなり次第終了
休日曜・祝日、不定休あり
交JR南小樽駅から徒歩13分

住宅地の中、大きな暖簾が目印

1913（大正2）年創業

大福、べこ餅、すあま各140円

景星餅菓商

●けいせいべいかしょう

店の周辺には天上寺、住吉神社などの寺社があり、昔はお参りに行く際にお供えの餅を買う人が多かったため"門前餅屋"ができたのだとご主人は話す。

MAP 別冊P.45-C3

住小樽市入船2-4-7
TEL0134-22-0157
営10:00～18:30
休水曜、不定休あり
交JR南小樽駅から徒歩10分

平たいケースに並ぶ餅菓子

小樽市内の交通

小樽の観光案内所

小樽駅観光案内所
TEL 0134-29-1333

浅草橋観光案内所
TEL 0134-23-7740
運河プラザ観光案内所
TEL 0134-33-1661
運河プラザ二番庫
TEL 0134-33-2555

小樽観光モデルプラン
→P.18
小樽のモデルコースは小樽駅～小樽運河～堺町通り～南小樽駅の順が一般的だが、上り坂を避けるなら南小樽駅から歩き始め、小樽駅をゴール地点にするほうがラクだ。

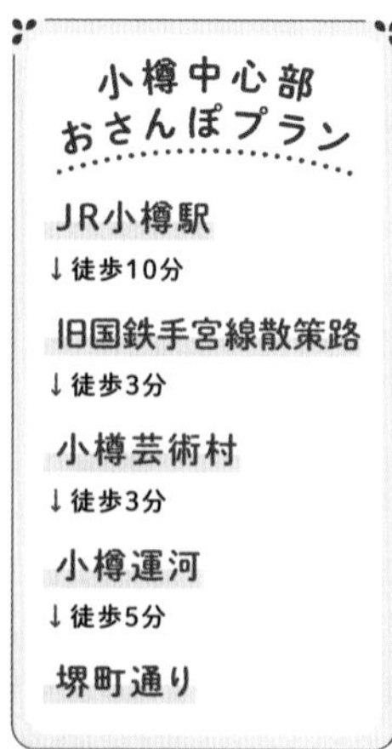

小樽中心部のおもな観光スポットはJR小樽駅、または南小樽駅を拠点に徒歩で巡ることができる。小樽駅前から無数の路線バスが縦横無尽に市内を走っているので、近い距離でも利用すれば時間の節約になるだろう。レンタカー、レンタサイクルなども利用できる。見たい場所や旅のスタイルに合わせて交通手段を選びたい。

徒歩

小樽駅前の大通り、中央通り（駅前通り）を東へ真っすぐ行くと10分ほどで小樽運河に突き当たる。大通りを歩かずに、右折して昔ながらの商店街を抜けると中央通りに平行する日銀通りに出る。洋館風の銀行建築が並ぶ色内地区は、タイムトリップしたような風景そのものが見どころ。真っすぐ進めば同じく、小樽運河のフォトスポット浅草橋に着く。

観光のメインストリート、堺町通りは海岸線と平行に、7本の道が交差する堺町交差点まで約800m続く。通り沿いにはガラスショップやスイーツ店などが並び、買い物やスイーツハントを楽しむ観光客がそぞろ歩いている。堺町交差点から急な坂を上り、右折するとJR南小樽駅に着く。

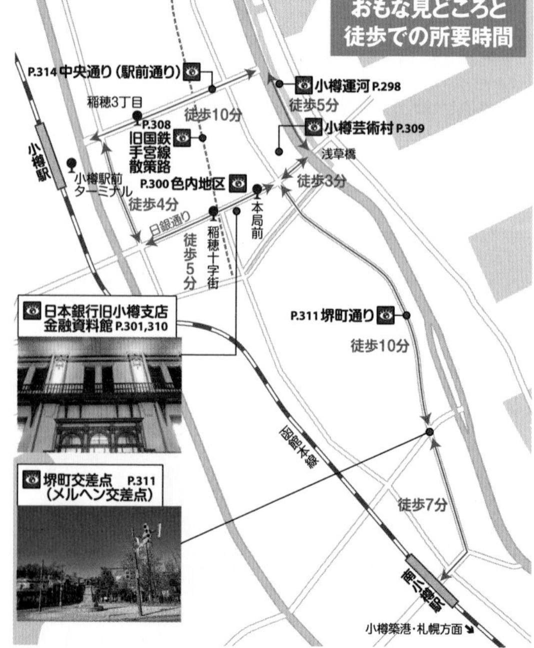

バス

小樽中心部は徒歩で回ることができるが、小樽は東西に長いため祝津方面や朝里川方面など、少し離れた場所へは車かバス利用となる。バス路線は複雑に入り組んでおりなかなか把握しづらいが、JR小樽駅前に小樽駅前ターミナルと、路線バスの発着所が集中している。行き先と、どのバス停から出発するかを確認してみよう。駅前通りを3分ほど行った「稲穂3丁目」、小樽運河方面へ向かう日銀通りの「稲穂十字街」や「本局前」停留所も多くのバスが停車するバスの拠点だ。

バスの運賃

小樽市内均一区間
料1乗車につき240円（子供120円）

おたる市内線バス1日乗車券
小樽市内均一区間内が1日乗り放題の乗車券。4回バスに乗るならお得になる。購入は小樽駅前バスターミナル、運河プラザなどで。購入して乗車日のスクラッチで削って利用する。
料800円（子供400円）

小樽駅前主要バスのりば

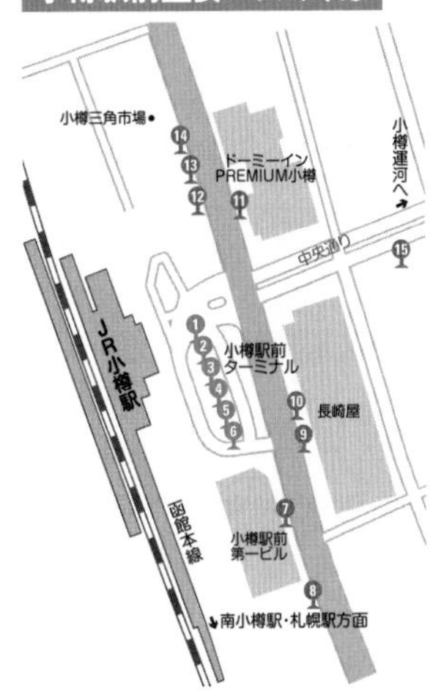

小樽駅前バスターミナル

❶高速札幌行（円山経由） ❷高速札幌行（北大経由）小樽・桂岡線、朝里川温泉線[13] ❸おたる水族館線[10]、祝津線[11]、赤岩線[12]、赤岩・ぱるて築港線[42] ❹ぱるて築港線[1] 天狗山ロープウエイ線[9] ❺高速しゃこたん号（美国・神威岬行） 高速よいち号（余市梅川車庫行） 余市線[18]、積丹線[20][21] ❻高速いわない号（岩内ターミナル行） 高速ニセコ号（倶知安・ニセコ行） ニセコバス（ニセコ行）

❼最上線[7]（最上町行） ❽小樽市内本線[2][3]（手宮・高島方面行） ❾望洋台線[6]（望洋台行）、奥沢線[16]（天神町行） ❿ぱるて築港線[1]（ぱるて築港・新日本海フェリー行） 小樽市内本線[2][3]（桜町・南小樽駅前行） おたもい・ぱるて築港線[38]（ぱるて築港行） 赤岩・ぱるて築港線[42]（ぱるて築港行） ⓫おたもい線[8]（本局前行） 梅源線[14]（本局前行）、塩谷線[17]（本局前行） おたもい・ぱるて築港線[38]（ぱるて築港行） ⓬塩谷線[17]（塩谷海岸行） 余市線[18]（余市梅川車庫前行） ⓭おたもい線[8]（おたもい入口行） おたもい・ぱるて築港線[38]（おたもい入口行） ⓮梅源線[14]（手宮行） ⓯小樽市内本線[2][3]（桜町・新光2丁目行）、おたる水族館[10]（本局前行） 赤岩線[12]（本局前行）、赤岩・ぱるて築港線[42]（ぱるて築港行）

小樽駅前バスターミナル

行き先別おもなバス路線

天狗山（→P.327）へ

小樽駅前ターミナルから所要20分で天狗山ロープウェイに行ける。8時台～20時台まで1時間に2～3本運行。

天狗山ロープウェイ

[9]天狗山線　おもな停留所

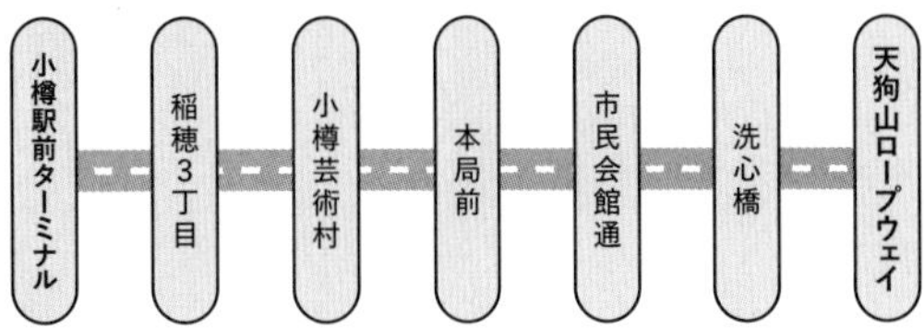

祝津パノラマ展望台（→P.341）、おたる水族館（→P.341）へ

[10]おたる水族館線か[11]祝津線に乗車。終点はどちらもおたる水族館だが、赤岩経由と高島経由があり途中の停留所が異なる。小樽駅～おたる水族館、おたる水族館線利用21分、祝津線利用26分。おたる水族館線は本数が少ないので事前に要確認。

[10]おたる水族館線・[11]祝津線　おもな停留所

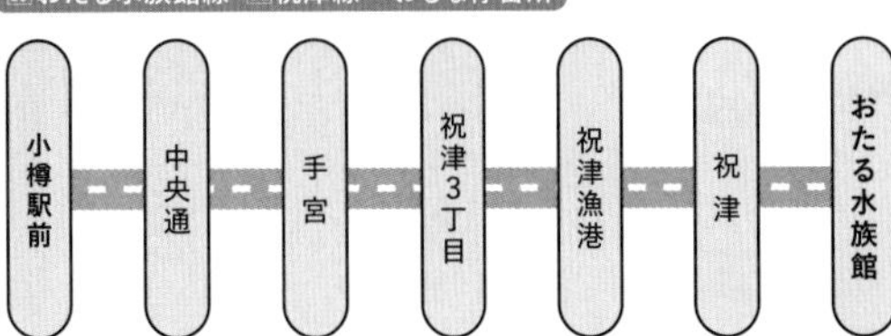

小樽市総合博物館（→P.340）へ

小樽駅前から旧手宮線遊歩道を歩いて20分ほど。バスの場合は2小樽市内本線、高島3丁目行きに乗り総合博物館下車。所要9分。10おたる水族館行きも同じルートを通るので総合博物館で下車できる。

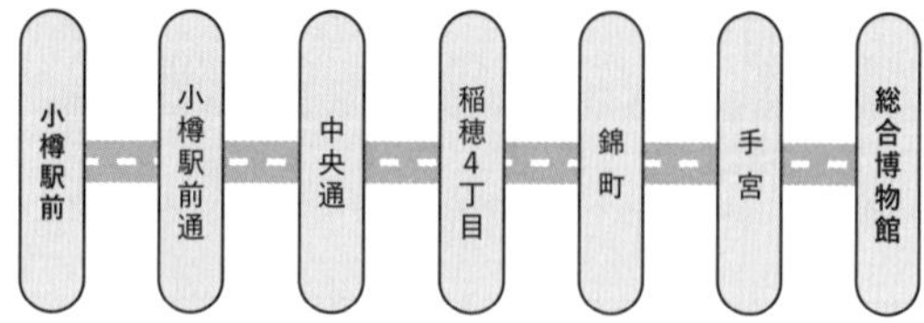

朝里川温泉（→P.334）へ

6時台の始発から21時台の最終まで1時間に1～2本（平日7時台は3本）、所要36分。

朝理ダム、オタルナイ湖

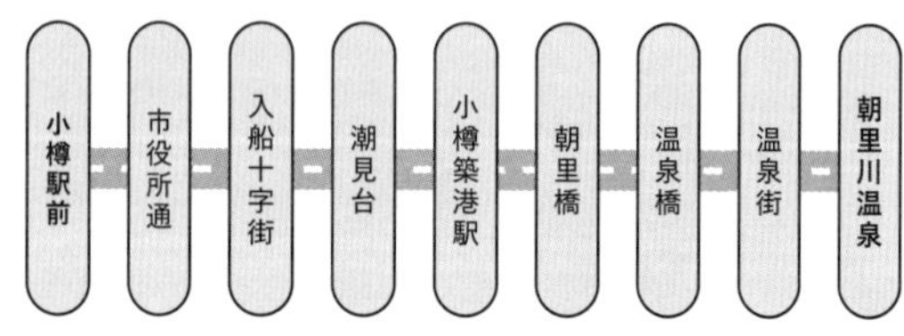

ウイングベイ小樽（→P.331）

小樽駅前にある長崎屋の前からウイングベイ小樽経由ぱるて築港まで運行。ぱるて築港は小樽築港駅から徒歩2分のところにあるバスターミナル。1ぱるて築港線は新日本海フェリー乗り場が終点。ウイングベイ小樽まで経由により15分前後、ぱるて築港まで20分前後。

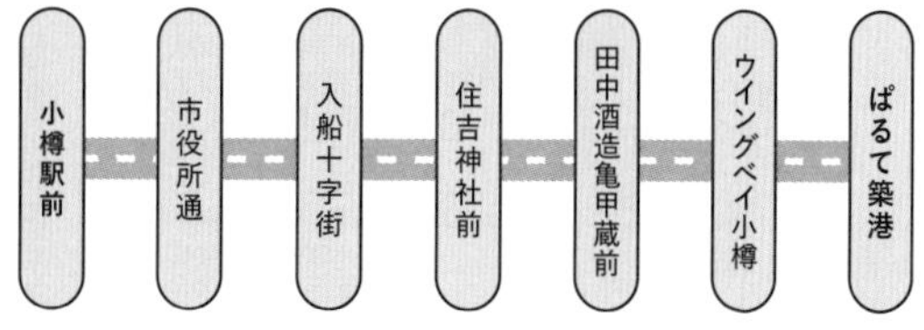

塩谷海岸（→P.343）へ

小樽駅前ターミナルから長橋を通り、おたもい入口を経由して塩谷海岸に行く17塩谷線。小樽駅前から塩谷海岸へ所要約25分。

塩谷海岸からの眺め

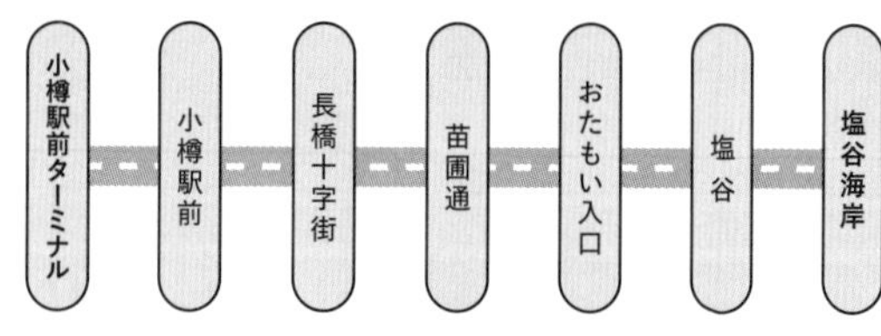

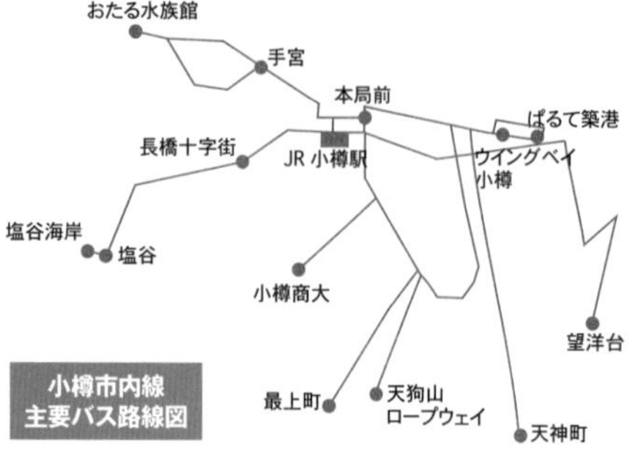

小樽駅前のバス停留場

海上交通

観光船でありながら、祝津航路は祝津〜小樽港（第3号埠頭）の移動にも利用できる小樽海上観光船「あおばと」。小樽第3号埠頭乗り場は小樽運河から徒歩1分、祝津港乗り場はおたる水族館から徒歩7分ほどの距離。ほかに沿岸からの風景を楽しめる赤岩航路、オタモイ航路がある。→P.344も参照。

移動も観光遊覧も楽しめる

小樽海上観光船「あおばと」
運航期間：4月下旬〜10月中旬
料祝津航路片道1000円

小樽第3号埠頭のりば

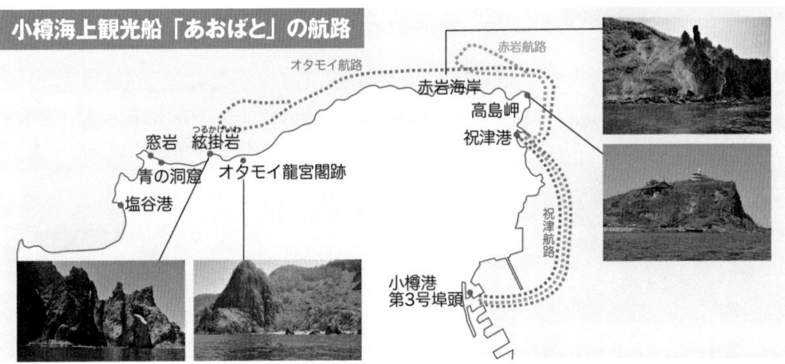

運行スケジュール

小樽港発	祝津港着
10:00	10:20
11:00	11:20
13:00	13:20
15:00	15:20
16:00(17:00)	16:20(17:20)※

祝津港発	小樽港着
10:30	10:50
12:10	12:30
14:10	14:30
16:10	16:30
16:30(17:30)	16:50(17:50)※

赤字は土・日曜・祝日、7月20日〜8月31日の運航。※は臨時便。2023年4月現在

レンタカー

小樽中心部以外にも足を延ばすなら、やはり車があると便利。札幌から車で小樽に行くなら、途中、銭函付近に点在するカフェ（→P.324）に立ち寄ることもできる。札幌〜小樽間は約40km、所要約45分。小樽でレンタカーを借りるなら、小樽駅構内にJR駅レンタカーがあるほか、駅近くに各社営業所がある。乗り捨てや配車は要事前確認。小樽中心部の観光は、車を駐車場に停めて徒歩で回るのがおすすめ。

駐車料金に注意

市街地の随所にコインパーキングがあり、駐車場所にはあまり困らない。ただし、料金は場所によってかなりの開きがあるので、事前に料金表示を確認しよう。60分100円のところがあると思えば、30分330円のところも。駐車後24時間は500円〜、最大でも1500円程度。いい場所ほど相場は高い。

看板に値段が書いてあるので利用前にチェック

小樽のレンタカー会社

駅レンタカー小樽営業所
住JR小樽駅構内
TEL0134-31-0011
ネットで予約して駅でレンタカーとJRきっぷを購入することで乗車券やレンタカー料金が割引になる「レール＆レンタカーきっぷ」がお得。レンタカーだけでもネット予約で10%引きになる。

トヨタレンタカー小樽駅前店
住小樽市稲穂4-7-7
TEL0134-27-0100

JR小樽駅から徒歩4分、トヨタのカーシェアも設置あり（トヨタレンタカー小樽駅前店）

トヨタレンタカー小樽稲穂2丁目店
住小樽市稲穂2-22-1 小樽経済センタービル地下1階
TEL0134-29-0100

ニコニコレンタカー小樽駅前店
住小樽市稲穂2-19-8
TEL0134-23-0889

レンタサイクル

自転車があれば観光の幅が広がる。レンタサイクルショップは駅前から小樽運河周辺に数店舗がある。ただし、小樽は坂が多いので、展望スポットなどへ行くなら電動アシスト付き自転車を選んだほうが断然ラクだ。ヘルメットの貸し出しはショップによるので予約時に問い合わせを。なお、通年営業しているショップもあるが、積雪時の利用は避けたほうがいい。

3段変速機付きと電動アシスト付き自転車を扱う小樽レンタル自転車「きたりん」

人力車

小樽のレトロな風景にぴったりの人力車。俥夫（しゃふ）の案内で小樽の観光スポットを巡ることができる。乗り場は小樽運河に架かる浅草橋か中央橋。巡る場所は乗車時に俥夫と相談を。所要12〜13分、1名4000円（2名で5000円）のコース例は以下のとおり。

小樽運河遊覧モデルコース

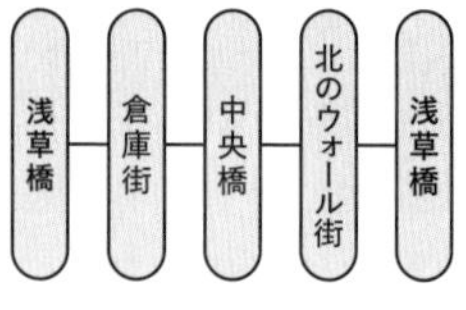

人力車で小樽観光を楽しむ

タクシー

タクシー乗り場は小樽駅前にあるほか、町なかでひろうこともできる。距離制料金の場合1400mまで630円、以後266mごとに80円。小樽運河までは1kmほどなので、1メーター630円で行くことができる（時速10km以下の時間距離併用を採用していない場合）。貸し切りは30分ごとに3150円。小樽中心部はコンパクトなので、要所要所でタクシーを利用して時間短縮を図るのもいい。

駅前のタクシー乗り場

レンタサイクル

小樽レンタル自転車「きたりん」
住 小樽市稲穂3-10-16
TEL 070-5605-2926
料 2時間900円、24時間1500円
電動アシスト付き自転車2時間1200円、24時間1900円

COTARUレンタサイクル
住 小樽市稲穂3-1-1
TEL 080-8038-4329
料 電動アシスト付き自転車2時間1500円、1日2400円

小樽観光振興公社
住 小樽大3号埠頭観光船乗り場
TEL 0134-29-3131　料 1日500円

人力車

人力車 えびす屋 小樽店
住 小樽市色内2-8-7
TEL 0134-27-7771　営 通年
休 無休　料 1名利用4000円〜、2名利用5000円〜

レンタサイクルで祝津へ（所要約3時間）

自転車があれば少し離れたスポットへも気軽に行くことができる。中心地から北上して祝津まで走ってみては。小樽運河の浅草橋から小樽市総合博物館へは運河の東側を走るとスムース。手宮公園、および祝津へはひたすら上りが続くので、体力に自信がない場合は電動アシスト自転車がおすすめだ。

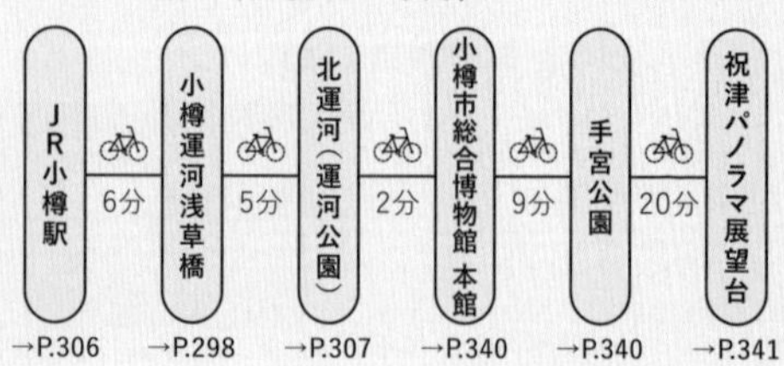

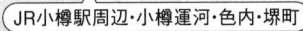

小樽の見どころが凝縮

小樽中心部

MAP 別冊P.46

● おたるちゅうしんぶ

JR小樽駅周辺・小樽運河・色内・堺町

明治〜昭和初期の建物が並ぶ色内地区

多くの旅行者にとって、小樽観光の起点となるのがJR小樽駅。ホームから階段を下り、改札口を出たところが路面の高さ、というちょっと変わった造りだ。駅が傾斜地の途中に横たわるように設けられているためで、坂の町ならではの駅といえる。登録有形文化財でもある駅舎を出れば、真っすぐ延びる中央通り（駅前通り）の先に海が見え、港町小樽に着いたとの気分は一気に高まることだろう。このまま海側に進めば最もポピュラーなスポットである小樽運河への最短距離となるが、歴史ある銀行建築が多く残る色内地区を通っていくのもおすすめだ。

このエリアの拠点
小樽中心部の観光の拠点はJR小樽駅。列車はもちろん札幌からの高速バスも、駅前が発着場所となる。駅舎内に観光案内所があるので、歩き出す前に情報収集しておくといい。

小樽中心部の歩き方

市内の主要な見どころは、小樽駅から徒歩圏内にあるものが多い。小樽運河は駅から海側に向かって歩いて10分ほど。色内の旧銀行建築の町並み、さらにその先の旅行者に人気のショップが並ぶ堺町通りは、それぞれの間が徒歩5〜10分程度の距離。この堺町通りの南側の端は、JR小樽駅よりも南小樽駅のほうが近い。両駅間を片道移動で歩きながら町なかの観光をするという手もある。この市街中心部には見どころやショップが狭い範囲に集中している。車を使う旅行者でも、町なかでは徒歩をメインにしたほうがいいだろう。

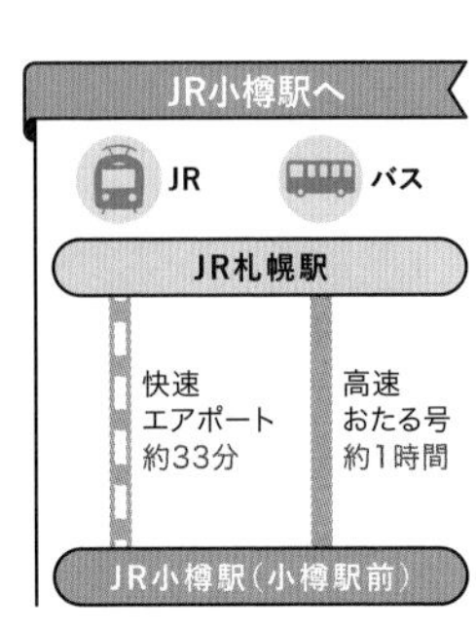

INFO 小樽の市街地には起伏が多いこともあって、札幌のように整然とした区画がない。市街で方向を示すには東西南北よりも山側、海側といった表現で示すことが多い。

築造から100年を迎える歴史的遺構

小樽運河 歴史散策

小樽を代表する見どころ小樽運河は、港の荷役作業の効率化を図るために造られた。2023年に100周年を迎える。

小樽運河 ●おたるうんが

MAP 別冊P.47-D1

住 小樽市港町5 TEL 0134-32-4111（小樽市観光振興室） 営 散策自由
交 JR小樽駅から徒歩10分 P なし

運河の海側、倉庫が建ち並ぶ一帯は、海を埋め立ててできた土地

History

小樽全盛の大正時代に竣工

小樽の市街地は平地が乏しいことから、港近くに倉庫用地を確保するために大正時代、海面の大規模な埋め立て工事が行われた。その際に埋め立て地と海岸線との間に残された水路が、現在ある「運河」だ（下のコラム参照）。埋め立て工事は1914（大正3）年、北側に始まり、長さおよそ1140mの全区間が竣工したのは1923（大正12）年。今からちょうど100年前のことだ。完成した埋め立て地には多数の倉庫が造られ、沖合に停泊する船に積み込まれる貨物などの保管に使われた。

完成から間もない大正～昭和初期の小樽運河写真／小樽市総合博物館所蔵

保存運動を経て人気観光地に

完成時から戦後間もない頃までは、荷を満載した艀（はしけ）が盛んに運河を行き交った。しかし運河の実用的な役割は昭和30年代までにほぼ終わり、用途を失った水面の荒廃が進んだ。昭和40年代には運河を埋め立て、自動車道路を建設する構想が浮上する。これに対して市民の間からは運河保存を求める運動が起こり、埋め立てをめぐる議論は10年近い長期に及んだ。最終的には運河の全長のおよそ半分の区間において、元の幅40mを20mに狭められるという折衷的な方策で決着する。同時に運河沿いの水辺には散策路の整備が進められ、完成を見たのは1986（昭和61）年。ここから観光地としての小樽の人気が急上昇する。

運河南端部の浅草橋は多くの観光客が訪れるスポット

珍しい埋め立て式運河

一般に運河とは水運や灌漑を目的として、陸地を切り開いて造る水路のことをいう。しかし小樽運河はそれとは異なり、海面を埋め立てる際に一部を水路として残すことで造られた「埋立式運河」だ。運河完成から間もない1925（大正14）年発行の地図を見ると、埋め立てによって元の陸地との間に運河が出現した様子がわかる。

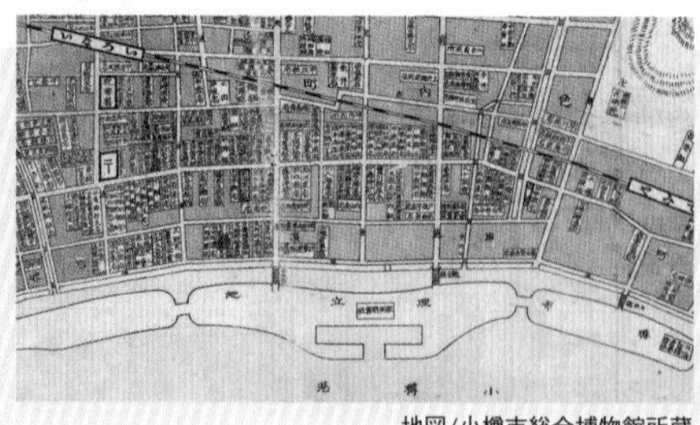

地図／小樽市総合博物館所蔵

小樽運河の見どころ&楽しみ方

場所を変え、時間を変え、視点を変え……。
運河の異なる景観を味わい尽くす方法をご紹介

小樽運河クルーズ

小型ボートでゆっくり運河を新視点で眺める

小樽運河の中ほど、中央橋のたもとの乗り場を出発し、運河の端から端までをゆっくりと巡る小型船によるクルーズ。途中、運河を出て港の中に乗り入れる区間もあって見どころは多い。運河沿いの石造り倉庫などガイドの説明を聞きながら、水面近くの低い視点から眺める景観が新鮮だ。

運河の北端近くを進むボート。この付近でUターンして戻る

水上から夜景を見るナイトクルーズも情緒たっぷりだ

静かにゆっくりと運河を進むボートから水辺の景色を楽しむ

小樽運河クルーズ（小樽カナルボート） MAP 別冊P.47-D1

住小樽市港町5-4　TEL0134-31-1733　営月によって運航時刻が異なるので公式ウェブサイトで確認を。予約推奨。当日券あり　休無休　料乗船1800円（ナイトクルーズ2000円）　交JR小樽駅より徒歩10分（中央橋）　CCADJMV　Pなし

小樽運河の夜景

夕方以降は通る人も少なく静かな雰囲気に

散策路にガス灯のやわらかな明かり

小樽運河の水辺には石畳を敷いた散策路が整備されている。この道沿いに並ぶ街灯は、ガス灯。夕刻になると電気とは違うあたたかみある明かりが水辺の道を照らし、日没後の散策を楽しませてくれる。運河の海側に立ち並ぶ倉庫群のライトアップも行われるので、日中とは違った情緒を味わうことができる。ガス灯の点灯は日没～24:00（6～8月は18:00～）、倉庫群のライトアップは日没～22:30。

北運河（きたうんが） MAP 別冊P.46-A1

埋め立てを免れた運河本来の風景

小樽運河は昭和60年代に、南側半分の区間で部分埋め立てが行われた。それに対し北側の「北運河」と通称される区間では、築造当初のままの40mの幅が保たれている。訪れる人が比較的少ないだけに静かな趣が感じられる。運河に架かる歩行者専用の北浜橋は、緩やかに湾曲する運河を見渡せる好ポイントだ。

幅の広い北運河には今も多くの船が停泊し、水路として使われている

北運河に架かる北浜橋は運河を見渡す格好のビューポイントとして多くの旅行者が訪れる

戦前の壮麗な建築が並ぶ

商都・小樽の銀行建築

色内地区は明治から昭和戦前にかけて、大手銀行がこぞって支店を構えたビジネス街区。欧米の建築技術を取り入れた建物が多数残り、独特な街並み景観をつくり出している。

色内の旧銀行街。右は日本銀行旧小樽支店金融資料館、左の緑の屋根は旧北海道銀行本店

・・・・ History ・・・・

西欧風の建築が並ぶ色内

小樽市街の中心部に位置する色内地区には明治時代の中期以降、本州資本の大手銀行や商社の支店進出が相次ぎ、"港まち小樽"の経済活動を支えてきた。それら支店建築の多くは、当時の日本国内で最新の技術や設計思想を投入したものだった。そうした貴重な建物が、小樽市内には今なお多数残っている点が特筆される。西欧の建築様式にのっとったクラシカルな趣ある建物が並ぶ様子は、外国の町並みを思わせる景観として旅行者の目を楽しませてくれる。

銀行の建設工事が進む大正時代末期の色内地区

上とほぼ同アングルで撮られた現在の町並み

西欧の街並みを思わせる通りの風景

旧銀行街に残る

建築のパイオニアたちの足跡

色内地区に残る多くの銀行建築は、わが国の近代建築のパイオニアとなった技術者たちが設計を手がけたという点でも貴重な存在だ。1877(明治10)年に設立された工部大学校造家学科(東京大学工学部建築学科の前身)では、イギリスから招かれたジョサイア・コンドル教授のもと、若き建築家が養成された。その第1期生はわずか4名の精鋭で、小樽にはそのうち3名の作品が現存する。辰野金吾の日本銀行小樽支店、曽根達蔵の三井銀行小樽支店、佐立七次郎の日本郵船小樽支店だ。色内の銀行建築群は「屋根のない博物館」と評される、建築史のうえでも貴重な存在だ。

小樽市指定歴史的建造物をチェック

小樽市内には歴史ある建物が数多く残っている。それらのなかでもとりわけ価値が高く、所有者の同意を得られたものが「小樽市指定歴史的建造物」として登録される。現在の指定物件は79ヵ所。指定された建物にはプレートが掲げられている。

旧銀行街を代表する4つの建物

小樽・色内地区に残る、明治末から昭和初頭の、小樽が全盛期の時代に建てられた名建築。

日本銀行小樽支店

現・日本銀行旧小樽支店金融資料館
➡P.310

色内の銀行建築のなかでも大きさ、荘厳さにおいて他を凌ぐ存在。竣工は明治時代が終焉を迎える直前のことだった。設計は日銀の本支店や、東京駅駅舎の設計に名を残す辰野金吾が携わった。石造りに見える建物だが、れんが積みの上にモルタルを塗って造られている。内部は金融資料館として見学可能。

高い天井の営業フロアは回廊が巡らされている

壁にはシマフクロウをモチーフにした像が見られる

色内の銀行建築群を代表する堂々たる姿

北海道銀行本店

現・小樽バイン

日銀小樽支店の向かいに位置し、日銀よりわずか1週間ほど早く竣工した。設計者・長野宇平治は日銀の設計にも辰野金吾のもとで携わっている。竣工時の「北海道銀行」は戦前に存在した金融機関で、現存する同名の銀行とは無関係。現在はワインレストラン「小樽バイン」として営業している。

石積みのアーチなど古典的な意匠が施される

小樽バイン

MAP 別冊P.47-C2

地元で作られる「おたるワイン」全種を揃え、ワインに合うシーフード、肉料理、パスタなどフードメニューも幅広い。ワインショップを併設し小樽産ワインのほか道産ワインをセレクトできる。

石壁に囲まれた落ち着ける店内

住小樽市色内1-8-6 TEL0134-24-2800 営11:30～20:00(ショップは11:00～)、金・土・日曜・祝日は～21:00 休水曜(ショップは無休) 交JR小樽駅から徒歩7分 CCAJMV Pあり

三井銀行小樽支店

現・小樽芸術村 旧三井銀行小樽支店
➡P.309

外壁に花崗岩を積んだ、見るからに重厚な構え。その一方で建物正面の5連のアーチ、軒下の装飾など細かな装飾が施されている。大きな建物だが2階の大部分が吹き抜けという贅沢な造り。現在は小樽芸術村を構成する建物のひとつとして公開されている。2022年2月、重要文化財の指定を受けた。

館内では建築に関する資料なども展示

北海道拓殖銀行小樽支店

現・小樽芸術村 似鳥美術館 ➡P.309

色内十字街に面して立つ大きな建物。交差点に面した角が曲面を描き、優美な姿を見せる。プロレタリア作家・小林多喜二は小樽高等商業学校(現・小樽商科大学)を卒業後の数年間、竣工間もないこの建物に勤務した。現在は小樽芸術村の中心的施設として、多様な作品を展示する美術館となっている。

設計した矢橋賢吉は国会議事堂の建築も手がけた

栄華の時代を伝える

豪壮な鰊番屋

江戸時代後期から北海道日本海沿岸の各地では、鰊漁が盛んに行われた。鰊番屋は巨万の富を築いた漁家の栄華を示す遺構として、貴重な見どころとなっている。

高島岬の先端近く、日和山に建つ小樽市鰊御殿

History

江戸時代から続いた鰊漁

江戸時代後期、北海道の日本海沿岸各地で行われた鰊漁。春先に産卵のため大群で押し寄せるニシンを一網打尽に捕らえることにより、網元は大きな利益を得た。取れたニシンは身欠きや数の子といった加工品となったが、これらの食品以上に高い需要があったのが肥料だ。ニシンの身を大釜で煮たあと、乾燥させてつくる「〆粕(しめかす)」と呼ばれた肥料は西日本各地に移出され、さまざまな農作物の生産に用いられた。ニシンが豊漁の時代は明治後期から大正初期にピークを迎え、昭和初期以降は徐々に衰退。大規模な漁は昭和20年代までにほぼ終わった。

舟に満載したニシンを人海戦術で陸揚げする

ニシンの身を開いて乾燥させ、身欠きにする

写真所蔵/小樽市総合博物館(2点とも)

鰊漁ゆかりの建物「鰊番屋」

鰊漁の拠点として明治期を中心に、各地の漁場に建てられたのが、鰊番屋と呼ばれる建物。ひとつの建物内に親方一家の住まいと、漁労に携わる大勢の労働者の居住空間とが、厳格に区切られたうえで共存することが特徴となっている。外観には装飾を控え、太い木材をふんだんに使った質実剛健な造りという点も、多くの番屋建築に共通する。小樽市街の北端、祝津の高台には「小樽市鰊御殿」の名で公開されている建築がある。積丹半島泊村にあった大きな番屋を移築したもので、その豪壮な構えから鰊漁家の羽振りのよさがうかがい知れる。祝津地区は古くからニシンの好漁場として知られた場所で、鰊漁ゆかりの歴史的な建物が現存する。

祝津に残る鰊漁の遺構

祝津の海岸沿いを通る道路沿いには明治期に建てられた鰊番屋が今も残る。そのひとつ茨木家中出張番屋(いばらきけなかでばりばんや)は近年に修復され、館内の一般公開が行われている(春～秋の特定日のみ)。

MAP 別冊P.45-C1

住小樽市祝津3　TEL0134-26-6160(おたる祝津たなげ会)

祝津の海岸近くに鰊漁時代の番屋が残る

明治10年代に建てられた白鳥番屋は祝津に現存する鰊番屋のなかで最も古いもののひとつ

鰊漁の必見SPOT

高台に移築された積丹半島の鰊番屋

小樽市鰊御殿

●おたるしにしんごてん

祝津地区、高島岬の先端近くに立つ、積丹半島泊村で1897(明治30)年に建てられた大きな鰊番屋。1958(昭和33)年、現在地に移築された。漁業の拠点として使われる鰊番屋は海岸近くに建てられるもので、このような高台の立地は本来のものではない。館内では実際に使われた漁具などの展示を見られる。

親方の住まいと労働者の居住空間が併存する

タモ、トドマツなど太い木材を組み上げた造り

生活道具や珍しい装飾品などさまざまな展示品がある

MAP 別冊P.45-C1
住小樽市祝津3-228 TEL0134-22-1038 営4月9日～11月23日の9:00～17:00(10月17日以降は～16:00) 休期間中無休 料入館300円 交JR小樽駅からバスで約25分、おたる水族館下車、徒歩5分 Pあり

余市の番屋を移築、高級旅館として再生

料亭湯宿 銀鱗荘

●りょうていゆやど ぎんりんそう

平磯岬の高台に立つ。1900(明治33)年に余市町の鰊漁家・猪俣家が建てた鰊番屋を、1939(昭和14)年に移築したもの。戦前から高級旅館として利用され、銀鱗荘の名はその時代に付けられた。小樽市指定歴史的建造物。宿泊だけでなく、日帰りプランがある。

2022年公開の映画『天間荘の三姉妹』のロケ地でもある

MAP 別冊P.45-D3
住小樽市桜1-1 TEL0134-54-7013 営日帰りプラン11:30～15:00、12:00～15:00(要予約) 休日帰りプラン水・木曜 料ランチコース+日帰り入浴セット4900円～ 交JR小樽築港駅から車で約4分 Pあり

上／庭園では初夏に咲き誇る牡丹・芍薬が名物　左／島崎柳塢の13枚の襖絵が並ぶ「八仙人の間」　右／柱や天井などにも希少な木材をふんだんに使用

鰊漁家が巨費を投じて建てた豪邸

にしん御殿 小樽貴賓館(旧青山別邸)

●にしんごてん おたるきひんかん(きゅうあおやまべってい)

祝津の大きな網元のひとつである青山家が、1923(大正12)年に建てた別邸。建築期間に6年半、総工費は現在の価格に換算して約30億円といわれる。約1500坪の敷地に建つ屋敷は絢爛豪華な造り。来客をもてなすために内装にも贅を尽くし、一流作家による襖絵、彫刻、書が飾られ、美術豪邸と評されるほど。近年にはこの敷地内に5階建の大型施設「貴賓館」が建てられ、和食レストランとして営業している。

MAP 別冊P.45-C1
住小樽市祝津3-63 TEL0134-24-0024 営9:00～17:00(11～3月は～16:00。最終受付30分前) 休無休 料入館1100円 交JR小樽駅からバスで約20分、祝津3丁目下車、徒歩5分 Pあり

小樽貴賓館の北海道ゆかりの日本画家による天井画

実用品作りからの長い歴史をもつ

小樽のガラス製品

小樽では明治時代からガラス製品の工場が操業し、漁業用浮き玉や多様な生活用品の製造が盛んだった。現在では実用品から装飾品やアクセサリーへと用途はシフトしているが、市内では多くの工房がそれぞれに個性的な作品を生み出している。

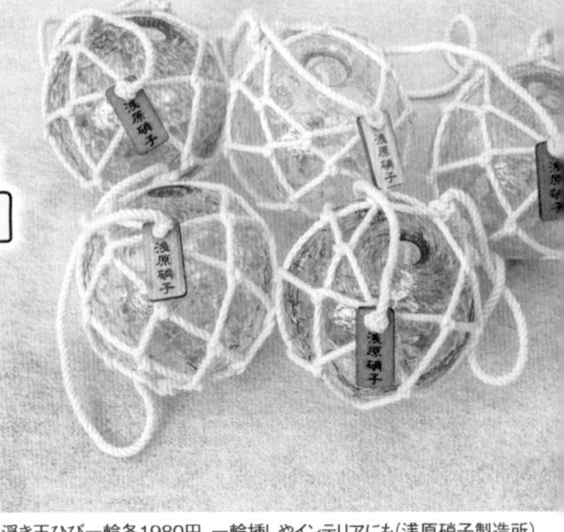

浮き玉ひび一輪各1980円。一輪挿しやインテリアにも(浅原硝子製造所)

History

100年超の歴史をもつ浅原硝子製造所

小樽市街中心部からやや離れた天神に工房を構える浅原硝子製造所は、1903(明治36)年創業という長い歴史をもつ工房だ。食器、ビン類、ランプなどさまざまな生活用品の製造を手がけてきたが、そのなかで主力製品となったのが漁業用の浮き玉だ。漁網を海面に浮かせるために使われるガラス玉には遠洋漁業の現場でも高い需要があり、浅原硝子は道内都市はもとより樺太にも工場を設立するなど業績を伸ばしてきた。

浅原硝子製造所、4代目の浅原宰一郎さん

操業休止を経て現社長へ世代交代

しかし戦後になるとプラスチック製品の普及により、ガラス製浮き球の需要は減少。会社は規模を縮小して製造を続けてきたが、3代目社長であり自らも職人として製造を支えてきた浅原陽治氏が体調を崩したことなどから、2005年に工場の操業は休止に。その後2007年に陽治氏の他界を機に、息子である浅原宰一郎さんが家業を継ぐこととなった。

現在地では、昭和10年頃に工場を構えて操業

小樽みやげとして復活

宰一郎さんはそれまでは神奈川県の会社に務め、ガラス作りにはほとんど関わってこなかった。しかし100年続いてきた会社を守りたいとの思いもあり、悩んだ末の決断だった。現在は漁業用浮き玉だけでなく、インテリア用にアレンジした製品なども手がけるようになり、みやげ物として旅行者に人気を呼んでいる。

浅原硝子製造所の制作体験で作った浮き玉キャンドル

世界でひとつのオリジナルガラスを作る!

浅原硝子製造所では浮き玉や玉の中にキャンドルをともせる「浮き玉キャンドル」の制作体験を行っている。浅原さんがていねいにアドバイスしてくれるので、誰でも失敗なく浮き玉を作ることが可能。なお、作ったのちに高温のガラスを丸1日かけて冷やす必要があるため、作品の引き渡しは翌日以降に来店、または発送を依頼することとなる。

ガラス作りの楽しさと難しさを体験してください

約1200℃の溶けたガラスに息を吹き込む

浅原硝子製造所

●あさはらがらすせいぞうじょ

MAP 別冊P.42-B2

住 小樽市天神1-13-20 TEL 0134-25-1415 営 吹きガラス制作体験10:00～18:00。所要約15分 休 土・日曜・祝日 料 浮き玉作り2500円、浮き玉キャンドル 3200円、グラス作り 2500円～ 交 JR南小樽駅から車で約5分 CC 不可 P あり

小樽ガラスを代表する店

北一硝子

●きたいちがらす

小樽を代表するガラス店。浅原硝子製造所の小売り部門をルーツとする会社で、1971(昭和46)年から現社名に。折からの北海道ブームのなかでランプなどのガラス製品が旅行者の人気を呼び、「小樽といえばガラス」とのイメージづくりを牽引してきた。1983(昭和58)年、堺町通りにオープンした「北一硝子三号館」は明治時代の海産物倉庫を改装した店舗。歴史ある建物を再生利用するケースの先駆けであるとともに、それまで商業地区だった堺町通りに観光客の流れを呼び込むきっかけとなった。

1891(明治24)年に建てられた「木村倉庫」を改装

代表的商品のランプは多彩な品揃え

MAP 別冊P.46-B3
住 小樽市堺町7-26(北一硝子三号館)
TEL 0134-33-1993 営 9:00～18:00 休 無休
交 JR南小樽駅から徒歩8分
CC JV P 有料あり

ザ・グラス・スタジオ イン オタル

●ザ・グラス・スタジオ イン オタル

天狗山ロープウェイの山麓駅前にある大きな店舗で、何人ものガラス作家が創作活動を行っている。店内にはアートの香り高い作品から普段使いできる日用雑貨、オーナメントやアクセサリーなど多彩な商品が並ぶ。店舗からは階下の工房での創作の様子を見学できる。制作体験にチャレンジしてみるのも。

Myグラス 3300円

小樽泡硝子酒差し 1870円

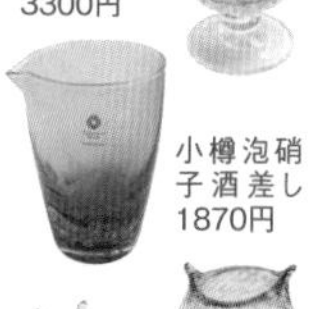

小樽フクロウ3850円(左)、丸フクロウ8800円(右)

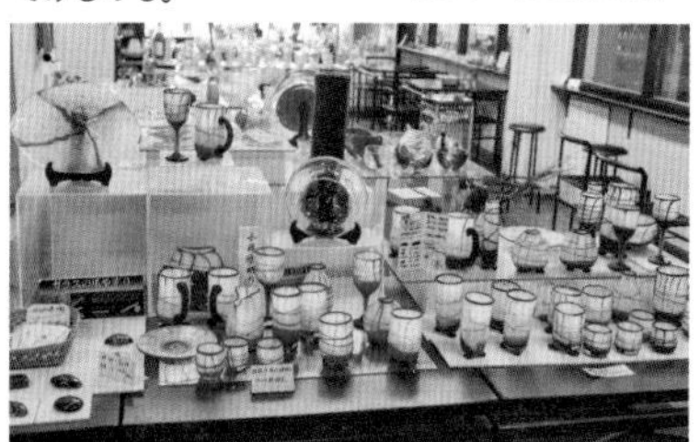

広い店内に多種多様なガラス製品が並ぶ

MAP 別冊P.44-B3
住 小樽市最上2-16-16 TEL 0134-33-9390 営 10:00～18:00(11～3月は～17:00) 休 火曜 料 制作体験1作品3300円～(要予約) 交 小樽駅前からバスで約20分、天狗山ロープウェイ下車すぐ CC ADJMV(体験は現金のみ) P あり

左の青い作品は小樽の海をイメージしたペーパーウェイト「ひとすくい」2200円～

馬場さん(中央)と工房スタッフ

創造硝子工房Studio J-45

●そうぞうがらすこうぼうスタジオ ジェイ-よんじゅうご

ガラス作家・馬場雅己さんが朝里川温泉地区に構えるショップ兼工房。こぢんまりとあたたかみのある店内スペースに愛らしい小物、アクセサリー、オーナメントなどが並ぶ。制作体験も行っている。店名の「J-45」はギタープレイヤーでもある馬場さんが、楽器の型番から付けたもの。

MAP 別冊P.42-B2
住 小樽市朝里川温泉2-692-24 TEL 0134-54-5004
営 10:00～20:00(吹きガラス体験は～17:00) 休 不定休
料 制作体験1個2700円～(要予約) 交 小樽駅前からバスで約40分、朝里川温泉2丁目下車、徒歩2分 CC ADJMV
P あり

おもな見どころ

古風な趣ある建物が今も現役

JR小樽駅

ジェイアールおたるえき

鉄道駅 MAP 別冊P.46-A2

駅舎の竣工は1934（昭和9）年。左右対称の躯体にタイルを貼った、古風な趣のある建物だ。北海道内主要駅のなかで戦前に建てられたものは今や希少で、建築として価値が高い。創建当時に流行したアールデコの影響を受け、コンコース内の壁や天井には幾何学的に整った意匠が施されている。館内やホームに多数のランプを飾る、小樽ならではの演出も。

2006年には国の登録有形文化財の指定を受けた

"坂の街"小樽を代表する知名度No.1の坂

船見坂

ふなみざか

坂道 MAP 別冊P.44-B2

小樽駅のすぐ北側、山側から港に向かって真っすぐ下る坂道。坂の上から港に出入りする船が見えるのが、名前の由来。ドラマのロケ地や観光ポスターの撮影場所になったこともあり、市内に急な坂道の多い小樽でも特に知名度が高い。道沿いに立つ勾配15%の標識は、水平距離100mでの高低差が15mを意味するもので、小樽でも屈指の急な坂だ。

近年ではここを目指してくる旅行者も多い

小樽の開発に尽力した榎本武揚ゆかりの神社

龍宮神社

りゅうぐうじんじゃ

神社 MAP 別冊P.44-B2

明治維新から間もない時代、今の小樽市街中心部の開発に尽力したのが榎本武揚（たけあき）。そこで地域の鎮守として社を設けたのが龍宮神社の起こりだ。社殿内には榎本自筆の「北海鎮護」の額が掲げられている。毎年6月20〜22日に行われる例大祭は小樽三大祭りのひとつとしてにぎわう。社務所では授与品として龍をモチーフにした御朱印帳、お守りなどを扱っている。

境内には榎本武揚の像が立っている

JR小樽駅

住 小樽市稲穂2-22-15
TEL 011-222-7111（JR北海道電話案内センター）
営 列車の運行時間に準じる
P なし

コンコース内の意匠にも注目

船見坂

住 小樽市稲穂〜富岡
営 通行自由
交 JR小樽駅から徒歩5分
P なし

坂の景色を見たり写真撮影をする観光客が、車道に飛び出したり、車が逆走するなどして危険なので、通行する際には注意しよう

龍宮神社

住 小樽市稲穂3-22-11
TEL 0134-22-4268
営 参拝自由（社務所は8:30〜17:00）
交 JR小樽駅から徒歩5分　P あり

ガラスの町へようこそ

明治時代に、鰊漁で使う浮き玉などでガラス産業が発展した小樽。散策すると、たくさんのガラスのアートやランプが目に入ります。体験してほしいのはアクセサリー作り。熱したガラスは生き物のようにやわらかく、火から離すと、たちまち固まります。かわいい形にするには少しコツが必要ですが、きっと「ガラスの町」ならではの思い出になるはず。

アクセサリー作りに挑戦

小樽観光の情報拠点。おみやげ選びにも

運河プラザ

うんがプラザ

歴史的建造物 MAP 別冊P.47-C1

観光案内所のほか市内・道内の名産品を扱う物販スペースも充実している。観光途中のひと休みは喫茶スペース「喫茶一番庫」（→P.315）で。建物は1893（明治26）年、北前船の船主によって建てられた石造倉庫。建築当時は港の埋め立てが進む前で、すぐ前が港の岸壁だった。

小樽運河のすぐ前に立地している

運河プラザ
住 小樽市色内2-1-20
TEL 0134-33-1661
営 9:00〜18:00
交 JR小樽駅から徒歩10分
P なし
※運河プラザの海側、第3号埠頭基部には新たな観光施設が2024年6月頃に開業予定。現在の運河プラザ内の施設はそちらに移ることとなる。

歴史も自然も、小樽の基礎知識はここで

小樽市総合博物館運河館

おたるしそうごうはくぶつかんうんがかん

博物館 MAP 別冊P.47-C1

手宮にある小樽市総合博物館本館（→P.340）の分館という位置づけで、縄文時代から近代までの歴史、動植物を中心とした自然史など小樽に関する展示を見られる。縄文時代の古代遺跡に関する展示も豊富だ。運河プラザとはひと続きの石造倉庫内にあり、建物自体が貴重な存在。

大正時代の商家を忠実に再現した展示

小樽市総合博物館運河館
住 小樽市色内2-1-20
TEL 0134-22-1258
営 9:30〜17:00
休 無休
料 入館300円（本館と共通500円）
交 JR小樽駅から徒歩10分
P あり

かつての「船入澗（ふないりま）」と倉庫群の跡地に造られた

運河公園

うんがこうえん

公園 MAP 別冊P.46-A1

旧日本郵船（株）小樽支店前に広がる公園。貨物を積んだ艀（はしけ）は小樽運河を通って船入澗に活発に出入りしていた。公園中央の池は当時の船入澗を4分の1サイズで再現したもの。公園内には小樽港の近代化に貢献した日本を代表する土木技術者の廣井勇と伊藤長右衛門の銅像がある。

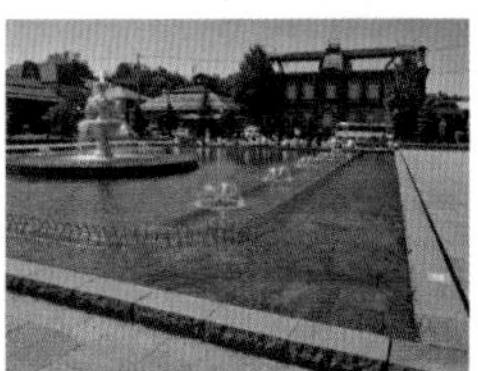
奥に見える旧日本郵船小樽支店の建物は現在修復工事中

運河公園
住 小樽市色内3-6
営 見学自由
交 JR小樽駅から徒歩20分
P なし

COLUMN ジモトトピックス

大規模な修復が進む郵船支店

小樽市色内にある旧日本郵船（株）小樽支店の竣工は1906（明治39）年10月。日露戦争の終結から間もない時期であり、落成直後の建物で日露国境画定会議が開催された。歴史的にも貴重で重要文化財の指定を受ける建物だが、現在は修復工事中で完工は2024年6月の予定。

運河築造以来の歴史を物語る貴重な建築

旧北海製罐第3倉庫

きゅうほっかいせいかんだいさんそうこ

歴史的建造物 MAP 別冊P.46-A1

北運河の水辺に特異な姿を見せる建物は、小樽運河が誕生した翌年の1924（大正13）年、運河海側の埋立地に竣工したもの。2021年に倉庫としての役割を終えたが、運河の歴史を伝える重要な建物として保存されている。見学は外観のみ。夜にはライトアップが行われる。

製品を運河の艀に積み込める設計

旧北海製罐第3倉庫
住 小樽市港町4-6
営 見学自由（外観のみ）
交 JR小樽駅から徒歩15分
P なし

INFO 明治新政府が設けた機関「開拓使」の官僚・榎本武揚は、現在の小樽市街中心部の広大な土地の払い下げを受けて所有。土地管理会社「北辰社」を設けて未開地だった一帯を整地し、市街化への道を開いた。

北海道最古の鉄道が今は散策路に

旧国鉄手宮線散策路

●きゅうこくてつてみやせんさんさくろ

廃線跡 MAP 別冊P.47-C1

小樽市街中心部を通る旧手宮線は1880（明治13）年に北海道初の鉄道として開業した線路の一部。1985年に廃線となったが、跡地はレールを残したままとなり、2016年に全長約1.6kmの散策路として整備が完了した。寿司屋通りから手宮地区、小樽市総合博物館の手前まで線路の上を歩く体験ができる。

戦前は複線だったため道幅が広い

旧国鉄手宮線散策路
住小樽市色内
営見学自由　Pなし
交JR小樽駅から徒歩15分

散策路にあるモニュメント

地元にゆかりの文学者の足跡を示す

市立小樽文学館

●しりつおたるぶんがくかん

資料館 MAP 別冊P.47-C2

小樽ゆかりの文学者としては明治時代末期、わずか3ヵ月余りを小樽で過ごした歌人・石川啄木をはじめ、小林多喜二、伊藤整がよく知られたところ。少年時代に小樽で暮らした石原慎太郎の足跡を示す展示も興味深い。館内にはセルフサービスのカフェスペースがある。

伊藤整の書斎を原寸大で再現した展示

市立小樽文学館
住小樽市色内1-9-5
TEL0134-32-2388
営9:30〜17:00(最終入館16:30)
休月曜(祝日の場合は翌日。ただし、日曜・祝日の場合は翌平日)
料入館300円(美術館との共通券あり)
交JR小樽駅から徒歩10分
Pあり

小樽の魅力的な風景を絵画で鑑賞

市立小樽美術館

●しりつおたるびじゅつかん

美術館 MAP 別冊P.47-C2

文学館と同じ建物内にある美術館では、当地出身やゆかりのある画家の作品を多く展示する。なかでも風景画家・中村善策の作品は1階に記念ホールを設けて展示している。3階の記念ホールではモノタイプと呼ばれる独創的な技法で一枚刷りの作品を多数制作した版画家・一原有徳の作品や再現工房を展示している。

一原有徳のモノタイプの作品群

市立小樽美術館
住小樽市色内1-9-5
TEL0134-34-0035
営9:30〜17:00(最終入館16:30)
休月曜(祝日の場合は翌日。ただし土、日曜・祝日の場合は翌平日)
料入館300円(文学館との共通券あり(特別展の場合は料金が異なる))
交JR小樽駅から徒歩10分
Pあり

旧色内駅の建物

文学館・美術館の横には旧手宮線色内駅の駅舎が復元されている。簡素な建物ながら手宮線の歴史を記すモニュメントとなっている。

復元された色内駅

COLUMN ジモトトピックス

小坂秀雄のモダニズム建築

現在、文学館・美術館が入る建物は1952(昭和27)年に小樽地方貯金局として建てられたもの。一見すると特徴の乏しいビルと思われるが、近代合理主義に基づくデザインは竣工当時としては斬新だった。特に中庭に面した全面ガラス張りの階段室に注目を。

近代合理主義を表す代表的建築

COLUMN ジモトトピックス

歴史的建造物4館からなる小樽芸術村

小樽芸術村は、色内地区を中心とする4つの歴史的建造物を再生し、それぞれにテーマをもった作品展示を行う複合的な施設だ。コンセプトワードは「歴史と芸術が、響き合う」。多くの歴史的建造物が残る小樽ならではの、新しい芸術拠点の誕生だ。

小樽運河に面して建つ西洋美術館の建物は大正14年築の石造倉庫

小樽芸術村 ●おたるげいじゅつむら

MAP 別冊P.47-D1
住 小樽市色内1-3-1(似鳥美術館)
TEL 0134-31-1033 営 9:30～17:00(11～4月は10:00～16:00) 休 毎月第4水曜(祝日の場合は翌日、冬季は毎週水曜) 料 4館共通券2900円
交 JR小樽駅から徒歩12分 P あり

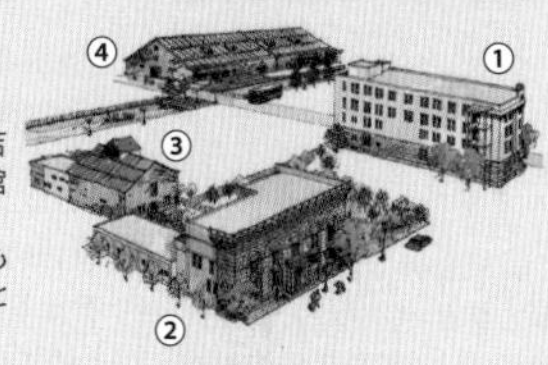

①似鳥美術館
②旧三井銀行小樽支店
③ステンドグラス美術館
④西洋美術館
4つの建物がいずれも徒歩数分の範囲にまとまっている

①似鳥美術館
●にとりびじゅつかん

1921(大正10)年竣工
(旧北海道拓殖銀行小樽支店)

色内の十字街に面し、旧銀行街を代表する建築のひとつである旧拓銀支店が、小樽芸術村の中核となる美術館に生まれ変わった。入口を過ぎると迎えてくれる多彩なステンドグラスのコレクションが圧巻だ。3階は国内外の洋画、4階は日本画のフロアで、それぞれに多彩な作品を展示する。

4館見学はここからがおすすめ

②旧三井銀行小樽支店
●きゅうみついぎんこうおたるしてん

1927(昭和2)年竣工

石材を積み上げた重厚な姿だが、随所に施される繊細な装飾にも注目したい。この建物で美術品の常設展示はないが、設計図や建築中の写真など建物に関する資料を多数展示している。厳重な造りの金庫室や応接間など建物内各所を見学できて興味深い。2022年に重要文化財の指定を受けた。

美術品の企画展示が行われることもある

③ステンドグラス美術館
●ステンドグラスびじゅつかん

1935(昭和10)年竣工(旧荒田商会)
1923(大正12)年竣工(旧高橋倉庫)

旧三井銀行小樽支店の背後(海側)に隣接するふたつの建物は、ステンドグラスの展示施設となっている。収蔵される作品は19世紀後半から20世紀初頭にかけてイギリスの教会に飾られていたもの。太い柱や梁が見えるほの暗い倉庫建築が、繊細なステンドグラスの美しさを引き出している。

壁面を埋める大型の作品が圧巻

④西洋美術館
●せいようびじゅつかん

1925(大正14)年竣工(旧浪華倉庫)

小樽芸術村を構成する施設のなかで最も新しく2022年に4番目の建物として開館。小樽運河に面した石造り倉庫を改装した建物内ではアールヌーボー、アールデコのガラス工芸品や家具、彫刻作品などが展示される。建物の手前部分は入館無料のフリーエリアで、ガラス器などのショップもある。

ガラス器のコレクションが見事

INFO 旧三井銀行小樽支店の建物を設計したのは曾根達蔵。日本銀行本店や小樽支店、東京駅駅舎などの設計で知られる辰野金吾の同窓で、日本の近代建築のパイオニアとして知られる。

商都小樽、全盛期の繁栄を示す大建築
日本銀行旧小樽支店金融資料館
にっぽんぎんこうきゅうおたるしてんきんゆうしりょうかん

資料館 MAP 別冊P.47-C2

色内地区の銀行建築群のなかで際立った豪壮さを見せる建物。小樽が商都としての全盛を迎える1912年7月、明治時代の終焉とほぼ時を同じくして竣工した。設計は東京駅駅舎や日本銀行本店の建築で知られる辰野金吾。館内展示は日本銀行の歴史や業務、金融に関する広範な内容。

外壁はれんがの上にモルタル塗り

日本銀行旧小樽支店金融資料館
住小樽市色内1-11-16 TEL0134-21-1111 営9:30～17:00(最終入館は16:30、12～3月は10:00～) 休水曜(祝日の場合は開館) 料入館無料 交JR小樽駅から徒歩10分 Pなし

館内は大部分が吹き抜けで、大きな空間は展示スペースとなる

建築家・辰野金吾

日本銀行小樽支店を設計した辰野金吾は明治初期、工部大学校造家学科(東京大学工学部建築学科の前身)を一期生として卒業した。日本の近代建築の先駆者として知られる。

辰野金吾(1854～1919)

海を見渡す高台に位置する歴史ある神社
水天宮
すいてんぐう

水天宮 MAP 別冊P.46-B3

幕末の時代に創建され、海運の守り神として信仰を集めてきた。海に近い高台に位置し、三方から神社に上がる道がある。境内は港を間近に望む好展望の地。現在の社殿は1920(大正9)年に落成したもので、屋根に3つの千鳥破風を載せた装飾性の高い造りが独特。

春には境内を桜が彩る

水天宮
住小樽市相生町3-1 TEL0134-22-3495 営参拝自由 交JR小樽駅から徒歩20分 Pなし

水天宮から下る風情ある急坂
外人坂
がいじんざか

坂道 MAP 別冊P.46-B3

水天宮から海側に向かって下る道には外人坂の名がある。「坂」とはいうものの大部分は急な石段で、住宅地に下りていく。そこに大正時代からドイツ人貿易商コッフ氏の住まいがあったのが、坂の名の由来だ。一帯はかつての屋敷町で、今も立派な石垣が散見される。

坂道からは港の風景が間近に

外人坂
住小樽市相生町 営通行自由 交JR小樽駅から外人坂下まで徒歩20分 Pなし

COLUMN ジモトトピックス

小樽に暮らした歌人・石川啄木

生涯に何度も住みかを変え“漂泊の歌人”と評される石川啄木は小樽でも一時期を過ごしている。暮らしたのは1907(明治40)年9月から翌年初頭までのわずか115日間。地元で創刊された新聞の記者としての赴任だった。啄木の住まいが水天宮からほど近い場所にあったことから、境内には啄木の歌碑が立っている。この碑に刻まれた歌は『かなしきは小樽の町よ／歌ふことなき人人の／聲の荒さよ』は小樽の住人を誹謗しているとの見方もあるが、発展著しい小樽の活気を表す歌として選ばれた。小樽市内ではこのほか小樽駅前、小樽公園内と計3基の啄木歌碑がある。

境内に入って右手に建つ啄木歌碑

旅行者に人気の高いショップが多数並ぶ

堺町通り

さかいまちどおり

ストリート MAP 別冊P.46-B3

水天宮の丘の海側、海岸線に平行する長さ約1kmの通り。かつては小さな問屋や商店が並ぶ商業地区だったが、今では通り沿いの店のほとんどが観光客向けのショップ、飲食店となっている。北一硝子をはじめガラス製品を扱う店も多く年間を通して人通りが絶えない。

寿司など海鮮料理の店も多い

“メルヘン交差点”の愛称で親しまれるスポット

堺町交差点

さかいまちこうさてん

交差点 MAP 別冊P.46-B3

堺町通りの南端は7叉路の変形交差点。もとは海岸が近かったが埋め立ての進行にともなって道路が増え、このような交差点ができたとされる。堺町通りの観光化が進んだ平成の初頭にメルヘン交差点の愛称が生まれ、周辺には大型の店舗が集まっている。

復元された昔の灯台「常夜燈」

天狗山から下り寿司屋通りを流れる川

於古発川

おこばちがわ

自然 MAP 別冊P.47-D2

於古発川は市街地の背後、天狗山の山腹から流れ出て小樽運河に注ぐ川。町なかでは大部分が暗渠となっているが、河口近くでは寿司屋通りに沿って堺町通りの入口付近まで開口しており水鳥の姿を見ることができる。9〜10月頃にはまれに、サケが川を遡ってくることもある。

寿司屋通りに沿って流れる於古発川

COLUMN ジモトトピックス

小樽港の埋め立てと堺町通り

市街地に平地が少ない小樽では、明治時代初頭から本格的に港の海面を埋め立てる工事が行われてきた。現在の堺町通りもかつては海岸の波打ち際を通る道であり、海が荒れた日には通行が困難となることもあったという。堺町通りが緩やかにカーブしているのは、もとの海岸線の名残なのだ。

かつては海岸線だった堺町通り

堺町通り

住 小樽市堺町
営 通行自由
交 JR小樽駅から徒歩12分
P 有料あり

堺町通り観光化のさきがけとなった北一硝子の店舗

堺町交差点

住 小樽市堺町8-8
交 JR南小樽駅から徒歩10分
P なし

交差点のランドマーク 小樽オルゴール堂

堺町交差点の南側に立つ「小樽オルゴール堂」はれんが造りの大きな建物。明治時代の末頃に建てられた米穀倉庫を再生したものだ。この建物前に立つ蒸気時計は15分おきに汽笛を響かせ、交差点の名物となっている。

館内ではオルゴールを中心に販売

於古発川

住 小樽市堺町1-27（堺町通り付近）
交 JR小樽駅から徒歩12分
P なし

INFO 於古発川は江戸時代後期、南側のヲタルナイ、北側のタカシマというふたつの交易地の境界となっていた。その“境”に近いことから転じて堺町の名前が付けられている。

COLUMN
ジモトトピックス

小樽のイベントと祭り

小樽では市内各地でイベントやお祭りが多数開催される。古くから続く神社の例大祭から現代に企画された催し物まで、夏と冬に行われる全市規模のイベントを紹介。

住吉神社例大祭で参道を威勢よく進む神輿

おたる潮まつり

●おたるうしおまつり

開催日 例年7月下旬に3日間開催

「市民がひとつにまとまるまつりを」との思いを込めて1967（昭和42）年に始まったイベント。祭りのために作られた“ドンドコザブーンだドンザブン”と威勢よく囃す「潮音頭」は、三波春夫が歌う。祭り2日目の「潮ねりこみ」は市民グループによる多数の集団が市街中心部を踊り歩く、祭りのハイライトだ。

開催場所 小樽港第3埠頭

小樽駅前通りを進む踊りの行列

小樽雪あかりの路

●おたるゆきあかりのみち

開催日 例年2月中旬に約1週間開催

雪深い冬の小樽で、雪国ならではの魅力を伝えようとの発想で1999（平成11）年に第1回を開催。小樽運河などの会場を舞台に、固めた雪の中にロウソクをともす「スノーキャンドル」を並べ、雪国ならではの素朴な美しさ・あたたかさを伝える。イベント名称は小樽ゆかりの文学者・伊藤整の詩集『雪明りの路』にちなむ。

開催場所 小樽運河、手宮線跡地など

小樽運河の水辺に並ぶスノーキャンドル

神社の例大祭

●じんじゃのれいたいさい

市内にある多数の神社が初夏から秋にかけて例大祭を行う。特に歴史が古く規模が大きく“三大祭り”と称されるのは住吉神社（7月14～16日）、水天宮（6月14～16日）、龍宮神社（6月20～22日）の祭り。それぞれに神輿渡御などが行われるほか、神社周辺には多数の露店が集まってにぎわいを見せる。上記の3社を除くと、現在では小樽市内のほぼすべての神社が土・日曜に合わせて例大祭を行っている。

水天宮の例大祭では公園通りに多くの露店が並ぶ

龍宮神社の境内を出発する神輿

食べる

ビール醸造所の中にあるビアレストラン

小樽倉庫No.1

おたるそうこナンバーワン

ビール MAP 別冊P.47-D1

小樽運河沿いの石造り倉庫を改装した店は、本場ドイツの伝統的製法で醸造する「小樽ビール」の施設でもあり、店内中央に大きな仕込み釜が置かれている。できたてのビール517円(小)とともにソーセージ1078円やザワークラウト550円などを味わえる。

醸造工程を見学することもできる

小樽倉庫No.1
住 小樽市港町5-4
TEL 0134-21-2323
営 11:00～22:00
休 無休 交 JR小樽駅から徒歩12分 CC ADJMV P なし

フルーツを用いたビアカクテルも味わえる

体に優しい創作家庭料理を味わえる

まり食堂

まりしょくどう

食堂 MAP 別冊P.46-A2

玄米ご飯と季節の野菜や大豆、きのこなどを使った健康志向の料理を提供する店。料理に使う塩麹、醤油麹、甘酒などはどれも店主が手作りしている。昼・夜それぞれに日替わりのおまかせメニューを基本とし、夜には“ちょい飲み”も。

おまかせランチ＋1品で980円

まり食堂
住 小樽市稲穂2-16-5
TEL 070-4081-5147
営 12:00～15:00、16:00～20:00
休 日・月曜・祝日
交 JR小樽駅から徒歩5分
CC 不可
P なし

地元・後志の食材を生かした本格イタリアン

オステリア・イル・ぴあっと・ヌォーボ

オステリア・イル・ぴあっと・ヌォーボ

イタリアン MAP 別冊P.46-B3

小樽周辺、後志(しりべし)地方の魚介、野菜など豊かな食材を生かし本格的なイタリア料理に仕上げるのが信条。当店オーナーシェフが開発に携わった「しりべしコトリアード」は小樽市内8店が、それぞれ独自のアレンジを加えて提供する新名物。

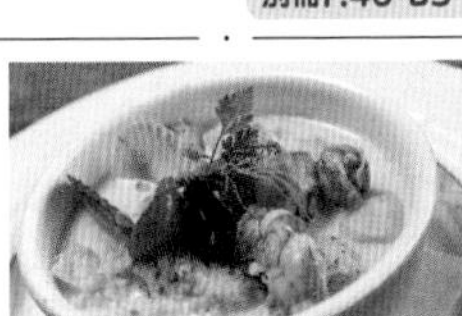
具だくさんの「しりべしコトリアード」1540円

オステリア・イル・ぴあっと・ヌォーボ
住 小樽市東雲町2-3
TEL 0134-64-1697
営 11:00～14:00、17:00～21:00
休 水曜
交 JR小樽駅から徒歩12分
CC ADJMV P あり

COLUMN ジモトトピックス

地元民にも愛されるふたつの屋台村

席数5～7程度の店が集まる屋台村。サンモール一番街には向かい合ってふたつの屋台村があり、ふたつがあり、それぞれに和洋の居酒屋、焼き鳥、ラーメンなど多彩な店が集まっている。ハシゴしていろいろな料理を楽しむのもいい。小さい店だけに客と店主、隣り合った客同士のコミュニケーションが始まるかも。夜の店が多いが、ランチ営業するところもある。

レンガ横丁 MAP 別冊P.46-A3
れんがよこちょう
住 小樽市稲穂1-4-15 営 休 店舗により異なる 交 JR小樽駅から徒歩8分 P なし

店が集まる「レンガ横丁」

ろまん横丁 MAP 別冊P.46-A2
ろまんよこちょう
住 小樽市稲穂3-9 営 休 店舗により異なる 交 JR小樽駅から徒歩8分 P なし

ビル内にできた「ろまん横丁」

INFO 屋台村レンガ横丁前のアーケード内にはストリートピアノが置かれている。通行人が自由に演奏できるほか、プロ演奏家によるミニライブが行われることもある。

COLUMN
ジモトトピックス

小樽の町なかにある昔ながらの商店街を歩く

ゼンマイ型の街灯がレトロな梁川通り

小樽市街中心部には、固有の名前で呼び親しまれる通りがいくつかある。多くは戦前からの歴史をもち、老舗の顔ぶれも見られる。ここで紹介するのは代表的な7つの通り。旅行者向けではない、市民の生活感漂う通りをぶらり歩いてみてはどうだろう。

小樽駅前から港に向かって真っすぐ

中央通り ●ちゅうおうどおり

駅前通りとも呼ばれ、JR小樽駅から海側に真っすぐ延びる通り。平成半ばに道路の拡幅工事が行われ広々とした町並みとなった。通りの先の埠頭に船が停泊する景観が見られることもある。

道路幅36mの広い通り。停泊する船が町並みに溶け込む

MAP 別冊P.47-C1
住小樽市稲穂2-20　交JR小樽駅からすぐ

命名は昭和6年、歴史ある商店街

おたる都通り

●おたるみやこどおり

"都通り"という古風な名前は1931(昭和6)年に開催された小樽海港博覧会に合わせ、公募で決められたもの。1966(昭和41)年に屋根を架けるアーケード化が行われた。

昭和初期創業の喫茶店など通り沿いには老舗も並ぶ

MAP 別冊P.46-A2
住小樽市稲穂2　交JR小樽駅から徒歩3分

平成時代に完成したアーケードの街並み

サンモール一番街

●さんもーるいちばんがい

都通りの南側、寿司屋通りまでおよそ170mのアーケード。かつては稲穂町第一大通と呼ばれデパートが並ぶ繁華な通りだったが、再開発によって1990年にアーケードが完成した。ふたつの屋台村(→P.313)もここに。

屋根は開閉式で、晴天時には日差しを取り込める

MAP 別冊P.46-A3
住小樽市稲穂1-4　交JR小樽駅から徒歩9分

榎本武揚ゆかりの名、レトロな街灯にも特色

梁川通り ●やながわどおり

明治初期、開拓使の官僚だった榎本武揚は小樽市街中心部に広大な土地を所有していた。榎本の雅号であった梁川(りょうせん)を訓読みにしたのが通りの名の由来。通り沿いの中央市場をはじめ、大正時代創業の銭湯など古くからの店が今に残る。

MAP 別冊P.46-A2
住小樽市稲穂3-6　交JR小樽駅から徒歩3分

かつて"ナウなヤング"が集った名所の通り

静屋通り ●しずやどおり

榎本武揚の雅号にちなんだ梁川通りに対し、こちらはその部下である北垣国道の雅号、静屋(せいおく)から名づけられている。昭和の終わり頃までは若者に人気の喫茶店、骨董具店、雑貨店などが集まっていた。

国道5号の1本海側に平行する通り

MAP 別冊P.46-A2
住小樽市稲穂2　交JR小樽駅から徒歩3分

小樽公園から水天宮の下まで一直線に結ぶ

公園通り ●こうえんどおり

その名のとおり、山の手側の小樽公園入口から海側(東側)に向かって真っすぐ延びる通り。東側終端は水天宮の丘に突き当たる。花園の歓楽街に近い東側では通り沿いに飲食店が目立つ。

通りの上に架かるミツウマの広告アーチが名物

MAP 別冊P.46-A3
住小樽市花園1-10　交JR小樽駅から徒歩15分

多くの飲食店が並ぶ通り、愛称は「花銀」

花園銀座 ●はなぞのぎんざ

戦前には花園第一大通の名で呼ばれていたが、戦後になって現在の名が定着、今では「花銀」の略称で親しまれている。歓楽街に近いことから飲食店が多く、寿司や焼肉の名物店もある。

通りは北から南への車両一方通行となっている

MAP 別冊P.46-A3
住小樽市花園1-4　交JR小樽駅から徒歩12分

小樽ならではの魚介を生かした洋食を手軽に

洋食屋マンジャーレTAKINAMI

ようしょくやマンジャーレタキナミ

洋食 MAP 別冊P.46-A2

オーナーシェフはヨーロッパ放浪を経て各地の店を渡り歩いた経歴の持ち主。小樽ならではの食材を生かした洋食を、と開いたのがこの店だ。パスタ、ピザなどの定番のほか魚介たっぷりのパエリヤ（2人前3900円）が自慢。時間をかけて作るので事前の予約がおすすめ。

人気メニューのパエリヤ。ワインとともに

洋食屋マンジャーレTAKINAMI
住小樽市色内2-1-16
TEL0134-33-3394　営11:30～14:00、17:30～20:00LO
休水・木曜　交JR小樽駅から徒歩10分　CCADJMV　Pあり

鮮やかな色の外壁が南欧風

ていねいに手作りする洋食とキャンドルの明かり

小樽Muse

おたるミューズ

洋食 MAP 別冊P.46-A3

厳選した素材を用い、ソース類もていねいに自家製で仕込む洋食の店。人気の高いハンバーグは煮込み1300円のほか、ソースをかけないブラックペッパー仕上げ1200円も味わいたい一品。オーナーシェフの奥様はキャンドル作家で、店内で作品の展示販売も行っている。

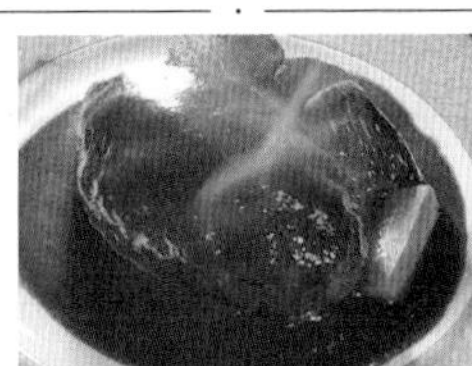
ハンバーグをはじめ幅広いメニュー揃え

小樽Muse
住小樽市稲穂1-11-7
TEL0134-31-6300
営11:00～14:30、17:30～21:00
休月曜（祝日の場合は翌日）
交JR小樽駅から徒歩5分
CCAJMV
Pあり

“伝説的”喫茶店のマスターは今ここに

喫茶一番庫

きっさいちばんこ

カフェ MAP 別冊P.47-C1

運河プラザ内の喫茶カウンターに立つのは1975（昭和50）年、静屋通り（→P.314）で開業し、地元若者文化の拠点となった喫茶店・叫児楼（きょうじろう）の初代マスター佐々木さん。カウンター前には自ら収集した小樽の歴史資料が並ぶ。サカナクションの山口一郎さんがかつて使ったギターも。

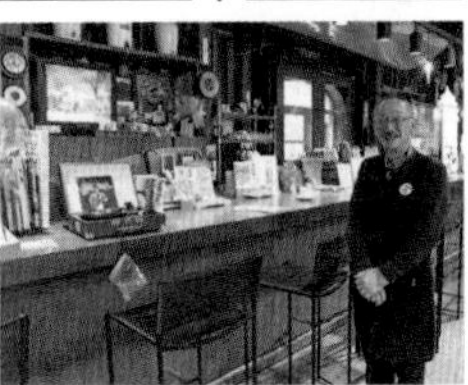
小樽のことなら何でもマスターの興次郎さんに聞いてみよう

一番庫カフェ
住小樽市色内2-1-20
TEL0134-33-1661（運河プラザ）
営9:00～17:00
休火曜、不定休
交JR小樽駅から徒歩10分
CC不可
Pなし
※2024年5月頃、運河プラザの移転（予定）にともなう営業内容変更の可能性あり。

グルテンフリーのクレープ＆ガレット

Cave à Crêperiz

カーヴァクレープリ

クレープ MAP 別冊P.46-A2

クレープとガレットの専門店として2023年1月オープン。クレープは米粉、ガレットは蕎麦粉、いずれも小麦粉を一切使わずに作り、もっちりとした食感が楽しめる。食事には山わさびサーモンのガレット1300円、スイーツにはいちごカスタードのクレープ750円（写真）などを。

クリームやジャムなども自家製

Cave à Crêperiz
住小樽市稲穂3-10-13
TEL0134-64-7624
営11:00～19:00
休月・火曜
交JR小樽駅から徒歩3分
CCなし
Pなし

INFO 左ページ、梁川通りと静屋通りの記事で触れたとおり明治初期の小樽では榎本武揚と北垣国道、ふたりの官僚が町づくりに深く関わっている。戦前には北垣の銅像が市内に建っていた。

くぼ家
住小樽市堺町4-4
TEL0134-31-1132　営10:00～16:00（延長あり）　休不定休
交JR南小樽駅から徒歩15分
CCADJMV　Pなし

歴史を感じさせる外観

堺町通りで古色漂う明治商家の和風カフェ
くぼ家
くぼや

カフェ
MAP 別冊P.46-B3

1907（明治40）年、小間物商・久保商店の店舗として建てられた建物を改装した和風喫茶店。一般的な喫茶メニューに加え、クリームぜんざいセット1000円、お抹茶セット750円など和のスイーツも楽しめる。大正硝子館（→P.320）が運営する喫茶店で、同社のガラス器が和風メニューに合う。

古風な趣ある店内でスイーツを

PRESS CAFÉ
住小樽市色内3-3-21
TEL0134-24-8028
営11:30～21:00
休木・金曜
CCADJMV
交JR小樽駅から徒歩15分。またはJR小樽駅からバスで約5分、錦町下車、徒歩5分。
Pあり

運河沿いの倉庫がスタイリッシュなカフェに
PRESS CAFÉ
プレス カフェ

カフェ
MAP 別冊P.46-A1

石造倉庫を改装した天井の高い店内にはクラシカルな自動車が置かれしゃれたロフト風。看板メニューはスパイシーな北インド風チキンカリー1200円。ほかにスパゲティ各種1000円～なども。建物は渋沢栄一率いる渋沢倉庫として1895（明治28）年に建てられた歴史的建造物。

チキンのうま味が際立つ人気のカリー

COLUMN ジモトトピックス

“寿司の街・小樽”の「小樽寿司屋通り」

「小樽といえば寿司」。そんな“寿司の街”を象徴する「寿司屋通り」と呼ばれる通りがある。小樽の観光都市化が始まった1987（昭和62）年、於古発（おこばち）通りと呼ばれていたこの通りの寿司店5軒が連合し「小樽寿司屋通り名店会」を立ち上げたのが名の起こり。小樽の寿司の認知度を高めるうえで、名店会は大きな役目を果たしてきた。現在は寿司屋通りとその周辺に、名店会の店ほか多くの寿司屋が集まっている。

今では名店会以外の寿司店も多い

小樽寿司屋通り名店会の4軒　MAP 別冊P.46-A3

❶日本橋
住小樽市稲穂1-1-4　TEL0134-33-3773
❷しかま
住小樽市花園1-2-5　TEL0134-25-4040
❸おたる政寿司
住小樽市花園1-1-1　TEL0134-23-0011
❹町の
住小樽市稲穂1-1-1　TEL0134-25-3430

1

2

3

4

海の幸を生かしたイタリアンメニュー

ISO

イソ

イタリアン MAP 別冊P.47-C1

2016年まで40年間、レストラン「海猫屋」として営業していた歴史ある建物をリニューアルして2018年にオープン。クラシカルな趣ある店内で地元小樽、北海道の食材を積極的に生かしたメニューを味わえる。海の幸を用いたパスタが人気で写真は生ウニ&ズワイガニ&イクラ。

生ウニが濃厚。3600円(時価。変動あり)

小樽の歴史をイメージしたカフェ&バー

石と鉄～STONE and IRON～

いしとてつ～ストーン アンド アイアン～

カフェ&バー MAP 別冊P.47-C1

約100年前の石蔵を改装した店舗は、武骨な外観とモダンな内装が楽しいギャップだ。店名は石蔵と、道内初の鉄道の起点である小樽の歴史を表現。夜は一品料理とともに小樽や余市のワインなどを味わえるほか、ランチにはグリーンカレーセット1480円などの食事を提供。

ワインに合う小樽地鶏のグリル1250円

炭火焼きの焼き鳥に魚介メニューも加えて

串焼 大将

くしやき たいしょう

串焼 MAP 別冊P.46-A3

炭火で香ばしく焼き上げる串焼は鶏・豚肉・魚介など種類が豊富。注文に迷ったらおまかせコース10本1518円～を。店主の実家が鮮魚店というつながりを生かした刺身盛り合わせ1320円など海鮮メニューも楽しめる。ズワイガニの1キロ盛り1980円はおトク感たっぷりだ。

バケツ盛りのズワイガニが名物

おしゃれな空間で味わう創作料理

食酒堂×ギャラリー想天坊

しょくしゅどう×ギャラリーそうてんぼう

創作料理 MAP 別冊P.46-A3

細い路地で小さな看板を掲げる店は洋食屋か、はたまた居酒屋か、とちょっと不思議な雰囲気。黒板に書かれたメニューもまた和洋折衷、創作的な一品が並ぶ。真鱈すり身とタコの真丈揚げ940円、生ハムとトマトのブルスケッタ680円など日本酒にもワインにも合う。

意外性のあるメニューがいろいろ

ISO

住小樽市色内2-2-14
TEL0134-31-1888
営11:30～15:00、17:00～22:00
休水曜
交JR小樽駅から徒歩9分
CCADJMV
Pあり

石と鉄

住小樽市色内2-2-8 TEL0134-61-1214 営11:30～15:00、17:00～22:00(木曜は17:00～) 休月曜
交JR小樽駅から徒歩8分
CCADJMV Pあり

COLUMN ジモトトピックス

「石と鉄」では宿泊も!

石蔵に宿泊ができる。1棟を貸し切りで8人まで泊まれるのでグループや家族での利用におすすめ。

石蔵をスタイリッシュに改装

串焼 大将

住小樽市花園3-10-14
TEL0134-23-4411
営17:00～23:00
休なし
交JR小樽駅から徒歩12分
CC不可
Pあり

想天坊

住小樽市花園1-4-23
TEL0134-22-3470
営17:00～22:00
休日曜、祝日
交JR小樽駅から徒歩8分
CCADJMV
Pなし

INFO 上に紹介したISOの建物は1906(明治39)年築で、市内では数少ないれんが造り。味噌醸造、米穀販売などを商った磯野商店が倉庫として建てたものだ。小樽市指定歴史的建造物。

買う&テイクアウト

小樽市民に愛される「花園だんご」の老舗

小樽新倉屋 花園本店

おたるにいくらや はなぞのほんてん

だんご
MAP 別冊P.46-A3

看板商品は「花園だんご」。黒あん、白あん、抹茶あん、胡麻、正油の5種類があり各1本110円。ほかにどらやき、最中などの本格和菓子がいろいろ揃う。花園銀座街の本店のほか小樽駅前、小樽築港地区と市内に計3店舗がある。

独特なあんの付け方が美しい

小樽新倉屋
住小樽市花園1-3-1
TEL0134-27-2122
営9:30〜18:00
休無休
交JR小樽駅から徒歩10分
CCADJMV
Pあり

明治時代創業の老舗、パンロールが人気

かま栄

かまえい

かまぼこ
MAP 別冊P.46-B2

1905（明治38）年創業の老舗かまぼこ店。堺町通り近くに位置する工場直売店では多様な商品を販売するほか、イートインできるカフェスペースを設置。かまぼこをファストフード感覚で食べられると人気のパンロール237円などを味わえる。

すり身に薄いパン生地を巻いて揚げた

かま栄
住小樽市堺町3-7 TEL0134-25-5802 営9:00〜18:00 休無休 交JR小樽駅から徒歩15分 CCADJMV Pあり

工場見学もできる→P.59

大正時代からの製法を守る蒲鉾店

大八栗原蒲鉾店

だいはちくりはらかまぼこてん

かまぼこ
MAP 別冊P.45-C3

こちらもまた1914（大正3）年創業と長い歴史をもち、市民になじみ深い。復古版角焼800円は宗八ガレイをおもに使った高級品で、全国蒲鉾品評会で農林水産大臣賞を受賞した自慢の一品。ひとくち大の揚げ蒲鉾、イカつまみ200円／100gも人気が高い。

店おすすめの角焼（左）とイカつまみ

大八栗原蒲鉾店
住小樽市入船1-11-19
TEL0134-22-2566
営9:30〜19:00（日・祝は10:00〜18:00）
交JR小樽駅からバスで約5分、入船十字街下車すぐ
休無休
CCADJMV
Pなし

COLUMN ジモトトピックス

とんぼ玉、彫刻、手軽な製作体験も

国道沿いに建つ店舗はヨーロッパアルプスのリゾートホテルのようなイメージ。ランプやグラス類などを販売するほか、自分で描いた文字や模様をガラス器の表面に彫るサンドブラスト、とんぼ玉でのアクセサリー作りの製作体験ができる。

北一硝子花園店 きたいちがらすはなぞのてん MAP 別冊P.46-A3
住小樽市花園1-6-10 TEL0134-33-1991 営10:00〜17:00 休無休 料サンドブラスト体験1200円〜（別途商品代1600円〜）とんぼ玉アレンジメント体験200円（別途商品870円〜） 交JR小樽駅から徒歩7分 CCADJMV P有料あり

北一硝子の代表的アイテムを揃えている

しゃれた建物がよく目立つ

COLUMN ジモトトピックス

堺町通りに集まるスイーツの名店

年間通して多くの旅行者でにぎわう堺町通り。柳月・六花亭・北菓楼・ルタオの人気の4店をめぐり、お気に入りのスイーツを見つけよう！

2022年オープンのニューフェイス

十勝・帯広市発祥のスイーツの有名店が2022年4月、小樽に初出店した。店内奥にはカフェスペースが設けられ、買ったお菓子をコーヒーとともに食べたり、ソフトクリームを味わうこともできる。小樽店限定のタルト菓子・オタルト440円（2個）、ブドウを使用したゼリー、硝子ジュレ900円（3個入り）があり、どちらも当店限定。

小樽限定の2種と看板商品「あんバタサン」600円（4個）

三方六をかたどったベンチが目印

柳月オタルト店 MAP 別冊P.46-B3

りゅうげつオタルトてん

住小樽市堺町3-18 TEL0134-64-5222 営9:30～17:30 休無休 交JR小樽駅から徒歩15分 CCADJMV Pなし

スイーツ以外のお菓子にも注目

人気のバウムクーヘン「妖精の森」は個包装（8個入1576円）もあっておみやげに向く。小樽本館限定の「果樹園の六月」は、リンゴ果汁がたっぷりしみ込んだ人気のフルーツケーキだ。スイーツのほか、おかきも北菓楼の主力商品。「北海道開拓おかき」シリーズ各490円～は道内各地の海産物を生かしたラインアップを展開。

手軽に1個買いできる品がいろいろ

同じく石造の六花亭と隣接している

北菓楼小樽本館 MAP 別冊P.46-B3

きたかろうおたるほんかん

住小樽市堺町7-22 TEL0134-31-3464 営10:00～18:00 休無休 交JR南小樽駅から徒歩8分 CCAJMV Pなし

古い石造倉庫を利用した店舗

北海道を代表する菓子メーカーとして知られる六花亭の店舗は、古い石造倉庫を再生したもの。1階では看板商品「マルセイバターサンド」4個560円をはじめとする多様な商品を販売。2階は回廊型のイートインスペースでシュークリームなど人気のスイーツを手軽に楽しめる。

チョコマロン560円（4個）も人気商品

古い石造倉庫を生かしたモダンな空間

六花亭 小樽運河店 MAP 別冊P.46-B3

ろっかてい おたるうんがてん

住小樽市堺町7-22 TEL0120-12-6666（フリーダイヤル） 営10:00～17:00 休無休 交JR南小樽駅から徒歩8分 CCADJMV Pなし

堺町通りスイーツのパイオニア

メルヘン交差点に面した店舗は1998年オープンで、堺町通りのスイーツの店として先駆け的存在。チーズケーキ「ドゥーブルフロマージュ」1836円や「レアチョコレートナイアガラ」896円など多くのヒット商品を生み出し、根強い人気に支えられている。堺町通りにはほかに4店舗を展開、各店がそれぞれに特色を打ち出している。

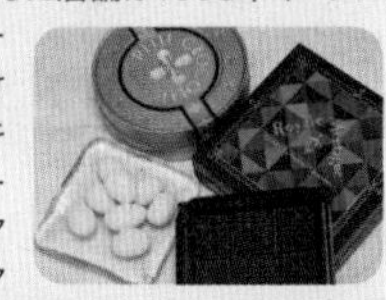

ロイヤルモンターニュ&プチショコラアマンド ホワイトのセット1785円

高い塔のある特徴的な建物

小樽洋菓子舗ルタオ本店 MAP 別冊P.46-B3

おたるようがしほルタオほんてん

住小樽市堺町7-16 TEL0120-31-4521（フリーダイヤル） 営9:00～18:00 休無休 交JR南小樽駅から徒歩5分 CCADJMV P特約駐車場あり

INFO 「ルタオ」の店名は「塔・友情・小樽」を意味するフランス語（La Tour Amitié Otaru ル・トゥール・アミティエ・オタル）」の頭文字から命名。「小樽」の逆さ読みではない。

大正硝子館本店
住 小樽市色内1-1-8
TEL 0134-32-5101
営 9:00～19:00
休 無休
交 JR小樽駅から徒歩12分
CC ADJMV
P なし

“和”テイストのガラス器が豊富に並ぶ

大正硝子館本店

たいしょうがらすかんほんてん

ガラス
MAP 別冊P.47-D2

於古発川のほとりに建つ店舗は1906（明治39）年築、石積みの商家造り。店内に並ぶ多数のガラス製品は、地元で製作され“和”の風合いを生かしたものが多い。古風な趣の店内空間とよくマッチしている。ぐい呑みやグラス類など普段使いしたくなる商品が多いのも魅力。

明治時代の金物商の店舗を再生

COLUMN ジモトトピックス

“歴建”再生・活用ショップ

明治時代初頭から商都として発展してきた小樽では、戦前までに建てられた多くの古建築が今なお健在だ。近年ではそうした“歴建”（歴史的建造物）をうまく生かすケースが増えている。雑貨を中心に扱う2軒を紹介しよう。

卯建（うだつ）のある石造りの商家建築を雑貨店に

石造りの商家建築は明治期に文具・雑貨を扱った商店が1905（明治38）年に建てたもの。現在のショップのオープンは2007年。日々の暮らしをちょっと楽しく……をコンセプトにセレクトした雑貨、アクセサリー、衣類、文具などおしゃれなアイテムがいろいろ。

高い天井、太い梁に明治の風格が

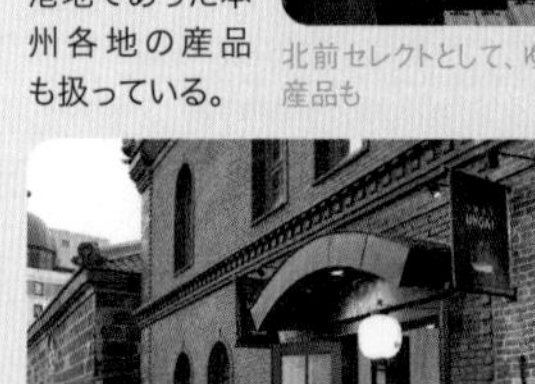
店舗の一部は商品収納に使われた土間

石造り、瓦葺きの構えはいかにも重厚

vivre sa vie+mi-yyu MAP 別冊P.46-A2
ビブレ サ ヴィ プラス ミーユ
住 小樽市色内2-4-7 TEL 0134-24-6268
営 11:00～17:00 休 月・火曜（祝日の場合は営業） 交 JR小樽駅から徒歩8分 CC 不可
P なし

「小樽らしさ」にこだわり、オリジナル商品も

かつては運河に面していた「小樽倉庫」の事務所として使われた、れんが造りの建物を再生。小樽らしいオリジナル商品の開発を手がけている。また江戸～明治時代に日本海沿岸の港を結んだ北前船に思いをはせ、かつての寄港地であった本州各地の産品も扱っている。

小樽ならではの品をおみやげに

北前セレクトとして、ゆかりの地の産品も

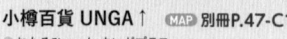

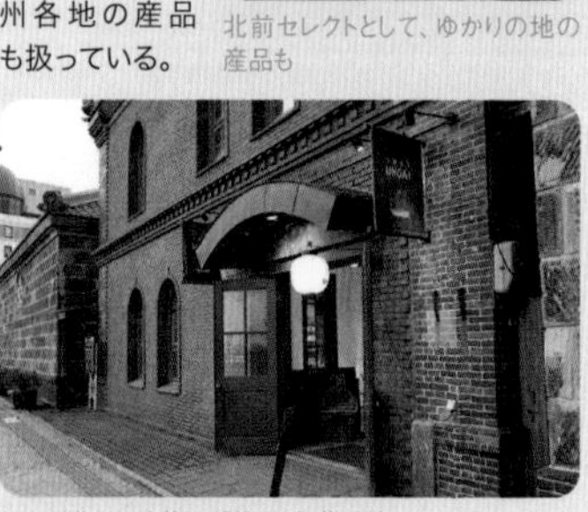
れんが造りの建物は明治20年代の築

小樽百貨 UNGA↑ MAP 別冊P.47-C1
おたるひゃっか ウンガプラス
住 小樽市色内2-1-20 TEL 0134-65-8150
営 11:00～18:00 休 無休
交 JR小樽駅から徒歩8分 CC ADJMV
P なし

地元の名品を駅内で手軽にショッピング
駅なかマート タルシェ
えきなかマート タルシェ

名産品 MAP 別冊P.46-A2

JR小樽駅構内に設けられた、地域の名産品を扱うショップ。小樽市内およびその周辺の名品を幅広く取り揃えている。地元以外ではあまり知られていない隠れた一品もあって、ひと味違ったおみやげを探すにもよさそうだ。地元の名店、伊勢鮨のカウンターも大いに魅力的。

すぐ食べられる品もいろいろ

駅なかマート タルシェ
住小樽市稲穂2-22-15
TEL0134-31-1111
営9:00～19:00
休無休
交JR小樽駅構内
CCADJMV
Pあり

伊勢鮨駅中店
TEL080-2873-3391
営11:00～14:30(売切れ次第終了)
休水曜、第1第2火曜

シマエナガの「練り切り」が大人気
つくし牧田
つくしまきた

和菓子 MAP 別冊P.45-C3

伝統的な和菓子作りを継承する店として知られ、店頭には見た目も美しい上生菓子、干菓子が並ぶ。近年では小樽のゆるキャラ「おたる運がっぱ」や、小さくてかわいいと評判の野鳥「シマエナガ」をモチーフにした練り切り各270円～を発売しSNSでも話題に。

白あんと求肥で作るシマエナガ

つくし牧田
住小樽市花園5-7-2
TEL0134-27-0813
営9:00～17:00
休日・月曜
交JR小樽駅から徒歩20分。または小樽駅からバス約5分、入船十字街下車、徒歩5分
CC不可
Pあり

老舗金物卸売店を受け継ぐユニーク雑貨店
奥野商店
おくのしょうてん

雑貨 MAP 別冊P.46-B2・3

今では旅行者向けの店が軒を連ねる堺町通りも、昭和の末頃までは各種卸問屋が集まる商業地域だった。ここで明治時代から2019年まで金物卸商を営んだ奥野商店の店舗を受け継ぎ、店名もそのままの雑貨店として再スタート。ユニークで昭和感あふれる品々がたっぷり。

楽しいオリジナルTシャツ4620円も

奥野商店
住小樽市堺町3-22
TEL0134-34-2711
営9:30～18:00
休無休
交JR小樽駅から徒歩15分
CCADJMV
Pなし

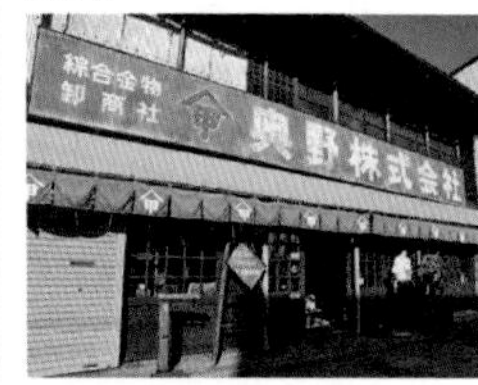

金物商の外観はそのままに

かわいくて個性的な洋服や雑貨をセレクト
ジーンズショップ ロッキ
ジーンズショップ ロッキ

衣類・雑貨 MAP 別冊P.46-A2

店のルーツは戦後、進駐軍の物資を扱ったことに遡り、外壁に当時の「日米商会」の店名が残る。今ではジーンズの枠にとらわれず洋服や雑貨、食品など多彩な商品を展開。地元の長靴メーカー、ミツウマのロゴを使用したグッズや、小樽らしさたっぷりのオリジナル商品もいろいろ。

カジュアルな洋服や書籍が並ぶ店内

ジーンズショップ ロッキ
住小樽市稲穂4-5-17
TEL0134-34-2705
営10:00～19:00
休木曜
交JR小樽駅から徒歩7分
CCADJMV
P近隣駐車場利用(2160円以上購入で1時間無料券あり)

INFO 堺町通りにはかつて、奥野商店のような卸商が集まっていた。1997年に観光客の利便を考慮して通りを一方通行としたことが、観光関連以外の業種を撤退させる一因となった。

COLUMN ジモトトピックス

市民の生活目線でお買い物 小樽の市場に行こう！

ひとつの建物の中に鮮魚、精肉、青果、乾物、総菜などさまざまな店が集まる「市場（いちば）」。
小樽ではたくさんの市場が市民の日常生活を支えてきた。
スーパーやコンビニでの買い物が主流となった今でも、いくつかの市場は健在。
昔ながらの対面販売で、地元の産品を買う楽しさを味わってみたい。

細長い建物が独特の姿、小樽中央市場

小樽の市場の歴史

小樽市内で市場が急速に発展したのは戦後。敗戦によって樺太（サハリン）や満州（中国東北部）から引き揚げてきた人々が、自活の手段として始めた露店商が市場へと発展するケースが多かった。市場で仕入れた商品を、汽車に乗って遠い内陸地域にまで運ぶ行商人も多く、卸商としての機能をもつ市場もあった。

汽車に乗り込む行商人でにぎわう手宮駅（昭和32年10月）

小樽中央市場

おたるちゅうおういちば

建物は縦並びに連なる細長い3棟。戦後、満州からの引揚者が集まったバラックに始まり、昭和28～31年に順次、現在の建物が造られた。近年には若い世代向けのしゃれた店が増えたほか、カフェやバーにも注目。

人気の総菜店も数軒ある

MAP 別冊P.46-A2
住 小樽市稲穂3-11-2
TEL 0134-22-5384
営 9:00～18:00（店舗により変動あり）
休 日・祝日　交 JR小樽駅から徒歩3分　P あり

小樽鱗友朝市

おたるりんゆうあさいち

旧国鉄手宮駅近くにあり、かつてはガンガン部隊と呼ばれた行商人の仕入れ拠点。その時代の名残で今も早朝4時に開店する。海産物の店が多いほか、2軒の食堂では焼魚や刺身の定食などを手軽に味わえる。

海産物を扱う店が多い

MAP 別冊P.46-A1
住 小樽市色内3-10-15　TEL 0134-22-0257
営 4:00～14:00　休 日曜
交 JR小樽駅からバスで約7分、手宮下車、徒歩2分　P あり

南樽市場

なんたるいちば

戦後、樺太からの引揚者が起こした店が始まりだが、住宅地に近い場所柄、行商人や観光客相手ではなく地元住民への小売り一本でやってきた。市民の利用度・人気度は際立って高く、特売日には大にぎわい。

鮮魚店だけで9軒が営業する

MAP 別冊P.45-C3
住 小樽市新富町12-1　TEL 0134-23-0722
営 9:00～18:00（店舗により変動）
休 日曜　交 JR南小樽駅から徒歩5分
P あり

新南樽市場

しんなんたるいちば

南樽市場から派生して1999（平成11）年に新築したビルで開業した新しい市場。ウイングベイ小樽に近いことから観光客の利用も少なくないが、地元密着の姿勢を崩すことなく、市民の日常の買い物ニーズに応えている。

日曜にも営業するのは便利

MAP 別冊P.45-C3
住 小樽市築港8-11　TEL 0134-27-5068
営 9:00～18:00（店舗により変動）
休 水曜　交 JR南小樽駅または小樽築港駅から徒歩15分　P あり

市街地背後の高台と東側
小樽山の手&東部

MAP 別冊P.42-43

● おたるやまのて&とうぶ

小樽公園・天狗山・小樽築港・朝里川温泉・銭函・張碓

天狗山山頂から望む小樽市街と港

小樽市街地の背後に位置する標高532mの天狗山は、古くから町のシンボル的存在として知られてきた。小樽の町並みは全体がこの山の麓から海に向かって緩やかに下る傾斜地に広がっており、起伏が多く坂の町といわれる小樽独特の地形を生んでいる。この項で紹介するのは天狗山やその周辺に点在する見どころ、東側の山側に進んだところに開けた市内唯一の温泉街である朝里川温泉。さらに銭函・張碓地区は小樽の市街地がいったん途切れた、札幌寄りに広がる地域。海に近い自然環境のなかユニークなカフェやレストランが注目されるエリアだ。

このエリアの拠点
非常に広い範囲に見どころが点在しているエリアなので「拠点」をひとつに絞ることは難しい。銭函・張碓エリアは小樽中心部と札幌の中間に位置するため、両都市の移動途中に寄ると効率がいい。

天狗山山頂の桜

小樽山の手&東部の歩き方

この項に含まれるエリアは非常に広く、見どころとなるポイントが広範囲に点在しているため歩き方は一様ではない。市街地に近い天狗山周辺は小樽駅前から北海道中央バスの市内線、天狗山ロープウェイ行きの便で山麓まで行ける。朝里川温泉へも同様に小樽駅前からバスが利用可能。銭函・張碓のエリアを訪れるには車での移動が基本となる。国道を走るバスの便はあるものの、本数も停留所の数も少ない。JR銭函駅から徒歩圏内にいくつかのカフェなどがあるのを除けば、公共交通機関での移動は現実的でない。

朝里～銭函間の国道5号は信号が少なく車の流れはスムーズ

INFO 小樽市内の朝里地区と張碓地区の間、約5kmの区間には人家がほとんどない。この間の国道5号には信号もなく、車の流れはかなり速いがカーブも多いので運転は慎重に。

海と山をそばに感じて非日常の時間を

銭函(ぜにばこ)&張碓(はりうす)のカフェでゆったり

札幌から小樽中心街へ向かう途中にある銭函&張碓エリアにすてきなカフェが次々オープン。海と山に囲まれた「北の鎌倉」とも呼ばれるスポットでのんびり過ごしてみては。

焚き火を前に火を眺めながらコーヒーブレイク

焚き火とコーヒーで至福の時間を過ごせる

ワンランク上のアウトドアギアを提案するカフェ。アウトドアとインドアをつなぐというコンセプトで、店内には本物の焚き火がある。自家焙煎のコーヒーを飲みながらくつろぐ時間はなんとも贅沢。

おすすめメニュー

道産ニシンのスパイスカレー

(サラダ付き)1100円

ニシンを骨も一緒にホロホロになるまで煮込み、スパイスやトマトでしっかり味つけ

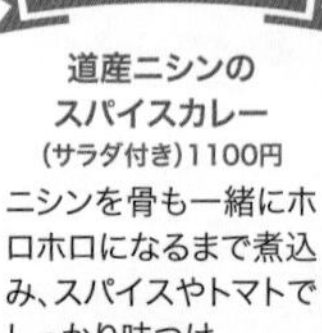

店の中央には焚き火が。奥には薪ストーブも

かつてニシンで町が栄えたことに思いをはせて考案

8A GARAGE COFFEE

●ヤエイ ガレージ コーヒー

MAP 別冊P.10-B3

住 小樽市銭函3-183-35 TEL 0134-64-9107
営 11:00〜17:30 LO 休 月曜 交 JR銭函駅から車で5分 CC ADJMV P あり

焙煎士が厳選したスペシャリティコーヒーの豆も販売

マフィンもファンが多く、リピート率が高い

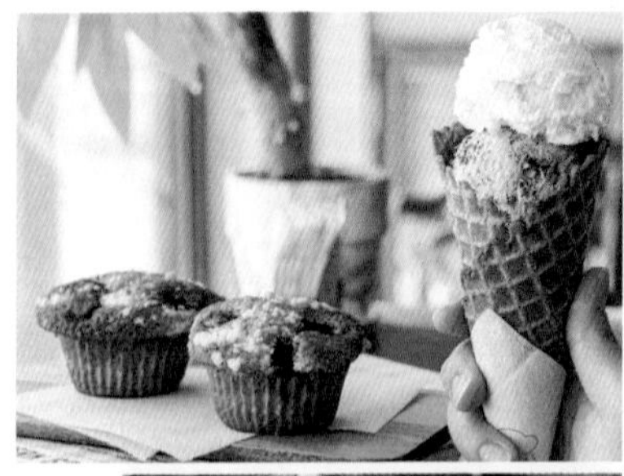

おすすめメニュー

ジェラートとマフィン

ジェラートオリジナル
ワッフルコーンダブル
470円
マフィン300円

新鮮な牛乳を低温殺菌して作るジェラートは濃厚。サクサクのコーンは手焼き

心がときめくこだわりジェラート

60〜70年代のアメリカを彷彿とさせる、どこか懐かしさ漂う外観。店内もアンティーク家具などを配置し、レトロな空間を演出している。記憶に残るようなワクワクする見た目のジェラートやドリンクなどを提供。

フレーバーは100種ほど。日替わりで12〜16種並ぶ

淡いオレンジカラーが印象的な外観

Wavy Hill's

●ウェイビー ヒルズ

MAP 別冊P.10-B3

住 小樽市銭函3-509-2
TEL 0134-65-8835
営 11:00〜17:00(夏季の土・日曜は〜17:30) 休 火曜(冬期不定休あり)
交 JR銭函駅、JRほしみ駅から車で5分
CC ADJMV(1500円以上で可) P あり

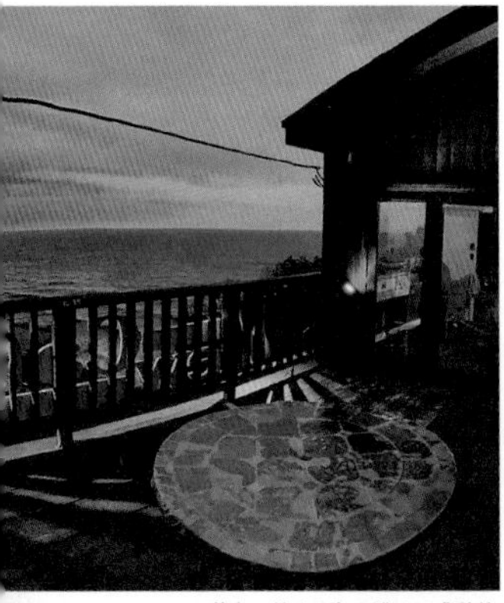

茜色に染まる海の眺めは感動的

おすすめメニュー

角煮乗せカレーセット
1650円

数種類のスパイスが入ったオニオンペーストのカレーに、紅茶で煮た角煮をプラス

ライスにはコーンをミックス

絶景シービューをひとり占めできる

日中はどこまでも広がる青い海を、夕暮れ時は刻々と沈む夕日を眺めながら、ロマンティックな気分に浸れるカフェ。海岸線を走る電車とすぐそばに浮かぶ恵比寿岩も雰囲気を盛り上げてくれる。

View Cafe Your Time

ビュー カフェ ユア タイム

MAP 別冊P.43-C2

住小樽市張碓町351 TEL0134-62-1239
営11:00～19:00 休火曜、第1・3・5水曜（12～2月は火曜・水曜） 交JR銭函駅から車で7分 CCADJMV Pあり

ソースはチョコ・キャラメル・抹茶・ベリーの4種類

おすすめメニュー

ベルグラテ
770円

「しろくまラテ」の上に砂糖不使用の生クリームをのせたボリューム満点の人気ドリンク

波の音、潮の香りに癒やされる

目の前に海が広がり、潮風を感じながら、スペシャリティコーヒーやバゲットのサンドイッチ、ホットサンド、デザートなどが楽しめる。銭函駅からすぐというアクセスのよさも魅力。

鮮やかな青色の屋根と白色の壁が目印

しろくまコーヒー

しろくまコーヒー MAP 別冊P.10-A3

住小樽市銭函2-1-7 TEL0134-64-9589
営11:00～15:30LO（3～6月・9月は～17:00LO、7～8月は～18:00LO。変更の場合あり） 休無休 交JR銭函駅から徒歩1分 CCAJMV Pあり

銭函を見守ってきた石蔵の喫茶店

大正末期に建てられた質屋の石蔵を再利用し、30年以上続く喫茶店。内装や階段は手を加えず建てられた当時のままだそう。近隣だけでなく、遠方からも多くのファンが訪れる。

ストアハウス大坂屋

ストアハウスおおさかや

MAP 別冊P.10-A3

住小樽市銭函2-3-4
TEL0134-62-6425
営10:30～20:00 休月曜
交JR銭函駅から徒歩3分
CC不可 Pあり

札幌軟石を使った蔵。のれんも味がある

おすすめメニュー

スパゲティセット
（サラダ・コーヒーまたは紅茶付き）1100円

甘めの濃厚ケチャップが懐かしさを感じさせる昔ながらのナポリタン

レトロな空間で味わうのにぴったりなメニュー

おもな見どころ

明治時代に開かれた緑豊かな憩いの場

小樽公園

●おたるこうえん

公園 MAP 別冊P.44-B3

市街中心部ほど近くに広がる小樽公園は、明治時代後期から整備が進められてきた。起伏に富んだ地形を生かし、中段には日本庭園、最上部には展望地が設けられている。自然のままの大木が残り、野鳥の声が聞こえる心安まる空間だ。

春には園内に桜が咲く

皇太子宿舎として建てられた明治の建築

小樽市公会堂

●おたるしこうかいどう

公会堂 MAP 別冊P.44-B3

小樽公園に面して建つ公会堂は1911（明治44）年、小樽を訪れた皇太子（後の大正天皇）の宿舎として豪商藤山氏の寄附により建てられた純和風の建築。併設する能舞台とともに、小樽の独特な歴史を物語っており、現在も多くの市民に親しまれている。

四季折々に美しい姿を見せる

塔屋を備えたゴシック様式の名建築

カトリック小樽教会富岡聖堂

●カトリックおたるきょうかいとみおかせいどう

教会 MAP 別冊P.44-B3

1929（昭和4）年に竣工の建物は、中世ロマネスクとゴシック様式を混在させた八角形の高い尖塔をもつ異国的な姿が印象的。建物の正面には「ルルドのマリア像」が置かれている。原則的にはミサ以外の常時、内部の見学が可能。

閑静な住宅地の一角に建つ

小樽公園

住小樽市花園5-3外
TEL0134-32-4111（建設部公園緑地課） 営見学自由
交JR小樽駅から徒歩15分
Pあり

小樽市公会堂

住小樽市花園5-2-1
TEL0134-22-2796 営入館自由（ただし行事日程による。能舞台は6月初旬～8月下旬見学可能）
交JR小樽駅から徒歩20分 Pなし

どさんこワイド179 木村アナcolumn

北海道で唯一の「能舞台」

佐渡出身の荒物雑貨商であった岡崎謙が1926（大正15）年に邸宅の中庭に完成させた小樽市能楽堂。小樽市公会堂に併設されています。入母屋造の屋根をはじめ江戸時代に定められた能舞台の最高の基準を備えています。鏡板の老松は狩野派第17代の絵師・狩野秉信（もちのぶ）が描いたそう。

取材のため特別に舞うことを許された木村アナ
写真提供／小樽市民会館

カトリック小樽教会富岡聖堂

住小樽市富岡1-21-25
TEL0134-22-6278 営見学自由
交JR小樽駅から徒歩12分
Pあり

COLUMN ジモトトピックス

古典的建築様式の小樽市役所

小樽市役所本庁舎は1933（昭和8）年に竣工した歴史ある建物。正面に立つ6本の柱にはギリシャの建築にならったコリント式の装飾が施されている。玄関ホールのテラゾの階段や床のタイル細工、その上のステンドグラスや古風な照明具など内装も美しい。

小樽市役所本庁舎 ●おたるしやくしょほんちょうしゃ MAP 別冊P.46-A3

住小樽市花園2-12-1 TEL0134-32-4111 営9:00～17:20の業務時間内には内部の見学可 休土・日曜・祝日 料見学無料
交JR小樽駅から徒歩10分 Pあり

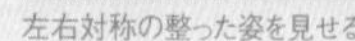
左右対称の整った姿を見せる

COLUMN
ジモトトピックス

天狗山を遊び尽くそう!

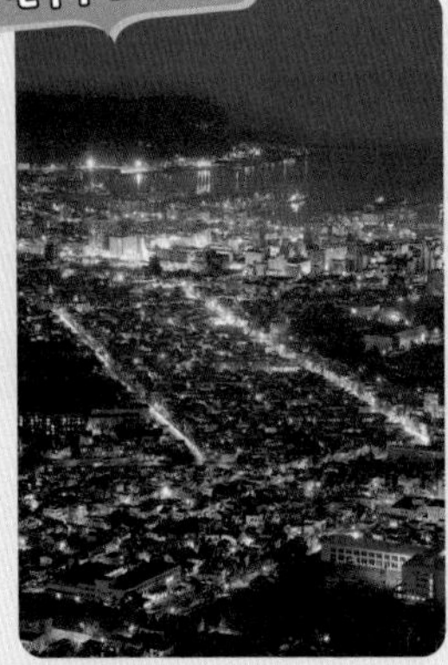
市街中心部、手宮、高島方面を一望

小樽市街の背後にそびえる天狗山は、古くからスキー場として親しまれてきた山。1979(昭和54)年には山頂部までのロープウエイが開業し、年間通して楽しめる観光地となった。特に市街地と石狩湾、その先の増毛連峰の山々までを望む展望はすばらしく、夜景の美しさも格別だ。

天狗山ロープウエイ MAP 別冊P.42-B2
てんぐやまロープウエイ
住小樽市最上2-16-15 TEL0134-33-7381

天狗山への行き方
山麓までのバス JR小樽駅から天狗山ロープウエイ行きで約20分
山頂へのロープウエイ 乗車時間は約4分、通常12分間隔で運行
営9:00～21:00(季節により変動あり) 料往復1600円
山頂へは車でも 市街中心部から道道956号で余市方面に向かい、山頂への道路(冬期は閉鎖)を利用

ぜひ見に行きたい天狗山の夜景

眼下に市街地の明かりが輝く夜景は函館山、札幌・藻岩山と並んで「北海道三大夜景」と評される。少し早めに行って、日没から夜へと空の色が変わっていく様子を見るのがおすすめ。

山頂まではロープウエイに乗って約4分

景色を楽しみながらティータイム

「小樽でいちばん空に近いカフェ」と呼ばれる

TENGUU CAFE
ロープウェイ山頂駅内のカフェは軽食や飲み物のメニューを用意。展望を楽しみながらティータイムを過ごせる。

新たに整備されたビューポイント

初夏の新緑、秋には紅葉が見事

満天ステージ
ロープウェイ山頂駅から数分歩いたところにある展望スポット。岩の上に造られたステージからは南東方向のパノラマが広がる。

2022年スタート!新登場アクティビティ

標高530m地点からさらに30m上空へ

TENGUU熱気球

バーナーの炎の明かりも美しい

ロープウェイ山頂駅付近から、係留された熱気球で約30mの高さまで上昇。市街地や港のパノラマと山頂一帯の風景も見渡せる。
営4月下旬～11月上旬(運休日あり) 18:00～19:00(気象状況により中止、または山麓での飛行に変更あり) 料3200円(飛行時間約5分)

展望を楽しみながら空中浮遊感覚

ジップライン

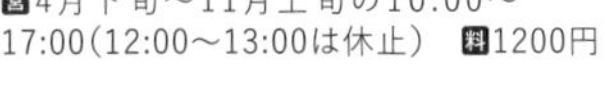
空中滑走が爽快!

128mのジップラインにつり下げられて滑空するスリリングなアクティビティ。ふわりと空中に浮かび小樽の景色を眺められる。
営4月下旬～11月上旬の10:00～17:00(12:00～13:00は休止) 料1200円

ほかにもある見どころ&アクティビティ

天狗山スライダー(夏季のみ)
約400mのコースをボブスレー型のソリに乗って滑り降りる(有料)。

シマリス公園(夏季のみ)
大きなオリの中に入り、元気に動き回るシマリスに餌をあげられる。

天狗の館
天狗の名にちなみ全国各地の天狗に関する品を集めた資料館。

小樽スキー資料館
古くからスキーが盛んだった小樽ならではの貴重な資料を多数展示。

珍しい品々を集めた天狗の館

INFO 天狗山の名が付く山は全国各地に数多くある。頂上部に尖った岩があるような山に多くみられる名で、小樽市内だけでもほかに銭函天狗山、朝里天狗岳のふたつがある。

市街地と海を見下ろすビューポイント
旭展望台
●あさひてんぼうだい

展望台 MAP 別冊P.44-B2

標高およそ190mの高台に位置し、眼下に広がる市街地や港の風景を楽しめる。展望台付近には小樽ゆかりの作家・小林多喜二の文学碑や樺太記念碑などの見どころもある。散策路起点から舗装された坂道を約30分上る。展望台まで自動車の通行も可（積雪期を除く）。

手軽な展望地として親しまれる

旭展望台
住 小樽市富岡2
営 見学自由
交 散策路起点までJR小樽駅からバスで約7分、緑3丁目下車すぐ
P あり

小林多喜二の文学碑。広げた本をイメージした造り

小樽「総鎮守」、歴史をたたえる神社
住吉神社
●すみよしじんじゃ

神社 MAP 別冊P.45-C3

明治時代初頭に創建された歴史をもち、「小樽総鎮守」として町を代表する神社。緩やかな起伏で上る参道沿いには、地元ゆかりの豪商や北前船主から寄進された鳥居や灯籠が並ぶ。7月14～16日の例大祭は小樽祭りとも呼ばれ、神輿の行列などでおおいに盛り上がる（→P.312）。

緑が多く静謐に包まれた参道

住吉神社
住 小樽市住ノ江2-5-1
TEL 0134-23-0785
営 参拝自由（社務所は9:00～17:30）
交 JR小樽駅からバスで約6分、住吉神社前下車すぐ　P あり

切り通しの中にある、歴史をたたえる駅
JR南小樽駅
●ジェイアールみなみおたるえき

鉄道駅 MAP 別冊P.45-C3

小樽駅のひとつ札幌寄りにある南小樽駅は、地元で「南樽（なんたる）駅」と呼び親しまれる。北海道で最初の鉄道、幌内鉄道が開業した1880（明治13）年に開運町駅として誕生し、小樽駅より歴史が古い。ホームが切り通しの中、駅舎は地上というのが坂の町・小樽らしい。

堺町交差点方面へはこの駅が最寄り

JR南小樽駅
住 小樽市住吉町10-7
TEL 011-222-7111（JR北海道電話案内センター）
営 列車運行時間に準ずる
交 JR小樽駅から電車で3分
P なし

坂の多い市内でも屈指の“有名な坂”
地獄坂
●じごくざか

坂道 MAP 別冊P.44-B3

1911（明治44）年春、小樽高等商業学校（現在の小樽商科大学）は市街西側の高台に開学した。当時は人里離れた奥地であり、坂道を上っての通学には苦難があったことから、開学間もない頃に地獄坂の名が生まれた。通りには今も変わらず商大などの学生の姿が多い。

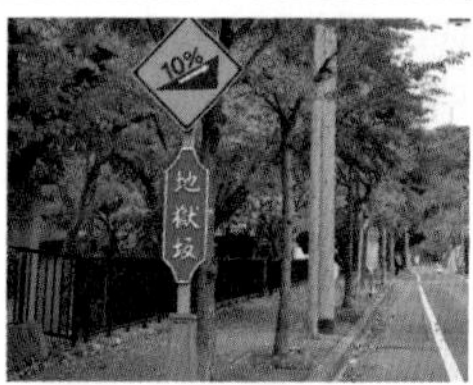

旭展望台への道はこの坂の途中

地獄坂
住 小樽市富岡～緑
営 通行自由
交 JR小樽駅から地獄坂下まで徒歩10分　P なし

COLUMN ジモトトピックス

110余年の歴史をもつ小樽商科大学

小樽商科大学は前身の小樽高商時代に小林多喜二、伊藤整が学んだことでも知られる。キャンパスは学外者も立ち入りが可能で、大学の歴史を伝える「商大史料展示室」などを見学することができる。

地獄坂を上り切ったところに位置するキャンパス

COLUMN
ジモトトピックス

札幌・小樽に残る軟石の建物

**札幌や小樽の町を歩いているとよく見かける石造りの建造物。
軟石とはどんなものかを知っておけば、町歩きがより楽しくなるはずだ。**

軟石とは火山活動にともなって、噴出物や火砕流が固まった石材の総称。文字どおり石としては軟らかく加工しやすいことから、明治時代以降に町づくりが急速に進んだ北海道では、建築資材として盛んに使われた。特に札幌、小樽にはそれぞれ軟石の産地があり、軟石を用いたさまざまな種類の建物を今も多く見ることができる。

札幌軟石と小樽軟石

札幌軟石は今から4万年ほど前、現在の支笏湖周辺で起きた大規模な火山噴火の火砕流が固まってできた岩石。一方の小樽軟石は、小樽周辺にあったかつての海底火山などからの噴出物によってできたものを指す。陸上でできた札幌軟石に比べ、水中で形成された小樽軟石は部位によって石材としての質にばらつきができやすい。

札幌市内に現存する最大の軟石建築、旧札幌控訴院(現・札幌市資料館)

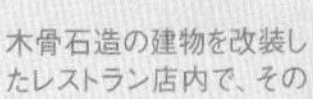

木骨石造の建物を改装したレストラン店内で、その構造がよくわかる

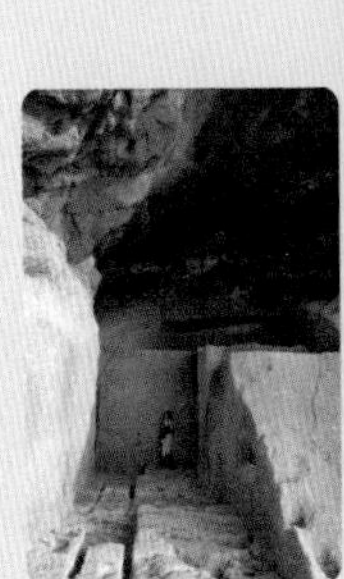

市内桃内地区に残る採石場跡。石材を直線的に切り出した痕跡が見られる。一般の立ち入りは不可

1891(明治24)年頃、加賀の北前船主・大家家が建てた木骨石造の倉庫

明治中期以降に広まった軟石建築

寒冷な北海道の気候には日本の伝統的な木造建築よりも、断熱性・蓄熱性に優れた石造建築が適しているとの考えは明治時代中期以降に広まった。特に小樽では明治30年代以降、多発した大火への備えとして石造の商家・倉庫の建築が進んだ。天狗山周辺、桃内、奥沢など市内には軟石が採れる場所はいくつかあったため、石材の"地産地消"が可能だったのだ。

「木骨石造」というスタイルが流行

明治時代半ば以降の小樽で多く建てられたのが「木骨石造」という方式の建物だ。これは木材で骨組みを造り、その外側に軟石の材を積み上げて骨組みに鎹で打ち付けていくもの。比較的簡単に堅牢な建物を造れるため大型の倉庫建築にも採用され、今も残る建物は多い。

小樽市色内にある1904(明治37)年築の軟石造りの雑貨・文具店

INFO 札幌では軟石の切り出し場は今の南区内に多い。石山という地名はその来歴をストレートに語るもので、現在でも採石を行う事業所が1ヵ所だけ残って操業している。

奥沢水源地
住小樽市天神2-19
TEL0134-32-4111(水道局総務課)
営4月下旬～11月上旬の10:00～16:00　休期間中無休
交JR南小樽駅から車で約20分
Pあり

穴滝
住小樽市天神2(林道入口)
TEL0134-33-2510(小樽観光協会)
営見学自由
交JR南小樽駅から車で約30分
Pあり

田中酒造亀甲蔵
住小樽市信香町2-2
TEL0134-21-2390
営9:05～17:55
休無休
交JR南小樽駅から徒歩5分
Pあり

新撰組ゆかりの量徳寺

新撰組の幹部であり剣豪としてならした永倉新八は、明治維新後に小樽で晩年を過ごした。その菩提寺だったのが量徳寺。寺には菩提寺を示す碑が立ち、館内の資料室を見学できる。

MAP 別冊P.45-C3
住入船1-7-1　TEL0134-34-2244　営9:00～17:00頃
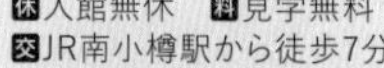
休入館無休　料見学無料
交JR南小樽駅から徒歩7分

浄土真宗本願寺派の寺

新撰組隊士・永倉新八
写真所蔵／北海道博物館

清涼感たっぷり「水すだれ」の光景
奥沢水源地
おくさわすいげんち

歴史的建造物
MAP 別冊P.42-B2

小樽市街を流れる勝納川上流には大正時代、ダムによる水源地が造られた。ダムの役割はすでに終わっているが、川の水勢を抑えるための階段式溢流路は今も健在。さらさらと水音を響かせながら階段状の水路を流れ下る川の光景は「水すだれ」と呼ばれ、親しまれている。

川に架かる橋の上から間近に見られる

小樽の“秘境”、岩壁を下る不思議な滝
穴滝
あなたき

自然
MAP 別冊P.42-A2

勝納川の源頭部にある穴滝は、岩壁に開いた大きな洞窟の端から水が流れ落ちる不思議な眺めで知られる。天神町バス停から歩き始めると片道約2時間、車はバス停の2kmほど先の林道途中まで乗り入れできる。ハイキング程度の山歩きだが、行く前にさらに詳しい情報収集を。

新緑の時期は特に美しい

地酒造りの作業を常時見学できる
田中酒造亀甲蔵
たなかしゅぞうきっこうぐら

酒蔵
MAP 別冊P.45-C3

田中酒造は1899（明治32）年から小樽で酒造りを行ってきた老舗の酒蔵。その製造場である亀甲蔵は、明治時代後期に建てられた石造倉庫を利用した建物だ。店内では年間通して酒造りの様子を見学できるほか、代表銘柄「宝川」ほか多様な製品を扱う販売コーナーも。

明治38年頃に建てられた木骨石造倉庫

COLUMN
ジモトトピックス

住宅地の中のスキージャンプ台

小樽は伝統的にジャンプ競技が盛んで、潮見台シャンツェは1934(昭和9)年に落成。現在では周囲を住宅に囲まれているが、ジュニアの競技大会などで使われている。

潮見台シャンツェ　しおみだいシャンツェ
MAP 別冊P.45-C3
住潮見台2-12　TEL0134-32-4111(市生涯スポーツ課)交JR小樽駅から車で約10分

高梨沙羅選手もジュニア時代にこの台で飛んだ

市内最大規模の楽しみいろいろな商業施設

ウイングベイ小樽

●ウイングベイおたる

複合施設 MAP 別冊P.45-C3

JR小樽築港駅直結、小樽港の水辺を目の前にしたロケーションの大型商業施設。ショッピングはもとより多彩な飲食店、映画館、ボウリング場などアミューズメント施設を揃える。建物中央部、地上18階の大型ホテル「グランドパーク小樽」は宿泊場所として魅力的だ。

全長約500mの巨大な建物

ウイングベイ小樽
住小樽市築港11
TEL0134-21-5000
営10:00～20:00(店舗により異なる)
休無休(店舗により異なる)
交JR小樽築港駅からすぐ。JR小樽駅からバスで約15分、ウイングベイ小樽下車すぐ
Pあり

小樽港を間近に見渡すくつろぎのスポット

かつない臨海公園

●かつないりんかいこうえん

公園 MAP 別冊P.45-C3

小樽築港地区のウオーターフロントに広がる埋め立て地の一角にある公園。新潟・敦賀・舞鶴へのフェリーが発着するターミナルに近く、すぐそばに大型船を見られることも多い。堺町交差点からは徒歩7分ほどの距離にあるので、散歩ついでに足を延ばしてみるのもいい。

海風を感じられる心地いい場所

かつない臨海公園
住小樽市築港8
TEL0134-32-4111(港湾業務課)
営見学自由
交JR小樽築港駅から車で約4分。JR南小樽駅から徒歩12分
Pあり

小樽港防波堤築造の歴史にまつわる展示も

小樽港湾事務所 みなとの資料コーナー

●おたるこうわんじむしょ みなとのしりょうコーナー

資料館 MAP 別冊P.45-D3

小樽港では本格的な外洋防波堤として1908（明治41）年に北防波堤が完成。1921（大正10）年に完成した南防波堤、島堤と合わせて波浪への備えを万全とした。この資料コーナーではそうした港建設の歴史などに関する貴重な展示を見ることができる。

明治時代に使われた機材の模型も

小樽港湾事務所 みなとの資料コーナー
住小樽市築港2-2
TEL0134-22-6131
営9:00～16:30(12:00～13:00を除く)
休土・日曜・祝日
料無料
交JR小樽築港駅から徒歩15分
Pあり

COLUMN ジモトトピックス

国内初の本格防波堤「北防波堤」

全長1289mの小樽港北防波堤は約12年間の難工事の末、1908(明治41)年に完成した。当時、外洋の波浪から港を守る防波堤の築造技術は世界的にも未完成で、国内でも外国人技術者が手がけた防波堤が損壊する事例があった。北防波堤は当時若手の土木工学者・廣井勇によって建設され、100年以上を経てなお現役で港を守っている。

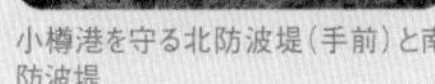
小樽港を守る北防波堤(手前)と南防波堤

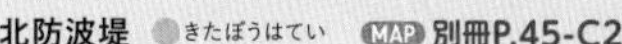
北防波堤 ●きたぼうはてい MAP 別冊P.45-C2
住小樽市手宮1 TEL0134-22-6131(小樽開発建設部) 営立入禁止、遠くから眺められる 交JR小樽駅から車で約10分 Pなし

INFO JR函館本線の小樽築港駅は1910(明治43)年開業。小樽港の南防波堤築造にあたり、工事の拠点として設けられた駅で、"築港"の名はその成り立ちをストレートに表している。

山間に開けた湖水の風景

朝里ダム

●あさりだむ

ダム
MAP 別冊P.42-B2

小樽市街の東側を流れる朝里川の上流で1993年に完成したダム。これによってできたダム湖はオタルナイ湖と名づけられている。ダム湖のほとりは公園として整備され、遊歩道の散策を楽しめるほか、ダムの歴史を伝える記念館が立つ。紅葉や新緑の時期がとりわけ美しい。

ダム展望台から湖を見渡す

朝里ダム
住小樽市朝里川温泉2
TEL0134-52-0241(記念館)
営見学自由(記念館は11～4月閉館。湖畔の公園は積雪期閉鎖)
交JR小樽築港駅から車で約20分
Pあり

ダム湖の水辺には公園が広がる

巨大ならせんを描く「スカイループ」

朝里ループ橋

●あさりループきょう

橋
MAP 別冊P.42-B2

朝里ダムの建設により道道小樽定山渓線の一部は、より高い位置にルート変更となった。そこで既存の道路との接続のために造られたのがこのループ橋。北海道では初のらせん形の橋で新たな名所となった。正式名称は朝里大橋、別に朝里スカイループの愛称もつけられた。

朝里ダムの上から橋の全景を見渡せる

朝里ループ橋
住小樽市朝里川温泉2
TEL0134-33-2510(小樽観光協会)
営通行自由(冬季は夜間通行止め)
交朝里ダムと同じ
Pなし

海に近い無人駅。不思議な(?)自動改札も

JR朝里駅

●ジェイアールあさりえき

駅
MAP 別冊P.42-B1･2

小樽市内にありながら中心部からやや離れ、海岸のすぐ近くに位置する無人駅。静かな風情があることから中国映画の撮影に使われ、中国からの旅行者でにぎわったこともある。無人駅のためホーム上にICカードをタッチする自動改札があり、その珍しい風景がSNSで話題になった。

ちょっと不思議な「通れない自動改札」

JR朝里駅
住小樽市朝里1-5-12
営列車運行時間に準ずる
交JR小樽駅から電車で10分
Pなし

海岸近くを走る函館本線

JR函館本線の銭函～朝里間の線路は海岸のすぐ近くに敷かれている。車窓のすぐ近くに海が広がるのは新鮮な景色。冬には波が荒れることもあり、北海道の厳しい自然を感じることもできる。

海のすぐ横を走る

COLUMN
ジモトトピックス

金運を招く(?)「銭函(ぜにばこ)」の地名

銭函とはいかにもお金が貯まりそうな名前。かつてはJR銭函駅の入場券が縁起物として人気を呼んだこともある(現在、厚紙の「硬券」の販売は終了し、一般的な裏が磁気の券のみ)。鰊漁で景気がよかった時代にたくさんの箱にお金を入れたのが地名の由来、ともいわれるが、アイヌ語由来説もあり定かでない。

銭函駅には千両箱が飾られている

JR銭函駅 ●ジェイアールぜにばこえき MAP 別冊P.10-A3
交JR小樽駅から電車で約20分

五百羅漢像で知られる仏教寺院

宗圓寺

そうえんじ

社寺 MAP 別冊P.45-C3

潮見台の住宅地内、細い坂道を上ったところの大きな石垣の上に立つ寺が宗圓寺。明治時代後期に松前から移った寺は五百羅漢像があることで知られる。江戸時代中後期を中心に作られた木像は表情も顔かたちもさまざまで、一つひとつに思わず見入ってしまう魅力がある。

計515体の像が本堂に並ぶ

宗圓寺

住 小樽市潮見台1-19-10
TEL 0134-22-7772
営 参拝は4～10月の毎月1、15日の9:00～16:00
休 期間中無休
料 参拝料は各自の浄財
交 JR小樽駅からバスで約10分、龍徳寺前下車、徒歩15分
P あり

高台の寺から市街を見渡す

市街地と港のパノラミックな展望が楽しみ

毛無山展望所

けなしやまてんぼうしょ

展望台 MAP 別冊P.42-B2

小樽市街地から赤井川村方面に向かう国道393号沿いにあるビューポイント。標高約470mの高さにあり、市街はもとより港、さらに遠く増毛山地の山々までの展望が楽しめる。国道393号は小樽から倶知安方面へのドライブにも使われる道で、この展望所に立ち寄る車は多い。

ドライブ途中のひと休みにもいい

毛無山展望所

住 小樽市天神4
TEL 0134-32-4111（市観光振興室）
営 見学自由（積雪期は閉鎖）
交 JR小樽築港駅から車で約20分
P あり

COLUMN ジモトトピックス

「おたる」ブランドを展開する地元ワインメーカー

ワイナリー併設のギャラリーでワインの試飲と限定品をゲット。敷地内からの展望や工場見学も楽しめる！

1974年に創業した「北海道ワイン」は北海道産を中心とする国産ブドウを100%使用し、ヨーロッパの伝統製法でワインづくりを続けるメーカー。なかでも「おたる」ブランドは、あまりワインを飲み慣れていない人にも親しめる味わい、手頃な価格設定で展開するシリーズで、みやげ物としても人気が高い。毛無山の高台に設けられた本社・醸造所内には「おたるワインギャラリー」があり、ワインづくりを紹介する展示・ビデオが見られるほか、工場見学ツアーも開催（→P.59）。多彩なラインアップの同社ワインを試飲して購入できるのもうれしい。毎月1回開催されるワイナリーランチでは、市内の銘店のランチボックスとワインのマリアージュを楽しむことができる（有料、要予約）。詳しくは公式ウェブサイト、電話で確認を。

北海道ワイン「おたるワインギャラリー」

ほっかいどうワイン「おたるワインギャラリー」

MAP 別冊P.42-B2

住 小樽市朝里川温泉1-130
TEL 0134-34-2187
営 9:00～17:00　休 無休
交 JR小樽築港駅から車で約20分　P あり

たくさんの品揃えの中から選べる

主要銘柄の「おたる醸造」

夏には屋外展望台でランチ

INFO 五百羅漢像で知られる宗圓寺は、もともと道南の松前にあった。江戸時代には松前藩の城下町だったが、明治時代に藩が崩壊して寺の維持が困難となり、小樽に移転となった。

あそぶ&体験

山あいに開けた小樽市内唯一の温泉郷

朝里川温泉

●あさりがわおんせん

温泉 MAP 別冊P.42-B2

小樽の中心部から車で20分ほどの位置にある朝里川温泉は、市内で唯一の温泉郷。山に囲まれた朝里川沿いの平地に、ペンションから大型リゾートホテルまで10軒ほどの施設が集まっている。日帰り入浴に対応するところもある。

スキー場方面から見た朝里クラッセホテル

朝里川温泉

交JR小樽駅から朝里川温泉行きバスで約35分、朝里川温泉下車

朝里クラッセホテル

住小樽市朝里川温泉2-676
TEL0134-52-3800
営日帰り入浴11:00〜18:00(土・日曜・祝日は〜16:00)。受付は終業の1時間前まで
料入浴1000円

ホテル武蔵亭

住小樽市朝里川温泉2-686-4
TEL0134-54-8000
営日帰り入浴9:00〜22:00。受付は終業の1時間前まで
料入浴600円

海を見下ろす高台を馬に乗って進む

春香ホースランチ

●はるかほーすらんち

乗馬体験 MAP 別冊P.43-C2

張碓地区の海を見下ろす高台にある牧場を起点に、周囲の山野を巡る乗馬トレッキングを楽しめる。豊かな自然に囲まれたコースは石狩湾を見渡す展望が魅力。乗馬が初めての人から経験者まで楽しむことができる。乗馬は要予約。

冬には雪の中の乗馬も楽しみだ

春香ホースランチ

住小樽市春香町397
TEL0134-62-4635
営10:00〜16:00
休木曜
料トレッキング5500円〜
交JR銭函駅から車で約10分

COLUMN ジモトトピックス

小樽近郊ふたつの"天狗" 朝里天狗岳&銭函天狗山

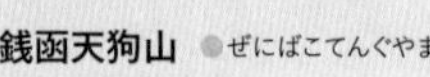

朝里ダムの上流にある朝里天狗岳(683m)、銭函市街背後の銭函天狗山(537m)はともに往復約2〜3時間前後で比較的容易に登れ、展望にも恵まれる点で共通する。

朝里天狗岳 ●あさりてんぐだけ

MAP 別冊P.42-B2

登山口は朝里ダムから定山渓方面に道道を約4.5km進んだところだが、わかりづらい。登山口に駐車スペースはなく、定山渓側に進んだところで探すことになる。最新の状況について事前に情報収集を。

朝里天狗岳山頂からの眺め。朝里ダム湖の青さが印象的

銭函天狗山 ●ぜにばこてんぐやま

MAP 別冊P.10-A3

札樽自動車道銭函IC山側、松泉学院の裏手が登山口で、駐車スペースもある。ただしシーズン中の週末はかなり混雑気味。

銭函天狗山の山頂部からは札幌の市街地、石狩湾の海岸がよく見える

魚留(うおどめ)の滝

朝里天狗岳の登山口近くにある、落差22m、幅15mの滝。登山とあわせて訪ねるのがおすすめ。

MAP 別冊P.42-B2

見応えがある

食べる&買う

住宅地の一角にある手軽なイタリアン

トラットリア・コンフォルテーボレ

●トラットリア・コンフォルテーボレ

イタリアン MAP 別冊P.44-B3

地獄坂の入口近く、閑静なエリアに位置するカジュアルな雰囲気の店。パスタやピザ、リゾットのほか、ハンバーグ、カツレツなど幅広いメニューを気軽に味わえる。パスタは9種の麺のなかから選択でき、コシのある自家製手打ちの麺もおすすめ。

自家製ベーコンのカルボナーラ(手打ち)1300円

トラットリア・コンフォルテーボレ
住小樽市富岡1-20-1
TEL0134-22-1156
営11:30～14:30、17:30～21:00
休木曜
交JR小樽駅から徒歩15分
CCADJMV
Pあり

本格手打ちそばが味わえる注目の新店

なかや

●なかや

そば MAP 別冊P.45-C3

本場、長野の有名店で修業した若手店主が2022年に開いた店。道産のそばを石臼で自家製粉し手打ちで仕上げる本格的な味わいだ。通常のそばのほか、外皮を加えた風味豊かな田舎そばも選べる。岩のり、山菜など季節の食材を生かした一品も。

コシと風味の豊かな田舎そば(もり各850円)

なかや
住小樽市住ノ江1-4-16
TEL0134-25-2511
営10:30～16:00、17:00～19:30(火・日曜・祝日は10:30～16:00)
休月曜
交JR南小樽駅から徒歩3分
CC不可
Pあり

製麺所直営、あんかけ焼きそばが名物

小樽あんかけ処 とろり庵

●おたるあんかけどころ とろりあん

あんかけ麺 MAP 別冊P.42-B2

小樽の製麺会社の直営。店名が示すとおり「あんかけ」が看板メニュー。海鮮、野菜の具材たっぷりの“あん”を用い、定番の焼そばのほかラーメン、チャーハンとあんかけメニューを展開(各980円)。各メニューとも醤油、塩の2種を選択できる。

小樽の名物料理、あんかけ

小樽あんかけ処 とろり庵
住小樽市桜5-7-23
TEL0134-54-8287
営11:00～15:00、17:00～19:30
休火曜
交JR小樽築港駅からバスで約7分、桜町下車、徒歩2分
CC不可
Pあり

古民家でゆったりランチ&カフェ

菜はな

●なはな

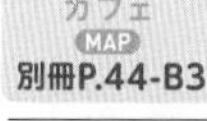

カフェ MAP 別冊P.44-B3

天狗山の麓にある1950年に建てられた古民家を利用したカフェ&ギャラリー。テーブル席と座敷席がある昭和レトロとモダンな雰囲気。圧力鍋で2時間かけて炊き上げる玄米ご飯とおかずのセットのほか、道産小麦のつけ麺やスープカレーなど。

小鉢が並ぶ玄米ご飯の菜はなランチ1280円

菜はな
住小樽市最上1-3-13 TEL0134-24-1713 営11:00～15:00LO 休日曜 交JR小樽駅からバスで約6分、洗心橋下車、徒歩3分 CCA Pあり

庭もある一軒家、懐かしさを感じる

INFO プロレタリア作家として知られる小林多喜二の一家は、小樽築港駅近くでパン屋を営んでいた。住居跡であるJR小樽築港駅前にはそのゆかりを記す小さな碑が立っている。

おたると果実
住小樽市朝里3-6-15
TEL0134-54-9115
営11:00～売り切れ次第終了
休無休（冬季は月曜）
交JR朝里駅から徒歩4分
CC不可
Pあり

かわいいフルーツスイーツやランチも充実
おたると果実
●おたるとかじつ

カフェ
MAP
別冊P.42-B2

店名のとおりフルーツを使ったスイーツが評判で、テイクアウトはもちろんイートインできるテーブル席がある。旬のフルーツを使ったフルーツサンド350円～や、パフェ、生ドーナッツ、夏にはフルーツがたっぷりの「パフェみたいなかき氷」1100円も登場。

パフェみたいなかき氷

ちょこっとカフェ
住小樽市桜4-10-4　TEL0134-61-1428　営10:00～20:00（冬季は～18:00）　休無休　交JR小樽駅からバスで約25分、ニュータウン桜入口下車すぐ。JR小樽築港から車で8分　CC不可　Pあり

テラス席はペットもOK

カフェやランチにもぴったり
ちょこっとカフェ
●ちょこっとカフェ

カフェ
MAP
別冊P.42-B2

望洋台の住宅地にある白い一軒家のカフェで1階と2階席がある。カフェといってもスイーツからパスタ、カレーやドリアまでメニューが豊富。5種類以上あるパフェ990円やサンデーカップ550円が人気。食事系も含めテイクアウトOK。店内にキッズコーナーあり。

ワッフルパフェプレートセットドリンク付き1320円

小樽菓子工房トーイズスウィート
住小樽市朝里川温泉1-306-36
TEL0134-54-0501
営10:00～19:00（火曜は～17:00）ランチは11:30～13:30LO
休水曜（ランチは火・木曜も休）
交JR小樽築港駅から車で10分
CC不可
Pあり

住宅地にたたずむ本格洋食とケーキの店
小樽菓子工房トーイズスウィート
●おたるかしこうぼう トーイズスウィート

洋食・洋菓子
MAP
別冊P.42-B2

国内外の有名フレンチレストランに勤めた豊富な経験をもつ神野修平氏の店で、1階がケーキショップ、2階はランチを楽しめるテーブル席という造り。ランチにはポークのトマトシチュー1500円ほかのシチューメニューを提供する。ケーキのみのイートインは不可。

イチゴのショートケーキ420円など

海の町の洋菓子店ガトーフレール
住小樽市銭函3-4-11
TEL0134-62-6446
営11:00～18:00
休月曜（日曜は不定休）
交JR銭函駅から徒歩15分
CC不可
Pあり

大きなプリンが話題の洋菓子店
海の町の洋菓子店ガトーフレール
●うみのまちのようがしてんガトーフレール

洋菓子
MAP
別冊P.10-B3

土鍋に入ったプリンが話題だったが、土鍋の入荷待ちのため現在は同じボリュームの銭函プリンを販売。プリンの上に道産フレッシュクリーム、イチゴやキウイなどのフルーツがのり彩りもきれい。生チョコソフトクリームや各種ケーキ、焼き菓子もおすすめ。

銭函プリン1750円と銭函サブレー各180円

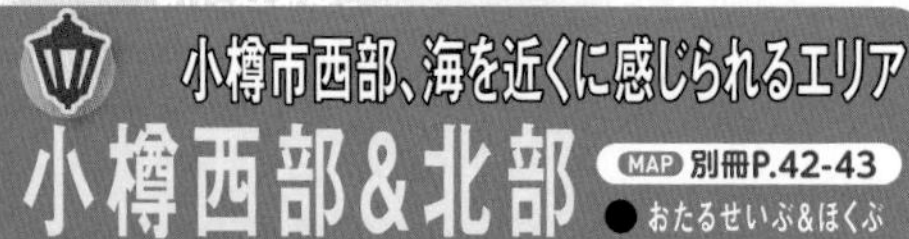

小樽市西部、海を近くに感じられるエリア

小樽西部&北部

MAP 別冊P.42-43

● おたるせいぶ&ほくぶ

手宮・祝津・オタモイ・忍路・蘭島

小樽西部&北部

小樽市

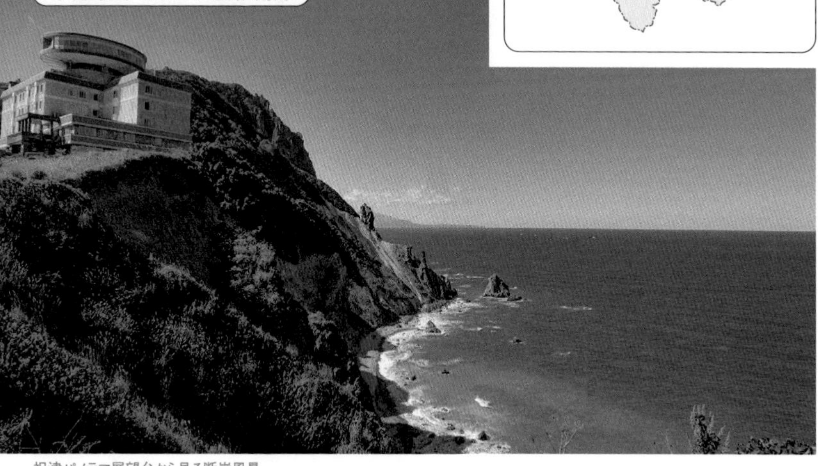

祝津パノラマ展望台から見る断崖風景

小樽の市街地は、東側が大都市・札幌の圏内に続いていくのに対し、西側は比較的人口が少なく静かでゆったりした印象が強い。手宮の小樽市総合博物館、そこからほど近い祝津の、おたる水族館や鰊御殿などメジャーな見どころもあるのがこのエリアだ。西部&北部は海に近い地域でもある。祝津から西側には荒々しい断崖が連なり、船からしか見られない絶景を生み出している。戦前、断崖上の信じ難い高さに行楽施設が建てられたオタモイ海岸、明治時代に北海道で最初とされる海水浴場が設けられた蘭島など、歴史的にも興味深いものがある。

小樽西部&北部の歩き方

見どころが集まる手宮～祝津は北海道中央バスの市内線が通じていて、アクセスは容易。しかしそれ以外のオタモイ、忍路(おしょろ)、蘭島エリアは公共交通機関の便・路線ともに乏しく、観光目的の移動手段としてはほとんど使えない。いろいろな見どころを効率よく巡るには車が必須となる。この一帯北側、祝津から塩谷にかけての海岸は、険しい地形のために海沿いの道路が通じていない。市街中心部の埠頭から祝津を経てオタモイ沖までを往復する海上観光船は、移動手段であるとともに海岸風景を堪能するうえで魅力的な乗り物だ。

このエリアの拠点

中心部から近い手宮や祝津方面へはバスやタクシー利用で気軽に行くことができ、見どころも多い。それ以外の場所へはバスは本数が少なく、車利用が便利。

鰊御殿の過ごし方

このエリアといえば小樽市鰊御殿。ニシンのウロコを原料にした「ネックレス」や親方や船頭が使っていた「熊の毛皮の服」などのお宝は必見！ 縁側で目を閉じれば、漁師たちが唄う「ソーラン節」が聞こえてくるのは私だけでしょうか？

のどかな風情がある忍路の海岸。観光施設はほとんどなく、夏でも静けさが保たれる。赤い屋根は北海道大学の研究施設で大正13年に建てられた歴史ある建物

INFO 塩谷、蘭島にはJR函館本線の駅があり、どちらも無人駅。実用的な観光手段とは言い難いが、小樽以西の函館本線にはローカル線の趣があり、乗ってみるのも楽しい。

海と断崖のハイキングコース

小樽海岸自然探勝路を歩く

眼下に広がる海と切り立つ断崖の絶景を眺められる小樽海岸自然探勝路。
祝津からハイライトの下赤岩山展望地まで約30分。手軽にハイキングを楽しめる。

絶景スポット、下赤岩山展望地からの眺め

小樽の市街地の北側は、標高200m余りの尾根が一気に海に落ち込む険しい地形。海岸には急な断崖が連なり、海沿いには車で通れる道路は1本も通じていない。唯一の"道"が尾根上を通る小樽海岸自然探勝路。祝津からオタモイまでおよそ5.5kmのルートは、小樽の自然風景を楽しむ手軽なハイキングコースとして親しまれている。

下赤岩山展望地からオタモイ方面を望む

小樽海岸自然探勝路の歩き方

❶祝津入口からスタート

祝津の入口は小樽海岸自然探勝路の東側、ホテルノイシュロス小樽(→P.377)の裏手。歩き始め直後からやや急な登りもあるが、30分足らずで下赤岩山展望地に着く。

❷下赤岩山展望地

下赤岩山展望地からオタモイまで約4km、ゆっくり歩いて2時間ほどの行程だ。コースは起伏に富むが、さほど急なアップダウンはない。ただし全般に樹林に覆われた区間が多いため景観を楽しめるポイントが少なく、景色はやや単調。

1展望地の岩場はかなりの高度感 2古くからの霊場であるため、山道には多くの石仏が並ぶ

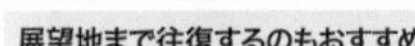

展望地まで往復するのもおすすめ

手軽に絶景を楽しむには下赤岩山展望地だけを目指して往復するのもいい。西側の赤岩入口に駐車可能なスペースがあり、そこからは展望地まで片道20分程度と、祝津側から行くよりも早い。

❸唐門（からもん）

小樽海岸自然探勝路のオタモイ側入口近くに建つ唐門はかつて、オタモイ遊園地の手前、公道をまたぐ形で建てられていた。交通の支障となることから1978年に現在地に移転。オタモイ遊園地に建てられた建築の中で唯一現存するものとなっている。

遊園地入口にあった唐門。現在は人通りの少ない場所に移設されている

オタモイ海岸の駐車場から西側の海岸沿岸を望む

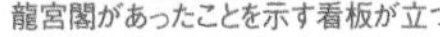

龍宮閣があったことを示す看板が立つ

❹オタモイ海岸展望地

小樽海岸自然探勝路を西向きに進むとオタモイに着く。探勝路の終端付近から、車道は七曲がりと呼ばれるつづら折りの道となる。ここを下ったところがオタモイ海岸の展望地。一帯が広い駐車場となっているのは、昭和初期に遊園地として開かれた土地の名残だ（下のコラム参照）。以前は龍宮閣まで岩盤をくり抜いたトンネルを抜ける歩道があったが、2006年以降に落石が相次いだことから現在は通行が禁止。駐車場付近から風景を見るのみだが、海に落ち込む断崖の風景はなかなかの見応えがある。

展望地からはかつてのトンネルがかすかに見える

アクセス

探勝路•祝津入口	小樽駅前からおたる水族館行きバスで約25分、終点下車、徒歩10分
探勝路•赤岩入口	小樽駅前からかもめが丘団地行きバスで約20分、赤岩2丁目下車、徒歩25分
探勝路•オタモイ入口	小樽駅前からおたもい線バスで30分、おたもい交番下車、徒歩13分

展望台から眺める **夢の楼閣**

昭和9年に開業した龍宮閣。竜宮城をイメージしたような建物だ

※写真所蔵／小樽市総合博物館

オタモイ龍宮閣

昭和初期のオタモイ海岸、断崖絶壁の上に信じ難い建物が姿を現した。龍宮閣と名付けられた料亭だ。この建物のほかにも食堂、演芸場などが続々と建てられ、周辺一帯は大規模な遊園地として華々しく開業する。しかしほどなくして戦争の時代を迎え、施設は休業。戦後間もなくようやく営業再開となったが1952(昭和27)年、失火による火災で龍宮閣は焼失という悲運をたどった。

龍宮閣へは断崖を切り開いた歩道が造られ、近年まで観光用に使われていた

INFO 現在では龍宮閣跡地の風景は海上からしか見られない。市街地から塩谷海岸・青の洞窟へ向かうクルーズ、または海上観光船「あおばと」がオタモイ沖を通る(→P.344)。

鉄道車両の展示が圧巻。動態保存のSLも

小樽市総合博物館 本館

●おたるしそうごうはくぶつかん ほんかん

博物館が位置する手宮は1880（明治13）年、北海道で初めて開業した鉄道の起点となった地。敷地内には明治時代の機関庫などの施設が今も健在だ。動態保存される1909年アメリカ製蒸気機関車アイアンホース号は乗客を乗せて走る。そのほか国鉄時代の蒸気・電気・ディーゼル機関車などおよそ50両が屋内外に展示されている（アイアンホース号の運行および屋外展示は夏季のみ）。

多彩な車両を屋外に展示

小樽市総合博物館 本館

住 小樽市手宮1-3-6
TEL 0134-33-2523
営 9:30～17:00
休 火曜（祝日の場合は翌平日）
料 入館400円（冬期は300円）。運河館（→P.307）と共通入館券500円（手宮洞窟保存館も含まれる）
交 JR小樽駅からバスで約10分、博物館前下車
P あり

歴史的な機関庫や転車台が今も現役

港を見下ろす高台に広がる憩いの場

手宮公園

●てみやこうえん

公園 MAP 別冊P.45-C2

明治時代末期に整備が始まった歴史ある公園。小樽港の北側に位置する高台の上、緩やかな傾斜地に広がる園内からは、港や市街地の好展望が広がる。桜の名所としても知られ、咲き誇る花の向こうに海を見渡す眺めは港町小樽らしい眺め。おおむね4月末～5月初頭にかけての開花の時期には、とりわけ多くの人でにぎわう。園内北側は緑化植物園として日本庭園やシャクナゲ園などが整備されている。

市民になじみ深いお花見名所

手宮公園

住 小樽市手宮2-4・5番外
TEL 0134-32-4111（市公園緑地課）
営 入園自由（緑化植物園は冬期閉鎖）
交 JR小樽駅からバスで約7分、手宮下車、徒歩7分
P あり

手宮洞窟保存館

手宮公園下の崖にある洞窟では今から1600年ほど前の続縄文時代のものとみられる、岩肌に描かれた陰刻画が発見された。岩肌全体を覆う形の保存施設が公開されている。

MAP 別冊P.45-C2
住 小樽市手宮1-3-4
TEL 0134-33-2523（小樽市総合博物館 本館） 営 4月下旬～11月上旬の9:30～17:00 休 火曜（祝日の場合は翌平日） 料 入館100円
交 JR小樽駅からバスで約10分、博物館前下車
P あり（小樽市総合博物館）

国指定史跡の貴重な遺跡

COLUMN ジモトトピックス

初夏の風物「高島おばけ」

小樽市内の地名をつけた「高島おばけ」とは、ずばり蜃気楼のこと。この現象は江戸時代から知られ、幕末の探検家・松浦武四郎も旅の途中で見ている。学術的には上位蜃気楼と呼ばれる、大気中で温度の異なる空気の層ができるとその境界で光が屈折し、物体の形が変わって見える現象だ。春から初夏にかけて発生しやすく、特に高島地区では対岸の石狩湾新港にあるガスタンクや発電風車が変形して見えるのでわかりやすい。

小樽港北防波堤基部で撮影された上位蜃気楼。対岸のタンクが長く変形して見える

自然の地形を生かした海獣展示が見もの
おたる水族館
おたるすいぞくかん

水族館 MAP 別冊P.45-C1

高台に位置する水族館の本館では大型の回遊水槽、隣接するイルカスタジアムでのショーが人気を呼ぶ。ここから海沿いに下ったところには天然の海岸地形を生かした海獣公園があり、トド、アザラシ、セイウチなどの海獣も数多く飼育されている(海獣公園は冬期閉鎖)。

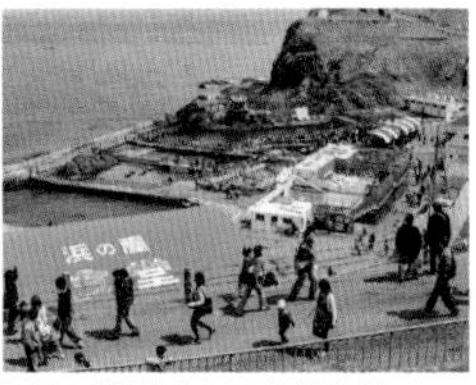
海岸の地形を生かした海獣公園

赤岩海岸の断崖を望むビューポイント
祝津パノラマ展望台
しゅくつパノラマてんぼうだい

展望台 MAP 別冊P.45-C1

水族館の少し上方にあるこの展望台からは、およそ300度にわたるパノラミックな眺めが楽しめる。海に向かって左手に赤岩の険しい断崖、中央手前に水族館の海獣公園、その先に高島岬の灯台や鰊御殿、右手には遠く小樽の市街地と連なり、見ていて飽きることがない。

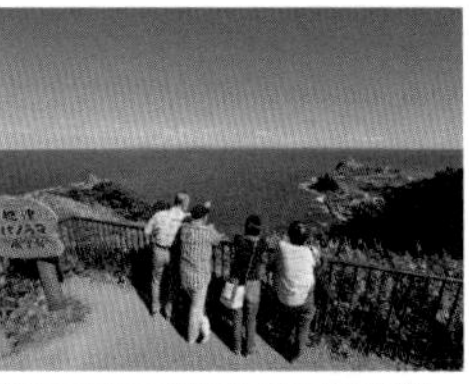
文字どおりのパノラマが楽しめる場所

高島岬の先端、紅白の姿が印象的
日和山灯台
ひよりやまとうだい

展望台 MAP 別冊P.45-C1

高島岬先端の日和山は、北前船の船頭が天気や海の具合(=日和)を見たことに由来する地名。この地の灯台は1883(明治16)年、北海道で2番目に建てられた。4～10月は灯台敷地に立入り可能、灯台の建物内も年に1～2回程度イベントとして公開されることがある。

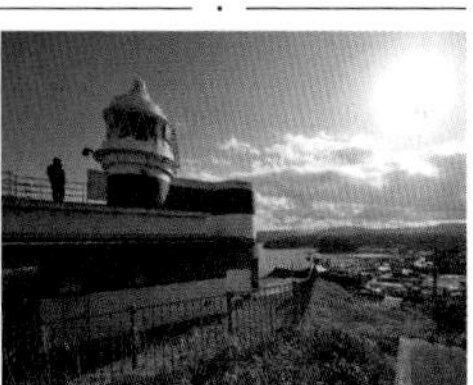
現在の建物は1953(昭和28)年に竣工

どさんこワイド179 明石アナcolumn

明石アナの理想の小樽(飲み)プラン
小樽に着いたら昔ながらのパン屋「友和のパン」で総菜パンを、コンビニでビールを調達し、港近くに落ち着く場所を探し、持参した折り畳み椅子と文庫本を出してチェアリング。アーケード街を冷やかし、有名な喫茶店「光」でまったり。西部や北部をまわるのもいいですね。大正11年創業の銭湯「柳川湯」でリフレッシュしたら、「なると(→P.287)」やガード下のホルモン店「やしま」などで一杯。札幌に戻り、すすきのの立ち飲みで締め……って、飲みばかりですんません！最高の1日をお約束します。

小樽駅で撮影を

おたる水族館
住 小樽市祝津3-303
TEL 0134-33-1400
営 9:00～17:00(季節により変動あり) 休 無休(季節により閉館期間あり) 料 入館1800円
交 JR小樽駅からバスで約25分、おたる水族館下車、徒歩5分
P 有料あり

どさんこワイド179 木戸アナcolumn

アザラシのお引っ越し
「海獣公園」では、冬の高波から守るために高台のプールへ「アザラシのお引っ越し」が行われます。約30頭のアザラシへの理解と信頼関係が成功の秘訣。やっぱり飼育員さんたちって、スゴい！

「お引っ越し」は春と秋の年2回。2016年取材時

祝津パノラマ展望台
住 小樽市祝津3
TEL 0134-32-4111(市観光振興室)
営 見学自由 交 JR小樽駅からバスで約25分、おたる水族館下車、徒歩10分 P あり

日和山灯台
住 小樽市祝津3-240
TEL 0134-27-0118(小樽海上保安部) 営 外観は見学自由 交 小樽駅からバスで約25分、おたる水族館下車、徒歩10分 P あり

沖に浮かぶトド岩
祝津パノラマ展望台からおよそ500mほど離れた沖合には、トド岩と呼ばれる岩礁がある。名前のとおり冬から春先に時折、野生のトドの群れが上陸する。出現の頻度は高くないが、見られればラッキー。

トド岩とトドの群れ

INFO おたる水族館の海獣公園は、天然の海岸を仕切って動物を飼育する施設。かつては野生のトドが柵を越えて入り込み、そのまま施設内で飼育されたというエピソードもある。

110余年の歴史をもつ珍しい「私設植物園」
中野植物園
●なかのしょくぶつえん

植物園 MAP 別冊P.44-B2

植物園と名がつくが学術的色彩の施設とは少し違う。開設は1908（明治41）年、植物と園芸の愛好家が独自に山を拓いて作った私設の庭園だ。昔は野外での宴会も行われてにぎわったという。手入れの行き届いた庭園に年代物の子供向け遊具が点在する、不思議な光景。

戦前に作られた鉄製遊具がいろいろ

明治時代の営林施設を前身とする公園
長橋なえぼ公園
●ながはしなえぼこうえん

公園 MAP 別冊P.44-B2

前身は1893（明治26）年に旧営林署が開設した植林用苗木の育成施設。昭和末期にその目的を終えたのち、1997年から都市公園として開放されている。広大な敷地は豊かな森に覆われ、桜の木も多く、花見の名所としても知られる。園内に展示施設「森の自然館」もある。

市民の憩いの場として親しまれる

縄文時代に造られた大規模“ストーンサークル”
忍路環状列石
●おしょろかんじょうれっせき

遺跡 MAP 別冊P.42-A1

農地の中に姿を現すストーンサークルは、およそ33m×22mの楕円形に大小多数の大石が並ぶ大規模なもの。およそ3500年前の縄文時代後期、複数の死者を埋葬する墓だったと考えられている。大石は近隣で産出されたものではなく、相当な労力をかけて造られたことは確かだ。

長さ2mほどの大石もある

COLUMN ジモトトピックス

環状列石周辺の縄文遺跡

忍路環状列石の近くでは忍路土場遺跡と呼ばれる縄文時代の遺跡が見つかり、土器や石器など多様な埋蔵物が出土した。遺跡そのものは残っていないが、出土品は小樽市総合博物館運河館（→P.307）に展示されている。

多数の縄文土器を展示

中野植物園

住小樽市清水町26-30
TEL0134-23-3468
営5月～11月の無雪期の9:00～17:00
休期間中無休　料入園200円
交JR小樽駅からバスで約10分、中野植物園下車すぐ　Pあり

長橋なえぼ公園

住小樽市幸1-53　TEL0134-27-6061（森の自然館）　営園内自由、森の自然館は4月上旬～11月上旬の開館　休無休（森の自然館は月曜。祝日の場合は翌平日）
料無料
交JR小樽駅からバスで約5分、苗圃通り下車、徒歩3分　Pあり

忍路環状列石

住小樽市忍路2
TEL0134-32-4111（教育委員会教育部生涯学習課）　営見学自由
交JR小樽駅から車で約20分
P駐車スペースあり

歴史ある漁村 忍路（おしょろ）

小樽の市域の西端近くに位置する忍路は、日本海に突き出た小さな半島上に位置する町。深く切れ込んだ湾には外洋の波が入らず、江戸時代から天然の良港として多くの北前船が寄港して栄えた。観光関連の施設はほとんどないが、海を見て静かな時間を過ごすのにいい場所。

MAP 別冊P.42-A1
交忍路の漁港まで小樽市街中心部から車で20分ほど

湾の入口には特異な形の岩山「兜岩」が見える

17世紀に創建された歴史をもつ忍路神社

たおやかな弧を描く遠浅の海岸
塩谷海岸
しおやかいがん

海岸 MAP 別冊P.42-A1

祝津からオタモイにかけて長く続いた海岸の断崖地形がいったん終わり、穏やかな砂浜が姿を現すのが塩谷。緩やかに弧を描く海岸は遠浅で、夏場は海水浴客でにぎわう。遠く積丹方面の海岸まで見渡す眺めもよく、のんびりと過ごすのにいい。シーカヤックやSUPを楽しむ人の姿も多い。

北海道では海岸でのキャンプも人気

塩谷海岸
住 小樽市塩谷1
交 JR小樽駅前からバスで約25分、塩谷海岸下車すぐ
P なし

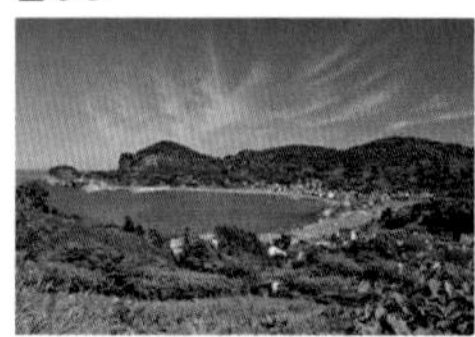
高台から見る塩谷海岸

海・山の好展望が人気の手軽な山登り
塩谷丸山
しおやまるやま

山 MAP 別冊P.42-A1

標高629m、海岸から直線距離で2kmほどに位置することから眼下に海、視界のいい日には小樽、札幌の市街地はもとよりニセコ、積丹半島から道央圏の山々までをも望む幅広い展望が魅力。登山初心者やファミリーの姿も多い。登山口から山頂まで往復4～5時間程度。

昔の船の錨が祀られる山頂

塩谷丸山（登山口）
住 小樽市塩谷4
交 JR小樽駅から電車で約9分、塩谷駅下車、徒歩15分
P あり
※JR塩谷駅を利用する場合、列車本数が少ないので事前に時刻の確認を

「北海道海水浴発祥の地」をうたう
蘭島海水浴場
らんしまかいすいよくじょう

海水浴場 MAP 別冊P.42-A1

現在の函館本線の前身である北海道鉄道は1903（明治36）年6月に蘭島～小樽が部分開業。同年8月には海水浴場が開設され、昭和の終わり頃まで「汽車で行ける海岸」として人気を呼んだ歴史ある海水浴場。移動は車が主流になった今も夏にはにぎわいをみせる。

海岸には「発祥の地」の碑が立つ

蘭島海水浴場
住 小樽市蘭島1
TEL 0134-64-2831（蘭島海水浴場組合）
交 JR小樽駅から電車で約18分、蘭島駅下車、徒歩5分
P あり

COLUMN ジモトトピックス
塩谷海岸でシーカヤック

塩谷をベースにしたシーカヤックのツアーが行われている。人気の青の洞窟に行くコースやサンセットツアーも。いずれもプライベートツアーなので自分のペースで楽しめる。

青く透明な海をカヤックで進む

ブルーホリック MAP 別冊P.42-A1
住 小樽市塩谷1-28-13
TEL 0134-26-1802 料 青の洞窟ツアー（5月上旬～9月）6000～7000円、所要約3時間 交 JR小樽駅から車で約20分

函館本線"山線"

函館本線の小樽から余市・倶知安方面は非電化で、短い編成の気動車が運行するローカル線ムード漂う区間。近い将来、北海道新幹線の開業と引き換えに"山線"と呼ばれた小樽～長万部間は廃止される予定。本数は少ないが、今のうちに列車の旅を楽しんでみるのも一興だ。

塩谷駅は無人駅、列車はワンマン運転だ

INFO 詩集「雪明りの路」などで知られる文学者・伊藤整は幼少期から青年時代までを塩谷で暮らした。「ゴロタの丘」と呼ばれる高台に整の文学碑が立っている。

COLUMN
ジモトトピックス

小樽海岸の絶景を海上から

海岸に連なる断崖の絶景は、海からしか見られない。話題の「青の洞窟」へのクルーズと海岸風景をじっくり見る観光船、それぞれに魅力がある。

「青の洞窟」へのクルーズ

MAP 別冊P.42-A1

塩谷漁港の東側、険しい岩壁の下の海面に開いた洞窟。隣り合うふたつの入口は中でつながっており、小型の船は通り抜けることができる。洞窟内の水の色の美しさから「青の洞窟」の名で知られるようになった。クルーズを行う会社はいくつかあり、それぞれ小樽市内の異なる場所にベースを構えている。

青の洞窟の右側には、窓岩と呼ばれるトンネルのような洞穴がある

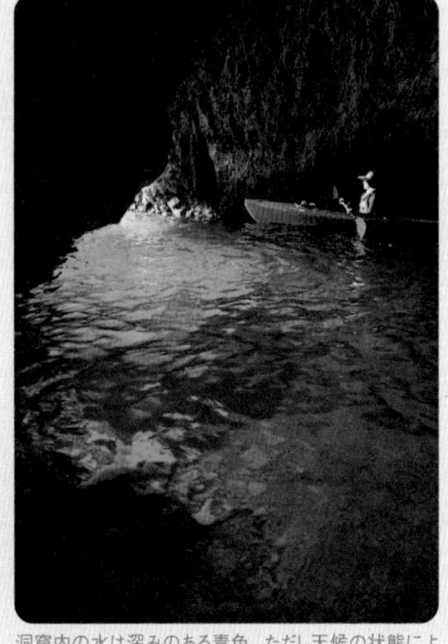

洞窟内の水は深みのある青色。ただし天候の状態によって見え方はかなり変わる

クルーズ船について

青の洞窟へのクルーズを行う業者は市内に5社余り。近年、洞窟人気が高まるなかで新たに参入するところもある。出航場所、船の形態などそれぞれに異なるので、事前に確認を。市街中心部を出発する場合、青の洞窟までの乗船時間は片道で30～40分。料金は各社とも5500～6000円。運航は4月下旬～10月上旬、荒天時は欠航。

洞窟に行く途中では、険しい断崖が連なる海岸線の景色を堪能できる

ツアーのほかに個人のやシーカヤックも訪れる。時には洞窟に入る順番待ちも

おもな運航会社

龍宮クルーズ MAP 別冊P.46-B1
住小樽市港町4-5 TEL0134-32-3911
交JR小樽駅から徒歩15分 Pあり

小樽グラスボート MAP 別冊P.45-C1
住小樽市祝津3-197(祝津マリーナ内)
TEL090-7621-1092 交JR小樽駅からバスで約20分、祝津下車すぐ Pあり

ソルトバレー408 MAP 別冊P.42-A1
住小樽市塩谷1-27-23 TEL0134-28-2181
交JR小樽駅からバスで約20分、塩谷文庫歌下車、徒歩3分 Pあり

小樽海上観光船「あおばと」

市街中心部、小樽港第3号埠頭を出港する観光船「あおばと」のクルーズ。祝津まで往復する祝津航路(片道約20分)、赤岩沖まで周遊する赤岩航路(所要約45分)、オタモイ沖まで周遊するオタモイ航路(所要約40～90分)の3コースがある。祝津までの航路は、水族館や鰊御殿などを見学しに行く際の交通手段としても有用だ。→P.295も参照。

最大84名が乗れる「あおばと」。船内にトイレも完備

観光船乗り場(小樽港第3号埠頭)
MAP 別冊P.47-D1
住小樽市港町4-2
TEL0134-29-3131 営4月下旬～10月中旬小樽港発10:00～15:00運航(ほかに臨時便あり)
休無休(ただし荒天時運休)
料祝津航路片道1000円、赤岩航路(小樽～赤岩～小樽)2200円、オタモイ航路(A～Dの4コースあり)1900～3300円
交小樽港第3埠頭へJR小樽駅から徒歩13分、祝津港乗り場へJR小樽駅からバスで約20分、祝津下車、徒歩3分
Pあり(祝津はおたる水族館利用)

食べる

青い客車を改装したレストラン
ハルのち晴れ。
ハルのちはれ。

カフェ
MAP 別冊P.45-C2

小樽市総合博物館の正面玄関前に置かれた青い客車を改装したユニークなカフェ。列車好きにはたまらない休憩スポットだ。車窓から外を眺めながら食事ができ、カレー950円～、パスタ980円～がメイン。ほかにスイーツなどもある。

木枠の窓の上には席番号が残っている

素朴な魚介料理を手軽に
民宿 青塚食堂
みんしゅく あおつかしょくどう

食堂
MAP 別冊P.45-C1

水族館や鰊御殿を訪れる観光客でにぎわう祝津で魚を焼く香ばしい匂いを漂わせるのがこの店。店頭の炭火グリルで焼く串刺しの鰊は、特大にしん焼き定食1650円で味わえる。ほかに刺身、焼魚、丼ものなど魚を味わえるメニューが多彩。

炭火で香ばしく焼く魚は絶品

海を目の前に眺めながら魚介料理を
塩谷食堂 海坊's
しおやしょくどう うみぼうずズ

食堂
MAP 別冊P.42-A1

塩谷海岸を目の前に望む好ロケーションで、夏にはテラスでの食事も楽しめる。ヘラガニなどの魚介をたっぷりとのせたボリュームある「海鮮あんかけ焼そば」1300円が人気。ほかにサーモンやイクラの丼もの2600円～など幅広いメニューが揃う。

人気の海鮮あんかけ焼そば

漁港の一角にある穴場的名店
ラーメン 焼そばの店 かたの
ラーメン やきそばのみせ かたの

ラーメン
MAP 別冊P.45-C2

高島漁港の岸壁近くに立つ店は小さなプレハブの簡素な造り。しかし味は確かで定評があり、遠くから訪れるファンも少なくない。具材のうま味が詰まった五目あんかけ焼そば、炒めた具材をご飯に乗せた中華ちらし各900円など、選択に迷いそう。

コク深い辛みが魅力の担々麺

ハルのち晴れ。
住小樽市手宮1-3-7
TEL0134-65-8324
営11:00～14:30LO　休火曜
交JR小樽駅からバスで約7分、手宮下車すぐ
CCVM（1000円以上で可）
Pあり

民宿 青塚食堂
住小樽市祝津3-210　TEL0134-22-8034　営10:00～19:00LO
休なし　交JR小樽駅からバスで約20分、祝津下車すぐ
CC不可　Pあり

塩谷食堂 海坊's
住小樽市塩谷1-31-29
TEL0134-55-1836
営4月下旬～11月の11:00～15:00
休期間中水・木曜
交JR小樽駅からバスで約25分、塩谷海岸下車、徒歩5分
CC不可　Pあり

ラーメン 焼そばの店 かたの
住小樽市高島1-5-17
TEL0134-22-9313
営11:00～14:00　休月・木曜
交JR小樽駅からバスで約15分、高島3丁目下車、徒歩3分
CC不可　Pあり

COLUMN ジモトトピックス

人気のかき氷店

蘭島の国道沿いにある、新鮮な果物を使ったかき氷が人気の店。いちごみるく、ティラミス、ほうじ茶みるくなど日替わりも含め10種類近くある。

甘味処とぺんぺ
かんみどころとぺんぺ
MAP 別冊P.42-A1
住小樽市蘭島1-12-5
TEL0134-26-6788　営4月下旬～9月初旬の11:00～16:30　休期間中不定休（4～6月は月～金曜）
交JR蘭島駅から徒歩2分
CC不可　Pあり

いちごみるくのかき氷800円

INFO 高島の中華料理店「かたの」のメニューにある中華ちらしとは帯広が発祥といわれるご当地メニュー。ちらし寿司とはまったく違い魚介、肉、野菜を炒めてご飯にのせるもの。

小樽周辺

Suburbs of Otaru Area

MAP 別冊P.4-5

小樽からの道は積丹半島へ。沿岸にはシャコタンブルーと呼ばれる青い海が広がる。半島の付け根あたりに位置する余市町や仁木町はブドウとフルーツの産地。半島の南には羊蹄山がシンボルのニセコエリアが広がる。

1 余市・仁木・赤井川

●よいち・にき・あかいがわ

P.352 MAP 別冊P.40-41

ヴィンヤードが広がるフルーツの産地

小樽市に接する余市町と赤井川村、および仁木町は温暖な気候を生かし、古くからフルーツの栽培が盛ん。特にリンゴとブドウの産地として知られ、ワイン用ブドウは日本屈指の生産量を誇る。どこまでもヴィンヤードが広がる風景はまるで海外のよう。自然にも恵まれている。

仁木町のサクランボ

余市町のヴィンヤード(ブドウ畑)

2 積丹半島

●しゃこたんはんとう

P.358 MAP 別冊P.40-41

奇岩が点在する海岸線と透明で青い海

古平町・積丹町など5町村にまたがる全長約30kmの積丹半島。ニセコ積丹小樽海岸国定公園の一部に指定され、変化に富んだ海岸線とシャコタンブルーと呼ばれる美しい海が印象的だ。神威岬や島武意海岸が代表的な見どころ。

夏のウニは積丹名物

神威岬の先端まで遊歩道で行ける

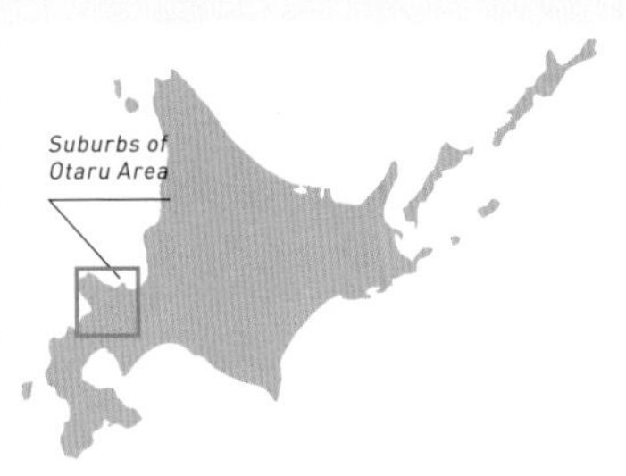

小樽周辺でしたいコト5

1. 積丹半島の海岸線を絶景ドライブ
2. 夏の積丹で名物ウニや海鮮丼を味わう
3. ヴィンヤードを巡りワインを楽しむ
4. ニセコでアウトドアアクティビティを体験
5. ワイナリーやウイスキー蒸溜所を見学

1 余市町
小樽市
仁木町
1 赤井川村
3 倶知安町
3 京極町
3 喜茂別町
3 真狩村

3

ニセコとその周辺

●ニセコとそのしゅうへん

P.362 MAP 別冊P.4

羊蹄山を望む温泉と自然が人気のエリア

ニセコ連峰と蝦夷富士と呼ばれる羊蹄山の麓に広がる、倶知安町・ニセコ町・蘭越町・共和町・京極町・真狩村・喜茂別町。美しいシルエットの羊蹄山を眺めながらアウトドアアクティビティや温泉が楽しめる、道内屈指の人気リゾートエリアだ。ジャガイモをはじめ、多彩な農作物の名産地でもある。

倶知安町のジャガイモ畑

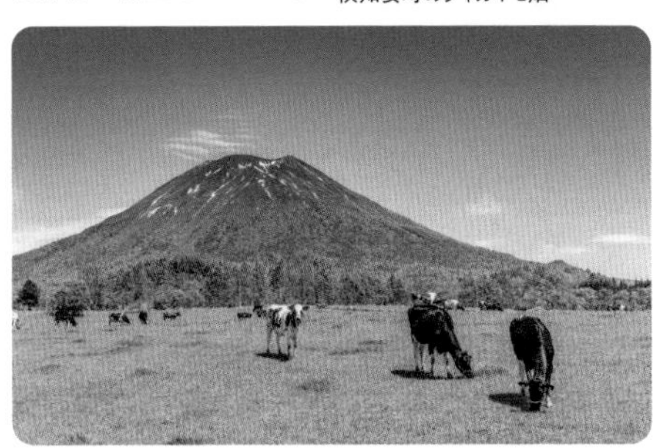
ニセコの牧場と羊蹄山

小樽周辺ジモトトーク

小樽周辺は町ごとに特徴が異なりますが、ニセコは特に個性的。羊蹄山を横目に車で走っているだけでも気持ちのよい所ですが、海外のお客さんも多いエリアだけに、数多くのハンバーガー店があり、ハンバーガー好きにとって、ニセコはパラダイスです。私は普段おそばを愛する草食系のおっちゃんアナウンサーですが(笑)、ニセコに行ったときはワイルドにハンバーガーにかぶりつきます。バラエティ豊かな味とスタイルを提供しており、アメリカンな雰囲気のお店もあればオープンテラスの店、さらにはホテルで販売している所もあり、テイクアウトも◎。ニセコで自然を感じながらのハンバーガーランチ、おすすめです。

地元の食材をたっぷり使ったハンバーガー

広がるブドウ畑と青い空!

余市・仁木のワイナリー巡り

緩やかな丘陵に広がる余市・仁木のブドウ畑。大空の下に広がる美しいヴィンヤードを眺めながらワインを楽しむ至福の時間。

キャメルファームワイナリーのワイナリーツアー

History

1970～80年代に大手ワインメーカーが醸造用ブドウ栽培を余市の農家に委託したことなどから、栽培農家が増加。2010年頃からはワイナリーも続々とオープンしている。2023年4月現在、余市・仁木に17軒のワイナリーがある。

ブドウ品種

白ブドウはケルナー、バッカス、ナイアガラ、シャルドネ、ピノブラン、メルロー、ミュラー・トゥルガウ、セミヨンなど、黒ブドウはツヴァイゲルト・レーベ、ピノノワール、レゲント、ブラウフレンキッシュなどを栽培。

10月、たわわに実ったブドウ(メルロー)

ブドウ栽培に適した環境

対馬海流の暖流により気候が比較的温暖。収穫期は積丹半島の山並みが雨雲をせき止めるため、雨の影響が比較的少ない。また、霜が下りにくく完熟したブドウを収穫できる。冬は、ブドウ樹は雪の下で越冬する。

各ワイナリーへのアクセス

JR小樽駅
↓ 約25分 or 約40分
JR余市駅
↓ 
余市ワイナリー まで約5分
OcciGabiワイナリー まで約8分
キャメルファームワイナリー まで約10分
NIKI Hills Winery まで約11分

余市産地ワインの先駆け

余市ワイナリー

●よいちワイナリー

余市の契約農家が栽培するブドウで1974年から余市ワインの醸造を始めた歴史あるワイナリー。代表銘柄は「樽熟ツヴァイゲルト・レーベ」(赤)や「ケルナー」(白)など。醸造棟と瓶詰貯蔵棟の見学ができ、カフェ&ベーカリー、ワインショップなどもある。

親しまれている余市ワインのなかでも「樽熟ツヴァイゲルト」がおすすめ。樽でしっかりと熟成させた余市産ツヴァイゲルトの、濃い色と深い味わいが楽しめる。

MAP 別冊P.47-C3
住 余市町黒川町1318　TEL 0135-23-2184
営 カフェ&ベーカリー10:00～16:00(ワインショップは～16:30、ギャラリー&アトリエは4～10月の10:00～16:30)　休 火曜(1～4月は火・水曜)
工場見学 10:00～16:30　料 見学無料
CC ADJMV　P あり

1 複合施設でもある余市ワイナリー　2 人気のナイアガラソフトクリーム432円(テイクアウト)は4～12月頃の提供

余市ワイナリーレストラン

無添加にこだわった北海道産牛肉100%のハンバーグや、近隣の町で造られたチーズなどをグラスワイン385円～と一緒に味わえる。

営 11:30～14:30　休 火曜(冬季は火・水曜)

道産小麦を使用したオリジナル生地の石窯焼きピッツァ。マルゲリータ1700円

13.5ヘクタールのブドウ畑を誇る

キャメルファームワイナリー

●キャメルファームワイナリー

海を見晴らすブドウ畑で栽培されている品種はピノ・ノワールやケルナー、ブラウフレンキッシュなど。予約制のワイナリーツアーでは、ゴルフカートでブドウ畑と醸造所が見学できる。カフェではグラスワインやコーヒー、スイーツも楽しめる。

標高約80mのヒルトップからは日本海が見える

冷涼な気候で造られるシャルマ方式のスパークリングをぜひ。赤ワインのピノノワールやブラウフレンキッシュもおすすめ。

1充実した設備の醸造所
2ブドウ畑を望むショップ&カフェ

MAP 別冊P.41-C2
住余市町登町1408　TEL0135-22-7701
営ショップ10: 00～17:00、カフェは～16:30LO　休火曜　**ツアー開催** 10:30～、14:30～(要予約。有料。詳細はウェブサイト確認)
CCADJMV　Pあり

丘の上の広大なワイナリー

NIKI Hills Winery

●ニキヒルズワイナリー

ブドウ畑、ホテル、レストランを併設するワイナリー。ショップではテイスティングをしながらワインを選べる。代表的銘柄は白ワインの「HATSUYUKI」で、ブドウジュースなどもある。醸造所見学やネイチャー系ツアーなど体験メニューもある。

フラッグシップワインは国際的アワードで金賞を受賞した「HATSUYUKI」。ワイナリーではシャルドネやメルローなど、限定銘柄を味わえることも。

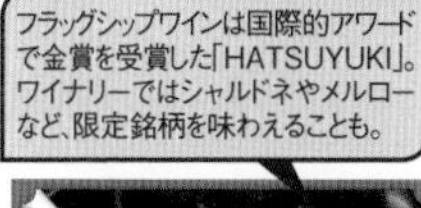

1街並みや余市湾を望むラウンジフロア 2ワインとのペアリングを楽しめるレストラン(ランチ5500円～) 3余市湾まで一望の客室、VIPヴィンヤードルーム

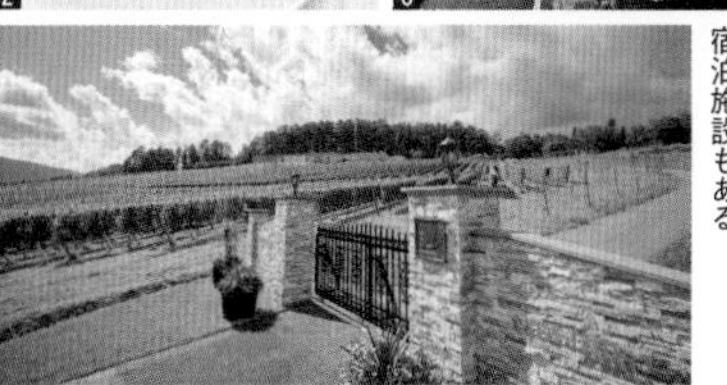
ナチュラルガーデンや宿泊施設もある

MAP 別冊P.41-C2
住仁木町旭台148-1　TEL0135-32-3801　営ショップ10:00～16:00(テイスティング～15:30)、ランチ11:30～13:00、ディナー18:00～(いっせいスタート。前日までの予約制)　休不定休
プライベートワイナリーツアー開催11:00～、12:00～、13:30～、14:30～(要予約、当日予約可)　料3300円～　CCADJMV　Pあり

1ブドウ畑に囲まれたワイナリー
2イングリッシュ・ガーデンでの試飲は格別
3窓から余市の四季も楽しめるレストラン

ぜひ味わいたい黒ラベルシリーズのなかでもドイツ系カベルネ「オチガビ アコロン」や「オチガビ キュベ・カベルネ」がおすすめ。コクと深みがある赤ワインだ。

地下に広大な貯蔵空間

OcciGabiワイナリー

●オチガビワイナリー

自家農園のブドウで造るワインはイングリッシュ・ガーデンが見えるレストランで。アラカルト料理、ランチコース4070円などを用意。オーナーが案内するワイナリー見学付き食事プランもおすすめ。

MAP 別冊P.47-C3
住余市町山田町635　TEL0135-48-6163
営ワイナリー・ショップ11:00～17:00、レストラン11:00～14:00LO　休無休(11～3月はレストラン火曜休み)
料ワイナリー見学付き食事プラン(要予約)6600円(未就学児不可)　CCADJMV　Pあり

La Fête des Vignerons à YOICHI

●ラフェト デ ヴィニュロン ア ヨイチ

余市町登地区のワイナリーや日頃立ち入れないブドウ畑を巡り、ワインやフードを楽しむイベント、通称「余市ラフェト」(農園開放祭)。2015年から年1回開催。入場は前売チケット2500円が必要。3年ぶり開催となった2022年は販売数400枚のチケットが早々に完売。北海道で熱い視線を浴びるイベントのひとつだ。 TEL0135-22-4115(余市観光協会)

海と奇岩を眺めながらのドライブ

シャコタンブルーの海とウニ丼!

夏の積丹半島絶景ドライブ

余市から積丹半島の先端、 神威岬まで沿岸をドライブ。 さらに青い海と奇岩を眺め、岬の先端までハイキング。 名物のウニ丼は6〜8月の期間限定。

積丹半島

●しゃこたんはんとう

MAP 別冊P.40-41

日本海に突き出す全長約30kmの半島。沿岸には断崖が続き、奇岩が点在。その荒々しい風景と対照的な「シャコタンブルー」と称されるコバルトブルーの海が広がる。先端の神威岬はドライブのハイライト。トンネルとくねくね道が多いのでゆっくり走ろう。

TEL 0135-44-3715(積丹観光協会)

1 自然が作り出したアート えびす岩と大黒岩

余市町 ●えびすいわとだいこくいわ

白岩海岸にある奇岩。今にも倒れそうなえびす岩は、恵比寿様のような形から名付けられた。鳥居が立つ大黒岩と並んでいることから夫婦岩とも呼ばれれる。

MAP 別冊P.41-C2
住 余市町白岩町172
交 余市駅から車で約15分
P スペースあり

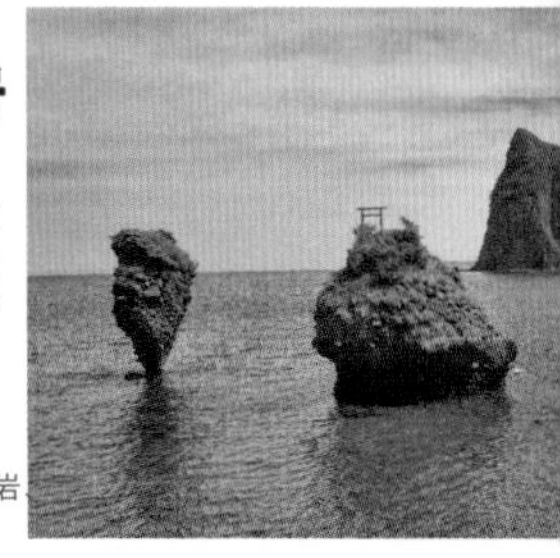

左がえびす岩
右が大黒岩

2 岬と島と海中の絶景も! 積丹水中展望船 ニューしゃこたん号

積丹町 ●しゃこたんすいちゅうてんぼうせん ニューしゃこたんごう

通称ハートアイランド、宝島周囲を航行

美国港を出発し、黄金岬を回り込みゴメ島や宝島の周囲をクルーズ。船上からは絶景、船内の水中展望室からはブルーの水と水中に散らばるたくさんのウニが見られる。

MAP 別冊P.40-B1
住 積丹町美国町美国漁港内
TEL 0135-44-2455
営 4月中旬〜10月下旬の8:30〜16:30(季節により変動)
休 期間中無休(荒天時運休)
料 乗船1900円(所要約40分)
交 JR余市駅から車で約30分
P あり

船底の窓から魚やウニが見られる

ドライブプラン

所要約4時間

- 余市駅 START!
- ↓ 約13分
- 1 えびす岩と大黒岩
- ↓ 約20分
- 2 積丹水中展望船ニューしゃこたん号
- ↓ 約25分
- 3 島武意海岸
- ↓ 約15分
- 4 神威神社
- ↓ 約10分
- 5 カムイ番屋
- ↓ 約30分
- 6 神威岬 GOAL!

3 「日本の渚百選」の美しい海岸 島武意海岸

積丹町 ●しまむいかいがん

駐車場からトンネルを抜けると目の前に美しい海岸が現れる。階段で海岸まで下りることができ、透明な海とそそり立つ屏風岩の独特な景観を楽しめる。

トンネルを抜けて展望スポットへ

岩と海のコントラストが美しい島武意海岸

MAP 別冊P.40-A1
住 積丹町入舸町 交 JR余市駅から車で約50分 P あり

源義経伝説にも由来する急階段の上にある

MAP 別冊P.40-A1
住積丹町来岸町10
営参拝自由　交JR余市駅から車で約45分　Pあり

4 積丹の守護神を祀る 神威神社

積丹町 ●かむいじんじゃ

神明造の神威神社は江戸時代中期に松前藩の藤倉氏が神岬村に建てた、アイヌ語名の神を祀った神殿に端を発する。

シャコタンブルーの海の色をイメージ

ソフトクリーム販売所の小屋

5 神威岬の名物 カムイ番屋

積丹町 ●カムイばんや

神威岬の駐車場にあるみやげもの店とレストラン。敷地内の売店で積丹ブルーソフト480円を販売。積丹牛乳を使用したミント味だ。

MAP 別冊P.40-A1
住積丹町神岬町シマツナイ92
TEL0135-46-5730　営売店は4月下旬～10月の10:00～17:00　休期間中無休
交JR余市駅から車で約1時間　Pあり

神威岬とシャコタンブルーの海の絶景

6 半島の先端から神威岩を望む 神威岬

●かむいみさき　積丹町

積丹半島の最西端に位置する神威岬は積丹観光のハイライト。半島の尾根に付けられた遊歩道、チャレンカの小道を歩くこと約30分。先端からは遮るもののない大展望と、海からそそり立つ神威岩が望める。

先端からの神威岩。義経を追って身投げしたアイヌ酋長の娘チャレンカの化身とされる

駐車場から徒歩7分、かつての女人禁制の門

チャレンカの小道は片道約770m、所要約20分

念仏トンネルと水無の立岩が見えるポイント

まるで空中にあるような遊歩道も。歩きやすい服装と靴で

白黒の灯台を過ぎると先端はもうすぐ

MAP 別冊P.40-A1
住積丹町神岬町
営通行8:00～19:00(季節・天候により変動)
休無休(冬季閉鎖あり)
料清掃協力金100円
交JR余市駅から車で約1時間　Pあり

6～8月限定! 積丹名物 ウニを味わう

エゾバフンウニ
積丹では「あか」と呼ばれ、きれいなオレンジ色をした濃厚な味が特徴

キタムラサキウニ
「しろ」と呼ばれる一般的なウニ。甘味とうま味が凝縮された上品な味

ウニの漁獲量が北海道屈指の積丹。夏のウニを楽しみにしている人も多く、札幌からツアーが出るほど。ただし、天候により提供のない日も。漁獲量で値段は変動する。

お米がウニの味をより引き立てる 積丹町

お米の匠、川原氏が北海道米と積丹の海の幸を味わってほしいとオープン。積丹の漁師直送のウニをご飯の味がわかるよう、酢飯ではなく白飯にのせて提供。麺に北海道産小麦を使用した忍者麺も味わえる。

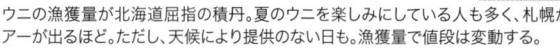

うに丼(キタムラサキウニ。時価)。地元漁師が水揚げするウニのみを使用

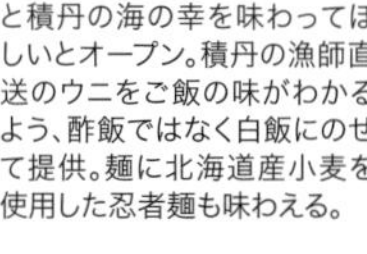
「ライスボールプレーヤー」と呼ばれる、お米を知り尽くした川原氏

積丹しんせん ●しゃこたんしんせん

MAP 別冊P.40-A1
住積丹町日司町6-4　TELなし
営5～8月の9:00～17:00(売り切れ次第終了)　休期間中不定休
交JR余市駅から車で約50分
CC不可　Pあり

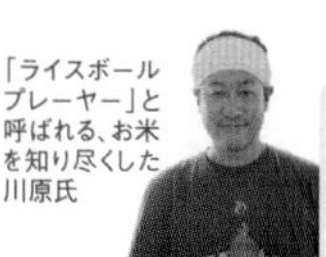
歴史ある番屋を利用した店

ウニの食べ比べができる人気店 積丹町

ウニ漁師が経営する店で漁期中は店主がその日に取ったウニを提供。積丹産生うに丼、1日20食限定の赤ばふん生うに丼、活ウニが付いたうに丼セットのほか海鮮丼、焼魚定食なども。セミセルフスタイル。

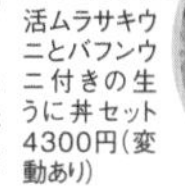
活ムラサキウニとバフンウニ付きの生うに丼セット4300円(変動あり)

赤ばふん生うに丼7800円(変動あり)は数量限定

お食事処 積丹の幸 みさき
●おしょくじどころ しゃこたんのさち みさき

MAP 別冊P.40-A1
住積丹町日司町236　TEL0135-45-6547
営4月下旬～10月の9:00～15:00LO　休期間中第2・4水曜(臨時休業あり)　交JR余市駅から車で約50分　CC不可　Pあり

オープン前から行列のできる人気店

果樹園点在するフルーツの名産地

余市・仁木・赤井川

●よいち・にき・あかいがわ　MAP 別冊P.40-41

余市町
仁木町
赤井川村

余市町
面積 140.59km²
人口 約1万7370人
(2023年4月)

北斗星は発展、中央の「余市」は団結と親和

仁木町
面積 167.96km²
人口 約3020人
(2023年3月)

雪の結晶で北海道と木を表し、仁の円は果実、三角形は水稲

赤井川村
面積 280.09km²
人口 約1160人
(2023年3月)

シンボルマーク

円の中に赤を図案化。8つの区画は農業の発展を意味

余市町と仁木町は北海道を代表する果樹の産地

余市町は日本海に面した積丹半島の東側入口に位置し、江戸時代からニシン漁で栄えた歴史をもつ。明治初頭に会津藩氏族が集団入植しリンゴ栽培に着手。余市町と隣接の仁木町は比較的温暖な気候で、日本では早い時期にリンゴ栽培に成功した。果樹栽培が盛んで果樹園が点在。北海道を代表するワイン醸造用ブドウの生産地でもあり、近年は余市と仁木の一帯に個性的なワイナリーが増加している。小樽に隣接する赤井川村は山々に囲まれ自然が豊か。冬はキロロリゾートでのスキー、夏はキャンプが人気。

おもな見どころ

2023年1月にニッカミュージアムリニューアル

ニッカウヰスキー余市蒸溜所

●ニッカウイスキーよいちじょうりゅうしょ

余市町　ウイスキー工場　MAP 別冊P.47-C3

ニッカウヰスキー創業者・竹鶴政孝が昭和初期、独自のウイスキーを造る蒸溜所を余市に設立。本場スコットランドの様式にのっとった石造りの建物群は重厚な趣がある。ガイドツアーで工場施設の一部を見学できる。ニッカミュージアムや有料試飲コーナーは予約不要だ。

ニッカミュージアムで歴史に触れる

ニッカウヰスキー余市蒸溜所
住余市町黒川町7-6
TEL0135-23-3131
営9:00～16:30(工場見学はガイドツアーのみ。公式サイトからの事前完全予約制。レストランは10:30～15:20LO)
休無休　料無料
交JR余市駅から徒歩3分
CCADJMV　Pあり

ニシン漁全盛期の面影を残す

旧余市福原漁場

きゅうよいちふくはらぎょば

余市町
歴史的建造物
MAP 別冊P.47-C2

福原家はかつて余市がニシンの好漁場だった頃にこの地で大きな漁を行った網元。広い敷地に主屋、文書庫、石蔵、米味噌倉などの建物、ニシンやカズノコ・白子を乾燥させる干場などが現存・復元されている。往時の漁場の姿を残しており、貴重な見どころとなっている。

主屋は中央に土間のある造り

旧余市福原漁場
住余市町浜中町150
TEL0135-22-5600
営4月上旬～12月中旬の9:00～16:30
休期間中月曜(祝日の場合は翌日)
料入館300円
交JR余市駅から車で約7分
Pあり

ニシン漁の歴史がよみがえる

宇宙ステーションを疑似体験

余市宇宙記念館-スペース童夢-

よいちうちゅうきねんかん-スペースどうむ-

余市町
記念館
MAP 別冊P.47-C3

余市町出身の宇宙飛行士、毛利衛さんゆかりの記念館。道の駅スペース・アップルよいちのメイン施設で、CGドーム映像のプラネタリウムや余市湾から宇宙エレベーターで宇宙へ出発する疑似体験が可能な3Dシアターがある。ショップでは10種類以上の宇宙食も購入可。

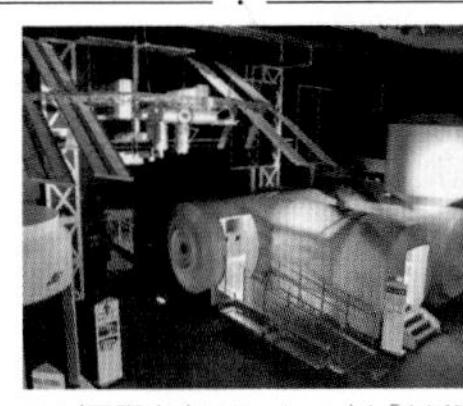
ISS(国際宇宙ステーション)と「きぼう」をイメージした空間

余市宇宙記念館-スペース童夢-
住余市町黒川町6-4
TEL0135-21-2200
営4月第3土曜～11月末の9:30～16:30(最終入館15:30)
休期間中月曜(祝日の場合は翌日)
料入館500円(小・中学生300円)
交JR余市駅から徒歩7分
CC不可　Pあり

入口に「はやぶさ」の模型が

太古に思いをはせる古代アート

フゴッペ洞窟

フゴッペどうくつ

余市町
史跡
MAP 別冊P.41-C2

波の浸食でできた海食洞内部から、続縄文時代の土器や石器のほか、岩壁に描かれた約800点もの刻画が見つかった。この時代の岩面刻画がある洞窟遺跡は珍しく、貴重な遺跡として1953年に国の史跡に指定。遺跡は風化を防ぐため特別な施設で保護されている。

フゴッペ洞窟の刻画

フゴッペ洞窟
住余市町栄町87
TEL0135-22-6170
営4月中旬～12月上旬の9:00～16:30
休期間中月曜(祝日の場合は翌日)
料入館300円　交JR余市駅から車で約10分　Pあり

COLUMN ジモトトピックス

余市の美しい景色「令和余市八景」

「あなたの好きな余市の風景」として2019(令和元)年に公募し、次の8ヵ所の風景が「令和余市八景」に選定された。シリパ岬、えびす・大黒岩、ローソク岩、余市湾(シリパブルー)、ニッカウヰスキー余市蒸溜所、余市川桜並木、ワインぶどう畑、果樹の丘。

余市町のシンボル、シリパ岬の夕景

今にも倒れそうなえびす・大黒岩

人気のスキー場 キロロリゾート

キロロスノーワルドはふたつの山にまたがるスキーリゾート。最長距離4050m、全23コースがある。全長3300mのキロロゴンドラをメインに2基のゴンドラ、6基のリフト、3基のペアリフトがあり、初心者から上級者まで楽しめる。また2022～23年にかけてシェラトンやクラブメッドのホテルがオープン。ますます人気が高まりそうだ。

キロロリゾート
MAP 別冊P.42-B3
住赤井川村常盤
営12月1日～5月6日(予定)

INFO 「よいち水産博物館」はニシン漁で栄えた余市町の歴史を感じる漁労具や生活用具、北前船の航海の安全を祈願した船絵馬など、江戸時代まで遡る郷土資料などを展示。住余市町入舟町21

あそぶ&体験

温室・カフェ・キャンプサイト併設の公園
農村公園フルーツパークにき
のうそんこうえんフルーツパークにき

仁木町
レジャー公園
MAP
別冊P.41-C2

広大な敷地にリンゴ、サクランボなどを栽培する果樹見本園、ガラス張りの温室、カフェ、キャンプサイトなどがあるレジャー公園。手ぶらでバーベキューを楽しむことも（要予約）。起伏がある地形を生かした長さ153mのローラー滑り台も人気。

ローラー滑り台は大人にも大人気

絶景フォトスポットがある果樹園
ニトリ観光果樹園
ニトリかんこうかじゅえん

余市町
フルーツ狩り
MAP
別冊P.47-D3

豊富な種類のフルーツ狩りは「食べ放題コース」と持ち帰りもできる「食べ放題・もぎ取りコース」がある。おみやげコーナーで販売するアップルパイ（冬季は要予約）も好評。「透明リンゴ」のモニュメントはフォトスポットになっている。

人気のサクランボ狩りは6月下旬～

人気のネクタリン狩りもできる果樹園
中井観光農園
なかいかんこうのうえん

余市町
フルーツ狩り
MAP
別冊P.47-D3

日本海を見渡すなだらかな丘に広がる果樹園。6月下旬からサクランボ、ブドウ、リンゴ、ネクタリンなどのフルーツ狩りができる。食べ放題は時間無制限。直売所で果樹園のフルーツで作ったジャム・ワインなどを販売。ワイン用ブドウ畑の景観も魅力。

ブドウ畑とシリパ岬の景観も美しい

通称「熱の湯」の天然かけ流し温泉
鶴亀温泉
つるかめおんせん

余市町
入浴施設
MAP
別冊P.47-D3

宿泊施設「VILLAつるかめ」を併設している源泉かけ流し天然温泉。キャンプや海水浴、ニセコのスキー帰り客に人気がある。泉質は湯冷めしにくい、通称「熱の湯」と呼ばれる塩化物泉。大浴場・中浴場、露天風呂のほかジャクージやサウナも。

体の芯まであたたまる

農村公園フルーツパークにき
住仁木町東町16-121
TEL0135-32-3500
営4月中旬～11月中旬の9:00～18:00　休期間中無休
料入園無料（備品など一部有料）
交JR仁木駅から車で約6分
CCADJMV（一部現金のみ）
Pあり

ニトリ観光果樹園
住余市町登町1102-5
TEL0135-23-6251
営フルーツ狩り5～11月9:00～17:00（最終入園16:30）。売店9:00～17:00（12～4月は～16:00）　休無休（冬季は日曜）
料フルーツ狩り1500円～
交JR余市駅から車で約11分
CCADJMV　Pあり

余市リンゴの父 ルイス・ベーマー

明治初期、開拓使が雇った米国人果樹園芸技術者ルイス・ベーマーからリンゴ栽培の技術指導を受けた余市の金子安蔵がリンゴの初なりに成功。ニトリ観光果樹園にベーマーを記念したモニュメント「透明リンゴ」がある。

映えスポットとして人気

中井観光農園
住余市町登町1383　TEL0135-22-2565　営6月下旬～11月上旬の9:00～16:30（8月は休園）
休期間中木曜（祝日の場合は営業）、冬季休園
料フルーツ狩り1100円～
交JR余市駅から車で約8分
CC不可　Pあり

鶴亀温泉
住余市町栄町22-1
TEL0135-22-1126
営13:00～20:30（最終受付）
休火曜　料850円
交JR余市駅から車で約5分
CC不可　Pあり

食べる&買う

行列ができる海鮮グルメスポット

柿崎商店海鮮工房

かきざきしょうてんかいせんこうぼう

余市町
海鮮食堂
MAP 別冊P.47-C3

老舗鮮魚店「柿崎商店」2階にある直営海鮮食堂。余市産魚介の焼魚定食やウニ丼、自家製いくら丼など豊富なメニューが魅力。10種類もの旬のネタの海鮮丼1580円は定番の人気メニュー。プラス50円でご飯を酢飯に変更できる。

見た目もきれいな海鮮丼(数量限定)

地元産素材のパスタと窯焼きピザ

Jijiya・Babaya

ジジヤ・ババヤ

余市町
イタリアン
MAP 別冊P.47-C3

ピザ窯で焼くピザやパスタ、余市産ドメーヌタカヒコのワインを味わえると評判の店。余市産ヘラガニがまるごと入ったトマトクリームパスタ1450円。自家製ドレッシングや余市産きくらげのピクルス(要予約)なども販売。営業はランチのみ。

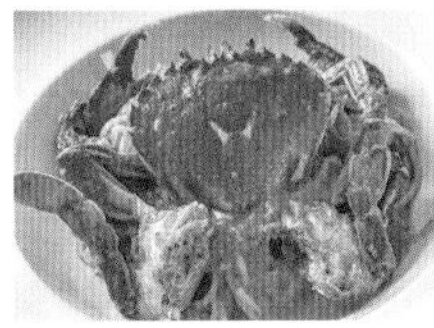
余市産ヘラガニのトマトクリームパスタ

ウニを心ゆくまで味わうウニ尽くしメニュー

うに専門店 世壱屋 余市実家店

うにせんもんてん よいちや よいちじっかてん

余市町
海鮮食堂
MAP 別冊P.47-D3

独自製法により余市産の熟成ウニを通年、心ゆくまで食べられる。国内各地のバフンウニとムラサキウニを5種類盛り合わせた、5大うに食べ比べ丼7150円(味噌汁付き)が評判。ほかにもうに定食(白)4400円、本鮪5種刺し2750円などがある。

豪華な5大うに食べ比べ丼

パンもおいしいロースタリー

3bird

スリーバード

余市町
カフェ
MAP 別冊P.47-C3

朝から営業するロースタリー&ベーカリー。昭和レトロな店内で焼きたてのパン、フィリングたっぷりのサンドイッチ300円〜、焼き菓子などをイートイン&テイクアウトできる。9時までのモーニングコーヒーは200円。自販機でもコーヒー豆を販売。

人気のサンドイッチと自家焙煎コーヒー

柿崎商店海鮮工房
住余市町黒川町7-25 柿崎商店2階 TEL0135-22-3354
営10:00〜17:30LO(1階店舗は9:00〜18:00)
休不定休
交JR余市駅から徒歩3分
CC不可(1階店舗はADJMV)
Pあり

Jijiya・Babaya
住余市町朝日町15-1
TEL0135-22-7822
営11:00〜14:00LO
休火曜(臨時休業あり)
交JR余市駅から車で約4分
CC不可 Pあり

うに専門店 世壱屋 余市実家店
住余市町大川町7-29-4
TEL0135-48-5652
営10:00〜16:30LO
休火曜 交JR余市駅から徒歩15分 CCADJMV Pあり

3bird
住余市町入舟町341 TEL0135-48-6399 営7:00〜15:00(12〜3月は8:00〜) 休月・火・水曜
交JR余市駅から徒歩12分
CCADJMV Pあり

COLUMN ジモトトピックス

自家製の燻製が人気

老舗の燻製屋「南保留太郎商店」。ヘラガニ、甘エビ、ニシンなどの魚介類のほか珍しい野菜の燻製も。店舗に隣接するレストラン燻香廊(けむかろう)では趣向を凝らした燻製料理を味わえる。

南保留太郎商店
なんぽとめたろうしょうてん
MAP 別冊P.47-C2
住余市町港町88
TEL0135-22-2744
営9:00〜17:00(土・日曜・祝日は〜18:00) 休水曜
交JR余市駅から車で約8分

20種ほどの燻製がある

INFO 余市町の飲食店は水曜定休が多い。水曜に余市町でランチをしたい場合は事前に営業している店を確認してから出かけるのがおすすめ。

ベリーベリーファームレストラン
住仁木町東町13-49
TEL0135-48-5510
営3～11月の11:00～20:00LO
休期間中火曜
交JR仁木駅から車で約5分
CCMV
Pあり

フレッシュフルーツファクトリーFRUTICO余市本店
住余市町大川町8-31
TEL0135-48-5500
営4～12月の13:00～17:00
休期間中不定休
交JR余市駅から車で約4分
CC不可
Pあり

余市リキュールファクトリー
住余市町黒川町8-2
TEL090-9526-9773
営10:00～18:00
休不定休(土・日曜・祝日は無休)
交JR余市駅から徒歩2分
CCADJMV
Pなし

YOICHIタータン

余市町で見かけるタータンチェックは、ニッカウヰスキー創業者、竹鶴政孝・リタ夫妻ゆかりの地、スコットランドとの縁で誕生。余市観光協会が独自柄を公募し選定、姉妹提携するスコットランドの登記所に2018年、正式にタータンチェック「YOICHI」として登記された。

タータンチェック「YOICHI」の商品

地元産新鮮野菜のサラダバーが充実

ベリーベリーファームレストラン

仁木町 ハンバーグ MAP 別冊P.41-C2

●ベリーベリーファームレストラン

フルーツ街道沿いにあるファームレストラン。オリジナルハンバーグやステーキ、自家製酵母で作る各種ピザが人気。料理の注文で地元産の野菜をふんだんに使ったサラダバーと、自家農園や余市・仁木産果汁100%のジュースも飲めるドリンクバーがプラス290円で楽しめてお得。

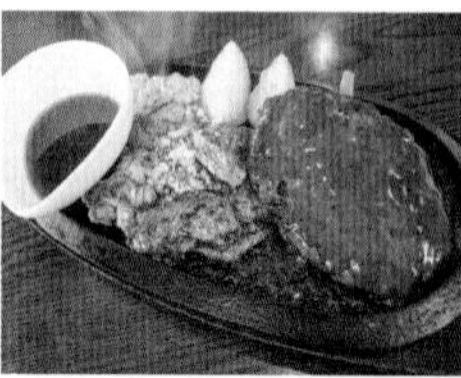
リブカットステーキ&ハンバーグ1310円

ファーム直営のフレッシュジェラート

フレッシュフルーツファクトリーFRUTICO 余市本店

余市町 ジェラート MAP 別冊P.47-D3

●フレッシュフルーツファクトリーフルティコ よいちほんてん

全国のパティシエから注目を集める特大サイズのブルーベリーや醸造用ブドウなどを栽培するソウマファーム直営のジェラートショップ。自家農園や地元農家の完熟フルーツで作るジェラートや、遅つみのナイアガラで作るストレートジュースは濃厚で風味豊か。

ジェラートシングル350円

ストレートで楽しみたい余市産リキュール

余市リキュールファクトリー

余市町 リキュール MAP 別冊P.47-D3

●よいちリキュールファクトリー

余市産果樹のリキュール醸造所。複数の果汁をさらに品種ごとに醸造している。新商品を続々とリリースし、30種類以上が店頭に並ぶことも。リキュールが彩るカラフルな店頭で試飲もできる。数が限られているので不定休だが、余市駅隣のエルラプラザでも購入可。1本500mℓ1650円～。

完熟果実で造るフレッシュなリキュール

COLUMN ジモトトピックス

余市のテロワールが育む「余市ワインポーク」

やわらかい肉質とうま味、甘い脂身が特徴の「余市ワインポーク」は、カネキタ北島農場の清潔な環境で飼育されるブランドポーク。健康的な餌と地下150mから汲み上げる地下水で育てる豚は一定期間、濃度調整した余市産ワインを与えることで繊細な肉質になるのだそう。下記で購入可。

ミートショップ北島 ●ミートショップきたじま MAP 別冊P.41-C2
住余市町栄町773 TEL090-6448-3685 営9:00～18:00 休無休

2代続く養豚農場

COLUMN
ジモトトピックス

JR余市駅から徒歩でアクセス! 余市産・仁木産ワインと余市グルメを満喫

醸造用ブドウ畑と個性派ワイナリーの町としてホットなスポット、余市。注目の余市産・仁木産ワインと、こだわりの地元食材の料理を余市駅周辺でハシゴして楽しんでみるのもおすすめ。

料理とワインのペアリングを楽しむ

ワインを楽しむレストラン。余市と近郊の道産ワインと、仁木シェフによる地元の旬の食材を使った「余市料理コース」(ランチ6600円～、ディナー1万6500円～)を味わえる。ワインカーヴを模したホテルも併営。

Yoichi LOOP ヨイチ ループ

MAP 別冊P.47-C・D3

住余市町黒川町4-123　TEL0135-21-7722
営ランチ11:30～、12:30～の2部制(金・土・日曜のみ)、ディナー18:00～、19:00～の2部制
休月曜　交JR余市駅から徒歩1分
CCADJMV　Pあり

ニシンの棒鮨

ワインセラーの大半を余市のワインが占める

ヴィンヤード併営のファームレストラン

余市産食材にこだわったイタリアンを楽しめる。相馬シェフは醸造用ブドウや果樹の農園「ソウマファーム」も営むブドウ栽培家。相馬氏が育てたブドウで造ったワインなど、希少な北海道産ワインを味わえる。

自家製サルシッチャとワイン

ヨイッチーニ MAP 別冊P.47-D3

住余市町大川町8-32
TEL0135-48-7700
営4～12月の18:00～20:00LO(要予約)
休期間中月・火曜・第3木曜
交JR余市駅から徒歩15分
CCADJMV
Pあり

余市産など北海道産ワインが味わえる

地元産素材のマルゲリータ1500円

余市産ワインをグラスで楽しめる

グラス1杯700円～で余市産ワインを楽しめる。ビール700円～、おつまみは余市の人気ベーカリー「ぱん処」のパン450円、チーズ盛り合わせ1100円、季節野菜のニョッキ750円など。ひとりでも立ち寄りやすい。ノーチャージ。

Qunpue wine & cafe クンプウ ワインアンドカフェ

MAP 別冊P.47-D3

住余市町黒川町8-11 1階
TEL050-3176-6486
営月～木17:00～21:00、金～日15:00～21:00
休不定休
交JR余市駅から徒歩3分
CCJMV　Pなし

ナナツモリブラン ワイン&チーズセット2800円

カフェ使いもOKな週末ワインバー

窒素ガス充てん式専用サーバーで余市産ワインを常時8種類グラスで味わえる。1杯550円～、ハーフ330円～。おつまみ3種550円、チーズ盛り1100円やビール、余市産ぶどうジュースもおすすめ。ノーチャージ、週末のみ営業。

Y'n ワイン

MAP 別冊P.47-D3

住余市町黒川町8-7
TEL050-8883-8684
営14:00～21:00
休月～木曜
交JR余市駅から徒歩1分
CC不可　Pなし

カウンター席のほかテーブル席も

観光物産センターのちょい試飲

余市駅直結。専用サーバーで常時数種類の余市産ワインを、リーデル社製ワイングラスで試飲できる。値段は1杯300円と500円。店内で余市産珍味などのおつまみを購入すれば、イートインスペースでワインと一緒に楽しめる。

エルラプラザ

MAP 別冊P.47-D3

住余市町黒川町5-43
TEL0135-22-1515
営9:00～18:00
休無休(冬季は月曜、祝日の場合火曜休み)
交JR余市駅からすぐ
CCADJMV
Pあり

購入した専用コインでセルフ試飲

INFO 余市町の海岸には「えびす岩と大黒岩(→P.350)」のような奇岩が点在するが、豊浜町の沖合約500mの立つ「ローソク岩」もユニーク。高さ約45mの細く尖った岩が海からそそり立つ。

シャコタンブルーの海と海の幸が魅力

積丹半島

●しゃこたんはんとう　MAP 別冊P.40-41

積丹町
神恵内村
古平町
泊村
岩内町

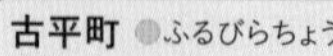

古平町 ●ふるびらちょう
面積 188.36km²
人口 約2700人

「古」を図案化し、円は円満融和と古平湾を表現

積丹町 ●しゃこたんちょう
面積 238.13km²
人口 約1810人

つながる3羽のカモメと積丹岳・波・船を組み合わせた「丹」

神恵内村 ●かもえないむら
面積 147.78km²
人口 約780人

産業・観光・道路の発展、古宇川と港の入江、カモメを表現

泊村 ●とまりむら
面積 82.35km²
人口 約1480人

外側の円の「さんずい」、中の色の「白」で「泊」を図案化

西積丹エリアの日本海追分ソーランライン

積丹半島は、ニセコ積丹小樽海岸国定公園の一部として余市町、古平町、積丹町など7町村にまたがる全長約30kmの半島。変化に富んだ美しい海岸線が魅力だ。積丹とは、アイヌ語のシャク・コタン（夏の・集落）が語源とされる。半島の先端にある神威岬や島武意海岸の絶景スポットをはじめ、夏のウニや取れたて海鮮グルメを楽しみに足を運ぶ観光客も。古平町ではタラコ、神恵内村では通年味わえるウニの養殖も行われている。海産加工品が豊富な岩宇(がんう)エリアとも呼ばれる西積丹もまた、秘境ムードを漂わせる自然の美しさを満喫できる。

おもな見どころ

ログハウス風のセンターで魚を学ぶ

サクラマス・サンクチュアリセンター

●サクラマス・サンクチュアリセンター

積丹町
ビジターセンター
MAP 別冊P.40-A1

サケ科サクラマスは、川で生まれたヤマメが1〜2年を川で過ごしたあと海に下り成長。産卵時になって生まれた川に戻る際、体が桜色になることからそう呼ばれる。余別川沿いにあるこの施設ではサクラマスの生態や川の自然に関する展示を行っている。

周囲に遊歩道が整備されている

サクラマス・サンクチュアリセンター
住 積丹町余別町312
TEL 0135-48-5650
営 5〜10月の9:00〜17:00
休 期間中無休
料 見学無料
交 JR小樽駅から車で約1時間30分

※面積・人口は2023年3月現在。

画家も愛した風景の中にある美術館
木田金次郎美術館
きだきんじろうびじゅつかん

岩内町
美術館
MAP
別冊P.40-B3

木田金次郎は1893（明治26）年に岩内で生まれた。岩内の自然を描き、交流のあった作家・有島武郎の代表作「生れ出づる悩み」のモデルにもなっている。家業の漁業を捨て、北海道を代表する洋画家となる。ミュージアムショップでは画集やオリジナルグッズなどを販売。

ショップやカフェもある

日本のおもちゃ・民芸品が歴史を伝える
神恵内村日本郷土玩具館「童心館」
かもえないむらにほんきょうどがんぐかん「どうしんかん」

神恵内村
資料館
MAP
別冊P.40-A2

旧珊内（さんない）小中学校を改修した資料館。江戸時代から伝わる全国の土人形、こけし、お面などの玩具約4500点、凧約1000点のほか、北海道民芸工芸品、木工を中心とした創作工芸品などを所蔵。手に取って遊べる玩具もある。日本玩具の歴史を伝えるおもちゃ箱のようだ。

玩具や凧・民芸品を所蔵

ヤマシメ福井邸を保存し鰊文化を伝承
鰊伝習館ヤマシメ番屋
にしんでんしゅうかんヤマシメばんや

積丹町
歴史的建造物
MAP
別冊P.40-B1

明治時代末期に建てられたヤマシメ福井家の番屋で、ニシン漁全盛期の拠点となった場所。昭和後期以後は利用されずに荒廃していたが、地元有志の協力により再生した。ニシン漁関連の資料を展示するほかカフェも営業。ニシンの三平汁などの伝統料理も味わえる。

昔の漁具・生活道具などを展示

往年の泊村の繁栄を象徴
鰊御殿とまり
にしんごてんとまり

泊村
歴史的建造物
MAP
別冊P.40-A3

黒瓦の大きな建物は1894（明治27）年に建てられた旧川村家番屋。隣接する建物は、同じく鰊漁家であった武井家の客殿を移設し復元したもの。どちらも見学できる。2001年、泊村で初めて有形文化財に指定された。ニシン漁の栄華の時代をしのぶ貴重な見どころだ。

有形文化財に指定されている

岩内町 いわないちょう
面積 70.63km²
人口 約1万1220人

外輪5線が五つの輪「イワ」、「内」は図案化し「岩内」を象徴

木田金次郎美術館
住 岩内町万代51-3　TEL 0135-63-2221　営 4～11月の10:00～18:30　休 期間中月曜（祝日の場合は翌日）　料 入館600円
交 JR小樽駅から車で約1時間25分
P あり

岩内を一望できる場所

神恵内村日本郷土玩具館「童心館」
住 神恵内村大字珊内村256
TEL 0135-77-6577
営 5月上旬～10月の10:00～16:00
休 期間中火曜(祝日の場合は翌日)
料 入館400円
交 JR小樽駅から車で約1時間40分
P あり

旧珊内小中学校だった建物

鰊伝習館ヤマシメ番屋
住 積丹町美国町船澗39
TEL 0135-44-2610
営 5～10月の9:00～16:00
休 期間中火・水曜
料 見学無料
交 JR小樽駅から車で約1時間
P あり

鰊御殿とまり
住 泊村大字泊村59-1
TEL 0135-75-2849
営 4月～11月初旬9:30～16:30
休 7～9月無休（それ以外は月曜、祝日の場合は翌日休み）
料 観覧料300円
交 JR小樽駅から車で約1時間20分
P あり

INFO 積丹半島の各施設は、電車と路線バスでもアクセスできるが本数が少ない。1日に複数のスポットを巡りたい場合は車でのアクセスがおすすめ。

あそぶ＆体験

積丹ブルーの海上から望む絶景

積丹神威クルーズ

しゃこたんかむいクルーズ

積丹町 クルーズ MAP 別冊P.40-A1

来岸(らいぎし)漁港を出発し、神威岬の先端まで小型船で往復する約50分間のクルーズ。地元に生まれ育ち、積丹の海を知り尽くした現役の漁師さんが自ら操船し、案内してくれる。船上からのみ見られる海岸線の断崖や神威岬の絶景を堪能できる。

神威岩のすぐ近くまでクルーズ

積丹神威クルーズ
住積丹町来岸漁港　TEL090-5775-8000　営5～9月9:00～18:00（予約制）　休期間中無休（要問い合わせ）　料乗船4000円
交JR小樽駅から車で約1時間20分
CC不可　Pあり

船長のガイドも楽しめる

初心者も楽しめるルアーフィッシング

北海道遊漁船REDMOON

ほっかいどうゆうぎょせんレッドムーン

積丹町 釣り船 MAP 別冊P.40-A1

来岸漁港から出港する遊漁船。レンタルロッドがあり、経験豊富な船長が蓄積データをもとに釣りをサポート。初心者でも手ぶらで楽しむことができる。3～4月はサクラマス、5月後半からはブリのシーズンが到来。宿泊施設も経営している。

好きな魚を釣れるチャーター利用も可

北海道遊漁船REDMOON
住積丹町西河町34-2（事務所）
TEL090-2692-8585　営3～11月の9:00～19:00（要予約）
休期間中無休（荒天時欠航）
料午前便1万円、午後便9000円
交JR小樽駅から車で約1時間20分
CC不可　Pあり

神威岬と日本海を一望する露天風呂

岬の湯しゃこたん

みさきのゆしゃこたん

積丹町 入浴施設 MAP 別冊P.40-A1

積丹半島先端付近にある絶景天然温泉。神威岬や日本海を一望できる露天風呂やサウナが人気。食堂では淡麗鶏塩ラーメン、煮干醤油ラーメン各800円が人気。ご飯物や、ビールのおつまみなども。ショップでは積丹ジンや積丹産珍味が購入できる。

海を望む絶景露天風呂

岬の湯しゃこたん
住積丹町大字野塚町212-1
TEL0135-48-5355　営11:30～18:00（最終受付17:30）　休水曜（7月20日～8月20日は無休）、冬期は水・木曜（祝日の場合は営業）　料入浴900円
交JR小樽駅から車で約1時間15分
CC不可　Pあり

海岸沿いのエゾカンゾウ

積丹半島は奇岩とシャコタンブルーの海で知られるが、海岸沿いに咲く花も見どころ。5月下旬からハマナスやエゾスカシユリ、6月～8月上旬にはエゾカンゾウが見頃となり、島武意海岸や神威岬の岩場に彩りを添える。

島武意海岸に咲くエゾカンゾウ

COLUMN ジモトトピックス

積丹のクラフトジン「火の帆」

積丹町にクラフトジンの蒸留所が誕生。自然が広がる積丹半島自生の植物や、蒸留所の圃場で栽培する植物を使った香りがよいクラフトジン「火の帆（ほのほ）」を蒸留している。購入できる店は公式ウェブサイトで確認を。

積丹ジン火の帆「KIBOU-きぼう」

食べる&買う

通年オープン！海鮮やザンギも味わえる

食事処 純の店

しょくじどころ じゅんのみせ

積丹町 和食 MAP 別冊P.40-B1

美国漁港の近くにある海鮮丼と定食の店。季節営業が多い積丹で地元産の海の幸・山の幸を通年提供している。6〜8月は積丹町産のウニ丼5000円〜はもちろん、旬の魚介がのる海鮮丼4100円も。天丼1250円や特製積丹ザンギ定食1300円も人気。

甘エビ・ウニ・イクラの三浜丼4200円

純の店
住積丹町美国字船澗42-20
TEL0135-44-3229
営10:30〜20:30
休月曜
交JR小樽駅前から車で約1時間
CCADJMV
Pあり

四季折々の旬の料理が味わえる店

漁港直送のネタが味わえる寿司店

浜寿し

はまずし

積丹町 寿司 MAP 別冊P.40-A1

神威岬手前の余別漁港にあり、前浜でとれた新鮮なネタを使った寿司や海鮮ちらし（海鮮丼）が味わえる。ウニの漁期は積丹丼（ウニ・アワビ・イクラ・イカ）5000円や、うにトロ丼4700円、ザルうに、うに刺しなども提供。

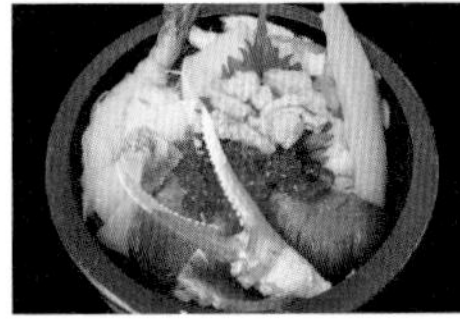
ネタが山盛りの特上ちらし4800円

浜寿し
住積丹町余別町9-12 TEL0135-46-5334 営4〜12月の10:00〜16:30LO 休期間中不定休 交JR小樽駅から車で約1時間25分 CC不可 Pあり

神威岬手前の国道沿い

ジャズをBGMに食事やお酒を

リストランテマール

リストランテマール

神恵内村 イタリアン MAP 別冊P.40-A2

神恵内湾を望むイタリア料理のレストラン。寿都町産「風のバジル」を使ったアボカドバジルなどのパスタやピザ、パエリアといったメニューを味わえる。ピザとカレーセットはテイクアウト可。パフェなどのスイーツもあり、カフェ利用もできる。

アボカドバジルパスタ1320円

リストランテマール
住神恵内村神恵内634-5
TEL090-9053-2455
営11:00〜14:00、18:00〜21:00（夜は要予約） 休月・火曜
交JR小樽駅から車で約1時間30分
CCADJMV Pあり

ジャズが流れる店内

北海道での漁協産直の先がけ

東しゃこたん漁協直売所

ひがししゃこたんぎょきょうちょくばいじょ

古平町 海産加工品 MAP 別冊P.40-B1

古平（ふるびら）漁港にある漁協直売所。ムラサキウニやバフンウニの粒うに一夜漬、磯福つぶ塩辛、イクラ醤油漬けといったオリジナル海鮮珍味、地元で取れるカレイやホッケの開きなどを販売している。地方発送もできる。

国道229号線沿いのこの看板が目印

東しゃこたん漁協直売所
住古平町港町437-2
TEL0135-42-2518
営8:30〜17:00
休不定休
交JR余市駅から車で約25分
CCADJMV
Pあり

INFO 余市町から積丹町までの積丹半島エリアにある飲食店は水曜定休が多い。また、ウニ漁シーズンのみの期間限定営業の店もあるので、訪れる際は事前に確認を。

大自然、温泉、アウトドアも!
ニセコとその周辺

●ニセコとそのしゅうへん　MAP 別冊P.40-41

共和町　倶知安町　京極町　蘭越町　ニセコ町　真狩村　喜茂別町

倶知安町 ●くっちゃんちょう
面積 261.34km²
人口 約1万4750人

雪の結晶と羽ばたく鳥をイメージし、頭文字「K」を図案化

ニセコ町 ●ニセコちょう
面積 197.13km²
人口 約4950人

町名から図案化した「二」は雲、「セ」は山、「コ」は流れを意味する

蘭越町 ●らんこしちょう
面積 449.78km²
人口 約4480人

中央の花は「蓉楽蘭」を図案化、円は「コ」を4つ組み合わせて蘭越に

共和町 ●きょうわちょう
面積 304.92km²
人口 約5450人

「共」を上部に配し、円形で「和」を象徴している

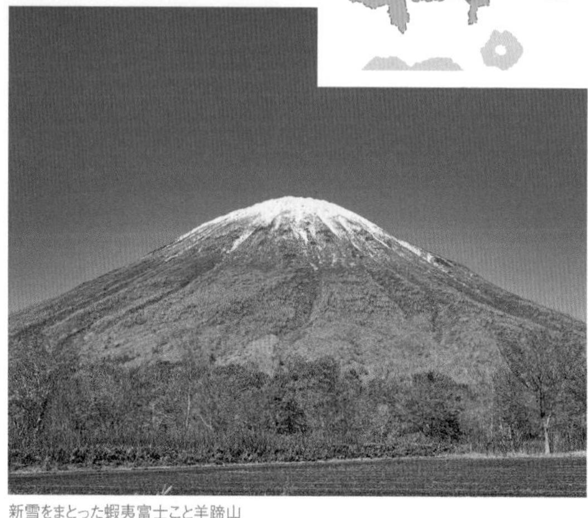

新雪をまとった蝦夷富士こと羊蹄山

ニセコ連峰と、蝦夷富士とも呼ばれる羊蹄山の麓にある倶知安町、ニセコ町、蘭越町を中心に、近隣の町村を含めてニセコエリアと呼ぶ。泉質豊富な温泉が点在する地域として、また、世界屈指のパウダースノー“JAPOW”が国内外から注目を集めるスキーリゾートとして知られ、外国人観光客も多い。夏のアクティビティは清流日本一にも選ばれた尻別川のラフティングやカヌーが人気。羊蹄山を望む雄大な景観、広大な畑で育つジャガイモやユリ根などの特産品など、見る・体験する・味わうべきコンテンツが多数。

おもな見どころ

65年間の歴史を刻むレトロな駅舎
幌似鉄道記念公園
●ほろにてつどうきねんこうえん

共和町　鉄道記念館　MAP 別冊P.40-B3

1985（昭和60）年に廃線となった函館本線との連絡線、国鉄岩内線の幌似駅を当時のまま保存。客車と車掌車があり、記念館として一般公開している。映画『旅路』のロケ地にもなった趣あるトタン屋根の木造駅舎は、国鉄当時を懐かしむ人や鉄道ファンなどが訪れる。

駅舎や車両が保存されている

幌似鉄道記念公園
住 共和町幌似96-2
TEL 0135-67-8795（共和町企画振興課）
開 5〜10月の9:00〜17:00（屋外は見学自由）
休 期間中月曜　料 入館無料
交 JR倶知安駅から車で約30分
P あり

　※面積・人口は2023年4月現在。

ニセコ山系で最も美しいといわれる神秘の沼

神仙沼と神仙沼自然休養林

しんせんぬまとしんせんぬましぜんきゅうようりん

共和町 自然 MAP 別冊P.49-C1

標高約750mに位置する神仙沼自然休養林にはニセコ山系で最も美しいといわれる神仙沼がある。駐車場から沼まで片道20分ほどの木道が整備され、点在する池塘、山や森を見ながらウオーキングが楽しめる。初夏～夏にはヒオウギアヤメなどの花々が彩りを添える。

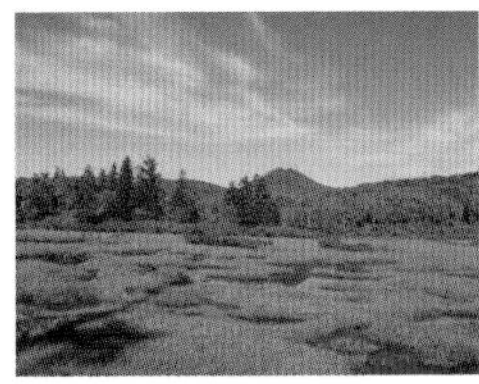
神仙沼の周囲に広がる湿原

珍しい湯の花が咲く熱湯の沼と名湯

大湯沼と湯本温泉

おおゆぬまとゆもとおんせん

蘭越町 自然・入浴施設 MAP 別冊P.49-C1

沼底から約120度の温泉が湧く大湯沼。周囲に散策路があり、湯けむりを上げる沼や表面に浮かぶ湯の花を見ることができる。ここを源泉とする町営の湯本温泉「蘭越町交流促進センター雪秩父」では、眺めのいい露天風呂で濃厚な硫黄泉の湯を堪能。道内唯一の泥湯（女湯のみ）もある。

ふつふつと温泉が湧く大湯沼

羊蹄山を映す半円型の湖

半月湖畔自然公園

はんげつこはんしぜんこうえん

倶知安町 自然公園 MAP 別冊P.49-C1

羊蹄山比羅夫コース登山口にある小さな湖。半円形をしているのが名前の由来。晴れた日には水面に羊蹄山が映り込む神秘的な風景が広がる。水辺に湖を一周する半月湖周遊道が整備され、約1時間のウオーキングを楽しめる。初夏の深緑、秋の紅葉も美しい。

バードウオッチングも楽しめる

COLUMN ジモトトピックス

神仙沼の立ち寄りカフェ

神仙沼ウオーキングの木道の起点、「神仙沼レストハウス」は自然の中の穴場的な店。自家焙煎コーヒー豆で入れたコーヒー400円や各種軽食が味わえる。倉島牧場牛乳ソフトクリームも人気だ。

神仙沼レストハウス　しんせんぬまレストハウス
MAP 別冊P.49-C1
住 共和町前田　TEL 0135-67-8778
営 6～10月9:00～16:30　休 期間中無休
P あり

ホットサンド600円

京極町 きょうごくちょう
面積 231.49km²
人口 約2850人

「京」を図案化し、円形は町民の和を表現

真狩村 まっかりむら
面積 114.25km²
人口 約1950人

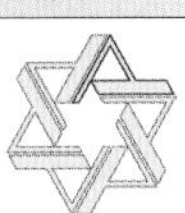
頭文字「マ」で六稜星を図案化。中央の六稜星の稜線は羊蹄山を表す

喜茂別町 きもべつちょう
面積 189.4km²
人口 約1910人

雄大な北海道と町木であるエゾヤマザクラを表現

神仙沼と神仙沼自然休養林
住 共和町前田
TEL 0135-67-8778（共和町産業課商工観光室）　休 散策自由（冬季は国道66号通行止め）
交 JR倶知安駅から車で約45分
P あり

大湯沼と湯本温泉
大湯沼
住 蘭越町湯の里　TEL 0136-57-5111（蘭越町商工労働観光課）
営 見学自由
交 JR倶知安駅から車で約35分
P あり

湯本温泉
蘭越町交流促進センター雪秩父
住 蘭越町湯の里680　TEL 0136-58-2328　営 10:00～19:00（冬期の平日は12:00～）
休 火曜（祝日の場合は翌日）
料 入浴700円
交 JR倶知安駅から車で約35分
CC 不可　P あり

半月湖畔自然公園
住 倶知安町比羅夫半月湖
TEL 0136-23-3388（倶知安町役場）
営 散策自由（冬季はトイレ閉鎖）
交 JR倶知安駅から車で約15分
P あり

INFO ニセコのシンボル羊蹄山は標高1898m。倶知安、京極などから4本の登山コースがあり、山頂までの所要は片道4～5時間。往復で10時間はかかる、中・上級者向きの山だ。登山には万全の装備を。

れんが造りと木造建築の歴史ある建物

ニセコ町
記念館
MAP 別冊P.49-C1

有島記念館

ありしまきねんかん

大正期の作家・有島武郎は父の代から所有するニセコの広大な土地を自らの思想に基づき小作人に無償開放した。その業績や作品の歩みを伝える記念館。小説「カインの末裔」はこの地の農夫を描き、「生れ出づる悩み」は画家・木田金次郎がモデルとなっている。

羊蹄山を望むロケーションにある

有島記念館
住ニセコ町字有島57　TEL0136-44-3245
営9:00～17:00(入館は～16:30)
休月曜(祝日の場合は翌日)
料入館500円　交JR倶知安駅から車で約20分　Pあり

有島記念館のカフェ
館内には高野珈琲店のカフェがあり、大きな窓越しに羊蹄山を眺めながら、本格コーヒーを味わえる。カフェだけの利用の場合、入館は無料。

モダンな外観と羊蹄山を一望する美術館

倶知安町
美術館
MAP 別冊P.49-D1

小川原脩記念美術館

おがわらしゅうきねんびじゅつかん

倶知安に生まれた画家・小川原脩(1911～2002年)の多彩な作品を展示。少年期から絵に親しんだ小川原は東京美術学校(現東京芸術大学)を卒業した後、故郷の倶知安に戻り60年にわたり創作活動を続けた。美術館は羊蹄山を眼前に望むロケーションにある。

小高い丘にあり眺めがいい

小川原脩記念美術館
住倶知安町北6条東7-1
TEL0136-21-4141
営9:00～17:00(入館は～16:30)
休火曜(祝日の場合は翌日)
料観覧500円
交JR倶知安駅から車で約7分
Pあり

聖なる場所としてあがめられたふきだし湧水

京極町
自然
MAP 別冊P.49-D1

ふきだし公園

ふきだしこうえん

羊蹄山に降った雨や雪は長い年月をかけて地中でろ過され、適度なミネラル分を含むおいしい水になる。その伏流水が1日約8万トンも湧き出す公園には、多くの人が水を汲みに訪れる。1985(昭和60)年に環境庁の名水百選、2001年に北海道遺産に選定。

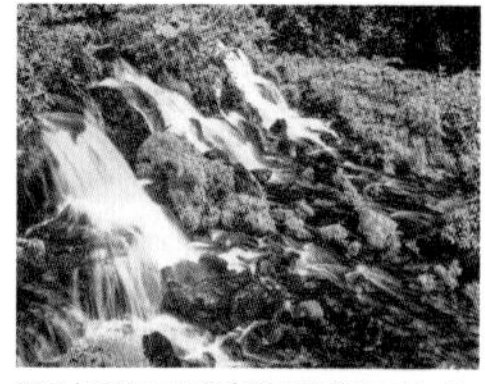
湧き水周辺には遊歩道が整備されている。

ふきだし公園
住京極町字川西45
TEL0136-42-2111(京極町観光協会)　営24時間　料入園無料
交JR倶知安駅から車で約20分
Pあり

大自然を感じる「しりべしミュージアムロード」
ニセコエリアには有島記念館(ニセコ町)、荒井記念美術館(岩内町)など、この地に縁をもつ芸術家のミュージアムが5つある。これらを結ぶルートは「しりべしミュージアムロード」と呼ばれ、美しい風景の中をドライブで巡れば、大自然が芸術家に与えた影響を実感できる。

自然の中を走る「しりべしミュージアムロード」

COLUMN ジモトトピックス

シバザクラと羊蹄山の絶景！

JR倶知安駅から徒歩15分、車で約3分の場所。個人宅の広大な敷地に白とピンクのシバザクラが咲く。庭園開放は開花に合わせた5月下旬から約3週間。

三島さんの芝ざくら庭園
みしまさんのしばざくらていえん
MAP 別冊P.49-C1
住倶知安町旭51　営見学自由　Pなし(近くの旭ヶ丘公園の駐車場などを利用)

シバザクラと羊蹄山

あそぶ&体験

大パノラマを楽しめる熱気球係留体験

OAC Niseko Balloon

●オーエーシー ニセコ バルーン

ニセコ町 熱気球 MAP 別冊P.49-C1

Outdoor Amusement Companyでは1フライト約5分の熱気球係留体験ができ、地上約30mからニセコ連峰の大パノラマを楽しめる。搭乗するバスケットの1面はクリアパネル製になっていて、身長が低い子供も安全に景色が見られる。

バーナーで熱して上昇する気球

ニセコの自然をアクティビティで体感!

ニセコアドベンチャーセンター(NAC)

●ニセコアドベンチャーセンター(ナック)

倶知安町 ラフティング MAP 別冊P.49-C1

オーストラリア出身のロス・フィンドレーさんが1995年に設立したアウトドア会社。ニセコのアウトドアの先駆けで尻別川でのラフティングをはじめ、トレッキング、スノーシューツアーなど四季それぞれに体験メニューを揃える。

NACの原点、尻別川のラフティング

蝦夷富士を間近に見る絶景露天風呂

まっかり温泉

●まっかりおんせん

真狩村 入浴施設 MAP 別冊P.49-D2

源泉かけ流しの温泉は地元でも人気。大浴場と、羊蹄山の絶景を間近に眺めながらつかれる露天風呂でゆったり湯あみを楽しめる。日帰り入浴のほか、隣接して「ユリ園コテージ」があり宿泊も可能。ユリの見頃は8月上旬。

露天風呂から眺める羊蹄山

ニセコ連峰ワイスホルンの麓にある名湯

ワイス温泉旅館

●ワイスおんせんりょかん

共和町 入浴施設 MAP 別冊P.4-B2

知る人ぞ知る源泉かけ流しの温泉。シャワーの湯にも源泉を使用している。館内で販売している土・日曜限定販売の共和・後志産あずきを使った「手作りワイスのおはぎ」や炭火焼鳥も人気。野菜直売や手作りフード販売など、毎月イベントを開催。

日帰り入浴も宿泊も可能

OAC Niseko Balloon
住ニセコ町字ニセコ482(会場)
TEL0136-55-8128
催6〜9月の6:30〜7:00、16:30〜17:00
休期間中不定休(天候による)
料搭乗3150円(要予約)
交JRニセコ駅から車で約10分
CC不可 Pあり

ニセコアドベンチャーセンター(NAC)
住倶知安町ニセコひらふ1条2-4-8 TEL0136-23-2093
営アクティビティにより異なる
料ラフティング6800円〜(要予約)
交JR倶知安駅から車で約15分
CCADJMV Pあり

まっかり温泉
住真狩村字緑岡174-3
TEL0136-45-2717
営10:00〜21:00(最終受付20:30。10〜3月は11:00〜)
休月曜(祝日の場合は翌日)
料入浴600円
交JR倶知安駅から車で約25分
CC不可 Pあり

ワイス温泉旅館
住共和町ワイス256-35
TEL0135-72-1171
営16:00〜20:00(最終受付19:30。土・日曜・祝日は10:00〜)
休無休 料入浴500円
交JR倶知安駅から車で約15分
CC不可 Pあり

道の駅望洋中山の名物「あげいも」

国道230号沿いの中山峠にある道の駅で地元産のジャガイモで作る「あげいも」が名物。丸ごとのジャガイモに衣を付けて揚げた、揚げジャガイモが3個串に刺さっていて食べ応え満点。→P.441

年間30万本も売れるそう

INFO ニセコエリアと周辺19施設が対象の「ニセコ湯めぐりパス」1470円〜(道の駅ニセコビュープラザ→P.441などで販売)を利用するとお得に温泉巡りができる。

食べる&買う

挽きたての粉で打つ香り高いそば

農家のそばや 羊蹄山

のうかのそばや ようていざん

倶知安町 そば MAP 別冊P.49-D1

自家製粉の幻の「ぼたんそば」と羊蹄山の伏流水を使い十割そば、二八そば（田舎）を提供。石臼で挽いたそば粉で打つそばは香り、のど越しがよく、味を強く感じられる。せいろそば十割900円、二八そば850円。季節限定メニューや一品料理も。

エビ天せいろそば1830円（十割）

創業からの味を引き継ぐ秘伝のカレー

茶房ヌプリ

さぼうヌプリ

ニセコ町 カフェ MAP 別冊P.49-C1

人気店として親しまれてきたJRニセコ駅の昭和レトロな駅カフェ。2022年4月に創業者から現オーナーが経営を継承。名物の特製カレーの秘伝レシピも引き継いだ。カレーはヌプリ特製カレー900円ほか5種類。セットメニューもある。

長いもとベーコンのカレー1200円

自家牧場のミルクで作るスイーツ

ニセコ髙橋牧場 ミルク工房

ニセコたかはしぼくじょうミルクこうぼう

ニセコ町 スイーツ MAP 別冊P.49-C1

羊蹄山の麓で、牧草の土づくりからこだわっているニセコ髙橋牧場直営のスイーツショップ。新鮮なミルクを使ったソフトクリーム、シュークリーム、チーズタルトや飲むヨーグルトなど豊富な商品を販売。敷地内にはレストランも。

飲むヨーグルト180円～

そのままでも、ペアリングでも楽しむチーズ

ニセコチーズ工房

ニセコチーズこうぼう

ニセコ町 チーズ工房 MAP 別冊P.49-C1

フランスやイタリアでチーズ作りを学んだ初代・2代目オーナーが日本人向きのチーズを追究。新鮮な牛乳で作るチーズは種類豊富でデザートチーズ「二世古 雪花【sekka】」など、ニセコの自然をイメージした商品が人気。

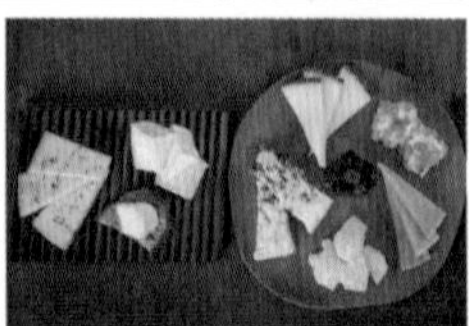
国際コンクールで受賞歴があるチーズも

農家のそばや 羊蹄山
住倶知安町字富士見463-5
TEL0136-21-2308
営11:00～15:30（11～3月は～14:30。売り切れ次第終了） 休水曜（11～3月は火～木曜） 交JR倶知安駅から車で約10分
CCADJMV Pあり

茶房ヌプリ
住ニセコ町中央通142-1 JRニセコ駅構内 TEL0136-44-2619
営11:00～17:00 休火・水曜
交JRニセコ駅構内
CCADJMV Pあり

ニセコ髙橋牧場ミルク工房
住ニセコ町曽我888-1
TEL0136-44-3734
営9:30～18:00（冬季10:00～17:30） 休無休
交JR倶知安駅から車で約20分
CCADJMV Pあり

ニセコチーズ工房
住ニセコ町字近藤425-6
TEL0136-44-2188 営10:00～17:00（11～4月は11:00～）
休無休（冬期は水・木曜） 交JR倶知安駅から車で約15分
CCADJMV Pあり

COLUMN ジモトトピックス

ニセコアンヌプリのドイツソーセージ

ドイツ製法で作る北海道産ポークのソーセージ工房。直炙りソーセージを味わえるレストランも営業。道の駅ニセコビュープラザ（→P.440）ではホットドッグなどを販売。

eff eff エフエフ
MAP 別冊P.49-C1
住ニセコ町ニセコ483-1
TEL0136-58-3162
営ショップ9:00～17:00、レストランは12～3月、GW、7～10月の11:00～14:30
休火・水曜 交JR倶知安駅から車で約25分

焼ソーセージセットランチ1650円

STV 兼子アナの

予算"1000"円で10ヵ所！大満喫ニセコ旅

P.20～23でご紹介した2000円で10ヵ所旅。もっと安く、もっと楽しくニセコを旅する方法をこっそり教えちゃいます！

兼子真衣アナ

01 三島さんの芝ざくら庭園

●みしまさんのしばざくらていえん

数センチメートル程度の花弁が密集するシバザクラと、標高1898mの羊蹄山が収まる、究極の映えスポット。 ➡P.364

本当に日本一かも！
水
0円

02 日本一の水

●にほんいちのみず

羊蹄山から湧出する、まろやかな味わいが日本一といわれている。

MAP 別冊P.49-C1
住 倶知安駅前公園

窓際のカウンター席では自然も堪能できちゃう
せいろ
750円

03 手打蕎麦いちむら

●てうちそばいちむら

ニセコの天然水で手打ちした蕎麦はコシがあり、つるっとしたのど越し。

MAP 別冊P.49-C1
住 倶知安町山田68-4 TEL 0136-23-0603 営 11:00～15:00（売り切れ次第終了） 休 無休

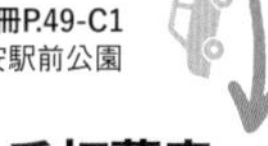

04 曽我神社の鳥居

●そがじんじゃのとりい

鳥居が浮いているように見える不思議スポット。鳥居と石段の先にある本殿にも参拝を。

MAP 別冊P.49-C1
住 ニセコ町曽我127

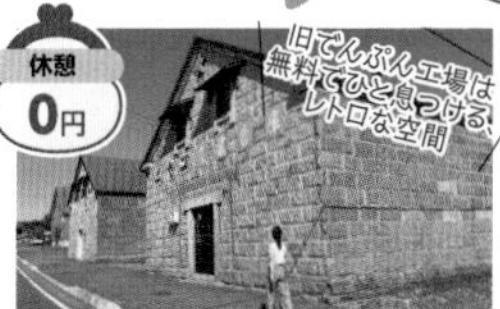

休憩
0円
旧でんぷん工場は無料でひと息つける、レトロな空間

05 ニセコ中央倉庫群

●ニセコちゅうおうそうこぐん

昭和初期に建てられた農業倉庫を再生し、カフェや休憩所として利用。当時の道具も残る。

MAP 別冊P.49-C1
住 ニセコ町中央通60-2 TEL 0136-55-5538 営 9:00～18:00 休 火曜

こんにちわ！応援してねっ！

入場
0円
だちょうのおやつ
100円

06 第二有島だちょう牧場

●だいにありしまだちょうぼくじょう

羊蹄山を望む広大な牧場で、放牧されたダチョウが自由に歩き回る風景が話題のスポット。

MAP 別冊P.49-C1
住 ニセコ町豊里239-2 TEL 090-8273-8324 営 5～11月の8:00～18:00

図面はフランスのポンピドゥー国立芸術文化センターに所蔵

07 ばあちゃん家

●ばあちゃんち

建築家・倉本龍彦氏設計の「斜めの家」。ニセコのどこかにあるので見つけられたらラッキー！

住 非公開

08 真狩豆腐工房湧水の里

●まっかりとうふこうぼうわきみずのさと

湧水の里すごい納豆
135円

羊蹄山の湧水で仕込まれた豆腐にわらび餅、納豆などが並ぶ。

MAP 別冊P.49-D1
住 真狩村217-1 TEL 0136-48-2636 営 9:00～17:00（4～10月の土・日曜・祝日～18:00） 休 無休（11～3月は水曜）

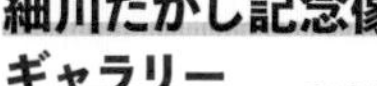

09 細川たかし記念像＆ギャラリー

●ほそかわたかしきねんぞう&ギャラリー

真狩村が生んだ大スターを身近に感じられるスポット。ギャラリーではシールやポスターも無料！

記念像
MAP 別冊P.49-D1
住 真狩川河川公園内
細川たかしギャラリー
MAP 別冊P.49-D1
住 真狩村真狩35 真狩村交流プラザ内
営 9:00～18:00

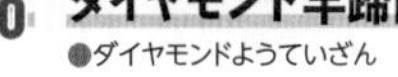

10 ダイヤモンド羊蹄山

●ダイヤモンドようていざん

住 羊蹄山の東側（喜茂別町や京極町など）
写真提供：ルスツリゾート

5月下旬～6月上旬に見られる絶景。ベストなタイミングはほんの一瞬。 ➡P.264

料金
0円
見られたときの喜びは最大級！

¥ TOTAL 985円
※交通費は除く。2023年6月時点

絶景も癒やしも歴史もグルメも詰まったニセコ旅！無料施設もいっぱいです

小樽運河の宿
ふる川

運河の宿 おたる
ふる川

眺望抜群の上層階プレミアムフロアが誕生

小樽運河前
ノスタルジック
温泉ホテル

歴史情緒を残す小樽のランドマーク「小樽運河」を眼下に望む温泉ホテル。客室や食事処からは運河を一望できます。小樽市街ではめずらしい情緒あふれる温泉を備えます。

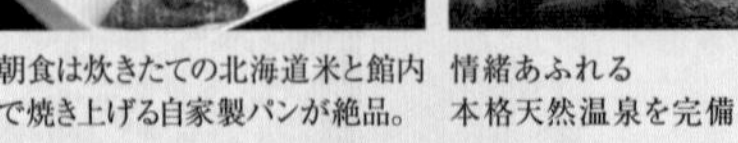

朝食は炊きたての北海道米と館内で焼き上げる自家製パンが絶品。

情緒あふれる本格天然温泉を完備

看板犬カナルがお待ちしております。

「温泉付き客室」8室完備の上層階フロアが誕生!

ペットと泊まれる和洋室も新設しました!

1泊朝食付1名様
新設プレミアムフロア温泉付和洋室
4名1室利用時 お一人様
19,150円〜

運河の宿 小樽ふる川
TEL.0134-29-2345
〒047-0031
小樽市色内1丁目2-15
www.otaru-furukawa.com

＼第2章／

宿泊施設

観光に便利なロケーションも魅力

便利でリーズナブルな公共の宿

利便性がよくて快適、値段も手頃な公共の宿を利用して気軽に旅を楽しもう！

ココがgood!

駅近の便利な立地ながら周辺は緑の多い静かな環境。館内施設も充実

広々としたデラックスツインルームは3名利用可で1室3万円

赤れんが庁舎からすぐの立地とくつろげる広い部屋も魅力

札幌ガーデンパレス

●さっぽろガーデンパレス

札幌・中央区　MAP 別冊P.36-B3

地下鉄大通駅とJR札幌駅が徒歩圏内という便利な立地にある公共の宿。赤れんが庁舎や北海道大学植物園にも近く、都心にいながら閑静な環境でゆっくりステイできる。客室は広めで洋室、和室、コネクティングルームがある。

住 札幌市中央区北1西6
TEL 011-261-5311
IN 15:00　OUT 11:00
料 素泊まり8500円～
客室 164室
交 地下鉄大通駅から徒歩5分
CC ADJMV
P 有料あり(先着順)

地上14階、地下1階の大型ホテル。宴会場やチャペルもある

朝食会場になる1階レストラン「スピカ」

広いデスクで仕事もできるシングルルーム9500円～

シングルを中心に広いスイートもビジネスにも観光にも便利

ホテルノースシティ

●ホテルノースシティ

札幌・中央区　MAP 別冊P.39-D3

北海道都市職員共済施設。東に流れる豊平川遊歩道まで徒歩3分の場所にあり、川と緑を眺めながら朝の散歩を楽しむことも。歓楽街のすすきのも徒歩圏内なので、飲んで帰る際も便利だ。スイートルーム、バリアフリー和洋特別室もある。

ココがgood!

豊平川遊歩道へ徒歩3分なので、早起きして散歩やジョギングをするのも

都会のなかでも自然を身近に感じる立地

住 札幌市中央区南9西1
TEL 011-512-9748
IN 15:00　OUT 10:00
料 一般シングル素泊まり9500円～
客室 109室
交 地下鉄中島公園駅1番出口から徒歩2分
CC ADJMV　P 有料あり(先着順)

※料金は1泊2名利用時の1名の金額を基本にしています。

ココがgood!
窓の外に広がる中島公園や豊平川のグリーンや秋の紅葉、夜は夜景も楽しめる
女性にうれしいアメニティが充実のレディースツインは素泊まり5800円～

目の前に広がる自然を眺め
北海道の四季を感じられるホテル

ホテルライフォート札幌

●ホテルライフォートさっぽろ

札幌・中央区 MAP 別冊P.35-C3

緑豊かな中島公園と豊平川に挟まれて立つ公立学校共済施設。希望すれば中島公園パークビュー、あるいは豊平川リバービューの客室をチョイスできる。ナノケアドライヤーなどを備えたレディースルームプランはシングルとツインあり。

住札幌市中央区南10西1
TEL011-521-5211
IN15:00 OUT11:00
料一般6000円～ 客室210室
交地下鉄中島公園駅3番出口から徒歩3分
CCADJMV P有料あり

ロビーにはアート作品を多数展示。作品展も実施

中島公園で朝の散歩やジョギングをするのも

道産食材を中心に全40品以上が並ぶ朝食ビュッフェ

周辺に生活利便施設が充実
暮らすようにステイできる

札幌サンプラザ

●さっぽろサンプラザ

札幌・北区 MAP 別冊P.19-C2

札幌勤労者職業福祉センターの宿泊施設で、温水プール（有料）やコンサートホールなどを併設。さまざまな文化教室も開催されている。コインランドリーは長期滞在に便利。バリアフリー対応客室もある。

住札幌市北区北24西5
TEL011-758-3112 IN15:00 OUT10:00
料シングルルーム素泊まり8000円～
客室58室 交地下鉄北24条駅から徒歩3分
CCADJMV P有料あり

ココがgood!
公式ウェブサイト限定のリーズナブルなプランや、連泊で安くなるプランなども

ベッドはアンネル製。ベッド幅120㎝のシングルルームもある

北海道大学まで徒歩圏内

和食・洋食から選べる朝食

中心部にステイして温泉でリラックス

天然温泉があるシティホテル

便利なシティホテルなのに天然温泉の大浴場あり。1日の終わりは温泉でリラックス！

札幌の中心地すすきので
自家源泉の天然温泉を満喫！

ジャスマックプラザホテル ●ジャスマックプラザホテル

札幌・中央区 MAP 別冊P.39-C3

札幌中心部にある温泉ホテル。2〜4階フロアにスケールの大きな温泉大浴場「湯香郷」があり、内風呂や広いサウナ、檜の露天風呂を完備。客室はシングルからトリプルまである洋室や、最大6名まで泊まれる和室など。館内はすべての場所で浴衣で過ごせる。

住札幌市中央区南7西3 TEL011-551-3333
IN14:00 OUT11:00 料ツインルーム1泊朝食付き1万2000円〜（入湯税別途150円） 客室153室
交地下鉄豊水すすきの駅から徒歩2分
CCADJMV P有料あり

泉質
地下800mから湧いているナトリウム-塩化物泉

都会の空を眺めながらリラックスできる露天風呂

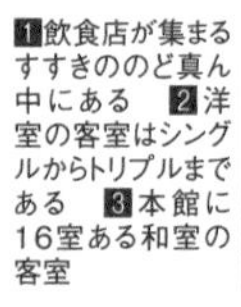

1飲食店が集まるすすきののど真ん中にある 2洋室の客室はシングルからトリプルまである 3本館に16室ある和室の客室

最上階に天然温泉浴場がある
小樽運河沿いのクラシカルなホテル

ホテルソニア小樽 ●ホテルソニアおたる

小樽 MAP 別冊P.47-C・D1

最上階の天然温泉は源泉名「小樽運河の湯」。運河が見渡せるラウンジもあり、旭川家具の高級チェアで湯上がりをのんびり過ごせる。英国製のアンティーク家具が配された客室からの眺めもよく、シングルでもゆったりとした広さ。1階のカフェも人気。

泉質
アンチエイジングにもいいナトリウム-塩化物・硫酸塩泉

小樽運河を見下ろす天然温泉大浴場（男湯）

住小樽市色内1-4-20 TEL0134-23-2600
IN15:00 OUT11:00 料スタンダードツイン1泊素泊まり8000円〜 客室149室
交JR小樽駅から徒歩8分
CCADJMV P有料あり（先着順）

1運河や堺町通りが近く観光に便利 2女湯には露天風呂がある 3英国アンティーク家具が配されたモダンなスタンダードツインの客室

札幌駅直結の天然温泉スパ
高層階からの眺望も魅力

泉質
お肌の潤いを保つナトリウム-塩化物泉の湯をスパでゆっくりと

マッサージバスがある女性スパ

JRタワーホテル日航札幌

ジェイアールタワーホテルにっこうさっぽろ

札幌・中央区 MAP 別冊P.37-C2

地下1000mから湧出する「札幌駅温泉」を利用したスカイリゾートスパ「プラウブラン」(利用は18歳以上)にはバイブラバスやフィンランドサウナ、ボディクリーンなどを完備。スパや客室からの眺望も自慢だ。北海道食材をふんだんに使用した朝食付きプランがおすすめ。

住札幌市中央区北5西2-5 TEL011-251-2222
IN15:00 OUT11:00 料モデレートシングル1泊朝食付き2万6400円～(宿泊の場合はスパ1910円) 客室330室
交JR札幌駅東改札・南口から徒歩3分
CCADJMV P有料あり

1男性スパにはマイナスイオンスチームサウナあり 2客室からの眺めもいい。広々としたモデレートツイン 3朝食は地上150mにある眺めのいいレストランで

1宿泊者専用「ぽんの湯」 2 2階のレストラン Northern Kitchen 3長期滞在にも快適なレジデンシャルルーム

アート×モダン×和心
天然温泉と多彩なくつろぎ空間

ラ・ジェント・ステイ札幌大通

ラ・ジェント・ステイさっぽろおおどおり

札幌・中央区 MAP 別冊P.38-B1

3階と5階の2ヵ所にある天然温泉大浴場「ぽんの湯」は、旅籠を思わせる純和風。休憩室では無料のアイスキャンディサービスも。客室はクイーンベッドのダブルルームや和洋折衷の部屋などが選べる。館内の映えスポットにも注目だ。

泉質
美肌効果が期待できる弱アルカリ性ナトリウム-塩化物泉

住札幌市中央区南2西5-26-5
TEL011-200-5507 IN15:00 OUT11:00
料1泊朝食付き1万2000円～ 客室219室
交地下鉄大通駅から徒歩5分
CCADJMV P有料あり(先着順)

プラスαの充実ステイ！
サ活で泊まりながら“ととのう”

旅で疲れたカラダをサウナでリフレッシュできるサ活宿が急増中！
旅先で“ととのう”体験を。

サウナ専門ブランドTTNE監修の本格フィンランド式サウナ

広いサウナルーム。ストーブはHARVIAを使用

ととのいpoint!
ラベンダーやヒノキが香るアロマ水のロウリュを体験

セミダブルベッドのモデレートツイン

すすきの徒歩圏内の静かなエリアに立地

ホテル・アンドルームス 札幌すすきの

●ホテル・アンドルームス さっぽろすすきの

札幌・中央区 MAP 別冊P.39-D2

13階の最上階にある本格派サウナは、メディテーションサウナがコンセプト。自然界の音やピアノによるヒーリングミュージックで瞑想の世界へ。無料の宿泊者専用（13歳以上）サウナと、貸し切り個室サウナ（1回2時間4000円）も。入浴後にミニアイスキャンディのサービスあり。

住札幌市中央区南7西1-1-9
TEL011-520-7111
IN15:00 OUT10:00
料モデレートダブル素泊まり3240円～
客室155室
交地下鉄豊水すすきの駅6番出口から徒歩2分
CCADJMV P有料あり（先着順）

クインテッサホテル札幌

●クインテッサホテルさっぽろ

札幌・中央区 MAP 別冊P.39-C3

2022年11月にオープンした定員3名の個室サウナ（1回60分、1室1名利用時3000円、2名4000円）。水風呂は水温調整が可能でお風呂としても使用できる。プライベートサウナのためBluetooth接続可能なスピーカーで好きな音楽を聴いたり、セルフロウリュも心置きなく楽しめる。

住札幌市中央区南8西5
TEL011-512-8500 IN14:00 OUT11:00
料ツイン1万2000円～
客室164室 交地下鉄中島公園駅から徒歩4分
CCADJMV P有料あり（先着順）

宿泊者だけのうれしい特権 完全予約制の個室サウナ

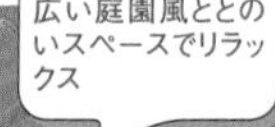
広い庭園風ととのいスペースでリラックス

ととのいpoint!
推しミュージックをスピーカーで流せるサウナ空間

木目調のスーペリアコーナーツイン。コンビニ、中島公園が近くて便利な立地

木の香りが漂うゆったりしたサウナ室

シャワールームにある陶器製の浴槽で水風呂ができる

好みのアロマ(有料)を選んでロウリュができるサウナ室

サウナのあとはカフェで過ごせる新スタイルのくつろぎ空間

1「MORIHICO.」のカフェを併設 2デラックスツインルーム 3自家製フレンチトーストの朝食

都心にありながら外気浴できるスペースも

HOTEL POTMUM

●ホテル ポットマム

札幌・白石区 MAP 別冊P.35-D2

ととのいpoint!
水温調節ができる水風呂。氷も使用できる

1階は「MORIHICO. STAY& COFFEE」(→P.180)、2階は予約制の個室サウナとコワーキングスペース、3階に客室フロアがあり、宿泊以外も楽しめるライフスタイルホテル。個室サウナは1回2時間(3800円～)でソロはもちろん、男女一緒に利用することも可能。各サウナ室専用の外気浴スペースも人気ポイントだ。

住札幌市白石区菊水1条1-3-17
TEL011-826-4500
IN15:00～22:00 OUT11:00
料素泊まり6000円～(サウナ別料金) 客室32室
交地下鉄菊水駅から徒歩4分
CCADJMV P有料あり

サウナと天然温泉のダブルで充実のサ活

ととのいpoint!
フィトンチッドも浴びられる露天風呂での外気浴

癒やしの森に包まれるリゾートホテルのサウナ

1プール、ジムなどスポーツ施設も充実 2ととのう外気浴は季節香る岩造り露天風呂で

小樽朝里クラッセホテル

●おたるあさりクラッセホテル

小樽 MAP 別冊P.42-B2

朝里川温泉の天然温泉で湯あみをしながらサウナも楽しめる。サウナ後のクールダウンは女性風呂に2ヵ所、男性風呂に1か所ある岩造りの露天風呂で。露天風呂付きの客室に加え、2023年3月に新たに「サウナ・室内温泉付き客室」がオープン。

住小樽市朝里川温泉2-676 TEL0134-52-3800
IN15:00 OUT10:00 料1泊2食1万3200円～ 客室120室
交JR小樽築港駅から車で約15分 CCADJMV Pあり

OTARU GREEN HOTEL

●オタル グリーン ホテル

小樽 MAP 別冊P.46-A2

ホテルに隣接して温泉施設「ONSEN THE GREEN」がオープン。フィンランド式サウナを利用できる。30分に1度のオートロウリュ、水風呂と桶シャワーも。客室はトリプルやドミトリーも。小樽ワインなどへの送迎プランあり。

住小樽市稲穂3-5-14 TEL0134-33-0333 IN15:00 OUT10:00
料セミダブル6500円～(プラス入湯税150円) 客室204室
交JR小樽駅から徒歩3分 CCADJMV P有料あり(先着順)

"GREEN"を基調にしたツインルーム

2022年リニューアルオープン! 天然温泉大浴場付きサウナ

ととのいpoint!
オートミストのロウリュとユニークな桶シャワー

目の前にシティ or オーシャンが広がる
開放的な絶景ビューホテル

都会の町並み、または雄大な自然景観。札幌・小樽の感動ビューを楽しめる。

円柱形のシンボリックな
タワーから眺める札幌の夜景

札幌プリンスホテル

●さっぽろプリンスホテル

札幌・中央区　MAP 別冊P.38-A2

札幌中心部にあるタワーホテル。レストランなど最上階の各施設や、22～27階のロイヤルフロアの客室からは、札幌市街の絶景が目の前に広がる。屋上ヘリポートから360度の眺望を楽しめる宿泊プラン、ブライダルプランなどの限定プランが話題だ。

住札幌市中央区南2西11
TEL011-241-1111　IN15:00　OUT11:00
料スタンダードツイン素泊まり3691円～
客室587室　交地下鉄西11丁目駅から徒歩3分　CCADJMV　P有料あり(先着順)

札幌の絶景が広がるスカイラウンジ「トップ オブ プリンス」

Viewポイント
四方向の眺めが楽しめるのは円柱形タワーならでは

1タワー最上階のレストランは宿泊者以外も利用可 2 22～27階のロイヤルフロアは部屋もゆったり 3屋上ヘリポートから望む札幌の町並み

Viewポイント
最上階のレストランからは野幌原生林と町並みの絶景

シティビューと原始の森を望む
札幌副都心にそびえる大型ホテル

ホテルエミシア札幌

●ホテルエミシアさっぽろ

札幌・厚別区　MAP 別冊P.27-C1

息をのむ夜景が望めるスカイコーナーダブル

地上115mに位置する朝食レストランからは野幌原始林、恵庭岳や日高山脈の雄大な風景とトレインビューも。客室はスタンダードフロアから上階のスカイフロアなどがあり、洋室、和室、和洋室を用意。2000㎡の広々としたスパも併設している。

住札幌市厚別区厚別中央2条5-5-25
TEL011-895-8811　IN15:00　OUT11:00
料1泊朝食付き5550円～　客室512室
交地下鉄新さっぽろ駅から徒歩1分
CCADJMV　P有料あり

オレンジ色の町明かりに癒やされる

ホテル最上階にあるレストランで景色と朝食を楽しむ

北海道をイメージしたアートに囲まれ最上階の大浴場から都心夜景を眺める

女性用大浴場。外からは見えないガラスなので安心

Viewポイント
最上階の大浴場や展望ラウンジからシティビューを満喫

1最上階フロアの展望ラウンジ　2作家作品のアートに囲まれたダブルHIPルーム　3エントランス前では季節によりイベントを開催

クロスホテル札幌

●クロスホテルさっぽろ

札幌・中央区　MAP 別冊P.37-C3

眺望に加え、部屋によって趣向が異なるカラースタイルやアートなどが楽しめるゲストルーム、朝食が人気のホテル。最上階に宿泊者限定の露天風呂付き展望大浴場があり、特殊ガラスの向こうに都心の景色が広がる。ホテルで開催している企画やイベントも要チェック。

住札幌市中央区北2西2-23　TEL011-272-0010
IN15:00　OUT11:00　料素泊まり9000円～　客室181室
交JR札幌駅、地下鉄大通駅から徒歩5分
CCADJMV　P有料あり(先着順)

目の前に広がる海と空の大パノラマ断崖の上にポツンと立つ古城ホテル

ホテルノイシュロス小樽

●ホテルノイシュロスおたる

小樽　MAP 別冊P.45-C1

ヨーロッパのリゾートを彷彿とさせるホテルがあるのは、三方向が海に囲まれた断崖の上。4月下旬～8月上旬は積丹半島側の海に沈む夕日、夜はイカ釣りの漁火が見えることも。小樽湾側では輝く朝日や札幌の夜景を楽しめる。

住小樽市祝津3-282
TEL0134-22-9111　IN15:00　OUT11:00
料1泊2食付き1万7050円～　客室58室
交JR小樽駅からバスで約25分、おたる水族館下車、徒歩10分　CCADJMV　Pあり

Viewポイント
レストラン＆バーからの夕日やオーシャンビュー客室からの朝日

1全室オーシャンビューの客室展望風呂付きもある　2客室はツインのほか和洋室　3小高い場所にあるウィーンの城を模した建物

いっぱい食べてエナジーチャージ！

朝食が待ち遠しい宿

心躍る山海の幸。人気の北海道グルメが並ぶとびきりの朝食で、旅の1日を始めよう。

伝統レシピとオリジナリティが融合した90品バイキングで朝食フルコース！

札幌グランドホテル

●さっぽろグランドホテル

札幌・中央区 MAP 別冊P.36-B3

洋食・和食の朝食バイキングは地産地消がテーマ。ホテル特製のコーンスープで作るフレンチトーストやホテル伝統のアップルパイなど食べてみたいものばかり。「ガーデンダイニング環樂」では和朝食を提供。

朝食の推しメニュー
焼きたてホテルブレッド。コーンスープに浸して焼いたフレンチトースト

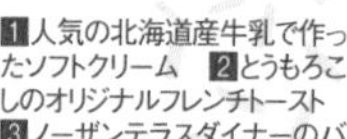

住札幌市中央区北1西4
TEL011-261-3311
IN15:00 OUT11:00
料1泊朝食付きツイン7800円～
客室494室 交地下鉄大通駅から徒歩5分
CCADJMV P有料あり（先着順）

1人気の北海道産牛乳で作ったソフトクリーム 2とうもろこしのオリジナルフレンチトースト 3ノーザンテラスダイナーのバイキングは90品 4カジュアルテイストのスタンダードツイン

ホテルマイステイズプレミア札幌パーク

ガラス壁から注ぐ光とグリーン グランピング気分で朝食を

●ホテルマイステイズプレミアさっぽろパーク

札幌・中央区 MAP 別冊P.39-D3

洋食・和食・和洋バイキングの3会場から選べる朝食が好評。スノーピークが空間監修をした「Farm to Table TERRA」の洋食は、メインの選べるガレットとシェフ厳選の野菜を使用したサラダなどのハーフビュッフェ。サウナ完備の温泉スパもあり、旅の疲れを癒やせる。

朝食の推しメニュー
洋食セットメニューは選べるメインにサラダバーなど

住札幌市中央区南9西2-2-10
TEL011-512-3456
IN15:00 OUT11:00
料スタンダードタイプ1泊朝食付き6000円～
客室419室
交地下鉄中島公園駅から徒歩2分
CCADJMV P有料あり（先着順）

1天井高14mのガラス壁から光が注ぐFarm to Table TERRA 2モダンなスーペリアツインハイフロア8000円～ 3ガレットと農家直送の新鮮野菜で1日をスタート

彩りあふれる和の御膳朝食
旬の食材を伝統的日本料理で

ONSEN RYOKAN 由縁 札幌

オンセン リョカン ゆえん さっぽろ

札幌市・中央区 MAP 別冊P.36-A3

朝食の推しメニュー
名物のホッケのひつまぶしをはじめとする和御膳

風情ある宿の朝食は1階にある「夏下冬上 札幌」の和御膳。北海道産食材を中心にていねいに作る懐石のような和朝食を味わえる。なかでも肉厚ホッケと特製だしで味わう人気の"ホッケのひつまぶし"は必食だ。朝食は宿泊者のみで前日までに予約(2800円)。

住札幌市中央区北1西7-6
TEL011-271-1126
IN15:00 OUT11:00
料1泊素泊まり2万5000円～
客室182室
交地下鉄大通駅から徒歩8分
CCADJMV
P有料あり(先着順)

1薬味と特製のだしを注いで味わうホッケのひつまぶし 2大きな窓からの景色も魅力のコーナーダブル 3落ち着いた間接照明が粋な2階大浴場

オーセントホテル小樽

オーセントホテルおたる

小樽 MAP 別冊P.46-A2

最上階レストランでの
シービューモーニングブッフェ

朝食の推しメニュー
ホテルベーカリーのクロワッサンやデニッシュ

朝日がまぶしいホテル最上階レストランのモーニングビュッフェは、小樽近海・北海道産の魚介や野菜をふんだんに使った料理や、本格ドイツ手法のソーセージ、道産野菜のスープなど。3階「入舟」ではいくらの入舟海鮮丼のほか和朝食膳を提供。

人気のパンはクロワッサン、ロールパン、バゲット、スコーンなどいろいろ

住小樽市稲穂2-15-1
TEL0134-27-8100
IN14:00 OUT11:00
料スタンダードツイン1泊朝食付き9800円～
客室175室
交JR小樽駅より徒歩5分 CCADJMV
P有料あり(先着順)

1「入舟」の北海道産いくらの入舟海鮮丼
2シモンズ社製ベッドのスタンダードツイン

朝食の推しメニュー
3段のハイティースタンドでいただくおしゃれな朝食

1931年建築のリノベホテルで迎える
クラシカルで優雅な朝食タイム

UNWIND HOTEL&BAR 小樽

アンワインドホテル&バー おたる

小樽 MAP 別冊P.47-C2

1931年に建設された旧越中屋ホテルをリノベーション。朝食はそんな歴史的建造物に合うハイティースタイルのモーニング。英国のハイティー文化のエッセンスを取り入れ、ハイティースタンドには北海道産食材をふんだんに使った小さなポーションの料理がずらり。

住小樽市色内1-8-25
TEL050-3628-1983
IN15:00 OUT11:00 料1泊朝食付き7000円～
客室36室 交JR小樽駅から徒歩10分
CCADJMV P有料あり(先着順)

1スタンドはホットプレート、コールドプレート、スイーツプレートで構成 2ロフトタイプの客室、アンワインドロフト 3小樽運河から徒歩3分ほどの小樽観光に便利な立地 4ダイニングには90年以上前のステンドグラスが残る

2000円から泊まれるドミトリーはもちろん個室も！

快適なゲストハウス

世界の旅人と触れ合えるゲストハウス。でも、プライベートは必要という人に、個室もある宿をチョイス。

手作り感のあるモダンな内装
個室やバルコニー付きの部屋も

UNTAPPED HOSTEL

●アンタップト ホステル

札幌・北区　MAP 別冊P.19-C2

老舗鰻屋を手作りで改装。海外の建材、地元古材を使った内装は異国情緒漂うおしゃれな空間だ。1階に「ごはんや はるや」がある。

住札幌市北区北18条西4-1-8　TEL011-788-4579　IN15:30〜22:00　OUT11:00　料ドミトリー1人3400円〜、ダブルルーム3150円〜　客室ドミトリー2室、個室2室　交地下鉄北18条駅から徒歩1分　CCADJMV　Pなし

nice point
裏に系列書店シーソーブックスがあり本探しも

1名1室利用で4400円〜のダブルルーム

1カプセルタイプのドミトリーベッド　2バルコニー付きグループルームは定員4名　3キッチンツールが充実した共用キッチン　4ドミトリーは女性専用と男女混合がある

カフェのような明るい雰囲気
和室の個室もあり

1シングルベッド2台のツインルームは1名での利用も可　2木製2段ベッドを設置した男女混合ドミトリールーム　3カフェのような共有スペース。キッチンも利用可

Family Tree Guest House

●ファミリー ツリー ゲスト ハウス

札幌・中央区　MAP 別冊P.25-C1

nice point
部屋のタイプが豊富。コーヒー、紅茶は無料で飲める

ナチュラルウッドテイストの宿。ドミトリー、個室、共有スペースは明るく清潔感がある。置き畳のスタイリッシュな和室もいい。

住札幌市中央区南13条西8-1-45　TEL予約は公式ウェブサイトから　IN15:00〜22:00　OUT10:00　料ドミトリー1人3000円〜、ツインルーム2名1室7500円〜、和室1室8000円〜　客室ドミトリー3室、個室4室　交市電中島公園通停留場から徒歩5分　CCADJMV　P有料あり

Guest House waya

●ゲスト ハウス ワヤ

札幌・豊平区　MAP 別冊P.35-D3

“新しい冒険のはじまり。”をコンセプトに、ラウンジスペースでは「WAYA BAR」を営業（18〜23時、日・月曜定休）。定期的にイベントを開催。

住札幌市豊平区豊平2条4-1-43　TEL070-6607-0762（当日予約は電話で）　IN16:00〜22:00　OUT11:00　料ドミトリー1人2800円〜、個室2名1室6600円〜　客室ドミトリー2室、個室1室　交地下鉄菊水駅から徒歩8分　CCADJMV　Pなし

ゲストを交えたイベントを開催

1セミダブル2段ベッドの混合ドミトリー　2くつろげるスペースや簡易キッチンもある　3専用トイレがある個室は1〜2名で利用可

nice point
ドミトリーは快適な特注2段ベッド。コーヒー、紅茶無料

環境のよい住宅地にある宿
自宅のような鍵付きの個室も

nice point
アメニティ充実。ラウンジでマンガが読める

Pirka Sapporo

●ピリカ サッポロ

札幌・東区 MAP 別冊P.19-D2

女性専用のドミトリーがあるほか、設備が充実。最寄りが環状通東駅なので、札幌ドームやきたえーる開催のイベントへのアクセスに便利。

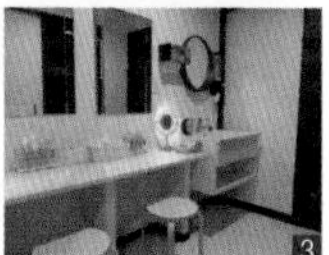

1 和室の個室はテレビ、エアコン付き 2 ドミトリーはしっかりとした木組み2段ベッド。各ブースに1級遮光カーテンを設置 3 女性専用のパウダールームを完備

住 札幌市東区北14条東12-1-30
TEL 011-723-7810
IN 15:00 OUT 10:00
料 ドミトリー1人3000円〜、個室1室2名4500円〜
客室 ドミトリー2室、個室2室
交 地下鉄環状通東駅から徒歩5分 CC ADJMV
P 有料あり(要予約)

古民家を改装した
クラフトビアバーに泊まる

nice point
21時までにチェックインするとドリンクサービスあり

Otaru Tap Room -Craft Beer & Hostel-

●オタル タップ ルーム クラフト ビア アンド ホステル

小樽 MAP 別冊P.46-A2

地元のビール好きも集まるクラフトビアバーを併設。ドミトリーのほか個室はダブル、トリプル、ツイン、和室とバリエーションが豊富。

シンプル&ハイセンスな和室ツインルーム

1 特注2段ベッドのドミトリー
2 共有のリビングルームもレトロモダンな雰囲気

住 小樽市色内2-4-8
TEL 080-9613-3285(当日予約は電話で)
IN 16:00〜22:00 OUT 11:00
料 ドミトリー1人3200円〜、個室7600円〜
客室 ドミトリー2室、個室6室
交 JR小樽駅から徒歩7分 CC ADJMV P なし

コーヒー専門店に併設されたユニークなゲストハウス

コーヒーの香りで目覚める「札幌ゲストハウスやすべえ」

札幌・中央区 MAP 別冊P.35-C3

スペシャリティーコーヒー豆専門店「河合珈琲」の2階にあるゲストハウス。コーヒー豆の焙煎体験2000円ができる。女性専用と混合のドミトリーが2部屋あり、1週間以上滞在で割引あり。すすきのまで徒歩15分と、食事や買い物にも便利。

住 札幌市中央区南10条西7-6-6
TEL 011-213-1305
IN 15:30 OUT 10:30
料 ドミトリー1人2500円〜
交 市電中島公園通停留場から徒歩3分
CC V P なし

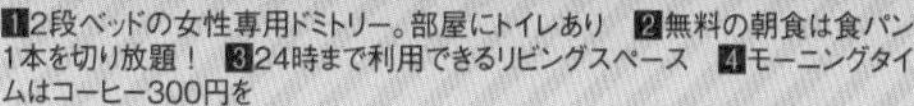

1 2段ベッドの女性専用ドミトリー。部屋にトイレあり 2 無料の朝食は食パン1本を切り放題！ 3 24時まで利用できるリビングスペース 4 モーニングタイムはコーヒー300円を

部屋でもわくわく気分アップ！

コンセプトルームにステイ

ユニークなコンセプトのある部屋が話題のホテル。寝ても覚めても楽しい気持ちにさせてくれる！

かわいくてキュン♡
籠もりたくなるシマエナガルーム

京王プラザホテル札幌

●けいおうプラザホテルさっぽろ

札幌・中央区　MAP 別冊P.36-A2

話題の朝食やJRの線路が見下ろせる部屋など、幅広いファンがいるホテル。1日2室限定のシマエナガルームもあり、かわいさに癒やされること間違いなし。1階ロビーにはシマエナガフォトスポットやギャラリーも。スイーツやグッズも購入できる。

住札幌市中央区北5西7-2-1
TEL011-271-0111　IN14:00(シマエナガルームは15:00)　OUT11:00　料1泊朝食付き1万6000円～　客室493室　交JR札幌駅から徒歩5分
CCADJMV　P有料あり(先着順)

ココがpoint!
触れられる雪の妖精シマエナガがあらゆるところに！

シマエナガのぬいぐるみがお出迎え

1部屋のいたるところにシマエナガがいっぱい　2季節で彩りが変わる宿泊特典のロールケーキ　31階ロビーのフォトスポット　4「北の小動物ルーム」もおすすめ

1狸小路商店街のアーケードにある　2本棚を思わせる木格子がおしゃれな客室　3カフェではMORIHICO.のコーヒーとスイーツを提供　4約4000冊を揃える1階のブックストア&カフェ

本と宿が融合した新コンセプト
本に囲まれ、本を読んで過ごす旅

LAMP LIGHT BOOKS HOTEL札幌

●ランプ ライト ブックス ホテルさっぽろ

札幌・中央区　MAP 別冊P.38-B2

「本の世界を旅するホテル」がコンセプト。1階に24時間営業のブックストアがあり「旅」と「ミステリー」をテーマに選書。併設のカフェで本を読みながら過ごすのもよし、宿泊者は好きな本を客室に持ち込み読書を堪能することができる。

ココがpoint!
本のお試しサービス「ブックス トゥ ゴー!」でお部屋読書

住札幌市中央区南2西7-5-1
TEL011-218-1511
IN15:00　OUT10:00
料1泊素泊まり3250円～　客室112室　交地下鉄大通駅から徒歩9分
CCADJMV　Pなし

札幌市公認サッポロスマイルPR大使 ジンギスカンのジンくんと過ごす

ココがpoint!
ジンギスカンのジンくんにまみれる癒やし部屋

1客室の壁にもジンくんのデコレーション　2ハンドソープボトルもジンくん仕様　3カフェタイムはオリジナルマグカップでどジンくんのお友達たち　4あちこちにジンくん　5すすきのエリアに立地

ホテルウィングインターナショナル札幌すすきの

●ホテルウィングインターナショナルさっぽろすすきの

札幌・中央区　MAP 別冊P.38-B3

北海道のソウルフード「ジンギスカン」を応援する人気のゆるキャラ「ジンギスカンのジンくん」のコラボルームは、オリジナルグッズで客室をくまなくデコレーション。1日1室限定で、朝食付きと素泊まりから選べる。

住札幌市中央区南6西6-2-2　TEL011-533-2100
IN15:00　OUT11:00
料1泊素泊まり1万7700円～　客室165室
交地下鉄すすきの駅4番出口から徒歩6分
CCADJMV　P有料あり(先着順)

部屋にいながら試合の臨場感を体感できる球場の宿

tower eleven hotel

●タワーイレブンホテル

北広島　MAP 別冊P.9-D2

話題の北海道ボールパークFビレッジの球場、エスコンフィールド内のアジア初の球場一体型ホテル。客室ベランダやルーフトップから試合観戦ができる。客室は野球にちなんだデザイン。世界初球場内天然温泉やサウナも利用可能。

住 北広島市Fヴィレッジ1 エスコンフィールド北海道 TOWER 11 4階 tower eleven hotel
TEL050-3171-7525　IN13:00　OUT9:00
料mountain view 1泊1室3万円～、field view 1泊1室4万円～　客室12室
交JR北広島駅からF VILLAGE行きシャトルバスで約5分　CCADJMV
P有料あり(試合日は要予約)

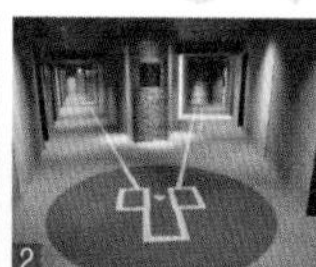

ココがpoint!
エスコンフィールドにある。眼下に球場を眺めて過ごす

1客室から応援できる。試合がない日も楽しめる眺め　2廊下ひとつとっても遊び心いっぱい　3球場側ではない部屋は専用のルーフトップが利用できる　4サイン入りユニホームが飾られたDARVISH & OHTANI SUITE　5ベランダから球場を見下ろせる

上質な湯で湯あみを楽しむ
くつろげる湯宿

温泉天国北海道でいただく大地のエネルギー。泉質の恵みと心地よい宿で極上の時間を。

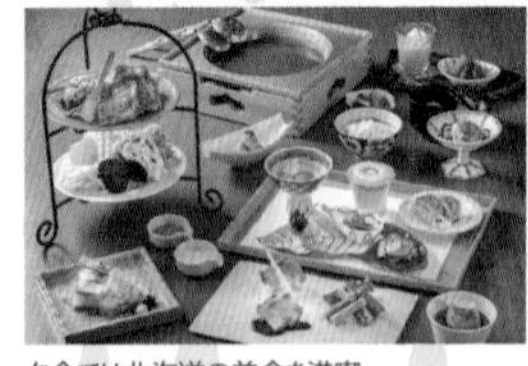
夕食では北海道の美食を満喫

全室温泉風呂付きでプライベートな時間を

1 檜が香る大浴場の内風呂 2 客室内には、ヒバ風呂の天然温泉がある 3 和と洋を取り入れたくつろぎと快適な設えの客室 4 ロビーの造りにも趣がある

定山渓温泉

定山渓 ゆらく草庵

●じょうざんけい ゆらくそうあん

MAP 別冊P.22-B1

ツインからトリプル、フォース、ユニバーサル、特別室まで全客室に天然温泉風呂付き。大浴場には檜の内湯と露天風呂、無料で利用できる4つの貸し切り風呂も。北海道産食材の和食会席の夕食や、和食膳の朝食も魅力。

泉質
無色透明のナトリウム-塩化物泉

住 札幌市南区定山渓温泉東3-228-1
TEL 011-595-2489
IN 15:00 OUT 11:00
料 ハリウッドツイン1泊2食付き2万4000円～ 客室 102室
交 JR札幌駅からバスで約1時間30分、定山渓神社下車、徒歩5分。地下鉄真駒内駅から車で約30分
CC ADJMV P あり

小樽

運河の宿 おたるふる川

●うんがのやど おたるふるかわ

MAP 別冊P.47-D1

2023年3月末に客室がリニューアルされ、全室温泉付き客室のフロアと、ペットと泊まれる客室も新設。小樽軟石が印象的な「壱の湯」と木のぬくもりを感じる「弐の湯」がある。ラウンジではタンノイスピーカーで音楽を楽しめる。

住 小樽市色内1-2-15 TEL 0134-29-2345
IN 15:00 OUT 12:00 料 1泊2食付き1万7250円～
客室 38室 交 JR小樽駅から徒歩13分
CC ADJMV P 有料あり

小樽観光に便利なロケーション

泉質
ナトリウム塩化物冷鉱泉の美肌の湯

庭を眺められる「壱の湯」の露天風呂

小樽運河の前に立ち、観光や食事に便利

客室は和室・洋室ともにレトロモダンなたたずまい

小樽や近郊の厳選した山海の幸の料理

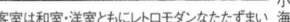

「愛妻の湯」から始まった
歴史ある温泉旅館
泉質
硫黄泉・芒硝泉・酸性緑ばん泉・食塩泉・重曹泉と豊富な源泉

登別温泉

第一滝本館

●だいいちたきもとかん

MAP 別冊P.48-A2

登別温泉は1858年に同ホテル創始者で江戸の大工、滝本金蔵が妻の治療に建てた湯小屋が始まり。1888（明治21）年に「湯もとの滝本」として開業し、現在は1500坪ある大浴場の男女合計35ある浴槽で5種類もの泉質を楽しめる。

住登別市登別温泉町55 TEL0120-940-489 IN14:00 OUT10:00 料1泊2食付き1万5700円～ 客室387室 交JR登別駅からバスで約15分、第一滝本前下車、徒歩1分 CCADJMV Pあり

1プレミアム西館特別室（温泉露天風呂付） 2地獄谷を望む男性大浴場 3特別室の源泉掛け流し露天風呂 4 2022年に完成した「わんちゃん和洋室」 5「金蔵の湯」は創業当時の湯船を再現

泉質
美人の湯効果のナトリウム・炭酸水素塩泉・塩化物泉
温泉・食事・エステで
水の癒やしを満喫

支笏湖温泉

しこつ湖 鶴雅 リゾートスパ水の謌

●しこつこ つるがリゾートスパみずのうた

MAP 別冊P.5-C2

支笏湖の湖畔にたたずむ温泉宿。化粧水のようにトロリとした肌ざわりの温泉は、美人の湯として知られる。サウナやジム、メニュー豊富なエステなど、すみずみまで健康と美容にフォーカスした癒やしを体験できる。

住千歳市支笏湖温泉 TEL0123-25-2211 IN15:00（一部客室のみ14:00） OUT10:00（一部客室のみ11:00） 料1泊2食付き2万5850円～ 客室49室 交新千歳空港から車で約40分 CCADJMV Pあり

1プライベートな湯浴みを堪能できる露天風呂付き和洋室 2ジェットバス、フィンランド式サウナなどを備えた大浴場 3ヘルシービュッフェ［アマム］では旬の食材にこだわった料理を提供 4水の癒やしを感じる幻想的なラウンジ

暖炉の炎に癒やされるゲストラウンジ「アペソ」

昼は鳥の声、夜は星空に包まれて過ごす
キャンプ＆グランピング

雄大な自然のなかで体験やグルメを満喫する、のびのびとした贅沢な時間。

乳しぼり体験や地元の野菜販売も！

1トラクターワゴンで牧場内を1周できる　2酪農体験は家族連れに人気

ココがスゴイ！　人気のソフトクリームは牧場直送の牛乳100％！

むらかみ牧場キャンプ場

●むらかみぼくじょうキャンプじょう

恵庭　MAP 別冊P.9-D3

牧草地、どうぶつ広場が隣接するキャンプ場。牛やヤギの鳴き声、トラクターの音が聞こえることも。乳しぼり体験（予約制）もできる。

住恵庭市戸磯156　TEL 070-8539-6474（キャンプ場専用）　IN12:00～17:00　OUT11:00　料入場料：大人500円、子供250円、サイト使用料：区画800円（定員5名）、フリーサイト500円　客室区画サイト13、ソロキャンプ専用のフリーサイトはテント1張　交新千歳空港から車で約30分　CC不可　Pあり

ながぬまマオイオートランド

●ながぬまマオイオートランド

長沼　MAP 別冊P.7-C2

札幌近郊ながらのどかな田園風景が広がる。温水洗浄便座付きトイレやお湯の出る炊事場など利便性も◎。近くにパークゴルフ場も。

住長沼町東7線北4　TEL 0123-88-0700　IN13:00～18:00　OUT7:00～11:00　料入場料：中学生以上1040円、小学生520円、区画使用料：区画520円（フリーテントサイト）～　客室コテージ5棟、キャンピングカーサイト6区画、スタンダードカーサイト27区画、フリーテントサイト19区画　交JR札幌駅から車で約50分　CC不可　Pあり

ココがスゴイ！　宿泊利用者はながぬま温泉の半額入館券付き

施設充実で快適　ながぬま温泉もすぐ！

1センターハウス内に売店やランドリーあり　2手軽に泊まれるコテージも5棟ある　3森の中の広々としたキャンプサイト

アカイガワ・トモ・プレイパーク

●アカイガワ・トモ・プレイパーク

赤井川　MAP 別冊P.42-A3

キャンプ場のフリーサイトは道路沿いに車を停められ便利。基本のキャンプギアからソファ、ハンモックまで付いた手ぶらパックもあり、初心者でも安心。

住赤井川村明治56　TEL0135-34-7575　IN11:30～17:45　OUT10:30（デイキャンプ～20:00）　料フリーサイト大人1250円、小学生500円　客室フリーサイト定員150人　交JR札幌駅から車で約1時間20分、新千歳空港から車で約1時間　CCADJMV　Pあり

カルデラの里で自然を堪能！

ココがスゴイ！　グランピング施設「住箱」は人気なので早めの予約を

1緑に囲まれのんびり過ごせる　2人気の「住箱」は最大4名まで宿泊可能　3グランピングではウッドデッキでBBQができる　4気分がアップする焚き火台　5共同の炊事場は広くて清潔

ブドウ畑にステイして
ワインを味わう贅沢な時間

ココがスゴイ! 美しいヴィンヤード(ブドウ畑)はまるでヨーロッパのよう

定員4名の大型テント。食事はタープの下で

余市ヴィンヤード

●よいちヴィンヤード

余市 MAP 別冊P.47-D3

北海道一のワイン生産量を誇る余市町。余市産のワインをもっと知ってもらいたいとオープンした施設。森の中にコットンベルテントが7棟立つ。

1テントの中はまるでホテル!アメニティもバッチリ 2余市産ワインとBBQで乾杯!道産ブランドBBQセット1人6490円 3テーブルもありゆったり過ごせる

住余市町登町1399-1
TEL050-3131-4075 IN15:00
OUT10:00 料素泊まり1泊7000円～ 客室グランピングテントサイト7張 交札幌から車で約1時間
CCADJMV Pあり

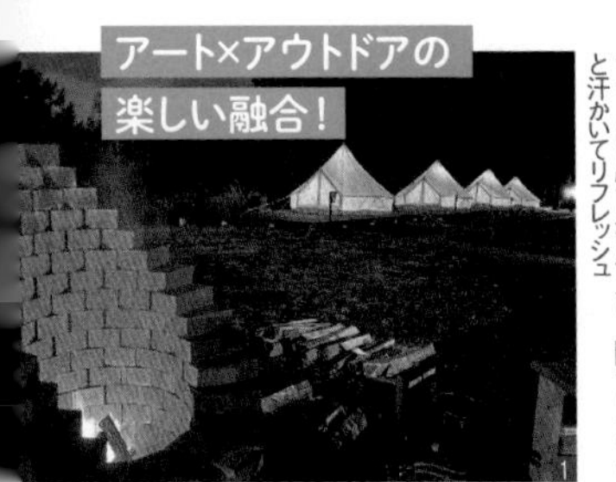
アート×アウトドアの
楽しい融合!

1札幌市内にもかかわらず自然に囲まれ夜はライトが幻想的 2部屋にもアートの要素が取り入れられている 3テントサイトは日帰り利用も可 4サウナでひと汗かいてリフレッシュ

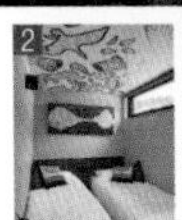

芸森ワーサム

ココがスゴイ! 日帰りでプライベートサウナを楽しむことも

●げいもりワーサム

札幌・南区 MAP 別冊P.31-C2

札幌芸術の森に隣接。広大な森にいながらホテルの快適さとプライベートサウナを備えた「TINY HOTEL」でBBQを楽しむのも。

住札幌市南区芸術の森3-915-21 札幌アートヴィレッジ内
TEL 011-558-1770 IN14:00～17:00 OUT10:00
料TINY HOTEL素泊まり1万円～ 客室TINY HOTEL3棟、GRAND TENT SITE6棟、CABIN3棟、FOREST TENT SITE3区画 交JR札幌駅から車で約30分 CCADJMV Pあり

杜のリゾート 丘の星ぞら

●もりのリゾート おかのほしぞら

伊達 MAP 別冊P.4-B3

寒さや湿気を防ぐウッドデッキの上に広々としたテント。道産牛や地元の農家から仕入れた野菜を使った、レストラン顔負けの料理も魅力。

住伊達市大滝区三階滝町40-9
TEL080-8045-1195
IN14:00 OUT9:00
料プレミアムグランピング4名用Wタイプ1泊2食付き1名 1万9800円
客室プレミアムグランピング12棟、オートサイトほか
交JR札幌から車で約2時間
CCADJMV Pあり

1林に囲まれた敷地内では天然記念物のクマゲラを見かけることも 2準備も片付けも不要で、キャンプのいいとこどりができる

ココがスゴイ! 屋根付きの焚き火場で雨の日でも気にせず楽しめる

ヴィラのような
上質な空間でゆったり

あなたの**旅の体験談**をお送りください

「地球の歩き方」は、たくさんの旅行者からご協力をいただいて、
改訂版や新刊を制作しています。
あなたの旅の体験や貴重な情報を、これから旅に出る人たちへ分けてあげてください。
なお、お送りいただいたご投稿がガイドブックに掲載された場合は、
初回掲載本を1冊プレゼントします！

ご投稿はインターネットから!

URL www.arukikata.co.jp/guidebook/toukou.html
画像も送れるカンタン「投稿フォーム」
※左記のQRコードをスマートフォンなどで読み取ってアクセス！

または「地球の歩き方　投稿」で検索してもすぐに見つかります

地球の歩き方　投稿

▶投稿にあたってのお願い

★ご投稿は、次のような《テーマ》に分けてお書きください。

《新発見》————ガイドブック未掲載のレストラン、ホテル、ショップなどの情報
《旅の提案》———未掲載の町や見どころ、新しいルートや楽しみ方などの情報
《アドバイス》——旅先で工夫したこと、注意したこと、トラブル体験など
《訂正・反論》——掲載されている記事・データの追加修正や更新、異論、反論など

※記入例「○○編20XX年度版△△ページ掲載の□□ホテルが移転していました……」

★データはできるだけ正確に。
ホテルやレストランなどの情報は、名称、住所、電話番号、アクセスなどを正確にお書きください。
ウェブサイトのURLや地図などは画像でご投稿いただくのもおすすめです。

★ご自身の体験をお寄せください。
雑誌やインターネット上の情報などの丸写しはせず、実際の体験に基づいた具体的な情報をお待ちしています。

▶ご確認ください

※採用されたご投稿は、必ずしも該当タイトルに掲載されるわけではありません。関連他タイトルへの掲載もありえます。
※例えば「新しい市内交通パスが発売されている」など、すでに編集部で取材・調査を終えているものと同内容のご投稿をいただいた場合は、ご投稿を採用したとはみなされず掲載本をプレゼントできないケースがあります。
※当社は個人情報を第三者へ提供いたしません。また、ご記入いただきましたご自身の情報については、ご投稿内容の確認や掲載本の送付などの用途以外には使用いたしません。
※ご投稿の採用の可否についてのお問い合わせはご遠慮ください。
※原稿は原文を尊重しますが、スペースなどの関係で編集部でリライトする場合があります。

＼第3章／

歴史と文化

幕末から現在までの
札幌・小樽の歴史年表

(札)は札幌、(小)は小樽に関連する事項。それ以外は両市または北海道全体に関連する事項

時代	西暦	和暦	月日	札幌・小樽のおもなできごと
幕末	1858	安政5年		銭函〜千歳間の道路開削。銭函に通行屋設置
	1859	安政6年		(小)運上屋北西の丘に水天宮➡P.20、310建立
	1861	文久1年		(小)ヲタルナイ場所請負人恵比須屋岡田が港町の海岸を埋め立て
	1864	元治1年		(小)量徳町の墨江神社(のちの住吉神社➡P.328)が初渡御式を行う
	1865	慶応1年	2月	(小)場所請負人制度廃止、ヲタルナイ場所は村並みとなる
	1866	慶応2年	9月	(札)大友亀太郎、札幌市街地で用水路(大友堀➡P.118)を開削
	1868	慶応4年	閏4月	(小)小樽内騒動が起きる。小樽内、銭函の漁民ら約600人が物価高騰、税制への不満などから役所を襲撃した事件
明治	1869	2	7月8日	開拓使➡P.404設置、鍋島直正が長官に
			7月22日	島義勇を開拓判官に任命
			8月15日	蝦夷地を北海道に改称
			10月	(小)開拓使は手宮、函館、幌泉(襟裳)、寿都に海官所を設置(海官所は翌年、海関所に改称される)
			10月12日	開拓判官・島義勇、銭函に開拓使仮役所を設置、本府建設に着手
	1870	3	1月19日	島判官、帰京を命じられる
	1871	4	5月	(札)札幌に開拓使庁が置かれる❶
			7月	アメリカ農務長官ホーレス・ケプロンら"お雇い外国人"一行が来日
			9月14日	(札)開拓神を祀る札幌神社(現・北海道神宮➡P.60、131)が円山に遷座
			10月26日	(札)札幌開拓使庁資生館を開校。札幌で最初の学校
	1872	5	5月	(札)都市計画の妨げとなる草葺き小屋が焼き払われる(御用火事)
			6月24日	(小)開拓使、手宮の港を小樽港と改称❷
			9月20日	開拓使「北海道土地売貸規則」「地所規則」を制定
			10月	函館〜室蘭〜札幌〜小樽の郵便が開業
	1873	6	6月28日	札幌〜亀田(函館)間(森〜室蘭間は航路)の札幌本道完成
			9月	(小)開運町教育所開設(1877年9月、量徳学校に改称)
	1874	7	12月12日	札幌から小樽、函館への電信架線開通
	1875	8	5月17日	(札)東北各地などからの屯田兵198戸965人、札幌郡琴似村に入植
	1876	9	5月29日	(札)山鼻村に240戸、発寒村に32戸の屯田兵が入植
			7月31日	(札)マサチューセッツ農科大学学長W・S・クラークが札幌農学校教頭として札幌に到着。8月14日に農学校開校式挙行
			7月	(札)私立三井銀行設立にともない札幌に出張店が開設される
			9月	(札)開拓使事業となる麦酒・葡萄酒醸造所、製糸工場が開業❸
	1877	10	4月10日	(札)琴似、山鼻の屯田兵大隊、西南戦争に出征(9月30日に帰還)
	1878	11	10月16日	(札)札幌農学校演武場(現・札幌市時計台➡P.16、120、404)落成式挙行
	1880	13	1月8日	(小)アメリカ人技師クロフォード、幌内鉄道の建設を小樽で着工
			11月28日	幌内鉄道手宮〜札幌間が開通。汽車運転式を挙行
			12月3日	(札)豊平館➡P.127、404落成式を挙行

❶町づくりが始まったばかりの札幌。1871(明治4)年、開拓使仮庁舎(北4条東1丁目)から撮影された画像

❷1872(明治5)年の小樽港。現在の堺町に近い海岸で、丘の上には常夜灯(灯台)が立っている

❸開拓使が建てた札幌麦酒工場。場所は現在のサッポロファクトリー➡P.126の敷地

マーカーは本誌掲載物件、重要キーワードなど

明治	1881	14	7月	(札)札幌農学校演武場にアメリカ、ハワード社製大時計を取り付け
			8月30日	北海道行幸の明治天皇、小樽港に上陸後、列車で札幌に向かう
	1882	15	2月8日	開拓使を廃止し函館、札幌、根室の3県を置く
			11月12日	幌内鉄道手宮～幌内間が全通。幌内炭鉱の石炭輸送始まる
	1885	18	10月1日	(小)日本郵船が発足。小樽でも支店営業開始
	1886	19	——	(札)札幌農学校植物園(現・北海道大学植物園➡P.24、114、404)開設
	1888	21	12月14日	(札)北海道庁本庁舎(赤れんが庁舎。現・北海道庁旧本庁舎➡P.16、121)落成
	1889	22	11月18日	(札)幌内鉄道の路線を受け継ぐ北海道炭礦鉄道が発足
	1891	24	11月7日	(札)北海道電灯開業、電力供給開始
	1892	25	5月4日	(札)市街中心部で火災、全市の2割にあたる887戸が焼失する(札幌大火)
	1893	26	4月1日	(小)日本銀行小樽派出所を稲穂町に設置
	1895	28	1月10日	(小)小樽電燈舎開業、市街で電力供給開始
	1899	32	7月13日	(小)小樽は開港場となる。国際貿易の拠点に
			10月1日	札幌、小樽、函館はそれぞれ区制施行
	1900	33	3月1日	(札)札幌区内で電話開通
			4月1日	(小)小樽区内で電話開通(5月には小樽～札幌間の電話も)
			4月2日	(札)北海道拓殖銀行が開業
	1903	36	4月17日	(小)手宮で930戸を焼失する大火。日本郵船小樽支店も焼失
			6月28日	(小)北海道鉄道蘭島駅～小樽中央駅(現・小樽駅➡P.18、306)開業❹
			7月30日	(札)札幌農学校➡P.148、新校地(現在の北海道大学敷地)に移転
	1904	37	5月8日	(小)稲穂町で出火、翌日にかけて2481戸を焼失する(稲穂町大火)
			9月8日	屯田兵条例を廃止
			10月15日	(小)北海道鉄道、函館駅～小樽駅間全通。同日、小樽中央駅を高島駅と改称
	1905	38	8月1日	(小)北海道鉄道は北海道炭礦鉄道との連絡線を開業。函館～札幌方面の直通運転が可能となる
	1906	39	10月1日	北海道炭礦鉄道の鉄道路線が国有化される
				(小)日本郵船小樽支店(現・旧日本郵船株式会社小樽支店)新築落成披露宴を開催❺
			11月14日	(小)日本郵船小樽支店で日露代表による樺太の国境画定会議開催(日露戦争での勝利で南樺太が日本領土となったことを受け)
			——	(札)五番館興農園(のちの札幌西武)が札幌駅前通に開業。北海道初の百貨店
	1907	40	6月22日	(札)札幌農学校が東北帝国大学農科大学となる
			7月1日	北海道鉄道(函館駅～小樽駅)の路線が国有化される
	1908	41	9月25日	(小)小樽港第一防波堤(北防波堤➡P.331)竣工
	1909	42	1月11日	(札)北海道庁庁舎の内部が全焼
	1910	43	5月1日	(札)札幌石材馬車鉄道開業(現在の札幌市電の前身)❻
			12月1日	(小)長岡安平により花園公園、手宮公園➡P.340の設計が完成
	1911	44	5月1日	(小)小樽高等商業学校(現・小樽商科大学➡P.328)開校❼
			8月23日	東宮(のちの大正天皇)北海道行啓。小樽公園内に建てられた「御旅館」(現・小樽市公会堂➡P.326)に宿泊
			10月	(小)手宮高架桟橋竣工❽
	1912	45	7月	(小)日本銀行小樽支店(現・日本銀行旧小樽支店金融資料館➡P.21、301、310)竣工

❹1903(明治36)年、現在の小樽駅の場所に開業した小樽中央駅

❺1906(明治39)年に竣工した日本郵船小樽支店(画面中央)

❻明治末期に開業した馬車鉄道。当初の目的は石材の輸送だ

❼開学間もない大正期の小樽高商

❽石炭荷役の効率化を進めるため手宮地区に誕生した高架桟橋

時代	西暦	和暦	月日	出来事
大正	1914	3	8月21日	(小)小樽区第一期埋め立て工事着工
			9月30日	(小)小樽市街で上水道竣工、通水開始
	1916	5	5月29日	(札)北海道の鉄道1000マイル(1609㎞)記念祝賀会を中島公園➡**P.127**で開催
	1918	7	4月1日	(札)北海道大学の前身となる北海道帝国大学が創立
			8月1日	開道五十年記念北海道博覧会を札幌、小樽2都市を会場として開会。9月19日まで❾
			8月12日	(札)札幌電気軌道➡**P.106**の電車が運行開始
			10月17日	(札)定山渓鉄道➡**P.51**白石駅～定山渓駅間で運行開始
	1919	8	11月	(小)小樽港、第四工区での埋め立てに着工。立岩破壊に着手
	1920	9	7月15日	(小)鉄道省は中央小樽駅を小樽駅➡**P.18、306**、小樽駅を南小樽駅➡**P.49、328**に改称
	1921	10	6月4日	(小)小樽乗合自動車、区内4路線でのバス運行事業を開始
	1922	11	8月1日	札幌区、小樽区に市制施行。道内ではほかに函館、室蘭、旭川、釧路がこの日より「市」となる
	1923	12	12月	(小)小樽港埋め立てが完工。小樽運河➡**P.19、20、298**が全区間完成
	1924	13	8月25日	(小)小樽港湾竣工式が行われる(前年末の埋め立て完工を祝う)
			12月27日	(小)手宮駅構内で多量の火薬が爆発。62人死亡、31人行方不明。鉄道施設・車両、周辺家屋、船舶にも被害
	1926	15	5月1日	(小)北海道の第1回メーデーを小樽で開催
昭和	1927	2	12月1日	(札)札幌電気軌道の路面電車は市営の札幌市電➡**P.106**となる
	1928	3	4月12日	(小)銭函に小樽ゴルフ倶楽部が創立する。北海道初のゴルフ場
			6月5日	(札)日本放送協会札幌放送局、ラジオ放送を開始
	1930	5	10月24日	(札)市営乗合自動車(バス)が運行開始
	1931	6	7月11日	(小)北海道拓殖博覧会・小樽海港博覧会開会(8月20日まで)
	1934	9	6月15日	(小)オタモイの龍宮閣➡**P.339**完成披露宴開催
	1935	10	2月24日	(小)北手宮小学校で第1回「雪まつり」開催❿
	1937	12	4月1日	(札)日本航空輸送が札幌～東京間の定期航空路線を開設
			6月9日	(札)'40冬季オリンピックの札幌開催が決まる(戦局悪化のため開催困難として翌年7月に開催権返上を決定)
			7月7日	(小)小樽市主催北海道大博覧会開会(8月25日まで)。同日、盧溝橋で日中両軍が衝突を引き金として日中戦争勃発、その後の第2次世界大戦に続く戦争の時代の始まり⓫
	1939	14	7月20日	(小)北海ホテルが創立20年記念事業として、余市から移設した鰊番屋を改装した銀鱗荘➡**P.303**開業
	1945	20	7月	(小)14・15日の両日、米軍機による北海道空襲。小樽市内でも被害
	1946	21	12月	(札)藻岩山➡**P.130**に国内初のスキーリフトが完成。ただし進駐軍専用
	1947	22	4月	(小)新制小樽商科大学発足
	1949	24	5月16日	(札)支笏洞爺国立公園➡**P.246**指定。札幌市の定山渓温泉➡**P.212**も域内に入る
	1950	25	2月18日	(札)第1回さっぽろ雪まつり➡**P.113**、大通7丁目で開催
	1951	26	5月5日	(札)円山児童遊園開園(9月、円山動物園➡**P.116**に改称)
	1952	27	3月	(小)第7回国民体育大会スキー大会を天狗山➡**P.327**で開催。それに先立ちスキーリフトが開業。民間用としては道内初となる⓬
	1954	29	——	(小)朝里温泉(現・朝里川温泉➡**P.334**)初の宿泊施設、元湯朝里温泉開業

❾北海道成立50年を祝う博覧会。札幌では中島公園が主会場となった

❿1935年に小樽・北手宮小学校で始まった「雪まつり」

⓫1937年の「北海道大博覧会」は小樽公園➡**P.326**を主会場として開催

⓬天狗山に初めて開業したリフト。支柱は木製。座席は2人がけ、スキーを外して乗っている

時代	西暦	和暦	月日	出来事
昭和	1956	31	5月3日	(小)稲穂町大火。色内小学校、石山中学校、民家100戸を焼失
			6月20日	(小)小樽市博物館が旧日本郵船株式会社小樽支店社屋で開館
			8月4日	(小)天狗山観光道路が開通⓭
			12月22日	(札)さっぽろテレビ塔➡**P.120**完成。同日NHK札幌放送局がTV放送開始
	1958	33	7月5日	北海道大博覧会開会(8月31日まで)。札幌、小樽の共催で札幌では桑園、小樽では第3号埠頭と祝津が会場となる
	1959	34	4月1日	札幌テレビ放送(STV)➡**P.5**がテレビ放送を開始
	1963	38	7月24日	(小)ニセコ・積丹・小樽海岸国定公園制定
	1964	39	9月27日	(小)函館本線・小樽～南小樽駅間の高架が完成⓮
			——	(札)札幌神社は北海道神宮➡**P.60、131**に名を改める
	1965	40	8月1日	(小)小樽市開基百年記念事業が行われる。1865(慶応元)年に"村並"(＝事実上の自治体扱い)となってからの100年
	1967	42	8月4日	(小)第1回おたる潮まつり➡**P.312**開会(6日まで)
	1968	43	6月14日	(札)北海道百年記念北海道大博覧会が真駒内で開幕(8月18日まで)
			8月28日	函館本線・小樽～滝川電化開業(翌年10月1日、旭川まで延伸)
			9月2日	(札)北海道百年祝典を円山競技場で開催
	1970	45	7月31日	(小)新日本海フェリー小樽～舞鶴航路に就航、初入港⓯
	1971	46	4月14日	(札)北海道開拓記念館(現・北海道博物館)が開館
			11月16日	(札)札幌地下街オーロラタウン、ポールタウン➡**P.102**が開業
			12月4日	道央自動車道千歳～北広島と札樽自動車道が開通
			12月16日	(札)札幌市営地下鉄➡**P.104**南北線北24条～真駒内間が開業
	1972	47	2月3日	(札)第11回冬季オリンピック札幌大会開幕(13日まで)⓰
			4月1日	(札)札幌市は政令指定都市となる
	1976	51	6月10日	(札)地下鉄2番目の路線、札幌市営地下鉄東西線開業
	1977	52	7月20日	(札)北海道立近代美術館➡**P.132**開館
	1979	54	12月18日	(小)天狗山スキー場のロープウェイ運行開始
	1980	55	2月14日	(小)第35回国民体育大会冬季大会スキー競技会開幕
			7月7日	北海道鉄道百年記念として手宮駅構内で蒸気機関車「義経」と「しづか」➡**P.48**の対面式。11月には札幌～小樽間でSL列車の運行も⓱
	1982	57	6月12日	(札)'82北海道博覧会開幕。道立産業共進会場で8月22日まで
	1983	58	4月16日	(札)北海道開拓の村➡**P.184**開村
			11月12日	(小)小樽運河埋め立てに向けた杭打ち作業が始まる⓲
	1984	59	6月10日	(小)'84小樽博覧会開幕。勝納埠頭を主会場として8月26日まで
	1985	60	9月3日	(小)旧小樽倉庫の建物を再生利用した小樽市博物館が開館(2007年7月より小樽市総合博物館運河館➡**P.25、307**に)
			11月5日	(小)国鉄手宮線の営業が終了、廃線に。105年の歴史に幕を下ろす

⓭天狗山の山頂まで車で行くことが可能に

⓮小樽～南小樽間に完成した高架線を通る一番列車。道内での鉄道高架はこれが初めて

⓯新日本海フェリーの第一便出航を見送る人たち。潮まつりの期間にも重なり、大勢の人が埠頭に詰めかけた

⓰開会式を前に、小樽から札幌に向かう冬季オリンピックの聖火リレー

⓱記念式典のため大阪から運ばれた「義経」号

⓲反対派の怒号が響くなか、埋め立て工事に向けて杭打ちが始まった小樽運河

時代	西暦	年	月日	出来事
昭和	1986	61	5月8日	(小)道道臨港線と運河散策路の工事終了、開通式が行われる⑲
			7月26日	(札)'86さっぽろ花と緑の博覧会開幕。百合が原公園➡P.150で8月31日まで
			6月28日	(札)札幌芸術の森➡P.214がオープン
	1987	62	4月1日	(小)国鉄分割民営化でJR北海道発足。3月31日夜より小樽築港駅で記念式典挙行
	1988	63	6月3日	(札)世界・食の祭典開幕。月寒と大谷地を主会場に10月30日まで
			12月2日	(札)地下鉄3番目の路線、札幌市営地下鉄東豊線開業
平成	1989	1	9月18日	(小)第44回国民体育大会（はまなす国体）夏・秋季大会が開幕
	1990	2	3月1日	(小)運河プラザ➡P.307がオープン。旧小樽倉庫の石造り建築を再生利用
			6月26日	(札)パシフィック・ミュージック・フェスティバル（PMF）開幕。主会場となる札幌芸術の森野外ステージはこれに合わせてオープン
	1991	3	10月7日	札幌テレビ放送（STV）の大型情報番組「どさんこワイド」➡P.5放送開始
	1992	4	6月13日	(札)YOSAKOIソーラン祭り➡P.113開催される。14日まで
			9月30日	札樽自動車道札幌西IC～札幌JCT間が開通し道央自動車道と接続
	1993	5	9月28日	(小)朝里ダム➡P.332が完成（1981年に着工）、完工式を挙行
	1996	8	3月2日	(札)札幌本拠のサッカーチームの愛称コンサドーレ札幌➡P.54に決定
			4月20日	(小)小樽交通記念館が開館。SL「アイアンホース」号が運行開始
	1997	9	11月4日	(札)豊平区から分区した清田区が発足。現在の市内10区体制に
	1998	10	11月13日	(札)北海道拓殖銀行が経営破綻、営業終了
			12月20日	(札)AIR DO（北海道国際航空）が新千歳～羽田で就航
	1999	11	2月11日	(小)「小樽雪あかりの路」第1回開催。21日まで
			2月18日	(小)第54回国民体育大会冬季大会スキー競技会（みなと・おたる国体）が開幕。21日まで
			3月11日	(小)小樽築港地区にマイカル小樽（現・ウイングベイ小樽➡P.331）開業
	2001	13	6月2日	(札)札幌ドーム➡P.54、194が開業。3日にオープニングイベント開催
			11月3日	(小)旧国鉄手宮線散策路➡P.19、21、48、308、寿司屋通り～中央通りの区間が遊歩道に
			9月13日	(小)日本銀行小樽支店➡P.21、301、310が営業終了。日銀の支店廃止は全国で初
			11月15日	(小)市内で最後の都市銀行三井住友銀行小樽支店が営業終了
	2002	14	6月	(札)サッカーワールドカップの3試合が札幌ドームで開催される
	2003	15	3月6日	(札)札幌駅直結の複合商業施設JRタワー➡P.122が開業
			5月14日	(小)日本銀行旧小樽支店金融資料館➡P.21、301、310が開館
	2004	16	4月2日	(札)札幌に本拠地を移したプロ野球日本ハムファイターズ➡P.52が札幌ドームで初戦。対西武ライオンズで勝利
	2007	19	7月14日	(小)小樽交通記念館（2003年6月閉館）と青少年科学技術館を統合した小樽市総合博物館➡P.48、340が開館。従来の小樽市博物館は運河館に
	2011	23	3月12日	(札)札幌駅前通地下歩行空間 ➡P.102（愛称「チ・カ・ホ」）開通
	2015	27	3月	(札)上野～札幌「北斗星」、大阪～札幌「トワイライトエクスプレス」ふたつの寝台特急が運行終了
	2017	29	9月1日	(小)旧北海道拓殖銀行小樽支店、旧三井銀行小樽支店など4つの建物を再生利用した小樽芸術村➡P.309がグランドオープン
	2018	30	8月5日	(札)北海道命名150年の記念式典、「北海きたえーる」➡P.55、198において開催
			9月6日	北海道胆振東部地震が発生。札幌市などでも建物の損壊などの被害。道内全域で電力が途絶えるブラックアウトも続いた
			10月7日	(札)札幌文化芸術劇場（hitaru）➡P.125オープン。さっぽろ創世スクエアの中核施設となる
			12月8日	(小)後志自動車道小樽JCT～余市IC間が開通
令和時代（～2023年）	2020	2	1月～	新型コロナウイルスの感染拡大により、道内でも多方面に影響が拡がる。観光施設の休業、イベントの開催中止などが相次ぐ
	2021	3	7月	(札)東京オリンピックのサッカー1次リーグ、陸上競歩、マラソン競技が札幌市内で行われる。道内での夏季オリンピック競技開催は初めて
	2022	4	9月30日	(札)新幹線工事に関連する札幌駅再開発のためパセオ➡P.102が閉店
	2023	5	3月14日	北海道日本ハムファイターズが北広島市の新球場「エスコンフィールドHOKKAIDO」➡P.53で初試合

⑲運河沿い散策路の完成を祝うパレード

北海道の旧石器時代から江戸時代の年表

	西暦	和暦	できごと
旧石器時代	2万5000年前頃		陸続きだったシベリアからマンモスハンターと呼ばれる人々が北海道へ渡来
	1万5000年前頃		氷河期が終わり、北海道が島となる
	1万年前頃		白滝産の黒曜石がシベリアやサハリンへ伝播
縄文時代	1万4000年前頃		土器が使われ始める
	8000年前頃		アムール地域で派生した石刃鏃文化が道東を中心に広がる
	6000～4000年前頃		縄文海進によって海が内陸に進入し、道内各地に貝塚ができる
	4000～3000年前頃		ストーンサークルが作られるなど精神文化が発達 →忍路（おしょろ）環状列石（小樽市）
	3500年前頃		国宝「中空土偶」が作られる
続縄文時代	2100～1700年前頃		九州に生息するイモガイ製の腕輪などがもたらされる →有珠モシリ遺跡（伊達市）
	1700～1200年前頃		道央を中心に河川でのサケマス漁が活発化 →K135遺跡（札幌市）
オホーツク文化期	7世紀頃		オホーツク海沿岸を中心に海獣狩猟や漁労を営む海洋民族の文化が広まる
	658年	斉明4年	阿倍比羅夫が日本海を北征し、有馬浜で渡嶋の蝦夷を饗応
	659年	斉明5年	阿倍比羅夫が後方羊蹄に政庁を置く
	660年	斉明6年	阿倍比羅夫が渡嶋蝦夷を率いて粛慎（一説にはオホーツク文化人とも）を征討
擦文文化期	9世紀頃		本州の古墳文化に影響を受けた擦文文化が全道に波及し、アイヌ文化の母体となる
	10世紀頃		オホーツク文化が衰退。トビニタイ文化がおこる
	11～12世紀		蝦夷の呼び方が「エミシ」から「エゾ」へ変化
	1189年	文治5年	源頼朝に攻められた藤原泰衡が蝦夷島へ逃れる途中、肥内郡（秋田県）で殺される
	13世紀頃		擦文文化が衰退
鎌倉時代	1216年	建保4年	鎌倉幕府が強盗や海賊50人余りを蝦夷地へ流刑
	1219年	承久元年	津軽（青森県）の豪族だった安東氏が蝦夷管領を命じられる
	1284～86年	弘安7～9年	モンゴル帝国（元朝）がサハリンへ侵攻しアイヌと交戦
室町時代	1443年	嘉吉3年	津軽十三湊を拠点とする安東氏が南部義政に攻められ北海道へ逃れる
	1456年	康正2年	志濃里（函館市）で小刀の価格をめぐってアイヌと和人の争いが勃発
	1457年	長禄元年	コシャマイン率いるアイヌ軍が、上ノ国花沢館主蠣崎季繁の客将武田信広に討たれる（コシャマインの戦い）
	1458年	長禄2年	武田信広が蠣崎季繁の女婿となり、蠣崎姓に改めて同氏を継ぐ
	1514年	永正11年	蠣崎信広の子、光広が居城を上ノ国から大館（松前）に移す
	1551年	天文20年	蠣崎光広の孫、季広が「夷狄の商船往還の法度」を定め、アイヌと講和
安土桃山時代	1590年	天正18年	蠣崎季広の子、慶広が聚楽第で豊臣秀吉に謁見
	1593年	文禄2年	蠣崎慶広が豊臣秀吉から国政の朱印状を下付され、蝦夷の領主として認められる
	1599年	慶長4年	蠣崎慶広が徳川家康のお墨付きを得て姓を松前に改める
江戸時代	1604年	慶長9年	松前慶広が家康からアイヌとの交易独占権を認める黒印状を交付される
	1606年	慶長11年	福山館（松前城の前身）が完成。この頃に商場知行制が導入される
江戸時代	1618年	元和4年	イエズス会宣教師アンジェリスが松前で布教
	1633年	寛永10年	幕府巡見使一行が道南を視察、和人地と蝦夷地の境界が定められる
	1648年	慶安元年	日高地方でメナシクル（シブチャリ）とシュムクル（ハエ）のアイヌ内部抗争が勃発
	1669年	寛文9年	シブチャリの首長シャクシャインが反松前藩の戦いを起こすも謀殺される（シャクシャインの戦い）
	1717年	享保2年	藩士（知行主）に代わって商人が交易を担う場所請負制がこの頃に成立『松前蝦夷記』に記述）
	1768年	明和5年	ロシアが択捉島に上陸
	1770年	明和7年	千島列島のウルップ島でロシア人に長老を殺害されたエトロフアイヌがロシア人を襲撃
	1783年	天明3年	仙台藩医の工藤平助が蝦夷地でのロシアの動向を考察した『赤蝦夷風説考』を著す
	1785年	天明5年	老中の田沼意次が蝦夷地開発を企図して最上徳内らを現地調査に派遣
	1789年	寛政元年	場所請負人の搾取に反感をもった国後目梨地方のアイヌが蜂起して71人の和人を殺害。クナシリメナシの戦い
	1792年	寛政4年	ロシア遣日使節のラクスマンが通商を求めて根室に来航するも幕府に拒まれ、翌年帰国
	1798年	寛政10年	幕府が蝦夷地巡検隊を派遣、近藤重蔵らが択捉島に渡って「大日本恵登呂府」の標柱を立てる
	1799年	寛政11年	幕府は東蝦夷地について場所請負制を廃止し、幕府の直営とする
	1806年	文化3年	通商を拒否されたロシア遣日全権使節レザノフの部下フヴォストフが樺太で略奪、翌年には択捉島を襲撃
	1807年	文化4年	幕府は松前と西蝦夷地を召し上げて全道を直轄とし、松前藩を陸奥国梁川（福島県）へ移封
	1808年	文化5年	間宮林蔵が松田伝十郎と樺太を探査、翌年には単身で黒竜江下流地方へ渡り、樺太が島であることを発見
	1811年	文化8年	ロシア軍艦の船長ゴローウニンが国後島を測量中、幕府役人に捕らえられ、松前に幽閉される
	1812年	文化9年	廻船業者高田屋嘉兵衛が国後島近海でロシア艦船に捕らえられ、カムチャツカへ連行される
	1813年	文化10年	高田屋嘉兵衛との交換というかたちでゴローウニンが箱館から帰国
	1821年	文政4年	ロシアとの緊張緩和により、幕府は松前藩に蝦夷地の復領を許し、直轄を廃止
	1845年	弘化2年	松浦武四郎が東蝦夷地などを踏査、以後1858（安政5）年まで蝦夷地や樺太、国後、択捉を探検
	1849年	嘉永2年	辺境防備のため幕府が松前藩に福山城（松前城）の築城を命じる（完成は1854年）
	1854年	安政元年	ペリー艦隊が箱館へ来航し大騒動となる。幕府が箱館奉行を設置。日米和親条約締結
	1855年	安政2年	箱館開港。幕府は蝦夷地を再び直轄地とし、松前藩に陸奥国梁川と出羽国東根（山形県）3万石をあてがう
			日魯通好条約によって択捉島とウルップ島の間に日露の国境が設定される
	1859年	安政6年	幕府は蝦夷地を東北諸藩（津軽、南部、秋田、仙台、庄内、会津）に分割統治させる
	1864年	元治元年	五稜郭が完成し、箱館奉行所がここに移される。松前12代藩主松前崇広が老中に任じられる

札幌・小樽の歴史

現在の北海道の道庁所在地にして道内最多の人口を擁する札幌は、 明治維新の到来を機に造られた「計画都市」。 これに対し隣接する小樽は蝦夷地の港町として、古くからの歴史を築いていた。 大きく異なる来歴をもつ2都市は明治の新時代を迎え、北海道の中心と、それを支える外港という機能でつながりながら発展を遂げてきた。

北海道開拓の拠点、札幌

原野で始まった札幌の街づくり

北海道は明治時代を迎えて以後、国策による近代化が進められた土地だ。それまで「蝦夷地」と呼ばれたこの土地には先住していたアイヌ民族のほか、南部に松前藩の藩領がおかれ、沿岸各地の交易場所で漁労などを行う者の営みがある程度だった。

1869（明治2）年7月、国の行政機関「開拓使」(→P.404）が設置され、蝦夷地に代わる「北海道」の名が生まれる。この地で新たな産業を興し、定住人口を増やしていくことが明治政府にとって喫緊の課題であり、それを司るのが開拓使の使命だった。

北海道開拓の拠点として選ばれたのが札幌だ。それまでの北海道には函館、小樽、根室など沿岸にいくつかの港町があった。しかし、開拓本府はそれによらず、それまで町の礎がほとんどなかった内陸の石狩平野におかれることとなった。

「札幌」の名の語源は諸説あるが、アイヌ語で「乾いた大きな川」を意味する「サト・ポロ・ナイ」とされる。人の営みがほとんどなかった原野に新たな都市を建設するという、近代日本ではほかに例のない事業が始まった。 ➡写真1

碁盤の目の街並みが誕生

開拓使の初代判官として赴任したのが島義勇（よしたけ）。島は現在の小樽市銭函に設けた仮役所から札幌に通い、市街地建設の指揮を執った。 ➡写真2

このときの札幌には幕末の1866（慶応2）年、大友亀太郎によって造られた水路――その一部が現在の創成川となる――があり、これが市街地の南北方向の基準と

1 開拓初期の札幌
町づくりが始まったばかりの1871（明治4）年に撮影された「創成橋」。ここに写る細い水路が、現在の市街中心部を南北方向に流れる創成川のもとになっている。後方に見える建物は開拓使が設けた「本陣」で、このあとに「お雇い外国人」たちの宿舎として使われた

（写真所蔵／北海道大学附属図書館）

なっている（→P.118）。また、市街中心部を東西方向に走る通りはひときわ広い道幅が取られた。これが現在の市街地にある広いグリーンベルト、大通公園（→P.112）である。

この通りの北側は道庁をはじめとする“官”の地、対する南側は商店や庶民の住宅が並ぶ“民”の地となった。大通は両者を分ける境界であるとともに、火災の際には延焼を食い止める防火帯としての機能ももっていた。 ➡写真3

北海道近代化のシンボル的存在となる開拓使の本庁舎は1873（明治6）年10月に落成した。しかし、1879（明治12）年1月に火災で全焼し、わずか6年の短命に終わった。 ➡写真4

その後1882（明治15）年2月に開拓使は廃止され、それに代わる北海道庁の庁舎がのちの1888（明治21）年12月に竣工する。これが「赤れんが庁舎」（→P.121）の名で今も親しまれる現在の北海道庁旧本庁舎だ。 ➡写真5

現在の大通公園。四季折々の花が咲き、札幌市民の憩いの場となっている

2開拓使初代判官・島義勇の像
札幌市役所内に立つ島義勇の像。札幌を世界屈指の都にするとの意気込みをみせた島だが、予算をめぐる開拓長官との衝突などの理由で、着任から半年足らずで免職となった。島の立像はこのほか、北海道神宮境内にもある

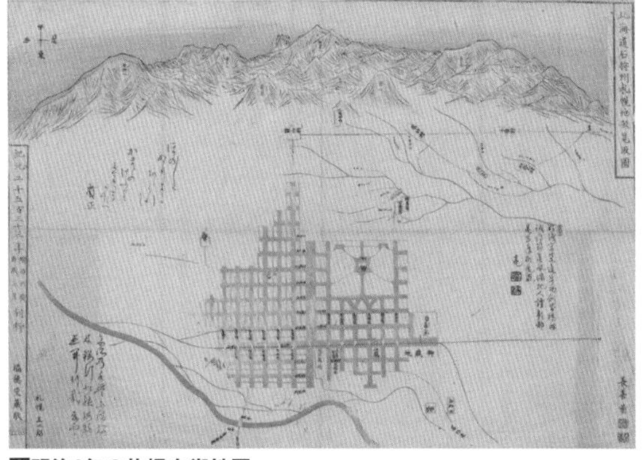

3明治6年の札幌市街地図
1873（明治6）年に発刊された『北海道石狩州札幌地形見取図』。この図は右が北、上を西として描かれている。市街中心部で碁盤の目の街並みが姿を現しはじめている。その中央部で上下方向に延びる幅の広い道路が、現在の大通公園。市街地の右上に開けているのは開拓使の敷地で、初代庁舎はこの年の10月に落成した
（地図所蔵／札幌市中央図書館）

4開拓使本庁舎
木造2階建ての建築で、大きな八角形の塔屋が特徴。1873（明治6）年に竣工したがわずか6年後に焼失した。この庁舎の外観を再現した建物が「北海道開拓の村」に復元されている
（写真所蔵／北海道大学附属図書館）

5北海道庁本庁舎（赤れんが庁舎）
1888（明治21）年に竣工した建物の、完成間もない頃の写真。建物は1968（昭和43）年まで庁舎として使われた。旧本庁舎は2025年にリニューアルオープン予定で大規模修復工事が進められている
（写真所蔵／北海道大学附属図書館）

近代化を進めた「お雇い外国人」

明治時代を迎えた日本では、欧米諸国からさまざまな分野の専門家が招かれ近代化の指導役となった。「お雇い外国人」と呼ばれる人々だ。北海道に招かれた人材は日本のほかの地域に比べてアメリカ人の比率が高く、総勢約80人のうちおよそ7割を占めた。開拓長官・黒田清隆が、移民によって新たな国家を築いたアメリカを北海道開拓の手本と考えたためといわれる。

1871（明治4）年以降、北海道に到着したお雇い外国人はアメリカの農務長官ホーレス・ケプロンを筆頭に、地学・鉱山のベンジャミン・ライマン、農業・牧畜のエドウィン・ダンなど。これらのなかで、特に知名度の高い人物といえばウィリアム・スミス・クラークの名が挙げられる。新たに開校する札幌農学校（北海道大学の前身）に実質的な校長として迎えられ、札幌を去る際に残したとされる「少年よ、大志をいだけ」の言葉がよく知られている。 ➡写真6

6 W・S・クラーク肖像
札幌農学校に赴任した当時はマサチューセッツ農科大学の学長の職にあり、1年間の休暇期間中に来日した。札幌滞在は約9ヵ月間と意外に短い
（写真所蔵／北海道大学附属図書館）

「時計台」は札幌農学校の演武場

現在、札幌中心部の観光名所として有名な札幌市時計台（→P.120）は、札幌農学校の武道や体育の授業に使われる「演武場」として1878（明治11）年に竣工した。創立当初の農学校敷地はこの演武場周辺にあり、講堂や寄宿舎などの建物が並んでいた。 ➡写真7

この校地もやがて手狭になったため1903（明治36）年に市街地北側に移転、これが現在の北海道大学キャンパス（→P.148）となる。今では高いビルに囲まれて立つ時計台だが、かつて札幌農学校の敷地がこの地に広がっていたことを示す唯一の建物として貴重な存在だ。

国の行政機関である開拓使は1869年から82年まで（明治2〜15年）の13年の存在期間中にさまざまな建物を築いており、時計台以外にもいくつかが今なお健在だ（→P.404）。 ➡写真8

7 創建当初の農学校演武場
1890（明治23）年頃の札幌農学校校舎群。中央に写るのが現在「札幌市時計台」と呼ばれる演武場で、場所は今の北1条西2丁目にあたる
（写真所蔵／北海道大学附属図書館）

8 開拓使によって建てられた洋式ホテル「豊平館」
大正時代、大通に面して立っていた豊平館の姿。この時代には公会堂として各種式典などでの利用が多かった
（写真所蔵／北海道大学附属図書館）

9 琴似屯田兵村
琴似には208戸の兵村が整然と並び、現在の繁華な町並みの基礎を築いた
（写真所蔵／北海道大学附属図書館）

屯田兵によって進んだ街づくり

開拓使は北海道での産業振興と並び、移民を募って人口を増やすことも重要な課題ととらえていた。その一方で南下の機会をうかがうロシアに対する警戒も、この時代には怠ることができない。

この状況下でつくられたのが屯田兵制度だ。平時には農作業と軍事訓練に従事し有事の際は兵士となる人員を北海道外から移民として集め、道内各地に配置する政策が進められた。

その第1号となるのが1874（明治7）年、現在の札幌市西区、琴似地区におかれた屯田兵村だ。 ➡写真9

このうち発寒、山鼻、新琴似、篠路と現在の札幌市内4ヵ所はじめ道内各地で計37の兵村がおかれ、屯田兵の入植が進んだ。

市街の発展、「札幌市」誕生

明治初期の約15年間、開拓使による街の基盤づくりの時期を経て、1886（明治19）年には北海道庁が発足。この頃から札幌の人口は着実に増加し、道庁庁舎をはじめさまざまな建物の建築が進む。明治時代中期には電信・電話、電気が通じ、近代都市としてのインフラも徐々に整っていった。

その後、大正時代に入ると苗穂、元村、山鼻など周辺地域でも人口が増加し市街地が広がった。それまでの札幌区に代わる「札幌市」が発足し、名実ともに大都市の仲間入りを果たすのは1922（大正11）年8月のことだ。 ➡写真10

戦後の復興、冬季五輪の開催

戦後の札幌は樺太や満州から多数の引揚者が転入したことなどもあり、人口が急増して住宅地の拡大が進んだ。復興が進むとともに主要官公庁や銀行など企業の進出も盛んとなった。

1957（昭和32）年には大通に展望台などを備えたさっぽろテレビ塔（→P.120）が完成、翌年には藻岩山にロープウェイ（→P.130）が開業するなど観光都市として

北海道開拓の村（→P.184）。再現した旧札幌停車場と馬車鉄道

10大正時代の停車場通を行く馬車鉄道

札幌駅前から南に下がる停車場通りと大通の交差点。写真右の建物は1909（明治42）年竣工の北海道拓殖銀行本店。現在の札幌市電のルーツとなる馬車鉄道は1918（大正7）年に電車として開業した （写真所蔵／札幌市中央図書館）

10大正時代の大通公園の全景

画面右端の建物は、上の写真にも写る拓銀本店。写真中ほどの停車場通りを電車が走っているから、こちらの写真は上よりあとの1918（大正7）年以降の撮影ということになる （写真所蔵／札幌市中央図書館）

10大正7年頃の札幌停車場前

『札幌開拓五十年記念写真帖』の中の1枚で1918（大正7）年頃の撮影。「北海道開拓の村」入口の管理棟は、この駅舎建築をモデルとして建てられている （写真所蔵／北海道大学附属図書館）

の整備が進む。

そして1966（昭和41）年には、1972年冬季オリンピックの札幌開催が決定。これを機に市街での道路整備が急速に進み、市営地下鉄や札樽自動車道の建設もオリンピック開催に向けてピッチが上がった。市の人口は着実に増え、全国で8番目の100万人都市となったのは1970（昭和45）年。冬季オリンピック閉幕後の1972年4月には政令指定都市となる。

その後も札幌市の人口は増え続け、現在では197万人を超えた。近年ペースが緩やかになってはいるものの増加傾向は変わらない。一方で北海道全体の人口はおよそ514万人で減少が続き、札幌市が道内のほかの市町村の人口減少分を受け止めている側面もある。道内で札幌市に次ぐ人口は、旭川市の約32万人。札幌は実にその6倍以上を抱えていて、一極集中ぶりが顕著にみられる。

“港まち”小樽の発展

江戸時代から北前船の寄港地に

江戸時代初期から蝦夷地は、松前藩が実質的に支配する土地となっていた。この時代の藩制度の下では取れる米の石高によって各藩の規模が計られたが、寒冷地の松前藩では、米に代わって交易で収益を上げることが行われた。蝦夷地から交易に供されたのはおもに海産物で、特に大量に水揚げされるニシンを加工した〆粕（しめかす）と呼ばれる肥料は、本州各地で高い需要があった。

こうした交易を支えたのが北前船だ。大坂から瀬戸内海、日本海を経て蝦夷地に向かうこの船は単なる輸送船ではなく、途中の各地で産品の売買を行いながら航海を続ける商船だった。

江戸時代から続いた北前船交易は明治維新を迎え、松前藩による管理体制が解

12 明治初頭の小樽
1872（明治5）年に描かれた「小樽地図」。水際にまばらに建物が並び、中ほどに簡素な桟橋が造られている様子がわかる（画像所蔵／市立小樽図書館）

11 小樽の海岸に停泊する北前船
大坂と蝦夷地との間を走った北前船。船自体は一枚帆の和船で弁財船と呼ばれた。現在は観光客でにぎわう堺町交差点のすぐ沖合が、北前船の停泊地だった

（写真所蔵／小樽市総合博物館）

13 入船陸橋を渡る石炭列車
現在の南小樽駅近くの入船陸橋を渡る列車。機関車はアメリカ製でディズニーのアニメや西部劇映画に見られるような外観だ。車番「6」の数字が読める機関車は現在、小樽市総合博物館に展示されている「しづか」号　（写真所蔵／小樽市総合博物館）

かれたあとに全盛を迎える。恵まれた地形から天然の良港であった小樽は、寄港地として繁栄した。こうした北前船の時代は、鉄道網が広がる明治時代後期まで続く。
➡写真11・12

現在の日本銀行旧小樽支店。内部は金融資料館になっていて見学できる（→P.310）

鉄道の開通により町は大発展

“港まち”小樽が大発展に向かう契機となったのが、鉄道の開通だ。明治初頭、内陸の幌内（現在の三笠市）で発見された石炭を港に運ぶため、小樽を起点とする鉄道が建設される。この「官営幌内鉄道」は1880（明治13）年に小樽（手宮）～札幌が部分開業、2年後には幌内までの全線が開通して本来の目的である石炭輸送が始まった。 ➡写真13

のちに手宮線と呼ばれるこの鉄道は1985（昭和60）年に全面廃止されるまで物資の運搬と人々の足として活躍。線路跡は現在、旧国鉄手宮線散策路（→P.308）として整備されている。また、旧手宮線鉄道施設は小樽市総合博物館（→P.340）に保管されており、国の重要文化財に指定。港と結びついたことは、小樽の発展に大きな効果をもたらした。特に近代化が進む北海道の中心地・札幌とつながったことにより、小樽はそこへの物資・人の流れを受け入れる外港として重要な役割を得る。

さらに明治時代後期には北海道の内陸に延伸された鉄道とも結ばれ、小樽は道内各地の農林産物などの集積地として急速に発展していった。

人口の推移は1869（明治2）年にわずか2600人余りだったのが1887（明治20）年に約1万5000人余り、1897（明治30）年には5万人を超え、爆発的ともいえる伸びを見せている。その後の1920（大正9）年に行われた国勢調査では10万8000人余りで全国で13番目の“大都市”に数えられている。

小樽に北日本随一の金融街が出現

港湾都市として活発な経済活動の拠点となった小樽には、明治時代中期以降、本州資本の大手銀行の進出が相次いだ。その嚆矢（こうし）となった三井銀行の支店開設は、幌内鉄道が開通した1880（明治13）年。1893（明治26）年には日本銀行も小樽に支店を開いた。これらの支店は、開設当初には簡素な木造建築だったが、小樽の経済発展と歩調を合わせるように、豪壮な建築へと生まれ変わっていく。 ➡写真14

明治時代が幕を下ろす直前、1912（明治45）年7月に竣工した日本銀行小樽支店は、東京駅駅舎などの建築で知られる日本の近代建築のパイオニア・辰野金吾が設計を指揮した。

14大正時代末期、建設工事が進む色内・銀行街

写真右が北海道拓殖銀行、左は三菱銀行、その奥が第一銀行それぞれの小樽支店で、これらは大正時代末期の1911～13年に相次いで落成した。写真奥、屋根にドームを掲げた建物は明治末期に建てられた日本銀行小樽支店。以上4つの建物はいずれも現存する

（写真所蔵／小樽市総合博物館）

これ以後の大正から昭和初期にかけて小樽市内の色内地区には、銀行支店の壮麗な建築が競い合うかのように建ち並んでいく。当代一流の建築家が手がけたそれらの建物は多くが今に残り、歴史の町・小樽を象徴する重要な見どころとなっている。

⑮明治末期、港の荷役作業
写真右側、通り沿いを長手方向として並ぶ石造倉庫は現在、運河プラザ、小樽市総合博物館運河館（→P.307）として使われている建物。大正時代にはこの沖側に埋立地が造成され、もとの陸地との間にできた水面が小樽運河と呼ばれることとなる
（写真所蔵／小樽市総合博物館）

⑯築造から間もない、戦前の小樽運河
沖合に停泊した船の荷は艀に移され、運河を通って水際に並んだ倉庫まで運ばれた　（写真所蔵／小樽市総合博物館）

⑯人海戦術による港湾荷役
艀と倉庫の間で荷運びをするのは、沖仲仕と呼ばれた労働者による人海戦術だった　（写真所蔵／小樽市総合博物館）

大規模な港湾工事で小樽運河が誕生

明治時代の後期より、小樽港では増大し続ける貨物をさばくために港湾施設の大規模な改修が課題となっていた。市街地に起伏が多く水際に平地の乏しい地形であるため、船に積み下ろしする貨物を納める倉庫の用地が足りないことも問題だった。

港湾改修の方針としては、船を岸壁に直接横付けする「埠頭方式」、陸地から離れたところに埋め立て地を造って倉庫用地とし、沖合に停泊した船から艀（はしけ）を介して荷を運ぶ「運河方式」とふたつの案が考えられた。どちらを採るかをめぐって議論は長く続いたが、最終的に運河方式に決まる。埋め立ては1914（大正3）年に北側から着工され、全区間の完成を見たのは1923（大正12）年のことだ。 **➡写真⑮**

完成した運河には荷を満載した艀が行き交い、運河沿いに建ち並んだ倉庫では、沖仲仕と呼ばれた労働者が昼夜を問わず荷役作業を続けた。 **➡写真⑯**

大衆文化が開花した大正時代

海では港湾修築工事が完了し、陸では壮麗な銀行建築の町並みが出現と、大正時代は小樽経済が絶頂を極めた時代といえる。1922（大正11）年8月、それまでの小樽区は「小樽市」へと昇格。このとき市制施行を果たしたのは道内でほかに札幌、旭川、室蘭、函館、釧路の5都市だった。

好調な経済を背景に、町はおおいににぎわった。それまで芝居小屋の見世物だった映画を、専門に上映する興業館ができ、呉服店から業態を改めた百貨店が開業し、町には乗合自動車が走り始め……と大衆文化が華やかさが増したのもこの大正時代のことだ。こうした町のにぎわいは昭和の時代に入り、やがて戦争の足音が近付くまで続く。
➡写真⑰

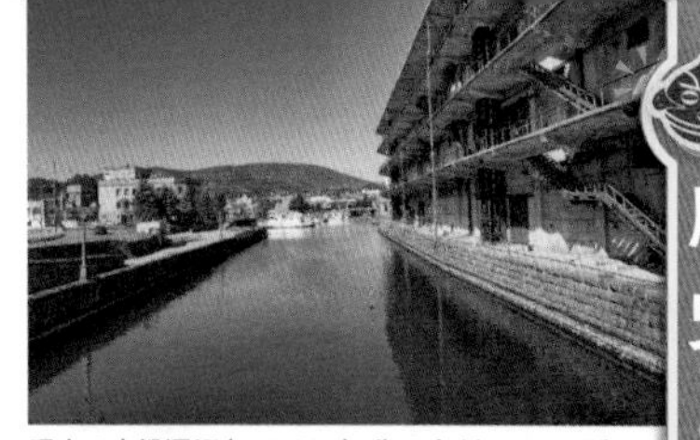
現在の小樽運河(→P.298)。先の広くなっている所がかつての面影をとどめる北運河(→P.299)

戦後の復興、“斜陽”の時代へ

第2次世界大戦の末期、北海道内でもいくつかの都市が米軍機の空襲を受けたなか、小樽は港湾都市でありながら目立った被害を受けることがなかった。

終戦後、小樽経済の回復は比較的スムーズで、国策によって増産が進んだ石炭を積み出すことにより、小樽港は勢いを取り戻す。石炭積み出しがピークに達するのは、昭和30年代末期のことだった。

しかし、この好況が長くは続かない。この時代に起こった石炭から石油への“エネルギー革命”が想像以上の速さで進んだこと、1963(昭和38)年、苫小牧に新港ができて太平洋航路の優勢が一気に強まったこと、などを背景に小樽港の貨物積み出しは急減する。

戦前の最盛期には25もあった小樽市内の銀行支店は1960年代に入って続々と撤退、10年ほどの間でわずか数行が残るのみとなった。「斜陽都市·小樽」の文字が、しばしばマスメディアに載るのはこの時代のことだ。

小樽運河保存運動から観光都市へ

戦前に港湾都市・小樽の象徴でもあった小樽運河は、行き交う船も途絶えて荒廃。朽ちた廃船が沈み、汚泥が悪臭を放つ無残な姿となっていた。**➡写真18**

この運河を埋め立てて、跡地に自動車道路を建設しようとの構想が持ち上がるのは1970年頃のことだ。市の行政・経済界にとっては車社会の到来を見据え、港湾都市としての機能を取り戻す起死回生策だった。

しかしこの計画が明らかになると、市民の間から埋め立て反対の声が沸き起こる。“港まち”小樽の繁栄を支えた歴史ある遺産である運河を残すべきとの運動は、全国的な関心を集めた。埋め立てか保存か、との論争はおよそ10年に及んだが、結果として運河の全面保存はかなわず、部分的な埋め立てによって自動車道路と運河を共存させる折衷的な方策が採られた。

運河沿いに石畳の散策路が完成したのは1986年5月。運河だけでなく、小樽の街全体が観光地としての人気と知名度を高めるのは、ここからだ。

運河をめぐる論争は行政、経済界、一般市民が広く「歴史ある町·小樽」を認識するきっかけとなった。古い建物を再生·利用するなど、現在にいたる町づくりの方向性を決める大事なできごととして記憶されている。

17市街中心部のにぎわい
大正時代~昭和初期の小樽市街中心部。写真左側の建物は河野呉服店、その奥に見える洋風建築は今井呉服店(丸井今井デパートの前身)、ともに大正年間にデパートの業態となっている。この時代には乗合自動車が市内を走り始めた
(写真所蔵/小樽市総合博物館)

18荒廃が進んだ小樽運河
1970年代の小樽運河。今では多くの観光客でにぎわう一帯も、沈みかけた廃船が横たわる無残な姿をさらしていた
(写真所蔵/小樽市総合博物館)

札幌・小樽の歴史的建造物

札幌

町なかに残る「開拓使」時代の建物

およそ150年前、「開拓使」が建てた建築物が今も市内に健在。札幌の歴史の幕開けを語る貴重な存在だ。

豊平館 ➡P.127

開拓使により1880（明治13）年に竣工した洋式ホテル。各種式典が行われただけでなく、創建当初から皇族の宿舎として利用された経歴をもつ。もとは大通沿いにあったが1958（昭和33）年、中島公園内の現在地に移築された。

北海道大学植物園博物館

➡P.114

1882（明治15）年、開拓使が廃止となる直前に「開拓使博物場」として落成。現在は植物園内の施設として公開されているが、建物竣工時に植物園はまだできていなかった。現役の博物館の建物として国内最古となる。

開拓使とは

北海道の近代化を国の直轄事業として進めることを目的として1869（明治2）年に発足した政府機関。北海道での産業振興を進めるため各種工場、病院、農学校など多様な建物が造られた。

旧黒岩家住宅

一見すると古風な農家のような外観の建物だが、もとは1872（明治5）年、札幌から有珠にいたる本願寺街道沿いで人馬の休憩・宿泊のための官営施設「簾舞（みすまい）通行屋」として建てられたもの。その後、黒岩家の所有となって旅館・農業が営まれた。

MAP 別冊P.30-A1
住 札幌市南区簾舞1-2-4-5
TEL 011-596-2825

清華亭 ➡P.154

札幌駅北口から徒歩10分足らずのところにひっそりとたたずむ古風な家屋。開拓使の設立から間もない1871（明治4）年、この一帯には偕楽園という産業振興を目的とする庭園が開設され、その中の休憩所として建てられたのがこの建物だ。現在はリニューアル中だが、普段は建物の中に入ることができ、資料の閲覧が可能。

札幌市時計台

➡P.120

開拓使が所管する札幌農学校（現在の北海道大学）の演武場として1878（明治11）年に竣工した（→P.398）。屋根上の大時計は建物の完成から3年後に塔屋を改築して追加されたもの。今も現役で鐘が鳴り響く。

当代一流の建築家が残した多様な作品

伝統建築の名匠、 近代建築の先駆者たちの作品など多様な建築が見られる小樽は「屋根のない博物館」と評される。

日本銀行旧小樽支店金融資料館 ➡P.301・310

日銀本店などを手がけた辰野金吾の作品として知られる。ただし設計の実務を担当したのは教え子である長野宇平治で、辰野は全体の監修といった立場だった。

旧三井銀行小樽支店

➡P.309

曽禰達蔵、晩年期の作品。小樽芸術村を構成する建物のひとつ。

旧日本郵船株式会社 小樽支店

明治後期、佐立七次郎の代表作。現在は修理工事が行われている。

MAP 別冊P.46-A1
住 小樽市色内3-7-8

コンドル先生と4人の生徒たち

明治政府は西欧の建築技術を日本に導入するため1877(明治10)年、工部大学校造家学科を開校する。現在の東京大学工学部建築学科の前身にあたる学校で、教員として招かれたのがイギリス人のジョサイア・コンドル。

第一期生は辰野金吾、曽禰達蔵、佐立七次郎、片山東熊のわずか4人、いずれも20代半ばの若者たちだった。日本の近代建築のパイオニアとなる彼ら4人のうち、片山を除く3人の作品が小樽市内に現存するのは貴重だ。

●ジョサイア・コンドル (1852〜1920年)

イギリス人建築家。工部大学校造家学科の教職に就いたのは20代半ば、4人の学生たちとは同世代。鹿鳴館をはじめ明治時代を中心に多数の建築の設計を手掛けた。日本画、日本舞踊など日本文化への造詣が深く、日本人女性と結婚し、生涯を日本で終えた。

辰野金吾

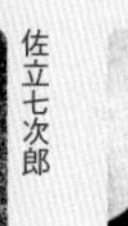

佐立七次郎

曽禰達蔵

小樽市公会堂

➡P.326

小樽を行啓した皇太子のわずか2泊の滞在のため、地元の豪商・藤山要吉が全費用を負担し「御旅館」として建てられた。その建築を任された加藤忠五郎にとっては、一世一代の大仕事となった。後の1934(昭和9)年に竣工した住吉神社社務所は、この御旅館に酷似する。加藤は1930(昭和5)年に他界し、社務所建設は「大虎」が手がけたが、瓜ふたつの建物が造られた背景はどのようなものであったかが興味深い。

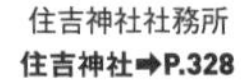

住吉神社社務所
住吉神社➡P.328

建築職人、加藤忠五郎

明治後期から昭和初頭、小樽経済の全盛期に多数の建築を手がけたのが建築請負店「大虎」を率いた加藤忠五郎。1911(明治44)年、時の皇太子(のちの大正天皇)の宿舎となる純和風の「御旅館」を手がけたほか、日本銀行小樽支店、北海道銀行本店など西欧の建築技法にのっとった建築工事にも下請けとして参加し、その技術を多方面に発揮した。

北海道カルチャー大辞典

文化から自然まで、北海道を学ぶことができる雑学を集めてみた。北海道民でさえ知らないことや、なるほど、と思うことがたくさんあるはず。

北海道弁

北海道の方言は松前藩が持ち込んだ津軽弁にルーツがあるといわれ、特に函館をはじめとした道南地方はなまりがある。また、日本各地からの開拓移民による、故郷の方言も混ざっている。ただ、聞いていてわからないほどの方言やなまりはほとんどない。語尾に付く「~っしょ」「~だべ」などと、「そだねー」のようなイントネーション、「~でした」と過去形になるのが特徴。

会話編

そだねー…カーリング女子ですっかりおなじみになった「そうだね」の北海道弁。

~っしょ…「あるっしょ?」「行くっしょ?」などと使われる、「でしょ」の意味。

なまら…「とても」「すごく」の意味。「なまらおもしろい」は「とてもおもしろい」。

~だべさ、~だべ…「だろ」「でしょ」の意。「~べや、~だべや」などのバリエーションあり。

おばんです…「こんばんわ」の意味。「おばんでした」とも使う。

したっけ…「それではまた(さよなら)」という意味と、「したっけ~」と、逆接の接続詞としても使われる。

したって…接続詞の「でも」「しかし」「だけど」「だって」のように使う。

なげる…ゴミを「なげる」といったら「捨てる」こと。一般的に使われる。

なんも…「何も問題ない」「大丈夫」という意味で気軽に使う。「なんもなんも」とも。

なして…「どうして?」「なぜ?」という意味。「なしてー」「なしてさ」などと使う。

ちょす…「触る」の意味で「ちょさないで~」といわれたら「触らないで」と理解しよう。

わや…「手が付けられない」「ヤバい」「ひどい」「大変」のニュアンス。

~さる…「飲まさる」「押ささる」はつい「飲んでしまった」「押してしまった」の意味。

けっぱる…「がんばる」の意味。「もう少しけっぱる」「けっぱれ!」「けっぱろう!」など。

はんかくさい…怒るときに使う言葉で「ばかみたい」「ばからしい」「おろかだ」という意味。

いずい…「かゆい」あるいは「不快な」ときに使う。「目がいずい」「服がずれていずい」など。

ちょっきり…「ちょうど」「ぴったり」という意味。お金が「ちょっきりあった」などと使う。

しばれる…「朝晩はしばれるね」などよく耳にする言葉で「とても寒い」という意味。

あずましい…「心地よい」「落ち着く」という意味。「あずましくない」はその反対。

ばくる…交換の意味。本が置かれた横に「ばくりっこ」と書いてあったら「交換しましょう」という意味。

気象編

ガス…「霧」のこと。「ガス」が発生といっても霧のことなので心配ない。

じり…しっとりぬれるような「海霧」をさし、霧の多い釧路などでよく使われる。

料理・食べ物編

うるかす…「ふやかす」こと。米を「うるかす」など。

とうきび…トウモロコシのこと。

冷やしラーメン…冷やし中華。

あきあじ…サケ。秋鮭と書く。

道民は手袋を「はく」

北海道民は靴もズボンも手袋も「はき」ます。この「はく」という言葉は古くは万葉集(奈良時代)から確認されている言葉で、昔は刀も「はいて」いたんだとか(『古事記』より)。北海道に残るのは古い用法の名残?番組で調査したところ沖縄県でも「はいて」いることが判明。手袋ミステリーは奥が深いんです。

難読地名

北海道の地名は8割がアイヌ語に由来するものとされる。例えば札幌はアイヌ語のサッ・ポロ・ペッ（乾く・大きい・川）、小樽はオタルナイ（砂の中の川）が語源とされ、音に漢字を当てたものだ。アイヌ語の意味に漢字を当てた地名もあり、長沼はアイヌ語のタンネ・ト=長い・沼をそのまま漢字表現した地名。

札幌市

中央区	
盤渓	ばんけい
北区	
麻生	あさぶ
釜谷臼	かまやうす
篠路	しのろ
茨戸	ばらと
東区	
丘珠	おかだま
雁来	かりき
苗穂	なえぼ
烈々布	れつれっぷ
白石区	
米里	よねさと
北郷	きたごう
南郷	なんごう
厚別区	
大谷地	おおやち
小野幌	このっぽろ
豊平区	
月寒	つきさむ
南区	
澄川	すみかわ
硬石山	かたいしやま
砥山	とやま
八垂別	はったりべつ
定山渓	じょうざんけい
真駒内	まこまない
簾舞	みすまい
藻岩	もいわ
西区	
琴似	ことに
発寒	はっさむ
手稲区	
明日風	あすかぜ
稲穂	いなほ
金山	かなやま
手稲	ていね
星置	ほしおき

小樽市

色内	いろない
忍路	おしょろ
祝津	しゅくつ
銭函	ぜにばこ
張碓	はりうす
塩谷文庫歌	しおやぶんがた
真栄	まさかえ
勝納	かつない
信香	のぶか
梅ヶ枝	うめがえ
蘭島	らんしま
桃内	ももない

札幌周辺

奥潭（千歳市）	おこたん
真々地（千歳市）	ままち
支寒内（千歳市）	ししゃもない
長都（千歳市）	おさつ
漁町（恵庭市）	いざりまち
輪厚（北広島市）	わっつ
苫小牧（苫小牧市）	とまこまい
白老（白老町）	しらおい
登別（登別市）	のぼりべつ
室蘭（室蘭市）	むろらん
壮瞥（壮瞥町）	そうべつ
洞爺湖（洞爺湖町）	とうやこ
濃昼（石狩市）	ごきびる
送毛（石狩市）	おくりけ
生振（石狩市）	おやふる
花畔（石狩市）	ばんなぐろ
対雁（当別町）	ついしかり
樺戸（当別町）	かばと
大麻（江別市）	おおあさ
対雁（江別市）	ついしかり

※エリア名、山や滝などの名前を含む

小樽周辺

積丹（積丹町）	しゃこたん
神威（積丹町）	かむい
日司（積丹町）	ひづか
神恵内（神恵内村）	かもえない
古平（古平町）	ふるびら
真狩（真狩村）	まっかり
倶知安（倶知安町）	くっちゃん
比羅夫（倶知安町）	ひらふ
梨野舞納（共和町）	りやむない
堀株（泊村）	ほりかっぷ

北海道の日本一

%は全国シェアの割合。

日本の国土の約22%を占める北海道。広さを生かした大規模農業が生み出す農作物は全国の約14%を占める1位。また、太平洋、日本海、オホーツク海に囲まれており、漁業生産量も全国の2割を占める日本一。まさに日本の食を支えているのだ。

北海道が日本一の農作物

小麦	66.4%
大豆	42.5%
小豆	93.6%
インゲン	95.1%
ジャガイモ（馬鈴薯）	78.6%
スイートコーン	41.3%
タマネギ	65.7%
カボチャ	49.5%
そば	43.1%
牛乳	54.4%

※農林水産省「作物統計」（2020年）、「牛乳乳製品統計」（2018年）

全国シェア100%の農作物

ハスカップ
ゆり根
山ワサビ
甜菜（ビート）

北海道が日本一の海の幸

ホタテ	99.8%
スケトウダラ	94.9%
昆布	96.1%
サケ	97.7%

※農林水産省「漁業・養殖業生産統計」（2020年）

北海道あるある

道外から来るとびっくりするようなことが北海道では常識の「どさんこあるある」を集めてみた。道民の生活習慣は、全国からの移住者にルーツをもつものも多く、多彩な文化の合流を感じられる。

北海道でお茶と言えば「番茶」

北海道の店などで「お番茶どうぞ」と出てくるのは「ほうじ茶」であるのが一般的。番茶といえば、やや成長した茶葉や茎を使った緑茶、という印象をもっている人が多いと思うが、北海道では茶葉を煎ったほうじ茶を番茶と呼ぶ。ちなみに、煎ったお茶を番茶と呼ぶ地域は北海道以外でもある。

節分の豆まきは「落花生」

2月の節分の恒例行事が「豆まき」。本州では煎った大豆を「鬼は外、福は内」といってまくが、北海道では大豆の代わりに落花生＝ピーナッツをまく。なぜそうなったのかは、昭和30年代に落花生の生産が盛んになったからとか、殻に入っていて衛生的だから、大きいので雪の中に埋まっても探しやすいからなど諸説ある。節分が近くなると、スーパーやコンビニに節分用のピーナッツが並ぶ。

お赤飯の豆は甘納豆

北海道のお赤飯は郷土料理のひとつ。餅米とササゲを炊き上げる一般的なお赤飯と違い、金時豆の甘納豆を入れて炊く。その際、ご飯に食紅で色を付けるので薄いピンク色をしていて、ほんのり甘い優しい味わいだ。加えて紅ショウガを添えてゴマ塩をふるのが定番。スーパーの総菜売り場などでもよく見かける。

出典:農林水産省Webサイト

「ロウソクもらい」の行事

北海道の七夕はひと月遅れの8月で、七夕の夜に子供たちが「ロウソクをもらえないといたずらする」という「ロウソクもらい」の風習がある。現在はロウソクではなくお菓子をもらいに行く、ハロウィンのような行事となっている。青森から入植した人がねぶた祭の照明のロウソクを集めるためとか、小樽市高島地区では新潟の入植者が多く、新潟由来のルーツでもあるなど諸説ある。

秋の恒例行事「観楓会(かんぷうかい)」

秋になるとテレビでさかんに「観楓会を当ホテルで」、というコマーシャルが流れる。「観楓会」とは読んで字のごとく、楓(かえで)などの紅葉を観賞する会のこと。職場の仲間と社員旅行のように、温泉地に泊まりがけで行き宴会を行う。秋になると温泉地の宿には観楓会プランが登場。写真は昭和時代の、定山渓温泉の観楓会の様子。

カラフルな消火栓

札幌市で見かける黄色い消火栓は、夜間の火災や、冬に雪の中でも確認できるための色だそう。大通公園には景観に配慮したグレーの消火栓もある。小樽市の消火栓は黄色や赤色、水色などカラフル。明治時代から大規模火災の被害があり、1974(昭和49)年の火災では同じ配水池からの消火栓に集中したため水が出にくくなった。以来、配水系統がわかるよう色分けしているからだ。

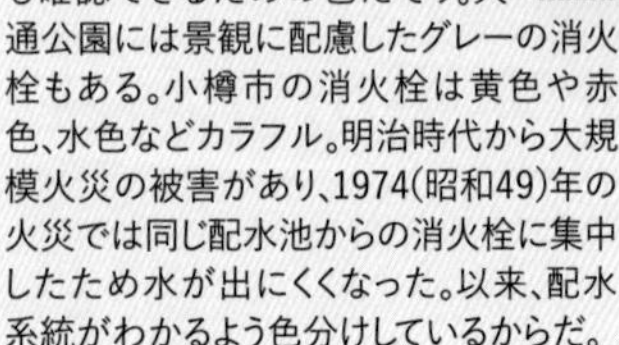

実は札幌生まれの居酒屋「つぼ八」

全国に名が知られている居酒屋「つぼ八」は1973(昭和48)年に札幌の琴似で誕生。1号店はわずか八坪しかなかったことから「つぼ八」と名付けられた。2023年に50周年を迎え、今では3世代にわたって通う人も。若鶏ザンギ、若鶏半身揚げ、ホッケなどどの世代にも親しまれるメニューが豊富にあり、家族みんなで楽しめることが、長く道民に愛されている理由だ。

誰もが好きな「ザンギ」
定番メニューの真ほっけの開き

ホームパーティはジンギスカン

夏の週末は庭でジンギスカンパーティをする家庭が多い。ジンギスカンのできる公園は大盛況で、時には一般家庭の駐車場から羊肉を焼くいい匂いが漂ってくることも。5月の花見でもジンギスカンは恒例行事。この時期はジンギスカン鍋をレンタルさせてくれる肉屋があったり、コンビニでも簡易ジンギスカン鍋を販売する。

結婚式は会費制

結婚式ではご祝儀を渡し、二次会は会費制、というのが普通だと思っていたら大間違い。北海道では結婚式は会費制が常識。相場は1万8000円程度で、ご祝儀袋には入れずに支払う。参加人数も平均80人と多いのが特徴。明朗会計で合理的だ。

川の水は犬にも飲ませてはいけない

身近にキタキツネのいる北海道では、キタキツネが媒介する寄生虫の一種、エキノコックスの怖さを小さい頃から教えられている。そのため、キタキツネの糞尿に汚染される可能性のある自然の川の水を直接飲んだり、取ったままの山菜を食べたりすることは絶対にしない。散歩中に犬が川の水を飲みたがっても、与えないよう気を付ける。幼虫が寄生する野ネズミにも注意が必要。

寒い日は水抜きの注意報が出る

12～2月の厳冬期には水道凍結事故が多発する。水道管が凍結して破裂すると予定外の修理費用がかかるため、寒い日は水抜きをするのが常識。北海道の水道管には、水抜き用の栓が付いているのだ。凍結しそうかどうかは、テレビニュースの「水道凍結に注意」といった情報や、天気予報の「水道凍結指数」を参考にして判断する。

汽車と電車の違い

「汽車」でイメージするのは、本州の人なら蒸気機関車や、夜行列車のようなものではないだろうか。北海道ではJRの列車を汽車と呼ぶ人が多い。これには路面電車との差別化で汽車と呼ぶという説や、昔は汽車が走っていたからという説がある。

北海道の冬は暖かい!?

北海道の冬はどこも寒いと思いきや、室内はとても暖かく、冬でも半袖で過ごすような人が多い。そのため2009年には「北海道地球温暖化防止対策条例」が定められ、暖房時の室温を20°Cに設定するよう推奨している。北海道の住宅は断熱効果と気密性が高いため、ひとつの暖房器具で部屋全体が暖かくなる。北海道の人が冬に本州の一般家庭を訪れると、どこも寒いと感じるそうだ。

冬の移動にはソリが活躍

積雪期によく見かける光景が、子供をソリに乗せて引くお母さんの姿。道路が雪に覆われてしまう時期、ベビーカーや自転車代わりにソリが使われるのだ。子供の通学時に利用するほか、買い物した重い物を運ぶためにも使われる。雪解けでソリがうまく進まなくなる季節までの便利な運搬道具だ。

大晦日におせち料理

北海道では大晦日におせち料理を食べる風習があります。そのルーツは暦が変わった明治以前の食文化にまで遡ります。かつては正月1回目の食事が「年取り膳」、2回目が「お雑煮」で、このふたつを合わせて正月節料理と呼んだものが「お節」の由来なんだそうです。厳しい冬の寒さを乗り越えてきた入植者たちにとっては、昔ながらの習わしこそが心のよりどころとなり、家族や集落の絆を深めたのかもしれません。私の好物は「ユリ根きんとん」。あなたは大晦日におせちを食べる？ 食べない？

北海道の世界遺産

北海道の世界遺産は2005年に自然遺産に登録された「知床」と、2021年には「北海道・北東北の縄文遺跡群」が文化遺産に認定された。

知床

知床は北海道のなかでもヒグマの密集地だ

白神山地と屋久島に続き、日本で3番目の自然遺産となった知床。北海道東部のオホーツク海と根室海峡に挟まれた半島で、半島の中央部から先端にかけての陸地と、周囲の海を含む広い範囲が自然遺産に登録されている。海と陸の連鎖でつながる生態系、希少な動植物など、貴重な自然が高く評価されている。

羅臼側から見た知床半島と知床連山

根室海峡にはシャチの群れがやってくる

道ばたで見かけることもあるキタキツネ

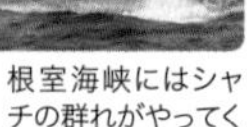
エゾシカのオスのツノは1年に一度生え替わる

北海道・北東北の縄文遺跡群

今から約1万5000年前に始まり、1万年以上続いたとされる縄文時代。北海道と青森、秋田、岩手の3県に散らばる幅広い年代の17の縄文遺跡が世界遺産に登録された。北海道では函館から洞爺湖や千歳の、おもに道南を中心に点在する5つの遺跡が構成資産となっている。墓地や貝塚、集落跡などの遺跡からは、当時の暮らしがよみがえってくる。

↑長期にわたり生活が営まれた函館市の垣ノ島遺跡
→伊達市の北黄金貝塚からは巨大貝塚が見つかっている

100棟を超える竪穴建物群が見つかった函館市の大船遺跡

ラムサール条約

正式名称は「特に水鳥の生息地として国際的に重要な湿地に関する条約」。1971年にイランのラムサールで開催されたことから「ラムサール条約」と呼ばれる。全国で53ヵ所、道内では13ヵ所が登録されている。

北海道のラムサール条約登録地

登録湿地	所在地	登録年	面積(ha)	種類
釧路湿原	釧路市、釧路町、標茶町、鶴居村	1980年6月	7863	高層湿原などの複合型の湿地、河川、湖沼
クッチャロ湖	浜頓別町	1989年7月	1607	低層湿原、潟湖干潟のある汽水湖沼
ウトナイ湖	苫小牧市	1991年12月	510	低層湿原、湖沼、河川
霧多布湿原	浜中町	1993年6月	2504	高層湿原などの複合型の湿地、河川、湖沼、藻場、汽水湖沼
厚岸湖・別寒辺牛湿原	厚岸町	1993年6月	5277	汽水湖沼、藻場、高層湿原などの複合型湿地、河川
宮島沼	美唄市	2002年11月	41	湖沼
雨竜沼湿原	雨竜町	2005年11月	624	高層湿原
サロベツ原野	豊富町、幌延町	2005年11月	2560	高層湿原などの複合型の湿地、湖沼、河川
濤沸湖	網走市、小清水町	2005年11月	900	低層湿原および潟湖干潟のある汽水湖沼、藻場
阿寒湖	釧路市	2005年11月	1318	湖沼、河川
風蓮湖・春国岱	根室市、別海町	2005年11月	6139	低層湿原などの複合型の湿地、河川、湖沼、藻場
野付半島・野付湾	別海町、標津町	2005年11月	6053	低層湿原、塩性湿地、藻場
大沼	七飯町	2012年7月	1236	淡水湖、堰止湖群

北海道の温泉地

温泉数ランキング日本一の北海道。道内には200ヵ所を超える温泉地があり、ワイルドな露天風呂からラグジュアリーな宿での温泉浴まで、バラエティ豊かな楽しみ方ができる。

代表的な温泉地

豊富町
豊富温泉 とよとみおんせん
最北の温泉郷。油分を含んだ珍しい温泉で石油のにおいが特徴。皮膚病に効果があるという。
泉質 含よう素・ナトリウム-塩化物泉、ナトリウム-塩化物・炭酸水素塩

上川町
層雲峡温泉 そううんきょうおんせん
大雪山の黒岳の麓、渓谷に位置する温泉郷。大雪山の登山基地となっており大小さまざまな宿がある。
泉質 単純泉、単純硫黄泉ほか

弟子屈町
川湯温泉 かわゆおんせん
摩周湖と屈斜路湖に囲まれ、硫黄山を源泉とする強酸性(pH1.7)の温泉を掛け流ししている。
泉質 酸性硫化水素泉、酸性硫黄泉

お宿欣喜湯の吹き抜け2階建ての大浴場

上富良野町
十勝岳温泉
とかちだけおんせん

札幌市 MAP 別冊P.22-B1
定山渓温泉 じょうざんけいおんせん
札幌の奥座敷といわれる1866(慶応2)年開湯の歴史ある温泉。紅葉の景勝地となっている。
➡P.212
泉質 ナトリウム-塩化物泉ほか

小樽市
朝里川温泉
あさりがわおんせん

稚内　名寄　留萌　旭川　札幌　釧路　函館

斜里町
ウトロ温泉
ウトロおんせん

中標津町
養老牛温泉
ようろううしおんせん

蘭越町 MAP 別冊P.49-C1
ニセコ昆布温泉 ニセコこんぶおんせん
蘭越町とニセコ町にまたがるニセコエリア最大の温泉郷。名前はかつてこのあたりで昆布を干していたことから。
泉質 ナトリウム一部塩化物・炭酸水素塩泉

伊達市
北湯沢温泉
きたゆざわおんせん

白老町
虎杖浜温泉
こじょうはまおんせん

鹿部町
鹿部温泉
しかべおんせん

釧路市
阿寒湖温泉 あかんこおんせん
阿寒湖の南岸に位置する温泉地。道内最大のアイヌコタンがあり、温泉とアイヌ文化に触れられる。
泉質 単純泉、硫化水素泉

音更町
十勝川温泉 とかちがわおんせん
泥炭などに由来するアルカリ性の植物性モール温泉。褐色の温泉で美人の湯と呼ばれる。
泉質 ナトリウム塩化物・炭酸水素塩泉(植物性モール温泉)

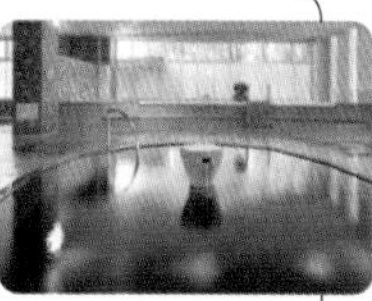
モールの名はドイツ語由来。ホテル大平原の大浴場

洞爺湖町 MAP 別冊P.48-A1
洞爺湖温泉 とうやこおんせん
洞爺湖の湖畔にあり、有珠山の火山活動により誕生。一帯はジオパークになっている。
➡P.246
泉質 ナトリウム・カルシウム-塩化物泉

洞爺湖を望む露天風呂。洞爺サンパレスリゾート&スパ

千歳市 MAP 別冊P.5-C2
支笏湖温泉 しこつこおんせん
恵庭岳の麓にたたずむ1軒宿と、東岸には支笏湖温泉街がある。湖と温泉、名物のヒメマスも味わえる。➡P.250
泉質 ナトリウム-炭酸水素塩泉

函館市
湯の川温泉 ゆのかわおんせん
平均温度65℃の高温の源泉で知られる。空港から車で約10分の、350年余りの歴史ある温泉地。
泉質 ナトリウム・カルシウム-塩化物泉

温泉銭湯の永寿湯温泉は100%掛け流し

登別市 MAP 別冊P.48-A2
登別温泉 のぼりべつおんせん
10種類近い泉質の温泉が湧き出している日本屈指の温泉地。爆裂火口の地獄谷は源泉地のひとつ。
➡P.244
泉質 硫黄泉、食塩泉など

地獄谷を望む第一滝本館(→P.385)の大浴場。

北海道の自然公園

国立公園は自然公園法に基づいて環境大臣が指定し、国が保護し管理する。環境大臣が指定し北海道が管理する国定公園、北海道の条例に基づき優れた風景地を知事が指定する道立自然公園もある。

国立公園

❶利尻礼文サロベツ国立公園
❷知床国立公園
❸阿寒摩周国立公園
❹釧路湿原国立公園
❺大雪山国立公園
❻支笏洞爺国立公園

国定公園

❼網走国定公園
❽大沼国定公園
❾ニセコ積丹小樽海岸国定公園
❿日高山脈襟裳国定公園
⓫暑寒別天売焼尻国定公園
⓬厚岸霧多布昆布森国定公園

道立自然公園

⑬富良野芦別道立自然公園
⑭檜山道立自然公園
⑮恵山道立自然公園
⑯野付風連道立自然公園
⑰松前矢越道立自然公園
⑱北オホーツク道立自然公園
⑲道立自然公園野幌森林公園
⑳狩場茂津多道立自然公園
㉑朱鞠内道立自然公園
㉒天塩岳道立自然公園
㉓斜里岳道立自然公園

利尻島は利尻礼文サロベツ国立公園に指定されている

大切に守り続けたい「名もなき花畑」

新緑の頃、札幌近郊をドライブしていると眩しいほどに鮮烈な「黄色い畑」に出くわすことがあります。ナタネ油の原料となる「種」を収穫するための菜の花畑です。足を止めて写真を撮る人も多いのですが、畑に立ち入ってしまうと雑菌が混じり生育に悪影響を及ぼすことに。各地にある「名もなき花畑」の多くは、北海道を支える大切な「作物」だということを知って、ルールを守って楽しみたいものですね。

明治時代から続く南幌町の農家・久保正彦さんの畑

北海道遺産

「次世代に引継ぎたい有形・無形の北海道ならではの宝物」として選ばれたのが北海道遺産。道民参加により選出された。第1回は2001年10月に25件、第2回は2004年10月に27件、第3回は2018年に15件、第4回は2022年10月に6件と名称変更1件が選ばれ、合計74件となった。

北海道遺産リスト

No.	名称	所在地
1	稚内港北防波堤ドーム ～稚泊航路の記憶を伝える美しきモニュメント～	稚内市
2	留萌のニシン街道（旧佐賀家漁場、旧花田家番屋と生活文化）～ヤン衆の唄が響いたニシン漁場～	留萌地域
3	増毛の歴史的建物群（駅前の歴史的建物群と増毛小学校）～栄華の歴史を今に伝える街並み～	増毛町
4	空知の炭鉱関連施設と生活文化 ～日本の経済成長を支えた「ヤマ」の遺構～	空知地域
5	石狩川～開拓者たちを内陸に運んだ悠久の「道」～	流域市町村
6	北海道大学札幌農学校第2農場 ～クラークの意思が宿る近代農業モデル施設～	札幌市
7	小樽港と防波堤 ～商都・小樽を支え続ける明治・大正の大事業～	小樽市
8	京極のふきだし湧水 ～数十年の歳月が雪解け水を甘露の名水に～	京極町
9	昭和新山国際雪合戦大会 ～本気でオリンピック競技を目指す「まちの夢」～	壮瞥町
10	内浦湾沿岸の縄文文化遺跡群 ～縄文文化の息吹きを感じる遺跡ロマン～	函館市、伊達市など
11	姥神大神宮渡御祭～「江戸にもない」栄華を伝える祭～	江差町
12	上ノ国の中世の館（たて）～中世の史実を海に開けた山頂で感じとる～	上ノ国町
13	福山（松前）城と寺町 ～日本で最後、北海道で唯一の和式城郭～	松前町
14	函館山と砲台跡～夜景スポットの隣にある軍事要塞～	函館市など
15	路面電車～2つの都市を今日も走る「まちの顔」～	札幌市、函館市
16	螺湾ブキ～いまも解明されていない巨大化のナゾ!?～	足寄町
17	旧国鉄士幌線コンクリートアーチ橋梁群 ～かつて木材を運んだ鉄路にかかる「幻の橋」～	上士幌町
18	霧多布湿原～「花の湿原」は保全活動の先進モデル～	浜中町
19	摩周湖～光と霧と闇。見る者を惹きつける蒼き神秘の湖～	弟子屈町
20	根釧台地の格子状防風林 ～宇宙からも見える「緑のグリッド」～	中標津町など
21	ワッカ/小清水原生花園 ～まちの人々に守られる二つの海岸草原～	北見市、小清水町
22	ピアソン記念館～北見の精神文化を育んだ三柏の丘～	北見市
23	アイヌ語地名～難しくも美しい北海道地名のヒミツ～	北海道各地
24	アイヌ文様～大切に受け継がれてきた美しき文化遺産～	北海道各地
25	北海道のラーメン ～北のまちにはどんぶりの湯気がよく似合う～	北海道各地
26	宗谷丘陵の周氷河地形～氷河が刻んだ壮大な造形美～	稚内市
27	天塩川～「北海道」が命名された最北の大河～	流域市町村
28	旭橋～美しいアーチは川のまちのシンボルとして～	旭川市
29	土の博物館『土の館』～農業王国の土づくりを考える拠点～	上富良野町
30	雨竜沼湿原～150もの植物が咲き誇る道内最大の高層湿原～	雨竜町
31	北海幹線用水路～空知平野を流れるもう一つの大河～	空知地域
32	江別のれんが～未来志向の素材として今も歴史を積んでいる～	江別市
33	開拓使時代の洋風建築（時計台、豊平館、清華亭など）～札幌のまちに溶け込む開拓使の息吹～	札幌市
34	札幌苗穂地区の工場・記念館群 ～北海道初の工業団地は今に続く「産業のまち」に～	札幌市
35	ニッカウヰスキー余市蒸留所 ～信念の男がたどりついたウイスキーづくりの理想郷～	余市町
36	積丹半島と神威岬～積丹ブルーとニシンの記憶をたどる～	積丹半島
37	スキーとニセコ連峰 ～世界基準の「メッカ」を支える極上の雪質～	ニセコ地域
38	北限のブナ林～伐採の危機を乗り越え広がる豊かな森～	黒松内町
39	登別温泉地獄谷 ～爆裂火口跡が生んだ「のぼりべつの湯」～	登別市
40	五稜郭と箱館戦争の遺構 ～幕末を今に伝える戦場の記憶～	函館市など
41	函館西部地区の街並み ～和と洋の融合が紡いだハイカラな街～	函館市
42	静内二十間道路の桜並木 ～7キロの行啓道路に2千本を超える桜が咲き誇る～	新ひだか町
43	モール温泉～泥炭層から湧出する美人の湯～	音更町
44	野付半島と打瀬舟 ～砂嘴に囲まれた湾に浮かぶ帆掛け舟～	別海町、標津町
45	森林鉄道蒸気機関車「雨宮21号」～初の国産11トン機関車は今日も森を駆け抜ける～	遠軽町
46	オホーツク沿岸の古代遺跡群 ～エリアー帯が北方古代文化の宝庫～	網走地域
47	流氷とガリンコ号 ～「邪魔者」から豊かな海のシンボルに～	紋別市など
48	屯田兵村と兵屋 ～明治期、警備と開拓にあたった農民兵士の里～	北海道各地
49	北海道の馬文化（ばん馬、日高のサラブレッド、北海道和種馬など）～今も大地に寄りそう開拓の盟友たち～	北海道各地
50	アイヌ口承文芸～親から子へ、語り継がれたストーリー～	北海道各地
51	サケの文化～"シャケ"が食卓にある幸せ～	北海道各地
52	ジンギスカン ～ルーツは謎だらけ。でも北海道を代表する食文化～	北海道各地
53	利尻島の漁業遺産群と生活文化 ～海の道がつくりあげたヒトとモノの交流史～	利尻島
54	旭川家具～木製家具文化と世界につなぐ織田コレクション～	旭川市
55	三浦綾子記念文学館と外国樹種見本林 ～三浦文学がつないだ市民が守り育てる森～	旭川市
56	増毛山道と濃昼（ごきびる）山道 ～近代化に先駆した開拓遺産とその再生～	増毛町、石狩市
57	北海道の集治監（樺戸、空知、釧路、網走、十勝）～北海道開拓を支えた近代化遺産～	月形町、三笠市、標茶町、網走市、帯広市
58	小樽の鉄道遺産 ～未来に守り伝える北海道最初の鉄道の歴史～	小樽市
59	大友亀太郎の事績と大友堀遺構 ～札幌開基の源流と技術の現代的意義～	札幌市
60	パシフィック・ミュージック・フェスティバル（PMF）～豊かな風土に根ざした世界につながる教育音楽祭～	札幌市
61	札幌軟石～北海道の産業とくらしを支えた石文化～	札幌市
62	蝦夷三官寺（有珠善光寺、様似等澍院、厚岸国泰寺）～未来に伝えるアイヌと和人の関係史～	伊達市、様似町、厚岸町
63	しかべ間歇泉～人々が守り育てた空高く噴き上げる温泉～	鹿部町
64	むかわ町穂別の古生物化石群 ～恐竜時代の息吹が伝わる日本有数の海と陸の化石群～	むかわ町
65	北海道の簡易軌道 ～次世代に伝える開拓遺産としての鉄路～	鶴居村など
66	千島桜～北方領土を未来につなぐふるさとの花～	北海道各地
67	松浦武四郎による蝦夷地踏査の足跡 ～6度にわたる踏査の業績を未来へ～	北海道各地
68	江差追分～心沸き立つ、魂の唄～	江差町
69	しもかわの循環型森林文化～森は光り輝く～	下川町
70	北海道米のルーツ「赤毛米」～人々が育んだ地域の誇り～	北広島市
71	今金・美利河（ぴりか）の金山遺跡 ～後志利別（しりべしとしべつ）川上流域の砂金採掘跡～	今金町
72	仙台藩白老元陣屋～幕末と明治維新を生きた北の防人～	白老町
73	十勝三股の樹海～カルデラが生んだ生物多様性～	上士幌町
74	下の句かるた～木札、下の句にみる遊びの文化～	北海道各地

天然記念物の動植物

文化財保護法により、天然記念物のなかでも特に価値の高いものが特別天然記念物に指定される。動植物のほかに、湿原、火山、原始林、鉱物など多数ある。天然記念物の生き物には、以下のほかにも北海道犬や、マガンなどの鳥類がいる。

おもな特別天然記念物

タンチョウ

北海道東部の湿原を中心に生息する、日本で繁殖する唯一のツル。全長約140cm、翼開長約240cm。大正時代に絶滅したとされたが1924年に釧路湿原で十数羽再発見され、1935年に天然記念物、1952年に特別天然記念物に指定された。保護活動により、現在は約1500羽に増えている。

マリモ

マリモは阿寒湖のほか、北海道の数ヵ所の湖沼で確認されている。水中で生息する緑藻類の一種で、阿寒湖では水流により丸くなる。1921年に天然記念物、1952年に特別天然記念物に指定。1997年に絶滅の危険性の高い絶滅危惧I類に分類された。

アポイ岳高山植物群落

ユネスコ世界ジオパークに認定されているアポイ岳（標高810m）の5合目（350m）付近から山頂までの、登山道周辺を中心とした約360ヘクタールの道有林が指定されている。ヒダカソウ、エゾコウゾリナ、アポイアザミなどの固有種や固有変種を含めた約80種以上が確認されている。

おもな天然記念物

クマゲラ

北海道と東北地方北部に生息する、日本で見られる最大のキツツキの仲間。体長約45cm、黒い体色で頭部が赤い。

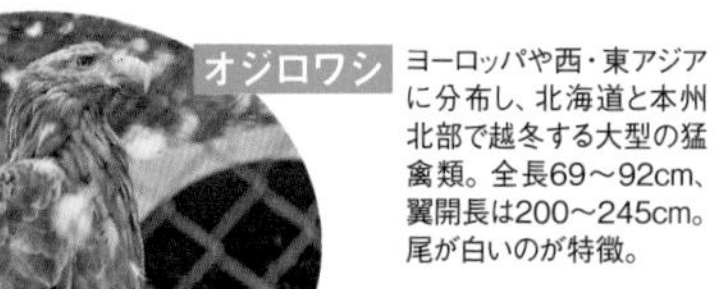

オジロワシ

ヨーロッパや西・東アジアに分布し、北海道と本州北部で越冬する大型の猛禽類。全長69～92cm、翼開長は200～245cm。尾が白いのが特徴。

シマフクロウ

北海道と北方領土に分布し、北海道では道東エリアを中心に生息。魚を主食とする全長66～69cm、翼開長180cmの日本最大のフクロウ。絶滅危惧種に指定。

オオワシ

ロシア極東から日本に分布し、北海道東部を中心に越冬する。全長85～94cm、翼開長220～250cmで日本では最大級の大きさ。クチバシが黄色く翼の前と尾が白い。

本州と北海道を分けるブラキストン線

イギリス人動植物学者トーマス・ブレーキストンが1880年に提唱した、津軽海峡を動物相の分布境界線とする説でブラキストン線と呼ばれる。ブラキストン線を境に北をシベリア区、南を満州亜区に分けている。ツキノワグマ、ホンドキツネ、ホンドジカ、ニホンザルはブラキストン線の北限なので、北海道にはいない。逆にヒグマ、キタキツネ、エゾシカ、エゾリスは南限で本州では見られない。同じイギリス人のアルフレッド・ウォレスが同時期に発見した、インドネシアのバリ島、ロンボク島間のロンボク海峡が、生物の東と西の分布境界線というウォレス線も興味深い。

函館山にあるブレーキストンの碑

北海道の
魚介図鑑

日本海、オホーツク海、太平洋に囲まれた北海道は魚の種類が豊富。サロマ湖や噴火湾など、貝類の産地も多数ある。

ニシン

江戸時代に始まったニシン漁は昭和30年代まで北海道に大きな富をもたらした。春告魚と呼ばれる。ニシンの卵はカズノコ。
旬3〜6月

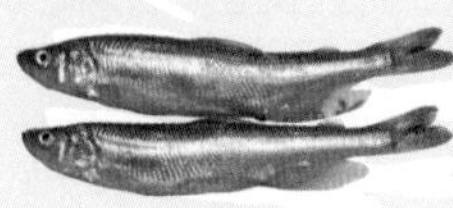

シシャモ

アイヌ伝説から柳葉魚とも書かれる北海道特産種。秋になると群れで川を遡上する。干して炙って食べるのが一般的。むかわ町が有名。
旬10〜11月

サケ

全国シェアの約90.8%を北海道産が占めるサケ。シロザケ、カラフトマス、サクラマスなど種類もいろいろ。干してトバにするなど昔からの保存食でもある。
旬10〜11月

タラ

スケトウダラと、大きなマダラが取れ、スケトウダラの卵はタラコに加工される。白子はタチと呼ばれる冬の味覚。
旬12〜2月

キンキ

キチジとも呼ばれる深海魚。脂ののった身は煮付けに最適で、新鮮なものは寿司ネタにも。羅臼や網走のキンキが有名。
旬12〜2月

ホッケ

北海道全域で取れ、おもに開いて干したホッケの開きで流通。北方で取れるシマボッケ、岩礁に定着している根ボッケは特においしいと人気。
旬9〜11月

ホタテ

正確にはホタテガイ。貝柱にはうま味が凝縮。養殖と天然ものがあり、猿払村がトップの名産地。ほかにサロマ湖、別海町産などが有名。旬9〜13月

カキ

栄養価が高く「海のミルク」といわれる。厚岸、サロマ湖、網走の濤沸湖、噴火湾、道南の知内などで養殖されている。
旬9〜4月

北海道4大ガニ

毛ガニ

オホーツク海沿いの枝幸や稚内、太平洋沿岸の釧路、えりも産などの毛ガニが時期をずらして通年取れる。カニ味噌も人気。

タラバガニ

大型で高級なカニ。漁場がタラとかぶっているのが名前の由来。近年は輸入量のほうが漁獲量を上回っている。

花咲ガニ

根室半島の花咲港や根室産が有名。全身トゲに覆われ、ゆでると真っ赤になる。身は濃厚な味わい。

ズワイガニ

本州では松葉ガニと呼ばれるカニで、長い足が特徴。産地はオホーツク海側でおもに紋別で水揚げされる。

ホッキ

ホッキガイは苫小牧が水揚げ日本一。二枚貝で身は生食のほか、炊き込みご飯やあえ物などにも。水揚げまで6年かかるという。
旬1〜3月

ウニ

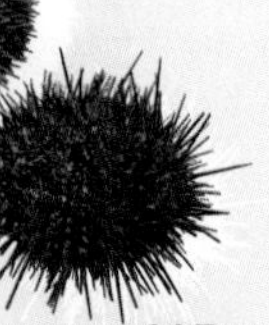

北海道各地でエゾバフンウニ(左)とキタムラサキウニ(右)が取れる。積丹、利尻・礼文島、羅臼のウニが特に有名。
旬地域により異なるが7〜9月が多い

北海道の

野菜図鑑

寒暖の差がある北海道は、うま味の凝縮されたおいしい野菜が育つ。アスパラガス、ジャガイモ、タマネギなどは全国1位の出荷量。

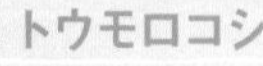

トウモロコシ

北海道では「とうきび」と呼ばれ、糖度が高いのが特徴。黄色いトウモロコシのほか、白いピュアホワイトなど種類が豊富。
旬7〜9月

アスパラガス

北海道の春の味覚。産地トップ3は名寄市、中富良野町、美瑛町。ホワイトアスパラガスや、紫色の品種もある。旬5〜7月

ナガイモ

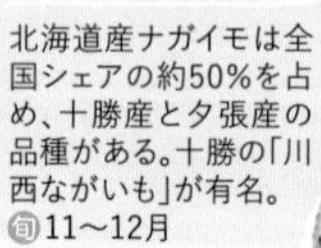

北海道産ナガイモは全国シェアの約50%を占め、十勝産と夕張産の品種がある。十勝の「川西ながいも」が有名。
旬11〜12月

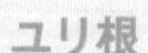

ユリ根

甘味があって大きく、身の締まった北海道のユリ根は高級品。栽培は4〜9月でニセコエリアが名産地。旬10〜2月

カボチャ

国産カボチャの約50%以上が北海道産。道内各地で生産され、九重栗南瓜や坊ちゃん、白い雪化粧などいろいろな品種がある。旬8〜11月

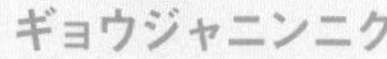

ギョウジャニンニク

ニンニクやタマネギと同じユリ科ネギ属の多年草。アイヌ語で「キトピロ」とも呼ばれる。ニンニクと同じ香りがする。
旬4月中旬〜5月

タマネギ

北見は日本一のタマネギの産地。代表的な北もみじ、北はやてのほか、札幌黄や赤タマネギなども作られている。
旬8〜10月

枝豆

大豆を未熟果の青いうちに収穫したもの。栄養価が高く畑の肉といわれる。茶豆や黒豆の枝豆もある。中札内村が名産地。旬8〜9月

札幌の伝統野菜

札幌に開拓使がおかれ、農業技術の発展にともないさまざまな品種が開発され、"サッポロ"と名のつく野菜が数多く誕生した。JAさっぽろでは、寒さや病気による消滅の危機を乗り越え守られてきた「札幌伝統野菜」5種類に注目し、栽培・普及に取り組んでいる。

札幌黄（さっぽろき）

アメリカ産のイエロー・グローブ・ダンバースという味も形も悪く保存にも適さなかったタマネギを改良。加熱すると甘味が増すが、病気に弱く生産量は多くない。旬9月上旬

札幌大球（さっぽろたいきゅう）

直径約50cm、重さ20kgにもなる巨大なキャベツ。明治初期にアメリカから3種類の種子を輸入し栽培。交配を繰り返し大きなキャベツに。清田区で2戸の農家が栽培。
旬10月下旬〜11月上旬

サッポロミドリ

雪印種苗株式会社が開発、1974年に種苗登録された札幌生まれのエダマメ。7月下旬から収穫される早生品種、産毛が白く鮮やかな緑、実入りがよく甘い。清田区や南区で栽培。旬7月下旬〜9月下旬

札幌白ゴボウ

北海道では明治時代にゴボウの栽培が始まり、直根で茎が白い品種を「札幌」と定着させたため札幌白ゴボウと呼ばれる。秋と、春先にも出荷。清田区や北区で栽培。
旬9月下旬〜11月上旬

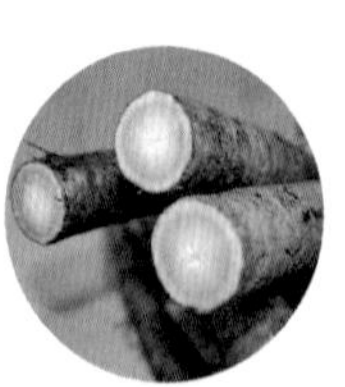

札幌大長ナンバン（さっぽろおおなが）

明治中期に岩手県南部地方から導入され、12cmほどになるナンバンに変化を遂げた。辛味が強めで北海道の調味料「三升漬」に重宝される。清田区、豊平区、南区で栽培。旬7月下旬〜10月中旬

 写真協力：JAさっぽろ

北海道の珍しい

ジャガイモ図鑑

現・北斗市で栽培を始めた川田龍吉男爵が、 男爵イモの名前の由来。北海道は全国の生産量の約80%を占めダントツトップ。

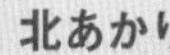

北あかり

男爵系の品種でゴツゴツしていて芽がほんのり赤い。ホクホクしているが煮崩れしやすい。
オススメの食べ方　ジャガバター、ポテトフライ

デストロイヤー

レッドムーンの突然変異から生まれたまだら模様のジャガイモ。品種名はグラウンドペチカ。
オススメの食べ方
皮つきのままジャガバターやホイル焼き

レッドムーン

メークイン系で紅メークインや紅ジャガイモとも呼ばれる。皮が赤く中は黄色で煮崩れしにくい。
オススメの食べ方
肉じゃが、シチュー、カレー

アンデスレッド

南米アンデス原産の2種を交配してできた。丸型で表皮は薄くて赤く、中は黄色でβカロテンが豊富。
オススメの食べ方
ポテトサラダ、ジャーマンポテト

ノーザンルビー

皮は赤紫色で中はピンク色、形はメークインタイプ。加熱しても色が残り、煮崩れしにくい。
オススメの食べ方
ポテトチップス、ポテトサラダ

インカのめざめ

小ぶりで中は濃い黄色。調理しても色は変わらず栗やナッツ、サツマイモのような味わい。
オススメの食べ方
煮物、シチュー、フライドポテト

シャドークイーン

楕円形で皮は黒っぽく果肉は紫色、アントシアニン色素を多く含む。加熱しても紫色が残る。
オススメの食べ方
ポテトサラダ、ポテトチップス、ポタージュ

北海道の豆

和菓子の餡に欠かせない小豆は北海道産が約93%を占める。
以下は代表的な豆。ほかにもいろいろな種類の豆がある。

大豆

タンパク質を多く含み豆腐、納豆、煮豆など食卓に欠かせない。とよまさりやタマフクラが代表品種。

大正金時

大粒のインゲン豆。金時から見つかった大粒の株を大正村（現・帯広市）で増産したのが名前の由来。

光黒大豆（黒豆）

北海道で栽培されている黒豆で光沢がある。煮ても煮崩れが少なく、蒸しても皮浮きしない。

えりも小豆

小豆の品種で寒さに強く小粒、香りもよく全国の菓子店で使用されている。襟裳岬にちなんで命名。

大手亡

白インゲン豆とも呼ばれる。粒の大きさで大手亡、中手亡、小手亡があるが大手亡が主流。

黒千石

極小粒大豆で栽培が難しいため途絶えていたが、2001年に原種が見つかり復活した幻の豆。栄養価が高い。

北海道の

果物図鑑

雪解けの春から、雪が降る12月頃までの短い期間に市場にさまざまな果物が出回る。夕張メロンのように全国区のブランドもあり、果樹園などでは収穫体験もできる。

メロン

寒暖の差が甘いメロンを育てる。内陸部の各地でメロンが作られていて、赤肉が主流だが青肉メロンも多い。主要産地は夕張市、富良野市のほか栗山町や「らいでんメロン」で知られる共和町など。
旬 青肉メロン6月下旬〜7月、赤肉メロン7月〜8月下旬

リンゴ

栽培面積が多いのは余市町、仁木町、壮瞥町、増毛町などで、品種も30種類以上ある。道南の七飯町は、明治初期に日本で最初に西洋りんごが栽培された町として知られる。
旬 9月中旬〜11月上旬

スイカ

大玉や小玉、実も赤や黄色など種類が多い。共和町や富良野市が主要生産地。当麻町は皮が真っ黒な「でんすけすいか」が有名。
旬 7月上旬〜8月中旬

イチゴ

道内各地で栽培されていて、通年流通している。夏イチゴ生産量日本一の浦河いちご、豊浦いちご、札幌生まれのサトホロイチゴなど北海道生まれの品種も多数ある。
旬 品種により通年

サクランボ

山形県に次ぐ作付面積をもち、収穫量は全国2位。おもな産地は余市町や仁木町、小樽市、壮瞥町などで観光農園も多い。道産果樹の中ではいちばん早く成熟する。
旬 6月下旬〜7月下旬

北海道のお米

寒冷地でお米の栽培には適していないとされていたが今や作付面積は米どころ新潟県に次ぐ全国2位で品質もトップクラス、品種も多数あり全国区になっている。空知・上川地方は米作りが盛ん。

ゆめぴりか

道産米のなかで特に粘りが強い品種で、甘味がありもっちりしている。コシヒカリと肩を並べる北海道最上級のブランド。

ななつぼし

甘味と粘りのバランスがよく冷めてもおいしいのが特徴。弁当や寿司に向いている。ななつぼしの作付面積は、北海道米全体の約半数を占めトップシェアを誇る。

ふっくりんこ

道南で開発されたその名のとおりふっくらした食感の品種。道南と空知の一部を中心に栽培されている。和食や海産物との相性がよい。

ハスカップ

アイヌ語で枝の上にたくさんなるものを意味する「ハシカプ」が語源の、スイカズラ科の酸味の強い果実。厚真町や苫小牧市が一大産地。ジャムやジュースにするのが一般的だが、産地ではおにぎりに入れて食べることも。
旬 6月下旬〜7月下旬

ブドウ

道内の果樹の作付面積で一番多いのがブドウだ。話題の道産ワインのブドウはワイナリーが集中している仁木町や余市町を中心に、ケルナーやナイアガラ、セイベルなどを生産。生食用はポートランドやキャンベルアーリーがある。
旬 6月下旬〜7月下旬

＼第4章／

旅の準備と技術

旅のプランニング

理想の旅を実現するためには、計画段階でいくつかのポイントをおさえておきたい。大事なことは札幌・小樽で何をしたいか、ということ。目的を決めればおのずと、行くべき場所や必要な日数などが見えてくる。

パッケージツアーで行くか、個人旅行で行くか

パッケージツアーに参加する

北海道へのパッケージツアーは実に多彩。札幌・小樽を回るプランはもちろん、最も人気の旭山動物園〜美瑛〜富良野の王道コース3日間（2泊3日）をメインに、札幌、函館、知床、釧路湿原などの観光スポットを中心に組み合わせたさまざまなツアーがある。パッケージツアーの最大のメリットは、細かい手配が不要なことと、移動がラクなこと。到着した空港にツアーバスが待機しており、それに乗っていれば観光スポットや宿泊施設へ到着できる。宿泊は大規模なホテルを利用することが多く、施設も充実している。デメリットは各訪問先での時間制限があることや、旅程に組まれていない場所には行けないことなど。食事内容も決まっている場合が多い。

個人旅行、フリープランを利用する

自分で旅を組み立てる個人旅行は、事前の準備こそ大変だが、それも含めて旅の記憶に残るだろう。しかし、航空券から宿まですべて自分で選ぶのは大変、という人には、航空券と宿がセットのフリープランがおすすめ。便の時間や宿のグレードが選べ、金額もバラバラに取るよりも安くなるケースが多い。個人旅行の場合は、1日の最後は目的地の宿に到着すればいいだけなので、途中あちこちに立ち寄り、時間の許す限り観光ができる。とはいえ移動距離が長すぎたり、スケジュールを詰め込みすぎると、到着が深夜になる、見たかった施設が閉まってしまった、など予想外のハプニングも。余裕をもったスケジュール作りが大事だ。また個人旅行では、事故などトラブルに遭ったときの対応方法も考えておきたい。

北海道で何をしたいかを考えよう

パッケージツアーに参加するにせよ、個人で行くにせよ、まずは旅の目的を考えよう。北海道でいちばんしたいことは何か。おいしいものを食べたい！でもいいし、花畑が見たい！温泉に入りたい！など目的を決めて、それを軸にプランを立てるのが旅を成功させる秘訣だ。グルメ三昧するなら北海道の中心都市・札幌は外せないし、歴史好きなら小樽はマストで行きたい場所。温泉地はたくさんあるので、温泉宿に泊まれば旅の充実度がアップする。目的地が決まれば、北海道の入口とする空港、旅のルートなどが見えてくるはずだ。

小樽では歴史散歩が楽しめる

とにかく安く行くなら

オフシーズンの
フリープランを利用
航空券と宿をセットで手配するフリープランは、オフシーズンなら羽田〜札幌の往復+ホテル1泊のセットが1人2万5000円〜（2人で利用の場合）で予約できる。ただし、午前の早めの時間など人気の時間帯のフライトは、割増料金となる。各航空会社の公式サイト内「国内ツアー」でチェックしてみよう。

LCCを利用する
北海道へは航空会社9社の便が就航している。うち以下の3社はLCC（ローコストキャリア）と呼ばれる格安航空会社。航空運賃が安いのが魅力だ。ただし、さまざまな制限があり、羽田ではなく成田発であることが多い。以下はフライトしている区間と料金の目安。

ピーチ・アピエーション
成田〜新千歳　4490円〜
大阪〜新千歳　4990円〜
成田〜釧路　5290円〜
大阪〜釧路　5490円〜
成田〜女満別　5290円〜
大阪〜女満別　6290円〜

SPRING JAPAN
（スプリング・ジャパン）
成田〜新千歳　4480円〜

ジェットスター・ジャパン
成田〜新千歳　3490円〜

旅先で事故に遭ったら

→P.450

1泊で札幌・小樽を回る弾丸旅行

札幌と小樽だけなら1泊で行くことも可能。10時頃に新千歳空港に到着する便に乗り、そのまま快速エアポートで小樽へ。小樽観光のあと札幌に移動し、夜景やグルメを楽しむ。翌日は札幌の王道観光をしてから新千歳空港に向かう。忙しいが、1泊2日で十分に旅をエンジョイできる。

いつ頃、何日間で行くか

旅の目的を決めると同時に、何日間の旅ができるかを考えたい。北海道は広く移動に時間がかかるため、1泊2日で行ける場所は基本的に1都市だ。札幌、小樽のように、街歩きが観光の中心となる都市は1泊2日でも楽しめる。札幌と富良野のように、2都市以上を組み合わせるなら最低でも2泊は欲しい。ちなみに知床のように、いちばん近い空港からでも車で2時間以上かかる場所や、自然のフィールドを歩いたり、乗り物に乗ったりする場合はそれだけで半日必要となる場合がある。移動時間や距離なども十分考慮して、旅の日程を考えたい。

北海道のどの空港から入るか

本州から直行便が就航している北海道の空港は9ヵ所。本数が圧倒的に多いのは新千歳空港で、札幌・小樽や周辺都市へは基本的に新千歳空港が玄関口となる。ちなみに、地方空港には1日1便しかない所もあるので、行きは地方空港、帰りは新千歳空港など、行きと帰りを違う空港にする場合はスケジュールに注意が必要だ。
本州からのフライト→P.422参照。

宿泊施設と移動方法

どんな宿に泊まるか

市街地にはホテルタイプ、地方都市には民宿や旅館、温泉地には温泉旅館や温泉付きホテルが多く、ほかペンション、ゲストハウス、コテージ、グランピング施設、キャンプ場など、さまざまな宿泊施設が選べる。北海道の観光地の多くは、必ずしも宿の数が多いとはいえず、人気の宿から満室になってしまう。旅のプランが決まったら、早めの予約を心がけたい。札幌・小樽とその周辺の宿泊施設→P.369

道内をどうやって移動するか

行く場所が決まったら、次は移動手段。運転免許を持っていればレンタカーが便利だ。北海道は都市部を除けば信号が少なく、渋滞もまずないので初心者でも運転しやすい。車以外の移動手段としては、JRの特急か都市間バスを利用し、各都市内では路線バスやタクシーで移動する方法などがある。詳しくは道内の交通→P.430を参照。

荷物をどのように持って行くか

1泊2日で街歩きが中心の旅と、山歩きなどをするアクティブな旅とでは荷物の量は違ってくるだろう。空港からレンタカーを利用するなら、荷物の大きさはあまり気にする必要はない。バスや列車での旅行なら、小さめのスーツケースやバックパックにコンパクトにまとめたほうが持ち運びがラク。

飛行機の機内に預ける受託手荷物は、普通席の場合、ANAは重量20kgまでで縦・横・高さの3辺の合計が203cm以内、JALは23kgまでで縦50cm、横60cm、高さ120cmまでと定められている。それ以上は重量超過手荷物料金がかかる。共同運航便などでは変わることがあるので事前に確認を。

受託手荷物に個数制限はないが、機内に持ち込む手荷物はひとりにつき1個、プラス身の回り品1個と決まっている。100席未満の飛行機では、手荷物は3辺の和が100cm（100席以上は115cm）以内、重さは身の回り品と合わせて合計10kg以内だ。

旅の服装と持ち物リスト

→P.447

札幌の宿はどこが便利？

札幌市内にはシティホテルから高級ホテルまで、さまざまなタイプのホテルがある。ほとんどのホテルはJR札幌駅、大通公園、すすきの、中島公園周辺にあり、どこに宿泊しても不便ということはない。荷物を持って歩く時間を少しでも減らすなら、JR札幌駅、地下鉄各駅から近い場所を選ぶのがいい。積雪期は外を歩くのが大変なので、地下道直結のホテルか、地下道入口から近いホテルがおすすめ。

札幌近郊の温泉地

1泊は札幌近郊の温泉地に泊まるのもいい。札幌を代表する温泉地は南区にある定山渓温泉(→P.212)。定山渓温泉近くには豊平峡温泉(→P.217)もある。有名な登別温泉(→P.244)、洞爺湖温泉(→P.246)、ニセコ周辺(→P.362)にも温泉地が点在している。

登別温泉地獄谷

札幌駅から各温泉地への車での所要時間（目安）

定山渓温泉
約27km　約50分
登別温泉
約110km　約1時間30分
洞爺湖温泉
約100km　約2時間10分

北海道への道

道外から北海道へ行くには飛行機を利用するのが最も一般的だが、フェリーで船旅を楽しみながら向かうこともできる。また、北海道新幹線は本州から青函トンネルを通って函館まで運行。そこから札幌や各地へ特急列車に乗って行くこともできる。時短なら飛行機、マイカーを運ぶならフェリー、ゆっくり旅を楽しむなら新幹線がおすすめだ。

飛行機

本州、および九州、沖縄の空港から、北海道内の9つの空港（一部、丘珠空港へも）へ飛行機の便が就航している。新千歳空港行きが圧倒的に多いが、行き先によっては地方空港へのフライトもチョイスできる。

❶ 新千歳空港へ

羽田空港	東京	ANA/JAL/ADO/SKY	約1時間35分	約57便
成田空港	東京	ANA/JAL/APJ/JJP/SJO	約1時間50分	17便
青森空港	青森	ANA/JAL	約45分	5便
秋田空港	秋田	ANA/JAL	約1時間	4便
いわて花巻空港	岩手	JAL	約55分	3便
山形空港	山形	JAL/FDA	約1時間15分	1便
仙台空港	宮城	ANA/JAL/ADO/APJ/IBX	約1時間5分	15便
新潟空港	新潟	ANA/JAL	約1時間15分	4便
福島空港	福島	ANA	約1時間30分	1便
茨城空港	茨城	SKY	約1時間25分	2便
富山空港	富山	ANA	約1時間30分	1便
小松空港	石川	ANA	約1時間30分	1便
松本空港	長野	JAL/FDA	約1時間40分	1便
静岡空港	静岡	ANA/JAL/FDA	約1時間50分	1便
中部国際空港（セントレア）	愛知	ANA/JAL/ADO/SKY/APJ	約1時間40分	14便
大阪国際空港（伊丹空港）	大阪	ANA/JAL	約1時間55分	10便
関西空港	大阪	ANA/JAL/APJ/JJP	約2時間15分	12便
神戸空港	兵庫	ANA/ADO/SKY	約1時間55分	6便
広島空港	広島	JAL/ANA	約2時間10分	2便
福岡空港	福岡	ANA/JAL/SKY/APJ	約2時間40分	6便
沖縄空港	沖縄	APJ	約3時間20分	1便

❷ 旭川空港へ

羽田空港	東京	ANA/JAL/ADO	約1時間35分	7便

❸ 函館空港へ

羽田空港	東京	ANA/JAL/ADO	約1時間30分	8便
中部国際空港（セントレア）	愛知	ANA/ADO	約1時間30分	1便
大阪国際空港（伊丹空港）	大阪	ANA/JAL	約1時間30分	2便

❹ とかち帯広空港へ

羽田空港	東京	ANA/JAL/ADO	約1時間30分	7便

❺ たんちょう釧路空港へ

羽田空港	東京	ANA/JAL/ADO	約1時間40分	6便

❻ 根室中標津空港へ

羽田空港	東京	ANA	約1時間40分	1便

❼ 女満別空港へ

羽田空港	東京	ANA/JAL/ADO	約1時間40分	5便

❽ オホーツク紋別空港へ

羽田空港	東京	ANA	約1時間45分	1便

❾ 稚内空港へ

羽田空港	東京	ANA	約1時間55分	2便

❿ 丘珠空港へ

富士山静岡空港	静岡	JAL/FDA	約1時間45分	1便
名古屋（小牧）	愛知	JAL/FDA	約1時間40分	2便
松本	長野	JAL/FDA	約1時間35分	1便

北海道内のおもな空港

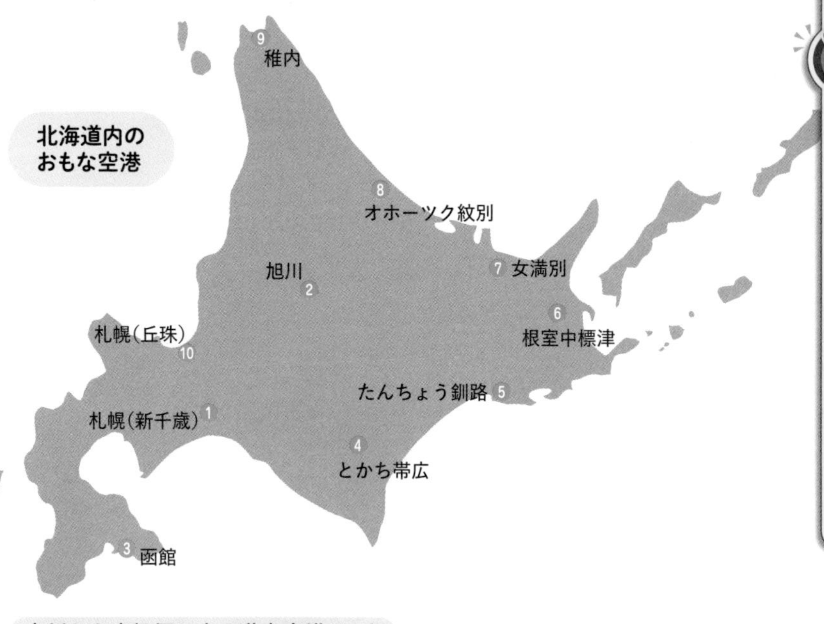

本州から直行便のある道内空港リスト

新千歳空港
住千歳市美々
URL www.new-chitose-airport.jp
→P.426
函館空港
住函館市高松町511
URL www.airport.ne.jp
たんちょう釧路空港
住釧路市鶴丘2
URL www.kushiro-airport.co.jp
旭川空港
住東神楽町東2-16-98
URL www.aapb.co.jp
とかち帯広空港
住帯広市泉町西9線中8-41
URL obihiro-airport.com
根室中標津空港
住中標津町北中16-9
URL www.nakashibetsu-airport.jp
女満別空港
住大空町女満別中央201-3
URL www.mmb-airport.co.jp
オホーツク紋別空港
住紋別市小向19-3
URL www.ok-m.jp
稚内空港
住稚内市声問村声問6744
URL www.wkj-airport.jp

航空会社一覧

ANA	全日空
JAL	日本航空
ADO	エア・ドゥ
SKY	スカイマーク
APJ	ピーチ・アビエーション
JJP	ジェットスター・ジャパン
SJO	スプリング・ジャパン
FDA	フジドリームエアラインズ
IBX	アイベックス・エアラインズ

新千歳空港から札幌・小樽へ

新千歳空港から札幌・小樽へはJR快速エアポート利用が最も早い。車は時短とスムーズさを優先するなら高速道路を利用。空港からのバスは札幌が終点だが、札幌〜小樽間は高速バスが運行している。

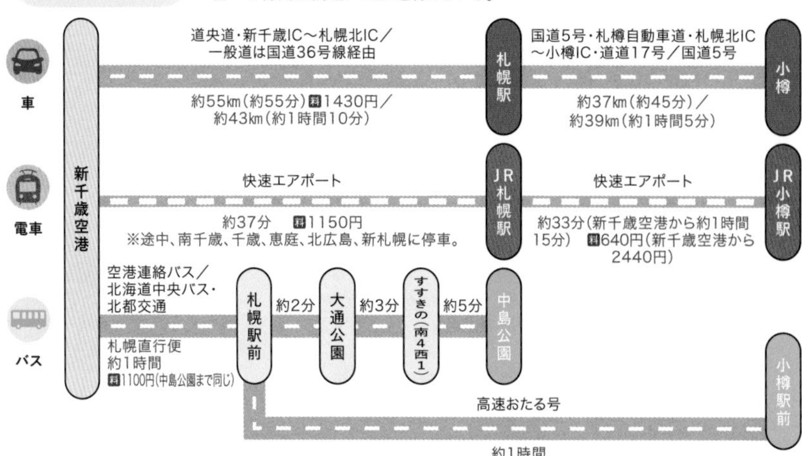

フェリー

マイカーや自分のバイクで北海道を走りたい、あるいは船旅を楽しみながら北海道を目指したい、という人の夢をかなえてくれるのがフェリー。京都の舞鶴港や福井の敦賀港、新潟港、秋田港からは日本海側を通って小樽や苫小牧へ。愛知の名古屋港や茨城の大洗港、宮城の仙台港、青森の八戸港からは太平洋側を通って苫小牧へ行くフェリーが運航している。青森港や青森の大間港からは、津軽海峡を越えて函館へ行く航路もあり、陸路と航路を組み合わせて北海道に行くプランも一案だ。どのフェリーも動くホテルといっていいほど快適。大浴場やシアター、スポーツルーム、カラオケボックスがある船もある。

小樽と苫小牧に入港する新日本海フェリー

フェリーの予約方法

フェリーの予約は通常2ヵ月前から始まる。予約方法はインターネットか電話予約。インターネットで予約した場合はカード決済、電話予約の場合はコンビニからの支払いとなる。予約時に、乗用車の場合は車両の長さや車のナンバー、二輪車の場合は排気量の申告が必要となるので用意しておきたい。なお、ペットと一緒に泊まれるペットルームは、すぐに満室になってしまうほどの人気がある。

フェリーの乗船方法

車の場合は出発の1時間30分～2時間前に港の指定の場所に行き、乗船手続きを行う。乗船名簿への記入と、車検証の提示が必要だ。船の準備が整ったら、運転手のみ車に乗り、車を船内に移動する。同乗者はターミナルビルから船内に移動する。

フェリー航路一覧

船会社	番号	出発港	到着港	所要時間(約)	便数	旅客のみ料金	乗用車料金5m未満
新日本海フェリー	1	舞鶴港	小樽港	21時間	1日1便	ツーリストA 1万1100円～	3万5900円～
	2	敦賀港	苫小牧東港	20時間(直行便)	1日1便(直行便)	ツーリストA 1万1100円～	3万5900円～
	3	新潟港	小樽港	16時間	週6日 各1日1便	ツーリストC 7500円～	2万4500円～
	4	秋田港	苫小牧東港	11時間	週6日 各1日1便	ツーリストJ 5300円～	2万1100円～
太平洋フェリー	5	名古屋(愛知)	苫小牧港(仙台経由)	39時間30分	週3～4便	2等・C寝台 1万1700円～	3万7000円
	6	仙台(宮城)	苫小牧港	15時間	1日1便	2等・C寝台 9000円～	2万8600円
商船三井フェリー	7	大洗(茨城)	苫小牧港	17時間45分～19時間15分	1日1～2便	ツーリスト 9800円～	2万9700円～
川崎近海汽船シルバーフェリー	8	八戸港	苫小牧港	7時間15分～8時間30分	1日4便	2等 6000円	2万8000円
津軽海峡フェリー	9	大間港	函館港	1時間30分	1日2便	スタンダード 2320円～	1万5800円～(6m未満)
	10	青森港	函館港	3時間40分	1日8便	スタンダード 2860円～	1万9760円～(6m未満)
青函フェリー	11	青森港	函館港	3時間50分	1日8便	スタンダード 2200円～	1万7500円～

船会社一覧

船会社	問い合わせ／予約先
新日本海フェリー URL www.snf.jp	06-6345-2921(大阪予約センター) 03-5532-1101(東京予約センター)
太平洋フェリー URL www.taiheiyo-ferry.co.jp	050-3535-1163(全国共通)
商船三井フェリー URL www.sunflower.co.jp	0120-489-850 029-267-4133(大洗) 0144-34-3121(苫小牧)
川崎近海汽船シルバーフェリー URL www.yokaku.silverferry.jp	0120-539-468 050-3821-1478(八戸) 050-3821-1490(苫小牧)
津軽海峡フェリー URL www.tsugarukaikyo.co.jp	0138-43-4545(函館) 017-766-4733(青森) 0175-37-3111(大間)
青函フェリー URL www.seikan-ferry.co.jp	017-782-3671(青森) 0138-42-5561(函館)

新幹線

2016年に北海道新幹線が開業し、東京から新幹線で北海道に行けるようになった。所要時間は最短で約4時間。東京～新青森間が東北新幹線、新青森～新函館北斗間が北海道新幹線の区間。本州の最後の駅「奥津軽いまべつ」から北海道の最初の駅「木古内」の間では、交通機関用としては日本一長い全長53.85kmの青函トンネルを通過する。青函トンネルの海底部分は23.3kmあり、最深部は海面下240mとなる。通過時間は約20分だ。終点は新函館北斗駅で、函館駅へ行くには「はこだてライナー」に乗り換える。2030年には新函館北斗駅から札幌駅まで、新幹線が延伸予定だ。

東京～新函館北斗を結ぶ
北海道新幹線「はやぶさ」の停車駅

所要約3時間55分　料 東京駅～新函館北斗駅
運賃1万2100円+指定席特急料金1万1330円

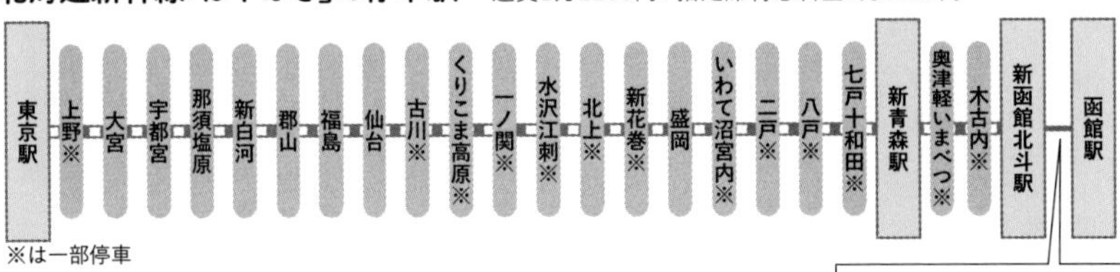

はこだてライナー約20分
料440円

北海道の玄関口

新千歳空港徹底ガイド

北海道のゲートウエイ、新千歳空港の充実度は日本屈指。
早めに到着してショッピングやグルメを楽しもう！

2F おみやげが何でも揃う ショッピングワールド

国内線2階には北海道みやげが大集合。
新千歳空港限定はコチラ！

A

きのとや 新千歳空港ファクトリー店

札幌農学校 焼きたてクッキーサンド 餡バター 5個入1080円

店内で焼き上げたミルククッキーで、芳醇な道産バタークリームと十勝産つぶ餡をサンド。1個216円。

B

函館洋菓子スナッフルス

ふわふわサンドクッキー

5個入1188円

3種のスパイスが利いたクッキーでマシュマロをサンド、チョコレートでコーティング。

C

ショコラティエ マサール 新千歳空港出発ロビー店

パレットショコラ

10枚入1296円

ミルク、ホワイトなど3種のチョコレートにカラフルなプリントをほどこしたショコラ。

D

もりもと 新千歳空港店

北のちいさなケーキ ハスカップジュエリー ホワイトバージョン MIX

10個入2950円

ハスカップジャムとバタークリームを薄焼きクッキーでサンドし、周りをチョコレートで縁取り。

空港限定みやげ

できたて！

E

わかさいも 新千歳空港店

新千歳くうこうまんじゅう

6個入780円

小豆も小麦粉も北海道産。薄皮の中にあんがたっぷり。店内併設工房で蒸したてを販売。

できたて！

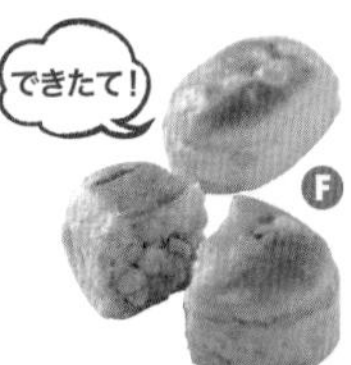

F

JA びえい 美瑛選果

びえいのコーンぱん びえいのまめぱん

各5個入1500円

まめぱんは美瑛産の5種類の甘く煮た豆がぎっしり。コーンぱんは美瑛産コーンが中にたっぷり入っている。

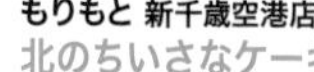

G

北菓楼

カップシュー 夢風船 1個243円

フォンダンのかかったシュー生地の中にマスカルポーネチーズを混ぜたカスタードクリームがたっぷり。

海の幸や珍味も！

イクラ、サケやホッケ、昆布、イカの塩辛などの珍味など、海産加工品を販売する店もたくさんある。帰ってからも北海道気分を楽しめる。

H **ぎょれん** 新千歳空港店 国内線店（2F）

干貝柱

100g1袋2500円

オホーツク産の天然帆立を使用

いくら醤油漬

90g1本1660円

1番の人気商品。昆布醤油が味の決め手

手ほぐし鮭

160g　1本980円

北海道産のサケをふた晩熟成させ手作業で身をほぐしている

3F 最後の一食まで大満足！ グルメワールド

国内線3階ではラーメンや海鮮、ご当地グルメまで、北海道グルメを満喫！

焼豚味噌ラーメン 1180円

O 弟子屈ラーメン 新千歳空港店

4種類の味噌をブレンドしたスープに辛味噌を混ぜて味わう。炙り豚バラチャーシューはインパクト大。

まるごと北海道産豚の肉盛りラーメン 1600円

Q 麺処 白樺山荘 新千歳空港店

道産豚の肩ロース、ウデ肉を醤油だれでじっくり煮込み、味噌ラーメンにのせた濃厚な一杯。

空港限定

そのまま えびしお 900円

P えびそば一幻

エビの頭を大量に使ったスープに、仕上げのエビ油など、エビの風味が際立つ一番人気のラーメン。

北海道ラーメン道場

北海道の人気ラーメン店が10店舗集まる、ラーメンのテーマパーク。空港限定メニューがある店も！

北海道の味覚を最後まで味わって帰ろう！

大漁丼 2980円

どんぶり茶屋 R

ボタンエビ、サーモン、マグロなど厳選魚介9品を美しく盛った丼。ほかにもさまざまな組み合わせの丼あり。

空港の人気グルメ

U 北国の寿司 花ぶさ

特上寿司 9カン 3200円

ウニ、ボタンエビ、イクラ、カズノコなど北のネタ9カンが並ぶ特上にぎり寿司セット。

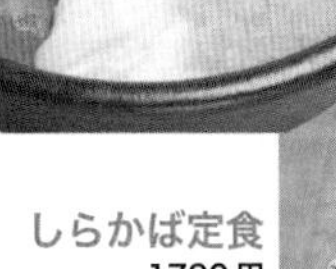

しらかば定食 1790円

郷土料理 ユック S

ウニ、カニ、サケとイクラのミニ丼と、刺身、天ぷらがセットになった一番人気のメニュー。

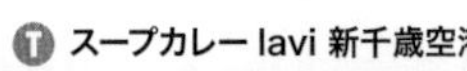

T スープカレー lavi 新千歳空港

チキン to 野菜カレー 1680円

厳選した15種類のスパイス、豚・牛骨・丸鶏、道産を中心とした野菜を10時間以上煮込んで濃厚なうま味と深い味わいのスープが完成。オリジナルスープ、焙煎エビスープ、ココナッツスープ仕立てが選べ、辛さも0〜50番まである。

新千歳空港 ●しんちとせくうこう

MAP 別冊P.5-D2

ターミナルビルはJRと直結する地下1階から4階まであり、国内線と国際線は連絡施設でつながっている。国内線出発ゲートの2階にショップ、3階に飲食店が集中している。

住 千歳市美々　TEL 0123-23-0111

営 施設により異なる

URL www.new-chitose-airport.jp

写真協力：北海道エアポート（株）

空港内エンタメスポット

テーマーパーク、温泉や映画館まであり、空港で丸1日過ごすことになっても楽しめそう！

1 2F｜連絡施設
シュタイフ ディスカバリーウォーク

ドイツ・シュタイフ社のぬいぐるみと触れ合えるミュージアム。大型ぬいぐるみの展示や、記念写真スポットも。

営 10:00～18:00　休 無休　料 見学無料

2 3F｜連絡施設
ハローキティ ハッピーフライト

キャビンアテンダントになったハローキティとサンリオキャラクターを訪ねて世界を一周。

営 9:00～18:00（ショップは～18:30）　休 無休　料 入場一般800円、ほか

3 3F｜連絡施設
ドラえもん わくわくスカイパーク

ドラえもんの「ひみつ道具」をテーマにしたパークゾーンは楽しいアトラクションがいっぱい。ショップやカフェも人気。

営 10:00～18:00　休 無休
料 パークゾーン入場一般800円、ほか

4 3F｜連絡施設
Royce' Chocolate World（ロイズ チョコレート ワールド）

ガラス越しに見学できるチョコレート工場やミュージアム、限定品が多いショップやベーカリーがある。

営 8:30～19:00（工場は8:30～17:30、ベーカリーは9:00～。時期により変動あり）　休 無休（工場のみ不定休）
料 見学無料

5 3F｜国内線
エアポート ヒストリー ミュージアム

新千歳空港の歴史を写真で紹介するコーナーやフライトアテンダントの歴代の制服、飛行機の模型を展示。

営 10:00～18:00　休 無休
料 見学無料

6 4F｜国内線
新千歳 空港シアター

最新のプロジェクターや音響機器を導入、臨場感あふれる作品を両ひじかけのあるシートで満喫。

営 上映時間に合わせて営業　休 無休
料 一般1800円、ほか

7 4F｜国内線
新千歳空港 温泉

弱アルカリ性のナトリウム塩化物泉の温泉が満たされた浴槽で旅の疲れを癒やせる。広い露天風呂も。

営 10:00～翌9:00　休 無休　料 基本入浴1800円（浴衣・バスタオル・フェイスタオル・入湯税込。朝風呂料金、深夜料金あり）

8 4F｜国内線
雪ミク スカイタウン

「雪ミク（初音ミク）」のショップ&ミュージアム。ここでしか買えない限定グッズや等身大雪ミクに出合える。

営 9:00～19:00
休 無休（北海道ぐるっとシアターは休館中）　料 無料

※2023年5月現在。営業時間は変更になる場合があるので事前に各施設のホームページで確認のこと。

ソフトクリーム大集合

空港内の多くのスイーツショップで北海道ならではのソフトクリームを販売。そのなかの一部を紹介。各店こだわりの味を味わってみて。

クレームグラッセルショコラ 430円
カカオの芳醇な香りが楽しめるフレーバー
国内線2F
Ⓛ ヌーベルバーグ ルタオ ショコラティエ

北海道あんぽてとソフト 430円
サツマイモを使ったソフトで中に自家製あん入り
国内線2F
Ⓔ わかさいも 新千歳空港店

北海道牛乳ソフト 430円
新鮮な牛乳をたっぷり使用したカステラ屋さんのソフトクリーム
連絡施設3F
Ⓚ 北海道牛乳カステラ

珈琲ソフトクリーム 440円
専門店ならではのコーヒーの風味を生かしたソフトクリーム
国内線2F
Ⓙ 東亜珈琲館(とうあこーひーかん) 新千歳空港店

新千歳空港ソフト 420円
新鮮な牛乳と生クリームを使い新千歳空港内で製造
国内線3F
Ⓜ 雪印パーラー フードコート店

宇治抹茶ソフト 442円
極上牛乳ソフトと並ぶきのとやの人気商品。ビッグサイズ!
国内線2F
Ⓐ きのとや 新千歳空港ファクトリー店

新千歳空港フロア MAP

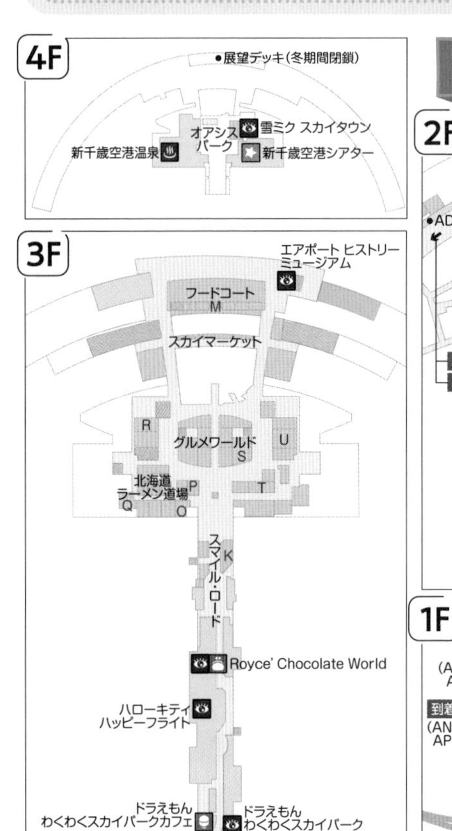

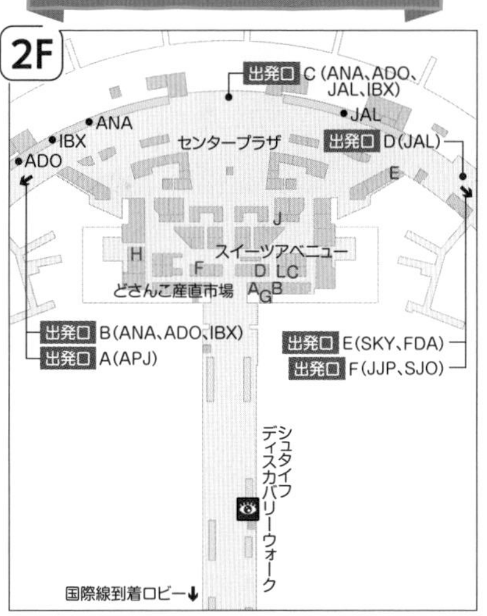

北海道内の移動方法

札幌市内の交通
→P.102

小樽市内の交通
→P.292

北海道の面積は日本全国の約22%を占める約8万3450㎢あり、47都道府県で最大の地方自治体。東京の約40倍、九州と四国を合わせた大きさに匹敵する。したがって、札幌・小樽周辺を効率よく旅するなら乗り物を上手に利用するのがポイントだ。旅のスタイルや目的に合わせて、まずは交通手段を考えよう。最も便利なのはレンタカーやマイカーだが、時短を考えるなら飛行機、鉄道やバスを組み合わせるのもいい。都市間を結ぶバスは、鉄道に比べれば時間はかかるが、ラクで便利な移動手法だ。

❶ 鉄　道

自由気ままにあちこちに行くならレンタカーが断然便利だが、札幌・小樽を中心に観光するなら鉄道での移動がラク。道内の主要都市間をJRの特急が結んでいる。目的地までの移動距離が長くなればなるほど、レンタカーやバスよりも移動時間が短縮される。また、時間が正確なので計画も立てやすい。車窓からの風景を楽しみながらリラックスして旅ができる。ただし、路線によっては特急の本数が少なく、冬季は大雪による遅延や運休があることを頭に入れておこう。

札幌と函館を結ぶ特急列車「北斗」

「とかち」は札幌と帯広間を走る特急

おもな都市間の所要時間と本数

札幌と各地		
札幌～稚内	約5時間10分	毎日1往復
札幌～旭川	約1時間25分	21往復
札幌～網走	約5時間25分	毎日2往復
札幌～釧路	約4時間	毎日6往復
札幌～帯広	約2時間35分	毎日5往復
札幌～室蘭	約1時間35分	毎日5往復
札幌～函館	約3時間30分	11往復
旭川と各地		
旭川～稚内	約3時間50分	1往復
旭川～網走	約3時間30分	2往復

※特急利用、乗り継ぎなしの直行便

交通のハブとなる南千歳駅

新千歳空港に直結しているJR新千歳空港駅は、ひとつ手前の南千歳駅から空港線に分岐する。新千歳空港からは、札幌駅を経由して小樽駅へ行く快速エアポートが運行しているが、それ以外の都市へ行くには、旭川方面行きなど一部を除いて、南千歳駅で乗り換えることになる。ちなみに「千歳」という名前が付く駅は、千歳駅、南千歳駅、新千歳空港駅と3つあるので、降りる駅を間違えないように注意したい。

南千歳駅に停車中の快速エアポート

列車の乗車時間をどう過ごすか

札幌・小樽は鉄道で30分ほどだが、札幌から網走や稚内への移動は、乗車時間が5時間を超える。これは東京から新幹線で博多へ行くよりも長い（東京～博多は約5時間）。車内は快適とはいえ、長い移動時間をどう過ごすかは事前によく考えておいたほうがいいだろう。

JR北海道特急路線図

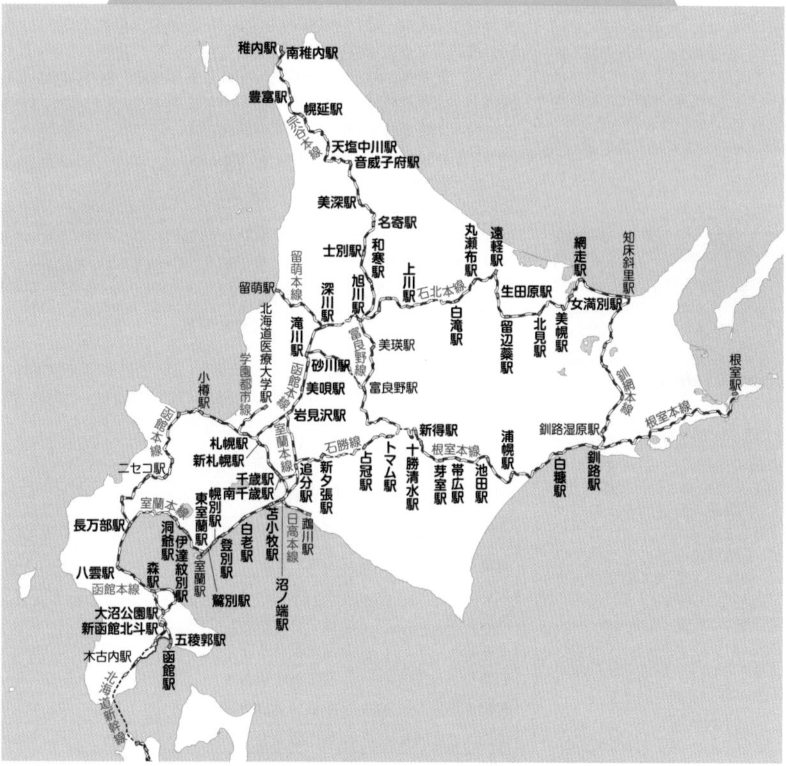

稚内駅
南稚内駅
豊富駅
幌延駅
宗谷本線
天塩中川駅
音威子府駅
美深駅
名寄駅
士別駅
和寒駅
留萌本線
留萌駅
深川駅
旭川駅
上川駅
石北本線
丸瀬布駅
遠軽駅
生田原駅
網走駅
知床斜里駅
女満別駅
美幌駅
北見駅
留辺蘂駅
白滝駅
富良野線
美瑛駅
富良野駅
滝川駅
砂川駅
美唄駅
岩見沢駅
函館本線
北海道医療大学駅
学園都市線
小樽駅
札幌駅
新札幌駅
室蘭本線
石勝線
占冠駅
トマム駅
新得駅
十勝清水駅
根室本線
芽室駅
帯広駅
池田駅
浦幌駅
白糠駅
釧路駅
釧路湿原駅
釧網本線
根室本線
根室駅
追分駅
新夕張駅
千歳駅
南千歳駅
ニセコ駅
長万部駅
洞爺駅
伊達紋別駅
東室蘭駅
幌別駅
登別駅
白老駅
苫小牧駅
鵡川駅
日高本線
沼ノ端駅
室蘭本線
室蘭駅
鷲別駅
八雲駅
森駅
函館本線
大沼公園駅
新函館北斗駅
五稜郭駅
函館駅
木古内駅
北海道新幹線

JR北海道特急列車の種類

稚内駅 W80
南稚内駅 W79
豊富駅 W74
幌延駅 W72
天塩中川駅 W64
音威子府駅 W61
美深駅 W54
名寄駅 W48
士別駅 W42
和寒駅 W38
上川駅 A43
白滝駅 A45
丸瀬布駅 A48
遠軽駅 A50
生田原駅 A53
留辺蘂駅 A56
北見駅 A60
美幌駅 A65
女満別駅 A67
網走駅 A69
旭川駅 A28
富良野線 美瑛・富良野方面
留萌本線 留萌方面
A24 深川駅
滝川駅 A21
根室本線 富良野方面
A20 砂川駅
A16 美唄駅
A13 岩見沢駅
札幌駅 01
地下鉄南北線
地下鉄東豊線
釧網本線 釧路方面
特急宗谷(札幌〜稚内)
特急サロベツ(旭川〜稚内)
特急ライラック、カムイ(札幌〜旭川)
特急大雪(旭川〜網走)
特急オホーツク(札幌〜網走)
特急おおぞら(札幌〜釧路)
特急とかち(札幌〜帯広)
特急すずらん(札幌〜東室蘭〜室蘭)
特急北斗(札幌〜函館)
一部列車通過駅
学園都市線
北海道医療大学方面
函館本線 小樽方面
地下鉄東西線
H05 新札幌駅
H13 千歳駅
H14 南千歳駅
新千歳空港駅 AP15
函館駅 H75
五稜郭駅 H74
新函館北斗駅 H70
大沼公園駅 H67
森駅 H62
八雲駅 H54
長万部駅 H47
洞爺駅 H41
伊達紋別駅 H38
東室蘭駅 H32
日高本線 鵡川方面
池田駅 K36
浦幌駅 K40
白糠駅 K47
釧路駅 K53
道南いさりび鉄道
北海道新幹線 新青森・仙台・東京方面
函館本線 小樽方面
輪西駅 M33
御崎駅 M34
母恋駅 M35
室蘭駅 M36
普通列車として運転
H31 鷲別駅
H30 幌別駅
H28 登別駅
H23 白老駅
H18 苫小牧駅
H17 沼ノ端駅
K15 追分駅
K20 新夕張駅
K21 占冠駅
K22 トマム駅
K23 新得駅
K24 十勝清水駅
K27 芽室駅
K31 帯広駅
花咲線 根室方面
釧網本線 網走方面

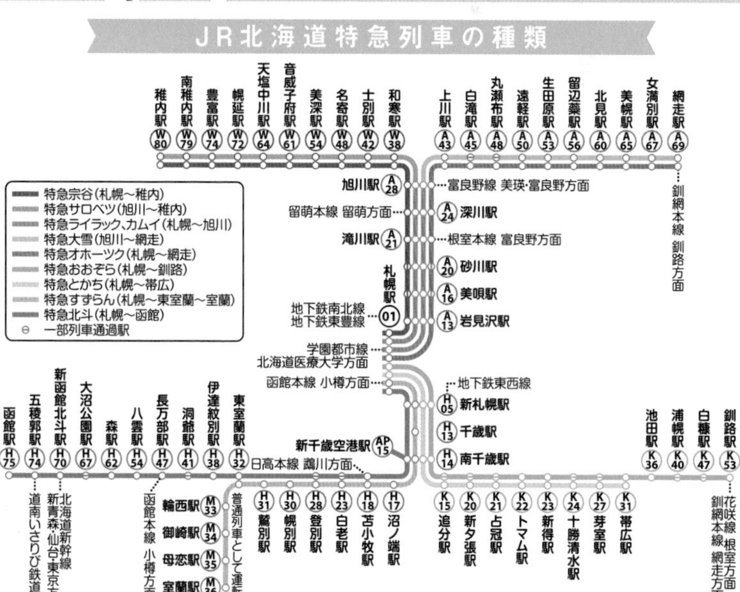

札幌近郊の鉄道路線

札幌にはJR函館本線、JR千歳線、JR札沼線(学園都市線)が走っている(→P.109)。JR札沼線、通称学園都市線には2022年3月に「ロイズタウン駅」が誕生。駅から徒歩で7分(シャトルバスあり)のところに「ロイズふと美工場」があり、併設の「ロイズカカオ&チョコレートタウン」ではチョコレート工場見学&体験ができる。

チョコレートができる過程を楽しく学べる

青春18きっぷ

全国のJR線の普通・快速列車の普通車自由席が乗り放題のきっぷ。北海道を普通列車でのんびり旅する余裕のある人におすすめ。石勝線の新得～新夕張間のみ、特急・急行列車の普通車自由席が利用できる。きっぷは期間により春季、夏季、冬季用がある。料金は1万2050円。1人で5回分、または5人までのグループ利用ができ、1回の有効期限は1日。

JR北海道

札幌を中心に道内の主要都市を結ぶJR北海道。南部の函館、北部の稚内、東部の釧路や網走などを結んでいる。道民にとってはもちろん、観光客にとっても重要な足となる乗り物だ。2016年には北海道新幹線も開業し、東京から函館へ4時間ほどで行くことができるようになった。函館からさらに特急を乗り継げば道内のどこへでも行くことができ、飛行機に乗らなくても北海道旅行ができる。2030年には新幹線が札幌まで延伸予定で、今から期待が高まっている。

青函トンネルを走って本州と北の大地を結ぶ北海道新幹線

地下鉄と市電

札幌には札幌市交通局の運営する3路線の地下鉄とループ状に路面を走る市電がある。ちなみに函館も市電が運行している。詳しくは札幌市内の交通（→P.102）を参照。

JR北海道の主要区間と距離

路線	区間	駅数	距離
北海道新幹線	新青森～新函館北斗	4駅	148.8km
函館本線	函館～旭川	85駅	458.4km
室蘭本線	長万部～岩見沢	47駅	218km
日高本線	苫小牧～鵡川	5駅	30.5km
千歳線	沼ノ端～白石	15駅	59.2km
石勝線	南千歳～新得※	8駅	132.4km
学園都市線(札沼線)	桑園～北海道医療大学	14駅	28.9km
快速エアポート	新千歳空港～小樽	22駅	80.4km

JR北海道のおトクなきっぷ例

さまざまな種類のきっぷがあるので、JRの公式サイトなどでチェックしよう。大きく分けて、往復割引と、往復きっぷにフリーエリアの乗り放題が付いてお得なきっぷ、北海道内を列車で旅する人にお得なフリーエリア内乗り放題のきっぷがある。「えきねっと」からの申し込み限定や、発券期間や利用期間が決められているきっぷがあるので事前に確認を。札幌からの観光に便利なおもなきっぷは以下を参照。

往復割引

乗車券往復割引きっぷ

「ゆき」と「かえり」の往復きっぷの購入で運賃または乗車券が割引になる。札幌発を中心に設定区間は複数ある。
発券場所 指定席券売機、JR北海道みどりの窓口など
料 区間により異なる
有効期間 6日間

指定席往復割引きっぷ(Rきっぷ)

「ゆき」と「かえり」の往復それぞれに特急列車普通車指定席を利用できる割引きっぷ。札幌～網走、稚内など。
発券場所 指定席券売機、みどりの窓口
料 札幌駅～稚内駅1万3310円(冬料金1万4410円)
有効期間 6日間

自由席往復割引きっぷ(Sきっぷ)

「ゆき」と「かえり」の往復それぞれに特急列車普通車自由席を利用できる割引きっぷ。札幌～旭川、旭川～網走、稚内など。
発券場所 券売機、みどりの窓口、指定席券売機
料 札幌駅～旭川駅5550円、旭川駅～稚内駅1万830円
有効期間 6日間

富良野・札幌往復きっぷ

富良野発の札幌行き往復きっぷ。特急または急行列車の普通車自由席が利用できる。
出発駅 富良野駅
発券場所 富良野駅
料 4810円
有効期間 6日間

旭山動物園アクセスきっぷ

札幌～旭川の往復特急普通車自由席と、「旭山動物園」までのバス券がセットになった割引きっぷ。
出発駅 札幌駅
発券場所 JR北海道みどりの窓口、指定席券売機
料 5930円
有効期間 4日間

旭山動物園きっぷ

「旭山動物園アクセスきっぷ」に「旭山動物園」の入園券が付いたきっぷ。
出発駅 札幌駅
発券場所 JR北海道みどりの窓口、指定席券売機
料 6830円
有効期間 4日間

フリーきっぷ

おたる水族館きっぷ

札幌駅～小樽駅の往復きっぷ、バス券、おたる水族館の入館引換券がセット。フリーエリア(小樽駅～小樽築港駅間)は乗り降り自由。
出発駅 札幌駅
発券場所 指定席券売機、みどりの窓口など
料 通常3610円。利用期間3月18日～11月26日、冬季期間(12月17日～2月25日)は3210円
有効期間 1日間

フリータイプ

北海道フリーパス

JR北海道内の在来線特急列車の普通車自由席、およびジェイ・アール北海道バス(一部路線を除く)が7日間乗り降り自由なきっぷ。普通車指定席も6回まで利用可(SL除く)。利用期間は通年だが、GWや繁忙期など制限期間あり。
発券場所 指定席券売機、みどりの窓口など
料 2万7430円
利用期間 7日間

宮永真幸
アナウンサー

STV「どさんこワイド179」
宮永アナが語る！旅情あふれる札幌駅

STVで長年報道に携わる宮永真幸アナは旅が大好き。学生時代は「地球の歩き方」を携え、バックパックひとつで南米を約1ヵ月回ったこともあるそう。今は札幌を拠点に旅を続ける宮永アナに、旅情あふれる札幌駅や人々への想いを語っていただきました。

現在の札幌駅にて

進化し続ける札幌駅。そして未来へ

札幌駅の駅舎は幾度も変わっている。そして新幹線が停まる駅へと進化を続ける。それでも、いつでも変わらず札幌駅は「誰もが旅人になる場所」であり続けるはずだ。

1882(明治15)年からの2代目駅舎

写真所蔵／北大附属図書館

1908(明治41)年からの3代目駅舎

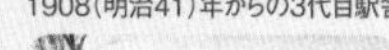
写真所蔵／北大附属図書館

1952(昭和27)年からの4代目駅舎

写真所蔵／札幌市公文書館

1965(昭和40)年からは5階建てに

写真所蔵／札幌市公文書館

札幌駅 ジモトトーク

STV「どさんこワイド179」で、「札幌駅前」といえば「お絵かき」

多くの北海道民にとって、札幌駅前は「どさんこワイド179」の「お絵かき」コーナーの場としても知られています。街行く人たちや旅行者、時には修学旅行生まで巻き込んで北海道の「今」を伝えてきました。現在、番組の「お絵かき」コーナーは、駅前では不定期開催中。

寒くて暗い真冬でも元気に開催！

時には100人以上もの参加者が

札幌で暮らすような旅を

もう30年以上前のことになる。入社試験のためにやってきた札幌駅のホームで、私は新しい旅の始まりに不安と期待を抱いていた。当時の駅舎は地上5階建て。今のJRタワーと比べればまるで平屋のような、しかし旅情あふれる雰囲気の建物だった。今も札幌駅のホームに立つと当時の気持ちがよみがえるほど印象深い。試験を終えると味噌ラーメンをすすり、街の真ん中でビルに囲まれた時計台の姿に驚き、雪印パーラーでアイスを食べ、楽しい旅行気分も味わった。しかし帰路、新千歳空港へと向かう札幌駅でふと思った。「この街は、私を受け入れてくれるのだろうか」。旅人として見る姿とは違う顔があるのではないかと。その思いは、住んでみていい意味で裏切られた。札幌の人はとにかく優しく、親しみやすい。読者の皆さんも、もしも時間が許すならば、札幌の街を暮らすように旅してほしい。北の大地の人たちは、飾らない優しさで旅人を迎え入れてくれるはずだ。

STVに入社2～3年目の頃の宮永アナ。札幌駅構内でのイベント時

旅情あふれる駅に人情を感じる

「札幌の2度泣き」という言葉がある。札幌に転勤が決まった人が遠く寒い北の街に赴く悲壮感で泣き、離任するときには人々の優しさを知って別れ難く泣くというものだ。旅人にとっても「2度泣きの街」となるはずだ。住まなくとも、人情に触れれば、札幌駅で思いがこみあげ再訪を誓うだろう。JRタワーが立ち札幌駅は都会の顔になった。しかしなぜか駅のホームには哀愁が漂う。時折吹き抜ける冷たい風のせいだけではない。この街で暮らすようになってもなお、札幌駅から離れるときには、人情と旅の終わりと始まりを感じるのだ。

今もバックパックを背負い、駅からあらゆる場所へと旅を続けています

❷ 都市間バス

道内のおもな都市を結ぶ都市間バス。リーズナブルでラクな移動手段として人気がある。予約制の路線と非予約制の路線があるので事前に確認し、チケット手配をしよう。移動中何回か、高速道路のサービスエリアなどで休憩タイムがある。長距離のバス路線には夜行便もあり、目的地に早朝に到着するので、降車後すぐに観光することも。シートもゆったりでトイレもあるので安心。電源やWi-Fiが利用できるバスもある。

札幌の中央バスターミナル

ペットは禁止

高速乗合バスへのペット持ち込みは禁止。ペット連れの移動にはマイカーかレンタカー、JRを利用する。

パーク&バスライド

バスターミナルの無料駐車場に車を停めて、バスを利用できるサービスがある。車とバスを組み合わせて移動する場合は便利。

札幌のバスターミナル

札幌駅前バスターミナルは、2023年9月、バスターミナルのある商業ビル「エスタ」の閉鎖にともない駅の南側に分散して、一時的に移転。2029年には新幹線駅直結の大型バスターミナルができる予定。現在のバス情報は札幌の市内交通(→P.108)参照。

札幌の高速バス乗り場

高速バスの発着が最も多い札幌。バス乗り場は、行き先、バス会社によって違うので注意。ほとんどのバスが出発するのが札幌駅前ターミナルと、中央バス札幌ターミナル。ほかに札幌駅前、札幌大通バスセンターなどがある。事前に乗り場を確認しておきたい。札幌市内の交通→P.102。

中央バス札幌ターミナルのバス乗り場入口

運行バス会社一覧

	バス会社	電話番号
A	北海道中央バス	0570-200-600
B	ジェイ・アール北海道バス	011-241-3771
C	道南バス	0143-45-2131
D	北都交通	011-375-6000
E	函館バス	0138-22-8111
F	北海道バス	011-882-1111
G	じょうてつバス	0120-737-109
H	道北バス	0166-23-4161
I	北海道北見バス	0157-23-2185
J	網走バス	0152-43-2606
K	北紋バス	0158-24-2165
L	宗谷バス	0162-33-5515
M	沿岸バス	0164-62-1550
N	十勝バス	0155-23-3489
O	北海道拓殖バス	0155-31-8811
P	くしろバス	0154-24-2498
Q	阿寒バス	0154-37-2221
R	根室交通	0153-24-2201
S	斜里バス	0152-23-0766
T	おびうん観光	0155-36-5500

都市間バスの予約方法

予約が必要なバスは、事前に各バス会社のホームページ、電話、ターミナル窓口で予約を入れる。全国のバスが予約できる「発車オーライネット」も利用可。繁忙期は満席になることもあるので、早めの予約がおすすめだ。支払いはクレジットカード、窓口決済、コンビニ決済など。予約は2ヵ月前からできる。人気路線はすぐに満席になってしまうのでなるべく早く予約しておこう。

発車オーライネット URL secure.j-bus.co.jp

高速バスの車内

バスの車内は3列独立シートが多く、隣との距離がありプライバシーも保たれ快適だ。4列シートの場合も、2席をひとりで利用することがほとんど。路線によっては女性専用車両がある。トイレは車内にあるが、途中、高速のサービスエリアでトイレ休憩がある。バスによってはUSBポートまたはコンセントからの充電や、フリーWi-Fiに対応している。

北海道中央バスの3列独立シート

札幌・新千歳空港発着都市間バス路線一覧

運行区間	バス名	所要時間	料金	バス会社
札幌発着				
札幌〜小樽	高速おたる号 ①	約1時間10分	680円	AB
札幌〜余市	高速よいち号 ②	約1時間50分	1110円	A
札幌〜美国	高速しゃこたん号 ③	約2時間30分	1820円	A
札幌〜岩内	高速いわない号	約2時間40分	2020円	A
札幌〜小樽〜ニセコ	高速ニセコ号 ④	約3時間10分（終点ニセコいこいの宿いろは）	2350円	A
札幌〜苫小牧	高速とまこまい号	約1時間40分	1450円	AC
札幌〜登別温泉	高速おんせん号★ ⑤	約1時間20分	2200円	C
札幌〜室蘭	高速むろらん号・高速白鳥号	約2時間40分	2300円	AC
札幌〜函館	高速はこだて号★	約5時間50分	4900円	ACDE
	函館特急ニュースター号★	約5時間15分	4800円	F
札幌〜洞爺湖温泉・豊浦	札幌洞爺湖線★	約2時間40分	2830円（洞爺湖温泉）	C
札幌〜岩見沢	高速いわみざわ号	約1時間	880円	A
札幌〜三笠	高速みかさ号	約1時間30分	1320円	A
札幌〜滝川	高速たきかわ号	約1時間50分	1500円	A
札幌〜留萌	高速るもい号	約3時間	2650円	A
札幌〜富良野	高速ふらの号	約2時間40分	2500円	A
札幌〜旭川	高速あさひかわ号	約2時間5分	2300円	ABH
札幌〜和寒・士別・名寄	高速なよろ号★	約3時間30分	3400円（名寄駅前）	AH
札幌〜北見・網走	ドリーミントオホーツク号★	約6時間	6800円（網走バスターミナル）	AIJ
札幌〜北見	北見特急ニュースター号★	約5時間15分	5800円	F
札幌〜紋別	流氷もんべつ号★	約4時間20分	5270円（紋別ターミナル）	ABHK
札幌〜遠軽	高速えんがる号（直行便）★	約4時間	4500円	AHI
札幌〜栗山	高速くりやま号	約1時間10分	1220円	A
札幌〜夕張	高速ゆうばり号	約1時間40分	1950円	A
札幌〜稚内	わっかない号★	約5時間50分	6200円	DL
札幌〜留萌・羽幌・豊富	はぼろ号★	約5時間（豊富）	6180円	M
札幌〜枝幸	都市間バスえさし号★	約5時間30分	6100円	L
札幌〜帯広	ポテトライナー★	3時間55分	3840円	ABDNO
	帯広特急ニュースター号★	約3時間40分	3800円	F
札幌〜釧路	スターライト釧路号★	約5時間35分	5880円	APQ
	釧路特急ニュースター号★	約5時間30分	5800円	F
札幌〜根室	根室オーロラ号★	約9時間	8200円	DR
札幌〜えりも	高速えりも号★	約4時間20分	3670円	B
札幌〜浦河・広尾	高速ひろおサンタ号★	約4時間45分	4720円	B
札幌〜斜里〜ウトロ	イーグルライナー★	約7時間30分	8400円	S
新千歳空港発着				
新千歳空港〜帯広	とかちミルキーライナー★	約2時間40分	3800円	DT
新千歳空港〜室蘭	高速はやぶさ号★	約2時間	1760円	C
新千歳空港〜登別温泉	高速登別温泉エアポート号★ ⑥	約1時間15分	1540円	C
新千歳空港〜定山渓温泉	湯ったりライナー ⑦	約1時間40分	1800円（運休中）	D
新千歳空港〜網走	千歳オホーツクエクスプレス	約6時間10分	6500円	J

★は予約制。2023年5月現在

札幌・小樽近郊バス路線早わかり

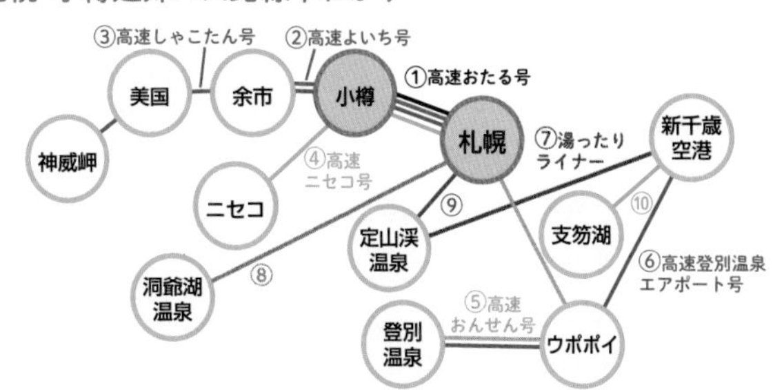

⑧札幌〜洞爺湖温泉
札幌洞爺湖線★
約2時間30分
2830円 C

⑨札幌〜定山渓温泉
かっぱライナー号★
約1時間
960円 G

⑩新千歳空港〜支笏湖
支笏湖線
約55分
1050円 A

❸ レンタカー

北海道旅で最も便利な移動手段がレンタカー（またはマイカー）。電車の走っていない地域、バスの本数が少ない場所が多い北海道で、車ならいつでもどこへでも行くことができる。移動時間と滞在時間を考えつつ、効率よく旅のプランが立てられるだろう。本州からカーフェリーを使えば、マイカーで道内を走ることも可能だ。レンタカーは各空港、JRの主要な駅などで借りられるほか、宿泊施設でも手配も頼める。台数が限られているので、夏のシーズン中は早めの予約がおすすめ。

北海道のレンタカー

レンタカーが便利なエリア

札幌、小樽、函館の3都市に限っては、公共交通機関を利用して観光ができる。レンタカーだと駐車場を探す手間ばかりか、駐車場料金も予想外にかかる。都市よりも郊外に見どころの多いスポット、例えば富良野、美瑛、ニセコや、自然が見どころの知床や摩周湖、阿寒湖などは、レンタカーを利用すると時間のロスなく観光できる。

積丹半島は札幌・小樽から日帰りで行ける人気のドライブコース

レンタカーの予約方法

レンタカーのみなら、レンタカー会社に電話で申し込む、または公式ウェブサイトから予約を入れる、旅行会社の公式ウェブサイトから予約をする、などの方法が一般的。航空会社や旅行サイトで航空券、宿泊、レンタカーの一括手配ができ、2週間以上前の予約だと割安になる。JRとレンタカーのセットで乗車券や特急券が割引となる「レール&レンタカーきっぷ」（→P.437）もある。北海道に来てからの申し込みは、各都市にあるレンタカー会社か、旅行会社、一部の宿泊施設などでも行える。

レンタカーの車種

車種は軽自動車、コンパクトカー、ミニバン、アウトドア用のSUVなど人数と用途によって選べる。さらにエコノミーからスタンダード、ラグジュアリーまで各種クラスがある。カーナビとETC車載器はほとんどの車に標準装備されている。チャイルドシートやスキー、スノーボードのキャリア、4WD車などはオプションとなるので、予約時に追加しよう。観光シーズンはリーズナブルな車種から予約で埋まってしまうので、早めのキープを心がけたい。

洞爺湖に向かう道央自動車道。正面に有珠山が見える

キャンピングカーのレンタル

広い北海道を走るのはドライブの醍醐味。憧れのキャンピングカーだってレンタルできる。キャンピングカーレンタル専門店の「北海道ノマドレンタカー」は、新千歳空港近くの千歳店にてレンタルが可能。家族4人で楽しめる日産のバン、キャラバンベースの上級バンコ

レンタカー利用の流れ

1 予約をする
レンタカー会社、旅行会社などのホームページから、または電話で予約。その際に車種、オプション、保険・補償などを選ぶ。
⬇
2 到着後窓口へ
空港のレンタカーの窓口で予約の旨を伝え、配車場所まで車で移動する。手続き後、用意されたレンタカーに乗車。
⬇
3 出発前のチェック
ガソリンが満タンであることをチェックし、目的地をカーナビに登録、高速道路を利用する場合はETCカードをセット。
⬇
4 返却
返却予定時間に遅れないよう、指定のガソリンスタンドか、返却場所最寄りのガソリンスタンドで満タンに。

レンタカーの料金の目安（24時間）

軽・コンパクトカー　7590円～
ミニバン・ワゴン　1万3200円～
SUV　1万1440円～
北海道には夏季料金があり、7～8月は料金が跳ね上がる。予約が取りにくいうえに1日につき3000円以上も高くなるというダブルパンチ。節約するなら行く時期を検討しよう。
エコノミー車24時間
基本料金　8580円～
夏季料金　1万2010円～
※トヨタレンタカー調べ
トヨタレンタカー
URL rent.toyota.co.jp

ペット連れの旅行

近年はペットを連れて旅する人も増えている。レンタカーにペットを乗せる場合は、事前にその旨を伝えての予約が必要。通常は中型のケージに入る体重10kgまでの犬・猫に限られる。車内ではペットはケージ内に入れたまま移動すること。著しい臭気・汚損・破損にはノンオペレーションチャージがかかる。

ンキャンピングカーから、ラグジュアリーなベンツのバンキャンパーまで8種類の車両を用意している。そのほかペットと同乗できる車や、BBQセットや寝具、ランタンなどオプションもある。

キャンピングカーで旅を楽しむのもよい

基本の保険とオプション

レンタカーを借りる際には保険加入が必要。レンタカー料金に含まれるのは基本の補償のみ。対人、対物（免責額5万円)、車両補償（車両時価額まで補償だが免責額は5万円、大型車は10万円)、人身傷害補償が適用される。事故により車両の修理や清掃などが必要になった場合には、ノンオペレーションチャージがかかり、返却店舗に自走できる状態は2万円、自走できない場合は5万円が課される。この自己負担金を免除する免責補償制度があり、24時間ごとに追加料金を支払うことで対物と車両の免責額が免除される。さらに免責額とノンオペレーションチャージもカバーする安心のプランもある。

どこで借りてどこで返却するか

空港で借りて同じ空港で返却するのが一般的だが、北海道では必ずしもループ状に旅するとは限らない。そんなときに便利なのが「乗り捨て（ワンウエイ)」だ。レンタカーを借りる空港（または市内）と、返却する空港（または市内）を変えることでバリエーションに富んだプランが立てられる。ただし、空港から最寄りの都市で返却する場合を除き、乗り捨て料金が別途、必要となる。

返却時のガソリン

レンタカー返却時はガソリンを満タンにするのが基本。通常レンタカーを借りたときに、返却時に給油するガソリンスタンドを指定される。もし時間がないなどの理由で給油できない場合は、走行距離精算をしてもらう。ただし、満タン返しよりも料金が高くなるケースが多い。給油口がどちらにあるかは、運転席前の距離や速度が表示されるインパネ（インストルメントパネル）に、給油口の方向が示されているので確認できる。

三角のある方向が給油口だ

返却は早めに

レンタカーの返却場所（営業所）は、空港から離れた場所にある。手続きを終えてシャトルバスで空港まで送迎してもらうのに時間がかかるので、遅くとも出発の1時間前には到着するようにしたい。

キャンピングカー

キャンピングカーレンタル専門店。キャラバンベースの車両から輸入の大型キャンピングカーまで8タイプの車両を用意している。

北海道ノマドレンタカー
料1日1万9000円～
URL nomad-r.jp

キャンピングカーなら愛犬と一緒に旅ができる

動物道路標識

北海道にはさまざまな動物標識がある。一番数が多いのが「シカ」。牧場地帯には「牛横断注意」が、乗馬をする人がいるエリアには「馬横断注意」がある。最近ではヒグマの出没も多く、標識のほか出没日時が書かれた注意看板もよく見かける。ほかに、リス、タンチョウ、キツネやタヌキも。

カップ麺を彷彿とさせるユニークな標識

道央道を札幌方面から北に向かうと、砂川IC付近でキツネとタヌキが並んだ標識が目に飛び込んでくる。黄色に黒の標識と、カラー版の“赤いキツネと緑のタヌキ”の標識があり、カップ麺のCMを連想してしまう。

レール＆レンタカーきっぷ

JRと駅レンタカーをセットで申し込むとJRの乗車券・特急券・グリーン券の料金が割引されるプラン。グループで利用する場合は全員割引となるが、追加発売は不可。またゴールデンウイークやお盆、年末年始は割引はない。詳しくは「JR駅レンタカー」で確認。
URL www.ekiren.co.jp

おもな利用条件
- JR線の営業キロを片道・往復・連続で201km以上利用すること。
- 最初にJR線を利用し、出発駅から駅レンタカーのある駅までの営業キロが101km以上離れていること。
- JR線と駅レンタカーの利用が連続していること。

道内フライトの機体

道内各地をフライトする機体はプロペラ機がほとんど。JALはエアバス社のATR42-600で席数48。ANAはボンバルディア・エアロスペース社のDHC8-Q400で席数74。丘珠空港発の道内路線はJALのみで新千歳空港発はJALとANAの両方のフライトがある。

丘珠空港へのアクセス

丘珠空港はJR札幌駅から約7kmの場所。バスや地下鉄を使って行くことができる。タクシーは札幌駅前から約20分、約2350円。

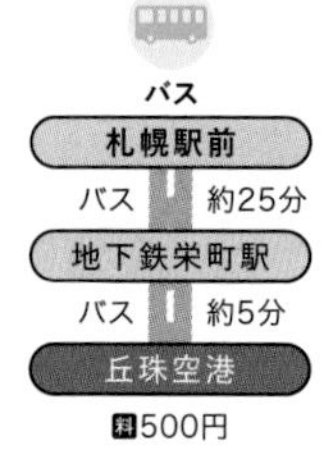

料500円

※地下鉄栄町駅の乗り場は駅2番出口を出て徒歩2分。

❹ 道内の飛行機

広い北海道を最も短い時間で移動できる手段が飛行機。新千歳空港と、道内の航空路線の拠点となる丘珠(おかだま)空港から、稚内、函館、道東方面や離島へのフライトがある。札幌〜稚内は陸路だと最も早いJRでも約5時間10分かかるが、飛行機ならわずか55分で行くことができる。ただし、季節運航便や曜日が限られている便もあるので、事前に航空会社の公式サイトなどでよく確認しよう。

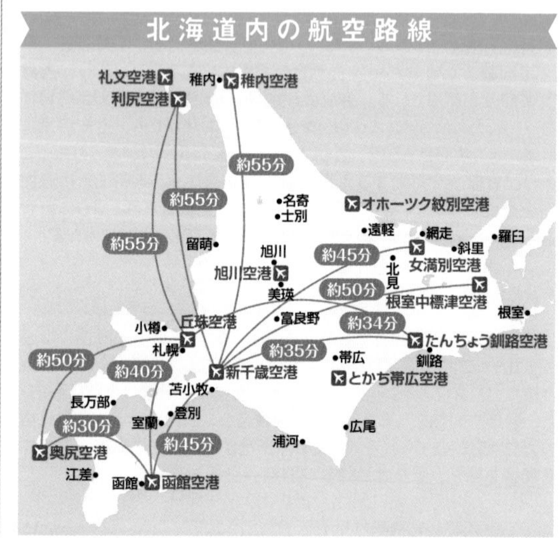

道内の航空路線の所要時間と便数

出発地	道内空港名	航空会社	所要時間	便数
新千歳空港	函館空港	ANA	45分	毎日2便
	女満別空港	ANA、JAL	45分	毎日各3便
	根室中標津空港	ANA	50分	毎日3便
	たんちょう釧路空港	ANA	35分	毎日3便
	稚内空港	ANA	55分	毎日2便
	利尻空港	ANA	55分	6〜9月の毎日1便

出発地	道内空港名	航空会社	所要時間	便数
丘珠空港	函館空港	JAL	40分	毎日6便
	女満別空港	JAL	45分	毎日2便
	たんちょう釧路空港	JAL	45分	毎日4便
	利尻空港	JAL	55分	毎日1便
	奥尻空港	JAL	50分	季節運行
函館空港	奥尻空港	JAL	30分	週5便

稚内と利尻島を結ぶサイプリア宗谷

❺ 離島航路

北海道の離島航路は日本海側のみ。最北端の稚内から利尻島・礼文島航路があり、所要1時間40〜55分。利尻島〜礼文島間は約40〜55分。道南の江差からは奥尻島航路があり、所要約2時間10分。羽幌からは焼尻島・天売島航路があり、焼尻島まで約35分、焼尻島〜天売島間は約15分。いずれも冬は減便され、海が荒れて運休になる可能性もあり、観光は夏がおすすめ。

日本の
よさを
再発見！

地球の歩き方 国内版

＼日本も、はじめました。／

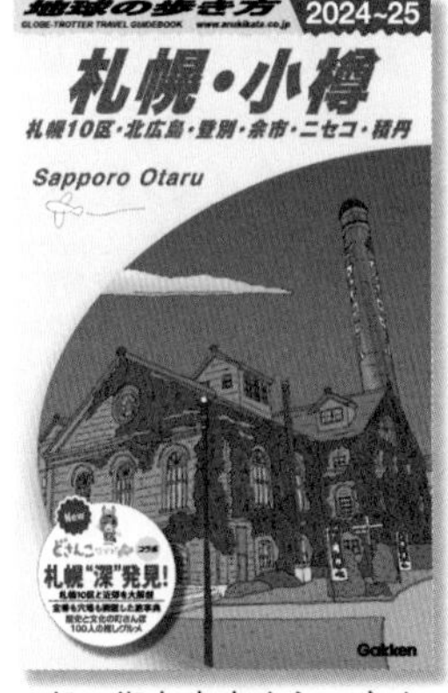

……さあ、次はどの街を歩きましょうか。

札幌・小樽&周辺の 道の駅

ドライブ途中の休憩スポット、道の駅。北海道には全部で127の道の駅があり、24時間利用できるトイレと、レストランやショップを併設している道の駅も多い。ここでは札幌と小樽およびその周辺の道の駅22をピックアップ。

グルメが話題！

当別町

本格イタリアン

北欧の風 道の駅とうべつ

ほくおうのかぜ みちのえきとうべつ

MAP 別冊P.14-B1 ➡P.272

姉妹都市スウェーデンにちなみ北欧風の造り。北海道の有名シェフ、堀川氏監修の本格イタリアンが味わえる。

住当別町当別太774-11 TEL0133-27-5260 営9:00～18:00(12～3月は10:00～16:00)、レストランは11:00～17:00LO(12～3月は～15:00LO) 休12～3月の水曜、農産物直売所は冬季休業

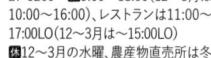

Aセット(メイン＋前菜盛り合わせ)1650円～

洞爺湖町

虻田漁港の魚介類

あぷた

あぷた

MAP 別冊P.48-A2

噴火湾(内浦湾)と虻田漁港を眼下に望む、番屋をイメージした施設。地場産品の直売所と海鮮自慢のレストランがある。

住洞爺湖町入江84-2 TEL0142-76-5501 営9:00～18:00(11～3月～17:00)、レストランは11:00～14:00 休無休

ウニが折ごと出てくるうに丼2500円～

京極町

名物ジンギスカン

名水の郷きょうごく

めいすいのさときょうごく

MAP 別冊P.49-D1

名水100選の「羊蹄のふきだし湧水」がある道の駅で名水コーヒーが名物。味付き、または塩で味わうジンギスカンやピザも人気。

住京極町川西45-1 TEL0136-42-2292 営9:00～17:00、レストラン11:00～15:30LO 休水曜

ジンギスカン特選生ラム肩ロースセット1980円

室蘭

焼き鳥とカレーラーメン

みたら室蘭

みたらむろらん

MAP 別冊P.4-B3 ➡P.264

東日本最大級のつり橋「白鳥大橋」を望む、白鳥大橋記念館に併設された道の駅。室蘭グルメが味わえる。

住室蘭市祝津町4-16-15 TEL0143-26-2030 営9:30～19:00(冬季時間短縮)、食堂は10:00～16:30LO、土・日曜・祝日は～17:30LO(11～3月は10:00～14:30LO、土・日曜・祝日は～15:30LO) 休無休(11～3月は木曜、祝日の場合は翌日)

焼鳥とカレーラーメンの室蘭セット1100円

農産物直売所が人気

長沼町

農産物直売所リニューアル

マオイの丘公園

マオイのおかこうえん

MAP 別冊P.7-C3 ➡P.275

農産物直売所が2023年4月にリニューアルオープン。10月頃まで近隣農家の野菜が並ぶ。ピザ屋も人気。

住長沼町東10線南7 TEL0123-84-2120 営9:00～18:00(12～3月～17:00)、レストラン11:00～17:00 休無休、レストランは水曜(12～3月)

スタイリッシュになった建物で野菜や果物などを販売

ニセコ町

野菜の種類が豊富！

ニセコビュープラザ

ニセコビュープラザ

MAP 別冊P.49-C1

隣接した直売所にはニセコのさまざまな野菜が並び大盛況。センターハウス内にはニセコの名産品が揃う。

住ニセコ町元町77-10 TEL0136-43-2051 営9:00～18:00、直売所は8:30～17:00(11月上旬～4月下旬は9:00～) 休無休、店舗によって定休日あり

四季折々の朝取れ野菜が人気の直売所

 温泉 レストラン ショップ 直売所

千歳市
サーモンパーク千歳
MAP 別冊P.32-B2
サーモンパークちとせ
清流・千歳川の川辺にあり、道の駅に隣接して日本最大級の淡水魚水族館やインディアン水車がある。
住千歳市花園2-4-2 TEL0123-29-3972
※2023年5月現在、リニューアル工事中。オープンは9月予定

恵庭市
花ロードえにわ
MAP 別冊P.33-D3
はなロードえにわ
道の駅と川の駅にもなっている。隣接して漁川が流れ、河岸に広い多目的広場を併設。地場産品を使った名物グルメも充実。
住恵庭市南島松817-18 TEL0123-37-8787
営9:00～17:00(4～10月～18:00) 休無休

石狩市
石狩「あいろーど厚田」
MAP 別冊P.5-C1
いしかり「あいろーどあつた」 ➡P.271
オロロンライン沿いにあり、最上階の展望フロアからは日本海が一望。夕日の絶景スポットとして人気。
住石狩市厚田区厚田98-2 TEL0133-78-2300
営9:30～18:00(季節によって変動) 休無休

苫小牧市
ウトナイ湖
MAP 別冊P.5-D2・3
ウトナイこ
2023年3月にリニューアル。屋外に飲食店が4店舗、屋内にはキッズスペースを新設。
住苫小牧市植苗156-30 TEL0144-58-4137
営9:00～18:00(11～2月～17:00)
休無休

伊達市
だて歴史の杜
MAP 別冊P.4-B3
だてれきしのもり
総合公園「だて歴史の杜」にある。伊達市観光物産館には市内の農家約80戸の農産物が並ぶ。
住伊達市松ヶ枝町34-1 TEL0142-25-5567
営9:00～18:00(日曜は～19:00)、テナント9:00～18:00(12～3月～17:00) 休無休

壮瞥町
そうべつ情報館 i (アイ)
MAP 別冊P.48-B1・2
そうべつじょうほうかんアイ
農産物直売所と観光情報案内、2階には火山防災学び館があり、望遠鏡で有珠山を観察できる。
住壮瞥町滝之町384-1 TEL0142-66-2750
営9:00～17:30(11月中旬～3月～17:00)
休11月16日～3月の祝日を除く火曜

洞爺湖町
とうや湖
MAP 別冊P.4-B3
とうやこ
直売所では周辺農家30軒以上からの野菜を販売。「とうや湖展望台」からは洞爺湖と羊蹄山が望める。
住洞爺湖町香川9-4 TEL0142-87-2200
営8:30～18:00(12～3月は9:00～17:00) 休無休

豊浦町
とようら
MAP 別冊P.4-B3
とようら
噴火湾に面し名物のイチゴ、ホタテ、豚肉が味わえる。元ボクシング世界チャンピオン内藤大介氏の展示も。
住豊浦町旭町65-8 TEL0142-83-1010 営9:00～17:00、テイクアウトコーナー10:00～16:00 休水曜(11～3月)

余市町
スペース・アップルよいち
MAP 別冊P.47-C3
スペース・アップルよいち ➡P.353
記念館では町内出身の宇宙飛行士・毛利衛氏の業績を紹介。宇宙食、地元のフルーツや農産物を販売。
住余市町黒川町6-4-1 TEL0135-22-1515 営9:00～18:00、宇宙記念館9:00～19:00(最終入館18:00)、ミュージアムショップは冬季時間短縮
休無休(冬季は月曜、祝日の場合は翌日)、施設はほかに休館日あり

赤井川村
あかいがわ
MAP 別冊P.41-C3
あかいがわ
通称「メープル街道」(国道393号)沿いにある。赤井川産のお米と牛乳を使ったジェラートが人気。
住赤井川村字都190-16 TEL0135-34-6699 営8:30～18:00(11～4月は9:00～17:00) 休無休(11～4月は第1・3水曜)

神恵内村
オスコイ！かもえない
MAP 別冊P.40-A2
オスコイ！かもえない
日本海に面してあり、神恵内の特産品を販売。水槽の活ホタテを網ですくって購入できる。
住神恵内村大赤石村大森292-1 TEL0135-76-5800
営9:00～17:00 休無休

岩内町
いわない
MAP 別冊P.40-B3
いわない
旧国鉄岩内駅の跡地にある道の駅。ヨットをイメージした外観で「たら丸館」は観光案内所に。
住岩内町万代47-4 TEL0135-63-1155 営9:00～18:00(11～3月～17:00) 休月曜(11～4月、祝日の場合は翌日)

蘭越町
シェルプラザ・港
MAP 別冊P.4-A2
シェルプラザ・みなと
貝類や北海道産のアンモナイトなどを展示する蘭越町貝類博物館に隣接。道の駅内でも貝を販売。
住蘭越町港町1402-1 TEL0136-56-2700 営9:00～17:00(11～3月～16:00) 休火曜(11～3月は祝日の場合は翌日)

蘭越町
らんこし・ふるさとの丘
MAP 別冊P.4-A2
らんこし・ふるさとのおか
国道5号沿いにあり、ニセコ連峰や羊蹄山を望む道の駅。農産物や加工品を販売。キャンプ場もある。
住蘭越町相生969 TEL0136-55-3251 営9:00～17:00(11～3月～16:00) 休火曜(11～3月、祝日の場合は翌日)

真狩村
真狩フラワーセンター
MAP 別冊P.49-D2
まっかりフラワーセンター
花の栽培が盛んな真狩村の花をテーマにした道の駅。鉢花の販売、名物のユリ根料理も。
住真狩村光8-3 TEL0136-48-2007
営9:00～17:30(11月～4月下旬9:30～16:30) 休無休

留寿都村
230ルスツ
MAP 別冊P.49-D2
にいさんまるルスツ
農産物直売所、ルスツ豚グルメを提供するレストランなど。「ルスツふるさと公園」併設。
住留寿都村留寿都127-191 TEL0136-47-2068
営9:00～18:00(11月～4月下旬～17:00) 休無休

喜茂別町
望羊中山
MAP 別冊P.4-B2
ぼうようなかやま
標高835mの中山峠にあり、羊蹄山を望む絶景ポイント。名物はボリューム満点の「あげいも」。
住喜茂別町川上345 TEL0136-33-2671 営8:30～17:30、レストラン11:00～15:00 休無休(レストランは火・水曜休)

旅の予算

札幌・小樽をはじめ、北海道を旅行するにはだいたいいくらかかるのか。以下の項目ごとの料金を目安に旅にかかる費用をシミュレーションしてみよう。

交通にかかる費用

自宅から北海道までに加え、現地での移動にも交通費がかかる。札幌や小樽など、市内観光が中心の場所なら徒歩と公共交通機関を使っての移動となり、それほどお金はかからない。しかし、道内各地に行く場合はJR、バス、レンタカー、または飛行機、さらに島に行くにはフェリーなどに乗る必要がある。移動距離が長くなるとそれなりの金額がかかることを覚悟しよう。

ニセコの道の先にそびえる羊蹄山

飛行機、JR、バスと、料金の高い順に時間は短縮される。レンタカーの場合は、ガソリン代と高速道路利用料がかかる。ガソリン代は走行距離が長いだけに金額もそれなり。節約するなら燃費のいい車をレンタルしよう。高速道路料金は札幌北ICから新千歳空港まで普通車のETC料金は1430円。休日や深夜は30%引きの1000円になるので時間が合えばうまく利用したい（GW、年末年始、お盆を除く）。札幌からおもなICへの料金表は別冊裏を参照。なお、レンタカーを利用するなら、往復の航空券とセットになったプランを活用するのがおすすめだ。

観光にかかる費用

町を歩いて散策するだけなら特に費用はかからないが、施設を見学するには入館料がかかるし、アクティビティに参加する場合にも費用がかかる。行く先々で見学予定の、施設の入館料や公園の入園料などは確認しておきたい。自治体が運営している施設は通常1000円未満だが、一般的な施設には3000円ぐらいの所もある。また、温泉地では日帰り入浴が気軽に楽しめる。ホテルでの入浴料は1000円前後。

有珠山ロープウェイ山頂駅の洞爺湖展望台からの眺め

共通チケットやお得なセットチケットを利用

2ヵ所以上の施設を見学することで、それぞれ入館料を支払うより割安になる共通チケットが多数ある。「得だねチケットさっぽろセレクト」にはAコース3500円とBコース2500円があり、Aコースは「札

ハイシーズンとオフシーズン

7〜8月のハイシーズンは、本州からの飛行機代、現地での宿泊費、レンタカー代などあらゆる料金がアップする。ハイシーズンとオフシーズンではトータルすると、2泊3日で5万円以上の差が出ることもある。春真っ盛りの6月、雪の降る前の10月頃は、オフシーズンだがおすすめの時期。

飛行機は早めの予約を

飛行機は早めの予約で最大80%前後安くなる。通常は2ヵ月前から予約ができるので、旅のプランも早めに立てるのが安く上げるコツだ。

高速道路料金

NEXCO東日本
ドラぷら
URL www.driveplaza.com/

おもな施設の利用料

施設名	ページ	料金
ウポポイ	P.46	1200円
さっぽろテレビ塔	P.120	1000円
もいわ山ロープウェイ（往復）	P.130	2100円
北海道開拓の村	P.184	800円
さっぽろ羊ケ丘展望台	P.192	600円
洞爺湖汽船	P.246	1420円
有珠山ロープウェイ（往復）	P.268	1800円
小樽運河クルーズ	P.299	1800円
おたる水族館	P.341	1800円

得だねチケットさっぽろセレクト

URL www.sapporoselect.jp

ウェブ割引やクーポンを賢く利用

事前にウェブ予約や、オンラインでのチケット購入で割引になるケースがある。行く前にまずは施設の公式サイトをチェックしよう。

宿泊費の目安

最高級ホテル…6万円～
リゾートホテル…3万円～
シティホテル…8000円～
旅館(2食付き)…1万3000円～
民宿・ペンション…6000円～
ゲストハウス…1名2000円～
※2名で利用した場合の1名の料金

幌もいわ山ロープウェイ」+6施設のなかから3施設が選べるプラン。例えば、「札幌もいわ山ロープウェイ」+「さっぽろテレビ塔展望台」+「大倉山展望台リフト」+「北海道開拓の村」だと、通常は4900円かかるところ、このチケットでは1400円もお得になる。公共交通機関を何回か利用するなら1日乗車券がお得。ほかにもいろいろなセットプランがあるので、事前にウェブサイトなどでチェックを。

もいわ山山頂展望台からの札幌の夜景

宿泊にかかる費用

高級ホテル、シティホテル、旅館や民宿など宿泊施設のグレードやタイプにより値段はまちまち。札幌にはシティホテルが星の数ほどあり、シーズンオフなら5000円以下で利用できる場合もある。一方で、地方では宿の選択肢が少ないことも。温泉地や周囲に何もない自然のなかの宿では、朝夕の2食付きが基本となり、食事代も含まれた金額となる。また、同じ宿でも部屋からの眺めにより宿泊料が変わることが多い。部屋から湖や海、山などの景色が眺められるかそうではないかでは印象がかなり変わってくるので、宿選びの際にはその点にも留意したい。

飲食にかかる費用

レストランや食堂、カフェ、居酒屋など飲食店の価格設定は、本州と比べると安く感じる。札幌の物価は地方都市に比べると高めだ。

朝食 シティホテルや旅館は朝食が宿泊料金に含まれていることがほとんど。付いていない場合は、ビュッフェ形式で2000円以上かかるのが一般的。市場は早朝から営業していて、朝食に海鮮丼を食べられるのも北海道ならでの魅力。札幌の場外市場、二条市場、小樽の鱗友朝市などが有名。

昼食 何を食べるかにもよるが、1000円あればたいていのランチセットは食べられる。握り寿司のセットもランチなら1500円程度だ。ファストフードで軽く済ませるなら500円ほど。

カフェ 北海道ではおいしいスイーツが安く食べられると評判。ソフトクリーム、パフェ、ケーキ、パンケーキなどをぜひ味わってみて。ソフトクリーム350円～、パフェは1500円～。

夕食 ラーメン1000円前後、ジンギスカンは肉ひと皿800円～、スープカレーは1500円前後、居酒屋はひとり4000円～、本格寿司はお好みで1万円以上はみておきたい。

北海道の回転寿司はハイレベル。回転寿しトリトン(→P.92)

札幌市役所地下食堂(→P.91)はボリューム満点でリーズナブル

札幌のご当地グルメのひとつスープカレー。マジックスパイス札幌本店(→P.85)

マストで食べたい札幌味噌ラーメン。味噌ラーメン専門店 狼スープ(→P.75)

買い物にかかる費用

買い物はひとつのエンターテインメントでもある。特に北海道旅行では、おみやげの予算を多めに見積もっておきたい。各観光スポットのグッズをはじめ、地場産の名物、名品など、欲しくなるさまざまなアイテムがたくさん揃っている。最後に空港でまとめ買いするお菓子や海産加工品などの予算もお忘れなく。

海産物は人気だが値段もそれなり

旅のシーズン

札幌・小樽周辺が観光客で最もにぎわうのは7～8月。この時期は北海道のベストシーズンでもある。ただし、ハイシーズンだけにどこも混み合い、料金もアップする。見たいもの、食べたいもの、予算など、旅の目的に合ったシーズン選びがポイントだ。

北海道旅のベストシーズン

夏の北海道旅行のベストシーズンは7月。季節でいえば初夏にあたり、カラッと晴れて湿度も少なく、木々の緑が目にまぶしい時期だ。ガーデンの花畑が最も美しいのも7月上旬～下旬。ハマナスなど原生花園の花々も7月に最盛期を迎える。

お花見をするなら5月

桜前線が北上して北海道に到達するのは4月下旬。函館方面から桜の開花情報が聞かれるようになり、GWから5月下旬にかけてあちこちで桜が満開を迎える。札幌や小樽で桜が開花するのは例年5月中旬。ソメイヨシノ、エゾヤマザクラ、サトザクラの順で咲く。北海道の桜は本州で一般的なソメイヨシノよりもエゾヤマザクラが多く、ピンクの色がより濃くて美しい。

夏の暑さをあなどるなかれ

最も暑い8月の最高気温は、平均だと25℃前後。数字だけ見ると涼しく感じるだろう。しかし、札幌では2021年7～8月に、30℃を超える真夏日を13日間連続で記録した。近年はエアコンを設置している施設や家庭が増えたが、暑さ対策が追いつかないところもある。想像した以上に暑い日があることも覚悟しておこう。

紅葉は約2週間で終わる

お盆を過ぎると、空気は夏から秋へと変わる。大雪山系にある北海道最高峰の旭岳は8月下旬には色付き始め、日本で最も早い紅葉のニュースが聞かれる。紅葉は徐々に山麓へと降り、10月中旬から下旬にかけては市街地のイチョウやポプラ並木も黄色に変わる。しかし、あっという間に葉は落ち、11月中旬にはあちこちで初雪の便りが聞かれるようになる。

冬の風景を楽しむなら1～2月

冬の自然現象を見に行くなら、1年で最も気温が下がる1月中旬～2月上旬を狙おう。空気中の水分さえも凍ってしまうほど、本州から行くと今までに体験したことのない寒さが待っているだろう。その寒さが生み出す幻想的な光景こそ、冬ならではの魅力。この時期、内陸部では氷点下25℃前後になる日が頻繁にある。1902年1月25日には、旭川市で氷点下41.0℃の日本の観測史上の最低気温を記録した。2021年は12月31日に、幌加内で氷点下32.6℃を観測している。

札幌の木・ライラック

札幌の花はスズラン、木はライラック。5月中旬～6月上旬にかけて札幌のあちこちで咲くライラックの花は、桜と並び春を告げる風物詩。ライラックは和名をムラサキハシドイといい、リラの花とも呼ばれる。白、ピンク、紫色の花が集まって房状に咲き、甘い香りが漂う。大通公園（→P.112）や川下公園（→P.176）では開花に合わせて「ライラックまつり」が開催される。

大通公園のライラック

北海道の花々の開花期の目安

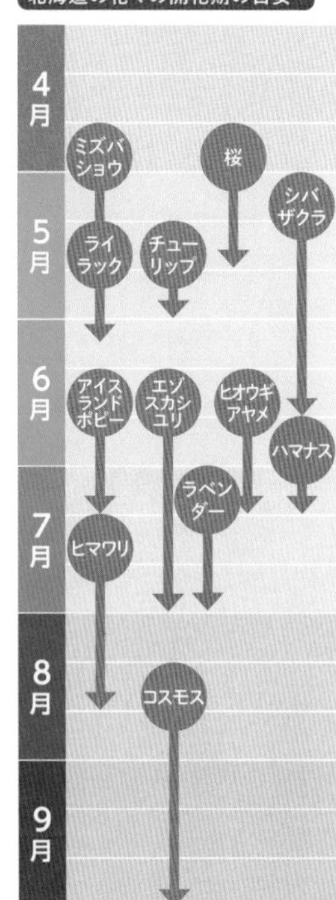

1～2月

氷点下になる日が多く、厚手のダウンコートに加え、帽子やマフラー、手袋も必須。靴も足首が隠れる長さの防水ブーツなど温かいものを。

3～4月

本州は春の訪れを感じる季節だが、札幌はまだ氷点下の日もある。暖かい日はフリース1枚でもいいが、夜はダウンの出番がある。

5～6月

4月下旬に桜が咲き始め、日に日に暖かさは増す。日中は長袖シャツ1枚で過ごせても、朝晩は冷え込むので羽織る物を持って歩こう。

7～8月

いよいよ夏本番、雨が少なくさわやかな気候だ。30°Cを超える日もあるが、湿度が少ないので夜は基本的にエアコンなしで過ごせる。

9～10月

お盆を過ぎると一気に秋めいてくる。9月中旬には紅葉の便りが届き、気温は日ごとに下がってくる。10月になったらコートが必要。

11～12月

降った雪が根雪となり、寒さが増してくる。雪が降る日が多いので、フリースなどの上にぬれない素材のジャケットを。靴は防水の物を履いていきたい。

札幌の平均最高・最低気温と降水量

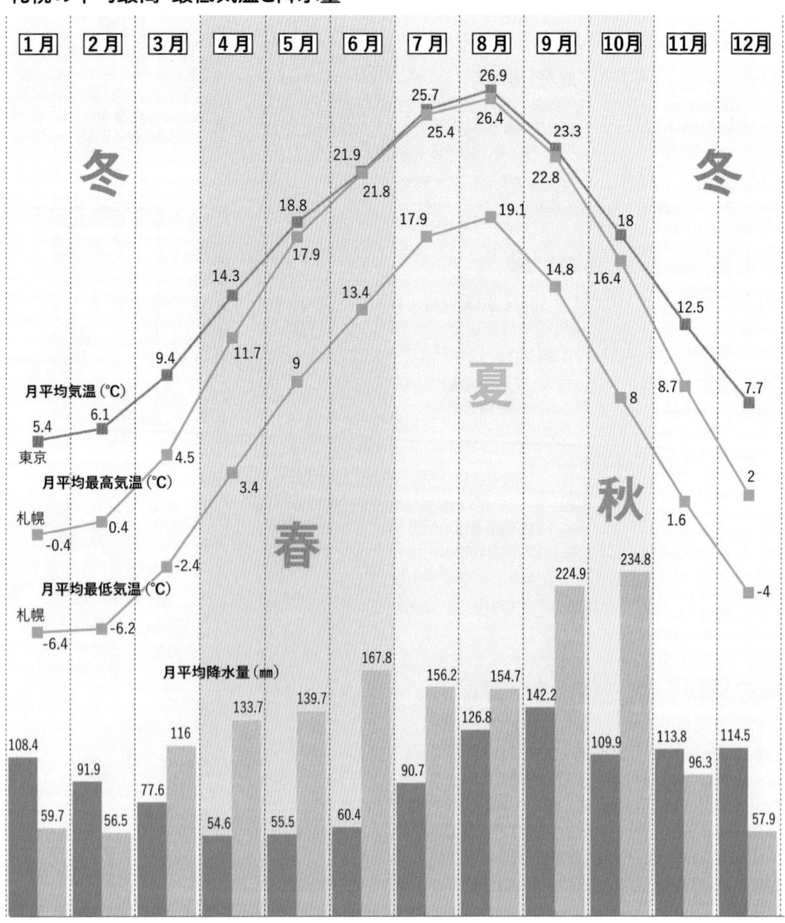

旅の服装

北海道旅行が決まったところで、さて、何を着ていこうかと悩むところ。亜寒帯に属している北海道は、本州に比べて寒冷な気候だ。10〜5月の半年間に、冬日と真冬日が150日もあり、つまり1年の約4割は最高気温が0℃以下の氷が張る寒さなのである。夏は本州と変わらない気温になる日も多いが、朝晩の温度差があるので、温度調節のできる重ね着がおすすめ。月ごとの服装は以下を参照。

旅の服装アドバイス

春

4月はまだ寒い日も多く厚手のコートやマフラーがあるといい。6月は、朝晩は薄手のコートを

夏

7月に入ると気温がグンとアップ。半袖Tシャツで過ごせるが日差しが強いので長袖がおすすめ

秋

10月に入ると日に日に気温が下がってくる。厚手のコート、帽子、マフラー、手袋、ブーツで防寒を

冬

長い冬は暖かい服装がマスト。特に1〜2月は氷点下の日が続く。ただし屋内は暖かいので重ね着がベター

気温と服装の目安

30℃以上…半袖シャツ、ノースリーブ
25℃以上…半袖シャツ
25℃未満…長袖シャツ
20℃未満…長袖シャツの上に薄手アウター
16℃未満…フリースまたは薄手アウター
12℃未満…フリース+アウター
8℃未満…ダウンコートまたはウールのコート
5℃未満…厚手ダウンコート+帽子・マフラー・手袋

保冷剤と保冷バッグ

スイーツやチーズ、海産加工品など要冷蔵商品は、買い物をした際に保冷剤と一緒に保冷バッグに入れてくれる。保冷剤は無料のこともあるが、保冷バッグは通常有料だ。あらかじめ保冷バッグと保冷剤を持って行き、ホテルの冷蔵庫で保冷剤を凍らせて持ち歩くと、冷蔵食品が気兼ねなく購入できて便利。

保冷バッグが役に立つ

旅の持ち物

ほとんどのものは現地調達できる。とはいえ、使い慣れているものがなかったり、探す時間がなかったりすることも。買うのはおみやげぐらいにする気持ちでしっかり準備したい。旅のシミュレーションをして必要なものを揃えよう。

持ち物チェックリスト

分類	品目	チェック
貴重品	現金	☐
	クレジットカード	☐
	航空券（プリントアウト、またはスマホのQRコード）	☐
	運転免許証	☐
	ETCカード	☐
	スマートフォン、携帯電話	☐
	充電器（※）、充電コード	☐
	カメラ	☐
日用品	タオル	☐
	洗面用具	☐
	化粧品	☐
	日焼け止め	☐
	除菌シート	☐

分類	品目	チェック
日用品	エコバッグ	☐
	マスク	☐
	ファーストエイドキット	☐
	常備薬	☐
衣類ほか	下着類、靴下	☐
	Tシャツ	☐
	ボトムス（ズボンやスカート）	☐
	トップス（シャツ、カットソー）	☐
	アウター（カーディガンやウインドブレーカー）	☐
	ストール	☐
	帽子	☐
	折りたたみ傘（日傘）、雨具	☐

※充電器の機内への持ち込みは制限があるので注意

北海道には全部ある!
気温を示す用語

夏日
最高気温25°C以上の日
真夏日
最高気温30°C以上の日
猛暑日
最高気温35°C以上の日
熱帯夜
最低気温25°C以上の日
冬日
最低気温0°C未満の日
真冬日
最高気温0°C未満の日

冬の気象現象用語

ホワイトアウト
視界が白一色になる現象。ふぶきや降雪時において、視程より近い距離に雪以外に識別できる地物がない状況。
地ふぶき
積もった雪が風のために空中に吹き上げられる現象。
猛ふぶき
強い風以上の風をともなうふぶき。
着雪
湿った雪が電線や樹木などに付着する現象。
落雪
屋根などに積もった雪が落下すること。
暴風雪
暴風に雪をともなうもの。
大雪
大雪注意報基準以上の雪。季節予報および天候情報においては、数日以上にわたる降雪により、社会的に大きな影響をもたらす恐れのある雪。

なお、スキーやスノーボード、スノーモービルなど冬のアクティビティは、場所にもよるが11月下旬からGW前までと、長期間にわたって楽しめる。ただし、ふわふわのパウダースノーを体験できるのは、やはり気温の低い1～2月だ。

北海道の天気予報

本州の天気予報だと、北海道は札幌の天気しか表示されないことがあり、それが北海道全体の天気だと思ってしまう人も多い。当然だが北海道では、各地方別に天気予報が流れ、同じ日でも地域により、天候が大きく違うこともある。広い北海道、中央を走る日高山脈を境に東西と、日本海側、オホーツク海側、太平洋側と、それぞれ天候がまったく違うのはよくあることだ。

北海道の天気予報区分

北海道の天気予報は、道南、道央、道北、道東と大きく4分割され、そこから細分化されていく。一般的な天気予報区分は下の図にあるように7つの地方に分けられ、そこからさらに2～3の地方、各地方のエリア、最後に各市町村となる。札幌市の天気予報の場合、道央→石狩・空知・後志地方→石狩地方→石狩中部→札幌市となる。天気予報を知りたい場所がどのエリアに属しているのかを、わかっておくことがポイント。北海道ではテレビの画面にテロップのように、天気予報が流れていることが日常的にある。

北海道の冬の自然現象

気温が氷点下20°Cまで下がった朝など、気象条件が揃うことで見られる幻想的な自然現象。

流氷　例年2～3月に北方からオホーツク海に流れ込み、最終的には海全体が流氷に覆われて真っ白になる。

霧氷　寒い日の朝、空気中の水分が凍って木の葉や枝に付き、木が真っ白になる。日が差すと溶けて消えてしまう。

ダイヤモンドダスト　空気中の水分が凍り、太陽の光に反射してキラキラと光る。マイナス15°C以下で天気のいい日が条件。

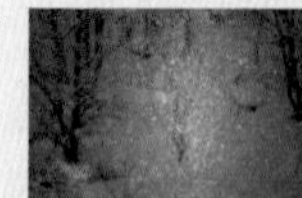

フロストフラワー　水中から立ち上る湯気が凍った霜の一種。マイナス15°C以下で無風が条件。阿寒湖や屈斜路湖で見られる。

アイスバブル　湖底から発生する気泡が水中に封じ込められて凍ってしまう現象。糠平湖、オンネトーなどで見られる。

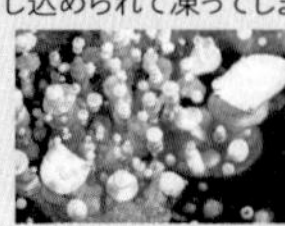

サンピラー　ダイヤモンドダストが太陽に反射して光の柱のようになる現象。光源が街灯だとライトピラーという。名寄が有名。

旅のお役立ち情報

旅に出る前に知っておくと役に立つ情報を集約。現地情報をリアルタイムで知ることができる観光サイトや手荷物の預け方、トラブル対策についても事前に確認しておこう。

観光案内所

観光案内所は北海道内の各空港、主要なJR駅構内、道の駅などにもある。札幌、小樽などの主要都市には、観光情報センターがある。観光に関する総合的な案内を受けられるほか、各自治体や施設のパンフレット、ホテルのリーフレットなどが揃っている。物産館と一緒になっている所もある。

インターネット&アプリ

観光情報サイトや各市町村の公式ウェブサイトでは、旬の情報や観光客向けの最新情報がいち早く入手できる。旅する前にチェックしておきたい。また、事前に交通サイトのリンクや、アプリをダウンロードしておくと、複雑な交通機関も迷わずスムーズに利用できる。

おすすめ観光情報サイト

北海道全域
北海道公式観光サイト
URL www.visit-hokkaido.jp

札幌市
ようこそSAPPORO
URL www.sapporo.travel

小樽市
おたるぽーたる URL otaru.gr.jp

函館市
公式観光情報はこぶら
URL www.hakobura.jp

旭川市
旭川観光情報
URL www.atca.jp/kankou/

釧路市
釧路・阿寒湖観光公式サイト
URL ja.kushiro-lakeakan.com

帯広・十勝
とかち晴れ URL tokachibare.jp

網走市
網走市観光協会
URL www.abakanko.jp

紋別市
紋別観光案内所
URL tic.mombetsu.net

稚内市
稚内観光協会
URL www.welcome.wakkanai.hokkaido.jp

手荷物を預ける

ホテルにチェックインするまでや、ホテルをチェックアウトしたあと飛行機の時間まで観光したい、というときに便利なのがコインロッカーや手荷物預かり所。コインロッカーはJR駅にはたいていある。札幌では商業施設や地下街、観光施設の入口などにも。手荷物預かりは観光案内所などで行っている。コインロッカーは24時間利用できる所が多いが、手荷物預かり所には営業時間があるので気をつけよう。

荷物を送る

宅配サービスは、宅配業者の窓口や郵便局、コンビニエンスストアに持ち込んで手続きできる。物産館、市場、産直売り場、みやげ物屋、百貨店、スーパーなど、ほとんどの場所で購入したものを全国

観光案内所

札幌市
MAP 別冊P.36-B2
北海道さっぽろ観光案内所
住 札幌市北区北6条西4
TEL 011-213-5088
JR札幌駅西コンコース北口にある「北海道さっぽろ『食と観光』情報館」内にある。バッテリーチャージスポット、定期観光バスの予約代行なども。

小樽市
MAP 別冊P.47-C1
小樽国際インフォメーションセンター（運河プラザ観光案内所）
歴史的建造物、運河プラザ内（→P.307）にある観光案内所。多言語に対応している。観光案内が受けられるほか観光パンフレットが揃い、Wi-Fiも利用できる。

運河プラザ内の休憩スペース

スマホで便利なバスサイト

さっぽろえきバスnavi
札幌エリアの公共交通機関の運行時刻などを掲載。アプリもある
URL ekibus.city.sapporo.jp

空港から自宅に荷物を送る

航空会社の宅配サービスを利用して、空港から荷物を送ることができる。到着空港で引き取って家まで運ぶ必要がなく便利だ。通常は搭乗日の翌日〜翌々日着となる。

各地へ配送してくれる。北海道から本州へは通常中2日かかる。鮮魚はもちろんのこと、夏は野菜などもクール便を利用したほうがいい。冬は中身が凍らないよう、クール便利用となる場合がある。

旅先で事故に遭ったら

レンタカーで事故を起こしてしまったら、速やかに負傷者の救助を行い、警察へ通報する。その後、レンタカー会社に事故の報告をし、自動車保険の適用に必要な対処についての指示を受ける。なお、警察やレンタカー会社への連絡を行わない、飲酒運転、契約時に申請していない人が運転していたといった場合などは、保険は適用されない。レンタカーの保険に関しては→P.437参照。

自然災害に遭ったら

北海道では冬季、積雪や暴風雪により道路閉鎖や電車の運休、飛行機の欠航などが生じる。冬の旅行では万一のことを考慮して、余裕をもった計画を立てるのがおすすめだ。なお、暴風雪時は視界不良のホワイトアウトになることがあり、人命に関わる事故につながるのでけして外に出ないように。

車の運転中に動物と接触したら

北海道では運転中に動物が飛び出してくることは、珍しいことではない。特に自然の多い郊外エリアではいつ動物が出てきてもおかしくないので、常に気を付けて運転したい。特に朝と夕方、夜は注意が必要だ。

忘れ物、紛失物

忘れ物やなくし物をした場合は、まずは利用した飲食店、交通機関に連絡を。特に、キャッシュカードやクレジットカード、スマートフォンなど個人情報が含まれるものを落とした際は、すみやかにカードの発行元や携帯電話会社へ連絡しよう。落とし物が見つからない場合は、最寄りの警察署にて遺失物届出書を提出する。JR北海道では遺失物管理システムを導入し、忘れ物に対して駅係員が速やかに対応してくれる。

エキノコックス症に注意

キツネに寄生しているエキノコックスという寄生虫が、人間のおもに肝臓に寄生して起こる病気で、感染すると数年から十数年の潜伏期間を経て肝機能障害を起こす。キツネに触ったり、山菜や沢水を直接口にしないよう注意。

緊急連絡先

警察
110

消防・救急
119

道路緊急ダイヤル
#9910

北海道防災ポータル
北海道全域の気象情報や防災情報など

落とし物、忘れ物

北海道警察本部
TEL 011-251-0110
函館方面本部
TEL 0138-31-0110
旭川方面本部
TEL 0166-35-0110
釧路方面本部
TEL 0154-25-0110
北見方面本部
TEL 0157-24-0110
北海道県警「落とし物情報」

JAL
TEL 0123-45-2142
忘れ物検索
URL www.jal.co.jp/information/lost/search/
ANA
TEL 0123-45-5115
JR北海道
TEL 011-222-6130

エキノコックス検査機関

一般社団法人北海道臨床衛生検査技師会立衛生研究所
住 札幌市東区北19条東17-3-8
TEL 011-786-7072

北海道の人気ローカル番組「どさんこワイド179」

北海道でメジャーなテレビ番組といえば、地元で圧倒的視聴率を誇る札幌テレビ（STV）の生放送情報番組「どさんこワイド179」。1991年10月7日に放送開始した夕方のワイド番組の先駆けとして道民に認知されている。北海道エリア限定放送だが、最新ニュースや天気予報、お出かけ情報やグルメ・買い物情報など幅広い情報が手に入るので滞在中チェックしてみよう。

放送日時：月～金曜　15:48～19:00

北海道や「どさんこワイド179」の情報をアプリでチェック!
番組企画、北海道の天気予報、各地のライブカメラ、イベント情報などのコンテンツが見られる。

北海道定番みやげ

誰にでも喜ばれる北海道の定番みやげはこちら。
札幌・小樽のおみやげ屋や新千歳空港などで購入できる。

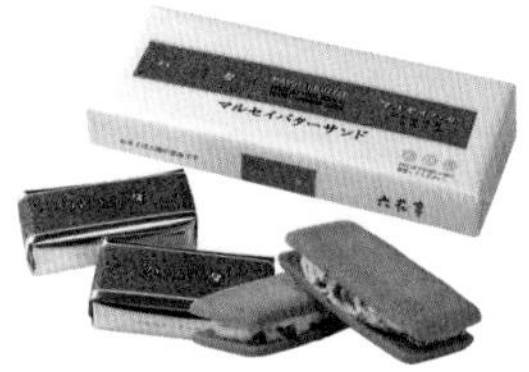

マルセイバターサンド
5 個入 730 円
六花亭のロングセラー。ホワイトチョコレートとレーズン、北海道産バターのクリームをサンド

白い ブラック サンダー
10 袋入 437 円
ココアクッキーとビスケットを北海道ミルク使用のホワイトチョコでコーティング

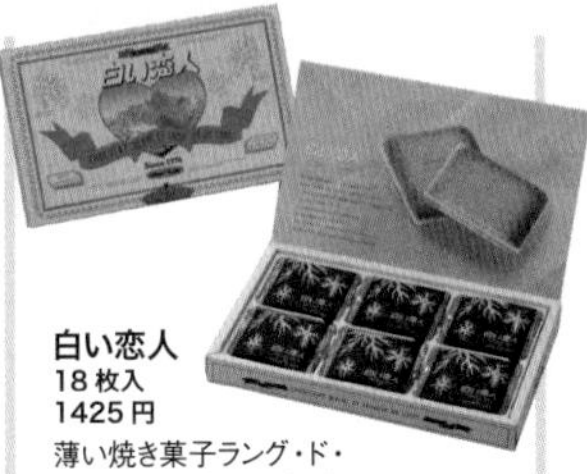

白い恋人
18 枚入
1425 円
薄い焼き菓子ラング・ド・シャでチョコをサンドしたISHIYAの定番商品

あんバタサン
4 個入 600 円
柳月特製あんバタークリームを、さっくり、しっとりとしたサブレでサンド

チーズオムレット
4 個入 864 円
函館洋菓子スナッフルスの道産の素材にこだわったスフレタイプのチーズケーキ

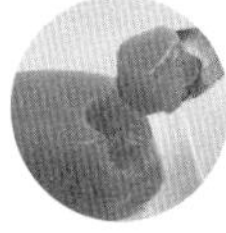

夕張メロン ピュアゼリー
4 個入 864 円
夕張メロンの完熟果肉使用。生のメロンを食べているような風味となめらかさ

ポテトチップ チョコレート [オリジナル]
864 円

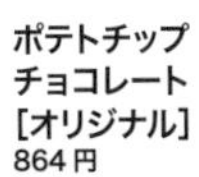

ロイズの定番商品。ポテトチップの片面にチョコレートをコーティングした甘さと塩味がクセになる味

札幌農学校 北海道 ミルククッキー
12 枚入 650 円

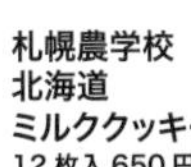

道産ミルクとバターをたっぷり使ったサクサクとした食感のクッキー

もりもとの ロング セラー商品

雪鶴(ゆきづる) 2 種詰合せ 5 個入 1050 円
ふわふわブッセ生地でハスカップクリームとバタークリームをサンド。もりもとのロングセラー

北海道限定

＼ コンビニなどで購入できる北海道限定のご当地ドリンクやカップ麺。おみやげにも人気 ／

ドリンク

ソフトカツゲン
1979年の発売。道民に飲み継がれているロングセラーの乳酸菌飲料

リボンナポリン
100年以上道民に愛されているさわやかな甘さの炭酸飲料

コアップ ガラナ
炭酸飲料ガラナは数種あるが、道南・小原のコアップガラナが人気

カップ麺

マルちゃん やきそば弁当
弁当の名は容器の形から。麺のもどし湯で作るスープの素が付いている

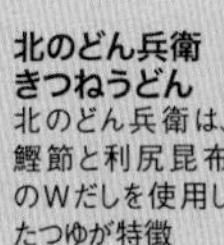

北のどん兵衛 きつねうどん
北のどん兵衛は、鰹節と利尻昆布のWだしを使用したつゆが特徴

マルちゃん 赤いきつねうどん
赤いきつねは地域別に4種類あり、北海道版は利尻昆布を使用

女子のためのプチぼうけん応援ガイド

地球の歩き方 aruco 東京シリーズ

東京で海外気分を楽しむ!

東京で楽しむフランス
東京で楽しむ韓国
東京で楽しむ台湾
東京で楽しむ北欧
東京で楽しむハワイ
東京で楽しむイタリア&スペイン
東京で楽しむアジアの国々
東京で楽しむ英国

テーマで東京を深堀り!

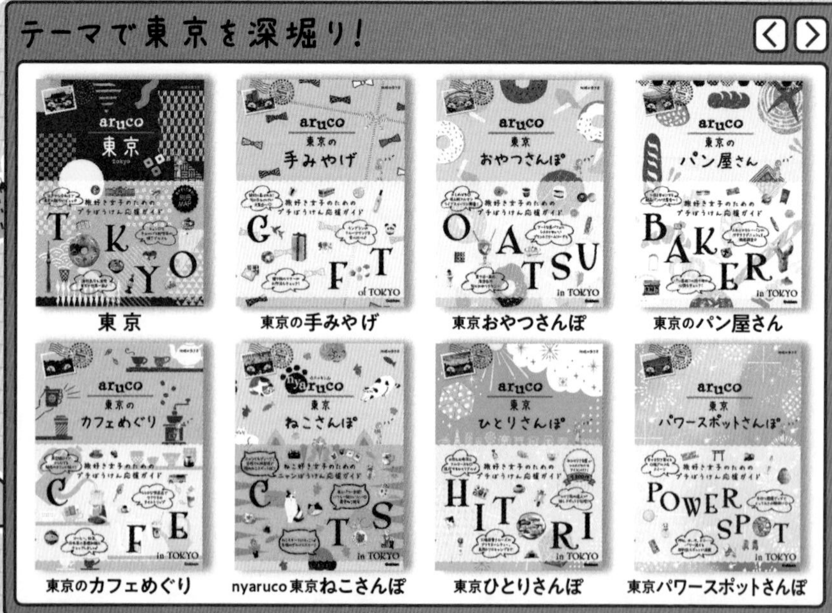

東京
東京の手みやげ
東京おやつさんぽ
東京のパン屋さん
東京のカフェめぐり
nyaruco東京ねこさんぽ
東京ひとりさんぽ
東京パワースポットさんぽ

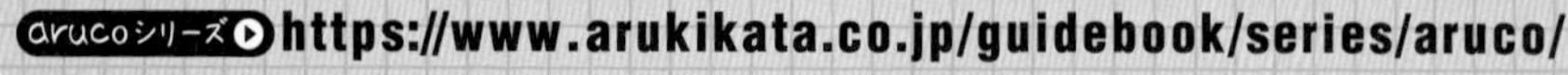

arucoシリーズ https://www.arukikata.co.jp/guidebook/series/aruco/

札幌市

小樽市

あそぶ&体験

食べる

買う&テイクアウト

小樽周辺

見どころ

地球の歩き方 シリーズ一覧

2023年7月現在

＊地球の歩き方ガイドブックは、改訂時に価格が変わることがあります。＊表示価格は定価（税込）です。＊最新情報は、ホームページをご覧ください。www.arukikata.co.jp/guidebook/

地球の歩き方 ガイドブック

A ヨーロッパ

A01 ヨーロッパ ¥1870
A02 イギリス ¥1870
A03 ロンドン ¥1980
A04 湖水地方&スコットランド ¥1870
A05 アイルランド ¥1980
A06 フランス ¥2420
A07 パリ&近郊の町 ¥1980
A08 南仏プロヴァンス コート・ダジュール&モナコ ¥1760
A09 イタリア ¥1870
A10 ローマ ¥1760
A11 ミラノ ヴェネツィアと湖水地方 ¥1870
A12 フィレンツェとトスカーナ ¥1870
A13 南イタリアとシチリア ¥1870
A14 ドイツ ¥1980
A15 南ドイツ フランクフルト ミュンヘン ロマンチック街道 古城街道 ¥1760
A16 ベルリンと北ドイツ ハンブルク ドレスデン ライプツィヒ ¥1870
A17 ウィーンとオーストリア ¥2090
A18 スイス ¥2200
A19 オランダ ベルギー ルクセンブルク ¥1870
A20 スペイン ¥2420
A21 マドリードとアンダルシア ¥1760
A22 バルセロナ&近郊の町 イビサ島／マヨルカ島 ¥1760
A23 ポルトガル ¥1815
A24 ギリシアとエーゲ海の島々&キプロス ¥1870
A25 中欧 ¥1980
A26 チェコ ポーランド スロヴァキア ¥1870
A27 ハンガリー ¥1870
A28 ブルガリア ルーマニア ¥1980
A29 北欧 デンマーク ノルウェー スウェーデン フィンランド ¥1870
A30 バルトの国々 エストニア ラトヴィア リトアニア ¥1870
A31 ロシア ベラルーシ ウクライナ モルドヴァ コーカサスの国々 ¥2090
A32 極東ロシア シベリア サハリン ¥1980
A34 クロアチア スロヴェニア ¥1760

B 南北アメリカ

B01 アメリカ ¥2090
B02 アメリカ西海岸 ¥1870
B03 ロスアンゼルス ¥2090
B04 サンフランシスコとシリコンバレー ¥1870
B05 シアトル ポートランド ¥1870
B06 ニューヨーク マンハッタン&ブルックリン ¥1980
B07 ボストン ¥1980
B08 ワシントンDC ¥2420
B09 ラスベガス セドナ& グランドキャニオンと大西部 ¥2090
B10 フロリダ ¥1870
B11 シカゴ ¥1870
B12 アメリカ南部 ¥1980
B13 アメリカの国立公園 ¥2090
B14 ダラス ヒューストン デンバー グランドサークル フェニックス サンタフェ ¥1980
B15 アラスカ ¥1980
B16 カナダ ¥1870
B17 カナダ西部 カナディアン・ロッキーとバンクーバー ¥2090
B18 カナダ東部 ナイアガラ・フォールズ メープル街道 プリンス・エドワード島 トロント オタワ モントリオール ケベック・シティ ¥2090
B19 メキシコ ¥1980
B20 中米 ¥2090
B21 ブラジル ベネズエラ ¥2200
B22 アルゼンチン チリ パラグアイ ウルグアイ ¥2200
B23 ペルー ボリビア エクアドル コロンビア ¥2200
B24 キューバ バハマ ジャマイカ カリブの島々 ¥2035
B25 アメリカ・ドライブ ¥1980

C 太平洋 / インド洋島々

C01 ハワイ1 オアフ島&ホノルル ¥1980
C02 ハワイ島 ¥2200
C03 サイパン ロタ&テニアン ¥1540
C04 グアム ¥1980
C05 タヒチ イースター島 ¥1870
C06 フィジー ¥1650
C07 ニューカレドニア ¥1650
C08 モルディブ ¥1870
C10 ニュージーランド ¥2200
C11 オーストラリア ¥2200
C12 ゴールドコースト&ケアンズ ¥1870
C13 シドニー&メルボルン ¥1760

D アジア

D01 中国 ¥2090
D02 上海 杭州 蘇州 ¥1870
D03 北京 ¥1760
D04 大連 瀋陽 ハルビン 中国東北部の自然と文化 ¥1980
D05 広州 アモイ 桂林 珠江デルタと華南地方 ¥1980
D06 成都 重慶 九寨溝 麗江 四川 雲南 ¥1980
D07 西安 敦煌 ウルムチ シルクロードと中国北西部 ¥1980
D08 チベット ¥2090
D09 香港 マカオ 深セン ¥1870
D10 台湾 ¥2090
D11 台北 ¥1650
D13 台南 高雄 屏東&南台湾の町 ¥16
D14 モンゴル ¥20
D15 中央アジア サマルカンドとシルクロードの国々 ¥20
D16 東南アジア ¥18
D17 タイ ¥22
D18 バンコク ¥18
D19 マレーシア ブルネイ ¥20
D20 シンガポール ¥19
D21 ベトナム ¥20
D22 アンコール・ワットとカンボジア ¥22
D23 ラオス ¥20
D24 ミャンマー（ビルマ） ¥20
D25 インドネシア ¥18
D26 バリ島 ¥18
D27 フィリピン マニラ セブ ボラカイ ボホール エルニド ¥18
D28 インド ¥26
D29 ネパールとヒマラヤトレッキング ¥22
D30 スリランカ ¥18
D31 ブータン ¥19
D33 マカオ ¥17
D34 釜山 慶州 ¥15
D35 バングラデシュ ¥20
D37 韓国 ¥20
D38 ソウル ¥18

E 中近東 アフリカ

E01 ドバイとアラビア半島の国々 ¥20
E02 エジプト ¥19
E03 イスタンブールとトルコの大地 ¥20
E04 ペトラ遺跡とヨルダン レバノン ¥20
E05 イスラエル ¥20
E06 イラン ペルシアの旅 ¥22
E07 モロッコ ¥19
E08 チュニジア ¥20
E09 東アフリカ ウガンダ エチオピア ケニア タンザニア ルワンダ ¥20
E10 南アフリカ ¥22
E11 リビア ¥22
E12 マダガスカル ¥19

J 国内版

J00 日本 ¥33
J01 東京 23区 ¥22
J02 東京 多摩地域 ¥20
J03 京都 ¥22
J04 沖縄 ¥22
J05 北海道 ¥22
J07 埼玉 ¥22
J06 千葉 ¥22
J09 札幌・小樽 ¥22

地球の歩き方 aruco

●海外

1 パリ ¥1320
2 ソウル ¥1650
3 台北 ¥1650
4 トルコ ¥1430
5 インド ¥1540
6 ロンドン ¥1650
7 香港 ¥1320
9 ニューヨーク ¥1320
10 ホーチミン ダナン ホイアン ¥1430
11 ホノルル ¥1320
12 バリ島 ¥1320
13 上海 ¥1320
14 モロッコ ¥1540
15 チェコ ¥1320
16 ベルギー ¥1430
17 ウィーン ブダペスト ¥1320
18 イタリア ¥1320
19 スリランカ ¥1540
20 クロアチア スロヴェニア ¥1430
21 スペイン ¥1320
22 シンガポール ¥1650
23 バンコク ¥1430
24 グアム ¥1320
25 オーストラリア ¥1430
26 フィンランド エストニア ¥1430
27 アンコール・ワット ¥1430
28 ドイツ ¥1430
29 ハノイ ¥1430
30 台湾 ¥1320
31 カナダ ¥1320
33 サイパン テニアン ロタ ¥1320
34 セブ ボホール エルニド ¥1320
35 ロスアンゼルス ¥1320
36 フランス ¥1430
37 ポルトガル ¥1650
38 ダナン ホイアン フエ ¥1430

●国内

東京 ¥1540
東京で楽しむフランス ¥1430
東京で楽しむ韓国 ¥1430
東京で楽しむ台湾 ¥1430
東京の手みやげ ¥1430
東京おやつさんぽ ¥1430
東京のパン屋さん ¥1430
東京で楽しむ北欧 ¥1430
東京のカフェめぐり ¥1480
東京で楽しむハワイ ¥1480
nyaruco 東京ねこさんぽ ¥1480
東京で楽しむイタリア&スペイン ¥1480
東京で楽しむアジアの国々 ¥1480
東京ひとりさんぽ ¥1480
東京パワースポットさんぽ ¥1599
東京で楽しむ英国 ¥1599

地球の歩き方 Plat

1 パリ ¥1320
2 ニューヨーク ¥1320
3 台北 ¥1100
4 ロンドン ¥1320
6 ドイツ ¥1320
7 ホーチミン／ハノイ／ダナン／ホイアン ¥1320
8 スペイン ¥1320
10 シンガポール ¥1100
11 アイスランド ¥1540
14 マルタ ¥1540
15 フィンランド ¥1320
16 クアラルンプール／マラッカ ¥1100
17 ウラジオストク／ハバロフスク ¥1430
18 サンクトペテルブルク／モスクワ ¥1540
19 エジプト ¥1320
20 香港 ¥1100
22 ブルネイ ¥1430
23 ウズベキスタン サマルカンド ブハラ ヒヴァ タシケント ¥16
24 ドバイ ¥13
25 サンフランシスコ ¥13
26 パース／西オーストラリア ¥13
27 ジョージア ¥15
28 台南 ¥14

地球の歩き方 リゾートスタイル

R02 ハワイ島 ¥16
R03 マウイ島 ¥16
R04 カウアイ島 ¥18
R05 こどもと行くハワイ ¥15
R06 ハワイ ドライブ・マップ ¥19
R07 ハワイ バスの旅 ¥13
R08 グアム ¥14
R09 こどもと行くグアム ¥16
R10 パラオ ¥16
R12 プーケット サムイ島 ピピ島 ¥16
R13 ペナン ランカウイ クアラルンプール ¥16
R14 バリ島 ¥14
R15 セブ&ボラカイ ボホール シキホール ¥16
R16 テーマパークinオーランド ¥18
R17 カンクン コスメル イスラ・ムヘーレス ¥16
R20 ダナン ホイアン ホーチミン ハノイ ¥16

地球の歩き方 御朱印

御朱印でめぐる鎌倉のお寺 三十三観音完全掲載 三訂版	¥1650
御朱印でめぐる京都のお寺 改訂版	¥1650
御朱印でめぐる奈良の古寺 改訂版	¥1650
御朱印でめぐる東京のお寺	¥1650
日本全国この御朱印が凄い！ 第壱集 増補改訂版	¥1650
日本全国この御朱印が凄い！ 第弐集 都道府県網羅版	¥1650
御朱印でめぐる全国の神社 開運さんぽ	¥1430
御朱印でめぐる高野山 改訂版	¥1650
御朱印でめぐる関東の神社 週末開運さんぽ	¥1430
御朱印でめぐる秩父の寺社 三十四観音完全掲載 改訂版	¥1650
御朱印でめぐる関東の百寺 坂東三十三観音と古寺	¥1650
御朱印でめぐる関西の神社 週末開運さんぽ	¥1430
御朱印でめぐる関西の百寺 西国三十三所と古寺	¥1650
御朱印でめぐる東京の神社 週末開運さんぽ 改訂版	¥1540
御朱印でめぐる神奈川の神社 週末開運さんぽ 改訂版	¥1540
御朱印でめぐる埼玉の神社 週末開運さんぽ	¥1430
御朱印でめぐる北海道の神社 週末開運さんぽ	¥1430
御朱印でめぐる九州の神社 週末開運さんぽ 改訂版	¥1540
御朱印でめぐる千葉の神社 週末開運さんぽ 改訂版	¥1540
御朱印でめぐる東海の神社 週末開運さんぽ	¥1430
御朱印でめぐる京都の神社 週末開運さんぽ 改訂版	¥1540
御朱印でめぐる神奈川のお寺	¥1650
御朱印でめぐる大阪 兵庫の神社 週末開運さんぽ	¥1430
御朱印でめぐる愛知の神社 週末開運さんぽ 改訂版	¥1540
御朱印でめぐる栃木 日光の神社 週末開運さんぽ	¥1430
御朱印でめぐる福岡の神社 週末開運さんぽ 改訂版	¥1540
御朱印でめぐる広島 岡山の神社 週末開運さんぽ	¥1430
御朱印でめぐる山陰 山陽の神社 週末開運さんぽ	¥1430
御朱印でめぐる埼玉のお寺	¥1650
御朱印でめぐる千葉のお寺	¥1650
御朱印でめぐる東京の七福神	¥1540
御朱印でめぐる東北の神社 週末開運さんぽ 改訂版	¥1540
御朱印でめぐる全国の稲荷神社 週末開運さんぽ	¥1430
御朱印でめぐる新潟 佐渡の神社 週末開運さんぽ	¥1430
御朱印でめぐる静岡 富士 伊豆の神社 週末開運さんぽ	¥1430
御朱印でめぐる四国の神社 週末開運さんぽ	¥1430
御朱印でめぐる中央線沿線の寺社 週末開運さんぽ	¥1540
御朱印でめぐる東急線沿線の寺社 週末開運さんぽ	¥1540
御朱印でめぐる茨城の神社 週末開運さんぽ	¥1430
御朱印でめぐる関東の聖地 週末開運さんぽ	¥1430
御朱印でめぐる東海のお寺	¥1650
日本全国ねこの御朱印&お守りめぐり 週末開運にゃんさんぽ	¥1760
御朱印でめぐる信州 甲州の神社 週末開運さんぽ	¥1430
御朱印でめぐる全国の聖地 週末開運さんぽ	¥1430
御船印でめぐる全国の魅力的な船旅	¥1650
御朱印でめぐる茨城のお寺	¥1650
御朱印でめぐる全国のお寺 週末開運さんぽ	¥1540
日本全国 日本酒でめぐる 酒蔵&ちょこっと御朱印〈東日本編〉	¥1760
日本全国 日本酒でめぐる 酒蔵&ちょこっと御朱印〈西日本編〉	¥1760
関東版ねこの御朱印&お守りめぐり 週末開運にゃんさんぽ	¥1760
52 一生に一度は参りたい！ 御朱印でめぐる全国の絶景寺社図鑑	¥2479
D51 鉄印帳でめぐる全国の魅力的な鉄道40	¥1650
御朱印はじめました 関東の神社 週末開運さんぽ	¥1210

地球の歩き方 島旅

1	五島列島 3訂版	¥1650
2	奄美大島～奄美群島1～ 3訂版	¥1650
3	与論島 沖永良部島 徳之島（奄美群島②）改訂版	¥1650
4	利尻 礼文 4訂版	¥1650
5	天草 改訂版	¥1760
6	壱岐 4訂版	¥1650
7	種子島 3訂版	¥1650
8	小笠原 父島 母島 3訂版	¥1650
9	隠岐 3訂版	¥1870
10	佐渡 3訂版	¥1650
11	宮古島 伊良部島 下地島 来間島 池間島 多良間島 大神島 改訂版	¥1650
12	久米島 渡名喜島 改訂版	¥1650
13	小豆島～瀬戸内の島々1～ 改訂版	¥1650
14	直島 豊島 女木島 男木島 犬島～瀬戸内の島々2～	¥1650
15	伊豆大島 利島～伊豆諸島1～ 改訂版	¥1650
16	新島 式根島 神津島～伊豆諸島2～改訂版	¥1650
17	沖縄本島周辺15離島	¥1650
18	たけとみの島々 竹富島 西表島 波照間島 小浜島 黒島 鳩間島 新城島 由布島 加屋	¥1650
19	淡路島～瀬戸内の島々3～	¥1650
20	石垣島 竹富島 西表島 小浜島 由布島 新城島 波照間島	¥1650
21	対馬	¥1650
22	島旅ねこ にゃんこの島の歩き方	¥1344

地球の歩き方 旅の図鑑

W01	世界244の国と地域	¥1760
W02	世界の指導者図鑑	¥1650
W03	世界の魅力的な奇岩と巨石139選	¥1760
W04	世界246の首都と主要都市	¥1760
W05	世界のすごい島300	¥1760
W06	地球の歩き方的！ 世界なんでもランキング	¥1760
W07	世界のグルメ図鑑 116の国と地域の名物料理を食の雑学とともに解説	¥1760
W08	世界のすごい巨像	¥1760
W09	世界のすごい城と宮殿333	¥1760
W10	世界197ヵ国のふしぎな聖地&パワースポット	¥1870
W11	世界の祝祭	¥1760
W12	世界のカレー図鑑	¥1980
W13	世界遺産 絶景でめぐる自然遺産 完全版	¥1980
W15	地球の果ての歩き方	¥1980
W16	世界の中華料理図鑑	¥1980
W17	世界の地元メシ図鑑	¥1980
W18	世界遺産の歩き方 学んで旅する！ すごい世界遺産190選	¥1980
W19	世界の魅力的なビーチと湖	¥1980
W20	世界のすごい駅	¥1980
W21	世界のおみやげ図鑑	¥1980
W22	いつか旅してみたい世界の美しい古都	¥1980
W23	世界のすごいホテル	¥1980
W24	日本の凄い神木	¥2200
W25	世界のお菓子図鑑	¥1980
W26	世界の麺図鑑	¥1980
W27	世界のお酒図鑑	¥1980
W28	世界の魅力的な道	¥1980
W29	世界の映画の舞台&ロケ地	¥2090
W30	すごい地球！	¥2200
W31	世界のすごい墓	¥1980

地球の歩き方 旅の名言&絶景

ALOHAを感じるハワイのことばと絶景100	¥1650
自分らしく生きるフランスのことばと絶景100	¥1650
人生観が変わるインドのことばと絶景100	¥1650
生きる知恵を授かるアラブのことばと絶景100	¥1650
心に寄り添う台湾のことばと絶景100	¥1650
道しるべとなるドイツのことばと絶景100	¥1650
共感と勇気がわく韓国のことばと絶景100	¥1650
人生を楽しみ尽くすイタリアのことばと絶景100	¥1650
今すぐ旅に出たくなる！ 地球の歩き方のことばと絶景100	¥1650
悠久の教えをひもとく 中国のことばと絶景100	¥1650

地球の歩き方 旅と健康

地球のなぞり方 旅地図 アメリカ大陸編	¥1430
地球のなぞり方 旅地図 ヨーロッパ編	¥1430
地球のなぞり方 旅地図 アジア編	¥1430
地球のなぞり方 旅地図 日本編	¥1430
脳がどんどん強くなる！ すごい地球の歩き方	¥1650

地球の歩き方 GEMSTONE

とっておきのポーランド 増補改訂版	¥1760
ラダック ザンスカール スピティ 北インドのリトル・チベット 増補改訂版	¥1925

地球の歩き方 旅の読み物

今こそ学びたい日本のこと	¥1760
週末だけで70ヵ国159都市を旅したリーマントラベラーが教える自分の時間の作り方	¥1540

地球の歩き方 BOOKS

BRAND NEW HAWAII とびきりリアルな最新ハワイガイド	¥1650
FAMILY TAIWAN TRIP #子連れ台湾	¥1518
GIRL'S GETAWAY TO LOS ANGELES	¥1760
HAWAII RISA'S FAVORITES 大人女子はハワイで美味しく美しく	¥1650
LOVELY GREEN NEW ZEALAND 未来の国を旅するガイドブック	¥1760
MAKI'S DEAREST HAWAII	¥1540
MY TRAVEL, MY LIFE Maki's Family Travel Book	¥1760
WORLD FORTUNE TRIP イヴルルド遙華の世界開運★旅案内	¥1650
いろはに北欧	¥1760
ヴィクトリア朝が教えてくれる英国の魅力	¥1320
ダナン&ホイアン PHOTO TRAVEL GUIDE	¥1650
とっておきのフィンランド	¥1760
フィンランドでかなえる100の夢	¥1760
マレーシア 地元で愛される名物食堂	¥1430
やり直し英語革命	¥1100
気軽に始める！大人の男海外ひとり旅	¥1100
気軽に出かける！ 大人の男アジアひとり旅	¥1100
香港 地元で愛される名物食堂	¥1540
最高のハワイの過ごし方	¥1540
子連れで沖縄 旅のアドレス&テクニック117	¥1100
純情ヨーロッパ 呑んで、祈って、脱いでみて	¥1408
食事作りに手間暇かけないドイツ人、手料理神話にこだわり続ける日本人	¥1100
親の介護をはじめる人へ 伝えておきたい10のこと	¥1000
人情ヨーロッパ 人生、ゆるして、ゆるされて	¥1518
総予算33万円・9日間から行く！ 世界一周	¥1100
台北 メトロさんぽ MRTを使って、おいしいとかわいいを巡る旅	¥1518
鳥居りんこ 親の介護をはじめたらお金の話で泣き見てばかり	¥1320
鳥居りんこの親の介護は知らなきゃバカ見ることだらけ	¥1320
北欧が好き！ フィンランド・スウェーデン・デンマーク・ノルウェーの素敵な町めぐり	¥1210
北欧が好き！2 建築&デザインでめぐるフィンランド・スウェーデン・デンマーク・ノルウェー	¥1210
地球の歩き方JAPAN ダムの歩き方 全国版 初めてのダム旅入門ガイド	¥1712
日本全国 開運神社 このお守りがすごい！	¥1522

地球の歩き方 スペシャルコラボ BOOK

地球の歩き方 ムー	¥2420
地球の歩き方 JOJO ジョジョの奇妙な冒険	¥2420

地球の歩き方 旅の図鑑シリーズ

見て読んで海外のことを学ぶことができ、旅気分を楽しめる新シリーズ。
1979年の創刊以来、長年蓄積してきた世界各国の情報と取材経験を生かし、
従来の「地球の歩き方」には載せきれなかった、
旅にぐっと深みが増すような雑学や豆知識が盛り込まれています。

W01 世界244の国と地域
¥1760

W07 世界のグルメ図鑑
¥1760

W02 世界の指導者図鑑
¥1650

W03 世界の魅力的な奇岩と巨石139選
¥1760

W04 世界246の首都と主要都市
¥1760

W05 世界のすごい島300
¥1760

W06 世界なんでもランキング
¥1760

W08 世界のすごい巨像
¥1760

W09 世界のすごい城と宮殿333
¥1760

W11 世界の祝祭
¥1760

W10 世界197ヵ国のふしぎな聖地&パワースポット ¥1870
W13 世界遺産　絶景でめぐる自然遺産　完全版 ¥1980
W16 世界の中華料理図鑑 ¥1980
W18 世界遺産の歩き方 ¥1980
W20 世界のすごい駅 ¥1980
W22 いつか旅してみたい世界の美しい古都 ¥1980
W24 日本の凄い神木 ¥2200
W26 世界の麺図鑑 ¥1980
W28 世界の魅力的な道 178 選 ¥1980
W31 世界のすごい墓 ¥1980

W12 世界のカレー図鑑 ¥1980
W15 地球の果ての歩き方 ¥1980
W17 世界の地元メシ図鑑 ¥1980
W19 世界の魅力的なビーチと湖 ¥1980
W21 世界のおみやげ図鑑 ¥1980
W23 世界のすごいホテル ¥1980
W25 世界のお菓子図鑑 ¥1980
W27 世界のお酒図鑑 ¥1980
W29 世界の映画の舞台&ロケ地 ¥2090
W30 すごい地球! ¥2200

※表示価格は定価（税込）です。改訂時に価格が変更になる場合があります。

地球の歩き方 関連書籍のご案内

多彩な北海道の旅を「地球の歩き方」が応援します!

J09
地球の歩き方　札幌・小樽 札幌 10 区・北広島・登別・余市・ニセコ・積丹　2024~2025
¥2200

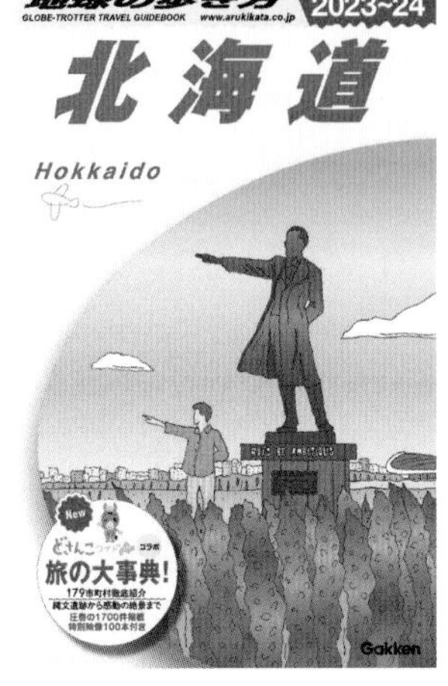

J05
地球の歩き方 北海道　2023~2024
¥2200

17
御朱印でめぐる 北海道の神社
¥1430

04
地球の歩き方　島旅 利尻　礼文
¥1650

※表示価格は定価（税込）です。改訂時に価格が変更になる場合があります。

あとがき

札幌は北海道の中心をなす大都会であり、道内各地の旬の味覚が集まるグルメタウン。食べ歩きはもちろん魅力のひとつですが、それだけではありません。札幌と小樽、および近郊の市町村の魅力的なスポットを、地元の人を巻き込んで徹底調査しました。王道から知られざる穴場まで、旅がより楽しくなる情報が満載です。

STAFF

制作：今井 歩
編集：有限会社グルーポ ピコ　今福直子、武居台三
取材・執筆・撮影：有限会社グルーポ ピコ（武居台三）
中村昭子（徳積ナマコ文章作成室）、伊藤美香、遠藤真善美、水口朋子、
佐藤圭樹（有限会社ウィルダネス）、市之宮直子
執筆協力：光井友理
撮影協力：若松和正
取材・写真協力：STV 札幌テレビ放送、北区総務企画課、白石区総務企画課、東区総務企画課、豊平区総務企画課、余市町教育委員会、札幌各区役所、公益財団法人北海道観光振興機構、（公財）アイヌ民族文化財団、関係各市町村、各関係施設、PIXTA
特別協力：北川智之、小林恵子、岸弘（札幌テレビ放送）
デザイン：酒井デザイン室（酒井英人、酒井春香）、大池てるみ、開成堂印刷株式会社
イラスト・イラスト地図：みよこみよこ
アイヌ文様デザイン提供：アドイ
表紙：日出嶋昭男
地図：株式会社周地社
校正：ひらたちやこ

地図の制作にあたっては、国土地理院発行 1 万分 1 地形図、2.5 万分 1 地形図、5 万分 1 地形図、20 万分 1 地勢図を加工して作成

本書についてのご意見・ご感想はこちらまで
読者投稿　〒141-8425　東京都品川区西五反田 2-11-8
株式会社地球の歩き方
地球の歩き方サービスデスク「札幌・小樽編」投稿係
https://www.arukikata.co.jp/guidebook/toukou.html
地球の歩き方ホームページ（海外・国内旅行の総合情報）
https://www.arukikata.co.jp/
ガイドブック『地球の歩き方』公式サイト
https://www.arukikata.co.jp/guidebook/

あなたの声をお聞かせください！
毎月3名様に読者プレゼント！
ウェブアンケートにお答えいただいた方のなかから毎月抽選で3名様に地球の歩き方オリジナル御朱印帳または地球の歩き方オリジナルクオカード(500円分)をプレゼントいたします。あなたの声が改訂版に掲載されるかも!?
(応募の締め切り：2025年7月13日)

https://arukikata.jp/bnesft

※個人情報の取り扱いについての注意事項はウェブページをご覧ください。

地球の歩き方 J09
札幌・小樽 札幌10区・北広島・登別・余市・ニセコ・積丹
2024-2025年版
2023年7月25日　初版第1刷発行

Published by Arukikata. Co., Ltd.
2-11-8 Nishigotanda, Shinagawa-ku, Tokyo, 141-8425, Japan

著作編集　地球の歩き方編集室
発行人　新井 邦弘
編集人　宮田 崇
発 行 所　株式会社地球の歩き方
〒141-8425　東京都品川区西五反田 2-11-8
発 売 元　株式会社Gakken
〒141-8416　東京都品川区西五反田 2-11-8
印刷製本　開成堂印刷株式会社

※本書は基本的に2023年1月～3月の取材データに基づいて作られています。
発行後に料金、営業時間、定休日などが変更になる場合がありますのでご了承ください。
更新・訂正情報：https://book.arukikata.co.jp/travel-support/

●この本に関する各種お問い合わせ先
・本の内容については、下記サイトのお問い合わせフォームよりお願いします。
URL ▶ https://www.arukikata.co.jp/guidebook/contact.html
・広告については、下記サイトのお問い合わせフォームよりお願いします。
URL ▶ https://www.arukikata.co.jp/ad_contact/
・在庫については　Tel 03-6431-1250（販売部）
・不良品（乱丁、落丁）については　Tel 0570-000577
学研業務センター　〒354-0045　埼玉県入間郡三芳町上富 279-1
・上記以外のお問い合わせは　Tel 0570-056-710（学研グループ総合案内）

学研グループの書籍・雑誌についての新刊情報・詳細情報は、下記をご覧ください。
学研出版サイト　https://hon.gakken.jp/